מסילת ישרים למאה ה־21

מגיד

הרב חגי לונדין

מסילת ישרים

למאה ה־21

מגיד

Hagay Lundin
Mesillat Yesharim for the 21st Century

חגי לונדין
מסילת ישרים למאה ה־21

עורך אחראי: ראובן ציגלר
עורכת ראשית: אוריה מבורך
עורכת משנה ומגיהה: אפרת גרוס
עריכה לשונית: אבי ונגרובר
עימוד: תמי מגר
עיצוב עטיפה: שמואל לעסרי

ספרי מגיד, הוצאת קורן
ת״ד 4044 ירושלים 9104001
טל׳: 02-6330530 פקס: 02-6330534

office@korenpub.com
www.korenpub.co.il

ISBN 978-965-526-388-6 מסת״ב

Printed in Israel 2025 נדפס בישראל

מהדורת מסילת ישרים המופיעה בספר זה
היא של מכון רמח"ל ירושלים.

תודתנו נתונה להם.

ramhalcom@gmail.com | 02-6535201
http://www.ramhal.com

תוכן העניינים

מבוא

ארוכה הדרך לקדושה

מסילת ישרים

מסילת ישרים הוא ספר המוסר הידוע ביותר בספרות התורנית־יהודית. הספר נכתב בידי רבי משה חיים לוצאטו (רמח״ל) שחי בשנים ה׳תס״ז־ה׳תק״ד (1707–1744), ועוסק בעבודת ה׳ ובתיקון המידות כפי שיוסבר להלן. הספר הודפס לראשונה באמסטרדם בשנת ה׳ת״ק (1740) ומאז הודפס במהדורות רבות. תוכן הספר הוא עשרים ושישה פרקים הכוללים הדרכה מוסרית מדורגת, על פי דברי הברייתא:

> אמר ר׳ פנחס בן יאיר: תורה מביאה לידי זהירות, זהירות מביאה לידי זריזות, זריזות מביאה לידי נקיות, נקיות מביאה לידי פרישות, פרישות מביאה לידי טהרה, טהרה מביאה לידי חסידות, חסידות מביאה לידי ענוה, ענוה מביאה לידי יראת חטא, יראת חטא מביאה לידי קדושה, קדושה מביאה לידי רוח הקודש, רוח הקודש מביאה לידי תחיית המתים. (עבודה זרה כ ע״ב)

לפני שנעסוק בשיטתו המוסרית הייחודית של הרמח״ל בספר מסילת ישרים ראוי להקדים מספר מילים על לימוד תורה בכלל ולימוד מוסר בפרט.

לימוד תורה

על פי רוב נתפס הלימוד התורני כמכשיר לקניית ידע פרקטי או מחשבתי בתחומי היהדות, ולכן נוטים להחמיץ את התמונה הכוללת בדבר התהליך שהוא מעביר את הנפש; החמצה שגורמת ללימוד אקראי ורנדומלי. הלימוד התורני אמור להמיר את מרכז הכובד של הנפש מחומריות לרוחניות, או במילים אחרות הגעה למדרגת ה"קדושה". בהתאם לזאת מעוצב הלימוד התורני באופן שמקיף את כלל האישיות - מלמטה (הלכה מעשית) עד למעלה (קבלה עיונית), כשהקו המנחה הוא העמקה הדרגתית.

תנ"ך - התנ"ך כולל את חמשת החומשים (המכונים בקיצור "תורה"), שהם הנבואה שניתנה מפי משה רבנו, ובנוסף את הנביאים והכתובים, נבואות שניתנו במהלך הדורות, המצויות בדרגת קדושה פחותה מנבואתו של משה (נ"ך).

הנבואות ("תורה שבכתב") הן הבסיס לרעיונות שפיתחו חכמי ישראל במהלך הדורות ("תורה שבעל פה") באמצעות טכניקות לימודיות שמכונות "שלש עשרה מידות שהתורה נדרשת בהן";[1] ושאותם חילקו לסוגי לימוד שונים הנלמדים בהעמקה הולכת וגוברת, מן החוץ אל הפנים.

הלכה - מה עושים ומה לא עושים. לימוד ההלכה הוא הבסיס הראשוני. "הלכה" מלשון "הליכה", כיצד להתנהל (ללכת) בעולם הזה כדי שיופיע בו המוסר התורני. הרעיונות העליונים והמופשטים ביותר של תורת ישראל הופכים בסופו של דבר לעשייה מפורטת ומדויקת. ההלכה מפרטת לנו בשלב ראשון מה לעשות ומה לא לעשות. נקודה. ההלכה אינה עוסקת ברעיון העומד מאחורי הדברים. לדוגמה, יש איסור הלכתי לערבב חלב ובשר. מדוע? דברים אלה נלמדים בשלבים הבאים.

משנה ותלמוד - איך הגענו להלכה מהפסוקים. התלמוד (המכונה

---

1 מכילתא דרבי ישמעאל בא, מסכתא דפסחא פרשה טז.

"גמרא") הוא "פרוטוקול" של דיונים בבית המדרש שנעשו במהלך כמה דורות, דיונים שתפקידם לנתח את דברי המשנה (אוסף דברי חכמים קדומים יותר). בלימוד התלמוד אנו מעמיקים פנימה שלב נוסף: אם בהלכה למדנו מה לעשות, הרי בתלמוד אנו לומדים כיצד השתלשלה ההלכה מתוך הפסוקים. לדוגמה, איסור אכילת בשר בחלב, מלמד אותנו התלמוד,[2] נובע מכך שמוזכר בתורה שלוש פעמים הפסוק "לא תבשל גדי בחלב אמו".[3] שלוש הפעמים באות כל אחת ללמד אותנו איסור הלכתי אחר הנוגע לערבוב בשר וחלב (איסור אכילה, איסור בישול ואיסור הנאה). הגמרא היא שלב נוסף בלימוד התורה. הקו החורז בין המקצועות השונים של לימוד התורה הוא לא להסתפק רק בידיעת העשייה הטכנית, אלא להזדהות עם התכנים. הזדהות זו מגיעה כאשר חושפים בהדרגה את המהות העומדת מאחוריהם, חשיפה המגיעה בשלב ראשון, כאמור, מהכרת ההיגיון הלמדני של הפסוקים.

לימודי מחשבה (אמונה) - מהו הרעיון הרוחני שעומד מאחורי הפסוקים. לימודים אלה לוקחים אותנו שלב נוסף פנימה. אם לימודי ההלכה עסקו ב"איך" לקיים את המצווה, ולימודי המשנה והתלמוד בהבנה כיצד הגענו להלכות מתוך פסוקי התורה שבכתב, הרי לימודי המחשבה עוסקים ב"למה", בהיגיון האמוני העומד מאחורי הפסוקים. ספרות המחשבה (שגם ספרות החסידות בכללה) תסביר לנו לדוגמה,[4] כי טעמו של איסור עירוב בשר וחלב הוא לפתח בנו את המוסר (אם כבר בחולשתנו אנו נאלצים ליטול את חייהם של בעלי החיים, לפחות לא לאכול זאת בעת ובעונה אחת בד בבד עם חלב שהוא גזל רכושם). ההזדהות עם התכנים התורניים הולכת ומתגברת ככל שמבינים יותר את הטעם המחשבתי העומד מאחוריהם.

לימודי מוסר - איך להפנים את הרעיונות הללו ולהפכם לחלק

2 חולין קטו ע"ב.

3 שמות כג, יט; שם לד, כו; דברים יד, כא.

4 ראו לדוגמה מאמרו של הרב קוק "חזון הצמחונות והשלום".

מהאישיות. המילה "מוסר" מגיעה מן המילה מוֹסֵרוֹת (מוטות שהיו מכוונים את הבהמות להליכה ישרה בתוך תלם החרישה). אם בלימודי המחשבה עסקנו בהבנת ההיגיון האמוני, הרי לימודי המוסר מלמדים אותנו כיצד להפנים זאת בנפש. לדוגמה, בנוגע לאיסור עירוב בשר וחלב, שבלימודי המחשבה למדנו כי אחד מטעמיו הוא פיתוח האצילות והרגישות המוסרית כלפי הסובב, לימודי המוסר יעסקו בשאלה כיצד להטמיע בנו (עד רמת עצות מעשיות־פסיכולוגיות) את התכנים הללו. כלומר המטרה היא לא רק לבצע את ההלכות ואפילו לא רק להבין אותן בשכל, אלא, בסופו של דבר, גם לחיות אותן.

לימודי קבלה (תורת הנסתר) - מהו העיקרון המופשט המסתתר מאחורי ההלכה. לימודי הנסתר הם השיא במסע אל הפנימיות. על גבי ידיעת ההלכה, הבנת ההיגיון הלמדני והפנימי שלה והפנמתה בנפש - אנו לומדים בלימודי הקבלה מהם העקרונות הרוחניים של היצירה האלוהית המתגלים בציווי המדובר. ההבדל בין לימודי אמונה ללימודי קבלה הוא שהראשונים נאמרים בשפה המתורגמת למושגים הניתנים להבנה אינטלקטואלית, ואילו האחרונים נאמרים בשפת קוד למביני דבר. לדוגמה, בנוגע לעירוב בשר בחלב: הבשר מבטא, על פי תורת הסוד, את "מידת הדין" (הצדדים הקשים במציאות), ואילו החלב מבטא את "מידת הרחמים" (הצדדים הרכים), וערבוב שלהם מבטא טשטוש תפקידים שונים בבריאה ויש להימנע מכך.

אדם הלומד תורה אמור לחבר בין העולמות, בין הרעיונות המופשטים ביותר ליישום המעשי והפסיכולוגי. לימוד התורה על כל חלקיה אמור לבנות אישיות האוחזת בכל הרבדים - המעשיים (הלכה); השכליים־טכניים (תלמוד); השכליים־מופשטים (מחשבה); הנפשיים (מוסר); והנשמתיים (קבלה).

לימודי מוסר

לימודי מוסר מהווים כאמור את החוליה בשרשרת הלימוד שמיועדת לתרגם את העקרונות הרוחניים לעבודה אישיותית ומידותית. לאורך

כל הדורות תוכני המוסר היו מובנים בלימוד התורני - הן פסוקים בתנ"ך שמתייחסים לעבודת המידות (או ספרים שלמים כדוגמת משלי וקהלת); הן בהתייחסויות אלו ואחרות של חז"ל במשנה ובתלמוד (מסכת אבות היא דוגמה לריכוז מובהק של תכנים מוסריים); והן בכתבים בכל מקצועות התורה ששילבו הארות מוסריות. יחד עם זאת, עם השנים נכתבו ספרים ייעודיים לעבודה מוסרית ישירה כדוגמת "שמונה פרקים" לרמב"ם; "שערי תשובה" לרבנו יונה; וכמובן - "מסילת ישרים" לרמח"ל.

לימוד מוסר אינו דורש זמן מרובה אולם ישנה חשיבות להקפיד על כך במינון קטן בכל יום, מפני שהוא מעניק את המוטיבציה ללימוד התורני בכללותו. ישנה אמירה בשם בעלי המוסר שאם יש לאדם רק חמש דקות פנויות ביום והוא מתלבט אם להקדיש אותן ללימוד גמרא או מוסר - מוטב שיקדיש אותן ללימוד מוסר, כי אז ימצא גם חמש דקות נוספות ללימוד גמרא. הזמן המומלץ לכך הוא לפני השינה; לימוד מוסר בנוסף לחשבון נפש שנדבר עליו רבות בהמשך - הם סיכום יום מצוין ומתכון בטוח לשינה שלווה.

תנועת המוסר

בנוגע לחשיבות לימוד מוסר ראוי לציין תנועה שלמה - שכללה בתי מדרש, טכניקות מעשיות ומשנה סדורה ביחס לעבודה המוסרית - בשם "תנועת המוסר". תנועה זו פרחה בעולם הישיבתי האירופאי במחצית השנייה של המאה התשע עשרה וטיפחה עיסוק בתכנים ובספרים כדוגמת מסילת ישרים.

במובנים מסוימים תנועה זו הקדימה את זמנה. אנשי תנועת המוסר היו למעשה ה"קואצ'רים" הראשונים, וייתכן שבימינו, כשקיים ביקוש כה גדול לעבודה אישיותית ומודעות עצמית, יש צורך לחדש את "תנועת המוסר לדורנו" (כפי שישנם זרמים שחידשו את תנועת החסידות לדורנו). נקווה שספר זה יהיה נדבך מסוים בהחייאת העבודה המוסרית במאה העשרים ואחת.

הרמח"ל וספרו

לא במקרה זכה רבי משה חיים לוצאטו (רמח"ל) לכתוב את הספר המוסרי, בה"א הידיעה, של עם ישראל. שלושים ושבע שנותיו מאירות מולנו דמות פלאית של תלמיד חכם עצום בנגלה ובנסתר, משורר, מחזאי, סופר ופורץ דרך. הפולמוס שהתעורר סביבו והחשדות כלפיו רק הגבירו את השפעתו לדורות על עם ישראל בפרט ועל החשיבה האנושית בכלל.

למעשה, עקב החשדות בזמנו ביחס למשנתו הקבלית, זכינו לספר מסילת ישרים. מכיוון שהרמח"ל נאלץ להימנע מלכתוב דברי קבלה, הוא יצר את ספר מסילת ישרים שלוקח רעיונות קבליים ומתרגם אותם לשפה מוסרית שווה לכל נפש. על הרמח"ל וספרו התבטא גדול הדורות הגאון רבי אליהו מוילנא (הגר"א) שאילו היה חי בזמנו היה הולך ברגל לקבל את פניו.[5]

ייתכן שמסילת ישרים זכה להיות ספר המוסר הבסיסי והמקובל ביותר ביהדות מפני שיש בו סדר והדרגתיות מובנים. בניגוד לתוכני מוסר אחרים שמדברים על אודות מידות הנפש באופן לא סדיר, הרמח"ל משרטט מדרג מסודר מתחילת העבודה המוסרית (זהירות) עד לראש הפירמידה (קדושה).

מבנה הספר ושיטתו

הספר בנוי מהקדמה שבה מברר הרמח"ל "מה חובתו של האדם בעולמו של הקדוש ברוך הוא" ("להתענג על ה'"), ומעשרים ושישה פרקים שמתארים תשע מדרגות שדרכן נגיע למילוי "חובה" זו: זהירות, זריזות, נקיות, פרישות, טהרה, חסידות, ענווה, יראת חטא, קדושה. הרמח"ל כתב את הספר בשתי גרסאות: גרסה אחת המנוסחת בצורת דו־שיח בין חכם לחסיד ("סדר הויכוח"), והשנייה היא על פי סדר פרקים מדורג ("סדר הפרקים"). בפועל הגרסה השנייה התקבלה כגרסה הנלמדת.

5 הרב יצחק מאלצאן בפתח דבר לספר דרך ה', ירושלים תרע"ד.

בגרסת ״סדר הפרקים״ כל מדרגה מתפרטת ל: א. הגדרת המדרגה; ב. החלקים מהם היא מורכבת; ג. הכלים והמוטיבציה לרכוש אותה (״עשה טוב״); ד. הגורמים שמונעים מאיתנו לרכוש את המדרגה וכיצד להתרחק מהם (״סור מרע״). במדרגות הראשונות הפרקים ארוכים ומפורטים יותר וככל שהמדרגות מתקדמות כך הפרקים הופכים להיות דחוסים יותר; ככל הנראה מתוך הנחה שבשלבים מתקדמים אדם אמור להבין מתוך עצמו ללא פירוט יתר.

שתי הדרכים המרכזיות שמציע הרמח״ל להפנמת המדרגה בנפש הן: א. לימוד הכרתי. בהקדמה ובמקומות נוספים בספר מזהיר הרמח״ל מן הטעות הנפוצה שעבודת המידות נדמית כמובנת מאליה ואיננה זקוקה לכאורה לפיתוח תודעתי; ב. התנהלות מעשית שתסייע ל״נעיצת״ המידה בנפש; מעין הכלל של ספר החינוך: ״אחרי הפעולות נמשכים הלבבות״.[6]

חשוב לציין נקודה נוספת: המעבר בין מדרגה למדרגה איננו חד־משמעי. נפש האדם איננה מכונה וייתכן מצב בו אדם קנה במובן מסוים את מדרגת הזהירות, הזריזות והנקיות, ובבואו להתקדם למדרגת הפרישות הוא מוצא עצמו מתמודד בשנית או בעשירית עם אתגרים ששייכים למדרגת הזהירות. ייתכן גם מצב שבו אדם בתחילת הדרך כבר נוגע ברבדים מסוימים של מדרגת הקדושה ולהפך. עבודת המידות היא אורגנית ודינמית, יחד עם זאת הרמח״ל משרטט תהליך מדורג שאם מתנהלים בו כראוי ניתן לראות לאורך זמן התקדמות מן המדרגות הנמוכות לגבוהות. לאורך כל התהליך יש לתחזק את המדרגות שנרכשו אולם ככל שמתבגרים מוסרית הדגש האישיותי מופנה להתמודדות עם השלבים המתקדמים ואילו השלבים הראשוניים הופכים לטבעיים יותר.

6 מצווה טז. חשוב לציין שאין כוונתם של הרמח״ל ושל ספר החינוך לאילוף חיצוני (שיטה ביהביוריסטית), אלא מאחר שיש ״לב״, היינו הזדהות פנימית עם המידה, יש להתנהל באופן מעשי מסוים כדי להפנים אותה.

מסילת ישרים למאה העשרים ואחת

בכל הדורות היה צורך בלימוד מוסר אך בימינו הצורך גדול אף יותר. לאנשים רבים לימוד מוסר (שכיום נוהגים לכנותו "אימון אישי") הוא נקודת הממשק בינם לבין העולם הרוחני. נחדד את הדברים: תפקידו של לימוד המוסר איננו רק למקסם את יכולותינו האישיות בתחום הכלכלי, החברתי או אפילו הנפשי אלא על מנת להגיע למדרגת קדושה, למצב בו כל רגע בחיינו מתייחד ("מוקדש") למשמעות החיים האמיתית שהיא החיבור לאלוהים. בהתאם לזאת לימוד המוסר היהודי יכיל לא רק הדרכות לזריזות, לדחיית סיפוקים וכו׳ אלא גם הכוונה לדקדוק בקיום מצוות, חיבור לכלל ישראל ועוד.

לכל דור ודור יש "מסילת ישרים" משלו. גם בדורנו לימוד מסילת ישרים עונה במדויק על הצורך הקיומי למימוש עצמי ולהזדהות אישית עם העולם הרוחני.

ההתמודדות של סבינו וסבתותינו הייתה פשוטה: להישאר בחיים! יהודי שהצליח לשרוד את התופת ששלטה בעולם לפני כשמונים שנה, להקים משפחה ולהתנהל באופן נורמלי, פחות או יותר, הישגים אלו כשלעצמם זיכו אותו במקום מכובד בגן עדן.

האתגרים שעמדו מול הורינו היו שונים. רובו של הדור הקודם לא התמודד מול איומים קיומיים כדוגמת ימי הגלות, אולם נאלץ לעמול קשה על מנת להישאר דתי במציאות התרבותית של ישראל במחצית השנייה של המאה העשרים. במדינה שנשלטה בידי תרבות חילונית סוציאליסטית לא פשוט היה לשמור על אורח חיים דתי במובן הבסיסי. אוכל כשר לא היה בנמצא בקלות; תשמישי קדושה עלו ממון רב (גם בשל המצב הכלכלי ששרר אז במדינה); חלק ממקומות העבודה לא ראו בעין יפה פועלים שסירבו לעבוד בשבת; ובעיקר - היה בוז תרבותי למיעוט הדתי, עד כדי כך שהיו אנשים שנאלצו ללכת ברחוב עם קסקט במקום כיפה עקב חוסר נעימות.

כל אלה אינן ההתמודדויות של אדם דתי כיום!

אנו חיים כיום במדינה חזקה ובטוחה. ישנן אומנם מלחמות

והתמודדויות, אולם מצבנו רחוק שנות אור מימי חוסר האונים של הדורות הקודמים. הקוזקים לא ישרפו את העיירה שלנו ואם הם יבואו צה"ל יכה בהם. הסולטאן לא ידרוש 'בקשיש'; מקסימום מס הכנסה. הקשיים שחווה הדור הקודם מבחינה דתית אף הם נחלת העבר. גם אם נרצה לחפש אוכל לא כשר כמעט ולא נמצא. למרות תקשורת אנטי־דתית מובהקת - רוב האוכלוסייה היהודית במדינת ישראל מגדירה עצמה כמסורתית, וכיפה או כיסוי ראש זה הכי אִין שיש. אנו חיים בשפע כלכלי שלא היה כמוהו בתולדות העם היהודי, לקנות חנוכיית כסף, לצאת לנופש בבית מלון כשר למהדרין או לשמוע פופ חסידי - אלו הן תופעות של יום־יום.

חיים במסגרת דתית טכנית במאה העשרים ואחת - אינם דורשים מאמץ מיוחד; אדרבה, הדת מעניקה שייכות חברתית ויתרונות נוספים. האתגר כיום הוא לחוש הזדהות וחיבור עם תוכני האמונה. הנחת קוביות תפילין על הזרוע ועל הראש - לא מצריכה שום מסירות נפש, אפילו יש בכך מן האקזוטיות; לחוש התעלות וקדושה בהנחת תפילין - זהו מה שייתבע מאיתנו כשנעמוד לפני אבינו שבשמיים.

דווקא בדור שלנו עלולה להתעצב בנפש מסגרת דתית נוצצת מבחוץ אולם חלולה מבפנים. יהדות שטחית של פולקלור חביב ולא יותר מכך. לקיים הלכות באופן סלקטיבי, אולם להישאר מנוכרים אליהן; להשתעמם בתפילה, אבל להתמלא בחיוניות בצפייה במשחק כדורגל; לשמוע תקיעת שופר בבית כנסת מפואר ולהרהר באותו זמן בחדשות; ללכת עם מותגי יוקרה שאולי צנועים מבחינה הלכתית אולם מנקרי עיניים מבחינת עלותם הכספית.

המשימה כיום היא פיתוח עולם אמוני המשוחרר מדמיונות, חומרנות, שיקולי תדמית ופחדים - גם אם יש עליהם כיפה; להיפגש עם הקדוש ברוך הוא עמוק בלב - בכך בדיוק עוסק הספר מסילת ישרים.

זהו איננו ספר קואצ'ינג אלא ספר על אמונה באלוהים. הנחת המוצא היא ששורשי המתחים, הכאבים והתסכולים בחיינו מתחילים משיבושים בהכרתנו הרוחנית; ולהפך - מעבר לחיים שמחים, פעילים ואמיצים נובע

באופן ישיר מתודעה רוחנית מפותחת. אלו הן התובנות שרכשנו ממסורת יהודית בת ארבעת אלפים שנה; וחלקן נמצאות בספר הזה.

תרגום ויישום

בביאור זה של מסילת ישרים הושם דגש על תרגום הרעיונות לדוגמאות מהווי החיים המודרני והדרכות מעשיות לאדם בן דורנו.

בכל סוף מדרגה, מעבר להערות הביאור, הוספנו סיכום מעשי ואף שורות ריקות על מנת שכל אחד ואחת יוכלו להוסיף דגשים אישיים בכל שלב בהתפתחות מסילת הישרים.

מעבר לכך הטכנולוגיה כיום מאפשרת להרחיב את אופקי הלימוד בדרכים נוספות. מומלץ להיכנס לסדרת שיעורים בנושא. הקלידו ביוטיוב: "מסילת ישרים למאה ה־21 חגי לונדין".

כמו כן, קיימת אפליקציה של לימוד מסילת ישרים יומי באופן של אימון אישי. הקלידו בחנות האפליקציות (הן לאנדרואיד והן לאייפון): "מסילת ישרים".

סוף דבר

עשו לעצמכם טובה: מעכשיו עד סוף חייכם, שימו את ספר מסילת ישרים ליד מיטתכם ובכל ערב לפני השינה קראו בו חמש דקות, סמנו בסימנייה, והמשיכו חמש דקות בערב הבא. בכל יום ויום - לאחר יום שמח ולאחר יום עצוב; לאחר שהסתכסכתם עם סביבתכם; נכשלתם במבחן; הגעתם להישג שחלמתם עליו; במילואים; בליל הכלולות; לאחר התאוששות מניתוח; לאחר שחיבקתם את ילדכם במיטה; ובעת שנפרדתם מהוריכם המזדקנים - קראו חמש דקות במסילת ישרים וגעו בנשמה.

תראו שמסילת החיים מתיישרת לפניכם.

חגי לונדין
שדרות, אדר תשפ"ה

מסילת ישרים
למאה ה־21

הקדמה

הקדמת הרב המחבר

אָמַר הַמְחַבֵּר, הַחִיבּוּר הַזֶּה לֹא חִבַּרְתִּיו לְלַמֵּד לִבְנֵי הָאָדָם אֶת אֲשֶׁר לֹא יָדְעוּ, אֶלָּא לְהַזְכִּירָם אֶת הַיָּדוּעַ לָהֶם כְּבָר, וּמְפוּרְסָם אֶצְלָם פִּרְסוּם גָּדוֹל. כִּי לֹא תִמְצָא בְּרוֹב דְּבָרַי אֶלָּא דְּבָרִים שֶׁרוֹב בְּנֵי הָאָדָם יוֹדְעִים אוֹתָם וְלֹא מִסְתַּפְּקִים בָּהֶם כְּלָל, אֶלָּא שֶׁכְּפִי רוֹב פִּרְסוּמָם וּכְנֶגֶד מַה שֶּׁאֲמִתָּם גְּלוּיָה לַכֹּל, כָּךְ הַהֶעְלֵם מֵהֶם מָצוּי מְאֹד וְהַשִּׁכְחָה רַבָּה. עַל כֵּן אֵין הַתּוֹעֶלֶת הַנִּלְקָט מִזֶּה הַסֵּפֶר יוֹצֵא מִן הַקְּרִיאָה בּוֹ פַּעַם אַחַת, כִּי כְּבָר אֶפְשָׁר שֶׁלֹּא יִמְצָא הַקּוֹרֵא בְּשִׂכְלוֹ חִידּוּשִׁים אַחַר קְרִיאָתוֹ שֶׁלֹּא הָיוּ בּוֹ לִפְנֵי קְרִיאָתוֹ אֶלָּא מְעָט. אֲבָל הַתּוֹעֶלֶת יֵצֵא מִן הַחֲזָרָה עָלָיו וְהַהַתְמָדָה, כִּי יִזָּכְרוּ לוֹ הַדְּבָרִים הָאֵלֶּה הַנִּשְׁכָּחִים מִבְּנֵי הָאָדָם בְּטֶבַע, וְיָשִׂים אֶל לִבּוֹ חוֹבָתוֹ אֲשֶׁר הוּא מִתְעַלֵּם מִמֶּנָּה.

וְתִרְאֶה, אִם תִּתְבּוֹנֵן בַּהֹוֶה בְּרוֹב הָעוֹלָם, כִּי רוֹב אַנְשֵׁי הַשֵּׂכֶל הַמָּהִיר וְהַפִּקְחִים הַחֲרִיפִים יָשִׂימוּ רוֹב הִתְבּוֹנְנָם וְהִסְתַּכְּלוּתָם בְּדַקּוּת הַחָכְמוֹת וְעוֹמֶק הָעִיּוּנִים, אִישׁ אִישׁ כְּפִי נְטִיַּית שִׂכְלוֹ וְחֶשְׁקוֹ הַטִּבְעִי. כִּי יֵשׁ שֶׁיִּטְרְחוּ מְאֹד בְּמֶחְקַר הַבְּרִיאָה וְהַטֶּבַע, וַאֲחֵרִים יִתְּנוּ כָּל עִיּוּנָם לִתְכוּנָה וּלְהַנְדָּסָה. אֲחֵרִים לִמְלָאכוֹת, וַאֲחֵרִים יִכָּנְסוּ יוֹתֵר אֶל הַקֹּדֶשׁ, דְּהַיְינוּ

לִימּוּד הַתּוֹרָה הַקְּדוֹשָׁה, מֵהֶם בְּפִלְפּוּלֵי הַהֲלָכוֹת, מֵהֶם בְּמִדְרָשִׁים, מֵהֶם בְּפִסְקֵי הַדִּינִים. אַךְ מְעַטִּים יִהְיוּ מִן הַמִּין הַזֶּה, אֲשֶׁר יִקְבְּעוּ עִיּוּן וְלִימּוּד עַל עִנְיְנֵי שְׁלֵימוּת הָעֲבוֹדָה, עַל הָאַהֲבָה, עַל הַיִּרְאָה, עַל הַדְּבֵיקוּת וְעַל כָּל שְׁאָר חֶלְקֵי הַחֲסִידוּת:

וְלֹא מִפְּנֵי שֶׁאֵין דְּבָרִים אֵלֶּה עִיקָּרִים אֶצְלָם, כִּי אִם תִּשְׁאַל לָהֶם, כָּל אֶחָד יֹאמַר שֶׁזֶּהוּ הָעִיקָּר הַגָּדוֹל, וְשֶׁלֹּא יְדוּמֶּה חָכָם שֶׁיִּהְיֶה חָכָם בֶּאֱמֶת, שֶׁלֹּא יִתְבָּרְרוּ אֶצְלוֹ כָּל הַדְּבָרִים הָאֵלֶּה. אַךְ מַה שֶּׁלֹּא יַרְבּוּ לְעַיֵּין עָלָיו הוּא מִפְּנֵי רוֹב פִּרְסוּם הַדְּבָרִים וּפְשִׁיטוּתָם אֶצְלָם, שֶׁלֹּא יֵרָאֶה לָהֶם צוֹרֶךְ לְהוֹצִיא בְּעִיּוּנָם זְמַן רַב. וְלֹא יִשָּׁאֵר לִימּוּד הַדְּבָרִים הָאֵלֶּה וּקְרִיאַת הַסְּפָרִים מִזֶּה הַמִּין, כִּי אִם אֵצֶל אוֹתָם שֶׁאֵין שִׂכְלָם כָּל כָּךְ דַּק וְקָרוֹב לִהְיוֹת גַּס, שֶׁאֵלֶּה תִּרְאֶה אוֹתָם שׁוֹקְדִים עַל כָּל זֶה וְלֹא יָזוּזוּ מִמֶּנּוּ, עַד שֶׁלְּפִי הַמִּנְהָג הַנּוֹהֵג בָּעוֹלָם, כְּשֶׁתִּרְאֶה אֶחָד מִתְחַסֵּד, לֹא תוּכַל לִימָּנַע מִלַּחְשׁוֹד אוֹתוֹ לְגַס הַשֵּׂכֶל:

וְאוּלָם תּוֹלְדוֹת הַמִּנְהָג הַזֶּה רָעוֹת מְאֹד לַחֲכָמִים וְלִבְלְתִּי חֲכָמִים, כִּי גּוֹרֵם שֶׁמֵּאֵלֶּה וּמֵאֵלֶּה יֶחְסַר הַחֲסִידוּת הָאֲמִיתִּי וְיִהְיֶה יָקָר מְאֹד לִמְצוֹא אוֹתוֹ בָּעוֹלָם, כִּי יֶחְסַר מִן הַחֲכָמִים לְמִיעוּט עִיּוּנָם בּוֹ. וְיֶחְסַר מִן הַבִּלְתִּי חֲכָמִים לְמִיעוּט הַשָּׂגָתָם אוֹתוֹ, עַד שֶׁיְּדַמּוּ רוֹב בְּנֵי הָאָדָם שֶׁהַחֲסִידוּת תָּלוּי בַּאֲמִירַת מִזְמוֹרִים הַרְבֵּה, וּוִידּוּיִם אֲרוּכִּים מְאֹד, צוֹמוֹת קָשִׁים וּטְבִילוֹת קֶרַח וָשֶׁלֶג, כֻּלָּם דְּבָרִים אֲשֶׁר אֵין הַשֵּׂכֶל נָח בָּהֶם וְאֵין הַדַּעַת שׁוֹקְטָה. וְהַחֲסִידוּת הָאֲמִיתִּי הַנִּרְצֶה וְהַנֶּחְמָד רָחוֹק מִצִּיּוּר שִׂכְלֵנוּ, כִּי זֶה דָּבָר פָּשׁוּט, - "מִלְּתָא דְּלָא רְמִיָא עֲלֵיהּ דְּאִינִישׁ, לָאו אַדַּעְתֵּיהּ" (שבועות מ"א ב'). וְאַף עַל פִּי שֶׁכְּבָר קְבוּעִים בְּלֵב כָּל הָאָדָם הַיָּשָׁר הַתְחָלוֹתָיו וִיסוֹדוֹתָיו, אִם לֹא יַעֲסוֹק בָּהֶם - יִרְאֶה פְּרָטָיו וְלֹא יַכִּירֵם, יַעֲבוֹר עֲלֵיהֶם וְלֹא יַרְגִּישׁ בָּם.

רְאֵה, כִּי אֵין דִּבְרֵי הַחֲסִידוּת וְעִנְיְנֵי הַיִּרְאָה, וְהָאַהֲבָה, וְטָהֳרַת הַלֵּב - דְּבָרִים מוּטְבָּעִים בָּאָדָם, עַד שֶׁלֹּא יִצְטָרְכוּ אֶמְצָעִים לִקְנוֹתָם אֶלָּא יִמְצְאוּ אוֹתָם בְּנֵי הָאָדָם בְּעַצְמָם כְּמוֹ שֶׁיִּמְצְאוּ כָּל תְּנוּעוֹתֵיהֶם

הַטִּבְעִיּוֹת, כַּשֵּׁנָה וְהַיְקִיצָה, הָרָעָב וְהַשֹּׂבַע, וְכָל שְׁאָר הַתְּנוּעוֹת הַחֲקוּקוֹת בְּטִבְעֵנוּ, אֶלָּא וַדַּאי שֶׁצְּרִיכִים הֵם לְאֶמְצָעִים וּלְתַחְבּוּלוֹת לִקְנוֹת אוֹתָם. וְלֹא יִבָּצְרוּ גַּם כֵּן מַפְסִידִים לָהֶם שֶׁיַּרְחִיקוּם מִן הָאָדָם, וְלֹא יֶחְסְרוּ דְּרָכִים לְהַרְחִיק מַפְסִידֵיהֶם.

אִם כֵּן אֵיפוֹא, אֵיךְ לֹא יִצְטָרֵךְ לְהוֹצִיא זְמַן עַל הָעִיּוּן הַזֶּה לָדַעַת אֲמִתַּת הַדְּבָרִים וְלָדַעַת הַדֶּרֶךְ לִקְנוֹתָם וּלְקַיְּמָם? מֵאַיִן תָּבוֹא הַחָכְמָה הַזֹּאת בְּלֵב הָאָדָם אִם לֹא יְבַקְשֶׁנָּה?!

וְכֵיוָן שֶׁכְּבָר הִתְאַמֵּת אֵצֶל כָּל חָכָם צוֹרֶךְ תְּמִימוּת הָעֲבוֹדָה וְחוֹבַת טָהֳרָתָהּ וּנְקִיּוּתָהּ, שֶׁזּוּלַת אֵלֶּה אֵינָהּ נִרְצֵית וַדַּאי כְּלָל, אֶלָּא נִמְאֶסֶת וּמְתוֹעֶבֶת, "כִּי כָל לְבָבוֹת דּוֹרֵשׁ ה' וְכָל יֵצֶר מַחֲשָׁבוֹת הוּא מֵבִין" (דברי הימים א' כ"ח ט') מַה נַּעֲנֶה בְּיוֹם תּוֹכֵחָה אִם הִתְרַשַּׁלְנוּ מִן הָעִיּוּן הַזֶּה, וְהִנַּחְנוּ דָּבָר שֶׁהוּא כָּל כָּךְ מוּטָל עָלֵינוּ, שֶׁהוּא עִיקַּר מָה ה' אֱלֹהֵינוּ שׁוֹאֵל מֵעִמָּנוּ.

הֲיִתָּכֵן שֶׁיִּיגַע וְיַעֲמוֹל שִׂכְלֵנוּ בַּחֲקִירוֹת אֲשֶׁר לֹא נִתְחַיַּבְנוּ בָּם, בְּפִלְפּוּלִים אֲשֶׁר לֹא יֵצֵא לָנוּ שׁוּם פְּרִי מֵהֶם, וְדִינִים אֲשֶׁר אֵינָם שַׁיָּיכִים לָנוּ, וּמַה שֶׁחַיָּיבִים אָנוּ לְבוֹרְאֵנוּ חוֹבָה רַבָּה, נַעַזְבֵהוּ לַהֶרְגֵּל וְנַנִּיחֵהוּ לְמִצְוַת אֲנָשִׁים מְלוּמָּדָה?!

אִם לֹא נִסְתַּכַּלְנוּ וְלֹא עִיַּינּוּ מַה הִיא הַיִּרְאָה הָאֲמִיתִּית, וּמַה עֲנָפֶיהָ, אֵיךְ נִקְנֶה אוֹתָהּ? וְאֵיךְ נִמָּלֵט מִן הַהֶבֶל הָעוֹלָמִי הַמְשַׁכֵּחַ אוֹתָהּ מִלִּבֵּנוּ? הֲלֹא תִשָּׁכַח וְתֵלֵךְ אַף עַל פִּי שֶׁיָּדַעְנוּ חוֹבָתָהּ.

הָאַהֲבָה גַּם כֵּן, אִם לֹא נִשְׁתַּדֵּל לִקְבּוֹעַ אוֹתָהּ בִּלְבָבֵנוּ בְּכֹחַ כָּל הָאֶמְצָעִים הַמַּגִּיעִים אוֹתָנוּ לָזֶה – אֵיךְ נִמְצָאֶהָ בָּנוּ? מֵאַיִן יָבוֹא הַדְּבֵיקוּת וְהַהִתְלַהֲטוּת בְּנַפְשׁוֹתֵינוּ עִמּוֹ יִתְבָּרַךְ וְעִם תּוֹרָתוֹ, אִם לֹא נִשְׁעֶה אֶל גְּדוּלָּתוֹ וְאֶל רוֹמְמוּתוֹ אֲשֶׁר יוֹלִיד בְּלִבֵּנוּ הַדְּבֵיקוּת הַזֶּה? אֵיךְ תִּטְהַר מַחְשְׁבוֹתֵינוּ אִם לֹא נִשְׁתַּדֵּל לְנַקּוֹתָהּ מִן הַמּוּמִין שֶׁמַּטִּיל בָּהּ הַטֶּבַע הַגּוּפָנִי?

וְהַמִּדּוֹת כֻּלָּם הַצְּרִיכוֹת כָּל כָּךְ תִּיקּוּן וְהַיְשָׁרָה, מִי יְיַשְּׁרֵם וּמִי יְתַקְּנֵם, אִם

לֹא נָשִׂים לֵב עֲלֵיהֶם וְלֹא נְדַקְדֵּק בַּדָּבָר דִּקְדּוּק גָּדוֹל? הֲלֹא אִם עִיַּנּוּ עַל הַדָּבָר עִיּוּן אֲמִיתִּי, הָיִינוּ מוֹצְאִים אוֹתוֹ עַל אֲמִתּוֹ, וּמֵיטִיבִים לְעַצְמֵנוּ, וּמְלַמְּדִים אוֹתוֹ לַאֲחֵרִים, וּמֵיטִיבִים לָהֶם גַּם כֵּן!

הוּא מַה שֶּׁאָמַר שְׁלֹמֹה "אִם תְּבַקְשֶׁנָּה כַכָּסֶף וְכַמַּטְמוֹנִים תַּחְפְּשֶׂנָּה, אָז תָּבִין יִרְאַת ה'" (משלי ב' ד'). אֵינוֹ אוֹמֵר, אָז תָּבִין פִילוֹסוֹפְיָאָה, אָז תָּבִין תְּכוּנָה, אָז תָּבִין רְפוּאָה, אָז תָּבִין דִּינִים, אָז תָּבִין הֲלָכוֹת, אֶלָּא - "אָז תָּבִין יִרְאַת ה'".

הֲרֵי לְךָ, שֶׁלְּהָבִין הַיִּרְאָה צָרִיךְ לְבַקֵּשׁ אוֹתָהּ כַּכֶּסֶף וּלְחַפֵּשׂ אוֹתָהּ כַּמַּטְמוֹנִים.

הֲדֵי אֵפוֹא בְּמַה שֶּׁמְּלוּמָּד לָנוּ מֵאֲבוֹתֵינוּ וּבְמַה שֶּׁמְּפוּרְסָם אֵצֶל כָּל בֶּן דַּת דֶּרֶךְ כְּלָל?! אוֹ הֲנִמְצָא זְמַן לְכָל שְׁאָר חֶלְקֵי הָעִיּוּן וְלָעִיּוּן הַזֶּה לֹא יִהְיֶה זְמַן?! לָמָּה לֹא יִקְבַּע אָדָם לְעַצְמוֹ עִתִּים לְפָחוֹת לְהִסְתַּכְּלוּת הַזֶּה, אִם מוּכְרָח הוּא בִּשְׁאֵרִית זְמַנּוֹ לִפְנוֹת אֶל עִיּוּנִים אוֹ אֶל עֲסָקִים אֲחֵרִים?

וְהִנֵּה הַכָּתוּב אוֹמֵר "הֵן יִרְאַת ה' הִיא חָכְמָה" (איוב כ"ח, כ"ח) וְאָמְרוּ רַבּוֹתֵינוּ זִכְרוֹנָם לִבְרָכָה "הֵן - אַחַת" (שבת ל"א ב'). הֲרֵי שֶׁהַיִּרְאָה הִיא חָכְמָה, וְהִיא לְבַדָּהּ חָכְמָה, וְוַדַּאי שֶׁאֵין נִקְרָא "חָכְמָה" מַה שֶּׁאֵין בּוֹ עִיּוּן.

אַךְ הָאֱמֶת הוּא, כִּי עִיּוּן גָּדוֹל צָרִיךְ עַל כָּל הַדְּבָרִים הָאֵלֶּה לָדַעַת אוֹתָם בֶּאֱמֶת, וְלֹא עַל צַד הַדִּמְיוֹן וְהַסְּבָרָה הַכּוֹזֶבֶת - כָּל שֶׁכֵּן לִקְנוֹת אוֹתָם וּלְהַשִּׂיגָם. וּמִי שֶׁיִּתְבּוֹנֵן בָּם, יִרְאֶה שֶׁאֵין הַחֲסִידוּת תָּלוּי בְּאוֹתָם הַדְּבָרִים שֶׁיַּחְשְׁבוּ הַמִּתְחַסְּדִים הַטִּפְּשִׁים, אֶלָּא בְּדִבְרֵי שְׁלֵימוּת אֲמִיתִּי וְחָכְמָה רַבָּה.

הוּא מַה שֶּׁמֹּשֶׁה רַבֵּנוּ עָלָיו הַשָּׁלוֹם מְלַמְּדֵנוּ בְּאָמְרוֹ "וְעַתָּה יִשְׂרָאֵל מָה ה' אֱלֹהֶיךָ שֹׁאֵל מֵעִמָּךְ כִּי אִם לְיִרְאָה אֶת ה' אֱלֹהֶיךָ לָלֶכֶת בְּכָל דְּרָכָיו וּלְאַהֲבָה אֹתוֹ וְלַעֲבֹד אֶת ה' אֱלֹהֶיךָ בְּכָל לְבָבְךָ וּבְכָל נַפְשֶׁךָ. לִשְׁמֹר

אֶת מִצְוֹת ה׳ וְאֶת חֻקֹּתָיו״ (דברים י׳ י״ב–י״ג). כָּאן כָּלַל כָּל חֶלְקֵי שְׁלֵימוּת הָעֲבוֹדָה הַנִּרְצֵית לַשֵּׁם יִתְבָּרַךְ וְהֵם: הַיִּרְאָה, הַהֲלִיכָה בִּדְרָכָיו, הָאַהֲבָה, שְׁלֵימוּת הַלֵּב, וּשְׁמִירַת כָּל הַמִּצְוֹת.

הַיִּרְאָה – הִיא יִרְאַת רוֹמְמוּתוֹ יִתְבָּרַךְ, שֶׁיִּירָא מִלְּפָנָיו כְּמִי שֶׁיָּרֵא מִלִּפְנֵי מֶלֶךְ גָּדוֹל וְנוֹרָא, וְיֵבוֹשׁ מִגְּדוּלָּתוֹ עַל כָּל תְּנוּעָה שֶׁהוּא בָּא לְהִתְנוֹעֵעַ, כָּל שֶׁכֵּן בְּדַבְּרוֹ לְפָנָיו בִּתְפִלָּה אוֹ בְּעָסְקוֹ בְּתוֹרָתוֹ.

הַהֲלִיכָה בִּדְרָכָיו – כּוֹלֵל כָּל עִנְיַן יוֹשֶׁר הַמִּדּוֹת וְתִיקּוּנָם, וְהוּא מַה שֶּׁבֵּיאֲרוּ זִכְרוֹנָם לִבְרָכָה ״מַה הוּא רַחוּם אַף אַתָּה רַחוּם״ וכו׳ (שבת קל״ג ב׳).

וּכְלַל כָּל זֶה, שֶׁיִּנְהַג הָאָדָם כָּל מִדּוֹתָיו וְכָל מִינֵי פְּעוּלּוֹתָיו עַל פִּי הַיּוֹשֶׁר וְהַמּוּסָר. וּכְלַל חֲכָמֵינוּ זִכְרוֹנָם לִבְרָכָה, ״כָּל שֶׁהִיא תִּפְאֶרֶת לְעוֹשֶׂיהָ וְתִפְאֶרֶת לוֹ מִן הָאָדָם״ (אבות ב׳ א׳) דְּהַיְינוּ, כָּל הַהוֹלֵךְ אֶל תַּכְלִית הַהֲטָבָה הָאֲמִיתִּית, דְּהַיְינוּ, שֶׁתּוֹלַדְתָּהּ חִיזּוּק הַתּוֹרָה וְתִיקּוּן אַחֲוַות הַמְּדִינוֹת.

הָאַהֲבָה – שֶׁיִּהְיֶה נִקְבָּע בְּלֵב הָאָדָם אַהֲבָה אֵלָיו יִתְבָּרַךְ, עַד שֶׁתִּתְעוֹרֵר נַפְשׁוֹ לַעֲשׂוֹת נַחַת רוּחַ לְפָנָיו, כְּמוֹ שֶׁלִּבּוֹ מִתְעוֹרֵר לַעֲשׂוֹת נַחַת רוּחַ לְאָבִיו וּלְאִמּוֹ, וְיִצְטַעֵר אִם חָסֵר זֶה מִצִּידּוֹ אוֹ מֵאֲחֵרִים, וִיקַנֵּא עַל זֶה וְיִשְׂמַח שִׂמְחָה רַבָּה בַּעֲשׂוֹתוֹ דָּבָר מִזֶּה.

שְׁלֵמוּת הַלֵּב – הוּא שֶׁתִּהְיֶה הָעֲבוֹדָה לְפָנָיו יִתְבָּרַךְ בְּטוֹהַר הַכַּוָּנָה, דְּהַיְינוּ, לְתַכְלִית עֲבוֹדָתוֹ בִּלְבַד וְלֹא לְשׁוּם פְּנִיָּיה אַחֶרֶת, וְנִכְלָל בָּזֶה, שֶׁיִּהְיֶה לִבּוֹ שָׁלֵם בָּעֲבוֹדָה וְלֹא כְּפוֹסֵחַ עַל שְׁתֵּי הַסְּעִיפִּים, אוֹ כְּעוֹשֶׂה מִצְוַת אֲנָשִׁים מְלוּמָּדָה, אֶלָּא שֶׁיִּהְיֶה כָּל לִבּוֹ נָתוּן לָזֶה.

שְׁמִירַת כָּל הַמִּצְוֹת – כְּמַשְׁמָעוֹ, דְּהַיְינוּ, שְׁמִירַת כָּל הַמִּצְוֹת כֻּלָּן בְּכָל דִּקְדּוּקֵיהֶן וּתְנָאֵיהֶן:

וְהִנֵּה כָּל אֵלֶּה כְּלָלִים צְרִיכִים פֵּירוּשׁ גָּדוֹל. וּמָצָאתִי לַחֲכָמֵינוּ זִכְרוֹנָם לִבְרָכָה, שֶׁכָּלְלוּ הַחֲלָקִים הָאֵלֶּה בְּסֵדֶר וְחִילּוּק אַחֵר יוֹתֵר פְּרָטִי

וּמְסוּדָּר – לְפִי הַהַדְרָגָה הַמִּצְטָרֶכֶת בָּהֶם לִקְנוֹת אוֹתָם עַל נָכוֹן. וְהוּא מַה שֶּׁאָמְרוּ בְּבָרַיְיתָא – הוּבְאָה בִּמְקוֹמוֹת שׁוֹנִים בַּשַּׁ"ס, וְאֶחָד מֵהֶם בְּפֶרֶק לִפְנֵי אֵידֵיהֶן, זֶה לְשׁוֹנָם:

"מִכָּאן אָמַר רַבִּי פִּנְחָס בֶּן יָאִיר, תּוֹרָה מְבִיאָה לִידֵי זְהִירוּת, זְהִירוּת מְבִיאָה לִידֵי זְרִיזוּת, זְרִיזוּת מְבִיאָה לִידֵי נְקִיּוּת, נְקִיּוּת מְבִיאָה לִידֵי פְּרִישׁוּת, פְּרִישׁוּת מְבִיאָה לִידֵי טָהֳרָה, טָהֳרָה מְבִיאָה לִידֵי חֲסִידוּת, חֲסִידוּת מְבִיאָה לִידֵי עֲנָוָה, עֲנָוָה מְבִיאָה לִידֵי יִרְאַת חֵטְא, יִרְאַת חֵטְא מְבִיאָה לִידֵי קְדֻשָּׁה, קְדֻשָּׁה מְבִיאָה לִידֵי רוּחַ הַקֹּדֶשׁ, רוּחַ הַקֹּדֶשׁ מְבִיאָה לִידֵי תְּחִיַּת הַמֵּתִים" (עבודה זרה כ׳ ב׳).

וְהִנֵּה עַל פִּי הַבָּרַיְיתָא הַזֹּאת הִסְכַּמְתִּי לְחַבֵּר חִיבּוּרִי זֶה, לְלַמֵּד לְעַצְמִי וּלְהַזְכִּיר לַאֲחֵרִים תְּנָאֵי הָעֲבוֹדָה הַשְּׁלֵימָה לְמַדְרֵיגוֹתֵיהֶם. וַאֲבָאֵר בְּכָל אֶחָד מֵהֶם עִנְיָנָיו וַחֲלָקָיו אוֹ פְּרָטָיו. הַדֶּרֶךְ לִקְנוֹת אוֹתוֹ, וּמָה הֵם מַפְסִידָיו, וְהַדֶּרֶךְ לִישָּׁמֵר מֵהֶם.

כִּי אֶקְרָא בּוֹ אֲנִי וְכָל מִי שֶׁיִּמְצָא בּוֹ נַחַת, לְמַעַן נִלְמַד לְיִרְאָה אֶת ה׳ אֱלֹהֵינוּ, וְלֹא תִשָּׁכַח מִמֶּנּוּ חוֹבָתֵנוּ לְפָנָיו. וַאֲשֶׁר חוֹמְרִיּוּת הַטֶּבַע מִשְׁתַּדֵּל לְהָסִיר מִלִּבֵּנוּ הַקְּרִיאָה וְהַהִסְתַּכְּלוּת יַעֲלֶה עַל זִכְרוֹנֵנוּ וִיעִירֵנוּ אֶל הַמִּצְוָה עָלֵינוּ. וַה׳ יִהְיֶה בְּכִסְלֵנוּ וְיִשְׁמוֹר רַגְלֵינוּ מִלָּכֶד, וְתִתְקַיֵּם בָּנוּ בַּקָּשַׁת הַמְּשׁוֹרֵר הָאָהוּב לֵאלֹהָיו "הוֹרֵנִי ה׳ דַּרְכֶּךָ, אֲהַלֵּךְ בַּאֲמִתֶּךָ, יַחֵד לְבָבִי לְיִרְאָה שְׁמֶךָ" (תהלים פ״ו י״א).

אָמֵן כֵּן יְהִי רָצוֹן:

פרק א

בביאור כלל חובת האדם בעולמו

יְסוֹד הַחֲסִידוּת וְשׁוֹרֶשׁ הָעֲבוֹדָה הַתְּמִימָה – הוּא שֶׁיִּתְבָּרֵר וְיִתְאַמֵּת אֵצֶל הָאָדָם מַה חוֹבָתוֹ בְּעוֹלָמוֹ, וּלְמַה צָרִיךְ שֶׁיָּשִׂים מַבָּטוֹ וּמְגַמָּתוֹ בְּכָל אֲשֶׁר הוּא עָמֵל כָּל יְמֵי חַיָּיו.

וְהִנֵּה, מַה שֶּׁהוֹרוּנוּ הַחֲכָמִים זִכְרוֹנָם לִבְרָכָה הוּא, שֶׁהָאָדָם לֹא נִבְרָא אֶלָּא לְהִתְעַנֵּג עַל ה׳ וְלֵיהָנוֹת מִזִּיו שְׁכִינָתוֹ, שֶׁזֶּהוּ הַתַּעֲנוּג הָאֲמִיתִּי וְהָעִידּוּן הַגָּדוֹל מִכָּל הָעִידּוּנִים שֶׁיְּכוֹלִים לִימָּצֵא. וּמְקוֹם הָעִידּוּן הַזֶּה בֶּאֱמֶת הוּא הָעוֹלָם הַבָּא, כִּי הוּא הַנִּבְרָא בַּהֲכָנָה הַמִּצְטָרֶכֶת לַדָּבָר הַזֶּה. אַךְ הַדֶּרֶךְ כְּדֵי לְהַגִּיעַ אֶל מְחוֹז חֶפְצֵנוּ זֶה – הוּא זֶה הָעוֹלָם.

וְהוּא מַה שֶּׁאָמְרוּ זִכְרוֹנָם לִבְרָכָה "הָעוֹלָם הַזֶּה דּוֹמֶה לִפְרוֹזְדוֹר בִּפְנֵי הָעוֹלָם הַבָּא" (אבות ד׳ ו׳).

וְהָאֶמְצָעִיִּים הַמַּגִּיעִים אֶת הָאָדָם לַתַּכְלִית הַזֶּה, הֵם הַמִּצְווֹת אֲשֶׁר צִוָּנוּ עֲלֵיהֶן הָאֵל יִתְבָּרַךְ שְׁמוֹ. וּמְקוֹם עֲשִׂיַּת הַמִּצְווֹת הוּא רַק הָעוֹלָם הַזֶּה.

עַל כֵּן הוּשַׂם הָאָדָם בְּזֶה הָעוֹלָם בַּתְּחִלָּה, כְּדֵי שֶׁעַל יְדֵי הָאֶמְצָעִיִּים הָאֵלֶּה הַמְּזֻדָּמְּנִים לוֹ כָּאן - יוּכַל לְהַגִּיעַ אֶל הַמָּקוֹם אֲשֶׁר הוּכַן לוֹ, שֶׁהוּא הָעוֹלָם הַבָּא, לִרְווֹת שָׁם בַּטּוֹב אֲשֶׁר קָנָה לוֹ עַל יְדֵי הָאֶמְצָעִיִּים אֵלֶּה. וְהוּא מַה שֶּׁאָמְרוּ זִכְרוֹנָם לִבְרָכָה "הַיּוֹם לַעֲשׂוֹתָם וּמָחָר לְקַבֵּל שְׂכָרָם" (ערובין כ"ב א').*

וּכְשֶׁתִּסְתַּכֵּל עוֹד בַּדָּבָר תִּרְאֶה, כִּי הַשְּׁלֵימוּת הָאֲמִיתִּי הוּא רַק הַדְּבֵיקוּת בּוֹ יִתְבָּרַךְ, וְהוּא מַה שֶּׁהָיָה דָּוִד הַמֶּלֶךְ אוֹמֵר "וַאֲנִי קִרְבַת אֱלֹהִים לִי טוֹב" (תהלים ע"ג כ"ח), וְאוֹמֵר "אַחַת שָׁאַלְתִּי מֵאֵת ה' אוֹתָהּ אֲבַקֵּשׁ, שִׁבְתִּי בְּבֵית ה' כָּל יְמֵי חַיַּי" (תהלים כ"ז ד'). כִּי רַק זֶה הוּא הַטּוֹב, וְכָל זוּלַת זֶה שֶׁיַּחְשְׁבוּהוּ בְּנֵי הָאָדָם לְטוֹב אֵינוֹ אֶלָּא הֶבֶל וְשָׁוְא נִתְעֶה. אָמְנָם לְשֶׁיִּזְכֶּה הָאָדָם לַטּוֹבָה הַזֹּאת, רָאוּי שֶׁיַּעֲמוֹל רִאשׁוֹנָה וְיִשְׁתַּדֵּל בִּיגִיעוֹ לִקְנוֹתָהּ, וְהַיְינוּ, שֶׁיִּשְׁתַּדֵּל לִידָּבֵק בּוֹ יִתְבָּרַךְ בְּכֹחַ מַעֲשִׂים שֶׁתּוֹלְדוֹתָם זֶה הָעִנְיָן, וְהֵם הֵם הַמִּצְוֹת.**

וְהִנֵּה שָׂמוֹ הַקָּדוֹשׁ בָּרוּךְ הוּא לָאָדָם בְּמָקוֹם שֶׁרַבִּים בּוֹ הַמַּרְחִיקִים אוֹתוֹ מִמֶּנּוּ יִתְבָּרַךְ, וְהֵם הֵם הַתַּאֲווֹת הַחוֹמְרִיּוֹת, אֲשֶׁר אִם יִמָּשֵׁךְ אַחֲרֵיהֶן

---

* הרמח"ל פותח בהנחת מוצא: לאדם יש חובה בעולם שעליו למלא! כיום המילה "חובה" נתפסת כסוג של כפייה אולם התרגום המדויק לדורנו זו המילה "ייעוד". לכל אדם יש ייעוד בעולם שעליו למצוא. מהו אותו ייעוד? "להתענג על ה'", היינו למצוא את נקודת ההזדהות והשייכות בחייו; למצוא משמעות מוחלטת בכל שנייה. לחוש בכל פעולה כיצד היא מבטאת לא רק תוכן זמני ומוגבל אלא אין־סופי ששייך לעולם עתידי שכל העת הולך ובא ("עולם הבא"). היכולת לחיות כך בהווה, בחיי העולם הזה - היא יסוד האושר והעונג.

** מבט חודר מחויב להגיע למסקנה שהדרך להגיע לתחושת שלמות ושלוות נפש היא רק באמצעות חיבור לתוכן נצחי ("הדבקות בו יתברך"). זוהי דרך מאתגרת, אולם יש לנו כלים מעשיים שבאמצעותם נוכל להיות "צוות" עם אלוהים - המצוות.

הִנֵּה הוּא מִתְרַחֵק וְהוֹלֵךְ מִן הַטּוֹב הָאֲמִיתִּי. וְנִמְצָא שֶׁהוּא מוּשָׂם בֶּאֱמֶת בְּתוֹךְ הַמִּלְחָמָה הַחֲזָקָה. כִּי כָל עִנְיְנֵי הָעוֹלָם, בֵּין לְטוֹב בֵּין לְמוּטָב, הִנֵּה הֵם נִסְיוֹנוֹת לָאָדָם. הָעוֹנִי מִצַּד אֶחָד וְהָעוֹשֶׁר מִצַּד אֶחָד, כְּעִנְיָן שֶׁאָמַר שְׁלֹמֹה "פֶּן אֶשְׂבַּע וְכִחַשְׁתִּי וְאָמַרְתִּי מִי ה׳, וּפֶן אִוָּרֵשׁ וְגָנַבְתִּי" וְכוּ׳ (משלי ל׳ ט׳), הַשַּׁלְוָה מִצַּד אֶחָד וְהַיִּסּוּרִין מִצַּד אֶחָד. עַד שֶׁנִּמְצֵאת הַמִּלְחָמָה אֵלָיו פָּנִים וְאָחוֹר. וְאִם יִהְיֶה לְבֶן חַיִל וִינַצֵּחַ הַמִּלְחָמָה מִכָּל הַצְּדָדִין, הוּא יִהְיֶה הָאָדָם הַשָּׁלֵם אֲשֶׁר יִזְכֶּה לִידָּבֵק בְּבוֹרְאוֹ וְיֵצֵא מִן הַפְּרוֹזְדוֹר הַזֶּה וְיִכָּנֵס בַּטְּרַקְלִין לֵיאוֹר בְּאוֹר הַחַיִּים, וּכְפִי הַשִּׁעוּר אֲשֶׁר כָּבַשׁ אֶת יִצְרוֹ וְתַאֲווֹתָיו וְנִתְרַחֵק מִן הַמַּרְחִיקִים אוֹתוֹ מֵהַטּוֹב וְנִשְׁתַּדֵּל לִידָּבֵק בּוֹ - כֵּן יַשִּׂיגֵהוּ וְיִשְׂמַח בּוֹ.*

וְאִם תַּעֲמִיק עוֹד בָּעִנְיָן תִּרְאֶה כִּי הָעוֹלָם נִבְרָא לְשִׁימּוּשׁ הָאָדָם, אָמְנָם הִנֵּה הוּא עוֹמֵד בְּשִׁיקּוּל גָּדוֹל, כִּי אִם הָאָדָם נִמְשָׁךְ אַחַר הָעוֹלָם וּמִתְרַחֵק מִבּוֹרְאוֹ, הִנֵּה הוּא מִתְקַלְקֵל וּמְקַלְקֵל הָעוֹלָם עִמּוֹ, וְאִם הוּא שׁוֹלֵט בְּעַצְמוֹ וְנִדְבָּק בְּבוֹרְאוֹ וּמִשְׁתַּמֵּשׁ מִן הָעוֹלָם רַק לִהְיוֹת לוֹ לְסִיּוּעַ לַעֲבוֹד בּוֹרְאוֹ, הוּא מִתְעַלֶּה וְהָעוֹלָם עַצְמוֹ מִתְעַלֶּה עִמּוֹ. כִּי הִנֵּה עִילּוּי גָּדוֹל הוּא לַבְּרִיּוֹת כֻּלָּם בִּהְיוֹתָם מְשַׁמְּשֵׁי הָאָדָם הַשָּׁלֵם הַמְקוּדָּשׁ בִּקְדוּשָּׁתוֹ יִתְבָּרֵךְ, וְהוּא כְּעִנְיַן מַה שֶּׁאָמְרוּ חֲכָמֵינוּ זִכְרוֹנָם לִבְרָכָה בְּעִנְיַן הָאוֹר שֶׁגְּנָזוֹ הַקָּדוֹשׁ בָּרוּךְ הוּא לַצַּדִּיקִים, זֶה לְשׁוֹנָם, "וְכֵיוָן שֶׁרָאָה אוֹר שֶׁגְּנָזוֹ הַקָּדוֹשׁ בָּרוּךְ הוּא לַצַּדִּיקִים שָׂמַח, שֶׁנֶּאֱמַר 'אוֹר צַדִּיקִים יִשְׂמָח' (משלי י״ג ט׳)" (חגיגה י״ב א׳).

---

* חיי היום־יום עלולים להסיח את הדעת מהחוויה העוצמתית הזו: החומרנות מצד אחד והטרדות מצד שני, גורמים לנו לשקוע בעיסוק קטנוני ובלתי פוסק בצדדים הטכניים של החיים ללא תחושת משמעות. כאשר אדם מסוגל למצוא שייכות והזדהות לתוכן נצחי בתוך מערך החיים המאתגר הזה יחוש הוא - "דבקות" - אושר וסיפוק אין־סופי.

וּבְעִנְיַן אַבְנֵי הַמָּקוֹם שֶׁלָּקַח יַעֲקֹב וְשָׂם מְרַאֲשׁוֹתָיו אָמְרוּ "אָמַר רַבִּי יִצְחָק, מְלַמֵּד שֶׁנִּתְקַבְּצוּ כֻּלָּן לְמָקוֹם אֶחָד וְהָיְתָה כָּל אַחַת אוֹמֶרֶת, עָלַי יַנִּיחַ צַדִּיק רֹאשׁוֹ" (חולין צ"א ב'). וְהִנֵּה עַל הָעִקָּר הַזֶּה הֵעִירוּנוּ זִכְרוֹנָם לִבְרָכָה בְּמִדְרַשׁ קֹהֶלֶת, שֶׁאָמְרוּ זִכְרוֹנָם לִבְרָכָה "'רְאֵה אֶת מַעֲשֵׂי הָאֱלֹהִים' וְכוּ' (קהלת ז' י"ג) – בְּשָׁעָה שֶׁבָּרָא הַקָּדוֹשׁ בָּרוּךְ הוּא אֶת אָדָם הָרִאשׁוֹן, נְטָלוֹ וְהֶחֱזִירוֹ עַל כָּל אִילָנֵי גַּן עֵדֶן וְאָמַר לוֹ, רְאֵה מַעֲשַׂי כַּמָּה נָאִים וּמְשׁוּבָּחִים הֵן, וְכָל מַה שֶּׁבָּרָאתִי – בִּשְׁבִילְךָ בָּרָאתִי, תֵּן דַּעְתְּךָ שֶׁלֹּא תְקַלְקֵל וְתַחֲרִיב אֶת עוֹלָמִי" (קהלת רבה ז' י"ג).*

כְּלָלוֹ שֶׁל דָּבָר, הָאָדָם לֹא נִבְרָא בַּעֲבוּר מַצָּבוֹ בָּעוֹלָם הַזֶּה, אֶלָּא בַּעֲבוּר מַצָּבוֹ בָּעוֹלָם הַבָּא. אֶלָּא שֶׁמַּצָּבוֹ בָּעוֹלָם הַזֶּה הוּא אֶמְצָעִי לְמַצָּבוֹ בָּעוֹלָם הַבָּא, שֶׁהוּא הַתַּכְלִיתִי. עַל כֵּן תִּמְצָא מַאַמְרֵי חֲכָמֵינוּ זִכְרוֹנָם לִבְרָכָה רַבִּים כֻּלָּם בְּסִיגְנוֹן אֶחָד, מְדַמִּים הָעוֹלָם הַזֶּה לְמָקוֹם וּזְמַן הַהֲכָנָה, וְהָעוֹלָם הַבָּא לִמְקוֹם הַמְּנוּחָה וַאֲכִילַת הַמּוּכָן כְּבָר. וְהוּא מַה שֶּׁאָמְרוּ "הָעוֹלָם הַזֶּה דּוֹמֶה לִפְרוֹזְדוֹר" (אבות ד' ט"ז), וּכְמוֹ שֶׁכָּתַבְתִּי לְמַעְלָה "הַיּוֹם לַעֲשׂוֹתָם... וּמָחָר" וְכוּ' (ערובין כ"ב א'). "מִי שֶׁטָּרַח בְּעֶרֶב שַׁבָּת יֹאכַל בְּשַׁבָּת" (עבודה זרה ג' א'), "הָעוֹלָם הַזֶּה דּוֹמֶה לַיַּבָּשָׁה וְהָעוֹלָם הַבָּא לַיָּם" וְכוּ' (קהלת רבה א' ט"ו). וְכָאֵלֶּה רַבִּים עַל זֶה הַדֶּרֶךְ.

וְתִרְאֶה בֶּאֱמֶת שֶׁכְּבָר לֹא יוּכַל שׁוּם בַּעַל שֵׂכֶל לְהַאֲמִין שֶׁתַּכְלִית בְּרִיאַת הָאָדָם הוּא לְמַצָּבוֹ בָּעוֹלָם הַזֶּה, כִּי מַה הֵם חַיֵּי הָאָדָם בָּעוֹלָם הַזֶּה? אוֹ מִי הוּא שֶׁשָּׂמֵחַ וְשָׁלֵו מַמָּשׁ בָּעוֹלָם הַזֶּה? "יְמֵי שְׁנוֹתֵינוּ בָהֶם שִׁבְעִים שָׁנָה, וְאִם בִּגְבוּרֹת שְׁמוֹנִים שָׁנָה, וְרָהְבָּם עָמָל וָאָוֶן" (תהלים צ' י'). בְּכַמָּה מִינֵי צַעַר וָחֳלָאִים וּמַכְאוֹבִים וּטְרָדוֹת, וְאַחַר כָּל זֹאת – הַמָּוֶת.

---

* במצב האידאלי של חיים מאוזנים ומלאי משמעות, מגיע אדם למצב בו כל אחד מפרטי החיים שלו "מתעלה". למשל, כשאדם אוכל מתוך כוונה, ברכה, בריאות ובמינון נכון – האוכל עצמו הופך להיות חלק משרשרת המשמעות; כשאדם נוהג ברכב בתנאים ובכוונה הנדרשת – הנהיגה עצמה הופכת להיות חלק מחוויות האין־סוף.

אֶחָד מִנִּי אֶלֶף לֹא יִמָּצֵא שֶׁיַּרְבֶּה הָעוֹלָם לוֹ הֲנָאוֹת וְשַׁלְוָה אֲמִיתִּית, וְגַם הוּא - אִלּוּ יַגִּיעַ לְמֵאָה שָׁנָה כְּבָר עָבַר וּבָטֵל מִן הָעוֹלָם.

וְלֹא עוֹד, אֶלָּא שֶׁאִם תַּכְלִית בְּרִיאַת הָאָדָם הָיָה לְצוֹרֶךְ הָעוֹלָם הַזֶּה, לֹא הָיָה צָרִיךְ מִפְּנֵי זֶה שֶׁתְּנוּפַּח בּוֹ נְשָׁמָה כָּל כָּךְ חֲשׁוּבָה וְעֶלְיוֹנָה שֶׁתִּהְיֶה גְּדוֹלָה יוֹתֵר מִן הַמַּלְאָכִים עַצְמָם, כָּל שֶׁכֵּן שֶׁהִיא אֵינָהּ מוֹצְאָה שׁוּם נַחַת רוּחַ בְּכָל עִינּוּגֵי זֶה הָעוֹלָם, וְהוּא מַה שֶּׁלִּמְּדוּנוּ זִכְרוֹנָם לִבְרָכָה בְּמִדְרַשׁ קֹהֶלֶת זֶה לְשׁוֹנָם "'וְגַם הַנֶּפֶשׁ לֹא תִמָּלֵא' - מָשָׁל לְמָה הַדָּבָר דּוֹמֶה לְעִירוֹנִי שֶׁנָּשָׂא בַּת מְלָכִים אִם יָבִיא לָהּ כָּל מַה שֶּׁבָּעוֹלָם, אֵינָם חֲשׁוּבִים לָהּ כְּלוּם, שֶׁהִיא בַּת מֶלֶךְ. כָּךְ הַנֶּפֶשׁ אִלּוּ הֵבֵאתָ לָהּ כָּל מַעֲדַנֵּי עוֹלָם, אֵינָם כְּלוּם לָהּ, לָמָּה? שֶׁהִיא מִן הָעֶלְיוֹנִים" (קהלת רבה ו' ו'). וְכֵן אָמְרוּ רַבּוֹתֵינוּ זִכְרוֹנָם לִבְרָכָה "עַל כָּרְחֲךָ אַתָּה נוֹצָר וְעַל כָּרְחֲךָ אַתָּה נוֹלָד" (אבות ד' כ"ב), כִּי אֵין הַנְּשָׁמָה אוֹהֶבֶת הָעוֹלָם הַזֶּה כְּלָל, אֶלָּא אַדְּרַבָּה מוֹאֶסֶת בּוֹ. אִם כֵּן וַדַּאי לֹא הָיָה בּוֹרֵא הַבּוֹרֵא יִתְבָּרַךְ בְּרִיאָה לְתַכְלִית שֶׁהוּא נֶגֶד חוּקָּהּ וְנִמְאָס מִמֶּנָּה. אֶלָּא בְּרִיאָתוֹ שֶׁל הָאָדָם לְמַצָּבוֹ בָּעוֹלָם הַבָּא הִיא, וְעַל כֵּן נִיתְּנָה בּוֹ נְשָׁמָה זֹאת, כִּי לָהּ רָאוּי לַעֲבוֹד וּבָהּ יוּכַל הָאָדָם לְקַבֵּל הַשָּׂכָר בִּמְקוֹמוֹ וּזְמַנּוֹ, שֶׁלֹּא יִהְיֶה דָּבָר נִמְאָס אֶל נִשְׁמָתוֹ כָּעוֹלָם הַזֶּה, אֶלָּא אַדְּרַבָּה נֶאֱהָב וְנֶחְמָד מִמֶּנָּה. וְזֶה פָּשׁוּט.*

וְהִנֵּה אַחַר שֶׁיָּדַעְנוּ זֶה נָבִין מִיָּד חוֹמֶר הַמִּצְוֹת אֲשֶׁר עָלֵינוּ וִיקַר הָעֲבוֹדָה אֲשֶׁר בְּיָדֵינוּ. כִּי הִנֵּה אֵלֶּה הֵם הָאֶמְצָעִיִּים הַמְּבִיאִים אוֹתָנוּ אֶל הַשְּׁלֵימוּת הָאֲמִיתִּי אֲשֶׁר בִּלְעָדָם לֹא יוּשַּׂג כְּלָל. וְאוּלָם יָדוּעַ כִּי אֵין הַתַּכְלִית מַגִּיעַ אֶלָּא מִכֹּחַ קִבּוּץ כָּל הָאֶמְצָעִיִּים אֲשֶׁר נִמְצְאוּ וַאֲשֶׁר שִׁימְּשׁוּ לְהַגִּיעוֹ,

* כאשר האדם אינו מחבר את מעשיו וחייו אל הנצח - הללו הופכים להיות זמניים וחסרי משמעות. הניסיון למצוא סיפוק ואושר בחיי העולם הזה, בעת שעומדים בפני עצמם, נועד לכישלון - הן מצד הארעיות והן מצד השבריריות שלהם. זהו השורש לתחושת העצבות, התלישות והבדידות שאנשים כה רבים חשים כיום, למרות העושר והשפע שאנו מוקפים בהם.

וּכְפִי כֹּחַ הָאֶמְצָעִיִּים וְשִׁמּוּשָׁם כֵּן יִהְיֶה הַתַּכְלִית הַנּוֹלָד מֵהֶם, וְכָל הֶפְרֵשׁ קָטָן שֶׁיִּמָּצֵא בָּאֶמְצָעִיִּים תִּבָּחֵן תּוֹלַדְתּוֹ בְּבֵירוּר וַדַּאי, בְּהַגִּיעַ זְמַן הַתַּכְלִית הַנּוֹלָד מִקִּיבּוּץ כֻּלָּם כְּמוֹ שֶׁכָּתַבְתִּי, וְזֶה בָּרוּר.

מֵעַתָּה וַדַּאי הוּא שֶׁהַדִּקְדּוּק שֶׁיְּדוּקְדַּק עַל עִנְיַן הַמִּצְוֹת וְהָעֲבוֹדָה, מוּכְרָח שֶׁיִּהְיֶה בְּתַכְלִית הַדִּקְדּוּק, כַּאֲשֶׁר יְדַקְדְּקוּ שׁוֹקְלֵי הַזָּהָב וְהַפְּנִינִים לְרֹב יָקְרָם, כִּי תּוֹלְדוֹתָם נוֹלֶדֶת בִּשְׁלֵימוּת הָאֲמִיתִּי וְהַיְּקָר הַנִּצְחִי שֶׁאֵין יְקָר לְמַעְלָה מִמֶּנּוּ.*

נִמְצֵינוּ לְמֵדִים, כִּי עִקַּר מְצִיאוּת הָאָדָם בָּעוֹלָם הַזֶּה הוּא רַק לְקַיֵּים מִצְוֹת, וְלַעֲבוֹד, וְלַעֲמוֹד בַּנִּיסָּיוֹן.

וַהֲנָאוֹת הָעוֹלָם אֵין רָאוּי שֶׁיִּהְיוּ לוֹ אֶלָּא לְעֵזֶר וּלְסִיּוּעַ בִּלְבַד, לְשֶׁיִּהְיֶה לוֹ נַחַת רוּחַ וְיִישּׁוּב דַּעַת לְמַעַן יוּכַל לְפַנּוֹת לִבּוֹ אֶל הָעֲבוֹדָה הַזֹּאת הַמּוּטֶּלֶת עָלָיו. וְאָמְנָם רָאוּי לוֹ שֶׁתִּהְיֶה כָּל פְּנִיָּיתוֹ רַק לַבּוֹרֵא יִתְבָּרַךְ, וְשֶׁלֹּא יִהְיֶה לוֹ שׁוּם תַּכְלִית אַחֵר בְּכָל מַעֲשֶׂה שֶׁיַּעֲשֶׂה – אִם קָטָן וְאִם גָּדוֹל – אֶלָּא לְהִתְקָרֵב אֵלָיו יִתְבָּרַךְ, וְלִשְׁבּוֹר כָּל הַמְּחִיצוֹת הַמַּפְסִיקוֹת בֵּינוֹ לְבֵין קוֹנוֹ – הֵן הֵנָּה כָּל עִנְיְנֵי הַחוֹמְרִיּוּת וְהַתָּלוּי בָּהֶם, עַד שֶׁיִּמָּשֵׁךְ אַחֲרָיו יִתְבָּרַךְ מַמָּשׁ כְּבַרְזֶל אַחַר אֶבֶן הַשּׁוֹאֶבֶת, וְכָל מַה שֶּׁיּוּכַל לַחְשׁוֹב שֶׁהוּא אֶמְצָעִי לַקּוּרְבָה הַזֹּאת – יִרְדּוֹף אַחֲרָיו וְיֹאחֵז בּוֹ וְלֹא יַרְפֵּהוּ. וּמַה שֶּׁיּוּכַל לַחְשׁוֹב שֶׁהוּא מְנִיעָה לָזֶה – יִבְרַח מִמֶּנּוּ כְּבוֹרֵחַ מִן הָאֵשׁ, וּכְעִנְיָן שֶׁנֶּאֱמַר "דָּבְקָה נַפְשִׁי אַחֲרֶיךָ בִּי תָּמְכָה יְמִינֶךָ" (תהלים ס"ג ט'), כֵּיוָן שֶׁבִּיאָתוֹ לָעוֹלָם אֵינָהּ אֶלָּא לְתַכְלִית הַזֶּה, דְּהַיְינוּ לְהַשִּׂיג אֶת הַקּוּרְבָה הַזֹּאת בְּמַלְּטוֹ נַפְשׁוֹ מִכָּל מוֹנְעֶיהָ וּמַפְסִידֶיהָ.

* האמצעי להגיע אל המטרה המדוברת לעיל, להתענגות ולחוויית השלמות, הוא באמצעות הציוויים התורניים (הכוונה למכלול התורני - לימוד תורה, מצוות, תפילות, עבודת המידות וכו'). ככל שאדם יקפיד יותר בדקדוקיהם - כך יחוש יותר את תחושת האושר. זוהי למעשה מדרגת "הקדושה" שנגיע אליה בסוף הספר.

וְהִנֵּה אַחַר שֶׁיָּדַעְנוּ וְהִתְבָּרֵר אֶצְלֵנוּ אֲמִתַּת הַכְּלָל הַזֶּה, יֵשׁ לָנוּ לַחְקוֹר עַל פְּרָטָיו לְפִי מַדְרֵיגוֹתֵיהֶם, מִתְּחִלַּת הַדָּבָר וְעַד סוֹפוֹ, כְּמוֹ שֶׁסִּדְּרָם רַבִּי פִּנְחָס בֶּן יָאִיר בְּמַאֲמָר שֶׁלּוֹ שֶׁהֵבֵאנוּ כְּבָר בְּהַקְדָּמָתֵנוּ, וְהֵם, הַזְּהִירוּת, הַזְּרִיזוּת, הַנְּקִיּוּת, הַפְּרִישׁוּת, הַטָּהֳרָה, הַחֲסִידוּת, הָעֲנָוָה, יִרְאַת הַחֵטְא וְהַקְּדוּשָּׁה. וְעַתָּה נְבָאֲרֵם אֶחָד אֶחָד בְּסִיַּעְתָּא דִשְׁמַיָּא.*

סיכום

מטרת החיים היא "להתענג על ה'" – להרגיש הזדהות, שייכות ומשמעות בכל רגע נתון (קדושה).

הדרך היא ב"מסילת הישרים" – תשעה שלבים המובילים אל הקדושה.

* לאחר שחידדנו לעצמנו את מטרת חיינו, נותר לנו לשרטט את תשעת השלבים, שבנויים על דבריו הקדושים של רבי פנחס בן יאיר, על מנת להגיע אל ההזדהות המוחלטת עם המשמעות האלוהית: 1. זהירות 2. זריזות 3. נקיות 4. פרישות 5. טהרה 6. חסידות 7. ענווה 8. יראת חטא 9. קדושה.

דף תכל'ס להקדמה

המטרה: העצמת המשמעות בחיי

משימות

- הפנימו שהאושר מצוי במציאת המשמעות והערכיות בחייכם.
- נסו למצוא מהי המשמעות במעגלי החיים שלכם - בתחום המקצועי, המשפחתי, האישי (רצוי לכתוב זאת).
- חדדו לעצמכם שכל דבר שאינו מחובר למשמעות - כסף, מעמד חברתי, הנאות חומריות - הוא זמני ושברירי, ואינו מביא את האושר.
- קבעו זמן מסודר של חמש דקות ביום ללימוד תורני־אישיותי (מוסר).

דגשים אישיים

זהירות

פרק ב

בביאור מידת הזהירות

הִנֵּה עִנְיַן הַזְּהִירוּת הוּא שֶׁיִּהְיֶה הָאָדָם נִזְהָר בְּמַעֲשָׂיו וּבְעִנְיָנָיו, כְּלוֹמַר, מִתְבּוֹנֵן וּמְפַקֵּחַ עַל מַעֲשָׂיו וּדְרָכָיו – הֲטוֹבִים הֵם אִם לֹא, לְבִלְתִּי עֲזוֹב נַפְשׁוֹ לְסַכָּנַת הָאֲבַדּוֹן חַס וְחָלִילָה, וְלֹא יֵלֵךְ בְּמַהֲלַךְ הֶרְגֵּלוֹ כְּעִוֵּר בָּאֲפֵלָה.

וְהִנֵּה זֶה דָּבָר שֶׁהַשֵּׂכֶל יְחַיְּיבֵהוּ וַדַּאי, כִּי אַחֲרֵי שֶׁיֵּשׁ לָאָדָם דֵּיעָה וְהַשְׂכֵּל לְהַצִּיל אֶת עַצְמוֹ וְלִבְרוֹחַ מֵאֲבַדּוֹן נִשְׁמָתוֹ, אֵיךְ יִתָּכֵן שֶׁיִּרְצֶה לְהַעְלִים עֵינָיו מֵהַצָּלָתוֹ? אֵין לְךָ פְּחִיתוּת וְהוֹלֵלוּת רַע מִזֶּה וַדַּאי! וְהָעוֹשֶׂה כֵּן הִנֵּה הוּא פָּחוּת מֵהַבְּהֵמוֹת וּמֵהַחַיּוֹת אֲשֶׁר בְּטִבְעָם לִשְׁמוֹר אֶת עַצְמָם וְעַל כֵּן יִבְרְחוּ וְיָנוּסוּ מִכָּל מַה שֶּׁיֵּרָאֶה לָהֶם הֱיוֹתוֹ מַזִּיק לָהֶם. וְהַהוֹלֵךְ בְּעוֹלָמוֹ בְּלִי הִתְבּוֹנְנוּת – אִם טוֹבָה דַּרְכּוֹ אוֹ רָעָה, הִנֵּה הוּא כְּסוּמָא הַהוֹלֵךְ עַל שְׂפַת הַנָּהָר אֲשֶׁר סַכָּנָתוֹ וַדַּאי עֲצוּמָה, וְרָעָתוֹ קְרוֹבָה מֵהַצָּלָתוֹ, כִּי אוּלָם חֶסְרוֹן הַשְּׁמִירָה מִפְּנֵי הָעִוָּרוֹן הַטִּבְעִי אוֹ מִפְּנֵי עִוָּרוֹן הָרְצוֹנִי, דְּהַיְינוּ, סְתִימַת הָעֵינַיִם בִּבְחִירָה וָחֵפֶץ, אֶחָד הוּא.

וְהִנֵּה יִרְמְיָהוּ הָיָה מִתְאוֹנֵן עַל רוֹעַ בְּנֵי דוֹרוֹ מִפְּנֵי הֱיוֹתָם נְגוּעִים בְּנֶגַע הַמִּדָּה הַזֹּאת, שֶׁהָיוּ מַעְלִימִים עֵינֵיהֶם מִמַּעֲשֵׂיהֶם בְּלִי שֶׁיָּשִׂימוּ לֵב

לִרְאוֹת מַה הֵם, הֲלְהֵעָשׂוֹת אִם לְהֵעָזֵב? וְאָמַר עֲלֵיהֶם "אֵין אִישׁ נִחָם עַל רָעָתוֹ לֵאמֹר... כֻּלֹּה שָׁב בִּמְרוּצָתָם כְּסוּס שׁוֹטֵף בַּמִּלְחָמָה" (ירמיה ח׳ ו׳), וְהַיְנוּ, שֶׁהָיוּ רוֹדְפִים וְהוֹלְכִים בִּמְרוּצַת הֶרְגֵּלָם וְדַרְכֵיהֶם מִבְּלִי שֶׁיַּנִּיחוּ זְמַן לְעַצְמָם לְדַקְדֵּק עַל הַמַּעֲשִׂים וְהַדְּרָכִים, וְנִמְצָא שֶׁהֵם נוֹפְלִים בְּרָעָה בְּלִי רְאוֹת אוֹתָהּ.*

וְאוּלָם הִנֵּה זֹאת בֶּאֱמֶת אַחַת מִתַּחְבּוּלוֹת הַיֵּצֶר הָרָע וְעָרְמָתוֹ, לְהַכְבִּיד עֲבוֹדָתוֹ בִּתְמִידוּת עַל לִבּוֹת בְּנֵי הָאָדָם עַד שֶׁלֹּא יִשָּׁאֵר לָהֶם רֶיוַח לְהִתְבּוֹנֵן וּלְהִסְתַּכֵּל בְּאֵיזֶה דֶּרֶךְ הֵם הוֹלְכִים. כִּי יוֹדֵעַ הוּא שֶׁאִלּוּלֵי הָיוּ שָׂמִים לִבָּם כִּמְעַט קָט עַל דַּרְכֵיהֶם, וַדַּאי שֶׁמִּיָּד הָיוּ מַתְחִילִים לִינָּחֵם מִמַּעֲשֵׂיהֶם וְהָיְתָה הַחֲרָטָה הוֹלֶכֶת וּמִתְגַּבֶּרֶת בָּהֶם עַד שֶׁהָיוּ עוֹזְבִים הַחֵטְא לְגַמְרֵי. וַהֲרֵי זֶה מֵעֵין עֲצַת פַּרְעֹה הָרָשָׁע שֶׁאָמַר "תִּכְבַּד הָעֲבֹדָה עַל הָאֲנָשִׁים" וְכוּ׳ (שמות ה׳ ט׳), שֶׁהָיָה מִתְכַּוֵּן שֶׁלֹּא לְהַנִּיחַ לָהֶם רֶיוַח כְּלָל לְבִלְתִּי יִתְּנוּ לֵב אוֹ יָשִׂימוּ עֵצָה נֶגְדּוֹ, אֶלָּא הָיָה מִשְׁתַּדֵּל לְהַפְרִיעַ לִבָּם מִכָּל הִתְבּוֹנְנוּת – בְּכֹחַ הַתְמָדַת הָעֲבוֹדָה הַבִּלְתִּי מְפְסֶקֶת. כֵּן הִיא עֲצַת הַיֵּצֶר הָרָע מַמָּשׁ עַל בְּנֵי הָאָדָם, כִּי אִישׁ מִלְחָמָה הוּא וּמְלֻמָּד בְּעַרְמִימוּת, וְאִי אֶפְשָׁר לְהִמָּלֵט מִמֶּנּוּ אֶלָּא בְּחָכְמָה רַבָּה וְהַשְׁקָפָה גְּדוֹלָה.**

---

* הבסיס להתקדמות המוסרית הוא מניעה וזהירות ממעשים שליליים. עמדה נפשית של מוכנות ודריכות מפני סכנות. הסיבה שזו המידה הראשונה במעלה "מסילת הישרים" היא מפני שזהירות מן המזיקים לנו אמורה להיות האינסטינקט הבסיסי ביותר.

** עם זאת, אנו מוצאים את עצמנו נוהגים בשאננות ובחוסר זהירות, מפני שיש לנו נטייה להימשך אחר שטף חיי היום־יום שמשכיח מאיתנו את אמצעי הזהירות. התרבות הפוסט־מודרנית מפתחת בשלב זה או אחר אידאליזציה להתנהלות זו באמירות בסגנון "ככה אני". כלומר חוסר מוכנות להכיר שהאינרציה שבה מתנהלים חיינו היא שלילית וטעונה שינוי, או במילים אחרות חוסר מוכנות לדחיית סיפוקים.

הוּא מַה שֶּׁהַנָּבִיא צוֹוֵחַ וְאוֹמֵר "שִׂימוּ לְבַבְכֶם עַל דַּרְכֵיכֶם" (חגי א׳ ח׳). וּשְׁלֹמֹה אָמַר בְּחָכְמָתוֹ "אַל תִּתֵּן שֵׁנָה לְעֵינֶךָ וּתְנוּמָה לְעַפְעַפֶּיךָ הִנָּצֵל כִּצְבִי מִיָּד" וְכוּ׳ (משלי ו׳ ד׳-ה׳), וַחֲכָמֵינוּ זִכְרוֹנָם לִבְרָכָה אָמְרוּ "כָּל הַשָּׂם אָרְחוֹתָיו בָּעוֹלָם הַזֶּה, זוֹכֶה וְרוֹאֶה בִּישׁוּעָתוֹ שֶׁל הַקָּדוֹשׁ בָּרוּךְ הוּא" (מועד קטן ה׳ א׳).

וּפָשׁוּט הוּא שֶׁאֲפִילּוּ אִם פִּקֵּחַ הָאָדָם עַל עַצְמוֹ – אֵין בְּכֹחוֹ לִינָּצֵל, אִלּוּלֵי הַקָּדוֹשׁ בָּרוּךְ הוּא עוֹזְרוֹ (קדושין ל׳ ב׳) כִּי הַיֵּצֶר הָרָע תַּקִּיף מְאוֹד, וּכְמַאֲמַר הַכָּתוּב "צוֹפֶה רָשָׁע לַצַּדִּיק וּמְבַקֵּשׁ לַהֲמִיתוֹ ה׳ לֹא יַעַזְבֶנּוּ" וְכוּ׳ (תהלים ל״ז ל״ב-ל״ג), אַךְ אִם הָאָדָם מְפַקֵּחַ עַל עַצְמוֹ, אָז הַקָּדוֹשׁ בָּרוּךְ הוּא עוֹזְרוֹ וְנִיצּוֹל מִן הַיֵּצֶר הָרָע. אֲבָל אִם אֵינוֹ מְפַקֵּחַ הוּא עַל עַצְמוֹ וַדַּאי שֶׁהַקָּדוֹשׁ בָּרוּךְ הוּא לֹא יְפַקֵּחַ עָלָיו, כִּי אִם הוּא אֵינוֹ חָס – מִי יָחוּס עָלָיו? וְהוּא כְּעִנְיַן מַה שֶּׁאָמְרוּ זִכְרוֹנָם לִבְרָכָה "כָּל מִי שֶׁאֵין בּוֹ דֵּיעָה אָסוּר לְרַחֵם עָלָיו" (ברכות ל״ג א׳). וְהוּא מַה שֶּׁאָמְרוּ "אִם אֵין אֲנִי לִי מִי לִי" (אבות א׳ י״ד).*

הצעה מעשית: אני מציע להתחיל ליישם התנהלות זהירה ביחס למכשיר שהוא כיום גורם מספר אחת לחוסר דחיית סיפוקים והוא המכשיר הנייד שלנו! אין צורך להרחיב על הנזקים שהוא גורם לנו מבחינת התמכרות, בזבוז זמן, צפייה בתכנים לא הולמים ושלל נזקים נוספים. התקנת סינון בטלפון כיום, במאה העשרים ואחת, היא הפעולה הראשונה והחשובה ביותר בפיתוח מידת הזהירות (שתשמש לנו גם כמודל לתחומים נוספים). מצורף קישור לאתר שמסביר כל מה שצריך לדעת בנוגע לסינון תכנים בכל סוגי המכשירים: https://moked.org.il/

* המפתח להינצל מן השבי של אינרציית החיים הוא שילוב של מודעות עצמית ופתיחות לתוכן על־אנושי. כלומר לימוד והפנמה של תכנים תורניים מאפשרים לאדם להביט על חייו מבחוץ ולתקן אותם.

פרק ג

בביאור חלקי הזהירות

הִנֵּה הָרוֹצֶה לְפַקֵּחַ עַל עַצְמוֹ, שְׁתַּיִם הֵנָּה הַהַשְׁקָפוֹת הַצְּרִיכוֹת לוֹ.

הָאַחַת: שֶׁיִּתְבּוֹנֵן מַהוּ הַטּוֹב הָאֲמִיתִּי שֶׁיִּבְחַר בּוֹ הָאָדָם וְהָרַע הָאֲמִיתִּי שֶׁיָּנוּס מִמֶּנּוּ.

וְהַשֵּׁנִית: עַל הַמַּעֲשִׂים אֲשֶׁר הוּא עוֹשֶׂה לִרְאוֹת אִם הֵם מִכְּלַל הַטּוֹב אוֹ מִכְּלַל הָרָע.

וְזֶה בִּשְׁעַת מַעֲשֶׂה וְשֶׁלֹּא בִּשְׁעַת מַעֲשֶׂה. בִּשְׁעַת מַעֲשֶׂה, שֶׁלֹּא יַעֲשֶׂה שׁוּם מַעֲשֶׂה מִבְּלִי שֶׁיִּשְׁקוֹל אוֹתוֹ בְּמֹאזְנֵי זֹאת הַיְדִיעָה.

וְשֶׁלֹּא בִּשְׁעַת מַעֲשֶׂה, שֶׁיַּעֲלֶה לְפָנָיו זִכְרוֹן כְּלַל מַעֲשָׂיו וְיִשְׁקוֹל אוֹתָם כְּמוֹ כֵן בְּמֹאזְנֵי הַמִּשְׁקָל הַזֶּה לִרְאוֹת מַה יֵּשׁ בָּם מֵהָרַע לְמַעַן יִדְחֶה אוֹתוֹ, וּמַה מִן הַטּוֹב לְהַתְמִיד בּוֹ וּלְהִתְחַזֵּק בּוֹ, וְאִם יִמְצָא בָּהֶם מִן הָרַע אָז יִתְבּוֹנֵן וְיַחְקוֹר בְּשִׂכְלוֹ אֵיזֶה תַּחְבּוּלָה יַעֲשֶׂה לָסוּר מִן הָרַע הַהוּא וְלִיטָּהֵר מִמֶּנּוּ.*

---

* על מנת לפתח דריכות בנפש צריך ראשית להכיר מהו הרע שיש ליזהר ממנו ומה הטוב שיש לבחור בו (וזה נעשה באמצעות לימוד

וְדָבָר זֶה הוֹדִיעוּנוּ חֲכָמֵינוּ זִכְרוֹנָם לִבְרָכָה בְּאָמְרָם "נוֹחַ לוֹ לָאָדָם שֶׁלֹּא נִבְרָא יוֹתֵר מִשֶּׁנִּבְרָא, וְעַכְשָׁו שֶׁנִּבְרָא - יְפַשְׁפֵּשׁ בְּמַעֲשָׂיו, וְאִכָּא דְּאָמְרֵי, יְמַשְׁמֵשׁ בְּמַעֲשָׂיו" (ערובין י"ג ב'). וְתִרְאֶה שֶׁשְּׁנֵי הַלְּשׁוֹנוֹת הֵם שְׁתֵּי אַזְהָרוֹת טוֹבוֹת וּמוֹעִילוֹת מְאֹד, כִּי הִנֵּה הַפִּשְׁפּוּשׁ בְּמַעֲשִׂים הוּא לַחְקוֹר עַל כְּלַל הַמַּעֲשִׂים וּלְהִתְבּוֹנֵן בּוֹ, הֲנִמְצָא בָּהֶם מַעֲשִׂים אֲשֶׁר לֹא יֵעָשׂוּ, אֲשֶׁר אֵינָם הוֹלְכִים עַל פִּי מִצְוֹת ה' וְחוּקָיו, כִּי כָּל אֲשֶׁר יִמָּצֵא מֵאֵלֶּה יְבַעֲרֵם מִן הָעוֹלָם.

אַךְ הַמִּשְׁמוּשׁ הוּא הַחֲקִירָה אֲפִילוּ בְּמַעֲשִׂים הַטּוֹבִים עַצְמָם, לַחְקוֹר וְלִרְאוֹת הֲיֵשׁ בְּעִנְיָנָם אֵיזֶה פְּנִיָּה אֲשֶׁר לֹא טוֹבָה, אוֹ אֵיזֶה חֵלֶק רַע שֶׁיִּצְטָרֵךְ לַהֲסִירוֹ וּלְבַעֲרוֹ, וַהֲרֵי זֶה כִּמְמַשְׁמֵשׁ בְּבֶגֶד - לִבְחוֹן הֲטוֹב וְחָזָק הוּא, אוֹ חַלָּשׁ וּבָלוּי. כֵּן יְמַשְׁמֵשׁ בְּמַעֲשָׂיו לִבְחֹן תְּכוּנָתָם בְּתַכְלִית הַהַבְחָנָה עַד שֶׁיִּשָּׁאֵר זַךְ וְנָקִי.

כְּלַל הַדָּבָר: יִהְיֶה הָאָדָם מְעַיֵּן עַל מַעֲשָׂיו כֻּלָּם וּמְפַקֵּחַ עַל כָּל דְּרָכָיו שֶׁלֹּא לְהַנִּיחַ לְעַצְמוֹ הֶרְגֵּל רַע וּמִדָּה רָעָה - כָּל שֶׁכֵּן עֲבֵירָה וָפֶשַׁע. וְהִנְנִי רוֹאֶה צוֹרֶךְ לָאָדָם, שֶׁיִּהְיֶה מְדַקְדֵּק וְשׁוֹקֵל דְּרָכָיו דְּבַר יוֹם בְּיוֹמוֹ, כַּסּוֹחֲרִים הַגְּדוֹלִים אֲשֶׁר יְפַלְּסוּ תָּמִיד כָּל עִסְקֵיהֶם לְמַעַן לֹא יִתְקַלְקְלוּ. וְיִקְבַּע עִתִּים וְשָׁעוֹת לָזֶה, שֶׁלֹּא יִהְיֶה מִשְׁקָלוֹ עֲרַאי אֶלָּא בִּקְבִיעוּת גָּדוֹל, כִּי רַב הַתּוֹלֶדֶה הוּא.

וַחֲכָמִים זִכְרוֹנָם לִבְרָכָה הוֹרוּנוּ בְּפֵירוּשׁ צוֹרֶךְ הַחֶשְׁבּוֹן הַזֶּה, וְהוּא מַה שֶּׁאָמְרוּ זִכְרוֹנָם לִבְרָכָה "'עַל כֵּן יֹאמְרוּ הַמֹּשְׁלִים בֹּאוּ חֶשְׁבּוֹן' (במדבר כ"א כ"ז), עַל כֵּן יֹאמְרוּ הַמּוֹשְׁלִים בְּיִצְרָם בּוֹאוּ וּנְחַשֵּׁב חֶשְׁבּוֹנוֹ שֶׁל עוֹלָם, הֶפְסֵד מִצְוָה כְּנֶגֶד שְׂכָרָהּ וּשְׂכַר עֲבֵירָה כְּנֶגֶד הֶפְסֵדָהּ" וְכוּ' (בבא בתרא ע"ח, ב'). וְזֶה כִּי הָעֵצָה הָאֲמִיתִּית הַזֹּאת לֹא יוּכְלוּ לָתֵת אוֹתָהּ וְלֹא לִרְאוֹת

תורה). שנית, לבחון את המעשים בפועל, אם הם עומדים בקריטריונים שנלמדו בשלב הראשון. המבחן יהיה הן בעת העשייה עצמה והן לאחריה, בניתוח והפקת לקחים, כדלקמן.

אֲמִיתָּהּ אֶלָּא אוֹתָם שֶׁכְּבָר יָצְאוּ מִתַּחַת יַד יִצְרָם וּמָשְׁלוּ בּוֹ. כִּי מִי שֶׁהוּא עֲדַיִין חָבוּשׁ בְּמַאֲסַר יִצְרוֹ – אֵין עֵינָיו רוֹאוֹת הָאֱמֶת הַזֹּאת, וְאֵינוֹ יָכוֹל לְהַכִּירָהּ, כִּי הַיֵּצֶר מְסַמֵּא אֶת עֵינָיו מַמָּשׁ, וְהִנֵּה הוּא כְּהוֹלֵךְ בַּחֹשֶׁךְ שֶׁיֵּשׁ לְפָנָיו מִכְשׁוֹלוֹת וְאֵין עֵינָיו רוֹאוֹת אוֹתָם.

וְהוּא מַה שֶּׁאָמְרוּ זִכְרוֹנָם לִבְרָכָה "תָּשֶׁת חֹשֶׁךְ וִיהִי לָיְלָה" (תהלים ק״ד כ׳) – זֶה הָעוֹלָם הַזֶּה שֶׁדּוֹמֶה לַלַּיְלָה (בבא מציעא פ״ג ב׳). *

וְהָבֵן כַּמָּה נִפְלָא הַמַּאֲמָר הָאֲמִיתִּי הַזֶּה לְמִי שֶׁמַּעֲמִיק לְהָבִין בּוֹ. כִּי הִנֵּה חֹשֶׁךְ הַלַּיְלָה – שְׁנֵי מִינֵי טָעֻיּוֹת אֶפְשָׁר לוֹ שֶׁיִּגְרוֹם לְעֵין הָאָדָם: אוֹ יְכַסֶּה אֶת הָעַיִן עַד שֶׁלֹּא יִרְאֶה מַה שֶּׁלְּפָנָיו כְּלָל, אוֹ שֶׁיַּטְעֶה אוֹתוֹ עַד שֶׁיֵּרָאֶה לוֹ עַמּוּד כְּאִלּוּ הוּא אָדָם, וְאָדָם כְּאִלּוּ הוּא עַמּוּד. כֵּן חָמְרִיּוּת וְגַשְׁמִיּוּת הָעוֹלָם הַזֶּה הִנֵּה הוּא חֹשֶׁךְ הַלַּיְלָה לְעֵין הַשֵּׂכֶל וְגוֹרֵם לוֹ שְׁתֵּי טָעֻיּוֹת:

הָאַחַת, אֵינוֹ מַנִּיחַ לוֹ שֶׁיִּרְאֶה הַמִּכְשׁוֹלוֹת שֶׁבְּדַרְכֵי הָעוֹלָם וְנִמְצָאִים הַפְּתָאִים הוֹלְכִים לָבֶטַח וְנוֹפְלִים וְאוֹבְדִים מִבְּלִי שֶׁהִגִּיעָם פַּחַד תְּחִלָּה, וְהוּא מַה שֶּׁאָמַר הַכָּתוּב "דֶּרֶךְ רְשָׁעִים כָּאֲפֵלָה לֹא יָדְעוּ בַּמֶּה יִכָּשֵׁלוּ" (משלי ד׳ י״ט), וְאוֹמֵר "עָרוּם רָאָה רָעָה וְנִסְתָּר וּפְתָיִים עָבְרוּ וְנֶעֱנָשׁוּ" (משלי

* הטכניקה הזו, שרבים מחכמי המוסר ממליצים עליה, מכונה "חשבון נפש". מדי פעם יש לאדם לעשות סקירה על מעשיו, הן ברמה הכללית והן ברזולוציה פרטנית יותר. יש מבעלי המוסר שהמליצו לעשות זאת באופן יומי (לפני השינה); יש שהמליצו באופן שבועי (לפני קבלת שבת); וישנו כמובן חשבון נפש שנתי ביום הכיפורים. בעת בה אדם סוקר את מעשיו - הן החיוביים והן השליליים - הוא מכניס את עצמו לעמדה נפשית של שליטה וסדר, וזוהי מהותה של מידת הזהירות. הורים אגב יכולים לעשות עם ילדיהם לפני השינה מעין סקירה משותפת על מאורעות היום, וכך להעניק לילדים תחושות ביטחון ויציבות.

כ"ב ג'), וְאוֹמֵר "וּכְסִיל מִתְעַבֵּר וּבוֹטֵחַ" (משלי י"ד ט"ז), כִּי לִבָּם בָּרִיא לָהֶם כָּאוּלָם וְנוֹפְלִים טֶרֶם יֵדְעוּ מֵהַמִּכְשׁוֹל כְּלָל.

וְהַטָּעוּת הַשֵּׁנִי וְהוּא קָשֶׁה מִן הָרִאשׁוֹן, הוּא, שֶׁמַּטְעֶה רְאִיָּתָם עַד שֶׁרוֹאִים הָרַע כְּאִלּוּ הוּא מַמָּשׁ טוֹב, וְהַטּוֹב כְּאִלּוּ הוּא רַע, וּמִתּוֹךְ כָּךְ מִתְחַזְּקִים וּמַחֲזִיקִים מַעֲשֵׂיהֶם הָרָעִים, כִּי אֵין דַּי שֶׁחֲסֵרָה מֵהֶם רְאִיַּת הָאֱמֶת לִרְאוֹת הָרָעָה אֲשֶׁר נֶגֶד פְּנֵיהֶם, אֶלָּא שֶׁנִּרְאֶה לָהֶם לִמְצוֹא רְאָיוֹת גְּדוֹלוֹת וּנְסִיוֹנוֹת מוֹכִיחִים לִסְבָרוֹתֵיהֶם הָרָעוֹת וּלְדֵיעוֹתֵיהֶם הַכּוֹזְבוֹת. וְזֹאת הִיא הָרָעָה הַגְּדוֹלָה הַמְלַפַּפְתָּם וּמְבִיאָתָם אֶל בְּאֵר שַׁחַת. וְהוּא מַה שֶּׁאָמַר הַכָּתוּב "הַשְׁמֵן לֵב הָעָם הַזֶּה וְאָזְנָיו הַכְבֵּד וְעֵינָיו הָשַׁע פֶּן" וְכוּ' (ישעיה ו' י'), וְכָל זֶה מִפְּנֵי הֱיוֹתָם תַּחַת הַחֹשֶׁךְ וּכְבוּשִׁים הֵמָּה תַּחַת מֶמְשֶׁלֶת יִצְרָם.

אַךְ אוֹתָם שֶׁכְּבָר יָצְאוּ מִן הַמַּאֲסָר הַזֶּה, הֵם רוֹאִים הָאֱמֶת לַאֲמִתּוֹ וִיכוֹלִים לִיעֵץ שְׁאָר בְּנֵי אָדָם עָלָיו.*

הָא, לְמַה זֶּה דּוֹמֶה? לְגַן הַמְּבוּכָה, הוּא הַגַּן הַנָּטוּעַ לִצְחוֹק הַיָּדוּעַ אֵצֶל הַשָּׂרִים, שֶׁהַנְּטִיעוֹת עֲשׂוּיוֹת כְּתָלִים כְּתָלִים, וּבֵינֵיהֶם שְׁבִילִים רַבִּים נְבוֹכִים וּמְעוֹרָבִים - כֻּלָּם דּוֹמִים זֶה לָזֶה, וְהַתַּכְלִית בָּם הוּא לְהַגִּיעַ אֶל אַכְסַדְרָה אֶחָד שֶׁבְּאֶמְצָעָם. וְאָמְנָם הַשְּׁבִילִים הָאֵלֶּה, מֵהֶם יְשָׁרִים וּמַגִּיעִים בֶּאֱמֶת אֶל הָאַכְסַדְרָה, וּמֵהֶם מַשְׁגִּים אֶת הָאָדָם וּמַרְחִיקִים אוֹתוֹ מִמֶּנָּה. וְאָמְנָם הַהוֹלֵךְ בֵּין הַשְּׁבִילִים, הוּא לֹא יוּכַל לִרְאוֹת וְלָדַעַת כְּלָל אִם הוּא בַּשְּׁבִיל הָאֲמִתִּי אוֹ בַּכּוֹזֵב, כִּי כֻּלָּם שָׁוִים וְאֵין הֶפְרֵשׁ

---

* אדם שאינו עושה מדי פעם חשבון לנפשו, חוזר על טעויותיו ואינו מפיק לקחים, וחמור מכך - עם הזמן, עקב חוסר היכולת לחיות בסתירה עצמית, הוא עושה אידאליזציה לטעויותיו. חשבון נפש לעומת זאת, מעניק לאדם פרספקטיבה לחייו, ומתוך כך מוכנות להיעזר בגורמי חוץ שיכולים להעניק לו מבט אובייקטיבי.

בֵּינֵיהֶם לְעֵין הָרוֹאֶה אוֹתָם, אִם לֹא שֶׁיֵּדַע הַדֶּרֶךְ בִּבְקִיאוּת וּטְבִיעוּת עַיִן, שֶׁכְּבָר נִכְנַס בָּם וְהִגִּיעַ אֶל הַתַּכְלִית, שֶׁהוּא הָאַכְסַדְרָה.

וְהִנֵּה הָעוֹמֵד כְּבָר עַל הָאַכְסַדְרָה הוּא רוֹאֶה כָּל הַדְּרָכִים לְפָנָיו וּמַבְחִין בֵּין הָאֲמִתִּיִּים וְהַכּוֹזְבִים, וְהוּא יָכוֹל לְהַזְהִיר אֶת הַהוֹלְכִים בָּם, לוֹמַר "זֶה הַדֶּרֶךְ לְכוּ בוֹ". וְהִנֵּה מִי שֶׁיִּרְצֶה לְהַאֲמִין לוֹ - יַגִּיעַ לַמָּקוֹם הַמְּיֻעָד. וּמִי שֶׁלֹּא יִרְצֶה לְהַאֲמִין וְיִרְצֶה לָלֶכֶת אַחַר עֵינָיו - וַדַּאי שֶׁיִּשָּׁאֵר אוֹבֵד וְלֹא יַגִּיעַ אֵלָיו.

כֵּן הַדָּבָר הַזֶּה. מִי שֶׁעֲדַיִן לֹא מָשַׁל בְּיִצְרוֹ, הוּא בְּתוֹךְ הַשְּׁבִילִים - לֹא יוּכַל לְהַבְחִין בֵּינֵיהֶם, אַךְ הַמּוֹשְׁלִים בְּיִצְרָם, שֶׁכְּבָר הִגִּיעוּ אֶל הָאַכְסַדְרָה שֶׁכְּבָר יָצְאוּ מִן הַשְּׁבִילִים וְרוֹאִים כָּל הַדְּרָכִים לְעֵינֵיהֶם בְּבֵרוּר, הֵם יְכוֹלִים לְיָעֵץ לְמִי שֶׁיִּרְצֶה לִשְׁמֹעַ, וַאֲלֵיהֶם צְרִיכִים אָנוּ לְהַאֲמִין. וְאָמְנָם מַה הִיא הָעֵצָה שֶׁהֵם נוֹתְנִים לָנוּ? "בֹּאוּ חֶשְׁבּוֹן" - "בֹּאוּ וּנְחַשֵּׁב חֶשְׁבּוֹנוֹ שֶׁל עוֹלָם". כִּי כְּבָר הֵם נִסּוּ וְרָאוּ וְיָדְעוּ - שֶׁזֶּה לְבַדּוֹ הוּא הַדֶּרֶךְ הָאֲמִתִּי לְהַגִּיעַ הָאָדָם אֶל הַטּוֹבָה אֲשֶׁר הוּא מְבַקֵּשׁ - וְלֹא זוּלַת זֶה!*

כְּלָלוֹ שֶׁל דָּבָר: צָרִיךְ הָאָדָם לִהְיוֹת מִתְבּוֹנֵן בְּשִׂכְלוֹ תָּמִיד בְּכָל זְמַן, וּבִזְמַן קָבוּעַ לוֹ בְּהִתְבּוֹדְדוֹ - מַה הוּא הַדֶּרֶךְ הָאֲמִתִּי לְפִי חֹק הַתּוֹרָה שֶׁהָאָדָם צָרִיךְ לֵילֵךְ בּוֹ. וְאַחַר כָּךְ יָבוֹא לְהִתְבּוֹנֵן עַל מַעֲשָׂיו אִם הֵם עַל הַדֶּרֶךְ הַזֶּה אִם לֹא, כִּי עַל יְדֵי זֶה וַדַּאי שֶׁיִּהְיֶה לוֹ נָקֵל לִיטַהֵר מִכָּל רַע וּלְיַשֵּׁר

---

* חוסר המוכנות להכיר בטעויות ולהפיק לקחים (ומתוך כך אטימות לביקורתם ולניסיונם של אחרים) נמשל לאדם שמצוי במבוך ללא פרספקטיבה על מצבו. אדם כזה שבוי בחוויה הסובייקטיבית שלו ללא מוצא. לעומת זאת, המוכנות לקבל ביקורת עצמית בשלב ראשון, וחיצונית בשלב שני, מאפשרת לקבל סיוע מאלו שעומדים בנקודת גובה ("אכסדרה"), ולקבל נקודת מבט אובייקטיבית כיצד להשתפר.

כָּל דְּרָכָיו. וּכְמוֹ שֶׁהַכָּתוּב אוֹמֵר "פַּלֵּס מַעְגַּל רַגְלֶךָ וְכָל דְּרָכֶיךָ יִכֹּנוּ" (משלי ד׳ כ״ו) וְאוֹמֵר "נַחְפְּשָׂה דְרָכֵינוּ וְנַחְקֹרָה וְנָשׁוּבָה עַד ה׳" (איכה ג׳ מ׳).*

---

* מכל העצות של מסילת ישרים, העצה לעשיית חשבון נפש היא אולי הבסיסית ביותר. אל תתעצלו, מעת קריאת שורות אלו ועד סוף חייכם, הקדישו כל ערב לפני השינה מספר דקות לסקירה יומית, משוב והפקת לקחים. גם אם אין לכם פתרון לבעיות שיעלו מתוך חשבון הנפש, עצם קיומו כבר מעניק תחושת שליטה ויציבות, ומאפשר מציאת פתרונות בהמשך.

דוגמה לחשבון נפש יומי

התחום	נקודות לשימור	נקודות לשיפור
לימוד תורה		
תפילה		
בין אדם לחברו		
ניצול זמן		
צניעות		
אמת		
משפחה		
זוגיות		
יושר		
ריכוז		

אנא ה׳ חטאתי, עוויתי, פשעתי לפניך ועשיתי כך וכך. הרי ניחמתי ובושתי במעשיי, ולעולם איני חוזר לדבר זה.

פרק ד

בדרך קניית הזהירות

הִנֵּה מַה שֶּׁמֵּבִיא אֶת הָאָדָם [עַל דֶּרֶךְ כְּלָל] אֶל הַזְּהִירוּת, הוּא לִימּוּד הַתּוֹרָה. וְהוּא מַה שֶּׁאָמַר רַבִּי פִּנְחָס בִּתְחִלַּת הַבָּרַיְיתָא, "תּוֹרָה מְבִיאָה לִידֵי זְהִירוּת". אָמְנָם עַל דֶּרֶךְ פְּרָט, הַמֵּבִיא לָזֶה, הוּא הַהִתְבּוֹנְנוּת עַל חוֹמֶר הָעֲבוֹדָה אֲשֶׁר חַיָּיב בָּהּ הָאָדָם, וְעוֹמֶק הַדִּין עָלֶיהָ. וְיֵיצֵא לוֹ זֶה מִן הָעִיּוּן בַּמַּעֲשִׂים הַכְּתוּבִים בְּסִפְרֵי הַקֹּדֶשׁ וּמִן הַלִּימּוּד בְּמַאַמְרֵי הַחֲכָמִים זִכְרוֹנָם לִבְרָכָה הַמְעוֹרְרִים עַל זֶה.

וְהִנֵּה יֵשׁ בַּהִתְבּוֹנְנוּת הַזֶּה הֶעָרוֹת הֶעָרוֹת בְּהַדְרָגָה, לִשְׁלֵימֵי הַדַּעַת וְלַפְּחוּתִים מֵהֶם, וּלְכָל הֶהָמוֹן כֻּלּוֹ.*

---

* המוטיבציה המרכזית לקניית מידת הזהירות מגיעה בעיקר מלימוד תכנים תורניים שמעוררים את הלב. אולם אלו מתלבשים על מבנה אישיותי שמשתנה מאדם לאדם, וניתן לתמצת אותם לשלוש מדרגות של הנעה נפשית: לאנשים בעלי דרגה מוסרית גבוהה; לבעלי דרגה ממוצעת; ולבעלי מדרגה פחותה (לרובנו שלוש המדרגות הללו מצויות במקביל).

לִשְׁלֵימֵי הַדַּעַת – תִּהְיֶה לָהֶם הַהֶעָרָה בְּמַה שֶׁיִּתְבָּרֵר לָהֶם כִּי רַק הַשְּׁלֵימוּת הוּא הַדָּבָר הָרָאוּי שֶׁיַּחְמֵד מֵהֶם וְלֹא זוּלַת זֶה. וְשֶׁאֵין רַע גָּדוֹל מֵחֶסְרוֹן הַשְּׁלֵימוּת וְהַהֶרְחֵק מִמֶּנּוּ. כִּי הִנֵּה אַחַר שֶׁיִּתְבָּאֵר זֶה אֶצְלָם, וְיִתְבָּאֵר לָהֶם כְּמוֹ כֵן הֱיוֹת הָאֶמְצָעִיִּים אֵלָיו, הַמַּעֲשִׂים הַטּוֹבִים וְהַמִּדּוֹת הַטּוֹבוֹת, וַדַּאי הוּא שֶׁלֹּא יִתְרַצּוּ מֵעוֹלָם לְהַמְעִיט בְּאֵלֶּה הָאֶמְצָעִיִּים אוֹ לְהָקֵל בָּהֶם. כִּי כְּבָר נִתְבָּאֵר אֶצְלָם שֶׁאִם אֶמְצָעִיִּים אֵלֶּה יִמְעֲטוּ לָהֶם, אוֹ אִם הָאֶמְצָעִים יִהְיוּ חַלָּשִׁים וְלֹא בְּכָל הַחוֹזֶק הַמִּצְטָרֵךְ בָּהֶם, הִנֵּה לֹא יַשִּׂיגוּ בָּהֶם שְׁלֵימוּת אֲמִיתִּי – אֶלָּא יִגָּרַע מֵהֶם כְּפִי מַה שֶּׁגָּרְעוּ הֵם בְּהִשְׁתַּדְּלוּתָם, וְנִמְצָאִים חַסֵּירֵי הַשְּׁלֵימוּת, מַה שֶּׁהוּא לָהֶם צָרָה גְּדוֹלָה וְרָעָה רַבָּה.

עַל כֵּן לֹא יִבְחֲרוּ אֶלָּא לְהַרְבּוֹת מֵהֶם וּלְהַחְמִיר בְּכָל תְּנָאֵיהֶם וְלֹא יָנוּחוּ וְלֹא יִשְׁקְטוּ מִדְּאָגָה מִדָּבָר, פֶּן יֶחְסַר מֵהֶם מַה שֶּׁיַּגִּיעַ אוֹתָם אֶל הַשְּׁלֵימוּת אֲשֶׁר הֵם חֲפֵצִים. וְהוּא מַה שֶּׁאָמַר שְׁלֹמֹה הַמֶּלֶךְ עָלָיו הַשָּׁלוֹם "אַשְׁרֵי אָדָם מְפַחֵד תָּמִיד" (משלי כ"ח י"ד), וּפֵירְשׁוּ זִכְרוֹנָם לִבְרָכָה "הַהוּא בְּדִבְרֵי תוֹרָה כְּתִיב" (ברכות ס' א').

וְהִנֵּה סוֹף זֹאת הַמַּדְרֵגָה הוּא הַנִּקְרָא "יִרְאַת חֵטְא", שֶׁהִיא מִן הַמְּשׁוּבָּחוֹת שֶׁבַּמַּדְרֵיגוֹת וְהוּא שֶׁיִּהְיֶה הָאָדָם יָרֵא תָּמִיד וְדוֹאֵג פֶּן יִמָּצֵא בְּיָדוֹ אֵיזֶה שֶׁמֶץ חֵטְא שֶׁיְּעַכְּבֵהוּ מִן הַשְּׁלֵימוּת אֲשֶׁר הוּא חַיָּיב לְהִשְׁתַּדֵּל בַּעֲבוּרוֹ. וְעַל זֶה אָמְרוּ זִכְרוֹנָם לִבְרָכָה עַל דֶּרֶךְ הַמָּשָׁל "מְלַמֵּד שֶׁכָּל אֶחָד נִכְוֶה מֵחוּפָּתוֹ שֶׁל חֲבֵרוֹ" (בבא בתרא ע"ה א'). כִּי אֵין זֶה מִטַּעַם הַקִּנְאָה, אֲשֶׁר תִּפּוֹל רַק בְּחַסֵּירֵי הַדַּעַת, כְּמוֹ שֶׁאֶכְתּוֹב עוֹד בְּסִיַּעְתָּא דִשְׁמַיָּא, אֶלָּא מִפְּנֵי רְאוֹתוֹ עַצְמוֹ חָסֵר מִן הַשְּׁלֵימוּת מַדְרֵיגָה שֶׁהָיָה יָכוֹל לְהַשִּׂיגָהּ כְּמוֹ שֶׁהִשִּׂיגָהּ חֲבֵירוֹ. וְהִנֵּה עַל פִּי הַהִתְבּוֹנְנוּת הַזֶּה וַדַּאי שֶׁלֹּא יִמָּנַע הַשָּׁלֵם בְּדַעְתּוֹ לִהְיוֹת זָהִיר בְּמַעֲשָׂיו.*

---

* המצב האידאלי הוא שהנעה נפשית של אדם תבוא מצד הכרתו באמת. היינו הזדהות מוחלטת עם התוכן התורני, עד כדי מוטיבציה

אַךְ לַפְּחוּתִים מֵאֵלֶּה: תִּהְיֶה הַהֶעָרָה לְפִי הַבְחָנָתָם, וְהוּא לְפִי עִנְיַן הַכָּבוֹד אֲשֶׁר הֵם מִתְאַוִּים לוֹ, וְזֶה, כִּי זֶה פָּשׁוּט אֵצֶל כָּל בַּעַל דָּת - שֶׁאֵין הַמַּדְרֵיגוֹת מִתְחַלְּקוֹת בָּעוֹלָם הָאֲמִיתִּי שֶׁהוּא הָעוֹלָם הַבָּא אֶלָּא לְפִי הַמַּעֲשִׂים וְשֶׁלֹּא יִתְרוֹמֵם שָׁם אֶלָּא מִי שֶׁהוּא רַב הַמַּעֲשִׂים מֵחֲבֵירוֹ. וַאֲשֶׁר הוּא מְעַט הַמַּעֲשִׂים - הוּא יִהְיֶה הַשָּׁפָל. אִם כֵּן אֵיפוֹא, אֵיךְ יוּכַל הָאָדָם לְהַעֲלִים עֵינוֹ מִמַּעֲשָׂיו אוֹ לְמַעֵט הִשְׁתַּדְּלוּתוֹ בָּזֶה, אִם אַחַר כָּךְ וַדַּאי יֵצַר לוֹ בִּזְמַן שֶׁלֹּא יוּכַל לְתַקֵּן אֶת אֲשֶׁר עִוְּתוֹ.

וְהִנֵּה יֵשׁ מֵהַפְּתָאִים הַמְבַקְשִׁים רַק לְהָקֵל מֵעֲלֵיהֶם שֶׁיֹּאמְרוּ 'לָמָּה נְיַגֵּעַ עַצְמֵנוּ בְּכָל כָּךְ חֲסִידוּת וּפְרִישׁוּת? הֲלֹא דַּי לָנוּ שֶׁלֹּא נִהְיֶה מֵהָרְשָׁעִים הַנִּדּוֹנִים בַּגֵּיהִנֹּם, אֲנַחְנוּ לֹא נִדְחוֹק עַצְמֵנוּ לִיכָּנֵס בְּגַן עֵדֶן - לִפְנַי וְלִפְנִים. אִם לֹא יִהְיֶה לָנוּ חֵלֶק גָּדוֹל - יִהְיֶה לָנוּ חֵלֶק קָטָן. אָנוּ דַּי לָנוּ בָּזֶה וְלֹא נַכְבִּיד עוֹל מַשָּׂאֵנוּ בַּעֲבוּר זֹאת'.

אָמְנָם שְׁאֵלָה אַחַת נִשְׁאַל מֵהֶם, הֲיוּכְלוּ כָּל כָּךְ עַל נְקַלָּה לִסְבּוֹל בָּעוֹלָם הַזֶּה, הַחוֹלֵף? לִרְאוֹת אֶחָד מֵחַבְרֵיהֶם מְכוּבָּד וּמְנוּשָּׂא יוֹתֵר מֵהֶם וּמוֹשֵׁל עֲלֵיהֶם? כָּל שֶׁכֵּן אֶחָד מֵעַבְדֵיהֶם אוֹ מִן הָעֲנִיִּים הַנִּבְזִים וּשְׁפָלִים בְּעֵינֵיהֶם, וְלֹא יִצְטַעֲרוּ וְלֹא יִהְיֶה דָּמָם רוֹתֵחַ בְּקִרְבָּם?!

לֹא וַדַּאי! כִּי הִנֵּה עֵינֵינוּ הָרוֹאוֹת, כָּל עֲמַל הָאָדָם לְהִנָּשֵׂא עַל כָּל מִי שֶׁיּוּכַל וְלָשִׂים מְקוֹמוֹ בֵּין הָרָמִים יוֹתֵר, כִּי הִיא קִנְאַת אִישׁ מֵרֵעֵהוּ. וְאִם

אדירה לעשיית מעשים טובים, ולחלופין מניעה ממעשים שליליים. ניצוץ ממדרגה זו קיים למשל כיום באיסור רציחה. בן תרבות כיום סולד מרצח לא רק מחשש מעונש חברתי אלא מכיוון שאיסור רציחה מוטבע בנפש האנושית. המצב השלם הוא שמוטיבציה בעוצמה זו תלווה את כל מעשי האדם. מדרגה זו מכונה "יראת חטא" (ותבוא לידי ביטוי במדרגה השמינית ב"מסילת הישרים" להלן) - אדם שמצוי בדריכות אדירה שלא לפגוע בשלמות, לא מצד פחד ויראה מעונש אלא מחששו מ"החטא" עצמו.

יִרְאֶה חֲבֵירוֹ מִתְרוֹמֵם וְהוּא נִשְׁאָר שָׁפָל, וַדַּאי שֶׁמָּה שֶׁיִּסְבּוֹל הוּא מַה שֶּׁיּוּכְרַח לְסָבְלוֹ, כִּי לֹא יוּכַל לִמְנוֹעַ, וּלְבָבוֹ יִתְעַשֵּׁשׁ בְּקִרְבּוֹ. מֵעַתָּה, אִם כָּךְ קָשֶׁה עֲלֵיהֶם לִהְיוֹת שְׁפָלִים מִזּוּלָתָם בַּמַּעֲלוֹת הַמְּדוּמּוֹת וְהַכּוֹזְבוֹת, שֶׁאֵין הַשִּׁפְלוּת בָּם אֶלָּא לְפָנִים. וְלֹא הַהִנָּשְׂאָ אֶלָּא שָׁוְא וָשֶׁקֶר, אֵיךְ יוּכְלוּ לִסְבּוֹל שֶׁיִּרְאוּ עַצְמָם שְׁפָלִים יוֹתֵר מֵאוֹתָם הָאֲנָשִׁים עַצְמָם אֲשֶׁר הֵם עַתָּה שְׁפָלִים מֵהֶם? וְזֶה בִּמְקוֹם הַמַּעֲלָה הָאֲמִיתִּית וְהַיְקָר הַנִּצְחִי, שֶׁאַף עַל פִּי שֶׁעַכְשָׁיו אֵין מַכִּירִין אוֹתוֹ וְאֶת עֶרְכּוֹ, עַל כֵּן לֹא יָחוּשׁוּ אֵלָיו. אֲבָל בִּזְמַנּוֹ וַדַּאי שֶׁיַּכִּירוּהוּ לַאֲמִיתּוֹ לְצַעֲרָם וּלְבָשְׁתָּם, וַדַּאי שֶׁלֹּא יִהְיֶה לָהֶם זֶה אֶלָּא צַעַר גָּדוֹל וְנִצְחִי. הֲרֵי לְךָ, שֶׁאֵין הַסַּבְלָנוּת הַזֶּה אֲשֶׁר הֵם דּוֹרְשִׁים לְעַצְמָם לְהָקֵל מֵהֶם חוֹמֶר הָעֲבוֹדָה, אֶלָּא פִּיתּוּי כּוֹזֵב שֶׁמְּפַתֶּה יִצְרָם אוֹתָם, וְלֹא דָּבָר אֲמִיתִּי כְּלָל. וּכְבָר לֹא הָיָה מָקוֹם לְפִיתּוּי זֶה לָהֶם לוּלֵי הָיוּ רוֹאִים אֲמִתַּת הָעִנְיָן.

אֲבָל לְפִי שֶׁאֵין מְבַקְשִׁים אוֹתוֹ, וְהוֹלְכִים וְשׁוֹגִים לִרְצוֹנָם, הִנֵּה לֹא יוּסַר מֵהֶם פִּיתּוּיָם עַד הַזְּמַן אֲשֶׁר לֹא יוֹעִיל לָהֶם, כִּי לֹא יִהְיֶה עוֹד בְּיָדָם לְתַקֵּן אֶת אֲשֶׁר שִׁחֲתוּ. וְהוּא מַה שֶּׁאָמַר שְׁלֹמֹה הַמֶּלֶךְ עָלָיו הַשָּׁלוֹם "כֹּל אֲשֶׁר תִּמְצָא יָדְךָ לַעֲשׂוֹת בְּכֹחֲךָ עֲשֵׂה כִּי אֵין מַעֲשֶׂה וְחֶשְׁבּוֹן וְדַעַת" וְכוּ' (קהלת ט' י'), וְהַיְינוּ, כִּי מַה שֶּׁאֵין הָאָדָם עוֹשֶׂה עַד שֶׁהַכֹּחַ מָסוּר בְּיָדוֹ מִבּוֹרְאוֹ, הוּא הַכֹּחַ הַבְּחִירִיִּי הַמָּסוּר לוֹ כָּל יְמֵי חַיָּיו, שֶׁהוּא בָּהֶם בְּחִירִיִּי וּמְצֻוֶּה לַעֲשׂוֹת, הִנֵּה לֹא יוּכַל לַעֲשׂוֹתוֹ עוֹד בַּקֶּבֶר וּבַשְּׁאוֹל, שֶׁאֵין הַכֹּחַ הַזֶּה עוֹד בְּיָדוֹ, כִּי מִי שֶׁלֹּא הִרְבָּה מַעֲשִׂים טוֹבִים בְּחַיָּיו, אִי אֶפְשָׁר לוֹ לַעֲשׂוֹתָם אַחֲרֵי כֵן. וּמִי שֶׁלֹּא חִישֵּׁב חֶשְׁבּוֹן מַעֲשָׂיו – לֹא יִהְיֶה לוֹ זְמַן לְחַשְּׁבוֹ אָז. וּמִי שֶׁלֹּא הִתְחַכֵּם בָּעוֹלָם הַזֶּה, לֹא יִתְחַכֵּם בַּקֶּבֶר, וְזֶהוּ שֶׁאָמַר "כִּי אֵין מַעֲשֶׂה וְחֶשְׁבּוֹן וְדַעַת וְחָכְמָה בִּשְׁאוֹל אֲשֶׁר אַתָּה הוֹלֵךְ שָׁמָּה" (קהלת ט' י').*

---

* הנעה נפשית נוספת, נמוכה יותר, היא מצד הכבוד העצמי. אדם נמנע מעשיית מעשה שלילי לא מפחד מעונש אלא מתחושה שהכישלון אינו הולם את מעמדו. זוהי כמובן עדיין עמדה נפשית

אַךְ הַהֶעָרָה לְכָל הֶהָמוֹן: הִנֵּה הוּא בְּעִנְיַן הַשָּׂכָר וָעֹנֶשׁ עַצְמָם, בִּרְאוֹת עוֹמֶק הַדִּין עַד הֵיכָן מַגִּיעַ, אֲשֶׁר בֶּאֱמֶת רָאוּי לְהִזְדַּעְזֵעַ וּלְהִתְחָרֵד תָּמִיד, כִּי מִי יַעֲמוֹד בְּיוֹם הַדִּין? וּמִי יִצְדַּק לִפְנֵי בּוֹרְאוֹ בַּאֲשֶׁר הַשְׁקָפָתוֹ מְדַקְדֶּקֶת עַל כָּל דָּבָר קָטָן אוֹ גָּדוֹל? וְכֵן אָמְרוּ רַבּוֹתֵינוּ זִכְרוֹנָם לִבְרָכָה "וּמַגִּיד לְאָדָם מַה שֵּׂחוֹ" (עמוס ב׳ י״ג) – "אֲפִילוּ שִׂיחָה קַלָּה שֶׁבֵּין אִישׁ לְאִשְׁתּוֹ מַגִּידִין לוֹ לְאָדָם בִּשְׁעַת הַדִּין" (חגיגה ה׳ ב׳).

עוֹד אָמְרוּ "'וּסְבִיבָיו נִשְׂעֲרָה מְאֹד' – מְלַמֵּד שֶׁהַקָּדוֹשׁ בָּרוּךְ הוּא מְדַקְדֵּק עִם חֲסִידָיו כְּחוּט הַשַּׂעֲרָה" (יבמות קכ״א ב׳).

אַבְרָהָם, הוּא אַבְרָהָם הָאָהוּב לְקוֹנוֹ, עַד שֶׁהִכְתִּיב עָלָיו "אַבְרָהָם אֹהֲבִי" (ישעיה מ״א ח׳) – לֹא פָּלַט מִן הַדִּין מִפְּנֵי דְּבָרִים קַלִּים שֶׁלֹּא דִּקְדֵּק בָּהֶם. עַל שֶׁאָמַר, "'בַּמָּה אֵדַע?' אָמַר לוֹ הַקָּדוֹשׁ בָּרוּךְ הוּא, חַיֶּיךָ, 'יָדֹעַ תֵּדַע כִּי גֵר יִהְיֶה זַרְעֲךָ'" (ילקוט שמעוני בראשית ע״ז). עַל שֶׁכָּרַת בְּרִית עִם אֲבִימֶלֶךְ בְּלֹא צִיוּוּיוֹ שֶׁל מָקוֹם, אָמַר לוֹ הַקָּדוֹשׁ בָּרוּךְ הוּא "חַיֶּיךָ, שֶׁאֲנִי מַשְׁהֶה בְּשִׂמְחַת בָּנֶיךָ שִׁבְעָה דּוֹרוֹת" (בראשית רבה נ״ד ה׳).

יַעֲקֹב, עַל שֶׁחָרָה אַפּוֹ בְּרָחֵל, שֶׁאָמְרָה לוֹ, "הָבָה לִּי בָנִים" (בראשית ל׳ א׳) אָמְרוּ בַּמִּדְרָשׁ, זֶה לְשׁוֹנָם "אָמַר לוֹ הַקָּדוֹשׁ בָּרוּךְ הוּא, כָּךְ עוֹנִים אֶת הַמְעוּקוֹת? חַיֶּיךָ שֶׁבָּנֶיךָ עוֹמְדִים לִפְנֵי בְּנָהּ" (בראשית רבה ע״א י׳). וּלְפִי שֶׁנָּתַן אֶת דִּינָה בְּתֵיבָה כְּדֵי שֶׁלֹּא יִקָּחֶהָ עֵשָׂו, אַף עַל פִּי שֶׁכַּוָּנָתוֹ הָיְתָה וַדַּאי לְטוֹבָה, אַךְ לְפִי שֶׁמָּנַע חֶסֶד מֵאָחִיו, אָמְרוּ בַּמִּדְרָשׁ "אָמַר לוֹ הַקָּדוֹשׁ בָּרוּךְ הוּא 'לַמָּס מֵרֵעֵהוּ חָסֶד' (איוב ו׳ י״ד) לֹא בִקַּשְׁתָּ לְהַשִּׂיאָהּ דֶּרֶךְ הֶיתֵּר הֲרֵי הִיא נִשֵּׂאת דֶּרֶךְ אִיסּוּר" (בראשית רבה פ׳ ג׳).

אינטרסנטית אולם היא נובעת ממניע אישיותי בוגר יחסית (ילדים למשל מסוגלים לבזות עצמם ללא עכבות למען הנאה רגעית). הראיה לעוצמת מניע הכבוד העצמי בנפש היא בהתנהלות חיי היום־יום, שבה מוצא אדם עצמו מוטרד מאוד מביזוי כבודו ביחס לאחרים (ומכאן יסיק עד כמה יכאב לו ביזוי כבודו בעולם הבא).

יוֹסֵף, לְפִי שֶׁאָמַר לְשַׂר הַמַּשְׁקִים, "כִּי אִם זְכַרְתַּנִי אִתְּךָ" (בראשית מ׳ י״ד) נִתּוֹסְפוּ לוֹ שְׁתֵּי שָׁנִים כְּמַאֲמָרָם זִכְרוֹנָם לִבְרָכָה. יוֹסֵף עַצְמוֹ, עַל שֶׁחָנַט אֶת אָבִיו בְּלִי רְשׁוּתוֹ שֶׁל מָקוֹם (בראשית רבה פ״ט ב׳). אוֹ לְפִי שֶׁשָּׁמַע, "עַבְדְּךָ אָבִינוּ" וְשָׁתַק, לְמַר כְּדְאִית לֵיהּ וּלְמַר כְּדְאִית לֵיהּ, מֵת לִפְנֵי אֶחָיו (בראשית רבה ק׳ ד׳).

דָּוִד, לְפִי שֶׁקָּרָא לְדִבְרֵי תּוֹרָה, "זְמִירוֹת", נֶעֱנַשׁ שֶׁנִּכְשַׁל בִּדְבַר עוּזָּה וְנִתְעַרְבְּבָה שִׂמְחָתוֹ (סוטה ל״ה א׳).

מִיכַל, לְפִי שֶׁהוֹכִיחָה אֶת דָּוִד בַּמֶּה שֶּׁרָקַד בַּחוּץ לִפְנֵי הָאָרוֹן, נֶעֶנְשָׁה שֶׁלֹּא הָיָה לָהּ וָלָד אֶלָּא בְּמוֹתָהּ (שמואל ב׳, ו׳ כ׳).

חִזְקִיָּהוּ, לְפִי שֶׁהֶרְאָה אֶל שָׂרֵי מֶלֶךְ בָּבֶל אֶת בֵּית נְכֹתֹה, נִגְזַר עַל בָּנָיו לִהְיוֹת סָרִיסִים בְּהֵיכַל מֶלֶךְ בָּבֶל (מלכים ב׳, כ׳ י״ד). וְרַבִּים כָּאֵלֶּה מְאֹד.

וּבְפֶרֶק הַכֹּל חַיָּבִין אָמְרוּ "רַבִּי יוֹחָנָן כַּד הֲוָה מָטֵי לְהַאי קְרָא הֲוָה בָּכֵי, 'וְקָרַבְתִּי אֲלֵיכֶם לַמִּשְׁפָּט וְהָיִיתִי עֵד מְמַהֵר' וְכוּ׳ (מלאכי ג׳ ה׳) עֶבֶד שֶׁשּׁוֹקְלִים עָלָיו קַלּוֹת כַּחֲמוּרוֹת, תַּקָּנָה יֵשׁ לוֹ?" (חגיגה ה׳ א׳), וּבְוַדַּאי שֶׁאֵין כַּוָּנַת הַמַּאֲמָר שֶׁיִּהְיֶה הָעוֹנֶשׁ עַל שְׁתֵּיהֶן אֶחָד, כִּי הַקָּדוֹשׁ בָּרוּךְ הוּא אֵינוֹ מְשַׁלֵּם אֶלָּא מִדָּה כְּנֶגֶד מִדָּה. אָמְנָם הָעִנְיָן הוּא, שֶׁלְּעִנְיַן מִשְׁקַל הַמַּעֲשִׂים כָּךְ עוֹלוֹת בְּכַף הַקַּלּוֹת כְּמוֹ הַחֲמוּרוֹת. כִּי לֹא יַשְׁכִּיחוּ הַחֲמוּרוֹת אֶת הַקַּלּוֹת, וְלֹא יַעֲלִים הַדַּיָּן עֵינוֹ מֵהֶם כְּלָל – כַּאֲשֶׁר לֹא יַעְלִים מֵהַחֲמוּרוֹת. אֶלָּא עַל כֻּלָּם יַשְׁגִּיחַ וְיִפְקַח בְּהַשְׁוָאָה אֶחָד – לָדוּן כָּל אֶחָד מֵהֶם וּלְהַעֲנִישׁ אַחַר כָּךְ עַל כָּל אֶחָד כְּפִי מַה שֶּׁהוּא. וְהוּא מַה שֶּׁשְּׁלֹמֹה הַמֶּלֶךְ עָלָיו הַשָּׁלוֹם אוֹמֵר "כִּי אֶת כָּל מַעֲשֶׂה הָאֱלֹהִים יָבִיא בְמִשְׁפָּט" וְכוּ׳ (קהלת י״ב י״ד).

כִּי כַּאֲשֶׁר אֵין הַקָּדוֹשׁ בָּרוּךְ הוּא מַנִּיחַ מִלִּשְׁכּוֹר כָּל מַעֲשֶׂה טוֹב קָטָן כְּמוֹת שֶׁהוּא, כֵּן לֹא יַנִּיחַ מִלִּשְׁפּוֹט וּלְהוֹכִיחַ כָּל מַעֲשֶׂה רַע קָטָן כְּמוֹת שֶׁהוּא, וּלְהוֹצִיא מִלֵּב הָרוֹצִים לְהִתְפַּתּוֹת וְלַחְשׁוֹב שֶׁלֹּא יַעֲלֶה הָאָדוֹן

בָּרוּךְ הוּא בְּדִינָיו הַדְּבָרִים הַקַּלִּים וְלֹא יִקַּח חֶשְׁבּוֹן עֲלֵיהֶם. אֶלָּא כְּלָלָא הוּא "כָּל הָאוֹמֵר הַקָּדוֹשׁ בָּרוּךְ הוּא וַתְּרָן הוּא, יְוַתְּרוּ מֵעוֹהִי" (בבא קמא נ׳ א׳).

וְכֵן אָמְרוּ "אִם אוֹמֵר לְךָ יֵצֶר הָרָע, 'חֲטָא, וְהַקָּדוֹשׁ בָּרוּךְ הוּא מוֹחֵל לְךָ' - אַל תִּשְׁמַע לוֹ" (חגיגה ט״ז א׳).

וְזֶה דָּבָר פָּשׁוּט וּמְבוֹרָר, כִּי הִנֵּה אֵל אֱמֶת ה׳, וְהוּא מַה שֶּׁאָמַר מֹשֶׁה רַבֵּנוּ עָלָיו הַשָּׁלוֹם "הַצּוּר תָּמִים פָּעֳלוֹ, כִּי כָל דְּרָכָיו מִשְׁפָּט, אֵל אֱמוּנָה וְאֵין עָוֶל" וְכוּ׳ (דברים ל״ב ד׳), כִּי כֵּיוָן שֶׁהַקָּדוֹשׁ בָּרוּךְ הוּא רוֹצֶה בְּמִשְׁפָּט הִנֵּה כָּךְ הוּא עוֹבֵר עַל הַמִּשְׁפָּט, הַעֲלֵים אֶת הָעַיִן מִן הַזְּכוּת כְּמוֹ מִן הַחוֹבָה. עַל כֵּן אִם מִשְׁפָּט הוּא רוֹצֶה, צָרִיךְ שֶׁיִּתֵּן לְכָל אִישׁ כִּדְרָכָיו וְכִפְרִי מַעֲלָלָיו בְּתַכְלִית הַדִּקְדּוּק בֵּין לְטוֹב בֵּין לְמוּטָב. וְהַיְנוּ, "אֵל אֱמוּנָה וְאֵין עָוֶל צַדִּיק וְיָשָׁר הוּא", שֶׁפֵּירְשׁוּ זִכְרוֹנָם לִבְרָכָה, "לַצַּדִּיקִים וְלָרְשָׁעִים", כִּי כָּךְ הִיא הַמִּדָּה. וְעַל הַכֹּל הוּא דָּן וְעַל כָּל חֵטְא הוּא מַעֲנִישׁ וְאֵין לְהִמָּלֵט.*

וְאִם תֹּאמַר, אִם כֵּן מִדַּת הָרַחֲמִים לָמָּה הִיא עוֹמֶדֶת, כֵּיוָן שֶׁעַל כָּל פָּנִים צָרִיךְ לְדַקְדֵּק בַּדִּין עַל כָּל דָּבָר?

הַתְּשׁוּבָה, וַדַּאי מִדַּת הָרַחֲמִים הִיא קִיּוּמוֹ שֶׁל עוֹלָם, שֶׁלֹּא הָיָה עוֹמֵד זוּלָתוֹ כְּלָל. וְאַף עַל פִּי כֵן אֵין מִדַּת הַדִּין לוֹקָה, וְזֶה - כִּי לְפִי שׁוּרַת הַדִּין מַמָּשׁ הָיָה רָאוּי: (א.) שֶׁהַחוֹטֵא יֵעָנֵשׁ מִיָּד תֵּכֶף לְחֶטְאוֹ בְּלִי הַמְתָּנָה כְּלָל.

---

* המניע השלישי בנפש הוא גם הבסיסי ביותר - הרצון להנאה והרתיעה מכאב (הן פיזי והן רוחני). ההכרה שמעשים שליליים גובים מחיר ומעשים חיוביים גוררים גמול טוב - היא המוטיבציה בעלת המכנה המשותף הרחב ביותר במין האנושי. המוטיבציה מקבלת משנה תוקף בעת שנפנים שהאמת האלוהית מדקדקת איתנו ב"מידת הדין", היינו ישנו מחיר בלתי נמנע על כל חטא וחטא, ללא אפשרות ויתור או "החלקת פינות".

(ב.) וְגַם שֶׁהָעוֹנֶשׁ עַצְמוֹ יִהְיֶה בַּחֲרוֹן אַף כָּרָאוּי לְמִי שֶׁמַּמְרֶה פִּי הַבּוֹרֵא יִתְבָּרֵךְ שְׁמוֹ. (ג.) וְשֶׁלֹּא יִהְיֶה תִּיקּוּן לַחֵטְא כְּלָל.

כִּי הִנֵּה בֶּאֱמֶת, אֵיךְ יְתַקֵּן הָאָדָם אֶת אֲשֶׁר עִוֵּת וְהַחֵטְא כְּבָר נַעֲשָׂה? הֲרֵי שֶׁרָצַח הָאָדָם אֶת חֲבֵירוֹ, הֲרֵי שֶׁנָּאַף, אֵיךְ יוּכַל לְתַקֵּן הַדָּבָר הַזֶּה? הֲיוּכַל לְהָסִיר הַמַּעֲשֶׂה הֶעָשׂוּי מִן הַמְּצִיאוּת?

אָמְנָם, מִדַּת הָרַחֲמִים הִיא הַנּוֹתֶנֶת הֵפֶךְ הַשְּׁלֹשָׁה דְּבָרִים שֶׁזָּכַרְנוּ, דְּהַיְינוּ:

(א.) שֶׁיּוּתַּן זְמַן לַחוֹטֵא וְלֹא יִכָּחֵד מִן הָאָרֶץ מִיָּד כְּשֶׁחָטָא. (ב.) וְשֶׁהָעוֹנֶשׁ עַצְמוֹ לֹא יִהְיֶה עַד לְכַלֵּה. (ג.) וְשֶׁהַתְּשׁוּבָה תִּנָּתֵן לַחוֹטְאִים בְּחֶסֶד גָּמוּר, שֶׁתֵּחָשֵׁב עֲקִירַת הָרָצוֹן כַּעֲקִירַת הַמַּעֲשֶׂה.

דְּהַיְינוּ, שֶׁבִּהְיוֹת הַשָּׁב מַכִּיר אֶת חֶטְאוֹ, וּמוֹדֶה בּוֹ, וּמִתְבּוֹנֵן עַל רָעָתוֹ, וְשָׁב, וּמִתְחָרֵט עָלָיו חֲרָטָה גְּמוּרָה דְּמֵעִיקָּרָא כַּחֲרָטַת הַנֶּדֶר מַמָּשׁ, שֶׁהוּא מִתְנַחֵם לְגַמְרֵי וְהָיָה חָפֵץ וּמִשְׁתּוֹקֵק שֶׁמֵּעוֹלָם לֹא נַעֲשָׂה הַדָּבָר הַהוּא, וּמִצְטַעֵר בְּלִבּוֹ צַעַר חָזָק עַל שֶׁכְּבָר נַעֲשָׂה הַדָּבָר, וְעוֹזֵב אוֹתוֹ לְהַבָּא, וּבוֹרֵחַ מִמֶּנּוּ - הִנֵּה עֲקִירַת הַדָּבָר מֵרְצוֹנוֹ יֵחָשֵׁב לוֹ כַּעֲקִירַת הַנֶּדֶר וּמִתְכַּפֵּר לוֹ. וְהוּא מַה שֶּׁאָמַר הַכָּתוּב "וְסָר עֲוֹנֶךָ וְחַטָּאתְךָ תְּכֻפָּר" (ישעיה ו׳ ז׳), שֶׁהֶעָוֹן סָר מַמָּשׁ מֵהַמְּצִיאוּת וְנֶעֱקָר בְּמַה שֶּׁעַכְשָׁיו מִצְטַעֵר וּמִתְנַחֵם עַל מַה שֶּׁהָיָה לְמַפְרֵעַ.

וְזֶה חֶסֶד וַדַּאי שֶׁאֵינוֹ מִשּׁוּרַת הַדִּין. אַךְ עַל כָּל פָּנִים הִנֵּה הוּא חֶסֶד שֶׁאֵינוֹ מַכְחִישׁ הַדִּין לְגַמְרֵי, שֶׁהֲרֵי יֵשׁ צַד לִיתְלוֹת בּוֹ:

שֶׁתַּחַת הָרָצוֹן שֶׁנִּתְרַצָּה בַּחֵטְא, וְהַהֲנָאָה שֶׁנֶּהֱנָה מִמֶּנּוּ - בָּא עַתָּה הַנֶּחָמָה וְהַצַּעַר.

וְכֵן אֲרִיכוּת הַזְּמַן אֵינֶנּוּ וִיתּוּר עַל הַחֵטְא, אֶלָּא סַבְלָנוּת קְצָת לִפְתּוֹחַ לוֹ פֶּתַח תִּיקּוּן.

וְכֵן כָּל שְׁאָר דַּרְכֵי חֶסֶד, כְּעִנְיַן "בְּרָא מְזַכֶּה אַבָּא" (סנהדרין ק"ד א'), אוֹ, "מְקַצַּת נֶפֶשׁ כְּכָל הַנֶּפֶשׁ" (קהלת רבה ז' כ"ה) הַמּוּזְכָּרִים בְּדִבְרֵי חֲכָמִים.

דַּרְכֵי חֶסֶד הֵם לְקַבֵּל אֶת הַמּוּעָט כִּמְרוּבֶּה, אַךְ לֹא מִתְנַגְּדִים וּמַכְחִישִׁים מַמָּשׁ מִדַּת הַדִּין, כִּי כְּבָר יֵשׁ בָּהֶם טַעַם הָגוּן לְהַחְשִׁיב אוֹתָם.

אַךְ שֶׁיְּוַתְּרוּ עֲבֵירוֹת בְּלֹא כְלוּם אוֹ שֶׁלֹּא יַשְׁגִּיחַ עֲלֵיהֶם, זֶה הָיָה נֶגֶד הַדִּין לְגַמְרֵי. כִּי כְבָר לֹא הָיָה מִשְׁפָּט וָדִין אֲמִיתִּי בַּדְּבָרִים, עַל כֵּן זֶה אִי אֶפְשָׁר לִימָּצֵא כְּלָל.

וְאִם אֶחָד מִן הַדְּרָכִים שֶׁזָּכַרְנוּ לֹא יִמָּצֵא לַחוֹטֵא לִימָּלֵט, וַדַּאי שֶׁמִּדַּת הַדִּין לֹא תָּשׁוּב רֵיקָם, וְכֵן אָמְרוּ חֲכָמֵינוּ זִכְרוֹנָם לִבְרָכָה "מַאֲרִיךְ אַפֵּהּ וְגָבֵי דִּילֵהּ" (בראשית רבה ס"ז ד').

נִמְצָא שֶׁאֵין לָאָדָם הָרוֹצֶה לִפְקוֹחַ עֵינָיו פִּיתּוּי שֶׁיּוּכַל לְהִתְפַּתּוֹת בּוֹ לְבִלְתִּי הִזָּהֵר בְּמַעֲשָׂיו תַּכְלִית הַזְּהִירוּת וְדַקְדֵּק בָּם תַּכְלִית הַדִּקְדּוּק.*

הֵן כָּל אֵלֶּה הַשְׁקָפוֹת שֶׁיַּשְׁקִיף עֲלֵיהֶן הָאָדָם וְיִקְנֶה בָּם מִדַּת הַזְּהִירוּת וַדַּאי אִם בַּעַל נֶפֶשׁ הוּא.**

---

* המושג "מידת הרחמים" צריך להיות מובן לא בהקשר של ויתור אלא כאשראי לאורך זמן (מלשון "רחם", המקום בו מתפתח העובר עד צאתו לאוויר העולם). המוכנות האלוהית לתהליכיות היא זו שמאפשרת לנו לחטוא ולא להרגיש מחיר מיידי; אולם אין להתבלבל - בסופו של דבר כל כישלון יתבע את תיקונו, ולכן יש להיות כל העת בדריכות וזהירות.

** שלושת סוגי המוטיבציה האלה צריכים להיות פעילים בנפש במקביל. ככל שהאישיות תתפתח, המניע הראשון (לשם שמיים) יהיה יותר דומיננטי, אולם החשש לכבוד העצמי והאינטרסנטיות האגואיסטית - לעולם יהיו חלק מההנעה האישיותית, ויש להשתמש בהם בזמן ובמקום הנכונים.

פרק ה

בביאור מפסידי הזהירות וההרחקה מהם

הִנֵּה מַפְסִידֵי הַמִּדָּה הַזֹּאת וּמַרְחִיקֶיהָ הֵם שְׁלֹשָׁה:

הָאֶחָד: הוּא הַטִּיפּוּל וְהַטִּרְדָּה הָעוֹלָמִית.

הַשֵּׁנִי: הַשְּׂחוֹק וְהַלָּצוֹן.

הַשְּׁלִישִׁי: הַחֶבְרָה הָרָעָה. וּנְדַבֵּר בָּהֶם אֶחָד לְאֶחָד.

הִנֵּה הַטִּיפּוּל וְהַטִּרְדָּה כְּבָר דִּבַּרְנוּ מֵהֶם לְמַעְלָה, כִּי בִּהְיוֹת הָאָדָם טָרוּד בְּעִנְיְנֵי עוֹלָמוֹ, הִנֵּה מַחְשְׁבוֹתָיו אֲסוּרוֹת בְּזִיקֵי הַמַּשָּׂא אֲשֶׁר עֲלֵיהֶם, וְאִי אֶפְשָׁר לָהֶם לָתֵת לֵב אֶל הַמַּעֲשֶׂה. וְהַחֲכָמִים עֲלֵיהֶם הַשָּׁלוֹם בִּרְאוֹתָם זֶה אָמְרוּ "הֱוֵי מְמַעֵט בְּעֵסֶק, וַעֲסֹק בַּתּוֹרָה" (אבות ד׳ י״ב). כִּי הִנֵּה הָעֵסֶק מוּכְרָח הוּא לָאָדָם לְצוֹרֶךְ פַּרְנָסָתוֹ, אַךְ רִיבּוּי הָעֵסֶק אֵינוֹ מוּכְרָח שֶׁיִּהְיֶה כָּל כָּךְ גָּדוֹל עַד שֶׁלֹּא יַנִּיחַ לוֹ מָקוֹם אֶל עֲבוֹדָתוֹ. עַל כֵּן נִצְטַוִּינוּ לִקְבּוֹעַ עִתִּים לַתּוֹרָה.

וּכְבָר זָכַרְנוּ שֶׁהִיא הַמִּצְטָרֶכֶת יוֹתֵר לָאָדָם לְשֶׁיַּגִּיעַ אֶל הַזְּהִירוּת, וּכְמַאֲמַר רַבִּי פִּנְחָס "תּוֹרָה מְבִיאָה לִידֵי זְהִירוּת". וְזוּלָתָהּ לֹא יַגִּיעַ אֵלָיו כְּלָל. וְהוּא מַה שֶּׁאָמְרוּ זִכְרוֹנָם לִבְרָכָה "וְלֹא עַם הָאָרֶץ חָסִיד" (אבות ב' ו'). וְזֶה כִּי הַבּוֹרֵא יִתְבָּרַךְ שְׁמוֹ שֶׁבָּרָא הַיֵּצֶר רַע בָּאָדָם הוּא שֶׁבָּרָא הַתּוֹרָה תַּבְלִין לוֹ, וּכְמוֹ שֶׁאָמְרוּ "בָּרָאתִי יֵצֶר הָרָע בָּרָאתִי לוֹ תּוֹרָה תַּבְלִין" (קדושין ל' ב').*

וְהִנֵּה פָּשׁוּט הוּא, שֶׁאִם הַקָּדוֹשׁ בָּרוּךְ הוּא לֹא בָּרָא לְמַכָּה זוֹ – אֶלָּא רְפוּאָה זוֹ, אִי אֶפְשָׁר בְּשׁוּם פָּנִים שֶׁיֵּרָפֵא הָאָדָם מוֹאת הַמַּכָּה בִּלְתִּי זֹאת הָרְפוּאָה! וּמִי שֶׁיַּחְשׁוֹב לִינָּצֵל זוּלָתָהּ – אֵינוֹ אֶלָּא טוֹעֶה, וְיִרְאֶה טָעוּתוֹ לַבַּסּוֹף כְּשֶׁיָּמוּת בְּחֶטְאוֹ.

כִּי הִנֵּה הַיֵּצֶר רַע, בֶּאֱמֶת חָזָק הוּא בָּאָדָם מְאֹד, וּמִבְּלִי יְדִיעָתוֹ שֶׁל הָאָדָם הוֹלֵךְ הוּא וּמִתְגַּבֵּר בּוֹ וְשׁוֹלֵט עָלָיו. וְאִם יַעֲשֶׂה כָּל הַתַּחְבּוּלוֹת שֶׁבָּעוֹלָם וְלֹא יִקַּח הָרְפוּאָה שֶׁנִּבְרֵאת לוֹ – שֶׁהִיא הַתּוֹרָה כְּמוֹ שֶׁכָּתַבְתִּי – לֹא יֵדַע וְלֹא יַרְגִּישׁ בְּתִגְבּוֹרֶת חָלְיוֹ אֶלָּא כְּשֶׁיָּמוּת בְּחֶטְאוֹ וְתֹאבַד נִשְׁמָתוֹ. הָא לְמַה זֶּה דּוֹמֶה? לְחוֹלֶה שֶׁדָּרַשׁ בָּרוֹפְאִים וְהִכִּירוּ חָלְיוֹ וְאָמְרוּ לוֹ שֶׁיִּקַּח סַם מָה. וְהוּא, מִבִּלְתִּי שֶׁתִּקְדַּם לוֹ יְדִיעָה בִּמְלֶאכֶת הָרְפוּאָה, יַנִּיחַ הַסַּם הַהוּא וְיִקַּח מַה שֶּׁיַּעֲלֶה בְּמַחֲשַׁבְתּוֹ מִן הַסַּמִּים – הֲלֹא יָמוּת הַחוֹלֶה הַהוּא וַדַּאי.

כֵּן הַדָּבָר הַזֶּה, כִּי אֵין מִי שֶׁמַּכִּיר בָּחֳלִי הַיֵּצֶר רַע וּבְכֹחוֹ הַמּוּטְבָּע בּוֹ – אֶלָּא בּוֹרְאוֹ שֶׁבְּרָאוֹ! וְהוּא הִזְהִירָנוּ שֶׁהָרְפוּאָה לוֹ הִיא הַתּוֹרָה. מִי אֵפוֹא יַנִּיחֶהָ וְיִקַּח מַה שֶּׁיִּקַּח זוּלָתָהּ וְיִחְיֶה?! וַדַּאי שֶׁחֹשֶׁךְ הַחוּמְרִיּוּת יֵלֵךְ וְיִגְבַּר עָלָיו מַדְרֵגָה אַחַר מַדְרֵגָה וְהוּא לֹא יָבִין, עַד שֶׁיִּמָּצֵא שָׁקוּעַ

---

* המעכב הראשון בפיתוח אישיות דרוכה הוא השחיקה היום־יומית. מעגל הטרדות והעיסוקים גורם להתנהלות מכוח האינרציה שמנוגדת למעמד הנפשי של הזהירות. הדרך היחידה לשבור את מעגל הקסמים היא באמצעות חידוד תודעה תורנית.

בָּרָעָה וְרָחוֹק מִן הָאֱמֶת הֶרְחֵק גָּדוֹל, שֶׁאֲפִילּוּ הִרְהוּרֵי דְבָרִים לֹא יַעֲלוּ עַל לִבּוֹ לְבַקֵּשׁ הָאֱמֶת.

אַךְ אִם הוּא עוֹסֵק בַּתּוֹרָה, בִּרְאוֹתוֹ דְרָכֶיהָ, צִיווּיֶיהָ וְאַזְהָרוֹתֶיהָ, הִנֵּה סוֹף סוֹף מֵאֵילָיו יִתְחַדֵּשׁ בּוֹ הִתְעוֹרְרוּת שֶׁיְּבִיאֵהוּ אֶל הַדֶּרֶךְ הַטּוֹב. וְהוּא מַה שֶּׁאָמְרוּ זִכְרוֹנָם לִבְרָכָה "הַלְוַאי אוֹתִי עָזְבוּ וְתוֹרָתִי שָׁמָרוּ, שֶׁהַמָּאוֹר שֶׁבָּהּ מַחֲזִירָן לְמוּטָב" (דאיכה רבתי פתיחתא ב׳).

וְהִנֵּה בִּכְלַל זֶה גַּם כֵּן קְבִיעוּת הָעִתִּים אֶל חֶשְׁבּוֹן הַמַּעֲשֶׂה וְתִיקּוּנוֹ כְּמוֹ שֶׁכָּתַבְתִּי לְמַעְלָה. וּמִלְּבַד כָּל זֶה, כָּל מַה שֶּׁיִּשָּׁאֵר לוֹ פְּנַאי מֵעֲסָקָיו – אִם חָכָם הוּא – וַדַּאי שֶׁלֹּא יְאַבְּדֵהוּ, אֶלָּא יֹאחֵז בּוֹ מִיָּד וְלֹא יַרְפֵּהוּ לַעֲסוֹק בּוֹ בְּעֵסֶק נַפְשׁוֹ וְתִיקּוּן עֲבוֹדָתוֹ. וְזֶה הַמַּפְסִיד, אַף עַל פִּי שֶׁהוּא הַיּוֹתֵר כְּלָלִי, הִנֵּה הוּא הַיּוֹתֵר קַל לְמִי שֶׁרוֹצֶה לְימַּלֵּט, שֶׁיִּמָּלֵט מִמֶּנּוּ.*

אַךְ הַשֵּׁנִי הִנֵּה הוּא קָשֶׁה מְאֹד, וְהוּא הַשְּׂחוֹק וְהַלָּצוֹן, כִּי מִי שֶׁטּוֹבֵעַ בָּם הוּא כְּמִי שֶׁטּוֹבֵעַ בַּיָּם הַגָּדוֹל, שֶׁקָּשֶׁה מְאֹד לְהִמָּלֵט מִמֶּנּוּ. כִּי הִנֵּה הַשְּׂחוֹק הוּא מְאַבֵּד אֶת לֵב הָאָדָם, עַד שֶׁכְּבָר אֵין הַטַּעַם וְהַדֵּיעָה מוֹשֶׁלֶת בּוֹ, וַהֲרֵי הוּא כְּשִׁכּוֹר אוֹ שׁוֹטֶה, אֲשֶׁר אִי אֶפְשָׁר לָתֵת לָהֶם עָרְמָה אוֹ לְהַנְהִיגָם, כִּי אֵינָם מְקַבְּלִים הַנְהָגָה. וְהוּא מַה שֶּׁאָמַר שְׁלֹמֹה הַמֶּלֶךְ עָלָיו הַשָּׁלוֹם "לִשְׂחוֹק אָמַרְתִּי מְהוֹלָל וּלְשִׂמְחָה מַה זֹּה עוֹשָׂה" (קהלת ב׳ ב׳). וַחֲכָמִים זִכְרוֹנָם לִבְרָכָה אָמְרוּ "שְׂחוֹק וְקַלּוּת רֹאשׁ מַרְגִּילִים אֶת הָאָדָם לְעֶרְוָה" (אבות ג׳ י״ג). כִּי אַף עַל פִּי שֶׁחֲמוּרָה הִיא הָעֶרְוָה אֵצֶל כָּל בֶּן דַּת, וְלִבּוֹ יָרֵא מִקְּרוֹב אֵלֶיהָ, מִכֹּחַ הַצִּיּוּר שֶׁכְּבָר נִצְטַיֵּיר

---

* פיתוח תודעה תורנית הוא הכלי המרכזי לעבודת המוסר. בעת שאדם לומד תורה הוא בהכרח "מרים את הראש מעל המים", ומחלץ עצמו משטף החיים. בנוסף על כך, לימודי הלכה (שמורים ממה צריך להיזהר מבחינה מעשית), וקביעת עיתים ללימודי מוסר ואמונה (ובכללם זמן ייעודי לחשבון נפש, כאמור לעיל) - שלושת אלה מכוונים במדויק לאפקט הנפשי המדובר.

בְּשִׂכְלוֹ מֵאֲמִתַּת גּוֹדֶל פִּשְׁעָהּ וְרוֹב עוֹנְשָׁהּ, הִנֵּה הַשְּׂחוֹק וְקַלּוּת רֹאשׁ מַמְשִׁיכִים אוֹתוֹ מְעַט מְעַט וּמְקָרְבִים אוֹתוֹ הָלוֹךְ וְקָרֵב שֶׁתִּהְיֶה הַיִּרְאָה סָרָה מֵעָלָיו מְעַט מְעַט – מַדְרֵיגָה אַחַר מַדְרֵיגָה – עַד שֶׁיַּגִּיעַ אֶל הֶעָוֹן עַצְמוֹ וְיַעֲשֵׂהוּ. וְכָל כָּךְ לָמָּה? לְפִי שֶׁכְּמוֹ שֶׁכָּל מְצִיאוּת הַזְּהִירוּת תָּלוּי בְּשִׂימַת הַלֵּב עַל הַדָּבָר, כֵּן כָּל עַצְמוֹ שֶׁל הַשְּׂחוֹק אֵינוֹ אֶלָּא מֵסִיר הַלֵּב מִן הַמַּחֲשָׁבוֹת הַיְשָׁרוֹת וְהָעִיּוּנִיּוֹת, וְנִמְצָא שֶׁלֹּא יָבוֹאוּ הִרְהוּרֵי הַיִּרְאָה בְּלִבּוֹ כְּלָל.

וְתִרְאֶה קוֹשִׁי הַלָּצוֹן וְהַשְׁחָתָתוֹ הַרְבֵּה, כִּי כְּמוֹ הַמָּגֵן הַמָּשׁוּחַ בַּשֶּׁמֶן אֲשֶׁר יַשְׁמִיט וְיַפִּיל מֵעָלָיו הַחִצִּים וּמַשְׁלִיכָם לָאָרֶץ, וְלֹא יַנִּיחַ אוֹתָם שֶׁיַּגִּיעוּ אֶל גּוּף הָאָדָם, כֵּן הַלָּצוֹן בִּפְנֵי הַתּוֹכֵחָה וְהַמַּרְדּוּת. כִּי בְּלֵיצָנוּת אֶחָד וּבִשְׂחוֹק קָטָן יַפִּיל הָאָדָם מֵעָלָיו רִבּוּי גָּדוֹל מִן הַהִתְעוֹרְרוּת וְהַהִתְפַּעֲלוּת, מַה שֶּׁהַלֵּב מִתְעוֹרֵר וּמִתְפַּעֵל בְּעַצְמוֹ מִידֵי רְאוֹתוֹ אוֹ שָׁמְעוֹ עִנְיָנִים שֶׁיְּעִירוּהוּ אֶל הַחֶשְׁבּוֹן וְהַפִּשְׁפּוּשׁ בְּמַעֲשִׂים. וּבְכֹחַ הַלֵּיצָנוּת יַפִּיל הַכֹּל לָאָרֶץ וְלֹא יַעֲשֶׂה בּוֹ רוֹשֶׁם כְּלָל. וְלֹא מִפְּנֵי חוּלְשַׁת הָעִנְיָנִים, וְלֹא מִפְּנֵי חֶסְרוֹן הֲבָנַת הַלֵּב, אֶלָּא מִפְּנֵי כֹּחַ הַלָּצוֹן הַהוֹרֵס כָּל עִנְיְנֵי הַמּוּסָר וְהַיִּרְאָה.

וְהִנֵּה הַנָּבִיא יְשַׁעְיָה הָיָה צוֹוֵחַ עַל זֶה כִּכְרוּכְיָא, כִּי הָיָה רוֹאֶה שֶׁזֶּה הָיָה מַה שֶּׁלֹּא הָיָה מַנִּיחַ מָקוֹם לְתוֹכְחוֹתָיו שֶׁיַּעֲשׂוּ רוֹשֶׁם, וְהָיָה מְאַבֵּד תִּקְוָתָם שֶׁל הַחוֹטְאִים, וְהוּא מַה שֶּׁאָמַר "וְעַתָּה אַל תִּתְלוֹצָצוּ פֶּן יֶחְזְקוּ מוֹסְרֵיכֶם" (ישעיה כ"ח, כ"ב). וּכְבָר גָּזְרוּ אוֹמֶר חֲכָמִים זִכְרוֹנָם לִבְרָכָה שֶׁהַלֵּץ מֵבִיא הַיִּסּוּרִין עָלָיו (עבודה זרה י"ח ב'). וְהוּא מַה שֶּׁהַכָּתוּב עַצְמוֹ מְבָאֵר בְּפֵירוּשׁ "נָכוֹנוּ לַלֵּצִים שְׁפָטִים" (משלי י"ט כ"ט). כִּי זֶה הוּא דָּבָר שֶׁהַדִּין נוֹתֵן אוֹתוֹ, כִּי מִי שֶׁמִּתְפַּעֵל מִן הַהִתְבּוֹנְנוּת וּמִן הַלִּימּוּדִים, אֵינוֹ צָרִיךְ שֶׁיִּתְיַסֵּר בְּגוּפוֹ, כִּי כְּבָר יָשׁוּב מֵחַטֹּאתָיו בְּלִי זֶה – מִכֹּחַ הִרְהוּרֵי תְשׁוּבָה שֶׁיִּוָּלְדוּ בִּלְבָבוֹ עַל יְדֵי מַה שֶּׁיִּקְרָא אוֹ שֶׁיִּשְׁמַע מִן הַמּוּסָרִים וְהַתּוֹכֵחוֹת. אַךְ הַלֵּיצָנִים שֶׁאֵינָם מִתְפַּעֲלִים מִן הַתּוֹכֵחוֹת מִפְּנֵי כֹּחַ לֵיצָנוּתָם, אֵין לָהֶם תִּיקּוּן אֶלָּא הַשְּׁפָטִים. שֶׁאֵלֶּה לֹא יִהְיֶה לָהֶם כֹּחַ בְּלֵיצָנוּתָם לִדְחוֹתָם מֵעֲלֵיהֶם כַּאֲשֶׁר יִדְחוּ הַמּוּסָרִים. וְהִנֵּה כְּפִי חוֹמֶר

הַחֵטְא וְתוֹלְדוֹתָיו, הֶחְמִיר הַשּׁוֹפֵט הָאֲמִתִּי בְּעָנְשׁוֹ. וְהוּא מַה שֶּׁלִּמְּדוּנוּ זִכְרוֹנָם לִבְרָכָה "קָשָׁה הַלֵּיצָנוּת - שֶׁתְּחִלָּתוֹ יִסּוּרִין וְסוֹפוֹ כְּלָיָה, שֶׁנֶּאֱמַר פֶּן יֶחֶזְקוּ מוֹסְרֵיכֶם כִּי כָלָה וְנֶחֱרָצָה שָׁמַעְתִּי (ישעיה כ"ח כ"ב)" וְכוּ' (עבודה זרה י"ח ב').*

וְהַמַּפְסִיד הַשְּׁלִישִׁי, הוּא הַחֶבְרָה, דְּהַיְנוּ, חֶבְרַת הַטִּפְּשִׁים וְהַחוֹטְאִים, וְהוּא מַה שֶּׁהַכָּתוּב אוֹמֵר "וְרֹעֶה כְסִילִים יֵרוֹעַ" (משלי י"ג כ'), כִּי הִנֵּה אָנוּ רוֹאִים פְּעָמִים רַבּוֹת, אֲפִילוּ אַחַר שֶׁנִּתְאַמֵּת אֵצֶל הָאָדָם חוֹבַת הָעֲבוֹדָה וְהַזְּהִירוּת בָּהּ, יִתְרַפֶּה מִמֶּנָּה אוֹ יַעֲבוֹר עַל אֵיזֶה דְּבָרִים מִמֶּנָּה, כְּדֵי שֶׁלֹּא יִלְעֲגוּ עָלָיו חֲבֵירָיו אוֹ כְּדֵי לְהִתְעָרֵב עִמָּהֶם. וְהוּא מַה שֶּׁשְּׁלֹמֹה מַזְהִיר וְאוֹמֵר "עִם שׁוֹנִים אַל תִּתְעָרָב" (משלי כ"ד כ"א). כִּי אִם יֹאמַר לְךָ אָדָם, "לְעוֹלָם תְּהֵא דַּעְתּוֹ שֶׁל אָדָם מְעֹרֶבֶת עִם הַבְּרִיּוֹת" (כתובות י"ז א') אַף אַתָּה אֱמוֹר לוֹ, בַּמֶּה דְּבָרִים אֲמוּרִים? בִּבְנֵי אָדָם שֶׁעוֹשִׂים מַעֲשֵׂה אָדָם, אַךְ לֹא בִּבְנֵי אָדָם שֶׁעוֹשִׂים מַעֲשֵׂה בְּהֵמָה. וּשְׁלֹמֹה מַזְהִיר עוֹד "לֵךְ מִנֶּגֶד לְאִישׁ כְּסִיל" (משלי י"ד ז'), וְדָוִד הַמֶּלֶךְ אָמַר "אַשְׁרֵי הָאִישׁ אֲשֶׁר לֹא הָלַךְ" וְכוּ' (תהלים א' א'), וּכְבָר פֵּירְשׁוּ זִכְרוֹנָם לִבְרָכָה "אִם הָלַךְ סוֹפוֹ לַעֲמוֹד וְאִם עָמַד סוֹפוֹ לֵישֵׁב" (עבודה זרה י"ח ב'). וְאוֹמֵר, "לֹא יָשַׁבְתִּי עִם מְתֵי שָׁוְא... שָׂנֵאתִי קְהַל מְרֵעִים" וְכוּ' (תהלים כ"ו ד').

---

* המעכב השני בהתפתחות המוסרית הוא תרבות הבידור. המילה "בידור" היא מלשון "להתבדר ברוח", כלומר התפזרות אישיותית. תעשיית הבידור כיום - על שלוחותיה השונות: סטנדאפ, מוזיקת פופ, מדיה וכדומה - ממלאת כל שנייה פנויה בחיי האדם הפוסט־מודרני. יש כמובן מקום בזמנים מסוימים להתבדר ו"לנקות את הראש", אולם בעת שאלה הופכים למרכיבים המרכזיים בתרבות הם גורמים לעמדה נפשית הפוכה מדריכות וזהירות. לעומת זאת, היכולת להגביל את הזמן המוקדש לבידור, ולהחליפו בהנאות ערכיות יותר (טיולים, ספרות טובה, מוזיקה איכותית וכו'), משתלבת בתהליך מסילת הישרים.

אֵין לוֹ לָאָדָם אֶלָּא לִיטַהֵר וְלִינַּקּוֹת בְּעַצְמוֹ וְלִמְנוֹעַ רַגְלָיו מִדַּרְכֵי הֶהָמוֹן הַשְּׁקוּעִים בְּהַבְלֵי הַזְּמַן, וְיָשִׁיב רַגְלָיו אֶל חַצְרוֹת ה׳ וְאֶל מִשְׁכְּנוֹתָיו. הוּא שֶׁדָּוִד עַצְמוֹ מְסַיֵּים וְאוֹמֵר ״אֶרְחַץ בְּנִקָּיוֹן כַּפָּי וַאֲסוֹבְבָה אֶת מִזְבַּחֲךָ ה׳״ (תהלים כ״ו ד׳). וְאִם יֶאֱרַע לוֹ שֶׁיִּמָּצֵא בְּחֶבְרַת מִי שֶׁיַּלְעִיג עָלָיו, לֹא יָשִׁית לִבּוֹ אֶל הַלַּעַג הַהוּא. אַדְּרַבָּא יִלְעַג עַל מַלְעִיגָיו וִיבַזֵּם, וְיַחְשׁוֹב בְּדַעְתּוֹ כִּי לוּלֵי הָיָה לוֹ לְהַרְוִיחַ מָמוֹן הַרְבֵּה, הֶהָיָה מַנִּיחַ מַה שֶּׁהָיָה צָרִיךְ לָזֶה מִפְּנֵי חֲבֵירָיו שֶׁלֹּא יִלְעֲגוּ? כָּל שֶׁכֵּן שֶׁלֹּא יִרְצֶה לְאַבּוֹד נִשְׁמָתוֹ מִפְּנֵי לַעַג.

וְעַל דֶּרֶךְ זֶה הִזְהִירוּ זִכְרוֹנָם לִבְרָכָה ״הֱוֵי עַז כַּנָּמֵר... לַעֲשׂוֹת רְצוֹן אָבִיךָ שֶׁבַּשָּׁמַיִם״ (אבות ה׳ כ׳). וְדָוִד אָמַר ״וַאֲדַבְּרָה בְעֵדוֹתֶיךָ נֶגֶד מְלָכִים וְלֹא אֵבוֹשׁ״ (תהלים קי״ט מ״ו), שֶׁאַף עַל פִּי שֶׁרוֹב הַמְּלָכִים עִסְקָם וְדִיבּוּרָם בְּדִבְרֵי גְּדוֹלוֹת וַהֲנָאוֹת, וְדָוִד שֶׁהָיָה גַּם כֵּן מֶלֶךְ, לִכְאוֹרָה תִּהְיֶה לוֹ לְחֶרְפָּה אִם בִּהְיוֹתוֹ בְּחֶבְרָתָם יִהְיֶה הוּא מְדַבֵּר בְּדִבְרֵי מוּסָר וְתוֹרָה, תַּחַת סַפְּרוֹ מִן הַגְּדוֹלוֹת וּמִתַּעֲנוּגוֹת בְּנֵי אָדָם כְּמוֹהֶם, הִנֵּה לֹא הָיָה חָשׁ לָזֶה כְּלָל, וְלֹא הָיָה לִבּוֹ נִפְתֶּה בַּהֲבָלִים הָאֵלֶּה, אַחֲרֵי שֶׁכְּבָר הִשִּׂיג הָאֱמֶת, אֶלָּא מְפָרֵשׁ וְאוֹמֵר ״וַאֲדַבְּרָה בְעֵדוֹתֶיךָ נֶגֶד מְלָכִים וְלֹא אֵבוֹשׁ״ וְכוּ׳. וִישַׁעְיָה כְּמוֹ כֵן אָמַר ״עַל כֵּן שַׂמְתִּי פָנַי כַּחַלָּמִישׁ וָאֵדַע כִּי לֹא אֵבוֹשׁ״ (ישעיה נ׳ ז׳).*

* המעכב השלישי בעיצוב מבנה אישיותי זהיר הוא החברה הרעה. אדם בעל כורחו מושפע חברתית, וכאשר הוא מוקף ברוב שעות היום באנשים שחייהם מוקדשים להנאות העולם הזה ותו לא - הוא עובר חוויה רגשית ששוחקת עם הזמן את האמת השכלית. שהות אינטנסיבית ברשתות חברתיות למשל מעניקה לאדם אשליה שמיליוני המתבוססים בחיי החומר שנחשף אליהם - יצילו אותו ביום הדין כי ״כולם עושים זאת״, ולא כך הוא. הפתרון הוא למצוא מעגלי חברה ראויים ככל האפשר - בעבודה, במקום המגורים, בצבא או באקדמיה.

סיכום

זהירות

הגדרה: דריכות.

כלים: לימוד תורה, חשבון נפש.

מוטיבציה: אינטרס אישי,
חשיבות עצמית, מצד האמת.

מפסידים: שטף היום־יום,
בידור, חברה רעה.

דף תכל'ס לשלב הזהירות

המטרה: פיתוח דריכות בנפש לדחיית סיפוקים

משימות

- המשיכו בתוכנית לימוד המוסר.
- הפנימו את הצורך לדחות סיפוקים ואל תשלימו עם הדחפים היצריים שלכם.
- קבעו זמן מוגדר (חמש דקות לפני השינה) לחשבון נפש יומי.
- חדדו מוטיבציה להתגברות על דחפים: א. מאינטרסנטיות (רצון לשכר ופחד מעונש); ב. מרצון למעמד ולחשיבות עצמית; ג. מצד האמת.
- התרחקו: א. מטרדות היום־יום (באמצעות חשבון נפש); ב. מבידור במינון מוגזם; ג. מחברה בעלת השפעה שלילית עלינו.

דגשים אישיים

פרק ו

בביאור מידת הזריזות

אַחַר הַזְּהִירוּת יָבוֹא הַזְּרִיזוּת, כִּי הַזְּהִירוּת סוֹבֵב עַל הַלֹּא תַעֲשֶׂה, וְהַזְּרִיזוּת עַל הָעֲשֵׂה, וְהַיְינוּ "סוּר מֵרָע וַעֲשֵׂה טוֹב" (תהלים ל"ד ט"ו).

וְעִנְיָנוֹ שֶׁל הַזְּרִיזוּת מְבֹאָר, שֶׁהוּא הַהַקְדָּמָה לְמִצְוֹת וּלְהַשְׁלָמַת עִנְיָנָם. וְכַלָּשׁוֹן הַזֶּה אָמְרוּ זִכְרוֹנָם לִבְרָכָה "זְרִיזִים מַקְדִּימִים לְמִצְוֹת" (פסחים ד' א'). וְזֶה, כִּי כְּמוֹ שֶׁצָּרִיךְ פִּקְחוּת גָּדוֹל וְהַשְׁקָפָה רַבָּה לִינָּצֵל מִמּוֹקְשֵׁי הַיֵּצֶר, וְלִימָּלֵט מִן הָרָע - שֶׁלֹּא יִשְׁלוֹט בָּנוּ לְהִתְעָרֵב בְּמַעֲשֵׂינוּ, כֵּן צָרִיךְ פִּקְחוּת גָּדוֹל וְהַשְׁקָפָה לֶאֱחוֹז בְּמִצְוֹת וְלִזְכּוֹת בָּהֶם, וְשֶׁלֹּא תֹאבַדְנָה מִמֶּנּוּ. כִּי כְּמוֹ שֶׁמְּסַבֵּב וּמִשְׁתַּדֵּל הַיֵּצֶר רָע בְּתַחְבּוּלוֹתָיו לְהַפִּיל אֶת הָאָדָם בְּמִכְמוֹרוֹת הַחֵטְא, כֵּן מִשְׁתַּדֵּל לִמְנוֹעַ מִמֶּנּוּ עֲשִׂיַּית הַמִּצְוֹת, וּלְאַבְּדָם מִמֶּנּוּ. וְאִם יִתְרַפֶּה וְיִתְעַצֵּל, וְלֹא יִתְחַזֵּק לִרְדּוֹף אַחֲרֵיהֶם וְלִתְמוֹךְ בָּם, יִשָּׁאֵר נָעוּר וָרֵיק מֵהֶם בְּוַדַּאי.*

---

* השלב השני בהתפתחות האישיותית הוא מידת הזריזות, ובלשוננו: נמרצות! בניגוד למידת הזהירות שעיקרה היא ההירתעות ממעשים שליליים, עיקרה של מידת הזריזות הוא פיתוח נמרצות בנפש לעשיית

וְתִרְאֶה כִּי טֶבַע הָאָדָם כָּבֵד מְאֹד, כִּי עַפְרִיּוּת הַחוֹמְרִיּוּת גַּס, עַל כֵּן לֹא יַחְפּוֹץ הָאָדָם בְּטוֹרַח וּמְלָאכָה. וּמִי שֶׁרוֹצֶה לִזְכּוֹת לַעֲבוֹדַת הַבּוֹרֵא יִתְבָּרַךְ, צָרִיךְ שֶׁיִּתְגַּבֵּר נֶגֶד טִבְעוֹ עַצְמוֹ, וְיִתְגַּבֵּר וְיִזְדָּרֵז, שֶׁאִם הוּא מַנִּיחַ עַצְמוֹ בְּיַד כְּבֵדוּתוֹ, וַדַּאי הוּא שֶׁלֹּא יַצְלִיחַ, וְהוּא מַה שֶּׁאָמַר הַתַּנָּא "הֱוֵי עַז כַּנָּמֵר וְקַל כַּנֶּשֶׁר רָץ כַּצְּבִי וְגִבּוֹר כָּאֲרִי לַעֲשׂוֹת רְצוֹן אָבִיךָ שֶׁבַּשָּׁמַיִם" (אבות ה׳ כ׳), וְכֵן מָנוּ חֲכָמִים זִכְרוֹנָם לִבְרָכָה (ברכות ל״ב ב׳) בִּדְבָרִים הַצְּרִיכִים חִיזּוּק, תּוֹרָה וּמַעֲשִׂים טוֹבִים, וּמִקְרָא מָלֵא הוּא "חֲזַק וֶאֱמַץ מְאֹד לִשְׁמֹר לַעֲשׂוֹת" (יהושע א׳ ו׳), כִּי חוֹזֶק גָּדוֹל צָרִיךְ לְמִי שֶׁרוֹצֶה לִכְפּוֹת הַטֶּבַע אֶל הֶפְכּוֹ.

וְהִנֵּה שְׁלֹמֹה שָׁנָה מְאֹד בְּאַזְהָרָתוֹ עַל זֶה, בְּהַרְאוֹתוֹ אֶת רוֹעַ הָעַצְלָה וְהַהֶפְסֵד הַגָּדוֹל הַנִּמְשָׁךְ מִמֶּנָּה, וְאָמַר "מְעַט שֵׁנוֹת, מְעַט תְּנוּמוֹת... וּבָא כִמְהַלֵּךְ רֵאשֶׁךָ" וְכוּ׳ (משלי ו׳ י׳–י״א), כִּי הִנֵּה הֶעָצֵל, אַף עַל פִּי שֶׁאֵינוֹ עוֹשֶׂה רַע בְּקוּם עֲשֵׂה, הִנֵּה הוּא מֵבִיא אֶת הָרָעָה עָלָיו בְּשֵׁב וְאַל תַּעֲשֶׂה שֶׁלּוֹ.

וְאָמַר "גַּם מִתְרַפֶּה בִמְלַאכְתּוֹ אָח הוּא לְבַעַל מַשְׁחִית" (משלי י״ח ט׳). כִּי אַף עַל פִּי שֶׁאֵינֶנּוּ הַמַּשְׁחִית הָעוֹשֶׂה אֶת הָרָעָה בְּיָדָיו, לֹא תַחְשׁוֹב שֶׁהוּא רָחוֹק מִמֶּנּוּ, אֶלָּא אָחִיו הוּא וּבֶן גִּילוֹ הוּא.*

מעשים חיוביים. הסיבה שמידת הזהירות קודמת מבחינה כרונולוגית להתפתחות האישיותית היא מפני שראשית יש ל"סור מרע" ורק לאחריה "לעשות טוב"; ילד קטן לומד בתחילה להיזהר ממחבת רותחת, ורק לאחר מכן הוא לומד לטגן בה חביתה. תחילה אנו צריכים להגן על עצמנו מנזקים, ובשלב השני לבנות באופן חיובי.

* ישנה נטייה מובנית בנפש האנושית לפסיביות, ולכן מידת הזריזות נדמית בהתחלה כלא טבעית. המלחמה כנגד העצלות ופיתוח דינמיות נפשית הם יסודות בעבודת ה׳; ולא במקרה נפתח השולחן ערוך, ספר ההלכה היהודי, במילים "יתגבר כארי לעבודת בוראו".

וְאָמַר עוֹד לְבָאֵר רָעַת הֶעָצֵל בֵּאוּר צִיּוּרִי, מַה שֶּׁיִּקְרֶה וְיִוָּלֵד לְעֵינֵינוּ יוֹם יוֹם "עַל שְׂדֵה אִישׁ עָצֵל עָבַרְתִּי, וְעַל כֶּרֶם אָדָם חֲסַר לֵב, וְהִנֵּה עָלָה כֻלּוֹ קִמְּשֹׂנִים, כָּסּוּ פָנָיו חֲרֻלִּים וְכוּ' וָאֶחֱזֶה אָנֹכִי אָשִׁית לִבִּי רָאִיתִי לָקַחְתִּי מוּסָר – מְעַט שֵׁנוֹת, מְעַט תְּנוּמוֹת וְכוּ' וּבָא מִתְהַלֵּךְ רֵישֶׁךָ" וְכוּ' (משלי כ"ד ל'–ל"ד). וְהִנֵּה מִלְּבַד פְּשׁוּטוֹ, אֲשֶׁר הוּא אֲמִיתִּי כְּמַשְׁמָעוֹ, שֶׁהוּא מַה שֶּׁקּוֹרֶה אֶל שְׂדֵה הֶעָצֵל מַמָּשׁ, הִנֵּה דָּרְשׁוּ בּוֹ חֲכָמִים זִכְרוֹנָם לִבְרָכָה מִדְרָשׁ נָאֶה, זֶה לְשׁוֹנָם, "'וְהִנֵּה עָלָה כֻלּוֹ קִמְּשֹׂנִים' – שֶׁמְּבַקֵּשׁ פֵּירוּשׁ שֶׁל פָּרָשָׁה וְאֵינוֹ מוֹצֵא, 'כָּסּוּ פָנָיו' וְכוּ' – מִתּוֹךְ שֶׁלֹּא עָמַל בָּהֶם הוּא יוֹשֵׁב וּמְטַמֵּא אֶת הַטָּהוֹר וּמְטַהֵר אֶת הַטָּמֵא וּפוֹרֵץ גְּדֵרָן שֶׁל תַּלְמִידֵי חֲכָמִים.

וּמָה עָנְשׁוֹ שֶׁל זֶה? שְׁלֹמֹה פֵּירְשׁוֹ 'וּפֹרֵץ גָּדֵר יִשְּׁכֶנּוּ נָחָשׁ' (קהלת י' ח')" (ילקוט משלי תתקס"א).

וְהַיְינוּ, כִּי רָעַת הֶעָצֵל אֵינָהּ בָּאָה בְּבַת אַחַת, אֶלָּא מְעַט מְעַט בְּלֹא שֶׁיֵּדַע וְיַרְגִּישׁ בָּהּ, כִּי הִנֵּה הוּא נִמְשָׁךְ מֵרָעָה אֶל רָעָה עַד שֶׁיִּמָּצֵא טָבוּעַ בְּתַכְלִית הָרָעָה. הִנֵּה בַּתְּחִלָּה אֵינוֹ אֶלָּא מַחְסִיר הַטּוֹרַח אֲשֶׁר הָיָה רָאוּי לוֹ. וּמִזֶּה נִמְשָׁךְ שֶׁלֹּא יִלְמוֹד בַּתּוֹרָה כְּכָל הַצּוֹרֶךְ. וּמִפְּנֵי חֶסְרוֹן הַלִּימוּד – כְּשֶׁיָּבֹא אַחַר כָּךְ לִלְמוֹד – תֶּחְסַר לוֹ הַהֲבָנָה. וְהִנֵּה אִלּוּלֵי הָיְתָה גּוֹמֶרֶת רָעָתוֹ בָּזֶה, כְּבָר הָיְתָה רַבָּה. אַךְ עוֹד מִתְרַבָּה וְהוֹלֶכֶת בְּמַה שֶּׁבִּרְצוֹתוֹ עַל כָּל פָּנִים לְיַשֵּׁב הַפָּרָשָׁה וְהַפֶּרֶק הַהוּא, הִנֵּה יְגַלֶּה בָּהּ פָּנִים שֶׁלֹּא כַהֲלָכָה, וְיַשְׁחִית הָאֱמֶת, וְיַהַפְכֵהוּ, וְיַעֲבֹר עַל הַתַּקָּנוֹת, וְיִפְרוֹץ אֶת הַגְּדָרִים, וְסוֹפוֹ כְּלָיָה כְּמִשְׁפַּט כָּל פּוֹרֵץ גָּדֵר. אָמַר שְׁלֹמֹה, "וָאֶחֱזֶה אָנֹכִי אָשִׁית לִבִּי" (משלי כ"ד ל"ב), הִתְבּוֹנַנְתִּי עַל הַדָּבָר הַזֶּה וְרָאִיתִי גּוֹדֶל הָרַע שֶׁבּוֹ שֶׁהוּא כְּאֶרֶס הַהוֹלֵךְ וּמִתְפַּשֵּׁט מְעַט מְעַט וְאֵין פְּעוּלָּתוֹ נִכֶּרֶת עַד הַמִּיתָה, וְזֶהוּ, "מְעַט שֵׁנוֹת וְכוּ' כִּמְהַלֵּךְ רֵישֶׁךָ" וְכוּ'.*

* הניוון העצלני, ההפוך ממידת הזריזות, מביא להזנחה אישיותית באופן איטי וכזה שכמעט אינו מורגש. העצלות גורמת לאדם שלא

וְהִנֵּה אֲנַחְנוּ רוֹאִים בְּעֵינֵינוּ כַּמָּה וְכַמָּה פְּעָמִים, שֶׁכְּבָר לִבּוֹ שֶׁל הָאָדָם יוֹדֵעַ חוֹבָתוֹ וְנִתְאַמֵּת אֶצְלוֹ מַה שֶּׁרָאוּי לוֹ לְהַצָּלַת נַפְשׁוֹ, וּמַה שֶּׁחוֹבָה עָלָיו מִצַּד בּוֹרְאוֹ, וְאַף עַל פִּי כֵן יַנִּיחֵהוּ - לֹא מֵחֶסְרוֹן הַכָּרַת הַחוֹבָה הַהִיא, וְלֹא לְשׁוּם טַעַם אַחֵר, אֶלָּא מִפְּנֵי שֶׁכְּבֵדוּת הָעַצְלָה מִתְגַּבֶּרֶת עָלָיו. וַהֲרֵי הוּא אוֹמֵר, אוֹכַל קִימְעָא אוֹ אִישַׁן קִימְעָא אוֹ קָשֶׁה עָלַי צֵאת מִבֵּיתִי, פָּשַׁטְתִּי אֶת כֻּתָּנְתִּי אֵיכָכָה אֶלְבָּשֶׁנָּה, חַמָּה עַזָּה בָּעוֹלָם, הַקָּרָה רַבָּה אוֹ הַגְּשָׁמִים, וְכָל שְׁאָר הָאֲמַתְלָאוֹת וְהַתּוֹאֲנוֹת אֲשֶׁר פִּי הָעֲצֵלִים מָלֵא מֵהֶם. וּבֵין כָּךְ וּבֵין כָּךְ הַתּוֹרָה מוּנַּחַת וְהָעֲבוֹדָה מְבוּטֶּלֶת וְהָאָדָם עוֹזֵב אֶת בּוֹרְאוֹ. הוּא מַה שֶּׁשְּׁלֹמֹה אָמַר "בַּעֲצַלְתַּיִם יִמַּךְ הַמְּקָרֶה וּבְשִׁפְלוּת יָדַיִם יִדְלֹף הַבָּיִת" (קהלת י׳ י״ח).

וְאוּלָם אִם תִּשְׁאַל אֶת פִּי הֶעָצֵל, יָבוֹא לְךָ בְּמַאֲמָרִים רַבִּים מִמַּאַמְרֵי הַחֲכָמִים וְהַמִּקְרָאוֹת מִן הַכְּתוּבִים, וְהַטְּעָנוֹת מִן הַשֵּׂכֶל, אֲשֶׁר כֻּלָּם יוֹרוּ לוֹ לְפִי דַעְתּוֹ הַמְשׁוּבֶּשֶׁת לְהָקֵל עָלָיו וּלְהַנִּיחוֹ בִּמְנוּחַת עַצְלָתוֹ. וְהוּא אֵינֶנּוּ רוֹאֶה שֶׁאֵין הַטְּעָנוֹת הָהֵם וְהַטְּעָמִים הָהֵם נוֹלָדִים לוֹ מִפְּנֵי שִׁיקּוּל דַּעְתּוֹ, אֶלָּא מִמְּקוֹר עַצְלָתוֹ הֵם נוֹבְעִים, אֲשֶׁר בִּהְיוֹתָהּ הִיא גּוֹבֶרֶת בּוֹ - מַטָּה דַעְתּוֹ וְשִׂכְלוֹ אֶל הַטְּעָנוֹת הָאֵלֶּה אֲשֶׁר לֹא יִשְׁמַע לְקוֹל הַחֲכָמִים וְאַנְשֵׁי הַדֵּיעָה הַנְּכוֹנָה. הוּא מַה שֶּׁשְּׁלֹמֹה צוֹוֵחַ וְאוֹמֵר "חָכָם עָצֵל בְּעֵינָיו מִשִּׁבְעָה מְשִׁיבֵי טָעַם" (משלי כ״ו ט״ז). כִּי הָעַצְלָה אֵינֶנָּה מַנַּחַת לוֹ שֶׁיִּהְיֶה אֲפִילוּ חָשׁ לְדִבְרֵי הַמּוֹכִיחִים אוֹתוֹ, אֶלָּא יַחְשׁוֹב הַכֹּל לְתוֹעִים וְשׁוֹטִים, וְהוּא לְבַדּוֹ חָכָם.

וְהִנֵּה תֵּדַע כִּי זֶה כְּלָל גָּדוֹל מְנוּסֶּה בִּמְלֶאכֶת הַפְּרִישׁוּת, שֶׁכָּל קוּלָּא צְרִיכָה בְּדִיקָה, כִּי אַף עַל פִּי שֶׁיְּכוֹלָה לִהְיוֹת יְשָׁרָה וּנְכוֹחָה, אָמְנָם קָרוֹב הַדָּבָר שֶׁתִּהְיֶה מֵעֲצַת הַיֵּצֶר וּמִרְמוֹתָיו. עַל כֵּן צָרִיךְ לִבְדּוֹק אַחֲרֶיהָ

להכין עצמו כראוי לאתגרי החיים וכשמגיעה עת המבחן - הוא נכשל. יתרה מכך, העצלות מטבעה הולכת ומשתלטת על האישיות עד שעלולה להביא להתפוררות מוחלטת.

בַּחֲקִירוֹת וּדְרִישׁוֹת רַבּוֹת וְאִם אַחַר כָּל אֵלֶּה תִּצְדַּק, וַדַּאי שֶׁהִיא טוֹבָה.*

כְּלָלוֹ שֶׁל דָּבָר, חִיזּוּק גָּדוֹל צָרִיךְ הָאָדָם לְהִתְחַזֵּק וּלְהִתְגַּבֵּר בִּזְרִיזוּת לַעֲשׂוֹת הַמִּצְוֹת בְּהַשְׁלִיכוֹ מֵעָלָיו כּוֹבֶד הָעַצְלָה הַמְעַכֶּבֶת עַל יָדוֹ. וְתִרְאֶה שֶׁהַמַּלְאָכִים נִשְׁתַּבְּחוּ בַּמִּדָּה הַטּוֹבָה הַזֹּאת, שֶׁנֶּאֱמַר בָּהֶם "גִּבֹּרֵי כֹחַ עֹשֵׂי דְבָרוֹ לִשְׁמֹעַ בְּקוֹל דְּבָרוֹ" (תהלים ק"ג כ'). וְאוֹמֵר "וְהַחַיּוֹת רָצוֹא וָשׁוֹב כְּמַרְאֵה הַבָּזָק" (יחזקאל א' י"ד). וְהִנֵּה הָאָדָם הוּא אָדָם וְלֹא מַלְאָךְ, עַל כֵּן אִי אֶפְשָׁר לוֹ שֶׁיַּגִּיעַ לִגְבוּרָתוֹ שֶׁל הַמַּלְאָךְ, אַךְ וַדַּאי שֶׁכָּל מַה שֶּׁיּוּכַל לְהִתְקָרֵב בְּמַדְרֵיגָתוֹ אֵלָיו רָאוּי הוּא שֶׁיִּתְקָרֵב. וְדָוִד הַמֶּלֶךְ הָיָה מְשַׁבֵּחַ עַל חֶלְקוֹ וְאוֹמֵר "חַשְׁתִּי וְלֹא הִתְמַהְמָהְתִּי לִשְׁמֹר מִצְוֹתֶיךָ" (תהלים קי"ט ס').**

---

* מאפיין נוסף של אדם עצל הוא שמתפתחת אצלו בשלב זה או אחר אידאליזציה להתנהגותו, מה שגורם לו גם לאטום עצמו לביקורת חיצונית ולהחמיר את המצב. מכיוון שאנו מסוגלים למצוא עצמנו במצב כזה מציע לנו הרמח"ל להתייחס בחשדנות לוויתורים העצמיים שלנו.

** האידאל הוא להיות אדם נמרץ, חיוני ואקטיבי, כדוגמת הכוחות האלוהיים ("מלאכים") שפועלים באופן ישיר וממוקד. הדרכים שבהן נקנית המידה הזו יפורטו להלן.

פרק ז

בביאור חלקי הזריזות

חֶלְקֵי הַזְּרִיזוּת שְׁנַיִם: אֶחָד קוֹדֶם הַתְחָלַת הַמַּעֲשֶׂה, וְאֶחָד אַחֲרֵי כֵן.

קוֹדֶם הַתְחָלַת הַמַּעֲשֶׂה הוּא: שֶׁלֹּא יַחְמִיץ הָאָדָם אֶת הַמִּצְוָה, אֶלָּא בְּהַגִּיעַ זְמַנָּהּ, אוֹ בְּהִזְדַּמְּנָהּ לְפָנָיו, אוֹ בַּעֲלוֹתָהּ בְּמַחֲשַׁבְתּוֹ, יְמַהֵר יָחִישׁ מַעֲשֵׂהוּ לֶאֱחוֹז בָּהּ וְלַעֲשׂוֹת אוֹתָהּ, וְלֹא יַנִּיחַ זְמַן לִזְמַן שֶׁיִּתְרַבֶּה בֵּינְתַיִם, כִּי אֵין סַכָּנָה כְּסַכָּנָתוֹ, אֲשֶׁר הִנֵּה כָּל רֶגַע שֶׁמִּתְחַדֵּשׁ יוּכַל לְהִתְחַדֵּשׁ אֵיזֶה עִיכּוּב לַמַּעֲשֶׂה הַטּוֹב.

וְעַל אֲמִתַּת זֶה הַדָּבָר, הֵעִירוּנוּ זִכְרוֹנָם לִבְרָכָה בְּעִנְיַן הַמְלָכַת שְׁלֹמֹה, שֶׁאָמַר דָּוִד לִבְנָיָהוּ "וְהוֹרַדְתֶּם אֹתוֹ אֶל גִּחוֹן" (מלכים א׳, א׳ ל״ג-ל״ו). וְעָנָה בְנָיָהוּ, "אָמֵן כֵּן יֹאמַר ה׳", אָמְרוּ זִכְרוֹנָם לִבְרָכָה, "רַבִּי פִּינְחָס בְּשֵׁם רַבִּי יוֹחָנָן דְּצִפּוֹרִי, וַהֲלֹא כְּבָר נֶאֱמַר "הִנֵּה בֵן נוֹלָד לָךְ וְהוּא יִהְיֶה אִישׁ מְנוּחָה" (דברי הימים א׳, כ״ב ט׳), אֶלָּא הַרְבֵּה קָטֵיגוֹרִין יַעַמְדוּ מִכָּאן וְעַד גִּיחוֹן" (בראשית רבה ע״ו ב׳). עַל כֵּן הִזְהִירוּ זִכְרוֹנָם לִבְרָכָה "'וּשְׁמַרְתֶּם אֶת הַמַּצּוֹת' - מִצְוָה הַבָּאָה לְיָדְךָ אַל תַּחְמִיצֶנָּה" (מכילתא שמות י״ב י״ז). וְאָמְרוּ "לְעוֹלָם יַקְדִּים אָדָם לִדְבַר מִצְוָה שֶׁלְּפִי שֶׁהִקְדִּימָה בְּכִירָה

לִצְעִירָה״ וְכוּ׳ (נזיר כ״ג ב׳). וְאָמְרוּ, ״זְרִיזִים מַקְדִּימִין לְמִצְוֹת״ (פסחים ד׳ א׳). וְכֵן אָמְרוּ ״לְעוֹלָם יָרוּץ אָדָם לִדְבַר מִצְוָה, וַאֲפִילּוּ בְּשַׁבָּת״ (ברכות ו׳ ב׳). וּבַמִּדְרָשׁ אָמְרוּ, ״׳הוּא יְנַהֲגֵנוּ עַל מוּת׳ (תהילים מ״ח ט״ו), בִּזְרִיזוּת, כְּאִלֵּין עוּלֵימְתָא, כְּמָא דְּאַתְּ אָמַר ׳בְּתוֹךְ עֲלָמוֹת תּוֹפֵפוֹת״ (ויקרא רבה י״א ט׳).

כִּי הַזְּרִיזוּת הִיא מִדַּת שְׁלֵימוּת גָּדוֹל אֲשֶׁר טִבְעוֹ שֶׁל הָאָדָם מוֹנְעָהּ מִמֶּנּוּ עַתָּה. וּמִי שֶׁמִּתְגַּבֵּר וְתוֹפֵשׂ בָּהּ כָּל מַה שֶּׁיּוּכַל, הִנֵּה לֶעָתִיד לָבוֹא יִזְכֶּה לָהּ בֶּאֱמֶת, אֲשֶׁר הַבּוֹרֵא יִתְבָּרֵךְ יִתְּנֶהָ לוֹ שְׂכָרוֹ חֵלֶף מַה שֶּׁהִשְׁתַּדֵּל אַחֲרֶיהָ בִּזְמַן עֲבוֹדָתוֹ.*

אַךְ הַזְּרִיזוּת אַחַר הַתְחָלַת הַמַּעֲשֶׂה הוּא: שֶׁכֵּיוָן שֶׁאָחַז בַּמִּצְוָה – יְמַהֵר לְהַשְׁלִים אוֹתָהּ, וְלֹא לְהָקֵל מֵעָלָיו, כְּמִי שֶׁמִּתְאַוֶּה לְהַשְׁלִיךְ מֵעָלָיו מַשָּׂאוֹ, אֶלָּא מִיִּרְאָתוֹ פֶּן לֹא יִזְכֶּה לִגְמוֹר אוֹתָהּ. וְעַל זֶה הִרְבּוּ לְהַזְהִיר זִכְרוֹנָם לִבְרָכָה וְאָמְרוּ, ״כָּל הַמַּתְחִיל בְּמִצְוָה וְאֵינוֹ גּוֹמֵר אוֹתָהּ, קוֹבֵר אִשְׁתּוֹ וּבָנָיו״ (בראשית רבה פ״ה ג׳). וְאָמְרוּ ״אֵין הַמִּצְוָה נִקְרֵאת אֶלָּא עַל שֵׁם גּוֹמְרָהּ״ (שם). וְאָמַר שְׁלֹמֹה הַמֶּלֶךְ עָלָיו הַשָּׁלוֹם, ״חָזִיתָ אִישׁ מָהִיר בִּמְלַאכְתּוֹ לִפְנֵי מְלָכִים יִתְיַצָּב, בַּל יִתְיַצֵּב לִפְנֵי חֲשֻׁכִּים״ (משלי כ״ב כ״ט). וַחֲכָמִים זִכְרוֹנָם לִבְרָכָה יִחֲסוּ לוֹ הַשֶּׁבַח הַזֶּה, עַל שֶׁמִּהֵר בִּמְלֶאכֶת בִּנְיַן הַבַּיִת וְלֹא נִתְעַצֵּל בָּהּ לְאַחֵר אוֹתָהּ (סנהדרין ק״ד ב׳).

---

* מרחב הפעולה הראשון שבו מפתחים את ״שריר הזריזות״ הוא לפני העשייה, ויבוא לידי ביטוי באי־דחיינות של פעולות חיוביות. בעת השכמת הבוקר כדוגמה, כאשר אנו דוחים את הקימה (״עוד חמש דקות״) - אנו מנוונים את ״שריר הזריזות״. הקימה צריכה להיות מיידית ככל האפשר. כן בכל פעולה ופעולה שהגענו למסקנה שיש לעשות אותה, הביצוע התכוף מוליד בנפש את מידת הנמרצות. בעת שאנו ניצבים למשל בפני חדר שאינו מסודר, הרגעים בהם אנו בוהים באוויר ומדמיינים שגמדים קטנים יעשו את העבודה במקומנו - אלה הם שורשי הפורענות; יש להתחיל בסידור החדר באופן מיידי.

וְכֵן דְּרָשׁוּהוּ עַל מֹשֶׁה עָלָיו הַשָּׁלוֹם, עַל שֶׁמִּיהֵר בִּמְלֶאכֶת הַמִּשְׁכָּן.*

וְכֵן תִּמְצָא כָּל מַעֲשֵׂיהֶם שֶׁל צַדִּיקִים תָּמִיד בִּמְהִירוּת.

אַבְרָהָם כְּתִיב בּוֹ "וַיְמַהֵר אַבְרָהָם הָאֹהֱלָה אֶל שָׂרָה וַיֹּאמֶר מַהֲרִי" "וַיִּתֵּן אֶל הַנַּעַר וַיְמַהֵר" (בראשית י"ח ו'-ז'). רִבְקָה, "וַתְּמַהֵר וַתְּעַר כַּדָּהּ" וְכוּ' (בראשית כ"ד כ'). וְכֵן אָמְרוּ בְּמִדְרָשׁ "'וַתְּמַהֵר הָאִשָּׁה' וְכוּ' (שופטים י"ג י') מְלַמֵּד שֶׁכָּל מַעֲשֵׂיהֶם שֶׁל צַדִּיקִים בִּמְהִירוּת" (במדבר רבה י' ה'). אֲשֶׁר לֹא יִתְּנוּ הֶפְסֵק זְמַן – לֹא אֶל הַתְחָלַת הַמִּצְוָה וְלֹא אֶל הַשְׁלָמָתָהּ.

וְתִרְאֶה, שֶׁהָאָדָם אֲשֶׁר תִּלְהַט נַפְשׁוֹ בַּעֲבוֹדַת בּוֹרְאוֹ, וַדַּאי שֶׁלֹּא יִתְעַצֵּל בַּעֲשִׂיַּת מִצְוֹתָיו, אֶלָּא תִּהְיֶה תְּנוּעָתוֹ כִּתְנוּעַת הָאֵשׁ הַמְּהִירָה, כִּי לֹא יָנוּחַ וְלֹא יִשְׁקוֹט עַד אִם כִּלָּה הַדָּבָר לְהַשְׁלִימוֹ.

וְאָמְנָם הִתְבּוֹנֵן עוֹד, שֶׁכְּמוֹ שֶׁהַזְּרִיזוּת הוּא תּוֹלֶדֶת הַהִתְלַהֲטוּת הַפְּנִימִי, כֵּן מִן הַזְּרִיזוּת יוּלַד הַהִתְלַהֲטוּת. וְהַיְינוּ, כִּי מִי שֶׁמַּרְגִּישׁ עַצְמוֹ בְּמַעֲשֵׂה הַמִּצְוָה כְּמוֹ שֶׁהוּא מְמַהֵר תְּנוּעָתוֹ הַחִיצוֹנָה, כֵּן הִנֵּה הוּא גוֹרֵם שֶׁתִּבְעַר בּוֹ תְּנוּעָתוֹ הַפְּנִימִית כְּמוֹ כֵן, וְהַחֵשֶׁק וְהַחֵפֶץ יִתְגַּבֵּר בּוֹ וְיֵלֵךְ. אַךְ אִם יִתְנַהֵג בִּכְבֵדוּת בִּתְנוּעַת אֵיבָרָיו, גַּם תְּנוּעַת רוּחוֹ תִּשְׁקַע וְתִכְבֶּה. וְזֶה דָּבָר שֶׁהַנִּסָּיוֹן יְעִידֵהוּ.

* המרחב השני של פיתוח הזריזות הוא במהלך העשייה; כביטוי הצבאי: "לא עוזבים עד שמבצעים". גם לאחר הפתיחה הנמרצת, ישנה נטייה להתמהמה ולבצע את הפעולה בעצלתיים (מצב שמביא לעיתים לנטישה של הפעולה לבסוף). מידת הזריזות נקנית באמצעות פעולה אינטנסיבית מתמשכת. מכיוון שאנו מתקשים להתמיד בנמרצות לאורך זמן, ניתן לחלק את הפעולה למקטעים: "חמש דקות של עשייה; חמש דקות הפסקה; ולאחריהן עוד חמש דקות של עשייה". על אותו משקל, כושר גופני וסיבולת גופנית לאורך זמן הם מכשירים מעולים לפיתוח נמרצות וזריזות.

וְאָמְנָם כְּבָר יָדַעְתָּ שֶׁהַנִּרְצֶה יוֹתֵר בַּעֲבוֹדַת הַבּוֹרֵא יִתְבָּרַךְ שְׁמוֹ הוּא חֵפֶץ הַלֵּב וּתְשׁוּקַת הַנְּשָׁמָה. וְהוּא מַה שֶּׁדָּוִד הַמֶּלֶךְ מִתְהַלֵּל בְּחֶלְקוֹ הַטּוֹב וְאוֹמֵר "כְּאַיָּל תַּעֲרֹג עַל אֲפִיקֵי מָיִם כֵּן נַפְשִׁי תַעֲרֹג אֵלֶיךָ אֱלֹהִים, צָמְאָה נַפְשִׁי לֵאלֹהִים" וְכוּ' (תהלים מ"ב ב'), "נִכְסְפָה וְגַם כָּלְתָה נַפְשִׁי לְחַצְרוֹת ה'". "צָמְאָה לְךָ נַפְשִׁי כָּמַהּ לְךָ בְשָׂרִי" (תהלים ס"ג ב'). וְאוּלָם הָאָדָם אֲשֶׁר אֵין הַחֶמְדָּה הַזֹּאת לוֹהֶטֶת בּוֹ כָּרָאוּי, עֵצָה טוֹבָה הִיא לוֹ שֶׁיִּזְדָּרֵז בִּרְצוֹנוֹ כְּדֵי שֶׁיִּמָּשֵׁךְ מִזֶּה שֶׁתִּוָּלֵד בּוֹ הַחֶמְדָּה בַּטֶּבַע. כִּי הַתְּנוּעָה הַחִיצוֹנָה מְעוֹרֶרֶת הַפְּנִימִית, וּבְוַדַּאי שֶׁיּוֹתֵר מְסוּרָה בְּיָדוֹ הִיא הַחִיצוֹנָה מֵהַפְּנִימִית. אַךְ אִם יִשְׁתַּמֵּשׁ מִמַּה שֶּׁבְּיָדוֹ, יִקְנֶה גַּם מַה שֶּׁאֵינוֹ בְּיָדוֹ בְּהֶמְשֵׁךְ, כִּי תִוָּלֵד בּוֹ הַשִּׂמְחָה הַפְּנִימִית וְהַחֵפֶץ וְהַחֶמְדָּה מִכֹּחַ מַה שֶּׁהוּא מִתְלַהֵט בִּתְנוּעָתוֹ בְּרָצוֹן. וְהוּא מַה שֶּׁהָיָה הַנָּבִיא אוֹמֵר "וְנֵדְעָה נִרְדְּפָה לָדַעַת אֶת ה'" (הושע ו' ג'). וּכְתִיב, "אַחֲרֵי ה' יֵלְכוּ כְּאַרְיֵה יִשְׁאָג".*

---

* למרות שאנו מבינים בשכלנו מהו המעשה הרצוי, אנו מוצאים עצמנו לעיתים חסרי להט פנימי לבצע אותו. הרמח"ל מביא כעת עיקרון שתקף לכל מדרגות מסילת ישרים, אולם בולט מאוד במידת הזריזות - שיש בה נצרכות גדולה להזדהות נפשית - "מן הזריזות יולד ההתלהטות" (בלשונו של ספר החינוך: "אחרי המעשים נמשכים הלבבות"). דוגמה קלאסית: אנו קמים בבוקר במצב רוח רע; אם נמשיך בהלך רוח מדוכדך - תחושות הדיכאון רק יתגברו. לעומת זאת, אם נכריח עצמנו לעשות פעולות חיוביות ומשמחות, ולו באופן מלאכותי בשלב הראשון - חיוך מאולץ, שמיעת מוזיקה, דיבור עם חברים, סידור המיטה - נחוש איך מצב רוחנו משתנה לטובה.

פרק ח

בדרך קניית הזריזות

הִנֵּה הָאֶמְצָעִים אֲשֶׁר נִקְנֶה בָּם הַזְּרִיזוּת הֵם הֵם אוֹתָם אֲשֶׁר נִקְנֶה בָּם הַזְּהִירוּת, וּמַדְרֵיגוֹתֵיהֶם כְּמַדְרֵיגוֹתֵיהֶם, וּכְמוֹ שֶׁכָּתַבְתִּי לְמַעְלָה. כִּי עִנְיָנָם קָרוֹב זֶה לָזֶה מְאֹד וְאֵין הֶפְרֵשׁ בֵּינֵיהֶם, אֶלָּא שֶׁזֶּה בַּעֲשִׂין וְזֶה בְּלָאוִין. וְכַאֲשֶׁר יִתְאַמֵּת אֵצֶל הָאָדָם גּוֹדֶל עֵרֶךְ הַמִּצְוֹת וְרוֹב חוֹבָתוֹ בָּהֶם, וַדַּאי שֶׁיִּתְעוֹרֵר לִבּוֹ אֶל הָעֲבוֹדָה וְלֹא יִתְרַפֶּה מִמֶּנָּה.

וְאָמְנָם מַה שֶׁיּוּכַל לְהַגְבִּיר הַהִתְעוֹרְרוּת הַזֶּה הוּא, הַהִסְתַּכְּלוּת בְּרוֹב הַטּוֹבוֹת שֶׁהַקָּדוֹשׁ בָּרוּךְ הוּא עוֹשֶׂה עִם הָאָדָם בְּכָל עֵת וּבְכָל שָׁעָה, וְהַנִּפְלָאוֹת הַגְּדוֹלוֹת שֶׁעוֹשֶׂה עִמּוֹ מֵעֵת הַלֵּידָה עַד הַיּוֹם הָאַחֲרוֹן. כִּי כָּל מַה שֶׁיַּרְבֶּה לְהִסְתַּכֵּל וּלְהִתְבּוֹנֵן בִּדְבָרִים אֵלֶּה, הִנֵּה יַרְבֶּה לְהַכִּיר לְעַצְמוֹ חוֹבָה רַבָּה אֶל הָאֵל הַמֵּטִיב לוֹ, וְיִהְיוּ אֵלֶּה אֶמְצָעִים לְשֶׁלֹּא יִתְעַצֵּל וְיִתְרַפֶּה מֵעֲבוֹדָתוֹ, כִּי הֲרֵי הוֹאִיל וְאֵינוֹ יָכוֹל וַדַּאי לִגְמוֹל לוֹ טוֹבָתוֹ יִתְבָּרֵךְ, לְפָחוֹת יוֹדֶה לִשְׁמוֹ וִיקַיֵּם מִצְווֹתָיו.*

---

* מכיוון שמידת הזריזות היא מקבילה של מידת הזהירות (רק שהאחרונה היא הימנעות ממעשים שליליים והאחרונה היא ביצוע

וְהִנֵּה אֵין לְךָ אָדָם בְּאֵיזֶה מַצָּב שֶׁיִּמָּצֵא, אִם עָנִי וְאִם עָשִׁיר, אִם בָּרִיא וְאִם חוֹלֶה, שֶׁלֹּא יִרְאֶה נִפְלָאוֹת וְטוֹבוֹת רַבּוֹת בְּמַצָּבוֹ. כִּי הֶעָשִׁיר וְהַבָּרִיא - כְּבָר הוּא חַיָּב לוֹ יִתְבָּרֵךְ עַל עָשְׁרוֹ וְעַל בְּרִיאוּתוֹ. הֶעָנִי - חַיָּב לוֹ שֶׁאֲפִילוּ בְּעָנְיוֹ מַמְצִיא לוֹ פַּרְנָסָתוֹ דֶּרֶךְ נֵס וָפֶלֶא וְאֵינוֹ מַנִּיחוֹ לָמוּת בָּרָעָב. הַחוֹלֶה, עַל שֶׁמַּחֲזִיקוֹ בְּכוֹבֶד חֳלָיוֹ וּמַכּוֹתָיו, וְאֵינוֹ מַנִּיחוֹ לָרֶדֶת שַׁחַת. וְכֵן כָּל כַּיּוֹצֵא בָּזֶה, עַד שֶׁאֵין לְךָ אָדָם שֶׁלֹּא יַכִּיר עַצְמוֹ חַיָּב לַבּוֹרְאוֹ, וּבְהִסְתַּכְּלוֹ בְּטוֹבוֹת אֵלֶּה שֶׁהוּא מְקַבֵּל מִמֶּנּוּ, וַדַּאי שֶׁיִּתְעוֹרֵר לְהִזָּהֵר לַעֲבוֹדָתוֹ כְּמוֹ שֶׁכָּתַבְתִּי לְמַעְלָה. כָּל שֶׁכֵּן אִם יִתְבּוֹנֵן הֱיוֹת כָּל טוּבוֹ תָּלוּי בְּיָדוֹ יִתְבָּרֵךְ, וּמַה שֶּׁמִּצְטָרֵךְ לוֹ וּמַה שֶּׁמּוּכְרָח אֵלָיו - מִמֶּנּוּ יִתְבָּרֵךְ הוּא, וְלֹא מֵאַחֵר! אֲשֶׁר עַל כֵּן וַדַּאי שֶׁלֹּא יִתְעַצֵּל מֵעֲבוֹד עֲבוֹדָתוֹ יִתְבָּרֵךְ וְלֹא יֶחְסַר לוֹ מַה שֶּׁהוּא מוּכְרָח אֵלָיו.*

וְהִנְּךָ רוֹאֶה מַה שֶּׁכָּלַלְתִּי פֹּה בְּדִבְרֵי שְׁלֹשֶׁת הַמַּדְרֵיגוֹת אֲשֶׁר חִלַּקְתִּים בַּזְּהִירוּת, כִּי כְּבָר עִנְיָנָם אֶחָד. וְהַדָּבָר לָמֵד מֵעִנְיָנוֹ:

שְׁלֵשְׁלֵמֵי הַדַּעַת - תִּהְיֶה הַהֶעָרָה מִצַּד הַחוֹבָה וּמִצַּד עֵרֶךְ הַמַּעֲשִׂים וַחֲשִׁיבוּתָם.

מעשים חיוביים), הרי גם המוטיבציה שלה היא - כדוגמת מידת הזהירות - בהתאם למבנה האישיותי הייחודי של כל אחד; אולם בדגש גדול על מבט אופטימי. אדם ביקורתי ופסימי, רואה בעולם מציאות שלילית וממילא מפתח אישיות מיואשת ומנוונת; מבט שמעצים את נקודות הטוב בחיים מסבב אישיות נמרצת ושמחה.

* מבט פרופורציונלי יאבחן שרוב המאורעות שאדם חווה הם חיוביים: אדם ממוצע הוא בריא יחסית, שבע, בעל משפחה, מתפקד באופן סביר ברוב מערכות חייו וכדומה. בשפע האין־סופי שאנו חיים בדורנו קל עוד יותר לחוש זאת.

לַפְּחוּתִים מֵהֶם – מִצַּד הָעוֹלָם הַבָּא וּכְבוֹדוֹ, שֶׁלֹּא תַּשִּׂיגֵהוּ בּוּשָׁה לְיוֹם הַגְּמוּל בִּרְאוֹתוֹ הַטּוֹבָה שֶׁהָיָה יָכוֹל לְהַשִּׂיג וְאִבְּדָהּ.

וְלֶהָמוֹן – מִצַּד הָעוֹלָם הַזֶּה וּצְרָכָיו כְּעִנְיָן שֶׁפֵּרַשְׁתִּי שָׁם לְמַעְלָה.*

---

* המוטיבציה לזריזות מתלבשת כאמור על מבנה אישיותי קיים (אינטרס אישי, כבוד עצמי או לשם האמת), אולם בדגש על מבט חיובי. האינטרס האישי, למשל, יעצים את היתרונות שיקבל אדם אם יתנהל כראוי, ויתמקד פחות בעונשים שיהיו מנת חלקו אם יתנהג שלא כראוי; וכן על זה הדרך.

פרק ט

בביאור מפסידי הזריזות וההרחקה מהם

הִנֵּה מַפְסִידֵי הַזְּרִיזוּת הֵם הֵם מַגְדִּילֵי הָעַצְלָה. וְהַגָּדוֹל שֶׁבְּכֻלָּם הוּא בַּקָּשַׁת הַמְּנוּחָה הַגּוּפִית, וְשִׂנְאַת הַטּוֹרַח, וְאַהֲבַת הָעִידּוּנִים בְּתַשְׁלוּם כָּל תְּנָאֵיהֶם.

כִּי הִנֵּה אָדָם כָּזֶה וַדַּאי שֶׁתִּכְבַּד עָלָיו הָעֲבוֹדָה לִפְנֵי בּוֹרְאוֹ כּוֹבֶד גָּדוֹל, כִּי מִי שֶׁיִּרְצֶה לֶאֱכוֹל אֲכִילוֹתָיו בְּכָל הַיִּשּׁוּב וְהַמְּנוּחָה, וְלִישֹׁן שְׁנָתוֹ בְּלֹא טוֹרַח, וִימָאֵן לָלֶכֶת אִם לֹא לְאִטּוֹ, וְכַיּוֹצֵא בִּדְבָרִים אֵלֶּה, הִנֵּה יִקְשֶׁה עָלָיו לְהַשְׁכִּים לְבָתֵּי כְּנֵסִיּוֹת בַּבֹּקֶר, אוֹ לְקַצֵּר בִּסְעוּדָתוֹ מִפְּנֵי תְּפִלַּת הַמִּנְחָה בֵּין הָעַרְבַּיִם, אוֹ לָצֵאת לִדְבַר מִצְוָה אִם לֹא יִהְיֶה הָעֵת בָּרוּר. כָּל שֶׁכֵּן לְמַהֵר עַצְמוֹ לִדְבַר מִצְוָה אוֹ לְתַלְמוּד תּוֹרָה. וּמִי שֶׁמַּרְגִּיל עַצְמוֹ לַמִּנְהָגוֹת הָאֵלֶּה – אֵינֶנּוּ אָדוֹן בְּעַצְמוֹ לַעֲשׂוֹת הֵפֶךְ זֶה כְּשֶׁיִּרְצֶה, כִּי כְּבָר נֶאֱסַר רְצוֹנוֹ בְּמַאֲסַר הַהֶרְגֵּל הַנַּעֲשֶׂה טֶבַע שֵׁנִי.*

---

* המפסיד המרכזי בפיתוח מידת הזריזות הוא הרצון לפסיביות.

ואמנם צריך שידע האדם כי לא למנוחה הוא בעולם הזה, אלא לעמל וטורח, ולא ינהג בעצמו אלא מנהג הפועלים העושים מלאכה אצל משכיריהם. וכענין מה שהיה אומר "אגירי דיומא אנן" (עירובין ס"ה א') וכדרך יוצאי הצבא במערכותיהם, אשר אכילתם בחפזון, ושנתם עראי, ועומדים תמיד מוכנים לעת קרב. ועל זה נאמר "כי אדם לעמל יולד" (איוב ה' ז'). וכשירגיל עצמו על זה הדרך ימצא העבודה קלה עליו ודאי, כיון שלא יחסר בעצמו ההזמנה וההכנה אליה, ועל זה הדרך אמרו זכרונם לברכה "כך היא דרכה של תורה - פת במלח תאכל ומים במשורה תשתה ועל הארץ תישן" (אבות ו' ד') שהוא כלל ההרחקה בתכלית מן המנוחות והעידונים.*

עוד ממפסידי הזריזות הוא רוב הפחד וגודל המורא מן הזמן ותולדותיו, כי פעם ייָרא מהקור או מהחום, ופעם מהפגעים, ופעם מן החולאים, ופעם מן הרוח וכן כל כיוצא בזה. הוא הענין שאמר שלמה עליו השלום "אמר עצל שחל בדרך ארי בין הרחובות" (משלי כ"ו י"ג). וכבר גנו חכמינו זכרונם לברכה המדה הזאת ויחסוה אל החטאים, ומקרא

בנפש האנושית ישנה אשליה שהאושר מצוי ב"אזור נוחות" שבו אין צורך לעמול. זוהי הסיבה לניסיון לעקוף את המאמץ ולהגיע לתוצאה ללא העמל; לשינה מרובה; לבריחה לדמיונות על סופה של המשימה באמצע ביצועה; וכן על זה הדרך. הלך נפש מעין זה יוצר תלות ברגעי המנוחה; ומכיוון שרגעי המנוחה הם מעטים זהו פתח לתסכול תמידי.

* הפתרון להתגבר על התלות במנוחה הוא לנסות למצוא את הסיפוק בעיצומו של העמל ולא רק בסיומו; בתהליך ולא בתוצאה. לדוגמה, בזמן כושר גופני לא להביט בשעון מתי התרגיל מסתיים אלא למצוא הנאה בפעילות הגופנית; לחוש סיפוק בפיצוח תרגיל אינטלקטואלי ולא רק לייחל לפתרון; ליהנות מהיצירתיות בעבודה ולא להרהר בתלוש בסוף החודש; וכן הלאה.

מְסַיְּעָם דִּכְתִיב "פָּחֲדוּ בְצִיּוֹן חַטָּאִים אָחֲזָה רְעָדָה חֲנֵפִים" (ישעיה ל"ג י"ד). עַד שֶׁאָמַר אֶחָד מִן הַגְּדוֹלִים אֶל תַּלְמִידוֹ בִּרְאוֹתוֹ אוֹתוֹ מִתְפַּחֵד, "חַטָּאָה אַתְּ" (ברכות ס' א'). אֶלָּא עַל זֶה נֶאֱמַר "בְּטַח בַּה' וַעֲשֵׂה טוֹב שְׁכָן אֶרֶץ וּרְעֵה אֱמוּנָה" (תהלים ל"ז ג').

כְּלָלוֹ שֶׁל דָּבָר: צָרִיךְ שֶׁיָּשִׂים הָאָדָם אֶת עַצְמוֹ עֲרַאי בָּעוֹלָם וְקָבוּעַ בַּעֲבוֹדָה. יִתְרַצֶּה וְיִסְתַּפֵּק בְּכָל עִנְיְנֵי הָעוֹלָם בְּמַה שֶּׁמִּזְדַּמֵּן לוֹ, וְיִקַּח מִן הַבָּא בְיָדוֹ, וְיִהְיֶה רָחוֹק מִן הַמְּנוּחָה וְקָרוֹב לַמְּלָאכָה וְלֶעָמָל. וְיִהְיֶה נָכוֹן לִבּוֹ בָּטוּחַ בַּה' וְלֹא יִירָא מִתּוֹלְדוֹת הַזְּמָן וּפְגָעָיו.*

שֶׁמָּא תֹּאמַר, הֲרֵי מָצִינוּ שֶׁחִיְּבוּ חֲכָמִים בְּכָל מָקוֹם שֶׁיִּשְׁמוֹר הָאָדָם אֶת עַצְמוֹ שְׁמִירָה מְעוּלָּה וְלֹא יָשִׂים עַצְמוֹ בְּסַכָּנָה אֲפִילּוּ הוּא צַדִּיק וּבַעַל מַעֲשִׂים, וְאָמְרוּ "הַכֹּל בִּידֵי שָׁמַיִם חוּץ מִצִּנִּים פַּחִים" (כתובות ל' א') וּמִקְרָא כָּתוּב "וְנִשְׁמַרְתֶּם מְאֹד לְנַפְשֹׁתֵיכֶם" (דברים ד' ט"ו) הֲרֵי שֶׁאֵין לְהַחְלִיט הַבִּטָּחוֹן הַזֶּה עַל כָּל פָּנִים, וְהָתָם אָמְרוּ, "וַאֲפִילּוּ לִדְבַר מִצְוָה" (פסחים ח' ב')?

דַּע. כִּי יֵשׁ יִרְאָה וְיֵשׁ יִרְאָה. יֵשׁ יִרְאָה רְאוּיָה וְיֵשׁ יִרְאָה שׁוֹטָה. יֵשׁ בִּטָּחוֹן וְיֵשׁ הוֹלֵלוּת. כִּי הִנֵּה הָאָדוֹן בָּרוּךְ הוּא עָשָׂה אֶת הָאָדָם בַּעַל שֵׂכֶל נָכוֹן וּסְבָרָא נְכוֹחָה לְשֶׁיַּנְהִג עַצְמוֹ עַל דֶּרֶךְ טוֹב וְיִשָּׁמֵר מִן הַדְּבָרִים הַמַּזִּיקִים אֲשֶׁר נִבְרְאוּ לַעֲנוֹשׁ אֶת הָרְשָׁעִים. וּמִי שֶׁיִּרְצֶה שֶׁלֹּא יִנְהַג עַצְמוֹ בְּדֶרֶךְ הַחָכְמָה וְיַפְקִיר עַצְמוֹ לַסַּכָּנוֹת הִנֵּה אֵין זֶה בִּטָּחוֹן אֶלָּא הוֹלֵלוּת! וְהִנֵּה הוּא חוֹטֵא בְּמַה שֶּׁהוּא עוֹשֶׂה נֶגֶד רְצוֹן הַבּוֹרֵא יִתְבָּרַךְ שְׁמוֹ, שֶׁרוֹצֶה שֶׁיִּשְׁמוֹר הָאָדָם אֶת עַצְמוֹ. וְנִמְצָא שֶׁמִּלְּבַד הַסַּכָּנָה הַמּוּטְבַּעַת בַּדָּבָר

* מפסיד שני למידת הנמרצות הוא הפחדנות. בעת שאדם שואף לפסיביות הוא מנפח פחדים שמעניקים לו תירוץ לחוסר העשייה. גם כאן ניתן ליצור תרגולים (מלאכותיים בשלב הראשון) על מנת להוסיף אומץ באישיות: ספורט אתגרי; לקיחת סיכונים מחושבים בעבודה; וכדומה.

אֲשֶׁר הוּא עָלוּל אֵלֶיהָ מִפְּנֵי חֶסְרוֹן שְׁמִירָתוֹ, הִנֵּה עוֹד הוּא מִתְחַיֵּב בְּנַפְשׁוֹ בְּקוּם עֲשֵׂה בַּחֵטְא אֲשֶׁר הוּא חוֹטֵא, וְנִמְצָא הַחֵטְא עַצְמוֹ מְבִיאוֹ לֵיעָנֵשׁ.

וְאוּלָם הַשְּׁמִירָה הַזֹּאת, וְזֹאת הַיִּרְאָה הַמְיוּסֶּדֶת עַל הַנְהָגַת הַחָכְמָה וְהַשֵּׂכֶל הִיא הָרְאוּיָה, שֶׁעָלֶיהָ נֶאֱמַר "עָרוּם רָאָה רָעָה וְנִסְתָּר וּפְתָיִים עָבְרוּ וְנֶעֱנָשׁוּ" (משלי כ"ב ג').

אַךְ הַיִּרְאָה הַשּׁוֹטָה הוּא שֶׁיִּהְיֶה הָאָדָם רוֹצֶה לְהוֹסִיף שְׁמִירוֹת עַל שְׁמִירוֹת, וְיִרְאָה עַל יִרְאָה וְעוֹשֶׂה מִשְׁמֶרֶת לְמִשְׁמַרְתּוֹ, בְּאוֹפֶן שֶׁיַּגִּיעַ מִזֶּה בִּיטּוּל לַתּוֹרָה וְלָעֲבוֹדָה.

וְהַכְּלָל לְהַבְחִין בֵּין שְׁתֵּי הַיִּרְאוֹת הוּא מַה שֶּׁחִילְּקוּ חֲכָמִים זִכְרוֹנָם לִבְרָכָה בְּאָמְרָם "הֵיכָא דִּשְׁכִיחַ הֶזֵּקָא שָׁאנֵי" (פסחים ח' ב'), כִּי מָקוֹם שֶׁהַהֶזֵּק מָצוּי וְנוֹדָע - יֵשׁ לִישָּׁמֵר. אַךְ מָקוֹם שֶׁאֵין הַהֶיזֵּק נוֹדָע, אֵין לִירֹא. וְעַל כַּיּוֹצֵא בָּזֶה נֶאֱמַר "רְעוּתָא דְּלָא חֲזֵינָן לָא מְחַזְּקִינַן" (חולין נ"ו ב'). "וְאֵין לוֹ לֶחָכָם אֶלָּא מַה שֶּׁעֵינָיו רוֹאוֹת" (בבא בתרא קל"א א'). הוּא עַצְמוֹ עִנְיַן הַפָּסוּק שֶׁהֵבֵאנוּ לְמַעְלָה, "עָרוּם רָאָה רָעָה וְנִסְתָּר" (משלי כ"ו י"ג), הָא אֵינוֹ מְדַבֵּר אֶלָּא בְּנִסְתָּר מִן הָרָעָה אֲשֶׁר רוֹאֶה, לֹא מִמַּה שֶּׁיּוּכַל לִהְיוֹת שֶׁיִּהְיֶה אֶפְשָׁרִי שֶׁיָּבֹא, וְהוּא מַמָּשׁ עִנְיַן הַפָּסוּק שֶׁהִזְכַּרְתִּי לְמַעְלָה, "אָמַר עָצֵל שַׁחַל בַּדָּרֶךְ" וְכוּ' (משלי כ"ו י"ג).

וַחֲכָמִים זִכְרוֹנָם לִבְרָכָה פֵּירְשׁוּ הָעִנְיָן כְּמִין חוֹמֶר, לְהַרְאוֹת עַד הֵיכָן מַגַּעַת יִרְאַת הַהֶבֶל לְהַפְרִישׁ הָאָדָם מִן הַמַּעֲשֶׂה הַטּוֹב. אָמְרוּ "שִׁבְעָה דְּבָרִים אָמַר שְׁלֹמֹה בְּעָצֵל. כֵּיצַד?

אָמְרוּ לְעָצֵל: הֲרֵי רַבְּךָ בָּעִיר לֵךְ וּלְמוֹד תּוֹרָה מִמֶּנּוּ. וְהוּא מֵשִׁיב אוֹתָם: מִתְיָרֵא אֲנִי מִן הָאֲרִי שֶׁבַּדֶּרֶךְ.

רַבְּךָ בְּתוֹךְ הַמְּדִינָה. אוֹמֵר לָהֶם: מִתְיָרֵא אֲנִי שֶׁלֹּא יִהְיֶה אֲרִי בֵּין הָרְחוֹבוֹת.

אוֹמְרִים לוֹ: הֲרֵי הוּא בְּתוֹךְ בֵּיתְךָ. אוֹמֵר לָהֶם: אִם אֲנִי הוֹלֵךְ אֶצְלוֹ אֲנִי מוֹצֵא הַפֶּתַח נְעוּלָה" וְכוּ' (דברים רבה ח' ו').

הָא לָמַדְתָּ שֶׁאֵין הַיִּרְאָה גּוֹרֶמֶת שֶׁיִּתְעַצֵּל, אֶלָּא עַצְלָה גּוֹרֶמֶת לוֹ שֶׁיִּתְיָרֵא. וְכָל הַדְּבָרִים הָאֵלֶּה, הַנִּסָּיוֹן הַיּוֹמִי יָעִיד עֲלֵיהֶם, מִמַּה שֶּׁכְּבָר פָּשׁוּט הוּא וְרָגִיל בְּרוֹב הֲמוֹן בְּנֵי הָאָדָם אֲשֶׁר זֶה דַּרְכָּם כֵּסֶל לָמוֹ. וּמַשְׂכִּיל עַל דָּבָר יִמְצָא אֱמֶת לַאֲמִתּוֹ, וְדַעַת לְנָבוֹן נָקֵל.

וּכְבָר נִתְבָּאֵר עִנְיַן הַזְּרִיזוּת בֵּיאוּר שֶׁאֲחַשֵׁב הֱיוֹתוֹ מַסְפִּיק לְהֶעָרַת הַלֵּב, וְהֶחָכָם יֶחְכַּם עוֹד וְיוֹסִיף לֶקַח.*

וְהִנְּךָ רוֹאֶה כִּי רָאוּי לַזְּרִיזוּת לִהְיוֹת בְּהַדְרָגָה אַחַר הַזְּהִירוּת, כִּי עַל הָרוֹב לֹא יִהְיֶה הָאָדָם זָרִיז אִם לֹא יִהְיֶה זָהִיר בַּתְּחִלָּה. כִּי מִי שֶׁלֹּא יָשִׂים לִבּוֹ לִיזָּהֵר בְּמַעֲשָׂיו וּלְהִתְבּוֹנֵן בַּעֲבוֹדָה וּמִשְׁפָּטֶיהָ, שֶׁזּוֹ הִיא מִדַּת הַזְּהִירוּת, כְּמוֹ שֶׁכָּתַבְתִּי, קָשֶׁה שֶׁיִּלְבַּשׁ אַהֲבָה וְחֶמְדָּה אֵלֶיהָ וְיִזְדָּרֵז בִּתְשׁוּקָה לִפְנֵי בּוֹרְאוֹ. כִּי הִנֵּה הוּא עוֹדֶנּוּ טוֹבֵעַ בְּתַאֲווֹת הַגּוּפָנִיּוֹת, וְרָץ מְרוּצַת הֶרְגֵּלוֹ הַמַּרְחִיקוֹ מִכָּל זֶה. אָמְנָם אַחַר שֶׁכְּבָר פָּקַח עֵינָיו לִרְאוֹת מַעֲשָׂיו וְלִיזָּהֵר

---

* ההבדל בין אומץ לפעול ובין התנהלות לא אחראית הוא בשיקול הדעת. כאשר השכל והגורמים המקצועיים מתריעים מפני הפעילות - זו "יראה ראויה"; אולם בעת שלא - זו "יראה שוטה". נהיגה למשל היא תחום שמרבית האוכלוסייה כשירה לו ולכן הימנעות ממנה תיכנס בגדר פחדי שווא (ובוודאי מקרים אבסורדיים יותר כהימנעות מלצאת מן הבית). לעומת זאת כניסה לים ללא מציל זוהי פעולה לא אחראית. ניתוח מצבים באופן שקול והתבטאויות סולידיות הם חלק יסודי מעבודה אישיותית: מזג אוויר חורפי במדינת ישראל למשל אינו "סערה"; ופיגוע טרור אינו "סופה של המדינה". ככל שאדם יפתח איזון אישיותי כך יוכל להכריע במדויק יותר מהו סיכון שיש להימנע ממנו ומהי פחדנות שבאה להעניק לגיטימציה לעצלות.

בָּם, וְחָשַׁב חֶשְׁבּוֹן הַמִּצְוֹת וְהָעֲבֵירוֹת כַּאֲשֶׁר זָכַרְנוּ, נָקֵל הוּא לוֹ שֶׁיָּסוּר מִן הָרַע וְיִשְׁתּוֹקֵק אֶל הַטּוֹב וְיִזְדָּרֵז בּוֹ. וְזֶה פָּשׁוּט.

סיכום

זריזות

הגדרה: נמרצות.

כלים: לא לדחות פעולות חיוביות,
לא עוזבים עד שמבצעים.

מוטיבציה: אופטימיות ופרופורציה.

מפסידים: עצלות, פחדנות.

דף תכל'ס לשלב הזהירות

המטרה: פיתוח אישיות נמרצת ואופטימית

משימות

- המשיכו בתוכנית לימוד המוסר.
- הפנימו את הצורך לדחות סיפוקים ואל תשלימו עם הדחפים היצריים שלכם.
- קבעו זמן מוגדר (חמש דקות לפני השינה) לחשבון נפש יומי.
- אל תדחו פעולות חיוביות, עשו אותן בהקדם האפשרי.
- אם התחלתם פעולה - המשיכו בה בנמרצות עד תומה.
- הדגישו את החיוב בחייכם, והמעיטו בצריכת תכנים פסימיים כהתמכרות לחדשות וְכו'.
- תרגלו עם עצמכם ליהנות מהתהליך עצמו ולא מהתוצאה.
- עשו עם עצמכם תרגילי אומץ והשתחררות מפחדים שונים.

דגשים אישיים

נקיות

פרק י

בביאור מידת הנקיות

מִדַּת הַנְּקִיּוּת הִיא, הֱיוֹת הָאָדָם נָקִי לְגַמְרֵי מִכָּל מִדָּה רָעָה וּמִכָּל חֵטְא. לֹא דַי מִמַּה שֶּׁהַחֵטְא בּוֹ מְפוּרְסָם וְגָלוּי, אֶלָּא גַּם כֵּן מִמַּה שֶּׁהַלֵּב נִפְתֶּה בּוֹ לְהוֹרוֹת הֶתֵּר בַּדָּבָר. שֶׁכַּאֲשֶׁר נַחְקוֹר עָלָיו בֶּאֱמֶת נִמְצָא שֶׁלֹּא הָיָה הַהֶיתֵּר הַהוּא נִרְאֶה לוֹ אֶלָּא מִפְּנֵי הֱיוֹת הַלֵּב עֲדַיִן נָגוּעַ קְצָת מִן הַתַּאֲוָה, כִּי לֹא טֹהַר מִמֶּנָּה מִכֹּל וָכֹל, עַל כֵּן תַּמְשִׁכֵהוּ לְהָקֵל לוֹ. אַךְ הָאָדָם אֲשֶׁר טֹהַר מִזֶּה הַנֶּגַע לְגַמְרֵי וְנִקָּה מִכָּל רוֹשֶׁם רַע שֶׁמַּשְׁאֶרֶת הַתַּאֲוָה אַחֲרֶיהָ, הִנֵּה רְאִיָּתוֹ תִּהְיֶה בְּרוּרָה לְגַמְרֵי וְהַבְחָנָתוֹ זַכָּה וְלֹא תַּטֵּהוּ הַחֶמְדָּה לְשׁוּם דָּבָר. אֶלָּא כָּל מַה שֶּׁהוּא חֵטְא, אֲפִילּוּ שֶׁיִּהְיֶה קַל שֶׁבְּקַלֵּי הַחֲטָאִים, תַּכִּירֵהוּ שֶׁהוּא רַע וְתַרְחִיקֵהוּ מִמֶּנּוּ.

וְכַלָּשׁוֹן הַזֶּה אָמְרוּ חֲכָמִים עַל הַשְּׁלֵמִים הַמְטַהֲרִים מַעֲשֵׂיהֶם טָהֳרָה רַבָּה שֶׁלֹּא יִהְיֶה בָּהֶם אֲפִילּוּ נִדְנוּד דָּבָר רָע, "נְקִיֵּי הַדַּעַת שֶׁבִּירוּשָׁלַיִם" (סנהדרין כ"ג א').*

---

* השלב הבא במעלה מסילת הישרים הוא מידת הנקיות, ובלשוננו - ירידה לפרטים (עד כדי נקיות מוחלטת). גם לאחר

וְהִנְּךָ רוֹאֶה עַתָּה הַהֶפְרֵשׁ שֶׁבֵּין הַזָּהִיר וְהַנָּקִי, אַף עַל פִּי שֶׁקְּרוֹבִים הֵם זֶה לָזֶה בְּעִנְיָנָם:

הַזָּהִיר הוּא הַנִּזְהָר בְּמַעֲשָׂיו וְרוֹאֶה שֶׁלֹּא יֶחֱטָא בְּמָה שֶׁכְּבָר נוֹדַע לוֹ וּמְפוּרְסָם אֵצֶל הַכֹּל הֱיוֹתוֹ חֵטְא. אָמְנָם עֲדַיִין אֵינֶנּוּ אָדוֹן בְּעַצְמוֹ שֶׁלֹּא יִמָּשֵׁךְ לִבּוֹ מִן הַתַּאֲוָה הַטִּבְעִית שֶׁלֹּא תַּטֵּהוּ לְהֵרָאוֹת לוֹ הֶיתֵּרִים בְּאֵיזֶה דְּבָרִים שֶׁאֵין רָעָתָם מְפוּרְסֶמֶת. וְזֶה, כִּי אַף עַל פִּי שֶׁהוּא מִשְׁתַּדֵּל לִכְבּוֹשׁ אֶת יִצְרוֹ וְלִכְפּוֹת אֶת תַּאֲוֹתָיו, לֹא מִפְּנֵי זֶה יְשַׁנֶּה אֶת טִבְעוֹ וְלֹא יוּכַל לְהָסִיר מִלִּבּוֹ הַתַּאֲוָה הַגּוּפָנִית, אֶלָּא שֶׁיִּכְבּוֹשׁ אוֹתָהּ וְיֵלֵךְ אַחַר הַחָכְמָה וְלֹא אַחֲרֶיהָ. אַךְ עַל כָּל פָּנִים חֹשֶׁךְ הַחוֹמְרִיּוּת עוֹשֶׂה אֶת שֶׁלּוֹ לַהֲסִיתוֹ וּלְפַתּוֹתוֹ.

אָמְנָם אַחַר שֶׁיִּתְרַגֵּל הָאָדָם הֶרְגֵּל גָּדוֹל בַּזְּהִירוּת הַזֶּה, עַד שֶׁיִּנָּקֶה נִקָּיוֹן רִאשׁוֹן מִן הַחֲטָאִים הַמְפוּרְסָמִים, וְיַרְגִּיל עַצְמוֹ בָּעֲבוֹדָה וּבִזְרִיזוּתָהּ, וְתִתְגַּבֵּר בּוֹ הָאַהֲבָה אֶל בּוֹרְאוֹ וְהַחֶמְדָּה אֵלָיו, הִנֵּה כֹּחַ הַהֶרְגֵּל הַזֶּה יַרְחִיק אוֹתוֹ מֵעִנְיְנֵי הַחוֹמֶר וְיַדְבִּיק דַּעְתּוֹ אֶל הַשְּׁלֵימוּת הַנַּפְשִׁיִּי עַד שֶׁסּוֹף סוֹף יוּכַל לְהַגִּיעַ אֶל הַנִּקָּיוֹן הַשָּׁלֵם. שֶׁכְּבָר יִכְבֶּה אֵשׁ הַתַּאֲוָה הַגּוּפִיִּית מִלִּבּוֹ בְּהִתְגַּבֵּר בּוֹ הַחֶמְדָּה הָאֱלֹהִית וְאָז תִּשָּׁאֵר רְאִיָּתוֹ זַכָּה וּבָרָה, כְּמוֹ שֶׁכָּתַבְתִּי לְמַעְלָה, שֶׁלֹּא יְפוּתֶּה וְלֹא יַשִּׂיגֵהוּ חֹשֶׁךְ חוֹמְרִיּוּתוֹ, וְיִנָּקֶה בְּמַעֲשָׂיו מִכֹּל וָכֹל.*

שהאישיות זהירה וזריזה יש לה נטייה להישאר בעקרונות הכלליים ופחות להתעסק עם הפרטים. מידת הנקיות היא לרדת לרזולוציה של כל מעשה וכל מחשבה ולהתנקות מן השלילה בהם ככל האפשר.

* ההבדל הנפשי המרכזי בין המידות הקודמות לבין הנקיות הוא, שבמידת הזהירות (ובמובן מסוים גם בזריזות), אדם מוצא עצמו נזהר מתוך כפייה חיצונית אולם בליבו עדיין נמשך אל החטא; מצב שגורם לו לעשייה מינימלית, רק לצאת ידי חובה. לעומת זאת, מידת הנקיות מגיעה במצב נפשי שבו אדם יצר הזדהות מסוימת עם

והנה על מדה זו היה דוד שמח בעצמו ואומר, "ארחץ בנקיון כפי ואסבבה את מזבחך ה'" (תהלים כ"ו ו') כי באמת רק מי שינקה לגמרי מכל נדנוד חטא ועון, הוא הראוי ליראות את פני המלך ה', כי זולת זה אין לו אלא ליבוש וליכלם מלפניו, וכמאמר עזרא הסופר "אלהי בשתי ונכלמתי להרים אלהי פני אליך" (עזרא ט' ו').

והנה ודאי כי מלאכה רבה היא לאדם להגיע אל שלימות המדה הזאת. כי העבירות הנכרות וידועות, קלות הן לישמר מהם כיון שרעתם גלויה, אך הדקדוק הזה המצטרך לנקיות הוא הקשה יותר, כי הוראת ההיתר מכסה על החטא, וכמו שכתבתי. והוא כענין מה שאמרו זכרונם לברכה "עבירות שאדם דש בעקביו סובבות אותו בשעת הדין" (עבודה זרה י"ח א').

ועל דרך זה אמרו זכרונם לברכה "רבם בגזל, ומעוטם בעריות, וכלם באבק לשון הרע" (בבא בתרא קס"ה א') כי מפני רוב דקותו כל בני אדם נכשלים בו במה שאין מכירים אותו. ואמרו זכרונם לברכה, שדוד היה נזהר ומנקה עצמו ניקיון גמור מכל אלה, ועל כן היה הולך למלחמה בבטחון חזק והיה שואל, "ארדוף אויבי ואשיגם ולא אשוב עד כלותם" (תהלים י"ח ל"ח) מה שלא שאלו יהושפט, אסא וחזקיה, לפי שלא היו מנוקים כל כך. והוא מה שאמר הוא עצמו בתוך דבריו "יגמלני ה' כצדקי כבר ידי ישיב לי" (תהלים י"ח כ"א). ואמר עוד "וישב ה' לי כצדקי כבר ידי לנגד עיניו" (תהלים י"ח כ"ה), והוא הבור והניקיון הזה שזכרנו. ואז חזר ואמר עוד "כי בך ארוץ גדוד" וכו' "ארדוף אויבי ואשיגם" (תהלים י"ח ל, ל"ח). והוא עצמו אמר עוד "מי יעלה בהר ה' ומי יקום במקום קדשו נקי כפים ובר לבב" (תהלים כ"ד ג'-ד').*

החיוב וסלידה מן השלילה, וממילא מתעוררת בו מוטיבציה לבצע את הדברים בשלמות ובגימור ככל שניתן.

* הירידה לפרטים דורשת מאמץ גדול שהטבע האנושי נרתע ממנו.

וְאָמְנָם וַדַּאי שֶׁהַמִּדָּה הַזֹּאת קָשָׁה, כִּי טֶבַע הָאָדָם חַלָּשׁ וְלִבּוֹ נִפְתֶּה עַל נְקַלָּה, וּמַתִּיר לְעַצְמוֹ הַדְּבָרִים שֶׁיּוּכַל לִמְצוֹא בָּהֶם כְּדֵי הַטְעָאָה. וּבְוַדַּאי שֶׁמִּי שֶׁהִגִּיעַ לְזֹאת הַמִּדָּה, כְּבָר הִגִּיעַ לְמַדְרֵיגָה גְּדוֹלָה, כִּי בִּפְנֵי מִלְחָמָה חֲזָקָה עָמַד וְנִצַּח. וְנָבוֹא עַתָּה לְבָאֵר פְּרָטֵי הַמִּדָּה הַזֹּאת.

בדורנו, שבו הפינוק והשטחיות הם מרכיבים מרכזיים בתרבות - קשה הדבר כפליים. בפרק הבא ייתן הרמח"ל דגשים מעשיים כיצד לקנות בנפש את מידת הנקיות, אולם כבר כעת הוא מצביע על כיוון חשוב, שלאחר שמתגברים על הקושי בירידה לפרטים, מתגלים שמחה וסיפוק שלא היו מורגשים בעמדה הנפשית השטחית.

עצה מעשית: בתרגילים הראשונים בעבודה על מידת הנקיות נתחיל בפעולות פשוטות בחיי היום־יום שלנו. למשל, מיטה מסודרת, חדר מסודר, לבוש נקי; המהדרין יכולים לארגן לעצמם סוג של לו"ז יומי. הדגש בכל הפעולות הללו הוא להכריח את עצמנו לרדת לפרטים. גם מעבר על חשבון הבנק שלנו פעם בשבוע יכול לשמש אותנו לכך. ברור שלחלק מאיתנו זה ילך יותר בקלות ולחלק פחות - אולם כל אחד ואחת שיתעקשו על כך יראו תוצאות מהר יותר מהצפוי.

פרק יא

בפרטי מידת הנקיות

פְּרָטֵי מִדַּת הַנְּקִיּוּת רַבִּים הֵם מְאֹד וְהִנָּם, כְּכָל הַפְּרָטִים שֶׁבְּכָל הַשְּׁלֹשׁ מֵאוֹת שִׁשִּׁים וְחָמֵשׁ מִצְוֹת לֹא תַעֲשֶׂה. כִּי אָמְנָם עִנְיַן הַמִּדָּה כְּבָר אָמַרְתִּי שֶׁהוּא לִהְיוֹת נָקִי מִכָּל עַנְפֵי הָעֲבֵירוֹת. וְאוּלָם אַף עַל פִּי שֶׁבְּכָל הָעֲבֵירוֹת מִשְׁתַּדֵּל הַיֵּצֶר הָרָע לְהַחֲטִיא אֶת הָאָדָם, כְּבָר יֵשׁ מֵהֶם שֶׁהַטֶּבַע מְחַמְּדָן יוֹתֵר וּבָהֶן מַרְאֶה לוֹ יוֹתֵר הֶיתֵּרִים, אֲשֶׁר עַל כֵּן יִצְטָרֵךְ בָּהֶן יוֹתֵר חִיזּוּק לְנַצֵּחַ אֶת יִצְרוֹ וּלְהִנָּקוֹת מִן הַחֵטְא.*

* פרק יא הוא הפרק הארוך ביותר בספר, וזאת מפני שהוא מיישם הלכה למעשה את העיקרון של מידת הנקיות: ירידה לפרטים רבים ולדוגמאות ככל האפשר. על מנת לקנות בנפש את הדקדקנות הפרטית, יש להקפיד בתחומים מסוימים שיש בהם נטייה להקל. חלק מהנושאים שהרמח"ל מציין מופיעים כיום בלבושים אחרים אולם העיקרון נותר בעינו: הקפדה מעשית שמהדהדת באישיות וגורמת לניקוי יסודי של הנפש.

וְכֵן אָמְרוּ זִכְרוֹנָם לִבְרָכָה "גָּזֵל וַעֲרָיוֹת נַפְשׁוֹ שֶׁל אָדָם מְחַמַּדְתָּן וּמִתְאַוָּה לָהֶן" (חגיגה י"א ב').

וְהִנֵּה אֲנַחְנוּ רוֹאִים, שֶׁאַף עַל פִּי שֶׁלֹּא רוֹב בְּנֵי הָאָדָם גַּנָּבִים בְּגָלוּי הֵם, דְּהַיְינוּ, שֶׁיִּשְׁלְחוּ יָד מַמָּשׁ בְּמָמוֹן חַבְרֵיהֶם לָקַחַת וְלָשׂוּם בִּכְלֵיהֶם – אַף עַל פִּי כֵן רוּבָּם טוֹעֲמִים טַעַם גְּנֵבָה בְּמַשָּׂאָם וּמַתָּנָם, בְּמָה שֶׁיּוֹרוּ הֶיתֵּר לְעַצְמָם לְהִשְׂתַּכֵּר אִישׁ בְּהֶפְסֵדוֹ שֶׁל חֲבֵירוֹ, וְיֹאמְרוּ "לְהַרְוִיחַ שָׁאנֵי".

וְאוּלָם לָאוִים הַרְבֵּה נֶאֶמְרוּ בְּגָזֵל: "לֹא תַעֲשֹׁק", "לֹא תִגְזֹל", "לֹא תִגְנֹבוּ, וְלֹא תְכַחֲשׁוּ וְלֹא תְשַׁקְּרוּ אִישׁ בַּעֲמִיתוֹ", "לֹא תוֹנוּ אִישׁ אֶת אָחִיו", "לֹא תַשִּׂיג גְּבוּל רֵעֲךָ". הֵן כָּל אֵלֶּה חִילּוּקֵי דִּינִים שֶׁבְּגָזֵל, כּוֹלְלִים מַעֲשִׂים רַבִּים מִן הַמַּעֲשִׂים הַנַּעֲשִׂים בִּכְלַל הַמַּשָּׂא וְהַמַּתָּן הַמְּדִינִי, וּבְכֻלָּם אִסּוּרִים רַבִּים. כִּי לֹא הַמַּעֲשֶׂה הַנִּיכָּר וּמְפוּרְסָם בְּעוֹשֶׁק וּבְגָזֵל הוּא לְבַדּוֹ הָאָסוּר, אֶלָּא כָּל שֶׁסּוֹף סוֹף יַגִּיעַ אֵלָיו וְיִגְרוֹם אוֹתוֹ, כְּבָר הוּא בִּכְלַל הָאִיסּוּר.

וְעַל זֶה אָמְרוּ זִכְרוֹנָם לִבְרָכָה "'וְאֶת אֵשֶׁת רֵעֵהוּ לֹא טִמֵּא' (יחזקאל י"ח ו') – שֶׁלֹּא יָרַד לְאֻמָּנוּת חֲבֵרוֹ" (סנהדרין פ"א א'). וּכְבָר הָיָה רַבִּי יְהוּדָה אוֹסֵר לְחֶנְוָנִי שֶׁלֹּא יְחַלֵּק קְלָיוֹת וֶאֱגוֹזִים לְתִינוֹקוֹת כְּדֵי לְהַרְגִּילָן שֶׁיָּבוֹאוּ אֶצְלוֹ, וְלֹא הִתִּירוּ חֲכָמִים אֶלָּא מִפְּנֵי שֶׁגַּם חֲבֵרָיו יְכוֹלִים לַעֲשׂוֹת כֵּן (בבא מציעא ס' א'). וְאָמְרוּ זִכְרוֹנָם לִבְרָכָה "קָשֶׁה גֶּזֶל הֶדְיוֹט מִגֶּזֶל גָּבוֹהַּ, שֶׁזֶּה הִקְדִּים חֵטְא לִמְעִילָה וְזֶה הִקְדִּים מְעִילָה לְחֵטְא" וְכוּ' (בבא בתרא פ"ח ב').*

וּכְבָר פָּטְרוּ אֶת הַפּוֹעֲלִים הָעוֹשִׂים אֵצֶל בַּעַל הַבַּיִת מִבִּרְכַּת הַמּוֹצִיא, וּמִבְּרָכוֹת אַחֲרוֹנוֹת דְּבִרְכַּת הַמָּזוֹן, וַאֲפִילּוּ בִּקְרִיאַת שְׁמַע לֹא חִיְּיבוּם

---

* בנושא הממוני, עקב הפיתוי הגדול שיש לו בנפש האדם, יש משיכה "להחליק פינות" ולהשלות עצמנו שיש חילוק בין גזל ישיר וגזל עקיף. בחז"ל ישנן הדרכות מפורטות שאמורות לגבש בנפש סלידה מוצקת מכל גזל, עקיף וזניח לכאורה ככל שיהיה.

לִיבָּטֵל מִמְּלַאכְתָּן אֶלָּא בְּפָרָשָׁה רִאשׁוֹנָה בִּלְבַד (ברכות ט"ז א'), קַל וָחוֹמֶר בֶּן בְּנוֹ שֶׁל קַל וָחוֹמֶר לְדִבְרֵי הָרְשׁוּת, שֶׁכָּל שְׂכִיר יוֹם אָסוּר בָּהֶן שֶׁלֹּא לְבַטֵּל מְלַאכְתּוֹ שֶׁל בַּעַל הַבַּיִת. וְאִם עָבַר הֲרֵי זֶה גַּזְלָן. הִנֵּה אַבָּא חִלְקִיָּה אֲפִילּוּ שָׁלוֹם לֹא הֵשִׁיב לְתַלְמִידֵי חֲכָמִים שֶׁנָּתְנוּ לוֹ שָׁלוֹם, שֶׁלֹּא לִיבָּטֵל מִמְּלֶאכֶת רֵעֵהוּ (תענית כ"ג ב'). וְיַעֲקֹב אָבִינוּ עָלָיו הַשָּׁלוֹם מְבָאֵר בְּפִיו וְאוֹמֵר "הָיִיתִי בַיּוֹם אֲכָלַנִי חֹרֶב וְקֶרַח בַּלָּיְלָה וַתִּדַּד שְׁנָתִי מֵעֵינָי" (בראשית ל"א מ'). מַה יַּעֲנוּ אֵיפוֹא הָעוֹסְקִים בַּהֲנָאוֹתֵיהֶם בִּשְׁעַת מְלָאכָה וּבְטֵלִים מִמֶּנָּה? אוֹ כִּי יַעַסְקוּ בְּחֶפְצֵיהֶם אִישׁ לְבִצְעוֹ?

כְּלָלוֹ שֶׁל דָּבָר: הַשָּׂכוּר אֵצֶל חֲבֵירוֹ לְאֵיזֶה מְלָאכָה שֶׁתִּהְיֶה, הִנֵּה כָּל שְׁעוֹתָיו מְכוּרוֹת הֵן לוֹ לְיוֹמוֹ, כְּעִנְיָן שֶׁאָמְרוּ זִכְרוֹנָם לִבְרָכָה, "שְׂכִירוּת מְכִירָה לְיוֹמֵיהּ" (בבא מציעא נ"ו ב'). וְכָל מַה שֶּׁיִּקַּח מֵהֶן לַהֲנָאַת עַצְמוֹ בְּאֵיזֶה אוֹפֶן שֶׁיִּהְיֶה – אֵינוֹ אֶלָּא גָּזֵל גָּמוּר! וְאִם לֹא מְחָלוֹ אֵינוֹ מָחוּל! שֶׁכְּבָר אָמְרוּ רַבּוֹתֵינוּ זִכְרוֹנָם לִבְרָכָה "עֲבֵרוֹת שֶׁבֵּין אָדָם לַחֲבֵרוֹ אֵין יוֹם הַכִּפּוּרִים מְכַפֵּר עַד שֶׁיְּרַצֶּה אֶת חֲבֵרוֹ" (יומא פ"ה ב').

וְלֹא עוֹד, אֶלָּא שֶׁאֲפִילּוּ אִם עָשָׂה מִצְוָה בִּזְמַן מְלַאכְתּוֹ – לֹא לִצְדָקָה תֵּחָשֵׁב לוֹ אֶלָּא עֲבֵירָה הִיא בְּיָדוֹ! שֶׁאֵין עֲבֵירָה מִצְוָה! וְקָרָא כְּתִיב "שֹׂנֵא גָזֵל בְּעוֹלָה" (ישעיהו ס"א ח'). וּכְעִנְיָן זֶה אָמְרוּ זִכְרוֹנָם לִבְרָכָה "הֲרֵי שֶׁגָּזַל סְאָה חִטִּים, וּטְחָנָהּ, וַאֲפָאָהּ, וּמְבָרֵךְ, אֵין זֶה מְבָרֵךְ אֶלָּא מְנָאֵץ, דִּכְתִיב "וּבֹצֵעַ בֵּרֵךְ נִאֵץ ה'" (תהלים י' ג')" (בבא קמא צ"ד א'). וְעַל כַּיּוֹצֵא בָּזֶה נֶאֱמַר, "אוֹי לוֹ לָזֶה שֶׁנַּעֲשָׂה סַנֵּיגוֹרוֹ קַטֵּיגוֹרוֹ" (ירושלמי סוכה י"ב א'). וּכְמַאֲמָרָם זִכְרוֹנָם לִבְרָכָה בְּעִנְיַן לוּלָב הַגָּזוּל (שם). וְהַדִּין נוֹתֵן: כִּי הֲרֵי גָּזֵל חֵפֶץ – גָּזֵל. וְגֶזֶל זְמַן – גָּזֵל. מַה גּוֹזֵל אֶת הַחֵפֶץ וְעוֹשֶׂה בּוֹ מִצְוָה – נַעֲשֶׂה סַנֵּיגוֹרוֹ קַטֵּיגוֹרוֹ, אַף גּוֹזֵל אֶת הַזְּמַן וְעוֹשֶׂה בּוֹ מִצְוָה – נַעֲשֶׂה סַנֵּיגוֹרוֹ קַטֵּיגוֹרוֹ. וְאֵין הַקָּדוֹשׁ בָּרוּךְ הוּא חָפֵץ אֶלָּא בֶּאֱמוּנָה, וְכֵן הוּא אוֹמֵר "אֱמוּנִים נֹצֵר ה'" (תהלים ל"א כ"ד). וְאוֹמֵר "פִּתְחוּ שְׁעָרִים וְיָבֹא גוֹי צַדִּיק שֹׁמֵר אֱמֻנִים" (ישעיהו כ"ו ב'). וְאוֹמֵר "עֵינַי בְּנֶאֶמְנֵי אֶרֶץ לָשֶׁבֶת עִמָּדִי" (תהלים ק"א ו'). וְאוֹמֵר "עֵינֶיךָ הֲלֹא לֶאֱמוּנָה" (ירמיה ה' א').

וְאַף אִיּוֹב הֵעִיד עַל עַצְמוֹ וְאָמַר "אִם תִּטֶּה אַשֻּׁרִי מִנִּי הַדָּרֶךְ וְאַחַר עֵינַי הָלַךְ לִבִּי וּבְכַפַּי דָּבַק מְאוּם" (איוב ל"א ז'), וְהַבֵּט יוֹפִי הַמָּשָׁל הַזֶּה, כִּי דִימָּה הַגָּזֵל הַבִּלְתִּי נִגְלֶה כְּדָבָר הַמִּתְדַּבֵּק בְּיַד הָאָדָם, שֶׁאַף עַל פִּי שֶׁאֵין הָאָדָם הוֹלֵךְ לְכַתְּחִלָּה לִיטּוֹל אוֹתוֹ, וְנִשְׁאָר דָּבֵק מֵאֵלָיו - סוֹף סוֹף בְּיָדוֹ הוּא. כֵּן הַדָּבָר הַזֶּה, שֶׁאַף שֶׁלֹּא יִהְיֶה הָאָדָם הוֹלֵךְ וְגוֹזֵל מַמָּשׁ, קָשֶׁה הוּא שֶׁיִּהְיוּ יָדָיו רֵיקָנִיּוֹת מִמֶּנּוּ לְגַמְרֵי.

אָמְנָם בֶּאֱמֶת כָּל זֶה נִמְשָׁךְ מִמַּה שֶּׁתַּחַת הֱיוֹת הַלֵּב מוֹשֵׁל בָּעֵינַיִם, שֶׁלֹּא יַנִּיחַ לִהְיוֹת נְעִים לָהֶם - אֶת שֶׁל אֲחֵרִים, הָעֵינַיִם מוֹשְׁכִים אֶת הַלֵּב לְבַקֵּשׁ הַיְּתֵרִים עַל מַה שֶּׁנִּרְאֶה לָהֶם יָפֶה וְנֶחְמָד. עַל כֵּן אָמַר אִיּוֹב, שֶׁהוּא לֹא כֵן עָשָׂה וְלֹא הָלַךְ לִבּוֹ אַחַר עֵינָיו, עַל כֵּן לֹא דָּבַק בְּכַפָּיו מְאוּם.*

רְאֵה נָא בְּעִנְיְנֵי הָאוֹנָאָה, כַּמָּה נָקֵל הוּא לָאָדָם לְהִתְפַּתּוֹת וְלִיכָּשֵׁל, כַּאֲשֶׁר לִכְאוֹרָה יֵרָאֶה לוֹ שֶׁרָאוּי הוּא לְהִשְׁתַּדֵּל לְיַפּוֹת סְחוֹרָתוֹ בְּעֵינֵי הָאֲנָשִׁים, וּלְהִשְׂתַּכֵּר בִּיגִיעַ כַּפָּיו, לְדַבֵּר עַל לֵב הַקּוֹנֶה לְמַעַן יִתְרַצֶּה לוֹ, וְיֹאמְרוּ עַל כָּל זֶה "יֵשׁ זָרִיז וְנִשְׂכָּר" (פסחים נ' ב'), "וְיַד חָרוּצִים תַּעֲשִׁיר" (משלי י' ד'). אָמְנָם אִם לֹא יְדַקְדֵּק וְיִשְׁקוֹל מַעֲשָׂיו הַרְבֵּה, הִנֵּה תַּחַת חִטָּה יֵצֵא חוֹחַ, כִּי יַעֲבוֹר וְנִכְשַׁל בַּעֲוֹן הַהוֹנָאָה אֲשֶׁר הוּזְהַרְנוּ עָלֶיהָ "לֹא תוֹנוּ אִישׁ אֶת עֲמִיתוֹ" (ויקרא כ"ה י"ז). וְאָמְרוּ זִכְרוֹנָם לִבְרָכָה, אֲפִילּוּ לְרַמּוֹת אֶת הַגּוֹי אָסוּר (חולין צ"ד א'), וּקְרָא כְּתִיב "שְׁאֵרִית יִשְׂרָאֵל לֹא יַעֲשׂוּ עַוְלָה וְלֹא יְדַבְּרוּ כָזָב, וְלֹא יִמָּצֵא בְּפִיהֶם לְשׁוֹן תַּרְמִית" (צפניה ג' י"ג). וְכֵן אָמְרוּ "אֵין מְפַרְכְּסִין אֶת הַכֵּלִים הַיְשָׁנִים שֶׁיֵּרָאוּ כַּחֲדָשִׁים" (בבא מציעא ס' ב'), "אֵין מְעָרְבִין פֵּירוֹת בְּפֵירוֹת, אֲפִילּוּ חֲדָשִׁים בַּחֲדָשִׁים, אֲפִילּוּ סְאָה בְּדִינָר, וַאֲפִילּוּ יָפֶה דִּינָר וּטְרֵסִית לֹא יְעָרֵב וִימַכְּרֵם סְאָה בְּדִינָר. "כָּל

---

* היתר נוסף שאדם נוטה להתיר לעצמו הוא ביחס ל"אבטלה סמויה" - חוסר ניצול זמן שמשלמים לו עבורו. מכיוון שזמן הוא מושג מופשט נדמה שזהו אינו גזל. גם כאן הדרכת הרמח"ל ברורה וחדה: אדם אמור לדקדק אף בזאת.

עוֹשֵׂה אֵלֶּה כָּל עוֹשֵׂה עָוֶל" (דברים כ"ה ט"ז) וְקָרוּי ה' שֵׁמוֹת: עָוֶל, שָׂנאוּי, מְשׁוּקָּץ, חֵרֶם, תּוֹעֵבָה" (ספרי תצא פ"ה).

עוֹד אָמְרוּ זִכְרוֹנָם לִבְרָכָה "כָּל הַגּוֹזֵל אֶת חֲבֵירוֹ אֲפִילּוּ שָׁוֶה פְּרוּטָה כְּאִלּוּ נוֹטֵל נַפְשׁוֹ מִמֶּנּוּ" (בבא קמא קי"ט א'), הֲרֵי לְךָ חוֹמֶר הֶעָוֹן הַזֶּה אֲפִילּוּ כְּשִׁיעוּר מוּעָט. וְאָמְרוּ עוֹד "אֵין הַגְּשָׁמִים נֶעֱצָרִים אֶלָּא בַּעֲוֹן גָּזֵל" (תענית ז' ב'). וְעוֹד אָמְרוּ "קֻפָּה מְלֵאָה עֲווֹנוֹת מִי מְקַטְרֵג בְּרֹאשׁ כֻּלָּם? גָּזֵל" (ילקוט שמעוני ויקרא כ"ה תר"ס). וְדוֹר הַמַּבּוּל לֹא נֶחְתַּם גְּזַר דִּינָם אֶלָּא עַל הַגָּזֵל (סנהדרין ק"ח א').

וְאִם תֹּאמַר בִּלְבָבְךָ, וְאֵיךְ אֶפְשָׁר לָנוּ שֶׁלֹּא לְהִשְׁתַּדֵּל בְּמַשָּׂאֵנוּ וּמַתָּנֵנוּ לְרַצּוֹת אֶת חֲבֵירֵינוּ עַל הַמֶּקַח וְעַל שִׁוְויוֹ? חִלּוּק גָּדוֹל יֵשׁ בַּדָּבָר. כִּי כָּל מַה שֶּׁהוּא לְהַרְאוֹת אֶת הַקּוֹנִים אֲמִתַּת טוּב הַחֵפֶץ וְיָפְיוֹ, הִנֵּה הַהִשְׁתַּדְּלוּת הַהוּא טוֹב וְיָשָׁר. אַךְ מַה שֶּׁהוּא לְכַסּוֹת מוּמֵי חֶפְצוֹ אֵינוֹ אֶלָּא הוֹנָאָה וְאָסוּר! וְזֶה כְּלָל גָּדוֹל בֶּאֱמוּנַת הַמַּשָּׂא וְהַמַּתָּן.

לֹא אוֹמַר מֵעִנְיַן הַמִּדּוֹת, שֶׁהֲרֵי בְּפֵירוּשׁ כָּתוּב בָּהֶם, "תּוֹעֲבַת ה' אֱלֹהֶיךָ כָּל עֹשֵׂה אֵלֶּה" (דברים כ"ה ט"ז). וְאָמְרוּ זִכְרוֹנָם לִבְרָכָה "קָשֶׁה עָנְשָׁן שֶׁל מִדּוֹת מֵעָנְשָׁן שֶׁל עֲרָיוֹת" וְכוּ' (בבא בתרא פ"ח ב'). וְאָמְרוּ (בבא בתרא פ"ח א') "הַסִּיטוֹן מְקַנֵּחַ מִדּוֹתָיו" וְכוּ'. וְכָל כָּךְ לָמָּה? כְּדֵי שֶׁלֹּא יֶחְסְרוּ בְּלֹא דַּעַת וְלֹא יֵעָנֵשׁ.

כָּל שֶׁכֵּן עֲוֹן הָרִבִּית שֶׁגָּדוֹל הוּא כְּכוֹפֵר בֵּאלֹהֵי יִשְׂרָאֵל חַס וְחָלִילָה. וְאָמְרוּ זִכְרוֹנָם לִבְרָכָה עַל פָּסוּק "בְּנֶשֶׁךְ נָתַן וְתַרְבִּית לָקַח וָחָי - לֹא יִחְיֶה" (יחזקאל י"ח י"ג), שֶׁאֵינוֹ חַי לִתְחִיַּת הַמֵּתִים, כִּי הוּא וְאָבָק שֶׁלּוֹ מְשׁוּקָּץ וּמְתוֹעָב בְּעֵינֵי ה'. וְאֵינִי רוֹאֶה צוֹרֶךְ לְהַאֲרִיךְ בָּזֶה, שֶׁכְּבָר אֵימָתוֹ מוּטֶּלֶת עַל כָּל אִישׁ יִשְׂרָאֵל.*

---

* גם שיווק סחורה ביח"צנות מוגזמת ומידות לא מדויקות במו"מ הם בגדר היתרים שאדם מורה לעצמו, ש"אין ברירה" ו"כולם עושים זאת". במסחר המודרני נדמה לעיתים שאין מנוס מהעלמת עין

אָמְנָם כְּלָלוֹ שֶׁל דָּבָר: כְּמוֹ שֶׁחֶמְדַּת הַמָּמוֹן רַבָּה – כֵּן מִכְשְׁלוֹתָיו רַבִּים. וּכְדֵי שֶׁיִּהְיֶה הָאָדָם נָקִי מֵהֶם בֶּאֱמֶת, עִיּוּן גָּדוֹל וְדִקְדּוּק רַב צָרִיךְ לוֹ. וְאִם נִקָּה מִמֶּנּוּ, יֵדַע שֶׁהִגִּיעַ כְּבָר לְמַדְרֵיגָה גְּדוֹלָה. כִּי רַבִּים יִתְחַסְּדוּ בַּעֲנָפִים רַבִּים מֵעַנְפֵי הַחֲסִידוּת וּבְעִנְיַן שִׂנְאַת הַבֶּצַע לֹא יָכְלוּ לְהַגִּיעַ אֶל מְחוֹז הַשְּׁלֵימוּת. הוּא מַה שֶּׁאָמַר צוֹפַר הַנַּעֲמָתִי לְאִיּוֹב "אִם אָוֶן בְּיָדְךָ – הַרְחִיקֵהוּ, וְאַל תַּשְׁכֵּן בְּאֹהָלֶיךָ עַוְלָה, כִּי אָז תִּשָּׂא פָנֶיךָ מִמּוּם, וְהָיִיתָ מֻצָּק וְלֹא תִירָא" (איוב י"א י"ד).

וְהִנֵּה דִּבַּרְתִּי עַד הֵנָּה מִפְּרָטֵי מִצְוָה אַחַת מִן הַמִּצְוֹת, וּכְפְרָטֵי חִלּוּקִים אֵלֶּה וַדַּאי שֶׁנִּמְצָאִים בְּכָל מִצְוָה וּמִצְוָה, אָמְנָם אֵינֶנִּי מַזְכִּיר אֶלָּא אוֹתָם שֶׁרְגִילִים רוֹב בְּנֵי הָאָדָם לִיכָּשֵׁל בָּהֶם.

וּנְדַבֵּר עַתָּה מִן הָעֲרָיוֹת שֶׁגַּם הֵם מִן הַחֲמוּדִים, וְהֵם שְׁנִיִּים בְּמַדְרֵיגָה אֶל הַגָּזֵל, כְּמַאֲמָרָם זִכְרוֹנָם לִבְרָכָה "רוּבָּם בְּגָזֵל וּמִיעוּטָם בַּעֲרָיוֹת" (בבא בתרא קס"ה א'). וְהִנֵּה מִי שֶׁיִּרְצֶה לְהִנָּקוֹת לִגְמָרֵי מִזֶּה הַחֵטְא, גַּם לוֹ תִּצְטָרֵךְ מְלָאכָה לֹא מוּעֶטֶת, כִּי אֵין בִּכְלָל הָאִיסּוּר גּוּפוֹ שֶׁל מַעֲשֶׂה בִּלְבַד, אֶלָּא כָּל הַקָּרֵב אֵלָיו. וּמִקְרָא מָלֵא הוּא "לֹא תִקְרְבוּ לְגַלּוֹת עֶרְוָה" (ויקרא י"ח ו'). וְאָמְרוּ זִכְרוֹנָם לִבְרָכָה "אָמַר הַקָּדוֹשׁ בָּרוּךְ הוּא, אַל תֹּאמַר, הוֹאִיל וְאָסוּר לִי לְהִשְׁתַּמֵּשׁ בְּאִשָּׁה, הֲרֵינִי תּוֹפְשָׂהּ וְאֵין לִי עָוֹן, הֲרֵינִי מְגַפְּפָהּ וְאֵין לִי עָוֹן, אוֹ שֶׁאֲנִי נוֹשְׁקָהּ וְאֵין לִי עָוֹן. אָמַר הַקָּדוֹשׁ בָּרוּךְ הוּא, כְּשֵׁם שֶׁאִם נָדַר נָזִיר שֶׁלֹּא לִשְׁתּוֹת יַיִן – אָסוּר לֶאֱכוֹל עֲנָבִים לַחִים וִיבֵשִׁים, וּמִשְׁרַת עֲנָבִים, וְכָל הַיּוֹצֵא מִגֶּפֶן הַיַּיִן, אַף אִשָּׁה שֶׁאֵינָהּ שֶׁלְּךָ אָסוּר לִיגַּע בָּהּ כָּל עִקָּר, וְכָל מִי שֶׁנּוֹגֵעַ בְּאִשָּׁה שֶׁאֵינָהּ שֶׁלּוֹ מֵבִיא מִיתָה לְעַצְמוֹ" וְכוּ' (שמות רבה ט"ז ב'). וְהַבֵּט מַה נִּפְלְאוּ דִּבְרֵי הַמַּאֲמָר הַזֶּה, כִּי הִמְשִׁיל אֶת הָאִיסּוּר הַזֶּה

מהיושר הממוני. מסילת ישרים מלמד אותנו שישנן הדרכות מדויקות בחז"ל כיצד לנהוג גם במערכות הכלכליות המסובכות ביותר מתוך צדק ומוסר, למשל חילוק מדויק בין ייפוי סחורה בגדר הסביר לבין שקר יחצ"ני; וכן על זה הדרך.

לְנָזִיר, אֲשֶׁר אַף עַל פִּי שֶׁעִיקַּר הָאִיסּוּר אֵינוֹ אֶלָּא שְׁתִיַּית יַיִן, הִנֵּה אָסְרָה לוֹ תּוֹרָה כָּל מַה שֶּׁיֵּשׁ לוֹ שַׁיָּיכוּת עִם הַיַּיִן, וְהָיָה זֶה לִימּוּד שֶׁלִּימְּדָה תּוֹרָה לַחֲכָמִים, אֵיךְ יַעֲשׂוּ הֵם הַסְּיָיג לַתּוֹרָה בְּמִשְׁמֶרֶת שֶׁנִּמְסַר בְּיָדָם לַעֲשׂוֹת לְמִשְׁמַרְתָּהּ. כִּי יִלְמְדוּ מִן הַנָּזִיר לֶאֱסוֹר בַּעֲבוּר הָעִיקָּר גַּם כָּל דְּדָמֵי לֵיהּ. וְנִמְצָא שֶׁעָשְׂתָה הַתּוֹרָה בְּמִצְוָה זֹאת שֶׁל נָזִיר, מַה שֶּׁמָּסְרָה לַחֲכָמִים שֶׁיַּעֲשׂוּ בִּשְׁאָר כָּל הַמִּצְוֹת, לְמַעַן דַּעַת שֶׁזֶּה רְצוֹנוֹ שֶׁל מָקוֹם, וּכְשֶׁאוֹסֵר לָנוּ אֶחָד מִן הָאִיסּוּרִין, יִלְמַד סָתוּם מִן הַמְפוֹרָשׁ לֶאֱסוֹר כָּל הַקָּרוֹב לוֹ.

וְעַל זֶה הַדֶּרֶךְ אָסְרוּ בְּעִנְיָן זֶה שֶׁל הָעֲרָיוֹת כָּל מַה שֶּׁהוּא מִמִּינוֹ שֶׁל הַזְּנוּת אוֹ הַקָּרוֹב אֵלָיו, יִהְיֶה בְּאֵיזֶה חוּשׁ שֶׁיִּהְיֶה, דְּהַיְינוּ: בֵּין בְּמַעֲשֶׂה. בֵּין בִּרְאִיָּה. בֵּין בְּדִיבּוּר. בֵּין בִּשְׁמִיעָה. וַאֲפִילּוּ בְּמַחֲשָׁבָה. וְעַתָּה אָבִיא לְךָ רְאָיוֹת עַל כָּל אֵלֶּה מִדִּבְרֵיהֶם זִכְרוֹנָם לִבְרָכָה.

בְּמַעֲשֶׂה: דְּהַיְינוּ – הַנְּגִיעָה אוֹ הַחִיבּוּק וְכַיּוֹצֵא, כְּבָר נִתְבָּאֵר לְמַעְלָה בְּמַאֲמָר שֶׁזָּכַרְנוּ וְאֵין צָרִיךְ לְהַאֲרִיךְ.

בִּרְאִיָּה: אָמְרוּ זִכְרוֹנָם לִבְרָכָה "יָד לְיָד לֹא יִנָּקֶה רָע" (משלי י"א כ"א) – כָּל הַמְרַצֶּה מָעוֹת מִיָּדוֹ לְיָדָהּ כְּדֵי לְהִסְתַּכֵּל בָּהּ לֹא יִנָּקֶה מִדִּינָהּ שֶׁל גֵּיהִנֹּם" (ברכות ס"א א').

וְאָמְרוּ עוֹד "מִפְּנֵי מָה הֻצְרְכוּ יִשְׂרָאֵל שֶׁבְּאוֹתוֹ הַדּוֹר כַּפָּרָה? מִפְּנֵי שֶׁזָּנוּ עֵינֵיהֶם מִן הָעֶרְוָה... אָמַר רַב שֵׁשֶׁת, מִפְּנֵי מָה מָנָה הַכָּתוּב תַּכְשִׁיטִין שֶׁבַּחוּץ עִם תַּכְשִׁיטִין שֶׁבִּפְנִים? לוֹמַר לְךָ, כָּל הַמִּסְתַּכֵּל בְּאֶצְבַּע קְטַנָּה שֶׁל אִשָּׁה כְּאִלּוּ מִסְתַּכֵּל בִּמְקוֹם הַתּוֹרֶף" (ברכות ס"ד א'-ב').

וְאָמְרוּ עוֹד, "'וְנִשְׁמַרְתָּ מִכֹּל דָּבָר רָע' (דברים כ"ג י') שֶׁלֹּא יִסְתַּכֵּל אָדָם בְּאִשָּׁה נָאָה וַאֲפִילּוּ הִיא פְּנוּיָה, בְּאֵשֶׁת אִישׁ – וַאֲפִילּוּ הִיא מְכוֹעֶרֶת" (עבודה זרה כ' א').*

* צניעות מינית היא תחום נוסף שהיצר הרע מפתה אותנו לעגל פינות בפרטי ההלכות שלו. מגע "קל" או מבט מרפרף על מראות לא

בְּעִנְיַן הַדִּיבּוּר עִם הָאִשָּׁה: בְּהֶדְיָא שָׁנִינוּ "כָּל הַמַּרְבֶּה שִׂיחָה עִם הָאִשָּׁה גּוֹרֵם רָעָה לְעַצְמוֹ" (אבות א׳ ה׳).

וּבִשְׁמִיעָה: אָמְרוּ "קוֹל בְּאִשָּׁה עֶרְוָה" (ברכות כ״ד א׳).

עוֹד בְּעִנְיַן זְנוּת הַפֶּה וְהָאֹזֶן, דְּהַיְינוּ הַדִּיבּוּר בְּדִבְרֵי הַזְּנוּת אוֹ הַשְּׁמִיעָה לַדְּבָרִים הָאֵלֶּה, כְּבָר צָוְחוּ כִּכְרוּכְיָא וְאָמְרוּ "'וְלֹא יִרְאֶה בְךָ עֶרְוַת דָּבָר' (דברים כ״ג ט״ו) – עֶרְוַת דִּבּוּר" (ירושלמי ו׳ ב׳) זֶה נִיבּוּל פֶּה. וְאָמְרוּ "בַּעֲוֹן נַבְלוּת פֶּה צָרוֹת רַבּוֹת וּגְזֵרוֹת קָשׁוֹת מִתְחַדְּשׁוֹת וּבַחוּרֵי יִשְׂרָאֵל מֵתִים" (שבת ל״ג א׳) חַס – וְשָׁלוֹם. וְאָמְרוּ עוֹד "כָּל הַמְנַבֵּל פִּיו מַעֲמִיקִים לוֹ גֵּיהִנֹּם" (שם). וְאָמְרוּ עוֹד "הַכֹּל יוֹדְעִים כַּלָּה לָמָּה נִכְנֶסֶת לַחֻפָּה, אֶלָּא כָּל הַמְנַבֵּל פִּיו אֲפִלּוּ... גְּזַר דִּין שֶׁל שִׁבְעִים שָׁנָה לְטוֹבָה הוֹפְכִים לוֹ לְרָעָה" (שם).

וְאָמְרוּ עוֹד "אֲפִילּוּ שִׂיחָה קַלָּה שֶׁבֵּין אִישׁ לְאִשְׁתּוֹ מַגִּידִים לוֹ לָאָדָם בִּשְׁעַת הַדִּין" (חגיגה ה׳ ב׳). וּבְעִנְיַן הַשְּׁמִיעָה הָרָעָה הַזֹּאת גַּם כֵּן אָמְרוּ "אַף שׁוֹמֵעַ וְשׁוֹתֵק, שֶׁנֶּאֱמַר 'זְעוּם ה׳ יִפָּל שָׁם' (משלי כ״ב י״ד)" (שבת ל״ג א׳).

הֲרֵי לְךָ שֶׁכָּל הַחוּשִׁים צְרִיכִים לִהְיוֹת נְקִיִּים מִן הַזְּנוּת וּמֵעִנְיָנוֹ. וְאִם לְחָשְׁךָ אָדָם לוֹמַר, שֶׁמָּה שֶּׁאָמְרוּ עַל נִבּוּל פֶּה, אֵינוֹ אֶלָּא כְּדֵי לְאַיֵּים וּלְהַרְחִיק אָדָם מִן הָעֲבֵרָה, וּבְמִי שֶׁדָּמוֹ רוֹתֵחַ הַדְּבָרִים אֲמוּרִים, שֶׁמִּידֵי דַּבְּרוֹ בָּא לִידֵי תַּאֲוָה, אֲבָל בְּמִי שֶׁאוֹמְרוֹ דֶּרֶךְ שְׂחוֹק בְּעָלְמָא לָאו מִלְּתָא הוּא וְאֵין לָחוּשׁ עָלָיו, אַף אַתָּה אֱמֹר לוֹ – עַד כָּאן דִּבְרֵי יֵצֶר רָע. כִּי מִקְרָא מָלֵא שֶׁהֱבִיאוּהוּ זִכְרוֹנָם לִבְרָכָה לִרְאָיָתָם "עַל כֵּן עַל בַּחוּרָיו לֹא יִשְׂמַח ה׳ וְכוּ׳ כִּי כֻלּוֹ חָנֵף וּמֵרַע וְכָל פֶּה דֹּבֵר נְבָלָה" (ישעיה ט׳ ט״ז), הִנֵּה לֹא הִזְכִּיר הַכָּתוּב הַזֶּה לֹא עֲבוֹדַת אֱלִילִים וְלֹא גִילּוּי עֲרָיוֹת וְלֹא שְׁפִיכוּת דָּמִים, אֶלָּא חֲנוּפָה, וּלְשׁוֹן הָרָע, וְנִיבּוּל פֶּה – כֻּלָּם מֵחַטַּאת

צנועים, נדמים כחומרות מוגזמות; בוודאי בתרבות העכשווית שבה הנושא פרוץ לחלוטין. החשיבה התורנית אינה מתבלבלת ומודדת כל מעשה ומעשה על פי האמת ולא על פי נורמות חברתיות חולפות.

הַפֶּה בְּדִיבּוּרוֹ. וַעֲלֵיהֶם יָצְאָה הַגְּזֵרָה, "עַל בַּחוּרָיו לֹא יִשְׂמַח ה׳ וְאֶת יְתוֹמָיו וְאֶת אַלְמְנוֹתָיו" וְכוּ׳. אֶלָּא הָאֱמֶת הוּא כְּדִבְרֵי רַבּוֹתֵינוּ זִכְרוֹנָם לִבְרָכָה, שֶׁנִּיבּוּל פֶּה הוּא עֶרְוָתוֹ שֶׁל הַדִּיבּוּר מַמָּשׁ, וּמִשּׁוּם זְנוּת הוּא, שֶׁנֶּאֱסַר כְּכָל שְׁאָר עִנְיְנֵי הַזְּנוּת – חוּץ מִגּוּפוֹ שֶׁל מַעֲשֶׂה, שֶׁאַף עַל פִּי שֶׁאֵין בָּהֶם כָּרֵת אוֹ מִיתַת בֵּית דִּין אֲסוּרִים הֵם אִיסּוּר עַצְמָם, מִלְּבַד הֱיוֹתָם גַּם כֵּן גּוֹרְמִים וּמְבִיאִים אֶל הָאִיסּוּר הָרָאשִׁי עַצְמוֹ, וּכְעִנְיַן הַנָּזִיר שֶׁזָּכַרְנוּ בַּמִּדְרָשׁ שֶׁהֵבֵאנוּ לְמַעְלָה.

בְּעִנְיַן הַמַּחֲשָׁבָה: כְּבָר אָמְרוּ בִּתְחִילַּת הַבָּרַיְתָא שֶׁלָּנוּ "וְנִשְׁמַרְתָּ מִכֹּל דָּבָר רָע' – שֶׁלֹּא יְהַרְהֵר אָדָם בַּיּוֹם" וְכוּ׳ (עבודה זרה כ׳ ב׳) וְאָמְרוּ עוֹד "הִרְהוּרֵי עֲבֵירָה קָשִׁים מֵעֲבֵירָה" (יומא כ״ט א׳), וּמִקְרָא מָלֵא הוּא "תּוֹעֲבַת ה׳ כָּל מַחְשְׁבוֹת רָע" (משלי ט״ו כ״ו).

וְהִנֵּה דִּבַּרְנוּ מִשְּׁנֵי גּוּפֵי עֲבֵירוֹת חֲמוּרוֹת שֶׁבְּנֵי אָדָם קְרוֹבִים לִיכָּשֵׁל בְּעַנְפֵיהֶם מִפְּנֵי רוּבָּם שֶׁל הָעֲנָפִים וְרוֹב נְטִיַּית לִבּוֹ שֶׁל אָדָם בְּתַאֲוָתוֹ אֲלֵיהֶם.*

וְהַמַּדְרֵגָה הַשְּׁלִישִׁית אַחַר הַגָּזֵל וְהָעֲרָיוֹת לְעִנְיַן הַחֶמְדָּה – הִנֵּה הוּא אִיסּוּר הַמַּאֲכָלוֹת: בֵּין בְּעִנְיַן הַטְּרֵיפוֹת עַצְמָם. בֵּין בְּעִנְיַן תַּעֲרוֹבוֹתֵיהֶן. בֵּין בְּעִנְיַן בָּשָׂר בְּחָלָב. אוֹ חֵלֶב וָדָם. וְעִנְיַן בִּישׁוּלֵי גוֹיִם. וְעִנְיַן גִּיעוּלֵי גוֹיִם, יֵין נְסִיכָם וּסְתָם יֵינָם. כָּל אֵלֶּה הַנְּקִיּוּת בָּהֶם צָרִיךְ דִּקְדּוּק גָּדוֹל וְצָרִיךְ חִיזּוּק, כִּי יֵשׁ תַּאֲוַת הַלֵּב הַמִּתְאַוֶּה בְּמַאֲכָלִים הַטּוֹבִים, וְחֶסְרוֹן הַכִּיס בְּאִיסּוּרֵי הַתַּעֲרוֹבוֹת וְכַיּוֹצֵא בָּזֶה. וּפְרָטֵיהֶם רַבִּים כְּכָל דִּינֵיהֶם הַיְדוּעִים וְהַמְבוֹאָרִים בְּסִפְרֵי הַפּוֹסְקִים. וְהַמֵּיקֵל בָּהֶם בְּמָקוֹם שֶׁאָמְרוּ לְהַחְמִיר

---

* דיבורים גסים ולא צנועים אף הם בטעות נדמים לאדם כעבירות לא ממשיות; מחשבה לא צנועה על אחת כמה וכמה. חשוב להבין שעצם הדיבור והמחשבה, גם אם לא יובילו לחטא מעשי, משקפים את המעמד הנפשי; ושליטה בפרטיהם היא קריטית לעיצוב האישיות (והדברים יורחבו בהמשך, במידת "הטהרה").

אֵינוֹ אֶלָּא מַשְׁחִית לְנַפְשׁוֹ. וְכָךְ אָמְרוּ בְּסִפְרָא "'לֹא תִטַּמְּאוּ בָּהֶם וְנִטְמֵתֶם בָּם' (ויקרא י"א מ"ג) – אִם מִטַּמְּאִים אַתֶּם בָּם סוֹפְכֶם לְטָמֵא בָּם" (ספרא שמיני י"ב). וְהַיְנוּ כִּי הַמַּאֲכָלוֹת הָאֲסוּרוֹת מַכְנִיסִים טוּמְאָה מַמָּשׁ בְּלִבּוֹ וּבְנַפְשׁוֹ שֶׁל אָדָם עַד שֶׁקְּדוּשָּׁתוֹ שֶׁל הַמָּקוֹם בָּרוּךְ הוּא מִסְתַּלֶּקֶת וּמִתְרַחֶקֶת מִמֶּנּוּ. וְהוּא מַה שֶּׁאָמְרוּ בַּשַּׁ"ס גַּם כֵּן "'וְנִטְמֵתֶם בָּם' – אַל תִּקְרֵי וְנִטְמֵתֶם אֶלָּא וְנִטַּמְטֶם" (יומא ל"ט א'), שֶׁהָעֲבֵירָה מְטַמְטֶמֶת לִבּוֹ שֶׁל אָדָם, כִּי מְסַלֶּקֶת מִמֶּנּוּ הַדֵּיעָה הָאֲמִיתִּית וְרוּחַ הַשֵּׂכֶל שֶׁהַקָּדוֹשׁ בָּרוּךְ הוּא נוֹתֵן לַחֲסִידִים, כְּמוֹ שֶׁאָמַר הַכָּתוּב "כִּי ה' יִתֵּן חָכְמָה" (משלי ב' ו'), וְהִנֵּה הוּא נִשְׁאָר בְּהֶמִיִּי וְחוֹמְרִי מְשׁוּקָע בְּגַסּוּת הָעוֹלָם הַזֶּה. וְהַמַּאֲכָלוֹת הָאֲסוּרוֹת יְתֵירוֹת בָּזֶה עַל כָּל הָאִסּוּרִין, כֵּיוָן שֶׁהֵם נִכְנָסִים בְּגוּפוֹ שֶׁל הָאָדָם מַמָּשׁ וְנַעֲשִׂים בָּשָׂר מִבְּשָׂרוֹ.

וּכְדֵי לְהוֹדִיעֵנוּ שֶׁלֹּא הַבְּהֵמוֹת הַטְּמֵאוֹת אוֹ הַשְּׁקָצִים בִּלְבַד הֵם הַטְּמֵאִים, אֶלָּא גַּם הַטְּרֵיפוֹת שֶׁבְּמִין הַכָּשֵׁר עַצְמוֹ הֵם בִּכְלַל טוּמְאָה, אָמַר הַכָּתוּב "לְהַבְדִּיל בֵּין הַטָּמֵא וּבֵין הַטָּהֹר" (ויקרא י"א מ"ז). וּבָא הַפֵּירוּשׁ לְרַבּוֹתֵינוּ זִכְרוֹנָם לִבְרָכָה "אֵין צָרִיךְ לוֹמַר בֵּין חֲמוֹר לְפָרָה, לָמָּה נֶאֱמַר בֵּין הַטָּמֵא וּבֵין הַטָּהוֹר? בֵּין טְמֵאָה לָךְ וּבֵין טְהוֹרָה לָךְ, בֵּין נִשְׁחַט רֻבּוֹ שֶׁל קָנֶה לְנִשְׁחַט חֶצְיוֹ. וְכַמָּה בֵּין רֻבּוֹ לְחֶצְיוֹ? מְלֹא הַשַּׂעֲרָה" (ילקוט שמעוני שמיני י"א תקמ"ז). עַד כָּאן לְשׁוֹנָם. וְאָמְרוּ לָשׁוֹן זֶה בְּסִיּוּם מַאֲמָרָם, "וְכַמָּה בֵּין רֻבּוֹ" וְכוּ'. לְהַרְאוֹת כַּמָּה נִפְלָא כֹּחַ הַמִּצְוָה – שֶׁחוּט הַשַּׂעֲרָה מַבְדִּיל בֵּין טוּמְאָה לְטָהֳרָה מַמָּשׁ.*

---

* נושא נוסף שלא תמיד מקפידים בפרטיו הוא נושא הכשרות. מכיוון שמדובר בפרטי הלכות מרובים, ובנוסף האכילה היא פעולה שאדם נפגש עימה באופן אינטנסיבי - ישנה שחיקה מובנית מלהקפיד בפרטיו. הרמח"ל מסב את תשומת ליבנו שאוכל שאינו מהודר בכשרותו משפיע על נפש האדם. נוסיף שבניגוד לימים עברו, שבהם הוכן האוכל בבית בטרחה מרובה, הרי בימינו, ייתכן שההקפדה

וְהִנֵּה מִי שֶׁיֵּשׁ לוֹ מוֹחַ בְּקָדְקֳדוֹ יַחְשׁוֹב אִיסּוּרֵי הַמַּאֲכָל כְּמַאֲכָלִים הָאַרְסִיִּים אוֹ כְּמַאֲכָל שֶׁנִּתְעָרֵב בּוֹ אֵיזֶה דָּבָר אַרְסִיִּי, כִּי הִנֵּה לוּ דָּבָר זֶה יֶאֱרַע, הֲיָקֵל אָדָם עַל עַצְמוֹ לֶאֱכֹל מִמֶּנּוּ? אִם יִשָּׁאֵר לוֹ בּוֹ אֵיזֶה בֵּית מֵיחוּשׁ אֲפִילּוּ חֲשָׁשָׁא קְטַנָּה – וַדַּאי שֶׁלֹּא יָקֵל. וְאִם יָקֵל, לֹא יִהְיֶה נֶחְשָׁב אֶלָּא לְשׁוֹטֶה גָּמוּר. אַף אִסּוּר הַמַּאֲכָל כְּבָר בֵּאַרְנוּ שֶׁהוּא אֶרֶס מַמָּשׁ לְלֵב וְנֶפֶשׁ, אִם כֵּן מִי אֵיפוֹא יִהְיֶה הַמֵּיקֵל בִּמְקוֹם חֲשָׁשָׁא שֶׁל אִיסּוּר – אִם בַּעַל שֵׂכֶל הוּא?! וְעַל דָּבָר זֶה נֶאֱמַר "וְשַׂמְתָּ סַכִּין בְּלֹעֶךָ אִם בַּעַל נֶפֶשׁ אָתָּה" (משלי כ"ג ב').*

וּנְדַבֵּר עַתָּה עַל הַחֲטָאִים הַמְּנִיעִיִּים הַנּוֹלָדִים מֵחֶבְרַת בְּנֵי הָאָדָם וְקִיבּוּצָם, כְּגוֹן: הוֹנָאַת דְּבָרִים. הַלְבָּנַת הַפָּנִים. הַכְשָׁלַת הָעִוֵּר בְּעֵצָה. רְכִילוּת. שִׂנְאָה וּנְקִימָה. שְׁבוּעוֹת. דְּבַר שֶׁקֶר וְחִלּוּל הַשֵּׁם. כִּי מִי יֹאמַר נִקֵּיתִי מֵהֶם? טָהַרְתִּי מֵאַשְׁמָה בָם? כִּי עַנְפֵיהֶם רַבִּים וְדַקִּים עַד מְאֹד, אֲשֶׁר הַהִזָּהֵר בָּם טוֹרַח גָּדוֹל.

הוֹנָאַת הַדְּבָרִים: בִּכְלָלָהּ הוּא לְדַבֵּר בִּפְנֵי חֲבֵרוֹ לְבַד, שֶׁיֵּבוֹשׁ מִמֶּנּוּ. כָּל שֶׁכֵּן הָאֲמִירָה בְּפֵירוּשׁ דָּבָר שֶׁיֵּבוֹשׁ בּוֹ, אוֹ לַעֲשׂוֹת לוֹ מַעֲשֶׂה שֶׁיִּגְרוֹם לוֹ שֶׁיֵּבוֹשׁ, וְהוּא מַה שֶּׁאָמְרוּ בְּפֶרֶק הַזָּהָב "אִם הָיָה בַּעַל תְּשׁוּבָה, לֹא יֹאמַר לוֹ זְכֹר מַעֲשֶׂיךָ הָרִאשׁוֹנִים" וְכוּ' (בבא מציעא נ"ח ב'). "אִם הָיוּ חֳלָאִים בָּאִים עָלָיו, לֹא יֹאמַר לוֹ כְּדֶרֶךְ שֶׁאָמְרוּ חֲבֵרָיו לְאִיּוֹב, "זְכָר נָא מִי הוּא נָקִי אָבָד" (איוב ד' ז'). אִם הָיוּ חַמָּרִים מְבַקְשִׁים הֵימֶנּוּ תְּבוּאָה לֹא יֹאמַר לָהֶם – 'לְכוּ אֵצֶל פְּלוֹנִי שֶׁהוּא מוֹכֵר תְּבוּאָה', וְיוֹדֵעַ בּוֹ שֶׁלֹּא

בפרטי הכשרות תתבטא בעיקר בקבלה עצמית לקנות כשרות מהודרת וכדומה.

* כשם שאדם נזהר מלאכול מאכלים שמזיקים לבריאותו הגופנית, כך עליו להפנים את הסכנות הרוחניות שבאכילת מאכלים שאינם מוקפדים בפרטי הכשרות שלהם. ככל שנתפתח ונבנה את אישיותנו, כך ייעשה העולם הרוחני מוחשי בעינינו, אולי אף יותר מן העולם החומרי, והצורך בהקפדה על כשרות ילך ויתגבר.

מָכַר תְּבוּאָה מִיָּמָיו" (בבא מציעא נ"ח ב'). וּכְבָר אָמְרוּ זִכְרוֹנָם לִבְרָכָה "גָּדוֹל הוֹנָאַת דְּבָרִים מֵהוֹנָאַת מָמוֹן" (שם) וְכוּ'.

וְכָל שֶׁכֵּן אִם הוּא בָּרַבִּים, שֶׁבְּהֶדְיָא שָׁנִינוּ, "הַמַּלְבִּין פְּנֵי חֲבֵירוֹ בָּרַבִּים אֵין לוֹ חֵלֶק לָעוֹלָם הַבָּא" (אבות ג' י"א), וְאָמַר רַבִּי חִסְדָּא "כָּל הַשְּׁעָרִים נִנְעָלוּ חוּץ מִשַּׁעֲרֵי הוֹנָאָה" (בבא מציעא נ"ט א'). וְאָמַר רַבִּי אֶלְעָזָר "הַכֹּל, הַקָּדוֹשׁ בָּרוּךְ הוּא נִפְרָע עַל יְדֵי שָׁלִיחַ, חוּץ מֵהוֹנָאָה" (שם). וְאָמְרוּ "שְׁלֹשָׁה אֵין הַפַּרְגּוֹד נִנְעָל בִּפְנֵיהֶם, וְאֶחָד מֵהֶם הוֹנָאָה" (שם). וַאֲפִילוּ לִדְבַר מִצְוָה אָמַר הַכָּתוּב "הוֹכֵחַ תּוֹכִיחַ אֶת עֲמִיתֶךָ" (ויקרא י"ט י"ז), וְאָמְרוּ זִכְרוֹנָם לִבְרָכָה "יָכוֹל אֲפִילוּ פָּנָיו מִשְׁתַּנּוֹת? תַּלְמוּד לוֹמַר, 'וְלֹא תִשָּׂא עָלָיו חֵטְא'" (ערכין ט"ז ב'). מִכָּל אֵלֶּה הַמַּאֲמָרִים תִּרְאֶה עַד הֵיכָן מִתְפַּשְּׁטִים עַנְפֵי הָאַזְהָרָה הַזֹּאת, וְכַמָּה עָנְשָׁהּ קָשֶׁה.*

בְּעִנְיַן נְתִינַת הָעֵצָה: שָׁנִינוּ בְּתוֹרַת כֹּהֲנִים "'וְלִפְנֵי עִוֵּר לֹא תִתֵּן מִכְשֹׁל' (ויקרא י"ט י"ד) – לִפְנֵי סוּמָא בַּדָּבָר. אָמַר לְךָ בַּת פְּלוֹנִי מַהִי לִכְהֻנָּה? אַל תֹּאמַר לוֹ, כְּשֵׁרָה הִיא, וְהִיא אֵינָהּ אֶלָּא פְּסוּלָה. הָיָה נוֹטֵל מִמְּךָ עֵצָה, אַל תִּתֵּן לוֹ עֵצָה שֶׁאֵינָהּ הוֹגֶנֶת לוֹ, וְאַל תֹּאמַר לוֹ, מְכֹר שָׂדְךָ וְקַח לְךָ חֲמוֹר, וְאַתָּה עוֹקֵף עָלָיו וְנוֹטְלָהּ מִמֶּנּוּ. שֶׁמָּא תֹּאמַר, עֵצָה יָפָה אֲנִי נוֹתֵן לוֹ, הֲרֵי הַדָּבָר מָסוּר לַלֵּב, שֶׁנֶּאֱמַר 'וְיָרֵאתָ מֵאֱלֹהֶיךָ'" (ילקוט שמעוני ויקרא י"ט תר"ט). נִמְצֵאנוּ לְמֵדִים, שֶׁבֵּין בְּדָבָר שֶׁיָּכוֹל לִהְיוֹת נוֹגֵעַ בּוֹ, וּבֵין בְּדָבָר שֶׁאֵינוֹ נוֹגֵעַ בּוֹ כְּלָל, חַיָּב אָדָם לְהַעֲמִיד אֶת הַבָּא לְהִתְיָעֵץ בּוֹ עַל הָאֱמֶת הַזַּךְ וְהַבָּרוּר. וְתִרְאֶה שֶׁעָמְדָה תּוֹרָה עַל סוֹף דַּעְתָּם שֶׁל רַמָּאִים, דְּלָאו בְּשׁוֹפְטָנֵי עַסְקִינַן שֶׁיִּיעֲצוּ עֵצָה שֶׁרָעָתָהּ מְפוּרְסֶמֶת וְנִגְלֵית, אֶלָּא

* תחום נוסף שבו נדרשת ירידה לפרטים הוא המישור החברתי. החיכוך בין בני אדם מזמן אתגרים מרובים שקל ליפול בהם. בדורנו, החיכוך מתרחב למישור הווירטואלי. התקשורת והרשתות החברתיות מאפשרות מגע חברתי בכל רגע נתון, וממילא שימת הלב שלא לפגוע באחר דורשת נקיות מרובה.

בַּחֲכָמִים לְהָרַע, אֲשֶׁר יִתְּנוּ עֵצָה לַחֲבֵרֵיהֶם שֶׁלְּפִי הַנִּגְלֶה בָּהּ, יֵשׁ בָּהּ מִן הָרֶיוַח אֶל חֲבֵירוֹ בֶּאֱמֶת, אַךְ סוֹף הָעִנְיָן אֵינוֹ לְטוֹבָתוֹ שֶׁל חֲבֵירוֹ, כִּי אִם לְרָעָתוֹ וּלַהֲנָאָתוֹ שֶׁל הַמְיָעֵץ, עַל כֵּן אָמְרוּ, "שֶׁמָּא תֹּאמַר עֵצָה יָפָה וְכוּ' וַהֲרֵי הַדָּבָר מָסוּר לַלֵּב" וְכוּ' (שם).

וְכַמָּה נִכְשָׁלִים בְּנֵי הָאָדָם בְּאֵלֶּה הַחֲטָאִים יוֹם יוֹם, בִּהְיוֹתָם קְרוּאִים וְהוֹלְכִים לְתוֹקֶף חֶמְדַּת הַבֶּצַע. וּכְבָר הִתְבָּאֵר גּוֹדֶל עָנְשָׁם בַּכָּתוּב "אָרוּר מַשְׁגֶּה עִוֵּר בַּדָּרֶךְ" (דברים כ"ז י"ח). אַךְ זֹאת הִיא חוֹבַת הָאָדָם הַיָּשָׁר, כַּאֲשֶׁר יָבוֹא אִישׁ לְהִתְיָעֵץ בּוֹ, יְיָעֲצֵהוּ הָעֵצָה שֶׁהָיָה הוּא נוֹטֵל לְעַצְמוֹ מַמָּשׁ, מִבְּלִי שֶׁיַּשְׁקִיף בָּהּ אֶלָּא לְטוֹבָתוֹ שֶׁל הַמִּתְיָעֵץ, לֹא לְשׁוּם תַּכְלִית אַחֵר - קָרוֹב אוֹ רָחוֹק שֶׁיִּהְיֶה. וְאִם יֶאֱרַע שֶׁיִּרְאֶה הוּא הֶיזֵּק לְעַצְמוֹ בָּעֵצָה הַהִיא, אִם יָכוֹל לְהוֹכִיחַ אוֹתָהּ עַל פָּנָיו שֶׁל הַמִּתְיָעֵץ - יוֹכִיחֶהָ, וְאִם לָאו - יִסְתַּלֵּק מִן הַדָּבָר וְלֹא יְיָעֲצֵהוּ. אַךְ עַל כָּל פָּנִים אַל יְיָעֲצֵהוּ עֵצָה שֶׁתַּכְלִיתָהּ דָּבָר זוּלַת טוֹבָתוֹ שֶׁל הַמִּתְיָעֵץ, אִם לֹא שֶׁכַּוָּנַת הַמִּתְיָעֵץ לְרָעָה, שֶׁאָז וַדַּאי מִצְוָה לְרַמּוֹתוֹ, וּכְבָר נֶאֱמַר "וְעִם עִקֵּשׁ תִּתַּפָּתָּל" (תהלים י"ח כ"ז), וְחוּשַׁי הָאַרְכִּי יוֹכִיחַ (שמואל ב' פרק י"ז).*

הָרְכִילוּת וְלָשׁוֹן הָרָע: כְּבָר חוֹמְרוֹ נוֹדָע, וְגוֹדֶל עֲנָפָיו כִּי רַבּוּ מְאֹד, עַד שֶׁכְּבָר גָּזְרוּ אוֹמֶר חֲכָמֵינוּ זִכְרוֹנָם לִבְרָכָה בְּמַאֲמָר שֶׁכְּבָר הִזְכַּרְתִּי "וְכֻלָּם בַּאֲבַק לָשׁוֹן הָרָע". וְאָמְרוּ "הֵיכִי דָּמֵי לָשׁוֹן הָרָע? כְּגוֹן דְּאָמַר הֵיכָא מִשְׁתַּכַּח נוּרָא אֶלָּא בֵּי פְלַנְיָא" (ערכין ט"ו ב'). אוֹ שֶׁיְּסַפֵּר טוֹבָתוֹ לִפְנֵי שׂוֹנְאָיו, וְכָל כַּיּוֹצֵא בָּזֶה, אַף עַל פִּי שֶׁנִּרְאִים דְּבָרִים קַלִּים וּרְחוֹקִים מִן הָרְכִילוּת, הִנֵּה בֶּאֱמֶת מֵאָבָק שֶׁלּוֹ הֵם.

---

* מתן עצה שלילית לאחר משקף חוסר רגישות. באופן טבעי, כאשר אדם אינו מקפיד בפרטי הנקיות, הוא אינו מסוגל להיכנס לנעליו של השני ומייעץ לו מתוך אינטרס אישי, גלוי או סמוי. הנקיות היא לגלות רגישות לעולמו של המבקש עצה, המשתנָה מאדם לאדם, ולייעץ לו באופן מדויק.

כְּלָלוֹ שֶׁל דָּבָר: הַרְבֵּה דְּרָכִים לַיֵּצֶר. אֲבָל כָּל דָּבָר שֶׁיּוּכַל לְהִוָּלֵד מִמֶּנּוּ נֶזֶק אוֹ בִּיזָּיוֹן לַחֲבֵירוֹ, בֵּין בְּפָנָיו בֵּין שֶׁלֹּא בְּפָנָיו, הֲרֵי זֶה בִּכְלַל לָשׁוֹן הָרָע הַשָּׂנאוּי וּמְתוֹעָב לִפְנֵי הַמָּקוֹם שֶׁאָמְרוּ עָלָיו "כָּל הַמְסַפֵּר לָשׁוֹן הָרָע – כְּאִלּוּ כּוֹפֵר בָּעִקָּר" (שם), וּקְרָא כְּתִיב "מְלָשְׁנִי בַסֵּתֶר רֵעֵהוּ אוֹתוֹ אַצְמִית" (תהלים ק"א ה').*

גַּם הַשִּׂנְאָה וְהַנְּקִימָה קָשֶׁה מְאֹד לְשֶׁיִּמָּלֵט מִמֶּנָּה לֵב הוּתַל אֲשֶׁר לִבְנֵי הָאָדָם. כִּי הָאָדָם מַרְגִּישׁ מְאֹד בְּעֶלְבּוֹנוֹתָיו, וּמִצְטַעֵר צַעַר גָּדוֹל, וְהַנְּקָמָה לוֹ מְתוּקָה מִדְּבַשׁ, כִּי הִיא מְנוּחָתוֹ לְבַדָּהּ. עַל כֵּן לְשֶׁיִּהְיֶה בְּכוֹחוֹ לַעֲזוֹב מַה שֶּׁטִּבְעוֹ מַכְרִיחַ אוֹתוֹ, וְיַעֲבוֹר עַל מִדּוֹתָיו וְלֹא יִשְׂנָא מִי שֶׁהֶעִיר בּוֹ הַשִּׂנְאָה, וְלֹא יִקּוֹם מִמֶּנּוּ בְּהִזְדַּמֵּן לוֹ שֶׁיּוּכַל לְהִנָּקֵם, וְלֹא יִטּוֹר לוֹ, אֶלָּא אֶת הַכֹּל יִשְׁכַּח וְיָסִיר מִלִּבּוֹ כְּאִלּוּ לֹא הָיָה – חָזָק וְאַמִּיץ הוּא! וְהוּא קַל רַק לְמַלְאֲכֵי הַשָּׁרֵת שֶׁאֵין בֵּינֵיהֶם הַמִּדּוֹת הַלָּלוּ, לֹא אֶל שׁוֹכְנֵי בָּתֵּי חוֹמֶר אֲשֶׁר בֶּעָפָר יְסוֹדָם. אָמְנָם גְּזֵירַת מֶלֶךְ הִיא, וְהַמִּקְרָאוֹת גְּלוּיִים בָּאֵר הֵיטֵב, אֵינָם צְרִיכִים פֵּירוּשׁ, "לֹא תִשְׂנָא אֶת אָחִיךָ בִּלְבָבֶךָ" "לֹא תִקֹּם וְלֹא תִטֹּר אֶת בְּנֵי עַמֶּךָ" (ויקרא י"ט י"ז–י"ח).

וְעִנְיַן הַנְּקִימָה וְהַנְּטִירָה יָדוּעַ. דְּהַיְינוּ:

נְקִימָה – לִימָּנַע מֵהֵיטִיב לְמִי שֶׁלֹּא רָצָה לְהֵיטִיב לוֹ, אוֹ שֶׁהֵרַע לוֹ כְּבָר.

וּנְטִירָה – לְהַזְכִּיר בְּעֵת שֶׁהוּא מֵיטִיב לְמִי שֶׁהֵרַע לוֹ אֵיזֶה זִכָּרוֹן מִן הָרַע שֶׁעָשָׂה לוֹ. וּלְפִי שֶׁהַיֵּצֶר הוֹלֵךְ וּמַרְתִּיחַ אֶת הַלֵּב, וּמְבַקֵּשׁ תָּמִיד לְהַנִּיחַ לְפָחוֹת אֵיזֶה רוֹשֶׁם אוֹ אֵיזֶה זִכָּרוֹן מִן הַדָּבָר. וְאִם לֹא יוּכַל לְהַשְׁאִיר זִכָּרוֹן גָּדוֹל, יִשְׁתַּדֵּל לְהַשְׁאִיר זִכָּרוֹן מוּעָט.

---

* רכילות ולשון הרע היו מאז ומעולם נקודות תורפה במערכות היחסים החברתיות. הדקויות בין אינפורמציה נצרכת לבין רכילות זולה מרובות בפרטים וחילוקים. בדורנו, כאמור, שטף האינפורמציה הוא אין־סופי, ולימוד ההלכות הפרטניות בתחום זה הכרחי יותר מאי פעם.

יֹאמַר דֶּרֶךְ מָשָׁל לָאָדָם, אִם תִּרְצֶה לִיתֵּן לָאִישׁ הַזֶּה אֶת אֲשֶׁר לֹא רָצָה הוּא לָתֵת לְךָ כְּשֶׁנִּצְרַכְתָּ, לְפָחוֹת לֹא תִּתְּנֵנוּ בְּסֵבֶר פָּנִים יָפוֹת. אוֹ, אִם אֵינְךָ רוֹצֶה לְהָרַע לוֹ, לְפָחוֹת לֹא תֵּיטִיב לוֹ טוֹבָה גְדוֹלָה, וְלֹא תְסַיְּיעֵהוּ סִיּוּעַ גָּדוֹל. אוֹ, אִם תִּרְצֶה גַּם לְסַיְּיעוֹ הַרְבֵּה, לְפָחוֹת לֹא תַּעֲשֵׂהוּ בְּפָנָיו. אוֹ, לֹא תָשׁוּב לְהִתְחַבֵּר עִמּוֹ וְלִהְיוֹת לוֹ לְרֵיעַ. אִם מָחַלְתָּ לוֹ – שֶׁלֹּא תֵרָאֶה לוֹ לְאוֹיֵב – דַּי בָּזֶה. וְאִם גַּם לְהִתְחַבֵּר עִמּוֹ תִּרְצֶה – אַךְ לֹא תֵרָאֶה לוֹ כָּל כָּךְ חִבָּה גְדוֹלָה כְּבָרִאשׁוֹנָה. וְכֵן כָּל כַּיּוֹצֵא בָּזֶה מִמִּינֵי הַחֲרִיצוּת שֶׁבַּיֵּצֶר, מַה שֶּׁהוּא מִשְׁתַּדֵּל לְפַתּוֹת אֶת לִבּוֹת בְּנֵי הָאָדָם. עַל כֵּן בָּאָה הַתּוֹרָה וּכְלָלָה כְּלָל שֶׁהַכֹּל נִכְלָל בּוֹ, "וְאָהַבְתָּ לְרֵעֲךָ כָּמוֹךָ" (ויקרא י"ט י"ח), כָּמוֹךָ – בְּלִי שׁוּם הֶפְרֵשׁ. כָּמוֹךָ – בְּלִי חִילּוּקִים, בְּלִי תַּחְבּוּלוֹת וּמְזִימּוֹת. כָּמוֹךָ מַמָּשׁ.*

אוּלָם הַשְּׁבוּעוֹת: אַף עַל פִּי שֶׁמִּן הַסְּתָם – כָּל שֶׁאֵינוֹ מִן הַהֶדְיוֹטוֹת נִשְׁמָר מֵהוֹצִיא שֵׁם שָׁמַיִם מִפִּיו לְבַטָּלָה, כָּל שֶׁכֵּן בִּשְׁבוּעָה, יֵשׁ עוֹד אֵיזֶה עֲנָפִים קְטַנִּים, שֶׁאַף עַל פִּי שֶׁאֵינָם מִן הַחֲמוּרִים יוֹתֵר, עַל כָּל פָּנִים רָאוּי לְמִי שֶׁרוֹצֶה לִהְיוֹת נָקִי לִישָּׁמֵר מֵהֶם. וְהוּא מַה שֶּׁאָמְרוּ בַּגְּמָרָא "אָמַר רַבִּי אֶלְעָזָר, לָאו – שְׁבוּעָה. וְהֵן – שְׁבוּעָה. אָמַר רָבָא, וְהוּא דְּאָמַר 'לָאו' 'לָאו' תְּרֵי זִמְנֵי, וְהוּא דְּאָמַר 'הֵן' 'הֵן' תְּרֵי זִמְנֵי" (שבועות ל"ו א'). וְכֵן אָמְרוּ "'וְהִין צֶדֶק' (ויקרא י"ט ל"ו) – שֶׁיְּהֵא לָאו שֶׁלְּךָ צֶדֶק, וְהֵן שֶׁלְּךָ צֶדֶק" (בבא מציעא מ"ט א').

וְהִנֵּה דְּבַר הַשֶּׁקֶר: גַּם הוּא חוֹלִי רַע נִתְפַּשֵּׁט מְאֹד בִּבְנֵי הָאָדָם. וְאוּלָם מַדְרֵיגוֹת מַדְרֵיגוֹת יֵשׁ בּוֹ. יֵשׁ בְּנֵי אָדָם שֶׁאוּמְנוּתָם מַמָּשׁ הִיא הַשַּׁקְרָנוּת. הֵם הַהוֹלְכִים וּבוֹדִים מִלִּבָּם כְּזָבִים גְּמוּרִים לְמַעַן הַרְבּוֹת שִׂיחָה בֵּין

---

* ההתגברות על שנאה, נקימה, ושאר תחושות איבה שמצויות בנפש כלפי הזולת היא אימון מצוין בנקיות. מכיוון שמדובר בתחומים פסיכולוגיים ההטעיה העצמית שכיחה מאוד; והדרך היחידה להתגבר עליה היא לסגל עמדה שמנקה לחלוטין את הטינה.

הַבְּרִיּוֹת, אוֹ לְהֵחָשֵׁב מִן הַחֲכָמִים וְיוֹדְעֵי דְבָרִים הַרְבֵּה, וַעֲלֵיהֶם נֶאֱמַר "תּוֹעֲבַת ה' שִׂפְתֵי שָׁקֶר" (משלי י"ב כ"ב). וְאוֹמֵר "שִׂפְתוֹתֵיכֶם דִּבְּרוּ שֶׁקֶר, לְשׁוֹנְכֶם עַוְלָה תֶהְגֶּה" (ישעיה נ"ט ג'). וּכְבָר גָּזְרוּ דִּינָם חֲכָמֵינוּ זִכְרוֹנָם לִבְרָכָה "אַרְבַּע כִּיתּוֹת אֵינָן מְקַבְּלוֹת פְּנֵי הַשְּׁכִינָה" (סנהדרין ק"ג א') וְאֶחָד מֵהֶם כַּת שַׁקְרָנִים.

וְיֵשׁ אֲחֵרִים קְרוֹבִים לָהֶם בְּמַדְרֵיגָה אַף עַל פִּי שֶׁאֵינָם כְּמוֹהֶם מַמָּשׁ, וְהֵם הַמְכַזְּבִים בְּסִיפּוּרֵיהֶם וְדִבְרֵיהֶם, וְהַיְינוּ, שֶׁאֵין אוּמָּנוּתָם בְּכָךְ - לָלֶכֶת וְלִבְדּוֹת סִיפּוּרִים וּמַעֲשִׂים אֲשֶׁר לֹא נִבְרְאוּ וְלֹא יִהְיוּ. אֲבָל בְּבוֹאָם לְסַפֵּר דְּבַר מָה, יְעָרְבוּ בָּהֶם מִן הַשְּׁקָרִים כְּמוֹ שֶׁיַּעֲלֶה עַל רוּחָם, וְיִתְרַגְּלוּ בָּזֶה עַד שֶׁשָּׁב לָהֶם כְּמוֹ טֶבַע, וְהֵם הֵם הַבַּדָּאִים אֲשֶׁר אִי אֶפְשָׁר לְהַאֲמִין לְדִבְרֵיהֶם, וּכְמַאֲמָרָם זִכְרוֹנָם לִבְרָכָה "כָּךְ הוּא עָנְשׁוֹ שֶׁל בַּדַּאי, שֶׁאֲפִילוּ אוֹמֵר אֱמֶת אֵין שׁוֹמְעִין לוֹ" (סנהדרין פ"ט ב'), שֶׁכְּבָר הִטְבִּיעוּ בָּהֶם הָרָעָה הַזֹּאת שֶׁלֹּא יוּכְלוּ לָצֵאת דִּבְרֵיהֶם נְקִיִּים מִן הַכָּזָב מִתּוֹךְ פִּיהֶם. הוּא מַה שֶּׁהַנָּבִיא מְצַטֵּעַר וְאוֹמֵר "לִמְּדוּ לְשׁוֹנָם דַּבֶּר שֶׁקֶר הַעֲוֵה נִלְאוּ" (ירמיהו ט' ד').

וְיֵשׁ עוֹד אֲחֵרִים שֶׁחֳלָיָם קַל מֵחוֹלִי הָרִאשׁוֹנִים, וְהֵם אוֹתָם שֶׁאֵינָם קְבוּעִים כָּל כָּךְ בַּשֶּׁקֶר, אֶלָּא שֶׁלֹּא יָחוּשׁוּ לְהִתְרַחֵק מִמֶּנּוּ, וְאִם יִזְדַּמֵּן לָהֶם יֹאמְרוּהוּ. וּפְעָמִים רַבּוֹת יֹאמְרוּהוּ דֶּרֶךְ שְׂחוֹק אוֹ כַּיּוֹצֵא בָּזֶה בְּלֹא כַּוָּונָה רָעָה.

וְאָמְנָם הֶחָכָם הוֹדִיעָנוּ שֶׁכָּל זֶה הוּא הֵפֶךְ רְצוֹן הַבּוֹרֵא בָּרוּךְ הוּא וּמִדַּת חֲסִידָיו. הוּא מַה שֶּׁכָּתוּב "דְּבַר שֶׁקֶר יִשְׂנָא צַדִּיק" (משלי י"ג ה'). וְהוּא מַה שֶּׁבָּאָה עָלָיו הָאַזְהָרָה "מִדְּבַר שֶׁקֶר תִּרְחָק" (שמות כ"ג ז'). וְתִרְאֶה שֶׁלֹּא אָמַר "מִשֶּׁקֶר תִּשָּׁמֵר", אֶלָּא "מִדְּבַר שֶׁקֶר תִּרְחָק" לְהָעִיר אוֹתָנוּ עַל הַהֶרְחֵק הַגָּדוֹל וְהַבְּרִיחָה הָרַבָּה שֶׁצָּרִיךְ לִבְרוֹחַ מִזֶּה. וּכְבָר נֶאֱמַר "שְׁאֵרִית יִשְׂרָאֵל לֹא יַעֲשׂוּ עַוְלָה וְלֹא יְדַבְּרוּ כָזָב וְלֹא יִמָּצֵא בְּפִיהֶם לְשׁוֹן תַּרְמִית" (צפניה ג' י"ג). וַחֲכָמֵינוּ זִכְרוֹנָם לִבְרָכָה אָמְרוּ "חוֹתָמוֹ שֶׁל הַקָּדוֹשׁ

בָּרוּךְ הוּא אֱמֶת" (שבת נ"ה א'). וּבְוַדַּאי שֶׁאִם הָאֱמֶת הוּא מַה שֶׁבָּחַר בּוֹ הַקָּדוֹשׁ בָּרוּךְ הוּא לְקַחְתּוֹ לְחוֹתָם לוֹ, כַּמָּה יִהְיֶה הֶפְכּוֹ מְתוֹעָב לְפָנָיו.

וְהִזְהִיר הַקָּדוֹשׁ בָּרוּךְ הוּא עַל הָאֱמֶת אַזְהָרָה רַבָּה וְאָמַר "דַּבְּרוּ אֱמֶת אִישׁ אֶת רֵעֵהוּ" (זכריה ח' ט"ז). וְאָמַר "וְהוּכַן בַּחֶסֶד כִּסֵּא וְיָשַׁב עָלָיו בֶּאֱמֶת" (ישעיה ט"ז ה'). וְאָמַר "וַיֹּאמֶר אַךְ עַמִּי הֵמָּה בָּנִים לֹא יְשַׁקֵּרוּ" (ישעיה ס"ג ח'), הָא לָמַדְתָּ שֶׁזֶּה תָּלוּי בָּזֶה. וְאָמַר "וְנִקְרְאָה יְרוּשָׁלַיִם עִיר הָאֱמֶת" (זכריה ח' ג'), לְהַגְדִּיל חֲשִׁיבוּתָהּ. וּכְבָר אָמְרוּ זִכְרוֹנָם לִבְרָכָה "'וְדוֹבֵר אֱמֶת בִּלְבָבוֹ' – כְּגוֹן רַב סַפְרָא" וְכוּ' (מכות כ"ד א'), לְהוֹדִיעֲךָ עַד הֵיכָן חוֹבַת הָאֱמֶת מַגַּעַת. וּכְבָר אָסְרוּ לְתַלְמִיד חָכָם לְשַׁנּוֹת בְּדִיבּוּרוֹ חוּץ מִשְּׁלֹשָׁה דְּבָרִים (בבא מציעא כ"ג ב). וְאֶחָד מִן הָעַמּוּדִים שֶׁהָעוֹלָם עוֹמֵד עָלָיו הוּא הָאֱמֶת (אבות א' י"ח). אִם כֵּן, מִי שֶׁדּוֹבֵר שֶׁקֶר כְּאִלּוּ נוֹטֵל יְסוֹדוֹ שֶׁל עוֹלָם. וְהַהֵפֶךְ מִזֶּה מִי שֶׁזָּהִיר בֶּאֱמֶת – כְּאִלּוּ מְקַיֵּם יְסוֹדוֹ שֶׁל עוֹלָם. וּכְבָר סִפְּרוּ אוֹמֵר זִכְרוֹנָם לִבְרָכָה מֵאוֹתוֹ הַמָּקוֹם שֶׁהָיוּ זְהִירִים בֶּאֱמֶת, שֶׁלֹּא הָיָה מַלְאַךְ הַמָּוֶת שׁוֹלֵט שָׁם. וּלְפִי שֶׁאִשְׁתּוֹ שֶׁל רַבִּי פְּלוֹנִי שִׁנְּתָה בִּדְבָרֶיהָ, אַף עַל פִּי שֶׁהָיָה לְכַוָּנָה טוֹבָה, גֵּירְתָה בָּהֶם מַלְאַךְ הַמָּוֶת, עַד שֶׁגֵּירְשׁוּהָ מִשָּׁם בַּעֲבוּר זֶה וְחָזְרוּ לְשַׁלְוָתָם (סנהדרין צ"ז א'). וְאֵין צָרִיךְ לְהַאֲרִיךְ בַּדָּבָר הַזֶּה שֶׁהַשֵּׂכֶל מְחַיְּבוֹ וְהַדַּעַת מַכְרִיחוֹ.*

עַנְפֵי חִילּוּל הַשֵּׁם: גַּם כֵּן הֵם רַבִּים וּגְדוֹלִים. כִּי הַרְבֵּה צָרִיךְ הָאָדָם לִהְיוֹת חָס עַל כְּבוֹד קוֹנוֹ וּבְכָל מַה שֶּׁיַּעֲשֶׂה צָרִיךְ שֶׁיִּסְתַּכֵּל וְיִתְבּוֹנֵן מְאֹד שֶׁלֹּא יֵצֵא מִשָּׁם מַה שֶּׁיּוּכַל לִהְיוֹת חִילּוּל לִכְבוֹד שָׁמַיִם חַס וְחָלִילָה. וּכְבָר

---

* ההתחייבויות שאדם מוציא מפיו ("שבועות"), והדרך שבה הוא מתאר את המציאות ("אמת" ו"שקר") תלויות מאוד בהיכרות עם פרטי ההלכות. יתרה מזאת, עמדה נפשית רשלנית שאיננה יורדת לפרטים גם נוטה לדמיונות וממילא לשקרים. לעומת זאת, הדיוק בפרטים הוא יסוד האמת - תיאור המציאות בדיוק כפי שהייתה, על כל פרטיה, לא פחות ולא יותר.

שָׁנִינוּ "אֶחָד שׁוֹגֵג וְאֶחָד מֵזִיד בְּחִלּוּל הַשֵּׁם" (אבות ד' ד'). וְאָמְרוּ זִכְרוֹנָם לִבְרָכָה "הֵיכִי דָמֵי חִלּוּל הַשֵּׁם? אָמַר רַב, כְּגוֹן אֲנָא דְּשָׁקִילְנָא בִּשְׂרָא וְלָא יָהִיבְנָא דָמֵי לְאַלְתַּר. וְרַבִּי יוֹחָנָן אָמַר, כְּגוֹן אֲנָא דְּמַסְגֵינָא אַרְבַּע אַמּוֹת בְּלֹא תּוֹרָה וּבְלֹא תְּפִלִּין" (יומא פ"ו א'). וְהָעִנְיָן, שֶׁכָּל אָדָם לְפִי מַדְרֵיגָתוֹ וּלְפִי מַה שֶּׁהוּא נֶחְשָׁב בְּעֵינֵי הַדּוֹר, צָרִיךְ שֶׁיִּתְבּוֹנֵן לְבִלְתִּי עֲשׂוֹת דָּבָר בִּלְתִּי הָגוּן לְאִישׁ כְּמוֹתוֹ, כִּי כְּפִי רְבוֹת חֲשִׁיבוּתוֹ וְחָכְמָתוֹ כֵּן רָאוּי שֶׁיִּרְבֶּה זְהִירוּתוֹ בְּדִבְרֵי הָעֲבוֹדָה וְדִקְדּוּקוֹ בָּהּ. וְאִם אֵינֶנּוּ עוֹשֶׂה כֵּן, הֲרֵי שֵׁם שָׁמַיִם מִתְחַלֵּל בּוֹ חַס וְחָלִילָה, כִּי כְּבוֹד הַתּוֹרָה הוּא, שֶׁמִּי שֶׁמַּרְבֶּה הַלִּימּוּד בָּהּ - יַרְבֶּה כְּמוֹ כֵן בְּיוֹשֶׁר וּבְתִיקּוּן הַמִּדּוֹת. וְכָל מַה שֶּׁיֶּחְסַר מִזֶּה לְמִי שֶׁמַּרְבֶּה בְּלִימּוּד גּוֹרֵם בִּזָּיוֹן לַלִּימּוּד עַצְמוֹ, וְזֶה חַס וְחָלִילָה חִילּוּל לִשְׁמוֹ יִתְבָּרַךְ שֶׁנָּתַן לָנוּ אֶת תּוֹרָתוֹ הַקְּדוֹשָׁה וְצִוָּנוּ לַעֲסוֹק בָּהּ לְהַשִּׂיג עַל יָדָהּ שְׁלֵימוּתֵינוּ.*

וְהִנֵּה גַּם שְׁמִירַת הַשַּׁבָּתוֹת וְיָמִים טוֹבִים רַבָּה הִיא, כִּי הַמִּשְׁפָּטִים רַבִּים, וְכֵן אָמְרוּ "הִלְכְתָא רַבְּתָא לְשַׁבְּתָא" (שבת י"ב א'). וַאֲפִילוּ דִּבְרֵי הַשְּׁבוּת, אַף עַל פִּי שֶׁמִּדִּבְרֵי חֲכָמִים הֵם - עִיקָּרִים הֵם. וְכֵן אָמְרוּ "לְעוֹלָם אַל תְּהִי שְׁבוּת קַלָּה בְּעֵינֶיךָ, שֶׁהֲרֵי סְמִיכָה שְׁבוּת הִיא וְנֶחְלְקוּ בָּהּ גְּדוֹלֵי הַדּוֹר" (חגיגה ט"ז ב'). וְאוּלָם פְּרָטֵי הַדִּינִים לְמַחְלְקוֹתָם מְבוֹאָרִים הֵם אֵצֶל הַפּוֹסְקִים בְּסִפְרֵיהֶם, וְכֻלָּם שָׁוִים לְחוֹבָתֵינוּ בָּם וְלַזְּהִירוּת הַמִּצְטָרֵךְ. וּמַה שֶּׁקָּשֶׁה עַל הֶהָמוֹן שְׁמִירָתוֹ, הוּא הַשְׁבִּיתָה מִן הָעֵסֶק, וּמְדַבֵּר בְּמַשָּׂא וּבְמַתָּן. וְאוּלָם הָאִיסּוּר הַזֶּה מְבוֹאָר בְּדִבְרֵי הַנָּבִיא "וְכִבַּדְתּוֹ מֵעֲשׂוֹת דְּרָכֶיךָ מִמְּצוֹא חֶפְצְךָ וְדַבֵּר דָּבָר" (ישעיה נ"ח י"ג). וְהַכְּלָל הוּא: שֶׁכָּל מַה שֶּׁאָסוּר בְּשַׁבָּת לַעֲשׂוֹתוֹ - אָסוּר לְהִשְׁתַּדֵּל בַּעֲבוּרוֹ, אוֹ לְהַזְכִּירוֹ בְּפִיו. וְלָכֵן אָסְרוּ לְעַיֵּין בִּנְכָסָיו - לִרְאוֹת מַה צָּרִיךְ לְמָחָר (שבת ק"נ א'). אוֹ לֵילֵךְ

---

* "חילול השם" - תדמית שלילית ליהדות שנגרמת בעקבות התנהגות לא ראויה של אלו שאמורים לייצג אותה - אף הוא נושא ארוך ומפורט. ככל שאדם מצוי בעמדה בכירה יותר כך זקוק הוא להקפיד על זאת באופן מדוקדק יותר.

לְפֶתַח הַמְּדִינָה – לָצֵאת בַּלַּיְלָה מְהֵרָה לַמֶּרְחָץ (עירובין ל״ט א׳). וְאָסְרוּ לוֹמַר ״דָּבָר פְּלוֹנִי אֶעֱשֶׂה לְמָחָר״, אוֹ ״סְחוֹרָה פְּלוֹנִית אֶקְנֶה לְמָחָר״, וְכֵן כָּל כַּיּוֹצֵא בָּזֶה.*

וְהִנֵּה עַד הֵנָּה דִּבַּרְתִּי מִן קְצָת הַמִּצְוֹת, מַה שֶּׁאָנוּ רוֹאִים שֶׁבְּנֵי הָאָדָם נִכְשָׁלִים בָּהֶם עַל הָרֹב, וּמֵאֵלֶּה נִלְמַד לְכָל שְׁאָר הַלָּאוִין, שֶׁאֵין לְךָ אִיסּוּר שֶׁאֵין לוֹ עֲנָפִים וּפְרָטִים, מֵהֶם חֲמוּרִים וּמֵהֶם קַלִּים. וּמִי שֶׁרוֹצֶה לִהְיוֹת נָקִי, צָרִיךְ שֶׁיִּהְיֶה נָקִי מִכֻּלָּם וְטָהוֹר מִכֻּלָּם. וּכְבָר אָמְרוּ זִכְרוֹנָם לִבְרָכָה ״שִׁנַּיִךְ כְּעֵדֶר הָרְחֵלִים – מָה רָחֵל זוֹ צְנוּעָה כָּךְ הָיוּ יִשְׂרָאֵל צְנוּעִין וּכְשֵׁרִים בְּמִלְחֶמֶת מִדְיָן. רַב הוּנָא בְּשֵׁם רַב אַחָא אָמַר, שֶׁלֹּא הִקְדִּים אֶחָד מֵהֶם תְּפִלִּין שֶׁל רֹאשׁ לִתְפִלִּין שֶׁל יָד, שֶׁאִלּוּ הִקְדִּים אֶחָד לֹא הָיָה מֹשֶׁה מְשַׁבְּחָן וְלֹא הָיוּ יוֹצְאִים מִשָּׁם בְּשָׁלוֹם״ (רבה שיר השירים ו׳ י״ז). וְכֵן אָמְרוּ ״הַמְסַפֵּר בֵּין יִשְׁתַּבַּח לְיוֹצֵר – עֲבֵרָה הִיא בְּיָדוֹ וְחוֹזֵר עָלֶיהָ מֵעוֹרְכֵי הַמִּלְחָמָה״. הֲרֵי לְךָ עַד הֵיכָן צָרִיךְ לְהַגִּיעַ הַדִּקְדּוּק וְהַנְּקִיּוּת הָאֲמִיתִּי בְּמַעֲשִׂים.

וְהִנֵּה, כְּמוֹ שֶׁצָּרִיךְ נְקִיּוּת בְּמַעֲשִׂים, כָּךְ צָרִיךְ נְקִיּוּת בְּמִדּוֹת. וְכִמְעַט שֶׁיּוֹתֵר קָשֶׁה הוּא הַנְּקִיּוּת בְּמִדּוֹת מִמַּה שֶּׁהוּא בְּמַעֲשִׂים, כִּי הַטֶּבַע פּוֹעֵל בְּמִדּוֹת יוֹתֵר מִמַּה שֶּׁהוּא פּוֹעֵל בְּמַעֲשִׂים, יַעַן הַמֶּזֶג וְהַתְּכוּנָה הֵם – אוֹ מְסַיְּעִים אוֹ מִתְנַגְּדִים גְּדוֹלִים לָהֶם. וְכָל מִלְחָמָה שֶׁהִיא נֶגֶד נְטִיַּית הַטֶּבַע – מִלְחָמָה חֲזָקָה הִיא. וְהוּא מַה שֶּׁפֵּירְשׁוּ בְּמַאֲמָרָם זִכְרוֹנָם לִבְרָכָה ״אֵיזֶהוּ גִּבּוֹר? הַכּוֹבֵשׁ אֶת יִצְרוֹ״ (אבות ד׳ א׳).

וְהִנֵּה הַמִּדּוֹת הֵן רַבּוֹת, כִּי כְּפִי כָּל הַפְּעוּלּוֹת שֶׁשַּׁיָּיכִים לָאָדָם בָּעוֹלָם, כְּמוֹ כֵן מִדּוֹת הֵן – שֶׁאַחֲרֵיהֶן הוּא נִמְשָׁךְ בִּפְעוּלּוֹתָיו. אָמְנָם כְּמוֹ שֶׁדִּבַּרְנוּ בַּמִּצְוֹת שֶׁהָיָה הַצּוֹרֶךְ בָּם יוֹתֵר, דְּהַיְינוּ, מִמַּה שֶּׁרְגִילוּת בְּנֵי הָאָדָם

---

* הלכות שבתות וימים טובים מתייחדים בריבויים. לימוד דקדקני שלהם מעצב בנפש יחס נכון אליהם: לא ימים של מנוחה פסיבית אלא ימי עשייה רוחנית שמשפיעים על מעגל הזמן כולו.

לִיכָּשֵׁל, כֵּן נְדַבֵּר בַּמִּדּוֹת בָּרָאשִׁיּוֹת בַּאֲרִיכוּת עִיּוּן יוֹתֵר מִפְּנֵי רְגִילוּתֵינוּ בָּם. וְהֵם: הַגַּאֲוָה. הַכַּעַס. הַקִּנְאָה וְהַתַּאֲוָה. הֵן כָּל אֵלֶּה מִדּוֹת רָעוֹת אֲשֶׁר רָעָתָם נִכֶּרֶת וּמְפוּרְסֶמֶת, אֵין צָרִיךְ לָהּ רְאָיוֹת, כִּי הִנֵּה הֵנָּה רָעוֹת בְּעַצְמָן וְרָעוֹת בְּתוֹלְדוֹתֵיהֶן, כִּי כֻּלָּן חוּץ מִשּׁוּרַת הַשֵּׂכֶל וְהַחָכְמָה, וְכָל אַחַת כְּדַאי לְעַצְמָהּ לְהָבִיא אֶת הָאָדָם אֶל עֲבֵירוֹת חֲמוּרוֹת.

עַל הַגַּאֲוָה: מִקְרָא מָלֵא מַזְהִיר וְאוֹמֵר "וְרָם לְבָבֶךָ וְשָׁכַחְתָּ אֶת ה' אֱלֹהֶיךָ" (דברים ח' י"ד).

עַל הַכַּעַס: אָמְרוּ זִכְרוֹנָם לִבְרָכָה "כָּל הַכּוֹעֵס כְּאִלּוּ עוֹבֵד עֲבוֹדָה זָרָה" (זוהר ג' קע"ט א').

עַל הַקִּנְאָה וְהַתַּאֲוָה: שָׁנִינוּ בְּהֶדְיָא "הַקִּנְאָה וְהַתַּאֲוָה וְהַכָּבוֹד מוֹצִיאִים אֶת הָאָדָם מִן הָעוֹלָם" (אבות ד' כ"א).

אָמְנָם הָעִיּוּן הַמִּצְטָרֵךְ בָּם הוּא, לְהִמָּלֵט מֵהֶם וּמִכָּל עֲנָפֵיהֶם, כִּי כֻּלָּם כְּאֶחָד סוּרֵי הַגֶּפֶן נָכְרִיָּה. וְנַתְחִיל לְדַבֵּר בָּם רִאשׁוֹן רִאשׁוֹן.*

הִנֵּה כְּלַל עִנְיַן הַגַּאֲוָה הוּא זֶה, שֶׁהָאָדָם מַחְשִׁיב עַצְמוֹ בְּעַצְמוֹ, וּבִלְבָבוֹ יְדַמֶּה - כִּי לוֹ נָאוָה תְּהִלָּה. וְאָמְנָם זֶה יָכוֹל לִימָּשֵׁךְ מִסְּבָרוֹת רַבּוֹת מִתְחַלְּפוֹת. כִּי יֵשׁ מִי שֶׁיַּחְשִׁיב אֶת עַצְמוֹ בַּעַל שֵׂכֶל. וְיֵשׁ מִי שֶׁיַּחְשִׁיב עַצְמוֹ נָאֶה. וְיֵשׁ שֶׁיַּחְשִׁיב עַצְמוֹ נִכְבָּד. וְיֵשׁ שֶׁיַּחְשִׁיב עַצְמוֹ גָּדוֹל. וְיֵשׁ

---

* כאמור, הנקיות והדקדקנות הן משימות מאתגרות בפרטי ההלכות המעשיות, אולם על אחת כמה וכמה במידות הנפש. העולם הנפשי הוא לא פרקטי במהותו וממילא השינויים בו פחות מדידים ויותר קשים. ידועה אמירה של אחד מבעלי המוסר ש"יותר קשה לשנות מידה נפשית אחת מאשר ללמוד את כל הש"ס". הרמח"ל מביא כמה מידות מרכזיות שישמשו מודל לטיפול במידות הנפש - לא באופן שטחי וכללי אלא בירידה יסודית לפרטי המצבים השונים של האישיות.

שֶׁיַּחְשִׁיב עַצְמוֹ חָכָם. כְּלָלוֹ שֶׁל דָּבָר, כָּל אֶחָד מִן הַדְּבָרִים הַטּוֹבִים שֶׁבָּעוֹלָם, אִם יַחְשׁוֹב הָאָדָם שֶׁיֶּשְׁנָהּ בּוֹ, הֲרֵי הוּא מְסוּכָּן מִיָּד לִיפּוֹל בְּשַׁחַת זֶה שֶׁל גַּאֲוָה. אַךְ אַחֲרֵי שֶׁקָּבַע הָאָדָם בְּלִבּוֹ הֱיוֹתוֹ חָשׁוּב וְרָאוּי לִתְהִלָּה, לֹא תִהְיֶה הַתּוֹלָדָה הַיּוֹצֵאת מִן הַמַּחֲשָׁבָה הַזֹּאת אַחַת בִּלְבָד, אֶלָּא תּוֹלָדוֹת רַבּוֹת וּמְשׁוּנּוֹת תֵּצֶאנָה מִמֶּנָּה, וַאֲפִילּוּ הֶפְכִּיּוֹת נִמְצָא בָּהֶן, וְנוֹלָדוֹת מִסִּבָּה אַחַת, וּשְׁתֵּיהֶן לְדָבָר אֶחָד מִתְכַּוְּנוֹת.

הִנֵּה יִמָּצֵא גֵּאֶה אֶחָד שֶׁיַּחְשׁוֹב בְּלִבּוֹ, שֶׁכֵּיוָן שֶׁהוּא רָאוּי לִתְהִלָּה וְהוּא מְיוּחָד וְרָשׁוּם בְּמַעֲלָתוֹ כְּפִי מַחֲשַׁבְתּוֹ, רָאוּי לוֹ גַּם כֵּן שֶׁיִּתְנַהֵג בְּדֶרֶךְ מְיוּחָד וְרָשׁוּם בְּכוֹבֶד רָב, בֵּין בְּלֶכְתּוֹ, בֵּין בְּשִׁבְתּוֹ, בֵּין בְּקוּמוֹ, בְּדִיבּוּרוֹ וּבְכָל מַעֲשָׂיו. לֹא יֵלֵךְ אֶלָּא בְּנַחַת גָּדוֹל, עָקֵבוֹ בְּצַד גּוּדָלוֹ. לֹא יֵשֵׁב אֶלָּא אַפִּרַקְדָּן. לֹא יָקוּם אֶלָּא מְעַט מְעַט כְּנָחָשׁ. וְלֹא יְדַבֵּר עִם הַכֹּל אֶלָּא עִם נִכְבְּדֵי הָעָם, וְגַם בֵּינֵיהֶם לֹא יְדַבֵּר אֶלָּא מַאֲמָרִים קְצָרִים כְּמַאַמְרֵי הַתְּרָפִים. וְכָל שְׁאָר מַעֲשָׂיו, בִּתְנוּעוֹתָיו, בִּפְעוּלּוֹתָיו, בְּמַאֲכָלוֹ וּבְמִשְׁתָּיו, בִּלְבוּשָׁיו וּבְכָל דְּרָכָיו יִתְנַהֵג בִּכְבֵדוּת גָּדוֹל, כְּאִלּוּ כָּל בְּשָׂרוֹ עוֹפֶרֶת וְכָל עֲצָמָיו אֶבֶן אוֹ חוֹל.

וְיִמָּצֵא גֵּאֶה אַחֵר שֶׁיַּחְשׁוֹב, שֶׁלְּפִי שֶׁהוּא רָאוּי לִתְהִלָּה וְרַב הַמַּעֲלוֹת, צָרִיךְ שֶׁיִּהְיֶה מַרְגִּיז הָאָרֶץ, וְשֶׁהַכֹּל יִרְעֲשׁוּ מִפָּנָיו, כִּי לֹא יָאוּת שֶׁיֶּהֶרְסוּ בְּנֵי הָאָדָם לְדַבֵּר עִמּוֹ וּלְבַקֵּשׁ מִמֶּנּוּ דָּבָר. וְאִם יַעְפִּילוּ לַעֲלוֹת אֵלָיו – יְבַהֲלֵם בְּקוֹלוֹ, וּבְרוּחַ שְׂפָתָיו יְהוּמֵם בַּעֲנוֹת לָהֶם עַזּוֹת וּפָנָיו זוֹעֲפוֹת בְּכָל עֵת וּבְכָל שָׁעָה.

וְיֵשׁ גֵּאֶה אַחֵר שֶׁיַּחְשׁוֹב בְּלִבּוֹ, שֶׁכְּבָר הוּא כָּל כָּךְ גָּדוֹל וּמְכוּבָּד עַד שֶׁאִי אֶפְשָׁר לַכָּבוֹד שֶׁיִּתְפָּרֵשׁ מִמֶּנּוּ, וְאֵינוֹ צָרִיךְ לוֹ כְּלָל, וּלְהַרְאוֹת הַדָּבָר הַזֶּה יַעֲשֶׂה מַעֲשִׂים כְּמַעֲשֵׂה הֶעָנָו, וְיַכְרִיז עַל מִדּוֹתָיו לְהַרְאוֹת שִׁפְלוּת גָּדוֹל וַעֲנָוָה עַד אֵין חֵקֶר. וְלִבּוֹ מִתְנַשֵּׂא בְּקִרְבּוֹ לֵאמֹר, 'אֲנִי כָּל כָּךְ רָם וְכָל כָּךְ נִכְבָּד שֶׁכְּבָר אֵינִי צָרִיךְ לְכָבוֹד וְאֵין לִי אֶלָּא לְוַתֵּר עָלָיו, שֶׁכְּבָר רַב הוּא אֶצְלִי'.

וְיִמָּצֵא גֵּאֶה אַחֵר שֶׁרוֹצֶה לִהְיוֹת נִרְשָׁם הַרְבֵּה בְּמַעֲלוֹתָיו וּלְהִתְיַחֵד בִּדְרָכָיו, עַד שֶׁלֹּא דַּי לוֹ שֶׁיְּהַלְלוּהוּ כָּל הָעוֹלָם עַל הַמַּעֲלוֹת אֲשֶׁר הוּא חוֹשֵׁב שֶׁיֵּשׁ בּוֹ, אֶלָּא שֶׁרוֹצֶה שֶׁעוֹד יִרְבּוּ לְהוֹסִיף בִּתְהִלָּתוֹ - שֶׁהוּא הֶעָנָו שֶׁבָּעֲנָוִים. וְנִמְצָא זֶה מִתְגָּאֶה בְּעַנְוְותוֹ וְרוֹצֶה בְּכָבוֹד עַל מַה שֶּׁמַּרְאֶה עַצְמוֹ בּוֹרֵחַ מִמֶּנּוּ. וְהִנֵּה גֵּאֶה כָּזֶה יָשִׂים עַצְמוֹ תַּחַת קְטַנִּים מִמֶּנּוּ הַרְבֵּה, אוֹ תַּחַת נִבְזִים שֶׁבָּעָם, שֶׁיַּחְשׁוֹב לְהֵרָאוֹת בָּזֶה תַּכְלִית הָעֲנָוָה, וּכְבָר לֹא יִרְצֶה בְּשׁוּם תּוֹאַר מִתּוֹאֳרֵי הַגְּדוּלָּה, וִימָאֵן בְּכָל הָעִילּוּיִים, וְלִבּוֹ אוֹמֵר בְּקִרְבּוֹ, "אֵין חָכָם וְעָנָו כָּמוֹנִי בְּכָל הָאָרֶץ". וְאָמְנָם גֵּאִים כָּאֵלֶּה, אַף עַל פִּי שֶׁלִּכְאוֹרָה מַרְאִים עַצְמָם עֲנָוִים, לֹא יִבָּצְרוּ מִכְשׁוֹלוֹת לָהֶם שֶׁבְּלִי יְדִיעָתָם תִּהְיֶה מִתְגַּלֵּית גַּאֲוָתָם כְּלֶהָבָה הַיּוֹצֵאת מִבֵּין הַחֲרָסִים. וּכְבָר מָשְׁלוּ חֲכָמֵינוּ זִכְרוֹנָם לִבְרָכָה "מָשָׁל לְבַיִת מָלֵא תֶּבֶן, וְהָיָה בַּבַּיִת חוֹרִין וְהָיָה הַתֶּבֶן נִכְנָס בָּהֶם. לְאַחַר יָמִים הִתְחִיל אוֹתוֹ הַתֶּבֶן שֶׁהָיָה בְּתוֹךְ אוֹתָם הַחוֹרִין יוֹצֵא, יָדְעוּ הַכֹּל כִּי הָיָה אוֹתוֹ בַּיִת שֶׁל תֶּבֶן" (רבה במדבר י"ח י"ז). כֵּן הַדָּבָר הַזֶּה, שֶׁלֹּא יוּכְלוּ תָּמִיד לְהַסְתִּיר אֶת עַצְמָם, וּמַחְשְׁבוֹתָם הָרָעָה תִּהְיֶה נִכֶּרֶת מִתּוֹךְ מַעֲשֵׂיהֶם, אַךְ דַּרְכֵיהֶם הֵם בַּעֲנָוָה פְּסוּלָה וְשִׁפְלוּת מְרוּמָּה.

וְיִמָּצְאוּ גֵּאִים אֲחֵרִים שֶׁתִּשָּׁאֵר גַּאֲוָתָם קְבוּרָה בְּלִבָּם לֹא יוֹצִיאוּהָ אֶל הַמַּעֲשֶׂה, אֲבָל יַחְשְׁבוּ בִּלְבָבָם שֶׁכְּבָר הֵם חֲכָמִים גְּדוֹלִים יוֹדְעֵי הַדְּבָרִים לַאֲמִתָּם וְשֶׁלֹּא רַבִּים יֶחְכְּמוּ כְּמוֹהֶם, עַל כֵּן לֹא יָשִׁיתוּ לֵב אֶל דִּבְרֵי זוּלָתָם, בְּחָשְׁבָם כִּי מַה שֶּׁקָּשֶׁה עֲלֵיהֶם לֹא יִהְיֶה נָקֵל לַאֲחֵרִים, וּמַה שֶּׁשִּׂכְלָם מַרְאֶה לָהֶם כָּל כָּךְ בָּרוּר הוּא, וְכָל כָּךְ פָּשׁוּט, עַד שֶׁלֹּא יָחוּשׁוּ לְדִבְרֵי הַחוֹלְקִים עֲלֵיהֶם, אִם רִאשׁוֹנִים וְאִם אַחֲרוֹנִים, וְסָפֵק אֵין אֶצְלָם עַל סְבָרָתָם.

כָּל אֵלֶּה תּוֹלְדוֹת הַגַּאֲוָה הַמְּשִׁיבָה הַחֲכָמִים אָחוֹר וְדַעְתָּם מְסַכֶּלֶת, מְסִירָה לֵב רָאשֵׁי הַחָכְמָה, וְאַף כִּי תַּלְמִידִים שֶׁלֹּא שִׁמְּשׁוּ כָּל צָרְכָּם שֶׁכִּמְעַט שֶׁנִּפְקְחוּ עֵינֵיהֶם - כְּבָר חַכְמֵי הַחֲכָמִים שָׁוִים לָהֶם בְּלִבָּם. וְעַל כֻּלָּם נֶאֱמַר "תּוֹעֲבַת ה' כָּל גְּבַהּ לֵב" (משלי ט"ז ה'), וּמִכּוּלָּם צָרִיךְ

שֶׁיִּנָּקֶה הָרוֹצֶה בְּמִדַּת הַנְּקִיּוּת וְיֵדַע וְיָבִין כִּי אֵין הַגַּאֲוָה אֶלָּא עִוָּרוֹן מַמָּשׁ אֲשֶׁר אֵין שֵׂכֶל הָאָדָם רוֹאֶה חֶסְרוֹנוֹתָיו וּמַכִּיר פְּחִיתוּתוֹ. שֶׁאִלּוּ הָיָה יָכוֹל לִרְאוֹת וְהָיָה מַכִּיר הָאֱמֶת, הָיָה סָר וּמִתְרַחֵק מִכָּל הַדְּרָכִים הָרָעִים וְהַמְקוּלְקָלִים הָאֵלֶּה הֶרְחֵק גָּדוֹל.

וְעוֹד נְדַבֵּר מִזֶּה בְּסִיַּעְתָּא דִשְׁמַיָּא בְּבוֹאֵינוּ אֶל מִדַּת הָעֲנָוָה, אֲשֶׁר מִפְּנֵי הַקּוֹשִׁי הַגָּדוֹל שֶׁיֵּשׁ בְּהַשָּׂגָתָהּ הוּשְׂמָה בְּדִבְרֵי רַבִּי פִּנְחָס מִן הָאַחֲרוֹנוֹת.*

וּנְדַבֵּר עַתָּה מִן הַכַּעַס: הִנֵּה יֵשׁ הָרַגְזָן שֶׁאָמְרוּ עָלָיו, "כָּל הַכּוֹעֵס כְּאִלּוּ עוֹבֵד עֲבוֹדָה זָרָה" (זוהר ג׳ קע״ט א׳), וְהוּא הַנִּכְעָס עַל כָּל דָּבָר שֶׁיַּעֲשׂוּ נֶגֶד רְצוֹנוֹ, וּמִתְמַלֵּא חֵמָה עַד שֶׁכְּבָר לִבּוֹ בַּל עִמּוֹ וַעֲצָתוֹ נִבְעֲרָה. וְהִנֵּה אִישׁ כָּזֶה כְּדַאי לְהַחֲרִיב עוֹלָם מָלֵא אִם יִהְיֶה יְכוֹלֶת בְּיָדוֹ, כִּי אֵין הַשֵּׂכֶל שׁוֹלֵט בּוֹ כְּלָל, וְהוּא סָר טַעַם מַמָּשׁ כְּכָל הַחַיּוֹת הַטּוֹרְפוֹת, וְעָלָיו נֶאֱמַר "טֹרֵף נַפְשׁוֹ בְּאַפּוֹ הַלְמַעַנְךָ תֵּעָזַב אָרֶץ" (איוב י״ח ד׳), וְהוּא קַל וַדַּאי לַעֲבוֹר כָּל מִינֵי עֲבֵירוֹת שֶׁבָּעוֹלָם אִם חֲמָתוֹ תְּבִיאֵהוּ לָהֶם, כִּי כְּבָר אֵין לוֹ מֵנִיעַ אַחֵר אֶלָּא כַּעְסוֹ, וְאֶל אֲשֶׁר יְבִיאֵהוּ - יֵלֵךְ.

וְיֵשׁ כַּעֲסָן רָחוֹק מִזֶּה, וְהוּא שֶׁלֹּא עַל כָּל דָּבָר אֲשֶׁר יְבוֹאֵהוּ שֶׁלֹּא כִּרְצוֹנוֹ אִם קָטָן וְאִם גָּדוֹל יִבְעַר אַפּוֹ, אַךְ בְּהַגִּיעוֹ לְהַרְגִּיז - יִרְגַּז וְיִכְעַס כַּעַס גָּדוֹל, וְהוּא שֶׁקְּרָאוּהוּ חֲכָמֵינוּ זִכְרוֹנָם לִבְרָכָה "קָשֶׁה לִכְעוֹס וְקָשֶׁה לִרְצוֹת"

---

* גאווה היא מידה שמופיעה באין־סוף פרטי צורות שונות ומשונות, ששורשם הוא בחוסר יכולתו של האדם לראות את חסרונותיו. בימינו, שיש לכוח הדמיון מקום אדיר בתרבות, הדברים יכולים להגיע לאבסורד (למשל בקשת "לייקים" על מנת לפרנס את תחושת החשיבות העצמית). הריסון של כל פרט ופרט מצורות הגאווה זוקק טיפול בפני עצמו; ויורחב על כך רבות במדרגת "הענווה" לקמן.

(אבות ה׳ י״א), וְגַם זֶה רַע וַדַּאי, כִּי כְּבָר יְכוֹלָה לָצֵאת תַּקָּלָה רַבָּה מִתַּחַת יָדוֹ בִּזְמַן הַכַּעַס, וְאַחַר כָּךְ לֹא יוּכַל לְתַקֵּן אֶת אֲשֶׁר עִוְּתוֹ.

וְיֵשׁ כַּעֲסָן פָּחוּת מִזֶּה שֶׁלֹּא יִכְעוֹס עַל נְקַלָּה, וַאֲפִילּוּ כְּשֶׁיַּגִּיעַ לִכְעוֹס יִהְיֶה כַּעְסוֹ כַּעַס קָטָן וְלֹא יָסוּר מִדַּרְכֵי הַשֵּׂכֶל, אַךְ עוֹדֶנּוּ יִשְׁמוֹר עֶבְרָתוֹ. וְהִנֵּה זֶה רָחוֹק מִן הַהֶפְסֵד יוֹתֵר מֵהָרִאשׁוֹנִים שֶׁזָּכַרְנוּ, וְאַף גַּם זֹאת וַדַּאי שֶׁלֹּא הִגִּיעַ לִהְיוֹת נָקִי, כִּי אֲפִילּוּ זָהִיר אֵינֶנּוּ עֲדַיִן, כִּי עַד שֶׁהַכַּעַס עוֹשֶׂה בּוֹ רוֹשֶׁם, לֹא יֵצֵא מִכְּלַל כַּעֲסָן.

וְיֵשׁ עוֹד פָּחוּת מִזֶּה, וְהוּא, שֶׁקָּשֶׁה לִכְעוֹס וְכַעְסוֹ לֹא לְהַשְׁחִית וְלֹא לְכַלֵּה, אֶלָּא כַּעַס מוּעָט. וְכַמָּה זַעְמוֹ? – רֶגַע וְלֹא יוֹתֵר, דְּהַיְינוּ, מִשָּׁעָה שֶׁהַכַּעַס מִתְעוֹרֵר בּוֹ בַּטֶּבַע עַד שֶׁגַּם הַתְּבוּנָה תִּתְעוֹרֵר כְּנֶגְדּוֹ. וְהוּא מַה שֶּׁאָמְרוּ חֲכָמֵינוּ זִכְרוֹנָם לִבְרָכָה "קָשֶׁה לִכְעֹס וְנוֹחַ לִרְצוֹת" (אבות ה׳ י״א). הִנֵּה זֶה חֵלֶק טוֹב וַדַּאי, כִּי טֶבַע הָאָדָם מִתְעוֹרֵר לְכַעַס, וְאִם הוּא מִתְגַּבֵּר עָלָיו שֶׁאֲפִילּוּ בִּשְׁעַת הַכַּעַס עַצְמוֹ לֹא יִבְעַר הַרְבֵּה, וּמִתְגַּבֵּר עָלָיו שֶׁאֲפִילּוּ אוֹתוֹ הַכַּעַס הַקַּל לֹא יַעֲמוֹד בּוֹ זְמַן גָּדוֹל אֶלָּא יַעֲבוֹר וְיֵלֵךְ – וַדַּאי שֶׁרָאוּי לְשֶׁבַח הוּא.

וְאָמְרוּ זִכְרוֹנָם לִבְרָכָה ""תּוֹלֶה אֶרֶץ עַל בְּלִימָה" (איוב כ״ו ז׳) – עַל מִי שֶׁבּוֹלֵם אֶת עַצְמוֹ בִּשְׁעַת מְרִיבָה" (חולין פ״ט א׳). וְהַיְינוּ שֶׁכְּבָר נִתְעוֹרֵר טִבְעוֹ בְּכַעַס וְהוּא בְּהִתְגַּבְּרוּתוֹ בּוֹלֵם פִּיו.

אָמְנָם מִדָּתוֹ שֶׁל הִלֵּל הַזָּקֵן עוֹלָה עַל כָּל אֵלֶּה, שֶׁכְּבָר לֹא הָיָה מַקְפִּיד עַל שׁוּם דָּבָר וַאֲפִילּוּ הִתְעוֹרְרוּת שֶׁל כַּעַס לֹא נַעֲשָׂה בּוֹ, זֶה הוּא וַדַּאי הַנָּקִי מִן הַכַּעַס מִכֹּל וָכֹל.

וְהִנֵּה אֲפִילּוּ לִדְבַר מִצְוָה הִזְהִירוּנוּ זִכְרוֹנָם לִבְרָכָה שֶׁלֹּא לִכְעֹס, וַאֲפִילּוּ הָרַב עִם תַּלְמִידוֹ וְהָאָב עִם בְּנוֹ. וְלֹא שֶׁלֹּא יְיַסְּרֵם, אֶלָּא יְיַסְּרֵם וִייַסְּרֵם, אַךְ מִבְּלִי כַּעַס, כִּי אִם לְהַדְרִיךְ אוֹתָם בַּדֶּרֶךְ הַיְשָׁרָה, וְהַכַּעַס שֶׁיַּרְאֶה לָהֶם, יִהְיֶה כַּעַס הַפָּנִים וְלֹא כַּעַס הַלֵּב. וְאָמַר שְׁלֹמֹה "אַל תְּבַהֵל בְּרוּחֲךָ

לִכְעוֹס" (קהלת ז' ט') וְכוּ'. וְאוֹמֵר "כִּי לֶאֱוִיל יַהֲרָג כָּעַשׂ" (איוב ה' ב'). וְאָמְרוּ זִכְרוֹנָם לִבְרָכָה "בִּשְׁלֹשָׁה דְבָרִים הָאָדָם נִכָּר - בְּכוֹסוֹ, בְּכִיסוֹ, בְּכַעְסוֹ" (עירובין ס"ה ב').*

הַקִּנְאָה: גַּם הִיא אֵינָהּ אֶלָּא חֶסְרוֹן יְדִיעָה וְסִכְלוּת, כִּי אֵין הַמְקַנֵּא מַרְוִיחַ כְּלוּם לְעַצְמוֹ, וְגַם לֹא מַפְסִיד לְמִי שֶׁהוּא מִתְקַנֵּא בּוֹ. אֵינוֹ אֶלָּא מַפְסִיד לְעַצְמוֹ, וּכְמַאֲמַר הַכָּתוּב שֶׁזָּכַרְתִּי "וּפֹתֶה תָּמִית קִנְאָה" (איוב ה' ב'). וְאָמְנָם יֵשׁ מִי שֶׁסִּכְלוּתוֹ רַבָּה כָּל כָּךְ, עַד שֶׁאִם יִרְאֶה לַחֲבֵירוֹ אֵיזֶה טוֹבָה יִתְעַשֵּׁשׁ בְּעַצְמוֹ וְיִדְאַג וְיִצְטַעֵר, עַד שֶׁאֲפִילוּ הַטּוֹבוֹת שֶׁבְּיָדוֹ לֹא יְהַנּוּהוּ מִצַּעַר מַה שֶּׁהוּא רוֹאֶה בְּיַד חֲבֵירוֹ. וְהוּא מַה שֶּׁאָמַר עָלָיו הֶחָכָם "וּרְקַב עֲצָמוֹת קִנְאָה" (משלי י"ד ל').

אָמְנָם יֵשׁ אֲחֵרִים שֶׁאֵינָם מִצְטַעֲרִים וְכוֹאֲבִים כָּל כָּךְ, אַף עַל פִּי כֵן יַרְגִּישׁוּ בְּעַצְמָם אֵיזֶה צַעַר, וּלְפָחוֹת יִתְקָרֵר רוּחָם בִּרְאוֹתָם אֶחָד עוֹלֶה אֵיזֶה מַעֲלָה יְתֵירָה - אִם לֹא יִהְיֶה מֵאוֹהֲבָיו הַיּוֹתֵר דְּבֵקִים לוֹ, כָּל שֶׁכֵּן אִם מֵאוֹתָם אֲשֶׁר אֵין לוֹ אַהֲבָה רַבָּה עִמּוֹ הוּא, כָּל שֶׁכֵּן אִם יִהְיֶה גֵּר מֵאֶרֶץ אַחֶרֶת. וְתִרְאֶה שֶׁבְּפִיהֶם אֶפְשָׁר שֶׁיֹּאמְרוּ דְּבָרִים כִּשְׂמֵחִים, אוֹ מוֹדִים עַל טוֹבָתוֹ, אַךְ לִבָּם רָפֶה בְּקִרְבָּם. וְהוּא דָּבָר יֶאֱרַע עַל הָרוֹב בְּרוֹב בְּנֵי הָאָדָם, כִּי אַף עַל פִּי שֶׁלֹּא יִהְיוּ בַּעֲלֵי קִנְאָה מַמָּשׁ, אָמְנָם לֹא נִיקוּ מִמֶּנָּה לְגַמְרֵי.

כָּל שֶׁכֵּן אִם בַּעַל אוּמָנוּתוֹ מַצְלִיחַ בָּהּ שֶׁכְּבָר כָּל אוּמָן סָנֵי לְחַבְרֵיהּ (רבה בראשית י"ט ד') וְכָל שֶׁכֵּן אִם מַצְלִיחַ בָּהּ יוֹתֵר מִמֶּנּוּ. וְאָמְנָם לוּ יָדְעוּ וְלוּ יָבִינוּ כִּי אֵין אָדָם נוֹגֵעַ בַּמּוּכָן לַחֲבֵירוֹ אֲפִילוּ כִּמְלֹא נִימָא (יומא ל"ח ב')

---

* הכעס מופיע באופנים שונים, שכל אחד מהם ייחודי ושונה מהאחר. לכן נדרשת עבודה פרטנית על האישיות, המותאמת לכל סוג של כעס.

חשוב להבין את הנזק האדיר שחוסר שליטה בכעס עלול להסב לאדם.

וְהַכֹּל כַּאֲשֶׁר לַכֹּל מֵ־ה' הוּא כְּפִי עֲצָתוֹ הַנִּפְלָאָה וְחָכְמָתוֹ הַבִּלְתִּי נוֹדַעַת, הִנֵּה לֹא הָיָה לָהֶם טַעַם לְהִצְטַעֵר בְּטוֹבַת רֵיעֵיהֶם כְּלָל. וְהוּא מַה שֶּׁיִּיעֵד לָנוּ הַנָּבִיא עַל הַזְּמַן הֶעָתִיד, שֶׁלְּמַעַן תִּהְיֶה טוֹבַת יִשְׂרָאֵל שְׁלֵמָה, יַקְדִּים הַקָּדוֹשׁ בָּרוּךְ הוּא לְהָסִיר מִלְּבָבֵנוּ הַמִּדָּה הַמְגוּנָּה הַזֹּאת, וְאָז לֹא יִהְיֶה צַעַר לְאֶחָד בְּטוֹבַת הָאַחֵר, וְגַם לֹא יִצְטָרֵךְ הַמַּצְלִיחַ לְהַסְתִּיר עַצְמוֹ וּדְבָרָיו מִפְּנֵי הַקִּנְאָה, וְהוּא מַה שֶּׁכָּתוּב "וְסָרָה קִנְאַת אֶפְרַיִם וְצֹרְרֵי יְהוּדָה יִכָּרֵתוּ אֶפְרַיִם לֹא יְקַנֵּא אֶת יְהוּדָה" וְכוּ' (ישעיה י"א י"ג). הוּא הַשָּׁלוֹם וְהַשַּׁלְוָה אֲשֶׁר לְמַלְאֲכֵי הַשָּׁרֵת, אֲשֶׁר כֻּלָּם שְׂמֵחִים בַּעֲבוֹדָתָם – אִישׁ אִישׁ עַל מְקוֹמוֹ, וְאֵין אֶחָד מִתְקַנֵּא בַּחֲבֵירוֹ כְּלָל, כִּי כֻּלָּם יוֹדְעִים הָאֱמֶת לַאֲמִתּוֹ, וַעֲלֵזִים עַל הַטּוֹב אֲשֶׁר בְּיָדָם וּשְׂמֵחִים בְּחֶלְקָם.*

וְתִרְאֶה, כִּי אֲחוֹת הַקִּנְאָה הִיא הַחֶמְדָּה וְהַתַּאֲוָה: הֲלֹא הִיא הַמְיַגַּעַת לֵב הָאָדָם עַד יוֹם מוֹתוֹ, וּכְמַאֲמָרָם זִכְרוֹנָם לִבְרָכָה "אֵין אָדָם מֵת וַחֲצִי תַּאֲוָתוֹ בְּיָדוֹ" (רבה קהלת א' י"ג). וְאָמְנָם עִיקַּר הַתַּאֲוָה פּוֹנֶה לִשְׁנֵי רָאשִׁים: הָאֶחָד הוּא הַמָּמוֹן, וְהַשֵּׁנִי הוּא הַכָּבוֹד. שְׁנֵיהֶם כְּאֶחָד רָעִים מְאֹד וְגוֹרְמִים לָאָדָם רָעוֹת רַבּוֹת.

הִנֵּה חֶמְדַּת הַמָּמוֹן: הִיא הָאוֹסֶרֶת אוֹתוֹ בְּמַאֲסַר הָעוֹלָם, וְנוֹתֶנֶת עֲבוֹתוֹת הֶעָמָל וְהָעֵסֶק עַל זְרוֹעוֹתָיו, כְּעִנְיַן הַכָּתוּב "אֹהֵב כֶּסֶף לֹא יִשְׂבַּע כֶּסֶף" (קהלת ה' ט'). הִיא הַמְסִירָה אוֹתוֹ מִן הָעֲבוֹדָה, כִּי הִנֵּה כַּמָּה תְּפִילּוֹת נֶאֱבָדוֹת וְכַמָּה מִצְוֹת נִשְׁכָּחוֹת מִפְּנֵי רוֹב הָעֵסֶק וִיגִיעַת הֲמוֹן הַסְּחוֹרָה – כָּל שֶׁכֵּן תַּלְמוּד תּוֹרָה. וּכְבָר אָמְרוּ זִכְרוֹנָם לִבְרָכָה "'לֹא מֵעֵבֶר לַיָּם הִיא' (דברים ל' י"ג) – בְּאוֹתָם שֶׁהוֹלְכִים מֵעֵבֶר לַיָּם בִּסְחוֹרָה" (עירובין נ"ה א'), וְכֵן שָׁנִינוּ "לֹא כָּל הַמַּרְבֶּה בִּסְחוֹרָה מַחְכִּים" (אבות ב' ה').

---

* קנאה היא תחושה לא רציונלית, שבה אדם חש צער לא מפני שהזיקו לו אלא מפני שעינו צרה באחר. בעבודה יסודית ופרטנית ניתן להגיע לצמצום הקנאה, בעיקר באמצעות שליטה במחשבות (ראו מידת "הטהרה" לקמן).

הִיא הַמּוֹסֶרֶת אוֹתוֹ לְסַכָּנוֹת רַבּוֹת וּמַתֶּשֶׁת אֶת כֹּחוֹ בְּרוֹב הַדְּאָגָה, אֲפִילּוּ אַחֲרֵי הַשִּׂיגוֹ הַרְבֵּה, וְכֵן שָׁנִינוּ (אבות ב׳ ז׳) "מַרְבֶּה נְכָסִים מַרְבֶּה דְאָגָה".

הִיא הַמַּעֲבֶרֶת פְּעָמִים רַבּוֹת עַל מִצְוֹת הַתּוֹרָה וַאֲפִילּוּ עַל חוּקּוֹת הַשֵּׂכֶל הַטִּבְעִיִּים.

יְתֵרָה עָלֶיהָ חֶמְדַּת הַכָּבוֹד: כִּי כְּבָר הָיָה אֶפְשָׁר שֶׁיִּכְבּוֹשׁ הָאָדָם אֶת יִצְרוֹ עַל הַמָּמוֹן וְעַל שְׁאָר הַהֲנָאוֹת, אַךְ הַכָּבוֹד הוּא הַדּוֹחֵק, כִּי אִי אֶפְשָׁר לוֹ לִסְבּוֹל וְלִרְאוֹת אֶת עַצְמוֹ פָּחוּת מֵחֲבֵירָיו, וְעַל דָּבָר זֶה נִכְשְׁלוּ רַבִּים וְנֶאֶבְדוּ. הִנֵּה יָרָבְעָם בֶּן נְבָט לֹא נִטְרַד מֵהָעוֹלָם הַבָּא אֶלָּא בַּעֲבוּר הַכָּבוֹד, הוּא מַה שֶּׁאָמְרוּ זִכְרוֹנָם לִבְרָכָה "תְּפָסוֹ הַקָּדוֹשׁ בָּרוּךְ הוּא בְּבִגְדוֹ, וְאָמַר לוֹ:

'חֲזוֹר בָּךְ, וַאֲנִי וְאַתָּה וּבֶן יִשַׁי נְטַיֵּל בְּגַן עֵדֶן',
אָמַר לוֹ – 'מִי בָּרֹאשׁ?'
אָמַר לוֹ – 'בֶּן־יִשַׁי בָּרֹאשׁ'.
אָמַר לוֹ – 'אִי הָכֵי לָא בָּעִינָא'" (סנהדרין ק״ב א׳).

מִי גָּרַם לְקֹרַח שֶׁיֹּאבַד הוּא וְכָל עֲדָתוֹ עִמּוֹ? אֶלָּא מִפְּנֵי הַכָּבוֹד, וּמִקְרָא מָלֵא הוּא "וּבִקַּשְׁתֶּם גַּם כְּהֻנָּה" (במדבר ט״ז י׳). וַחֲכָמֵינוּ זִכְרוֹנָם לִבְרָכָה (רבה במדבר י״ח ב׳) הִגִּידוּ לָנוּ, כִּי כָּל זֶה נִמְשַׁךְ מִפְּנֵי שֶׁרָאָה אֱלִיצָפָן בֶּן עוּזִּיאֵל נָשִׂיא, וְהָיָה רוֹצֶה לִהְיוֹת הוּא נָשִׂיא בִּמְקוֹמוֹ. הוּא שֶׁגָּרַם לְפִי דַּעַת חֲכָמֵינוּ זִכְרוֹנָם לִבְרָכָה (זהר ג׳ קנ״ח א׳) אֶל הַמְרַגְּלִים שֶׁיּוֹצִיאוּ דִּבָּה עַל הָאָרֶץ, וְגָרְמוּ מִיתָה לָהֶם וּלְכָל דּוֹרָם מִיִּרְאָתָם פֶּן יִמְעַט כְּבוֹדָם בִּכְנִיסַת הָאָרֶץ, שֶׁלֹּא יִהְיוּ הֵם נְשִׂיאִים לְיִשְׂרָאֵל וְיַעַמְדוּ אֲחֵרִים בִּמְקוֹמָם.

עַל מָה הִתְחִיל שָׁאוּל לֶאֱרוֹב אֶל דָּוִד? אֶלָּא מִפְּנֵי הַכָּבוֹד, שֶׁנֶּאֱמַר "וַתַּעֲנֶינָה הַנָּשִׁים הַמְשַׂחֲקוֹת וַתֹּאמַרְןָ, הִכָּה שָׁאוּל וְכוּ׳ וַיְהִי שָׁאוּל עוֹיֵן אֶת דָּוִד מֵהַיּוֹם הַהוּא וָהָלְאָה" (שמואל א. י״ח ז׳–ט׳).

מִי גָרַם לוֹ לְיוֹאָב שֶׁיָּמִית אֶת עֲמָשָׂא? אֶלָּא הַכָּבוֹד. שֶׁאָמַר לוֹ דָוִד "אִם לֹא שַׂר צָבָא תִּהְיֶה לְפָנַי כָּל הַיָּמִים" (שמואל ב, י"ט ד').

כְּלָלוֹ שֶׁל דָּבָר, הַכָּבוֹד הוּא הַדּוֹחֵק אֶת לֵב הָאָדָם יוֹתֵר מִכָּל הַתְּשׁוּקוֹת וְהַחֶמְדּוֹת שֶׁבָּעוֹלָם. אִלּוּלֵי זֶה כְּבָר הָיָה הָאָדָם מִתְרַצֶּה לֶאֱכֹל מַה שֶּׁיּוּכַל, לִלְבֹּשׁ מַה שֶּׁיְּכַסֶּה עֶרְוָתוֹ, וְלִשְׁכּוֹן בְּבַיִת שֶׁתַּסְתִּירֵהוּ מִן הַפְּגָעִים. וְהָיְתָה פַּרְנָסָתוֹ קַלָּה עָלָיו, וְלֹא הָיָה צָרִיךְ לְהִתְיַגֵּעַ לְהַעֲשִׁיר כְּלָל. אֶלָּא שֶׁלְּבִלְתִּי רְאוֹת עַצְמוֹ שָׁפָל וּפָחוּת מֵרֵיעָיו – מַכְנִיס עַצְמוֹ בַּעֲבִי הַקּוֹרָה הַזֹּאת וְאֵין קֵץ לְכָל עֲמָלוֹ. עַל כֵּן אָמְרוּ רַבּוֹתֵינוּ זִכְרוֹנָם לִבְרָכָה "הַקִּנְאָה וְהַתַּאֲוָה וְהַכָּבוֹד מוֹצִיאִין אֶת הָאָדָם מִן הָעוֹלָם" (אבות ד' כ"א).

וְהִזְהִירוּנוּ "אַל תְּבַקֵּשׁ גְּדֻלָּה וְאַל תַּחְמֹד כָּבוֹד" (אבות ו' ד'). כַּמָּה הֵם שֶׁמִּתְעַנִּים בָּרָעָב וְיַשְׁפִּילוּ אֶת עַצְמָם לְהִתְפַּרְנֵס מִן הַצְּדָקָה – וְלֹא יִתְעַסְּקוּ בִּמְלָאכָה שֶׁלֹּא תִּהְיֶה מְכוּבֶּדֶת בְּעֵינֵיהֶם, מִיִּרְאָתָם פֶּן יִמְעַט כְּבוֹדָם.

הֲיֵשׁ לְךָ הוֹלֵלוּת גָּדוֹל מִזֶּה?

וְיוֹתֵר יִרְצוּ בְּבַטָּלָה הַמְּבִיאָה לִידֵי שִׁעֲמוּם וְלִידֵי זִמָּה וְלִידֵי גָזֵל וְלִידֵי כָּל גּוּפֵי עֲבֵירוֹת, שֶׁלֹּא לְהַשְׁפִּיל מַעֲלָתָם וּלְהַבְזוֹת כְּבוֹדָם הַמְּדוּמֶּה.

וְאָמְנָם חֲכָמֵינוּ זִכְרוֹנָם לִבְרָכָה, אֲשֶׁר הוֹרוּנוּ וְהִדְרִיכוּנוּ תָּמִיד בְּדַרְכֵי הָאֱמֶת, אָמְרוּ "אֱהֹב אֶת הַמְּלָאכָה וּשְׂנָא אֶת הָרַבָּנוּת" (אבות א' י'). וְאָמְרוּ עוֹד "פְּשׁוֹט נְבֵלְתָּא בְּשׁוּקָא וְלָא תֵּימָא, כַּהֲנָא אֲנָא, וְגַבְרָא רַבָּא אֲנָא" (פסחים קי"ג א'). וְאָמְרוּ עוֹד "לְעוֹלָם יַעֲבֹד אָדָם עֲבוֹדָה שֶׁהִיא זָרָה לוֹ וְאַל יִצְטָרֵךְ לַבְּרִיּוֹת" (בבא בתרא ק"י א').*

---

* התאווה והמרדף - אחר כסף או אחר כבוד - הם רעות חולות שמוציאות את האדם מן העולם. ניקוי יסודי שלהן מן הנפש הוא הדרך היחידה להגיע לשלוות נפש. הדברים ניכרים ביותר בדורנו, דור השפע: לרוב בני האדם היום יש תנאים כלכליים וחברתיים שמאפשרים להם לחיות בלי רעב, נזק גופני או חשש מדיכוי. למרות

כְּלַל הַדְּבָרִים, הַכָּבוֹד הוּא מִן הַמִּכְשׁוֹלוֹת הַיּוֹתֵר גְּדוֹלִים אֲשֶׁר לָאָדָם, וְאִי אֶפְשָׁר לוֹ לִהְיוֹת עֶבֶד נֶאֱמָן לְקוֹנוֹ כָּל זְמַן שֶׁהוּא חָס עַל כְּבוֹד עַצְמוֹ, כִּי עַל כָּל פָּנִים יִצְטָרֵךְ לְמַעֵט בִּכְבוֹד שָׁמַיִם מִפְּנֵי סִכְלוּתוֹ זֶה. הוּא מַה שֶּׁאָמַר דָּוִד הַמֶּלֶךְ עָלָיו הַשָּׁלוֹם "וּנְקַלֹּתִי עוֹד מִזֹּאת וְהָיִיתִי שָׁפָל בְּעֵינָי" (שמואל ב׳ ו׳ כ״ב). וְהַכָּבוֹד הָאֲמִיתִּי אֵינוֹ אֶלָּא יְדִיעַת הַתּוֹרָה בֶּאֱמֶת. וְכֵן אָמְרוּ זִכְרוֹנָם לִבְרָכָה "אֵין כָּבוֹד אֶלָּא תּוֹרָה, שֶׁנֶּאֱמַר 'כָּבוֹד חֲכָמִים יִנְחָלוּ'" (אבות ו׳ ג׳), וְזוּלָתָהּ אֵינוֹ אֶלָּא כָּבוֹד מְדוּמֶּה וְכוֹזֵב, הֶבֶל וְאֵין בּוֹ מוֹעִיל. וְרָאוּי הַנָּקִי לְהִנָּקוֹת וּלְהִטָּהֵר מִמֶּנּוּ טָהֳרָה גְּמוּרָה אָז יַצְלִיחַ.

וְהִנֵּה כָּלַלְתִּי עַד הֵנָּה רַבִּים מִפְּרָטֵי הַנְּקִיּוּת, וְזֶה בִּנְיַן אָב לְכָל שְׁאָר הַמִּצְוֹת וְהַמִּדּוֹת כּוּלָּם. "יִשְׁמַע חָכָם וְיוֹסֶף לֶקַח וְנָבוֹן תַּחְבֻּלוֹת יִקְנֶה" (משלי א׳ ה׳).

וְהִנֵּה אֵינֶנִּי יָכוֹל לְהַכְחִישׁ שֶׁיֵּשׁ קְצָת טוֹרַח לָאָדָם לְהַגִּיעַ אֶל הַנְּקִיּוּת הַזֶּה. אַף עַל פִּי כֵן אוֹמֵר אֲנִי שֶׁאֵין צָרִיךְ כָּל כָּךְ כְּמוֹ שֶׁנִּרְאֶה לִכְאוֹרָה, וְהַמַּחֲשָׁבָה בַּדָּבָר הַזֶּה קָשָׁה מִן הַמַּעֲשֶׂה. כִּי כַּאֲשֶׁר יָשִׂים הָאָדָם בְּלִבּוֹ וְיִקְבַּע בִּרְצוֹנוֹ בִּקְבִיעוּת לִהְיוֹת מִבַּעֲלֵי הַמִּדָּה הַטּוֹבָה הַזֹּאת, הִנֵּה בִּמְעַט הֶרְגֵּל שֶׁיַּרְגִּיל עַצְמוֹ בָּזֶה, תָּשׁוּב לוֹ קַלָּה הַרְבֵּה יוֹתֵר מִמַּה שֶּׁהָיָה יָכוֹל לַחְשׁוֹב, וְזֶה דָּבָר שֶׁהַנִּסָּיוֹן יוֹכִיחַ אֲמִיתּוֹ.*

זאת, הם לא בהכרח מאושרים כי הם שקועים כל העת בתאווה, בקנאה ובחלומות על מה שאין להם.

* עיקרה של מידת הנקיות הוא להסב את תשומת הלב לעבודה הפרטנית הנדרשת בתחומים הללו (עבודה שתימשך כל החיים). הכלים כאמור הם: א. הכרה תודעתית שתרסן את המידות השליליות (למשל לא להרהר ברכוש או מעמד חברתי של אחרים וכדומה); ב. התנהגות מעשית שתהדהד חזרה בנפש ותשנה את המידה מיסודה (לא לנהל רמת חיים שמטפחת תאוות חומריות ומעמדיות, וכדומה).

פרק יב

בדרכי קניית הנקיות

הִנֵּה הָאֶמְצָעִי הָאֲמִיתִּי לִקְנוֹת הַנְּקִיּוּת, הִיא הַתְמָדַת הַקְּרִיאָה בְּדִבְרֵי הַחֲכָמִים זִכְרוֹנָם לִבְרָכָה, אִם בְּעִנְיְנֵי הַהֲלָכוֹת וְאִם בְּעִנְיְנֵי הַמּוּסָרִים. כִּי הִנֵּה אַחַר שֶׁכְּבָר הִתְאַמֵּת אֵצֶל הָאָדָם חוֹבַת הַנְּקִיּוּת וְהַצּוֹרֶךְ בּוֹ, אַחַר שֶׁכְּבָר הִשִּׂיג הַזְּהִירוּת וְהַזְּרִיזוּת בַּמֶּה שֶׁנִּתְעַסֵּק בְּדַרְכֵי קְנִיָּתָם, וְהִתְרַחֵק מִמַּפְסִידֵיהֶם, הִנֵּה לֹא יִשָּׁאֲרוּ לוֹ עַתָּה עִיכּוּבִים לִקְנוֹת הַנְּקִיּוּת אֶלָּא יְדִיעַת הַדִּקְדּוּקִים אֲשֶׁר בַּמִּצְוֹת כְּדֵי שֶׁיּוּכַל לִיזָּהֵר בְּכֻלָּם.

וְעַל כֵּן הִנֵּה צָרִיךְ לוֹ בְּהֶכְרֵחַ יְדִיעַת הַהֲלָכוֹת עַל בּוּרְיָם, לָדַעַת עַנְפֵי הַמִּצְוֹת עַד הֵיכָן הֵם מַגִּיעִים. וְגַם לְפִי שֶׁהַשִּׁכְחָה מְצוּיָה בִּדְבָרִים הַדַּקִּים הָאֵלֶּה, הִנֵּה תִּצְטָרֵךְ לוֹ הַתְמָדַת הַקְּרִיאָה בִּסְפָרִים הַמְבָאֲרִים אֵלֶּה הַדִּקְדּוּקִים, לְמַעַן חַדֵּשׁ בְּשִׂכְלוֹ זְכִירָתָם, אָז וַדַּאי שֶׁיִּתְעוֹרֵר לְקַיְּמָם.*

---

* המוטיבציה המרכזית לקניית מידת הנקיות היא לימוד פרטי התורה (הן ברמת החשיבות המוסרית שבפרטים והן בלימוד פרטי ההלכות ממש). לימוד דקדוקי ההלכות על בוריים (וקיומם כמובן), מקנה - מעבר לידע - את המידה הנפשית שאינה מזלזלת בשום פרט, קטן ככל שיהיה.

וְכֵן בְּעִנְיַן הַמִּדּוֹת מוּכְרַחַת לוֹ קְרִיאַת מַאַמְרֵי הַמּוּסָר לַקַּדְמוֹנִים אוֹ לָאַחֲרוֹנִים. כִּי פְּעָמִים רַבּוֹת אֲפִילוּ אַחַר שֶׁיִּקְבַּע הָאָדָם בְּעַצְמוֹ לִהְיוֹת מִן הַמְדַקְדְּקִים הַנְּקִיִּים – אֶפְשָׁר לוֹ שֶׁיֶּאְשַׁם בִּפְרָטִים מִפְּנֵי שֶׁלֹּא הִגִּיעָה יְדִיעָתוֹ בָּהֶם, כִּי אֵין אָדָם נוֹלָד חָכָם, וְאִי אֶפְשָׁר לוֹ לָדַעַת אֶת הַכֹּל. אַךְ בִּקְרִיאַת הַדְּבָרִים יִתְעוֹרֵר בְּמָה שֶׁלֹּא יָדַע, וְיִתְבּוֹנֵן בְּמָה שֶׁלֹּא הִשְׂכִּיל מִתְּחִלָּה וַאֲפִילוּ בְּמָה שֶׁלֹּא יִמְצָא בַּסְּפָרִים עַצְמָם, כִּי בִּהְיוֹת שִׂכְלוֹ נֵעוֹר עַל הַדָּבָר הוֹלֵךְ וּמַשְׁגִּיחַ הוּא עַל כָּל הַצְּדָדִין וּמַמְצִיא עִנְיָנִים חֲדָשִׁים מִמְּקוֹר הָאֱמֶת.

וְאָמְנָם מַפְסִידֵי הַמִּדָּה הַזֹּאת הִנֵּה הֵם כָּל מַפְסִידֵי הַזְּהִירוּת, וְנוֹסָף עֲלֵיהֶם חֶסְרוֹן הַבְּקִיאוּת בִּידִיעַת הַדִּינִים אוֹ הַמּוּסָרִים כְּמוֹ שֶׁכָּתַבְתִּי.*

וּכְבָר אָמְרוּ רַבּוֹתֵינוּ זִכְרוֹנָם לִבְרָכָה "וְלֹא עַם הָאָרֶץ חָסִיד" (אבות ב׳ ה׳), כִּי מִי שֶׁלֹּא יֵדַע – אִי אֶפְשָׁר לוֹ לַעֲשׂוֹת. וְכֵן אָמְרוּ "תַּלְמוּד גָּדוֹל שֶׁהַתַּלְמוּד מֵבִיא לִידֵי מַעֲשֶׂה" (קדושין מ׳ ב׳).

עצה מעשית: קבלו על עצמכם להקדיש כמה דקות ביום ללימוד הלכה יומית. הרווח כאן הוא כפול: תכירו את ההלכה היהודית ותפתחו הרגל של חשיבה פרטנית ומדוקדקת.

* הגורמים שמפריעים לאדם להיות נקי הם – בדומה למפריעי הזהירות – שטף החיים, בידור זול וחברה רעה; אולם כאן מתווספת בורות בדקדוקי ההלכות או בפסיכולוגיה המוסרית, שאינה מאפשרת לנפש להיות מדוקדקת בפרטי המעשים. המסקנות הן שיש להקדיש זמן מסודר ללימודי ההלכה והמוסר, וכמובן לקיים באופן בלתי מתפשר את פרטי ההלכות.

סיכום

נקיות

הגדרה: ירידה לפרטים.

כלים: הקפדה בדיני ממונות, צניעות, כשרות, חברתיות, שבת, גאווה, כעס, קנאה, תאווה על סוגיה השונים.

מוטיבציה: לימוד פרטי התורה.

מפסידים: שטף היום־יום, בידור, חברה רעה, בנוסף לאי ידיעת הלכות ודקדוקים.

דף תכל'ס לשלב הנקיות

המטרה: פיתוח מסוגלות לירידה לפרטים

משימות

- המשיכו בלימוד מוסר יומי.
- הפנימו את הצורך לדחות סיפוקים ואל תשלימו עם הדחפים היצריים שלכם.
- קבעו זמן מוגדר (חמש דקות לפני השינה) לחשבון נפש יומי.
- פעלו בזריזות ובאומץ בתחומים החיוביים שבחייכם וטפחו אופטימיות.
- תרגלו ירידה לפרטים בתחומים יום־יומיים כסידור מיטה וארגון סדר יום.
- הקפידו בדיני כספים, צניעות, כשרות, רגישות לזולת ושמירת שבת.
- קבעו זמן מוגדר ללימוד הלכה.
- התרחקו מבילויים ומחברה שמושכים אתכם לחיים שטחיים וקלילים.

דגשים אישיים

פרישות

פרק יג

בביאור מידת הפרישות

הַפְּרִישׁוּת, הִיא תְּחִלַּת הַחֲסִידוּת. וְתִרְאֶה שֶׁכָּל מַה שֶּׁבֵּיאַרְנוּ עַד עַתָּה הוּא מַה שֶּׁמִּצְטָרֵךְ אֶל הָאָדָם לְשֶׁיִּהְיֶה צַדִּיק. וּמִכָּאן וּלְהַלְאָה הוּא לְשֶׁיִּהְיֶה חָסִיד.

וְנִמְצָא הַפְּרִישׁוּת עִם הַחֲסִידוּת הוּא כְּמוֹ הַזְּהִירוּת עִם הַזְּרִיזוּת, שֶׁזֶּה "בְּסוּר מֵרָע" וְזֶה "בַּעֲשֵׂה טוֹב".

וְהִנֵּה כְּלַל הַפְּרִישׁוּת הוּא מַה שֶּׁאָמְרוּ זִכְרוֹנָם לִבְרָכָה "קַדֵּשׁ עַצְמְךָ בַּמּוּתָּר לָךְ" (יבמות כ׳ א׳), וְזֹאת הִיא הוֹרָאָתָהּ שֶׁל הַמִּלָּה עַצְמָהּ פְּרִישׁוּת. רוֹצֶה לוֹמַר, לִהְיוֹת פּוֹרֵשׁ וּמַרְחִיק עַצְמוֹ מִן הַדָּבָר, וְהַיְינוּ שֶׁאוֹסֵר עַל עַצְמוֹ דְּבַר הֶיתֵּר – וְהַכַּוָּנָה בְּזֶה לְשֶׁלֹּא יִפְגַּע בָּאִיסּוּר עַצְמוֹ. וְהָעִנְיָן, שֶׁכָּל דָּבָר שֶׁיּוּכַל לְהִוָּלֵד מִמֶּנּוּ גְּרָמַת רַע, אַף עַל פִּי שֶׁעַכְשָׁו אֵינוֹ גּוֹרֵם לוֹ, וְכָל שֶׁכֵּן שֶׁאֵינֶנּוּ רַע מַמָּשׁ, יִרְחַק וְיִפְרוֹשׁ מִמֶּנּוּ.

וְהִתְבּוֹנֵן וְתִרְאֶה שֶׁיֵּשׁ כָּאן שָׁלֹשׁ מַדְרֵגוֹת: יֵשׁ הָאִסּוּרִים עַצְמָם. וְיֵשׁ סְיָיגוֹתֵיהֶם – וְהֵם הַגְּזֵירוֹת וְהַמִּשְׁמָרוֹת שֶׁגָּזְרוּ חֲכָמֵינוּ זִכְרוֹנָם לִבְרָכָה עַל כָּל יִשְׂרָאֵל. וְיֵשׁ הַהֶרְחֵקִים שֶׁמּוּטָּל עַל כָּל פָּרוּשׁ וּפָרוּשׁ לַעֲשׂוֹת – לִהְיוֹת

כּוֹנֵס בְּתוֹךְ שֶׁלּוֹ וּבוֹנֶה גְּדָרִים לְעַצְמוֹ, דְּהַיְינוּ, לְהַנִּיחַ מִן הַהֶיתֵּרִים עַצְמָם שֶׁלֹּא נֶאֶסְרוּ לְכָל יִשְׂרָאֵל וְלִפְרוֹשׁ מֵהֶם, כְּדֵי שֶׁיִּהְיֶה מְרוּחָק מִן הָרַע הַרְחֵק גָּדוֹל.*

וְאִם תֹּאמַר, מִנַּיִן לָנוּ לִהְיוֹת מוֹסִיפִים וְהוֹלְכִים בְּאִסּוּרִים, וַהֲרֵי חֲכָמֵינוּ זִכְרוֹנָם לִבְרָכָה אָמְרוּ "לֹא דַּיֶּיךָ מַה שֶּׁאָסְרָה תוֹרָה שֶׁאַתָּה בָא לֶאֱסוֹר עָלֶיךָ דְּבָרִים אֲחֵרִים"? (ירושלמי נדרים כ"ט א'), וַהֲרֵי מַה שֶּׁרָאוּ הַחֲכָמִים זִכְרוֹנָם לִבְרָכָה בְּחָכְמָתָם שֶׁצָּרִיךְ לֶאֱסוֹר וְלַעֲשׂוֹת מִשְׁמֶרֶת כְּבָר עָשׂוּהוּ, וּמַה שֶּׁהִנִּיחוּ עַתָּה לְהֶיתֵּר הוּא מִפְּנֵי שֶׁרָאוּ הֱיוֹתוֹ רָאוּי לְהֶיתֵּר וְלֹא לְאִיסּוּר, וְלָמָּה נְחַדֵּשׁ עַתָּה גְּזֵירוֹת אֲשֶׁר לֹא רָאוּ הֵם לִגְזוֹר אוֹתָם? וְעוֹד, שֶׁאֵין גְּבוּל לַדָּבָר הַזֶּה, וְנִמְצָא אִם כֵּן הָאָדָם שׁוֹמֵם וּמְעוּנֶּה וְלֹא נֶהֱנֶה מִן הָעוֹלָם כְּלָל, וַחֲכָמֵינוּ זִכְרוֹנָם לִבְרָכָה אָמְרוּ שֶׁעָתִיד אָדָם לִיתֵּן דִּין לִפְנֵי הַמָּקוֹם עַל כָּל מַה שֶּׁרָאוּ עֵינָיו וְלֹא רָצָה לֶאֱכוֹל מִמֶּנּוּ, אַף עַל פִּי שֶׁהָיָה מוּתָּר לוֹ וְהָיָה יָכוֹל (ירושלמי קדושין מ"ח ב'), וְאַסְמְכוּהָ אַקְּרָא "וְכֹל אֲשֶׁר שָׁאֲלוּ עֵינַי לֹא אָצַלְתִּי מֵהֶם"? (קהלת ב' י') הַתְּשׁוּבָה הִיא: כִּי הַפְּרִישׁוּת וַדַּאי צָרִיךְ וּמוּכְרָח, וְהִזְהִירוּ עָלָיו הַחֲכָמִים זִכְרוֹנָם לִבְרָכָה. הוּא מַה שֶּׁאָמְרוּ "'קְדֹשִׁים תִּהְיוּ' (ויקרא י"ט ב') – פְּרוּשִׁים תִּהְיוּ" (תורת כהנים).

עוֹד אָמְרוּ "כָּל הַיּוֹשֵׁב בְּתַעֲנִית נִקְרָא קָדוֹשׁ – קַל וָחֹמֶר מִנָּזִיר" (תענית י"א א'). עוֹד אָמְרוּ "'צַדִּיק אוֹכֵל לְשֹׂבַע נַפְשׁוֹ' (משלי י"ג כ"ה) זֶה חִזְקִיָּהוּ מֶלֶךְ יְהוּדָה, שֶׁהָיוּ מַעֲלִים עַל שׁוּלְחָנוֹ שְׁתֵּי לִיטְרִין שֶׁל יָרָק" וְכוּ' (מדרש משלי

---

* "פרישות", כפי שיסביר הרמח"ל להלן, אין כוונתה נזירות ושנאת החיים; התרגום המודרני למידת הפרישות הוא – השתחררות מהתמכרויות. הן מדברים אסורים בפני עצמם והן מסיפוקים שאינם נצרכים, שכאשר הם שולטים באדם, הם הופכים עבורו לאסורים. השחרור מתבצע בשלושה שלבים: א. ריחוק מהאיסור עצמו; ב. שמירה על גדרות ההרחקה שקבעו חז"ל; ג. תוספת אישית של הרחקה המותאמת למידת ההתמכרות.

י״ג. עוֹד אָמְרוּ בְּרַבֵּנוּ הַקָּדוֹשׁ, שֶׁבִּשְׁעַת מִיתָתוֹ זָקַף עֶשֶׂר אֶצְבְּעוֹתָיו וְאָמַר ״גָּלוּי וְיָדוּעַ לְפָנֶיךָ שֶׁלֹּא נֶהֱנֵיתִי מִן הָעוֹלָם הַזֶּה אֲפִילּוּ בְּאֶצְבַּע קְטַנָּה שֶׁלִּי״ (כתובות ק״ד א׳). עוֹד אָמְרוּ ״עַד שֶׁאָדָם מִתְפַּלֵּל עַל דִּבְרֵי תוֹרָה שֶׁיִּכָּנְסוּ בְּתוֹךְ מֵעָיו, יִתְפַּלֵּל עַל אֲכִילָה וּשְׁתִיָּה שֶׁלֹּא יִכָּנְסוּ בְּתוֹךְ מֵעָיו״ (תנא דבי אליהו רבה כ״ו). הֵן כָּל אֵלֶּה מַאֲמָרִים מוֹרִים בְּפֵירוּשׁ צֹרֶךְ הַפְּרִישׁוּת וְהַחוֹבָה בּוֹ. אָמְנָם עַל כָּל פָּנִים צְרִיכִים אָנוּ לְתָרֵץ הַמַּאֲמָרִים הַמּוֹרִים הֵפֶךְ זֶה.

אַךְ הָעִנְיָן הוּא, כִּי וַדַּאי חִילּוּקִים רַבִּים וְעִיקָּרִים יֵשׁ בַּדָּבָר.

יֵשׁ פְּרִישׁוּת שֶׁנִּצְטַוִּינוּ בּוֹ. וְיֵשׁ פְּרִישׁוּת שֶׁהוּזְהַרְנוּ עָלָיו לְבִלְתִּי הִכָּשֵׁל בּוֹ, וְהוּא מַה שֶּׁאָמַר שְׁלֹמֹה הַמֶּלֶךְ עָלָיו הַשָּׁלוֹם ״אַל תְּהִי צַדִּיק הַרְבֵּה״ (קהלת ז׳ ט״ז).*

---

* המקורות הסותרים בתנ״ך ובחז״ל ביחס להנאות העולם הזה, שחלקם מגנים וחלקם משבחים, מאששים את ההדרכה של הרמח״ל: אין רע בהנאות החיים בפני עצמן, השאלה היא כיצד הן משפיעות על נפש האדם: האם הן גורמות לו להתמכר לחומרנות (ואזי הן מגונות) או שהוא מסוגל להשתמש בהן באופן פונקציונלי (ואזי הן משובחות).

הצעה מעשית: לחלק כל פעולה חומרית לשלושה חלקים (ניתן דוגמה מנושא האכילה): א. חלק שלילי שממנו אנו נזהרים (אוכל לא כשר למשל); ב. חלק שהוא בחזקת מותרות (אוכל כשר אבל לא בריא או מוגזם מבחינת מחיר וכו׳); ג. חלק אידאלי (אוכל כשר, בריא, במינון ובצורה הנכונה). אם במידת הזהירות למדנו כיצד להיזהר מחלק א, הרי במידת הפרישות נלמד כיצד שלא לפתח תלות בחלק ב ולהפוך את חלק ג לאורח החיים הקבוע שלנו. אין זה סותר שמדי פעם ״נפנק״ את עצמנו במותרות אולם מעתה לא נהיה תלויים בהם.

כמובן זהו שלב סובייקטיבי מאוד, לכל אחד יש גבול אישי בין מה שהוא אצלו בחזקת הכרח ובין מה שהוא בחזקת מותרות.

וּנְבָאֵר עַתָּה הַפְּרִישׁוּת הַטּוֹב וְנֹאמַר: כִּי הִנֵּה אַחַר שֶׁהִתְבָּאֵר לָנוּ הֱיוֹת כָּל עִנְיְנֵי הָעוֹלָם נִסְיוֹנוֹת לָאָדָם, וּכְמוֹ שֶׁכָּתַבְנוּ כְּבָר לְמַעְלָה וְהוֹכַחְנוּהוּ בִּרְאָיוֹת, וְהִתְאַמֵּת לָנוּ גַּם כֵּן רוֹב חוּלְשַׁת הָאָדָם וְקִרְבַת דַּעְתּוֹ אֶל כָּל הָרָעוֹת, יִתְבָּרֵר בְּהֶכְרֵחַ שֶׁכָּל מַה שֶּׁיּוּכַל הָאָדָם לְהִמָּלֵט מִן הָעִנְיָנִים הָאֵלֶּה רָאוּי שֶׁיַּעֲשֵׂהוּ, כְּדֵי שֶׁיִּהְיֶה נִשְׁמָר יוֹתֵר מִן הָרָעָה אֲשֶׁר בְּרַגְלֵיהֶם. כִּי הִנֵּה, אֵין לְךָ תַּעֲנוּג עוֹלָמִי אֲשֶׁר לֹא יִמְשׁוֹךְ אַחֲרָיו אֵיזֶה חֵטְא בְּעָקֵב. דֶּרֶךְ מָשָׁל, הַמַּאֲכָל וְהַמִּשְׁתֶּה כְּשֶׁנִּיקּוּ מִכָּל אִיסּוּרֵי הָאֲכִילָה הִנֵּה מוּתָּרִים הֵם, אָמְנָם מִלּוּי הַכֶּרֶס מוֹשֵׁךְ אַחֲרָיו פְּרִיקַת הָעוֹל, וּמִשְׁתֵּה הַיַּיִן מוֹשֵׁךְ אַחֲרָיו הַזְּנוּת וּשְׁאָר מִינִים רָעִים. כָּל שֶׁכֵּן, שֶׁבִּהְיוֹת הָאָדָם מַרְגִּיל עַצְמוֹ לִשְׂבּוֹעַ מֵאֲכִילָה וּשְׁתִיָּה, הִנֵּה אִם פַּעַם אַחַת יֶחְסַר לוֹ רְגִילוּתוֹ – יִכְאַב לוֹ וְיַרְגִּישׁ מְאֹד. וּמִפְּנֵי זֶה נִמְצָא הוּא מַכְנִיס עַצְמוֹ בְּתוֹקֶף עֲמַל הַסְּחוֹרָה וִיגִיעַת הַקִּנְיָן לְשֶׁתִּהְיֶה שֻׁלְחָנוֹ עֲרוּכָה כִּרְצוֹנוֹ. וּמִשָּׁם נִמְשָׁךְ אֶל הֶעָוֶל וְהַגָּזֵל, וּמִשָּׁם אֶל הַשְּׁבוּעוֹת וְכָל שְׁאָר הַחֲטָאִים הַבָּאִים אַחַר זֶה, וּמֵסִיר עַצְמוֹ מִן הָעֲבוֹדָה וּמִן הַתּוֹרָה וּמִן הַתְּפִלָּה. מַה שֶּׁהָיָה נִפְטָר מִכָּל זֶה לוּ מִתְּחִלָּתוֹ לֹא מָשַׁךְ עַצְמוֹ בַּהֲנָאוֹת אֵלֶּה.

וּכְעִנְיָן זֶה אָמְרוּ בְּעִנְיַן בֵּן סוֹרֵר וּמוֹרֶה "הִגִּיעָה תּוֹרָה לְסוֹף דַּעְתּוֹ" וְכוּ׳ (סנהדרין ע״ב א׳). וְכֵן עַל עִנְיַן הַזְּנוּת אָמְרוּ "כָּל הָרוֹאֶה סוֹטָה בְּקִלְקוּלָהּ יַזִּיר עַצְמוֹ מִן הַיַּיִן" (סוטה ב׳ א׳). וְתִרְאֶה כִּי זֹאת הִיא תַּחְבּוּלָה גְּדוֹלָה לָאָדָם לְמַעַן הִנָּצֵל מִיִּצְרוֹ, כִּי כֵּיוָן שֶׁבִּהְיוֹתוֹ בְּפֶרֶק הָעֲבֵירָה, קָשֶׁה עָלָיו לְנַצְּחוֹ וְלִכְבּוֹשׁ אוֹתוֹ, עַל כֵּן צָרִיךְ שֶׁבְּעוֹדֶנּוּ רָחוֹק מִמֶּנָּה יַשְׁאִיר עַצְמוֹ רָחוֹק, כִּי אָז יִהְיֶה קָשֶׁה לַיֵּצֶר לְקָרְבוֹ אֵלֶיהָ.

הִנֵּה הַבְּעִילָה עִם אִשְׁתּוֹ מוּתֶּרֶת הִיא הֶיתֵּר גָּמוּר, אָמְנָם כְּבָר תִּיקְּנוּ טְבִילָה לְבַעֲלֵי קֶרִיִּין שֶׁלֹּא יִהְיוּ תַּלְמִידֵי חֲכָמִים מְצוּיִּים אֵצֶל נְשֵׁיהֶם כְּתַרְנְגוֹלִים (ברכות כ״ב ב׳), לְפִי שֶׁאַף עַל פִּי שֶׁהַמַּעֲשֶׂה עַצְמוֹ מוּתָּר, אָמְנָם כְּבָר הוּא מַטְבִּיעַ בְּעַצְמוֹ שֶׁל הָאָדָם הַתַּאֲוָה הַזֹּאת, וּמִשָּׁם יָכוֹל לִימָּשֵׁךְ אֶל הָאִיסּוּר, וּכְמַאֲמָרָם רַבּוֹתֵינוּ זִכְרוֹנָם לִבְרָכָה "אֵבֶר קָטָן יֵשׁ בָּאָדָם. מַשְׂבִּיעוֹ – רָעֵב, מַרְעִיבוֹ – שָׂבֵעַ" (סנהדרין ק״ז א׳). וְלֹא עוֹד, אֶלָּא שֶׁאֲפִילוּ

בְּשָׁעָה הָרְאוּיָה וְהָעֵת הֶהָגוּן, אָמְרוּ עַל רַבִּי אֱלִיעֶזֶר שֶׁהָיָה מְגַלֶּה טֶפַח וּמְכַסֶּה טְפָחַיִים וְדוֹמֶה לְמִי שֶׁכְּפָאוֹ שֵׁד, כְּדֵי שֶׁלֹּא לֵיהָנוֹת אֲפִילּוּ בִּשְׁעַת הֲנָאָתוֹ" (נדרים כ׳ ב׳).

הַמַּלְבּוּשִׁים וְהַקִּשּׁוּטִים – לֹא הִזְהִירָה הַתּוֹרָה עַל יָפִים אוֹ עַל תַּבְנִיתָם, אֶלָּא שֶׁלֹּא יִהְיֶה בָּהֶם כִּלְאַיִם וְיִהְיֶה בָּהֶם צִיצִית, וְאָז כֻּלָּם מוּתָּרִים. אָמְנָם מִי לֹא יֵדַע שֶׁמַּלְבִּישַׁת הַפְּאֵר וְהָרִקְמָה תַּמְשִׁיךְ הַגַּאֲוָה? וְגַם הַזְּנוּת יְגַבֵּל בָּהּ, מִלְּבַד הַקִּנְאָה וְהַתַּאֲוָה וְהָעוֹשֶׁק הַנִּמְשָׁכִים מִכָּל מַה שֶּׁהוּא יָקָר עַל הָאָדָם לְהַשִּׂיגוֹ. וּכְבָר אָמְרוּ זִכְרוֹנָם לִבְרָכָה כֵּיוָן שֶׁרוֹאֶה הַיֵּצֶר, אָדָם שֶׁתּוֹלֶה בַּעֲקֵבוֹ, מְמַשְׁמֵשׁ בִּבְגָדָיו, וּמְסַלְסֵל בִּשְׂעָרוֹ, אוֹמֵר, זֶה שֶׁלִּי (ע״פ בראשית רבה כ״ב ו׳).

הַטִּיּוּל וְהַדִּבּוּר אִם אֵינוֹ בִּדְבַר אִיסּוּר וַדַּאי, דִּין תּוֹרָה מוּתָּר הוּא, אָמְנָם כַּמָּה בִּיטּוּל תּוֹרָה נִמְשָׁךְ מִמֶּנּוּ? כַּמָּה מִן הַלָּשׁוֹן הָרָע? כַּמָּה מִן הַשְּׁקָרִים? כַּמָּה מִן הַלֵּיצָנוּת? וְאוֹמֵר "בְּרֹב דְּבָרִים לֹא יֶחְדַּל פָּשַׁע" (משלי י׳ י״ט).*

---

* הרמח״ל מדגים מספר התמכרויות חומריות שיש להשתחרר מהן: אכילה, יצריות מינית ומשיכה לאסתטיקה הן צורכי חיים לגיטימיים, אולם בעת שבה אדם מגזים בהן ומפתח כלפיהן תלות שמשבשת את האיזון בחייו – אזי נדרשת ביחס אליהן מידת הפרישות, כפי שיוסבר בפרק הבא.

אפשר לחשוב על דוגמאות מעשיות לפרישות גם בימינו. למשל, ניתן לבחור שניים־שלושה תחומים שבהם יש לנו חולשה מיוחדת (כדאי לגוון בהם עם הזמן) ולתרגל בהם דחיית סיפוקים.

קפה בבוקר – אם אתם ׳מכורים׳ לכוס הקפה של הבוקר, קבלו על עצמכם לוותר עליה פעם בשבוע. גם להשאיר מעט אוכל בצלחת בסוף הארוחה יכול לעזור בתרגול דחיית סיפוקים.

מסכים – אם אתם מרגישים שצריכת האינטרנט או השימוש בטלפון הנייד מוגזמים, קבעו לעצמכם כללים: לדוגמה, לבדוק

כְּלַל הַדָּבָר, כֵּיוָן שֶׁכָּל עִנְיְנֵי הָעוֹלָם אֵינָם אֶלָּא סַכָּנוֹת עֲצוּמוֹת, אֵיךְ לֹא יְשׁוּבַּח מִי שֶׁיִּרְצֶה לִימָּלֵט מֵהֶם, וּמִי שֶׁיַּרְבֶּה לְהַרְחִיק מֵהֶם?!

זֶהוּ עִנְיַן הַפְּרִישׁוּת הַטּוֹב שֶׁלֹּא יִקַּח מִן הָעוֹלָם בְּשׁוּם שִׁימּוּשׁ שֶׁהוּא מִשְׁתַּמֵּשׁ מִמֶּנּוּ אֶלָּא מַה שֶּׁהוּא מוּכְרָח בּוֹ מִפְּנֵי הַצּוֹרֶךְ אֲשֶׁר לוֹ בְּטִבְעוֹ אֵלָיו.

הוּא מַה שֶּׁהִשְׁתַּבַּח רַבִּי בְּמַאֲמָר שֶׁזָּכַרְתִּי, שֶׁלֹּא נֶהֱנָה מִן הָעוֹלָם הַזֶּה אֲפִילוּ בְּאֶצְבַּע קְטַנָּה עִם הֱיוֹתוֹ נְשִׂיא יִשְׂרָאֵל, וְשׁוּלְחָנוֹ שׁוּלְחַן מְלָכִים בְּהֶכְרֵחַ לִיקַר נְשִׂיאוּתוֹ. וּכְמַאֲמָרָם זִכְרוֹנָם לִבְרָכָה "׳שְׁנֵי גוֹיִם בְּבִטְנֵךְ׳ (בראשית כ״ה כ״ג) – זֶה רַבִּי וְאַנְטוֹנִינוּס שֶׁלֹּא פָּסַק מֵעַל שׁוּלְחָנָם" וְכוּ׳ (עבודה זרה י״א א׳). וְחִזְקִיָּהוּ מֶלֶךְ יְהוּדָה כְּמוֹ כֵן. וּשְׁאָר הַמַּאֲמָרִים שֶׁזָּכַרְתִּי כֻּלָּם מְקַיְּימִים וּמוֹרִים שֶׁיֵּשׁ לָאָדָם לִפְרוֹשׁ מִכָּל מַה שֶּׁהוּא תַּעֲנוּג עוֹלָמִי, לְמַעַן לֹא יִפּוֹל בְּסַכָּנָתוֹ.

וְאִם תִּשְׁאַל וְתֹאמַר, אִם כֵּן אֵיפוֹא, שֶׁזֶּה דָּבָר מִצְטָרֵךְ וּמוּכְרָח, לָמָּה לֹא גָּזְרוּ עָלָיו הַחֲכָמִים, כְּמוֹ שֶׁגָּזְרוּ עַל הַסְּיָיגוֹת וְתַקָּנוֹת שֶׁגָּזְרוּ? הִנֵּה הַתְּשׁוּבָה מְבוֹאֶרֶת וּפְשׁוּטָה – כִּי לֹא גָּזְרוּ חֲכָמִים גְּזֵרָה אֶלָּא אִם כֵּן רוֹב הַצִּיבּוּר יְכוֹלִים לַעֲמוֹד בָּהּ, וְאֵין רוֹב הַצִּיבּוּר יְכוֹלִים לִהְיוֹת חֲסִידִים, אֲבָל דַּי לָהֶם שֶׁיִּהְיוּ צַדִּיקִים. אַךְ הַשְּׂרִידִים אֲשֶׁר בָּעָם, הַחֲפֵצִים לִזְכּוֹת לְקִרְבָתוֹ יִתְבָּרַךְ וּלְזַכּוֹת בִּזְכוּתָם לְכָל שְׁאָר הֶהָמוֹן הַנִּתְלֶה בָּם, לָהֶם מַגִּיעַ לְקַיֵּים מִשְׁנַת חֲסִידִים אֲשֶׁר לֹא יָכְלוּ לְקַיֵּים הָאֲחֵרִים, הֵם הֵם סִדְרֵי הַפְּרִישׁוּת הָאֵלֶּה. כִּי בָזֶה בָּחַר ה׳, שֶׁכֵּיוָן שֶׁאִי אֶפְשָׁר לָאוּמָּה שֶׁתִּהְיֶה כֻּלָּהּ שָׁוָה בְּמַעֲלָה אַחַת, כִּי יֵשׁ בָּעָם מַדְרֵיגוֹת מַדְרֵיגוֹת, אִישׁ לְפִי שִׂכְלוֹ, הִנֵּה לְפָחוֹת יְחִידֵי סְגוּלָּה יִמָּצְאוּ אֲשֶׁר יָכִינוּ אֶת עַצְמָם הֲכָנָה גְמוּרָה, וְעַל יְדֵי

הודעות רק בשעה מוגדרת ביום או להימנע מהשארת הטלפון הנייד ליד המיטה לפני השינה וכדומה.

מקלחת (למיטיבי לכת) - התקלחו מדי פעם במים קרים ולא רק במים חמים.

הַמּוּכָנִים יִזְכּוּ גַּם הַבִּלְתִּי מוּכָנִים אֶל אַהֲבָתוֹ יִתְבָּרֵךְ וְהַשְׁרָאַת שְׁכִינָתוֹ, כְּעִנְיַן שֶׁדָּרְשׁוּ זִכְרוֹנָם לִבְרָכָה בְּאַרְבָּעָה מִינִים שֶׁבַּלּוּלָב "יָבוֹאוּ אֵלֶּה וִיכַפְּרוּ עַל אֵלֶּה" (ויקרא רבה ל׳ י״א).

וּכְבָר מָצָאנוּ לְאֵלִיָּהוּ זָכוּר לְטוֹב שֶׁאָמַר לְרַבִּי יְהוֹשֻׁעַ בֶּן לֵוִי בְּמַעֲשֶׂה דְּעוּלָּא בַּר קוֹשֵׁב כְּשֶׁהֱשִׁיבוֹ 'וְלֹא מִשְׁנָה הִיא?' אַף הוּא אָמַר לוֹ 'וְכִי מִשְׁנַת חֲסִידִים הִיא?' (ע״פ ירושלמי תרומות מ״ז א׳).*

אַךְ הַפְּרִישׁוּת הָרַע הוּא כְּדֶרֶךְ הַגּוֹיִם הַסְּכָלִים, אֲשֶׁר לֹא דַּי שֶׁאֵינָם לוֹקְחִים מִן הָעוֹלָם מַה שֶּׁאֵין לָהֶם הֶכְרֵחַ בּוֹ, אֶלָּא שֶׁכְּבָר יִמְנְעוּ מֵעַצְמָם גַּם אֶת הַמּוּכְרָח, וְיִיסְּרוּ גּוּפָם בְּיִסּוּרִין וּדְבָרִים זָרִים אֲשֶׁר לֹא חָפֵץ בָּהֶם ה׳ כְּלָל, אֶלָּא אַדְּרַבָּה חֲכָמִים אָמְרוּ "אָסוּר לָאָדָם שֶׁיְּסַגֵּף עַצְמוֹ" (תענית כ״ב ב׳). וּבְעִנְיַן הַצְּדָקָה אָמְרוּ "כָּל מִי שֶׁצָּרִיךְ לִטּוֹל וְאֵינוֹ נוֹטֵל, הֲרֵי זֶה שׁוֹפֵךְ דָּמִים" (ירושלמי פאה ל״ז ב׳). וְכֵן אָמְרוּ "'לְנֶפֶשׁ חַיָּה' – נְשָׁמָה שֶׁנָּתַתִּי בְּךָ הַחֲיֵה אוֹתָהּ" (תענית כ״ב ב׳), וְאָמְרוּ "כָּל הַיּוֹשֵׁב בְּתַעֲנִית נִקְרָא חוֹטֵא" (תענית י״א א׳). וְהֶעֱמִידוּהָ בִּדְלָא מָצֵי מְצַעֵר נַפְשֵׁיהּ. וְהִלֵּל הָיָה אוֹמֵר "גּוֹמֵל נַפְשׁוֹ אִישׁ חָסֶד" (משלי י״א י״ז), עַל אֲכִילַת הַבֹּקֶר, וְהָיָה רוֹחֵץ פָּנָיו וְיָדָיו לִכְבוֹד קוֹנוֹ, קַל וָחֹמֶר מִדְּיוֹקְנָאוֹת הַמְּלָכִים (ויקרא רבא ל״ד ג׳).

הֲרֵי לְךָ הַכְּלָל הָאֲמִיתִּי: שֶׁכָּל מַה שֶּׁאֵינוֹ מוּכְרָח לָאָדָם בְּעִנְיְנֵי הָעוֹלָם הַזֶּה – רָאוּי לוֹ שֶׁיִּפְרוֹשׁ מֵהֶם. וְכָל מַה שֶּׁהוּא מוּכְרָח לוֹ מֵאֵיזֶה טַעַם

* פרישות כאמור היא השימוש הפונקציונלי והמדויק בצורכי העולם הזה, אולם הסיבה שהדרכה זו איננה מעוגנת כהדרכה לרבים (ומופיעה בשלב מתקדם יחסית במסילת ישרים), היא מפני שהיא סובייקטיבית ומשתנה מאדם לאדם. לכל אחד ואחת יש את המינון שבו הנאות הגוף והנפש נצרכות לו באופן קיומי, ברגע שהמינון חוצה אצלו את הסף – אזי המצב מוגדר כתאווה והתמכרות. משום כך, ההכרעה מתי ואיך לפרוש, נתונה אך ורק בידיו של האדם עצמו.

שֶׁיִּהְיֶה, כֵּיוָן שֶׁהוּא מוּכְרָח לוֹ - אִם הוּא פּוֹרֵשׁ מִמֶּנּוּ, הֲרֵי זֶה חוֹטֵא. הִנֵּה זֶה כְּלָל נֶאֱמָן.

אַךְ מִשְׁפַּט הַפְּרָטִים עַל פִּי הַכְּלָל הַזֶּה, אֵינוֹ מָסוּר אֶלָּא אֶל שִׁיקּוּל הַדַּעַת "וּלְפִי שִׂכְלוֹ יְהוּלַּל אִישׁ" (משלי י״ב ח׳), כִּי אִי אֶפְשָׁר לְקַבֵּץ כָּל הַפְּרָטִים, כִּי רַבִּים הֵם, וְאֵין שֵׂכֶל הָאָדָם יָכוֹל לְהַקִּיף עַל כֻּלָּם אֶלָּא דָּבָר דָּבָר בְּעִתּוֹ.*

---

* כאמור, בעת שאדם מצמצם ודוחק את תנאי החיים הנדרשים לו, הוא נכנס בגדר של "פרישות רעה" שלטווח קצר מעניקה סיפוק, אולם לטווח ארוך מפרה את איזון החיים, ולא תחזיק מעמד. ראוי לציין שהדגש החינוכי בדבר "פרישות רעה וטובה", משתנה מדור לדור: אם במאה התשע עשרה ובמחצית המאה העשרים הייתה נטייה לפרישות מוגזמת שנדרשה לעידון; הרי שבמאה העשרים ואחת, בתרבות נהנתנית ופוסט־מודרנית שאינה מאמינה בדחיית סיפוקים, ראוי אולי לאמץ מחדש את "שרידי הפרישות". העיקרון של המינון הסובייקטיבי נותר בעינו, אולם בדגש החינוכי הכללי - המטוטלת אמורה לנטות מעט יותר לכיוון דחיית הסיפוקים, ופחות לכיוון ויתור לעצמי.

פרק יד

ביאור חלקי הפרישות

חֶלְקֵי הַפְּרִישׁוּת הָרָאשִׁיִּים שְׁלֹשָׁה: כִּי הִנֵּה יֵשׁ פְּרִישׁוּת בַּהֲנָאוֹת. פְּרִישׁוּת בְּדִינִים. פְּרִישׁוּת בְּמִנְהָגִים.

הַפְּרִישׁוּת בַּהֲנָאוֹת: הוּא מַה שֶׁהִזְכַּרְנוּ בַּפֶּרֶק הַקּוֹדֵם, דְּהַיְינוּ שֶׁלֹּא לָקַחַת מִדִּבְרֵי הָעוֹלָם אֶלָּא מַה שֶּׁהַצּוֹרֶךְ יַכְרִיחַ. וְדָבָר זֶה יַקִּיף עַל כָּל מַה שֶּׁהוּא תַּעֲנוּג לְאֶחָד מִן הַחוּשִׁים, וְהַיְינוּ: בְּמַאֲכָלוֹת, בִּבְעִילוֹת, בְּמַלְבּוּשִׁים, בְּטִיּוּלִים, בִּשְׁמוּעוֹת, וְכָל כַּיּוֹצֵא בָּזֶה, רַק בַּיָּמִים שֶׁהָעוֹנֶג בָּהֶם מִצְוָה.*

וְהַפְּרִישׁוּת בַּדִּינִים הוּא לְהַחֲמִיר בָּהֶן תָּמִיד לָחוּשׁ אֲפִילּוּ לְדִבְרֵי יָחִיד בְּמַחֲלוֹקוֹת אִם טַעְמוֹ נִרְאֶה אֲפִילּוּ שֶׁאֵין הֲלָכָה כְּמוֹתוֹ, וּבִתְנַאי שֶׁלֹּא יִהְיֶה חוּמְרוֹ – קוּלּוֹ. וּלְהַחֲמִיר בִּסְפֵיקוֹת אֲפִילּוּ בְּמָקוֹם שֶׁאֶפְשָׁר לְהָקֵל

---

* הכלי הראשון לעיצוב מידת הפרישות בנפש הוא קביעת סטנדרט של רמת חיים סבירה, כל אחד בהתאם לצרכיו ולתרבות בה הוא חי; ואז להוריד סטנדרט קטן נוסף. ניתן להציג זאת בנוסחה הבאה:

בָּהֶם. וּכְבָר בֵּיאֲרוּ לָנוּ חֲכָמֵינוּ זִכְרוֹנָם לִבְרָכָה מַאֲמַר יְחֶזְקֵאל "'הִנֵּה נַפְשִׁי לֹא מְטוּמָּאָה'... (יחזקאל ד' י"ד) שֶׁלֹּא אָכַלְתִּי מִבְּהֵמָה שֶׁהוֹרָה בָהּ

רמת חיים ממוצעת ביחס לתרבות הנוכחית (1-) + שמירה מדוקדקת של גבולות ההלכה = מידת הפרישות

למשל, כאשר אנו רוכשים רכב, אין הכוונה שניסע בכרכרה או ברכב מקרטע, אך מנגד, רכב יוקרה הוא בגדר מותרות (אלא אם כן יש בכך צורך ייחודי לצורכי עבודה וכדומה). הפתרון הוא לרכוש רכב ממוצע, בהתאם לרמת החיים המקובלת, ותוך חינוך עצמי למידת הפרישות - להוסיף גם מינוס למשוואה, ויתור קטן, כמו בחירת רכב משנת ייצור קודמת. עיקרון זה נכון גם ביחס לאיכות המזון, הביגוד או הבית שאנו רוכשים.

מידת הפרישות אינה התנזרות, אלא שימוש מדויק ונכון במשאבי העולם הזה, תוך שמירה על מקדם בטיחות שירחיק אותנו מההתמכרות. כך למשל, ויתור יזום מדי פעם על כוס הקפה של הבוקר או ויתור על שנת הצוהריים, אף הם בגדר עבודה על מידת הפרישות. כל אחד מכיר את צרכיו ואת התמכרויותיו, ועליו לעצב לעצמו עבודה מוסרית בהתאם.

ארוחת בוקר שגרתית, לפי מידת הפרישות, תהיה כמובן מורכבת ממזון כשר, לא גנוב וכדומה, אך גם תהיה סבירה ביחס לתרבות שלנו (למשל, סלט, חביתה ומעדן) ולא ארוחת גורמה. כדי לתרגל פרישות, אפשר להשאיר מעט בצלחת ולא לסיים עד תום.

לסיכום, מידת הפרישות אינה סיגוף, אלא העמדת רף שיאפשר לנו לחיות ללא תלות והתמכרות בצדדים הגופניים של חיינו.

להרחבה בנושא חפשו ביוטיוב: "רמת חיים כלכלית מבחינה אמונית" - הרב חגי לונדין.

חָכָם, וְלֹא אָכַלְתִּי מִבְּשַׂר כּוֹס כּוֹס" (חולין מ"ד ב'). וְהִנֵּה כָּל זֶה מוּתָּר הוּא מִן הַדִּין וַדַּאי אֶלָּא אִיהוּ דְּאַחְמִיר אַנַּפְשֵׁיהּ.

וּכְבָר זָכַרְתִּי לְמַעְלָה שֶׁאֵין לִלְמוֹד מִמַּה שֶּׁהוּתַּר עַל כָּל יִשְׂרָאֵל – לַפְּרוּשִׁים, שֶׁיֵּשׁ לָהֶם לְהַרְחִיק מִן הַכִּיעוּר וּמִן הַדּוֹמֶה לוֹ, וּמִן הַדּוֹמֶה לַדּוֹמֶה. וְכֵן אָמַר מַר עוּקְבָא "אֲנָא בְּהַאי מִלְּתָא חַלָּא בַּר חַמְרָא לְגַבֵּי אַבָּא, דְּאִלּוּ אַבָּא כַּד אָכֵל בִּשְׂרָא הָאִידְנָא לָא הֲוֵה אָכֵל גְּבִינָה עַד לְמָחָר כִּי הַשְׁתָּא. וַאֲנָא בְּהַאי סְעוּדְתָא לָא אָכֵילְנָא – בִּסְעוּדְתָא אַחֲרִיתָא אָכֵילְנָא" (חולין ק"ה א'). וּבְוַדַּאי שֶׁאֵין פְּסַק הַהֲלָכָה כְּמוֹ שֶׁהָיָה אָבִיו עוֹשֶׂה, שֶׁאִם לֹא כֵן לֹא הָיָה מַר עוּקְבָא עוֹשֶׂה נֶגֶד זֶה, אֶלָּא שֶׁאָבִיו מַחְמִיר הָיָה בִּפְרִישׁוּתוֹ וּלְכָךְ הָיָה מַר עוּקְבָא קוֹרֵא עַצְמוֹ "חַלָּא בַּר חַמְרָא" לְפִי שֶׁלֹּא הָיָה פּוֹרֵשׁ כָּל כָּךְ כָּמוֹהוּ.*

וְהַפְּרִישׁוּת בְּמִנְהָגִים: הוּא הַהִתְבּוֹדְדוּת, וְהַהִבָּדֵל מִן הַחֶבְרָה הַמְּדִינִית – לְפַנּוֹת לִבּוֹ אֶל הָעֲבוֹדָה וְהַהִתְבּוֹנְנוּת בָּהּ כָּרָאוּי. וּבִתְנַאי שֶׁלֹּא יִטֶּה גַּם בָּזֶה אֶל הַקָּצֶה הָאַחֵר, שֶׁכְּבָר אָמְרוּ זִכְרוֹנָם לִבְרָכָה "לְעוֹלָם תְּהֵא דַּעְתּוֹ שֶׁל אָדָם מְעֹרֶבֶת עִם הַבְּרִיּוֹת" (כתובות י"ז א'), וְכֵן אָמְרוּ "'חֶרֶב אֶל הַבַּדִּים וְנֹאָלוּ' (ירמיה נ' ל"ו) חֶרֶב עַל שׂוֹנְאֵיהֶם שֶׁל תַּלְמִידֵי חֲכָמִים שֶׁיּוֹשְׁבִים בַּד בְּבַד וְעוֹסְקִים בַּתּוֹרָה" (מכות י' א'), אֶלָּא יִתְחַבֵּר הָאָדָם עִם הַטּוֹבִים זְמַן מַה שֶּׁמִּצְטָרֵךְ לוֹ לְלִימּוּדוֹ אוֹ לְפַרְנָסָתוֹ וְיִתְבּוֹדֵד אַחַר כָּךְ לְהִדָּבֵק בֵּאלֹהָיו וּלְהַשִּׂיג דַּרְכֵי הַיּוֹשֶׁר וְהָעֲבוֹדָה

---

* הכלי השני לקניית מידת הפרישות בנפש הוא החמרה מסוימת בהלכות. בימינו, בהם אנו חיים בשפע כלכלי אדיר, שמאפשר קיום הלכתי בסיסי ללא מאמץ מיוחד (למשל קניית אוכל כשר אינה הוצאה חריגה כיום), ראוי להחמיר אף יותר למעוניינים להשיג את מידת הפרישות (כגון כשרות למהדרין מן המהדרין). גם כאן כמובן הדברים הם אינדיבידואליים; לדוגמה מי שנושא הצניעות רגיש אצלו יקבל על עצמו להתרחק יותר מהמקובל משימוש באינטרנט בזמנים מסוימים או בכלל.

הָאֲמִתִּית. וּבִכְלָל זֶה לְמַעֵט בְּדִיבּוּרוֹ, וּלְיִזָּהֵר מִן הַשִּׂיחָה בְּטֵלָה, וְשֶׁלֹּא לְהִסְתַּכֵּל חוּץ מֵאַרְבַּע אַמּוֹתָיו, וְכָל כַּיּוֹצֵא בָּזֶה מִן הָעִנְיָנִים שֶׁהָאָדָם מַרְגִּיל אֶת עַצְמוֹ בָּהֶם עַד שֶׁנִּשְׁאָרִים לוֹ בַּטֶּבַע אֶל תְּנוּעוֹתָיו.*

וְהִנֵּה שְׁלֹשֶׁת הַחֲלָקִים הָאֵלֶּה, אַף עַל פִּי שֶׁאֲמַרְתִּים לְךָ בִּכְלָלִים קְצָרִים, הִנְּךָ רוֹאֶה שֶׁהֵם כּוֹלְלִים פְּעוּלּוֹת רַבּוֹת מִפְּעוּלּוֹת הָאָדָם, וּכְבָר אָמַרְתִּי לְךָ שֶׁהַפְּרָטִים, אִי אֶפְשָׁר לִימָּסֵר כִּי אִם לְשִׁיקּוּל הַדַּעַת, לְהַיְישִׁיר אוֹתָם עַל יוֹשֶׁר הַכְּלָל וַאֲמִיתּוֹ.

* הכלי השלישי לפרישות הוא התנתקות מסוימת מן הנהוג בחברה. כמובן אין הכוונה לניכור חברתי אלא לאי־תלות חברתית. התנזרות מסוימת למשל מצריכת תקשורת (שמיעת חדשות פעם ביום ולא יותר מכך), מאפשרת לאדם להיגמל מהרעש החברתי שכל כך מסיח את דעתנו כיום מסדרי העדיפויות הנכונים. זמנים ייעודיים להתבוננות ולחשבון נפש אף הם נכללים בזה.

פרק טו

בדרכי קניית הפרישות

הִנֵּה הַדֶּרֶךְ הַמּוּבְחָר לִקְנוֹת אֶת הַפְּרִישׁוּת, הוּא שֶׁיִּסְתַּכֵּל הָאָדָם בִּגְרִיעוּת תַּעֲנוּגוֹת הָעוֹלָם הַזֶּה, וּפְחִיתוּתָם מִצַּד עַצְמָם, וְהָרָעוֹת הַגְּדוֹלוֹת שֶׁקְּרוֹבוֹת לְיִוָּלֵד מֵהֶם.

כִּי הִנֵּה מַה שֶּׁמַּטֶּה הַטֶּבַע אֶל הַתַּעֲנוּגוֹת הָאֵלֶּה עַד שֶׁיִּצְטָרֵךְ כָּל כָּךְ כֹּחַ וְתַחְבּוּלוֹת לְהַפְרִישׁוֹ מֵהֶם, הוּא פִּתּוּי הָעֵינַיִם הַנִּפְתִּים בְּמַרְאֵה הַדְּבָרִים אֲשֶׁר הוּא טוֹב וְעָרֵב לִכְאוֹרָה. הוּא הַפִּתּוּי שֶׁגָּרַם לַחֵטְא הָרִאשׁוֹן שֶׁיֵּעָשֶׂה, כְּעֵדוּת הַכָּתוּב "וַתֵּרֶא הָאִשָּׁה כִּי טוֹב הָעֵץ לְמַאֲכָל, וְכִי תַאֲוָה הוּא לָעֵינַיִם וְכוּ' וַתִּקַּח מִפִּרְיוֹ וַתֹּאכַל" (בראשית ג' ו'). אֲבָל כְּשֶׁיִּתְבָּרֵר אֶל הָאָדָם הֱיוֹת הַטּוֹב הַהוּא כּוֹזֵב לְגַמְרֵי, מְדוּמֶּה וּבְלִי שׁוּם הַתְמָדָה נְכוֹנָה, וְהָרַע בּוֹ אֲמִתִּי אוֹ קָרוֹב לְהִוָּלֵד מִמֶּנּוּ בֶּאֱמֶת, וַדַּאי שֶׁיִּמְאַס בּוֹ וְלֹא יַחְפְּצֵהוּ כְּלָל. עַל כֵּן, זֶהוּ כָּל הַלִּימּוּד שֶׁצָּרִיךְ שֶׁיְּלַמֵּד הָאָדָם אֶת שִׂכְלוֹ, לְהַכִּיר בְּחוּלְשַׁת הַתַּעֲנוּגִים הָאֵלֶּה וְשִׁקְרָם, עַד שֶׁמֵּאֵלָיו יִמְאַס בָּם וְלֹא יִקְשֶׁה בְּעֵינָיו לְשַׁלְּחָם מֵאִתּוֹ.*

---

* המוטיבציה המרכזית לקניית מידת הפרישות היא ההכרה במגבלות העולם הזה. ההנאות החומריות הן זמניות ומפוקפקות,

הִנֵּה תַּעֲנוּג הַמַּאֲכָל, הוּא הַיּוֹתֵר מוּחָשׁ וּמוּרְגָּשׁ. הֲיֵשׁ דָּבָר אָבֵד וְנִפְסָד יוֹתֵר מִמֶּנּוּ? שֶׁהֲרֵי אֵין שִׁיעוּרוֹ אֶלָּא כְּשִׁיעוּר בֵּית הַבְּלִיעָה. כֵּיוָן שֶׁיָּצָא מִמֶּנָּה וְיָרַד בִּבְנֵי הַמֵּעַיִם - אָבַד זִכְרוֹ וְנִשְׁכַּח כְּאִלּוּ לֹא הָיָה. וְכָךְ יִהְיֶה שָׂבֵעַ אִם אָכַל בַּרְבּוּרִים אֲבוּסִים, כְּמוֹ אִם אָכַל לֶחֶם קִיבָּר לוֹ אָכַל מִמֶּנּוּ כְּדֵי שְׂבִיעָה. כָּל שֶׁכֵּן אִם יָשִׂים אֶל לִבּוֹ הַחוֹלָאִים הָרַבִּים שֶׁיְּכוֹלִים לָבוֹא עָלָיו מֵחֲמַת אֲכִילָתוֹ, וּלְפָחוֹת הַכּוֹבֶד שֶׁמַּגִּיעֵהוּ אַחַר הָאֲכִילָה וְהָעֲשָׁנִים הַמַּכְהִים אֶת שִׂכְלוֹ, הִנֵּה עַל כָּל אֵלֶּה וַדַּאי שֶׁלֹּא יַחְפּוֹץ אָדָם בַּדָּבָר הַזֶּה כֵּיוָן שֶׁטּוֹבָתוֹ אֵינָהּ טוֹבָה, וְרָעָתוֹ רָעָה.

וּשְׁאָר כָּל הַהֲנָאוֹת שֶׁבָּעוֹלָם כְּמוֹ כֵן, אִלּוּ יִתְבּוֹנֵן בָּהֶם יִרְאֶה שֶׁאֲפִילּוּ הַטּוֹב הַמְּדוּמֶּה שֶׁבָּהֶם אֵינֶנּוּ אֶלָּא לִזְמַן מוּעָט, וְהָרַע שֶׁיָּכוֹל לְהִוָּלֵד מֵהֶם קָשֶׁה וְאָרוֹךְ, עַד שֶׁלֹּא יֵאוֹת לְשׁוּם בַּעַל שֵׂכֶל לָשִׂים עַצְמוֹ בְּסַכָּנוֹת הָרָעוֹת עַל רֶיוַח הַטּוֹב הַמּוּעָט הַהוּא. וְזֶה פָּשׁוּט.

וּכְשֶׁיַּרְגִּיל אֶת עַצְמוֹ וְיַתְמִיד בְּעִיּוּנוֹ עַל הָאֱמֶת הַזֹּאת, הִנֵּה מְעַט מְעַט יֵצֵא חָפְשִׁי מִמַּאֲסַר הַסִּכְלוּת אֲשֶׁר חֹשֶׁךְ הַחוֹמֶר אוֹסֵר אוֹתוֹ בּוֹ, וְלֹא יִתְפַּתֶּה מִפִּיתּוּיֵי הַהֲנָאוֹת הַכּוֹזְבוֹת כְּלָל - אָז יִמְאַס בָּהֶן וְיֵדַע שֶׁאֵין לוֹ לָקַחַת מִן הָעוֹלָם אֶלָּא הַהֶכְרֵחִי, וּכְמוֹ שֶׁכָּתַבְתִּי.*

וְהִנֵּה, כְּמוֹ שֶׁהַהִתְבּוֹנֵן עַל זֶה הַדָּבָר גּוֹרֵם קְנִיַּית הַפְּרִישׁוּת, כָּךְ סִכְלוּתוֹ מַפְסִיד אוֹתוֹ, וְהַהִתְמַדָּה בֵּין הַשָּׂרִים וְאַנְשֵׁי הַגְּדוֹלוֹת הָרוֹדְפִים אַחַר הַכָּבוֹד וּמַרְבִּים הַהֶבֶל. כִּי בִּרְאוֹתוֹ אֶת הַיְקָר הַהוּא וְהַגְּדוּלָּה הַהִיא,

---

והרצון להשתחרר מן ההתמכרות אליהן היא דבר מתבקש בעת שמפנימים את שבריריותן.

* הדוגמה המובהקת ביותר לחוסר התכלית בהתמכרות לתאוות העולם הזה נמצאת בתחום האכילה. ההנאה שבטעם הטוב, למרות קסמה הרגעי, חולפת באופן כמעט מיידי לאחר השביעה. מכאן ניתן ללמוד בניין אב על עראיותן של כל הנאות החומר - כסף, רכוש, כבוד, מין, אלכוהול, סמים וכדומה.

אִי אֶפְשָׁר שֶׁלֹּא תִתְעוֹרֵר תַּאֲוָתוֹ בּוֹ לַחְמוֹד אוֹתָם. וַאֲפִילוּ לֹא יַנִּיחַ אֶת יִצְרוֹ שֶׁיְּנַצַּח אוֹתוֹ, עַל כָּל פָּנִים מִידֵי מִלְחָמָה לֹא יִמָּלֵט, וְהִנֵּה הוּא בְּסַכָּנָה. וּכְעִנְיָן זֶה אָמַר שְׁלֹמֹה "טוֹב לָלֶכֶת אֶל בֵּית אֵבֶל מִלֶּכֶת אֶל בֵּית מִשְׁתֶּה" (קהלת ז׳ ב׳).

וְיָקָר מִן הַכֹּל הוּא הַהִתְבּוֹדְדוּת, כִּי כְּמוֹ שֶׁמֵּסִיר מֵעֵינָיו עִנְיְנֵי הָעוֹלָם, כֵּן מַעֲבִיר חֶמְדָּתָם מִלִּבּוֹ. וּכְבָר הִזְכִּיר דָּוִד הַמֶּלֶךְ עָלָיו הַשָּׁלוֹם בְּשֶׁבַח הַהִתְבּוֹדְדוּת וְאָמַר "מִי יִתֶּן לִי אֵבֶר כַּיּוֹנָה וְכוּ׳ הִנֵּה אַרְחִיק נְדֹד אָלִין בַּמִּדְבָּר סֶלָה" (תהלים נ״ה ז׳–ח׳), וְהַנְּבִיאִים אֵלִיָּהוּ וֶאֱלִישָׁע מְצָאנוּ הֱיוֹתָם מְיַחֲדִים מְקוֹמָם עַל הֶהָרִים מִפְּנֵי הִתְבּוֹדְדוּתָם. וְהַחֲכָמִים הַחֲסִידִים הָרִאשׁוֹנִים זִכְרוֹנָם לִבְרָכָה הָלְכוּ בְּעִקְּבוֹתֵיהֶם, כִּי מָצְאוּ לָהֶם זֶה הָאֶמְצָעִי הַיּוֹתֵר מוּכָן לִקְנוֹת שְׁלֵימוּת הַפְּרִישׁוּת, לְמַעַן אֲשֶׁר לֹא יְבִיאוּם הַבְלֵי חַבְרֵיהֶם לְהַהְבִּיל גַּם הֵם כְּמוֹתָם.*

וּמִמַּה שֶּׁצָּרִיךְ לִיזָּהֵר בִּקְנִיַּת הַפְּרִישׁוּת הוּא, שֶׁלֹּא יִרְצֶה הָאָדָם לְדַלֵּג וְלִקְפּוֹץ אֶל הַקָּצֶה הָאַחֲרוֹן שֶׁבּוֹ רֶגַע אֶחָד, כִּי זֶה וַדַּאי לֹא יַעֲלֶה בְּיָדוֹ,

---

* המפריע הראשון לקניית מידת הפרישות הוא השהות בחברת אנשים מטריאליסטים. כשאדם מצוי בחברה ששקועה בהנאות חומריות, נמשך הוא אחריהם באופן רגשי, וכמעט בלתי נמנע. בדורנו, בו הטכנולוגיה מאפשרת חשיפה וירטואלית ותמידית למגוון עצום של תרבויות וחברות (שרובן אכן חומרניות) - הסכנה גדולה כפליים. הפתרון, כאמור לעיל, הוא בשחרור מן התלות החברתית (הן באמצעות התנזרות מסוימת והן במציאת אלטרנטיבה חברתית ראויה).

התרחקו מגירויים שיש לכם חולשה ביחס אליהם. כיום, לרוב האנשים, המפגש עם הסחות דעת שונות הוא דרך התקשורת והמדיה. הפסיקו לבהות בסרטוני אוכל גורמה ברשת, גם סרטונים של "עשרת הבתים היפים ביותר בעולם" אינם מועילים למי שמעוניין בפיתוח עולם פנימי.

אֶלָּא יִהְיֶה פּוֹרֵשׁ וְהוֹלֵךְ מְעַט מְעַט. הַיּוֹם יִקְנֶה קְצָת מִמֶּנּוּ וּמָחָר יוֹסִיף עָלָיו מְעַט יוֹתֵר, עַד שֶׁיִּתְרַגֵּל בּוֹ לְגַמְרֵי, כִּי יָשׁוּב לוֹ כְּמוֹ טֶבַע מַמָּשׁ.*

סיכום

פרישות

הגדרה: השתחררות מהתמכרויות.

כלים: ניהול רמת חיים ממוצעת (ו–), מקדם בטיחות בשמירה מאיסורים הלכתיים, התבודדות.

מוטיבציה: הכרה במגבלות העולם הזה.

מפסידים: שהות בחברת אנשים חומרניים, קפיצת מדרגות.

---

* נזק נוסף שעלול להיגרם בקניית מידת הפרישות הוא דילוג על שלבים. מכיוון שכאמור הפרישות היא אינדיבידואלית, קשה לאדם להעריך היכן עובר הגבול בין פרישות טובה לבין פרישות רעה. הפתרון טמון בהדרגתיות זהירה שאיננה מנתקת את האדם מנורמליות החיים.

הדבר הנוסף שעלול להפריע לנו לקנות את מידת הפרישות הוא הניסיון לפרוש מדברים שהם עדיין חיוניים לנו! ייתכן שאנו מצויים בשלב בחיים שבו התנזרות מוחלטת מאכילת ממתקים גורמת לנו לעצבות ולחוסר תפקוד. לכן כל אדם חייב לעבוד עם עצמו בתהליך אישי של ניסוי וטעייה, במטרה לזהות מה עבורו מותרות ומה צורך חיוני. אולי נגיע למסקנה כי נכון עבורנו להימנע מאכילת ממתקים אולם פעם בשבוע נרשה לעצמנו "יום פינוק" שבו נאכל מתוקים וכו׳.

דף תכל'ס לשלב הפרישות

המטרה: השתחררות ממותרות החיים

משימות

- המשיכו בלימוד מוסר יומי.
- הפנימו את הצורך לדחות סיפוקים ואל תשלימו עם הדחפים היצריים שלכם.
- קבעו זמן מוגדר (חמש דקות לפני השינה) לחשבון נפש יומי.
- פעלו בזריזות ובאומץ בתחומים החיוביים שבחייכם וטפחו אופטימיות.
- תרגלו ירידה לפרטים בתחומים יום־יומיים כסידור מיטה וארגון סדר יום.
- הקפידו בעיקר בדיני כספים, צניעות, כשרות, רגישות לזולת ושמירת שבת.
- קבעו זמן מוגדר ללימוד הלכה.
- קבעו שלושה תחומים שבהם תדחו סיפוקים קצת מעבר לרגיל.
- אמצו את הנוסחה: רמת חיים ממוצעת (1-).
- התרחקו מגירויים בתחומים שהגדרתם לעצמכם כסכנה רוחנית.

דגשים אישיים

פרק טז

בביאור מידת הטהרה

הַטָּהֳרָה הִיא תִּקּוּן הַלֵּב וְהַמַּחֲשָׁבוֹת. וְזֶה הַלָּשׁוֹן מְצָאנוּהוּ אֵצֶל דָּוִד שֶׁאָמַר "לֵב טָהוֹר בְּרָא לִי אֱלֹקִים" (תהלים נ"א י"ב).

וְעִנְיָנָהּ, שֶׁלֹּא יַנִּיחַ הָאָדָם מָקוֹם לַיֵּצֶר בְּמַעֲשָׂיו, אֶלָּא יִהְיוּ כָּל מַעֲשָׂיו עַל צַד הַחָכְמָה וְהַיִּרְאָה וְלֹא עַל צַד הַחֵטְא וְהַתַּאֲוָה. וְזֶה אֲפִילוּ בַּמַּעֲשִׂים הַגּוּפָנִיִּים וְהַחָמְרִיִּים. שֶׁאֲפִילוּ אַחֲרֵי הִתְנַהֲגוֹ בִּפְרִישׁוּת, דְּהַיְנוּ שֶׁלֹּא יִקַּח מִן הָעוֹלָם אֶלָּא הַהֶכְרֵחִי, עֲדַיִן יִצְטָרֵךְ לְטַהֵר לְבָבוֹ וּמַחֲשַׁבְתּוֹ, שֶׁגַּם בְּאוֹתוֹ הַמְּעַט אֲשֶׁר הוּא לוֹקֵחַ לֹא יְכַוֵּין אֶל הַהֲנָאָה וְהַתַּאֲוָה כְּלָל, אֶלָּא תִּהְיֶה כַּוָּנָתוֹ אֶל הַטּוֹב הַיּוֹצֵא מִן הַמַּעֲשֶׂה הַהוּא עַל צַד הַחָכְמָה וְהָעֲבוֹדָה. וּכְעִנְיָן שֶׁאָמְרוּ בְּרַבִּי אֱלִיעֶזֶר שֶׁהָיָה מְגַלֶּה טֶפַח וּמְכַסֶּה טְפָחַיִים וְדוֹמֶה לְמִי שֶׁכְּפָאוֹ שֵׁד (נדרים כ' ב'), שֶׁלֹּא הָיָה נֶהֱנֶה כְּלָל וְלֹא הָיָה עוֹשֶׂה הַמַּעֲשֶׂה הַהוּא אֶלָּא מִפְּנֵי הַמִּצְוָה וְהָעֲבוֹדָה. וְעַל דֶּרֶךְ זֶה אָמַר שְׁלֹמֹה "בְּכָל דְּרָכֶיךָ דָעֵהוּ וְהוּא יְיַשֵּׁר אֹרְחֹתֶיךָ" (משלי ג' ו').

וְאָמְנָם צָרִיךְ שֶׁתֵּדַע, שֶׁכְּמוֹ שֶׁשַּׁיָּךְ טָהֳרַת הַמַּחֲשָׁבָה בְּמַעֲשִׂים הַגּוּפָנִיִּים, אֲשֶׁר מִצַּד עַצְמָם קְרוֹבִים לַיֵּצֶר, לְשֶׁיִּתְרַחֲקוּ מִמֶּנּוּ וְלֹא יִהְיוּ מִשֶּׁלּוֹ, כֵּן שַׁיָּךְ טָהֳרַת הַמַּחֲשָׁבָה בְּמַעֲשִׂים הַטּוֹבִים הַקְּרוֹבִים לַבּוֹרֵא יִתְבָּרֵךְ שְׁמוֹ,

לְשֶׁלֹּא יִתְרַחֲקוּ מִמֶּנּוּ וְלֹא יִהְיוּ מִשֶּׁל הַיֵּצֶר, וְהוּא עִנְיַן ׳שֶׁלֹּא־לִשְׁמָהּ׳ הַמֻּזְכָּר בְּדִבְרֵי רַבּוֹתֵינוּ זִכְרוֹנָם לִבְרָכָה פְּעָמִים רַבּוֹת.*

וְאוּלָם כְּבָר נִתְבָּאֲרוּ דִּבְרֵי חֲכָמֵינוּ זִכְרוֹנָם לִבְרָכָה שֶׁיֵּשׁ מִינִים שׁוֹנִים שֶׁל ׳שֶׁלֹּא־לִשְׁמָהּ׳:

הָרַע מִכֻּלָּם הוּא שֶׁאֵינֶנּוּ עוֹבֵד לְשֵׁם עֲבוֹדָה כְּלָל, אֶלָּא לְרַמּוֹת בְּנֵי הָאָדָם וּלְהַרְוִיחַ הוּא כָּבוֹד אוֹ מָמוֹן, וְזֶהוּ שֶׁאָמְרוּ בּוֹ ״נוֹחַ לוֹ שֶׁנֶּהֶפְכָה שִׁלְיָתוֹ עַל פָּנָיו״ (כלה ח׳). וְעָלָיו אָמַר הַנָּבִיא ״וַנְּהִי כַטָּמֵא כֻּלָּנוּ וּכְבֶגֶד עִדִּים כָּל צִדְקוֹתֵינוּ״ (ישעיה ס״ד ב׳).

וְיֵשׁ מִין אַחֵר שֶׁל ׳שֶׁלֹּא־לִשְׁמָהּ׳, שֶׁהוּא הָעֲבוֹדָה עַל מְנָת לְקַבֵּל פְּרָס. וְעָלָיו אָמְרוּ ״לְעוֹלָם יַעֲסוֹק אָדָם בַּתּוֹרָה וּבְמִצְוֹת וַאֲפִילוּ שֶׁלֹּא־לִשְׁמָהּ, שֶׁמִּתּוֹךְ שֶׁלֹּא־לִשְׁמָהּ בָּא לִשְׁמָהּ״ (פסחים נ׳ ב׳). אַךְ עַל כָּל פָּנִים מִי שֶׁלֹּא הִגִּיעַ עֲדַיִן מִתּוֹךְ שֶׁלֹּא־לִשְׁמָהּ אֶל לִשְׁמָהּ, הֲרֵי רָחוֹק הוּא מִשְּׁלֵימוּתוֹ.**

---

* השלב הבא במעלה מסילת הישרים הוא מידת הטהרה, שמשמעותה מודעות מחשבתית ורצונית בזמן ההתנהלות המעשית. עד עתה עסקנו בשליטה במעשים הגופניים, ועולמות המחשבה והרצון לעיתים נותרו מאחור. פיתוח אישיותי מתקדם מביא לסנכרון בין ההתנהלות החיצונית של האדם לבין עולמו הפנימי. גם בקיום מצוות ובוודאי בפעולות יום־יומיות, קיימים רבדים שונים של כוונה והזדהות. האידאל הוא להגיע למצב שבו המעשים נעשים ״לשם שמיים״ - מצד האמת ולא משום מניע אחר.

** המצב הנמוך ביותר הוא התנהגות מעשית חיובית אולם מתוך צביעות וכוונה שלילית להתנגח וכדומה (מצב המביא יותר נזק מתועלת); גם במקרה בו אדם אינו מתכוון להזיק אלא רק להרוויח רווח אישי כלשהו - זוהי עדיין מדרגה נמוכה. לעיתים ההתנהלות האחרונה היא בלתי נמנעת ולכן ההדרכה התורנית היא להמשיך כך ו״מתוך שלא לשמה יבוא לשמה״.

אָמְנָם מַה שֶּׁצָּרִיךְ לָאָדָם יוֹתֵר עִיּוּן וּמְלָאכָה רַבָּה הוּא תַּעֲרוֹבֶת הָאִיסּוּר. דְּהַיְינוּ, שֶׁלִּפְעָמִים הָאָדָם הוֹלֵךְ וְעוֹשֶׂה מִצְוָה לִשְׁמָהּ מַמָּשׁ, שֶׁכָּךְ גָּזַר אָבִינוּ שֶׁבַּשָּׁמַיִם, אָמְנָם לֹא יֶחְדַּל מִלְּשַׁתֵּף עִמָּהּ אֵיזֶה פְּנִיָּה אַחֶרֶת, אוֹ שֶׁיְּשַׁבְּחוּהוּ בְּנֵי הָאָדָם, אוֹ שֶׁיְּקַבֵּל שָׂכָר בְּמַעֲשֵׂהוּ. וְלִפְעָמִים אֲפִילוּ אִם לֹא יִהְיֶה מִתְכַּוֵּין מַמָּשׁ לְשֶׁיְּשַׁבְּחוּהוּ, בִּשְׂמוֹחַ לִבּוֹ עַל הַשֶּׁבַח יַרְבֶּה לְדַקְדֵּק יוֹתֵר. כְּעֵין מַעֲשֶׂה שֶׁל בִּתּוֹ שֶׁל רַבִּי חֲנִינָא בֶּן תְּרַדְיוֹן שֶׁהָיְתָה פּוֹסַעַת פְּסִיעוֹת יָפוֹת, וְכֵיוָן שֶׁשָּׁמְעָה שֶׁאוֹמְרִים, "כַּמָּה נָאוֹת פְּסִיעוֹתֶיהָ שֶׁל רִיבָה זוֹ" (עבודה זרה י"ח א'), מִיָּד דִּקְדְּקָה יוֹתֵר. הֲרֵי הַתּוֹסֶפֶת הַזֶּה נוֹלַד מִכֹּחַ הַשֶּׁבַח שֶׁשִּׁבְּחוּהוּ. וְאָמְנָם אַף עַל פִּי שֶׁאִיסּוּר כָּזֶה בָּטֵל בְּמִיעוּטוֹ, עַל כָּל פָּנִים הַמַּעֲשֶׂה שֶׁתַּעֲרוֹבֶת כָּזֶה בְּתוֹכוֹ – טָהוֹר לְגַמְרֵי אֵינֶנּוּ. כִּי הִנֵּה כְּשֵׁם שֶׁאֵין עוֹלֶה עַל גַּבֵּי הַמִּזְבֵּחַ שֶׁלְּמַטָּה – אֶלָּא סוֹלֶת נְקִיָּה מְנוּפָּה בִּשְׁלֹשׁ עֶשְׂרֵה נָפָה, שֶׁכְּבָר טָהַר לְגַמְרֵי מִכָּל סִיג, כָּךְ אִי אֶפְשָׁר לַעֲלוֹת עַל רְצוֹן מִזְבְּחוֹ הָעֶלְיוֹן לִהְיוֹת מֵעֲבוֹדַת הָאֵל הַשְּׁלֵימָה וְהַמּוּבְחֶרֶת אֶלָּא הַמּוּבְחָר שֶׁבַּמַּעֲשִׂים הַטָּהוֹר מִכָּל מִינֵי סִיג.

וְאֵינֶנִּי אוֹמֵר שֶׁמַּה שֶּׁהוּא זוּלַת זֶה יִהְיֶה נִדְחֶה לְגַמְרֵי, כִּי הֲרֵי הַקָּדוֹשׁ בָּרוּךְ הוּא אֵינוֹ מְקַפֵּחַ שְׂכַר כָּל בְּרִיָּה וּמְשַׁלֵּם שְׂכַר הַמַּעֲשִׂים לְפִי מַה שֶּׁהֵם, אָמְנָם עַל הָעֲבוֹדָה הַתְּמִימָה אֲנִי מְדַבֵּר, הָרְאוּיָה לְכָל אוֹהֲבֵי ה' בֶּאֱמֶת, שֶׁלֹּא יִקָּרֵא בְּזֶה הַשֵּׁם אֶלָּא הָעֲבוֹדָה הַטְּהוֹרָה לְגַמְרֵי, שֶׁלֹּא תִּהְיֶה הַפְּנִיָּה בָּהּ אֶלָּא לַשֵּׁם יִתְבָּרֵךְ וְלֹא לְזוּלָתוֹ. וְכָל מַה שֶּׁיִּתְרַחֵק מִן הַמַּדְרֵיגָה הַזֹּאת – כְּפִי הָרְבוֹת רִיחוּקוֹ כֵּן יִרְבֶּה הַחִסָּרוֹן בָּהּ.*

הוּא מַה שֶּׁדָּוִד הַמֶּלֶךְ עָלָיו הַשָּׁלוֹם אוֹמֵר "מִי לִי בַשָּׁמָיִם וְעִמְּךָ לֹא חָפַצְתִּי בָאָרֶץ" (תהלים ע"ג כ"ה). וְאָמַר כְּמוֹ כֵן "צְרוּפָה אִמְרָתְךָ מְאֹד

---

* מציאות מורכבת ונפוצה יותר היא התנהלות מעשית מעורבת בכוונה בסיסית חיובית לשם שמיים, יחד עם נגיעות אישיות כמעמד חברתי או כספי. השאיפה היא להתקדם למצב בו הנגיעות האישיות פוחתות והולכות. הדרך לעשות זאת היא באמצעות ריכוז ושליטה מחשבתית כפי שיוסבר בפרק הבא.

וַעֲבַדְךָ אֲהֵבָהּ" (תהלים קי"ט ק"מ), כִּי בֶאֱמֶת הָעֲבוֹדָה הָאֲמִיתִּית צְרִיכָה לִהְיוֹת צְרוּפָה הַרְבֵּה יוֹתֵר מִן הַזָּהָב וּמִן הַכֶּסֶף, וְהוּא מַה שֶּׁאָמַר עַל הַתּוֹרָה "אִמְרוֹת ה' אֲמָרוֹת טְהֹרוֹת, כֶּסֶף צָרוּף בַּעֲלִיל לָאָרֶץ מְזֻקָּק שִׁבְעָתָיִם" (תהלים י"ב ז').

וּמִי שֶׁהוּא עוֹבֵד ה' בֶּאֱמֶת, לֹא יִסְתַּפֵּק בָּזֶה בְּמוּעָט, וְלֹא יִתְרַצֶּה לָקַחַת כֶּסֶף מְעֹרָב בְּסִיגִים וּבְדִילִים, דְּהַיְנוּ, עֲבוֹדָה מְעֹרֶבֶת בִּפְנִיּוֹת לֹא טוֹבוֹת, אֶלָּא הַזַּךְ וְהַטָּהוֹר כָּרָאוּי. וְאָז יִקָּרֵא עוֹשֶׂה מִצְוָה כְּמַאֲמָרָהּ שֶׁעָלָיו אָמְרוּ חֲכָמֵינוּ זִכְרוֹנָם לִבְרָכָה "כָּל הָעוֹשֶׂה מִצְוָה כְּמַאֲמָרָהּ, אֵין מְבַשְּׂרִין אוֹתוֹ בְּשׂוֹרוֹת רָעוֹת" (שבת ס"ג א'). וְכֵן אָמְרוּ זִכְרוֹנָם לִבְרָכָה "עֲשֵׂה דְבָרִים לְשֵׁם פּוֹעֲלָם וְדַבֵּר בָּהֶם לִשְׁמָן" (נדרים ס"ב א'). וְהוּא מַה שֶּׁבּוֹחֲרִים אוֹתָם שֶׁהֵם עוֹבְדֵי ה' בְּלֵב שָׁלֵם, כִּי מִי שֶׁלֹּא נִתְדַּבֵּק עִמּוֹ יִתְבָּרַךְ בְּאַהֲבָה אֲמִיתִּית, צֵירוּף הָעֲבוֹדָה הַזֹּאת תִּהְיֶה לוֹ לְטוֹרַח וּלְמַשָּׂא גָּדוֹל, כִּי יֹאמַר 'מִי יוּכַל לַעֲמֹד בָּזֶה. וַאֲנַחְנוּ בְּנֵי חוֹמֶר יְלוּדֵי אִשָּׁה אִי אֶפְשָׁר לְהַגִּיעַ אֶל הַזִּיקּוּק וְהַצֵּירוּף הַזֶּה'.

אָמְנָם אוֹהֲבֵי ה' וַחֲפֵיצֵי עֲבוֹדָתוֹ, הִנֵּה שָׂמֵחַ לִבָּם לְהַרְאוֹת אֱמוּנַת אַהֲבָתָם לְפָנָיו יִתְבָּרַךְ וּלְהִתְעַצֵּם בְּצֵירוּפָהּ וְטָהֳרָתָהּ. הוּא מַה שֶּׁסִּיֵּים דָּוִד עַצְמוֹ מַאֲמָרוֹ "וְעַבְדְּךָ אֲהֵבָהּ" (תהלים קי"ט ק"מ).*

* האידאל הוא להגיע למצב בו אדם מרוכז לחלוטין בזמן העשייה בכוונה טהורה לשם שמיים. זוהי מדרגה שמאפשרת נגיעה עמוקה בעולם הפנימי. השלבים בתוך מדרגה זו הם אין־סופיים, אולם כל מי שרוצה להתעלות במסילת הישרים חייב להתקדם על הרצף לעבר טהרה מחשבתית ורצונית.

על מנת להגיע למצב בו אנו מנהלים את חיינו "לשם שמיים" ולא מצד אינטרסים זרים נקבע לעצמנו מספר תרגילים: בחרו שלוש פעולות ועשו אותן ללא אינטרס אישי: למשל זמן דיסקרטי של לימוד תורה שבו נקפיד שאף אחד לא יראה אותנו; מתן צדקה

וְהִנֵּה בֶּאֱמֶת זֶהוּ הַמִּבְחָן שֶׁבּוֹ נִבְחָנִים וְנִבְדָּלִים עוֹבְדֵי ה׳ עַצְמָם בְּמַדְרֵגָתָם, כִּי מִי שֶׁיּוֹדֵעַ לְטַהֵר לִבּוֹ יוֹתֵר – הוּא הַמִּתְקָרֵב יוֹתֵר וְהָאָהוּב יוֹתֵר אֶצְלוֹ יִתְבָּרַךְ. הֵם הֵמָּה הָרִאשׁוֹנִים אֲשֶׁר בָּאָרֶץ הֵמָּה אֲשֶׁר גָּבְרוּ וְנִצְּחוּ בַּדָּבָר הַזֶּה – הָאָבוֹת וּשְׁאָר הָרוֹעִים אֲשֶׁר טִהֲרוּ לִבָּם לְפָנָיו. הוּא מַה שֶּׁדָּוִד מַזְהִיר אֶת שְׁלֹמֹה בְּנוֹ "כִּי כָל לְבָבוֹת דּוֹרֵשׁ ה׳ וְכָל יֵצֶר מַחֲשָׁבוֹת הוּא מֵבִין" (דברי הימים א׳ כ״ח ט׳).

וְכֵן אָמְרוּ זִכְרוֹנָם לִבְרָכָה "רַחֲמָנָא לִבָּא בָּעֵי" (סנהדרין ק״ו ב׳). כִּי אֵין דַּי לָאָדוֹן בָּרוּךְ הוּא בְּמַעֲשִׂים לְבַדָּם שֶׁיִּהְיוּ מַעֲשֵׂי מִצְוָה, אֶלָּא הָעִיקָּר לְפָנָיו שֶׁהַלֵּב יִהְיֶה טָהוֹר. לְכַוֵּן בָּהּ לַעֲבוֹדָה אֲמִיתִּית. וְהִנֵּה הַלֵּב הוּא הַמֶּלֶךְ לְכָל חֶלְקֵי הַגּוּף וְנוֹהֵג בָּם. וְאִם הוּא אֵינוֹ מֵבִיא עַצְמוֹ אֶל עֲבוֹדָתוֹ יִתְבָּרַךְ אֵין עֲבוֹדַת שְׁאָר הָאֵבָרִים כְּלוּם! כִּי אֶל אֲשֶׁר יִהְיֶה שָׁמָּה רוּחַ הַלֵּב לָלֶכֶת – יֵלֵכוּ. וּמִקְרָא כָּתוּב בְּפֵירוּשׁ "תְּנָה בְנִי לִבְּךָ לִי" (משלי כ״ג כ״ו).*

בסתר וכדומה. ניתן ליישם זאת גם במקום העבודה: להקדיש מזמננו לשיפור מוצר שאנו מאמינים בתועלת שלו - ללא ציפייה לתגמול כספי או הכרה חברתית; לספוג עלבונות בלי להגיב, כתרגול לעשייה "לשם שמיים" ולא למען האגו; לחגוג יום הולדת לילדה בלי להעלות תמונה לסטטוס. העיקרון המנחה הוא ליצור הרגלים בנפש לעשיית דברים מצד האמת לבדה ואז ההרגל יחלחל גם לשאר תחומי חיינו.

* הרמח"ל מציין את מדרגת הטהרה כאבן בוחן של עובדי ה׳. הדברים היו נכונים לשעתם ועוד יותר נכונים לימינו. אנו מצויים בתרבות בה הקיום המעשי של המצוות כשלעצמו איננו מאתגר במיוחד. השפע הכלכלי והאטמוספירה התרבותית כיום מאפשרים קיום של אורח חיים דתי מעשי ללא מאמץ מיוחד. המדד המרכזי כיום לאישיות רוחנית הוא ההזדהות עם התכנים התורניים ולא רק קיומם כאקט חברתי.

פרק יז

בדרכי קניית הטהרה

הִנֵּה הַדֶּרֶךְ לְהַשִּׂיג הַמִּדָּה הַזֹּאת קַל הוּא – לְמִי שֶׁכְּבָר הִשְׁתַּדֵּל וְהִשִּׂיג הַמִּדּוֹת הַשְּׁנוּיוֹת עַד הֵנָּה. כִּי הִנֵּה כְּשֶׁיַּחְשׁוֹב וְיִתְבּוֹנֵן עַל פְּחִיתוּת תַּעֲנוּגֵי הָעוֹלָם וְטוֹבוֹתָיו – כְּמוֹ שֶׁכָּתַבְתִּי לְמַעְלָה – יִמְאַס בָּהֶם, וְלֹא יַחְשְׁבֵם אֶלָּא לְרָעוֹת וּלְחֶסְרוֹנוֹת הַטֶּבַע הַחוֹמְרִי הֶחָשׁוּךְ וְהַגַּס. וּבְהִתְאַמֵּת אֶצְלוֹ הֱיוֹתָם מַמָּשׁ חֶסְרוֹנוֹת וְרָעוֹת, וַדַּאי שֶׁיֵּקַל לוֹ לְהִבָּדֵל מֵהֶם וְלַהֲסִירָם מִלִּבּוֹ. עַל כֵּן כָּל מַה שֶּׁיַּעֲמִיק וְיַתְמִיד לְהַכִּיר פְּחִיתוּת הַחוֹמְרִיּוּת וְתַעֲנוּגָיו, יוֹתֵר יִהְיֶה נָקֵל לוֹ לְטַהֵר מַחְשְׁבוֹתָיו וְלִבּוֹ שֶׁלֹּא לִפְנוֹת אֶל הַיֵּצֶר כְּלָל בְּשׁוּם מַעֲשֶׂה מִן הַמַּעֲשִׂים, אֶלָּא יִהְיֶה בַּמַּעֲשִׂים הַחוֹמְרִיִּים כְּאָנוּס, לֹא זוּלַת.

וְאָמְנָם, כְּמוֹ שֶׁטָּהֳרַת הַמַּחֲשָׁבָה חִלַּקְנוּהָ לִשְׁנֵי חֲלָקִים: הָאֶחָד בַּמַּעֲשִׂים הַגּוּפָנִיִּים וְהָאֶחָד בְּמַעֲשֵׂי הָעֲבוֹדָה, כֵּן הָעִיּוּן הַמִּצְטָרֵךְ כְּדֵי לִקְנוֹתָהּ יִתְחַלֵּק לִשְׁנַיִם. כִּי הִנֵּה לְטַהֵר מַחֲשַׁבְתּוֹ בְּמַעֲשֵׂי גּוּפָנִיּוּתוֹ, הַדֶּרֶךְ הוּא לְהַתְמִיד הִסְתַּכְּלוּתוֹ עַל פְּחִיתוּת הָעוֹלָם וְתַעֲנוּגָיו כְּמוֹ שֶׁכָּתַבְתִּי, וּלְטַהֵר מַחֲשַׁבְתּוֹ בְּמַעֲשֵׂי עֲבוֹדָתוֹ. יַרְבֶּה הִתְבּוֹנְנוּתוֹ עַל תַּרְמִית הַכָּבוֹד וּכְזָבָיו, וְיַרְגִּיל עַצְמוֹ לִבְרוֹחַ מִמֶּנּוּ. אָז יִנָּקֶה בְּעֵת עֲבוֹדָתוֹ מִפְּנוֹת אֶל הַשֶּׁבַח וְאֶל

הַתְּהִלָּה אֲשֶׁר יְהַלְלוּהוּ בְּנֵי הָאָדָם, וּתְהְיֶה מַחֲשַׁבְתּוֹ פּוֹנָה בְּיִחוּד אֶל אֲדוֹנֶיהָ אֲשֶׁר הוּא תְהִלָּתֵנוּ וְהוּא כָל טוּבֵנוּ וּשְׁלֵימוּתֵנוּ – וְאֶפֶס זוּלָתוֹ! וְכֵן הוּא אוֹמֵר "הוּא תְהִלָּתְךָ וְהוּא אֱלֹהֶיךָ" (דברים י' כ"א).*

וּמִן הַמַּעֲשִׂים הַמַּדְרִיכִים אֶת הָאָדָם לָבֹא לִידֵי מִדָּה זוֹ, הוּא הַהַזְמָנָה לְדִבְרֵי הָעֲבוֹדָה וְהַמִּצְוֹת, וְהַיְינוּ, שֶׁלֹּא יִכָּנֵס בְּקִיּוּם הַמִּצְוָה בְּפֶתַע פִּתְאוֹם, שֶׁאֵין דַּעְתּוֹ עֲדַיִין מְיוּשֶּׁבֶת עָלָיו וִיכוֹלָה לְהִתְבּוֹנֵן בַּמֶּה שֶּׁהוּא עוֹשֶׂה, אֶלָּא יַזְמִין עַצְמוֹ לַדָּבָר וְיָכִין לִבּוֹ בְּמִתּוּן עַד שֶׁיִּכָּנֵס בְּהִתְבּוֹנְנוּת, וְאָז יִתְבּוֹנֵן מַה הוּא הוֹלֵךְ לַעֲשׂוֹת וְלִפְנֵי מִי הוּא הוֹלֵךְ לַעֲשׂוֹת. שֶׁהֲרֵי בְּהִכָּנְסוֹ בָּעִיּוּן הַזֶּה, קַל הוּא שֶׁיַּשְׁלִיךְ מֵעָלָיו הַפְּנִיּוֹת הַחִיצוֹנוֹת וְיִקְבַּע בְּלִבּוֹ הַכַּוָּנָה הָאֲמִיתִּית הָרְצוּיָה. וְתִרְאֶה שֶׁהַחֲסִידִים הָרִאשׁוֹנִים הָיוּ שׁוֹהִים שָׁעָה אַחַת קֹדֶם תְּפִלָּתָם וְאַחַר כָּךְ מִתְפַּלְּלִים כְּדֵי שֶׁיְּכַוְּנוּ לִבָּם לַמָּקוֹם (ברכות ל' ב'), וּבְוַדַּאי שֶׁלֹּא הָיוּ פּוֹנִים שָׁעָה אַחַת לְבַטָּלָה, אֶלָּא מִתְכַּוְּנִים וּמְכִינִים לִבָּם לַתְּפִלָּה שֶׁהָיָה לָהֶם לְהִתְפַּלֵּל וְדוֹחִים מֵעֲלֵיהֶם הַמַּחֲשָׁבוֹת הַזָּרוֹת וּמִתְמַלְּאִים הַיִּרְאָה וְהָאַהֲבָה הַצְּרִיכָה. וְאוֹמֵר "אִם אַתָּה הֲכִינוֹתָ לִבֶּךָ וּפָרַשְׂתָּ אֵלָיו כַּפֶּךָ" (איוב י"א י"ג).**

---

* המוטיבציה המביאה את האדם לטהרה מחשבתית ורצונית טמונה בהכרה בפחיתות ההנאות הגופניות (בעשייה יום־יומית רגילה), והייתור של הנאות מופשטות יותר כקבלת כבוד מאחרים (בקיום מצוות). בעת שאדם מפנים שאין לו תועלת אמיתית מעונג גופני ומכבוד הרי הוא מסלק את מחשבותיו ורצונותיו מהם, ומפנה את האנרגיה המחשבתית והרצונית שלו לאמת.

** הכלי המרכזי לפיתוח המודעות והרצון הוא הריכוז. הרמח"ל מדבר בעיקר על ריכוז לפני עשיית מצוות ותפילה (אמירת המשפט "לשם ייחוד קודשא בריך הוא ושכינתיה" לפני ביצוען יכול להיות חלק מהתהליך הזה); אולם בימינו, דור הפרעות הקשב, חלק ממידת הטהרה הוא פיתוח יכולות ריכוז בכל מישורי החיים ("שליטה במחשבות הזרות" בלשון בעלי המוסר). זהו אימון הנעשה בשלל דרכים: ריכוז לימודי (למשל לימוד חמש דקות בריכוז מלא, הרפיה

וְהִנֵּה מַפְסִידֵי הַמִּדָּה הֵם חֶסְרוֹן הַהִתְבּוֹנְנוּת עַל הָעִנְיָנִים שֶׁזָּכַרְנוּ. דְּהַיְנוּ: סִכְלוּת, פְּחִיתוּת הַתַּעֲנוּגִים, רְדִיפַת הַכָּבוֹד, וּמִעוּט הַהֲכָנָה לָעֲבוֹדָה. כִּי הַשְּׁנַיִם הָרִאשׁוֹנִים הֵם מְפַתִּים אֶת הַמַּחֲשָׁבָה וּמַמְשִׁיכִים אוֹתָהּ אֶל הַפְּנִיּוֹת, כָּאִשָּׁה הַמְנָאֶפֶת אֲשֶׁר תַּחַת אִישָׁהּ תִּקַּח אֶת זָרִים. וּכְבָר נִקְרְאוּ הַמַּחֲשָׁבוֹת הַחִיצוֹנוֹת "זְנוּת הַלֵּב", דִּכְתִיב "וְלֹא תָתוּרוּ אַחֲרֵי לְבַבְכֶם וְאַחֲרֵי עֵינֵיכֶם אֲשֶׁר אַתֶּם זֹנִים אַחֲרֵיהֶם" (במדבר ט"ו ל"ט). כִּי נִמְצָא הַלֵּב פּוֹנֶה מִן הַמַּבָּט הַשָּׁלֵם אֲשֶׁר הָיָה לוֹ לִיקָּשֵׁר בּוֹ, אֶל הֲבָלִים וְדִמְיוֹנוֹת כּוֹזְבִים. וּמִעוּט הַהֲכָנָה גּוֹרֵם לַסִּכְלוּת הַטִּבְעִי הַבָּא מִצַּד הַחוֹמֶר שֶׁלֹּא יְגוֹרַשׁ מִתּוֹכוֹ, וַהֲרֵי הוּא מַבְאִישׁ אֶת הָעֲבוֹדָה בְּסִרְחוֹנוֹ.*

וְנָבֵאר עַתָּה מִדַּת הַחֲסִידוּת.

חמש דקות, וחוזר חלילה); צמצום הסחות דעת (הפעלת הטלפון הנייד רק בשעות מסוימות ביום); ריכוז גופני (שליטה בתנועות הגוף, נשימות מסודרות); וכן הלאה. הכלל הוא שלא ניתן לחשוב שתי מחשבות בבת אחת, וכאשר אדם מרוכז באופן מחשבתי מלא בעשייה (החיובית) שלפניו, זוהי הנגיעה הראשונית במהות של הפעולה, וזהו הפתח בהמשך לעשייתה לשם שמיים.

עצה מעשית: מעתה, לפני כל פעולה משמעותית - נאמר לעצמנו במילים ברורות מהי המטרה הערכית שעומדת מאחורי הפעולה. למשל, בפעולות דתיות כמצוות או תפילה נאמר לפניהן את המשפט: "לשם ייחוד קודשא בריך הוא ושכינתיה". לפני פעולות כעבודה, בילוי משפחתי, דיבור לפני קהל או פרסום ברשתות החברתיות נאמר לעצמנו: "אני עכשיו עושה פעולה זו וזו כי אני מאמין שזו האמת". האמירה המפורשת של המילים והכוונות הללו עוזרות לנו לא לפעול "על אוטומט", ולהיזכר לא רק כיצד עושים דברים אלא לשם מה אנו עושים אותם.

* המפסידים למידת הטהרה הם ייחוס חשיבות להנאות הגופניות והכבוד החברתי. כאשר אדם שואף לאלו הרי מחשבותיו ורצונותיו נודדים לשם כל העת. לעומת זאת, שילוב בין לימוד תכנים

סיכום

טהרה

הגדרה: מודעות מחשבתית ורצונית לשם שמיים.

כלים: ריכוז מחשבתי (במיוחד לפני מצוות ותפילה).

מוטיבציה: הכרה בייתור של ההנאות הגופניות והכבוד.

מפסידים: רדיפת הנאות וכבוד, חוסר ריכוז.

שממקמים את ההנאות הללו במקומן הראוי בנוסף לפיתוח יכולות ריכוז - מביאים למודעות מחשבתית ורצונית מלאה.

דף תכל'ס לשלב הטהרה

מטרת השבוע:

הזדהות מחשבתית ורצונית עם העולם הרוחני

משימות

- המשיכו בלימוד מוסר יומי.
- הפנימו את הצורך לדחות סיפוקים ואל תשלימו עם הדחפים היצריים שלכם.
- קבעו זמן מוגדר (חמש דקות לפני השינה) לחשבון נפש יומי.
- פעלו בזריזות ובאומץ בתחומים החיוביים שבחייכם וטפחו אופטימיות.
- תרגלו ירידה לפרטים בתחומים יום־יומיים כסידור מיטה וארגון סדר יום.
- קבעו שלושה תחומים שבהם תדחו סיפוקים קצת מעבר לרגיל.
- אמצו את הנוסחה: רמת חיים ממוצעת (1-).
- בחרו שלוש פעולות ועשו אותן ללא נגיעות אישיות ("לשם שמיים").
- לפני פעולות משמעותיות אמרו במילים ברורות: 'אני עושה פעולה זאת לשם האמת'.
- התאמנו על הריכוז שלכם - הן בהסרת מסיחי דעת והן בחלוקה של היום לחלקים קצרים ואיכותיים.

דגשים אישיים

חסידות

פרק יח

בביאור מידת החסידות

מִדַּת הַחֲסִידוּת צְרִיכָה הִיא בֶּאֱמֶת לְבֵיאוּר גָּדוֹל, כִּי מִנְהָגִים רַבִּים וּדְרָכִים רַבִּים עוֹבְרִים בֵּין רַבִּים מִבְּנֵי הָאָדָם בְּשֵׁם חֲסִידוּת וְאֵינָם אֶלָּא גָּלְמֵי חֲסִידוּת, בְּלִי תוֹאַר וּבְלִי צוּרָה וּבְלִי תִיקּוּן.

וְנִמְשָׁךְ זֶה מֵחֶסְרוֹן הָעִיּוּן וְהַהַשְׂכָּלָה הָאֲמִיתִּית אֲשֶׁר לְבַעֲלֵי הַמִּדּוֹת הָהֵם, כִּי לֹא טָרְחוּ וְלֹא נִתְיַגְּעוּ לָדַעַת אֶת דֶּרֶךְ ה׳ בִּידִיעָה בְּרוּרָה וִישָׁרָה, אֶלָּא הִתְחַסְּדוּ וְהָלְכוּ בְּמַה שֶּׁנִּזְדַּמֵּן לָהֶם לְפִי הַסְּבָרָא הָרִאשׁוֹנָה, וְלֹא הֶעֱמִיקוּ בַּדְּבָרִים וְלֹא שָׁקְלוּ אוֹתָם בְּמֹאזְנֵי הַחָכְמָה. וְהִנֵּה אֵלֶּה הִבְאִישׁוּ אֶת רֵיחַ הַחֲסִידוּת בְּעֵינֵי הֲמוֹן הָאֲנָשִׁים, וּמִן הַמַּשְׂכִּילִים עִמָּהֶם, בַּאֲשֶׁר כְּבָר יַחְשְׁבוּ שֶׁהַחֲסִידוּת תָּלוּי בְּדִבְרֵי הֶבֶל אוֹ דְבָרִים נֶגֶד הַשֵּׂכֶל וְהַדֵּיעָה הַנְּכוֹנָה, וְיַאֲמִינוּ הֱיוֹת כָּל הַחֲסִידוּת תָּלוּי רַק בַּאֲמִירַת בַּקָּשׁוֹת רַבּוֹת וּוִדּוּיִים גְּדוֹלִים, וּבִבְכִיּוֹת וְהִשְׁתַּחֲוָיוֹת גְּדוֹלוֹת, וּבַסִּגּוּפִים הַזָּרִים שֶׁיְּמִית בָּהֶם הָאָדָם אֶת עַצְמוֹ, כִּטְבִילַת הַקֶּרַח וְהַשֶּׁלֶג, וְכַיּוֹצֵא בַּדְּבָרִים הָאֵלֶּה.

וְהִנֵּה לֹא יָדְעוּ, כִּי אַף עַל פִּי שֶׁקְּצָת דְּבָרִים אֵלֶּה צְרִיכִים לְבַעֲלֵי תְשׁוּבָה, וּקְצָתָם רְאוּיִם לַפְּרוּשִׁים, הִנֵּה - לֹא עַל אֵלֶּה נוֹסַד הַחֲסִידוּת כְּלָל. כִּי אִם הַטּוֹב שֶׁבַּמִּנְהָגִים הָאֵלֶּה הוּא רָאוּי לְהִתְלַוּוֹת אֶל הַחֲסִידוּת.*

אַךְ מְצִיאוּת הַחֲסִידוּת עַצְמוֹ הוּא דָּבָר עָמוֹק מְאֹד לַהֲבִינוֹ עַל נָכוֹן, וְהוּא מְיוּסָּד עַל יְסוֹדוֹת חָכְמָה רַבָּה וְתִיקּוּן הַמַּעֲשֶׂה בְּתַכְלִית, אֲשֶׁר רָאוּי לְכָל חֲכַם לֵב לִרְדּוֹף אַחֲרָיו, כִּי רַק לַחֲכָמִים לְהַשִּׂיגוֹ בֶּאֱמֶת וְכֵן אָמְרוּ זִכְרוֹנָם לִבְרָכָה "וְלֹא עַם הָאָרֶץ חָסִיד" (אבות ב׳ ה׳). וּנְבָאֵר עַתָּה עִנְיָן זֶה עַל הַסֵּדֶר.

הִנֵּה שֹׁרֶשׁ הַחֲסִידוּת הוּא מַה שֶּׁאָמְרוּ זִכְרוֹנָם לִבְרָכָה "אַשְׁרֵי אָדָם שֶׁעֲמָלוֹ בַּתּוֹרָה וְעוֹשֶׂה נַחַת רוּחַ לְיוֹצְרוֹ" (ברכות י״ז א׳). וְהָעִנְיָן הוּא, כִּי הִנֵּה הַמִּצְוֹת הַמּוּטָּלוֹת עַל כָּל יִשְׂרָאֵל כְּבָר יְדוּעוֹת הֵן, וְחוֹבָתָן יְדוּעָה עַד הֵיכָן הִיא מַגַּעַת. אָמְנָם מִי שֶׁאוֹהֵב אֶת הַבּוֹרֵא יִתְבָּרַךְ שְׁמוֹ אַהֲבָה אֲמִיתִּית, לֹא יִשְׁתַּדֵּל וִיכַוֵּן לִפְטוֹר עַצְמוֹ בְּמַה שֶּׁכְּבָר מְפוּרְסָם מִן הַחוֹבָה אֲשֶׁר עַל כָּל יִשְׂרָאֵל בִּכְלָל, אֶלָּא יִקְרֶה לוֹ כְּמוֹ שֶׁיִּקְרֶה אֶל בֵּן אוֹהֵב אָבִיו, שֶׁאִלּוּ יְגַלֶּה אָבִיו אֶת דַּעְתּוֹ גִּילּוּי מְעַט שֶׁהוּא חָפֵץ בְּדָבָר מִן הַדְּבָרִים, כְּבָר יַרְבֶּה הַבֵּן בַּדָּבָר הַהוּא וּבַמַּעֲשֶׂה הַהוּא כָּל מַה שֶּׁיּוּכַל. וְאַף עַל פִּי שֶׁלֹּא אֲמָרוֹ אָבִיו אֶלָּא פַּעַם אַחַת וּבַחֲצִי דִּיבּוּר, הִנֵּה דַּי לְאוֹתוֹ הַבֵּן לְהָבִין הֵיכָן דַּעְתּוֹ שֶׁל אָבִיו נוֹטָה, לַעֲשׂוֹת לוֹ גַּם אֶת אֲשֶׁר לֹא אָמַר לוֹ בְּפֵירוּשׁ, כֵּיוָן שֶׁיּוּכַל לָדוּן בְּעַצְמוֹ שֶׁיִּהְיֶה הַדָּבָר הַהוּא נַחַת רוּחַ לְפָנָיו, וְלֹא יַמְתִּין שֶׁיְּצַוֵּהוּ יוֹתֵר בְּפֵירוּשׁ אוֹ שֶׁיֹּאמַר לוֹ פַּעַם אַחֶרֶת.**

---

* טעות נפוצה היא לייחס לחסידות התנהגות הזויה ומנותקת ממערך החיים הנורמלי (בימינו גם המינוח "חסידות" מיוחס אוטומטית לתנועת החסידות החדשה מיסודו של הבעל שם טוב). מכיוון שכך, רבים נרתעים מלהתקדם למדרגה זו. הרמח"ל מבהיר לנו שהמינוח "חסידות" בהקשר הנוכחי כוונתו שונה, כדלקמן.

** הגדרתה של החסידות היא לעשות את רצון הבורא מעבר לחובה המינימלית (מן המשפט "להתחסד עם הבורא"); והיא תוצר

וְהִנֵּה דָבָר זֶה אֲנַחְנוּ רוֹאִים אוֹתוֹ בְּעֵינֵינוּ, שֶׁיּוּלַד בְּכָל עֵת וּבְכָל שָׁעָה בֵּין כָּל אוֹהֵב וָרֵיעַ, בֵּין אִישׁ לְאִשְׁתּוֹ, בֵּין אָב וּבְנוֹ.

כְּלָלוֹ שֶׁל דָּבָר: בֵּין כָּל מִי שֶׁהָאַהֲבָה בֵינֵיהֶם עַזָּה בֶּאֱמֶת, שֶׁלֹּא יֹאמַר, לֹא נִצְטַוֵּיתִי יוֹתֵר, דַּי לִי בְּמַה שֶּׁנִּצְטַוֵּיתִי בְּפֵירוּשׁ, אֶלָּא מִמַּה שֶּׁנִּצְטַוָּה יָדוּן עַל דַּעַת הַמְצַוֶּה וְיִשְׁתַּדֵּל לַעֲשׂוֹת לוֹ מַה שֶּׁיּוּכַל לָדוּן שֶׁיִּהְיֶה לוֹ לְנַחַת.

וְהִנֵּה, כַּמִּקְרֶה הַזֶּה יִקְרֶה לְמִי שֶׁאוֹהֵב אֶת בּוֹרְאוֹ גַּם כֵּן אַהֲבָה נֶאֱמֶנֶת, כִּי גַּם הוּא מִסּוּג הָאוֹהֲבִים, וְתִהְיֶינָה לוֹ הַמִּצְוֹת אֲשֶׁר צִיוּוּיָם גָּלוּי וּמְפוּרְסָם, לְגִלּוּי דַּעַת לְבַד, לָדַעַת שֶׁאֶל הָעִנְיָן הַהוּא נוֹטֶה רְצוֹנוֹ וְחֶפְצוֹ יִתְבָּרַךְ שְׁמוֹ, וְאָז לֹא יֹאמַר 'דַּי לִי בְּמַה שֶּׁאָמוּר בְּפֵירוּשׁ' אוֹ 'אֶפְטוֹר עַצְמִי בְּמַה שֶּׁמּוּטָל עָלַי עַל כָּל פָּנִים', אֶלָּא אַדְּרַבָּא יֹאמַר 'כֵּיוָן שֶׁכְּבָר מָצָאתִי, רָאִיתִי שֶׁחֶפְצוֹ יִתְבָּרַךְ שְׁמוֹ נוֹטֶה לָזֶה, יִהְיֶה לִי לְעֵינַיִם לְהַרְבּוֹת בְּזֶה הָעִנְיָן וּלְהַרְחִיב אוֹתוֹ בְּכָל הַצְּדָדִין שֶׁאוּכַל לָדוּן, שֶׁרְצוֹנוֹ יִתְבָּרַךְ חָפֵץ בּוֹ'. וְזֶהוּ הַנִּקְרָא, "עוֹשֶׂה נַחַת רוּחַ לְיוֹצְרוֹ".*

נִמְצָא כְּלַל הַחֲסִידוּת: הַרְחָבַת קִיּוּם כָּל הַמִּצְוֹת בְּכָל הַצְּדָדִין וְהַתְּנָאִים שֶׁרָאוּי וְשֶׁאֶפְשָׁר.

וְהִנְּךָ רוֹאֶה שֶׁהַחֲסִידוּת מִמִּין הַפְּרִישׁוּת, אֶלָּא שֶׁהַפְּרִישׁוּת בְּלָאוִין וְהַחֲסִידוּת בַּעֲשִׂין, וּשְׁנֵיהֶם עִנְיָן אֶחָד, שֶׁהוּא לְהוֹסִיף עַל הַמְפוֹרָשׁ מַה

טבעי של המדרגות שקדמו לה: בעת שאדם נזהר באופן בסיסי מהרע (זהירות); מלא נמרצות לעשיית טוב (זריזות); מקפיד בפרטים (נקיות); מסוגל להעמיד הרחקות נוספות מדברים שליליים (פרישות); ומזדהה מבחינה מחשבתית ורצונית עם דבר ה' (טהרה) - הוא באופן טבעי מעוניין לעשות מעל ומעבר.

* החסידות משקפת את מידת חיבורו של האדם באהבה אל האמת והצדק, היינו לבורא. בעת שאדם אינו מזדהה עם הטוב הרי הוא מקיים את המצוות רק כדי לצאת ידי חובה, בעת שהוא מלא אהבה וחיבור אל האמת הוא מעוניין לעשות יותר מכפי חובתו.

שֶׁנּוּכַל לָדוּן לְפִי הַמִּצְוָה הַמְּפוֹרֶשֶׁת שֶׁיִּהְיֶה נַחַת רוּחַ לְפָנָיו יִתְבָּרֵךְ. זֶהוּ גֶּדֶר הַחֲסִידוּת הָאֲמִיתִּי.

וְעַתָּה נְבָאֵר חֲלָקָיו הָרָאשִׁיִּים.*

* הפרישות והחסידות מקבילות לזהירות ולזריזות: זהירות היא הימנעות מעשיית רע באופן בסיסי, והפרישות היא לקיחת מקדם בטיחות על מנת להתרחק עוד יותר מן השלילה; זריזות היא הנמרצות לעשיית טוב באופן בסיסי, והחסידות היא תוספת עליה, על מנת להתחבר עוד יותר אל החיוב.

פרק יט

בביאור חלקי החסידות

חֶלְקֵי הַחֲסִידוּת הָרָאשִׁיִּים שְׁלשָׁה: הָרִאשׁוֹן בַּמַּעֲשֶׂה. הַשֵּׁנִי בְּאוֹפֶן הָעֲשִׂיָּה. הַשְּׁלִישִׁי בַּכַּוָּנָה.

הַחֵלֶק הָרִאשׁוֹן בַּמַּעֲשֶׂה – אַף הוּא יִתְחַלֵּק לִשְׁנֵי חֲלָקִים:

הָאֶחָד בַּמֶּה שֶׁבֵּין אָדָם לַמָּקוֹם. וְהַשֵּׁנִי בַּמֶּה שֶׁבֵּין אָדָם לַחֲבֵירוֹ.

הַחֵלֶק הָאֶחָד שֶׁבָּרִאשׁוֹן הוּא בַּמַּעֲשֶׂה שֶׁבֵּין אָדָם לַמָּקוֹם. וְעִנְיָנוֹ קִיּוּם כָּל הַמִּצְוֹת בְּכָל הַדִּקְדּוּקִים שֶׁבָּהֶם עַד מָקוֹם שֶׁיַּד הָאָדָם מַגַּעַת. וְאֵלֶּה הֵם שֶׁקְּרָאוּם חֲכָמֵינוּ זִכְרוֹנָם לִבְרָכָה 'שְׁיָרֵי מִצְוָה'. וְאָמְרוּ "שְׁיָרֵי מִצְוָה מְעַכְּבִים אֶת הַפּוּרְעָנוּת" (סוכה ל"ח א'), כִּי אַף עַל פִּי שֶׁגּוּף הַמִּצְוָה נִשְׁלַם זוּלָתָם וּכְבָר יָצָא בָּזֶה יְדֵי חוֹבָתוֹ, הִנֵּה זֶה לְכָל הֲמוֹן יִשְׂרָאֵל, אַךְ הַחֲסִידִים אֵין לָהֶם אֶלָּא לְהַרְבּוֹת בְּהַשְׁלָמָתָם וְלֹא לְמַעֵט בָּהֶם כְּלָל.

הַחֵלֶק הַשֵּׁנִי שֶׁבָּרִאשׁוֹן הוּא בַּמֶּה שֶׁבֵּין אָדָם לַחֲבֵירוֹ, וְעִנְיָנוֹ גּוֹדֶל הַהֲטָבָה, שֶׁיִּהְיֶה הָאָדָם לְעוֹלָם מֵטִיב לַבְּרִיּוֹת וְלֹא מֵרִיעַ לָהֶם. וְזֶה בַּגּוּף. בְּמָמוֹן, וּבַנֶּפֶשׁ.

בַּגּוּף: שֶׁיִּהְיֶה מִשְׁתַּדֵּל לַעֲזוֹר לְכָל אָדָם בַּמֶּה שֶׁיּוּכַל וְיָקֵל מַשָּׂאָם מֵעֲלֵיהֶם. וְהוּא מַה שֶּׁשָּׁנִינוּ "וְנוֹשֵׂא בְעוֹל עִם חֲבֵירוֹ" (אבות ו׳ ו׳). וְאִם מַגִּיעַ לַחֲבֵירוֹ אֵיזֶה נֶזֶק בְּגוּפוֹ וְהוּא יוּכַל לִמְנוֹעַ אוֹתוֹ אוֹ לַהֲסִירוֹ - יִטְרַח כְּדֵי לַעֲשׂוֹתוֹ.

בְּמָמוֹן - לְסַיְּיעוֹ כַּאֲשֶׁר תַּשִּׂיג יָדוֹ וְלִמְנוֹעַ מִמֶּנּוּ הַנְּזָקִין בְּכָל מַה שֶּׁיּוּכַל, כָּל שֶׁכֵּן שֶׁיַּרְחִיק הוּא כָּל מִינֵי נְזָקִין שֶׁיְּכוֹלִים לָבֹא מֵחֲמָתוֹ, בֵּין לְיָחִיד בֵּין לָרַבִּים, וַאֲפִילּוּ שֶׁעַתָּה מִיָּד אֵין הַיֶּזֶק מָצוּי, כֵּיוָן שֶׁיָּכוֹל לָבוֹא לִידֵי כָךְ - יְסִירֵם וְיַעֲבִירֵם, וְאָמְרוּ זִכְרוֹנָם לִבְרָכָה "יְהִי מָמוֹן חֲבֵירְךָ חָבִיב עָלֶיךָ כְּשֶׁלָּךְ" (אבות ב׳ י״ב).

בְּנֶפֶשׁ: שֶׁיִּשְׁתַּדֵּל לַעֲשׂוֹת לַחֲבֵירוֹ כָּל קוֹרַת רוּחַ שֶׁיֵּשׁ בְּיָדוֹ, בֵּין בְּעִנְיְנֵי הַכָּבוֹד בֵּין בְּכָל שְׁאָר הָעִנְיָנִים, כָּל מַה שֶּׁהוּא יוֹדֵעַ שֶׁאִם יַעֲשֵׂהוּ לַחֲבֵירוֹ הוּא מְקַבֵּל נַחַת רוּחַ מִמֶּנּוּ, מִצְוַת חֲסִידוּת הוּא לַעֲשׂוֹתוֹ. כָּל שֶׁכֵּן שֶׁלֹּא יְצַעֲרֶנּוּ בְּשׁוּם מִינֵי צַעַר, יִהְיֶה בְּאֵיזֶה אוֹפֶן שֶׁיִּהְיֶה.

וּכְלַל כָּל זֶה הוּא גְּמִילוּת חֲסָדִים, אֲשֶׁר הִפְלִיגוּ חֲכָמֵינוּ זִכְרוֹנָם לִבְרָכָה בְּשִׁבְחָהּ וּבְחוֹבָתֵנוּ בָּהּ. וּבִכְלַל זֶה רְדִיפַת הַשָּׁלוֹם, שֶׁהוּא הַהֲטָבָה הַכְּלָלִית בֵּין כָּל אָדָם לַחֲבֵירוֹ.*

וְעַתָּה אָבִיא לְךָ רְאָיוֹת עַל כָּל הַדְּבָרִים הָאֵלֶּה מִן הַחֲכָמִים זִכְרוֹנָם לִבְרָכָה, אַף עַל פִּי שֶׁהַדְּבָרִים פְּשׁוּטִים וְאֵין צְרִיכִים לְחִיזּוּק רְאָיָה. בְּפֶרֶק

---

* החלק הראשון במידת החסידות - על גבי מידת הפרישות - הוא תוספת והחמרה בעשיית המצוות, הן בין אדם למקום והן בין אדם לחברו. ניתן להדגים זאת בנוסחה הבאה:

רמת חיים ממוצעת ביחס לתרבות הנוכחית (1-) + שמירה מדוקדקת של גבולות ההלכה (1+) = מידת החסידות

בְּנֵי הָעִיר אָמְרוּ "שָׁאֲלוּ תַּלְמִידָיו אֶת רַבִּי זַכַּאי, בַּמֶּה הֶאֱרַכְתָּ יָמִים? אָמַר לָהֶם, מִיָּמַי לֹא הִשְׁתַּנְתִּי בְּתוֹךְ אַרְבַּע אַמּוֹת שֶׁל תְּפִלָּה, וְלֹא כִּינִּיתִי שֵׁם לַחֲבֵירִי, וְלֹא בִּטַּלְתִּי קִידּוּשׁ הַיּוֹם. אִימָּא זְקֵנָה הָיְתָה לִי, פַּעַם אַחַת מָכְרָה כִּיפָּה שֶׁבְּרֹאשָׁהּ וְהֵבִיאָה לִי קִדּוּשׁ הַיּוֹם" (מגילה כ"ז ב'). הֲרֵי לְךָ פֹּה מִן הַחֲסִידוּת בַּמֶּה שֶׁנּוֹגֵעַ אֶל דִּקְדּוּקֵי הַמִּצְוֹת, כִּי כְּבָר פָּטוּר הָיָה מִן הַדִּין מֵהֲבָאַת יַיִן לְקִידּוּשׁ, כֵּיוָן שֶׁלֹּא הָיָה לוֹ, עַד שֶׁהָיְתָה צְרִיכָה אִמּוֹ לִמְכּוֹר כִּיפָּה שֶׁבְּרֹאשָׁהּ. אָמְנָם מִמִּדַּת חֲסִידוּת הָיָה עוֹשֶׂה כֵּן. וּבַמֶּה שֶׁנּוֹגֵעַ לִכְבוֹד חֲבֵירוֹ, שֶׁלֹּא כִּינָּהוּ אֲפִילּוּ כִּינּוּי שֶׁאֵינוֹ שֶׁל גְּנַאי, וְכִדְפֵירְשׁוּ הַתּוֹס' שָׁם. וְרַב הוּנָא גַּם כֵּן קָשַׁר גְּמִי עַל לְבוּשׁוֹ, לְפִי שֶׁמָּכַר הֶמְיָנוֹ לִקְנוֹת יַיִן לְקִידּוּשׁ הַיּוֹם.

עוֹד שָׁם: "שָׁאֲלוּ תַּלְמִידָיו אֶת רַבִּי אֶלְעָזָר בֶּן שַׁמּוּעַ, בַּמֶּה הֶאֱרַכְתָּ יָמִים? אָמַר לָהֶם, מִיָּמַי לֹא עָשִׂיתִי קַפֶּנְדַּרְיָא לְבֵית הַכְּנֶסֶת, וְלֹא פָּסַעְתִּי עַל רָאשֵׁי עַם קוֹדֶשׁ" (מגילה כ"ז ב'). הִנֵּה זֶה הַמִּידּוֹת בְּעִנְיַן כְּבוֹד בֵּית הַכְּנֶסֶת וּבְעִנְיַן כְּבוֹד הַבְּרִיּוֹת, שֶׁלֹּא לִפְסוֹעַ עַל גַּב מְסִיבָּתָן שֶׁלֹּא לֵירָאוֹת כְּמְבַזֶּה אוֹתָם.

עוֹד שָׁם: "שָׁאֲלוּ תַּלְמִידָיו אֶת רַבִּי פְּרֵידָא, בַּמֶּה הֶאֱרַכְתָּ יָמִים? אָמַר לָהֶם, מִיָּמַי לֹא קְדָמַנִי אָדָם לְבֵית הַמִּדְרָשׁ, וְלֹא בֵּרַכְתִּי לִפְנֵי כֹּהֵן, וְלֹא אָכַלְתִּי מִבְּהֵמָה שֶׁלֹּא הוּרְמוּ מַתְּנוֹתֶיהָ" (מגילה כ"ז ב').

וְאָמְרוּ עוֹד: "שָׁאֲלוּ תַּלְמִידָיו אֶת רַבִּי נְחוּנְיָא, בַּמֶּה הֶאֱרַכְתָּ יָמִים? אָמַר לָהֶם, מִיָּמַי לֹא נִתְכַּבַּדְתִּי בִּקְלוֹן חֲבֵרִי, וְלֹא עָלְתָה עַל מִטָּתִי קִלְלַת חֲבֵרִי". וּמְפָרֵשׁ הָתָם, "כִּי הָא דְּרַב הוּנָא דָּרֵי מָרָא אַכַּתְפֵיהּ,

---

למשל, כאשר אנו צמים ביום ט' באב, מידת החסידות היא להמתין לאחר תום הצום עוד כחמש דקות עד האכילה. זוהי דחיית סיפוק קטנה אולם היא מעצבת בנפש את המדרגה הראויה. אם אנו נוהגים לתת מעשר כספים ממשכורתנו החודשית, מידת החסידות תבוא לידי ביטוי בהענקת 11 אחוז לצדקה מן המשכורת.

אֲתָא רַב חַנָּא בַּר חֲנִילָאִי וְקָא דָּרֵי מִינֵּיהּ, אֲמַר לֵיהּ, אִי רְגִילַת דְּדָרֵית בְּמָאתָיךְ - דְּרֵי, וְאִי לָא - אִתְיַקּוּרֵי אֲנָא בְּזִילוּתָא דִּידָךְ לָא נִיחָא לִי" (מגילה כ"ח א'). הֲרֵי לָנוּ, שֶׁאַף עַל פִּי שֶׁמַּשְׁמָעוּת 'בִּקְלוֹן חֲבֵרוֹ' הוּא הַמִּשְׁתַּדֵּל לְבַזּוֹת חֲבֵירוֹ כְּדֵי שֶׁעַל יְדֵי זֶה יִרְבֶּה כְבוֹדוֹ, הִנֵּה לַחֲסִידִים לֹא יָאוּת לְקַבֵּל כָּבוֹד אֲפִילוּ אִם חֲבֵירוֹ הוּא הַבָּא וּמִתְרַצֶּה בָּזֶה, אִם יִהְיֶה בָזֶה בִּזָּיוֹן לַחֲבֵירוֹ.

וּכְעִנְיָן זֶה אָמַר רַבִּי זֵירָא "מִיָּמַי לֹא הִקְפַּדְתִּי בְּתוֹךְ בֵּיתִי, וְלֹא צָעַדְתִּי בִּפְנֵי מִי שֶׁגָּדוֹל מִמֶּנִּי. לֹא הִרְהַרְתִּי בִּמְבוֹאוֹת הַמְטֻנָּפוֹת, וְלֹא הָלַכְתִּי אַרְבַּע אַמּוֹת בְּלֹא תוֹרָה וּבְלֹא תְפִלִּין, וְלֹא יָשַׁנְתִּי בְּבֵית הַמִּדְרָשׁ לֹא שְׁנַת קֶבַע וְלֹא שְׁנַת עֲרַאי, וְלֹא שַׂשְׂתִּי בְּתַקָּלַת חֲבֵרִי, וְלֹא קָרָאתִי לַחֲבֵרִי בַּחֲנִיכָתוֹ" (שם). הֲרֵי לְךָ מַעֲשֵׂי חֲסִידוּת מִכָּל הַדְּרָכִים שֶׁזָּכַרְנוּ לְמַעְלָה.

וְאָמְרוּ עוֹד זִכְרוֹנָם לִבְרָכָה: "אָמַר רַב יְהוּדָה, הַאי מָאן דְּבָעֵי לְמֶהֱוֵי חֲסִידָא - לְקַיֵּם מִלֵּי דִּבְרָכוֹת" (בבא קמא ל' א'), וְזֶה לְמַה שֶּׁבֵּינוֹ לְבֵין קוֹנוֹ. "וְאָמְרֵי לַהּ, לְקַיֵּם מִלֵּי דִּנְזִיקִין", וְזֶה לְמַה שֶּׁבֵּינוֹ לְבֵין חֲבֵירוֹ. "וְאָמְרֵי לַהּ לְקַיֵּם מִלֵּי דְּאָבוֹת", שֶׁשָּׁם נִכְלָלִים עִנְיָנִים מִכָּל הַחֲלָקִים.*

וְהִנֵּה גְּמִילוּת חֲסָדִים הוּא עִיקָּר גָּדוֹל לֶחָסִיד, כִּי חֲסִידוּת עַצְמוֹ נִגְזָר מֵחֶסֶד. וְאָמְרוּ זִכְרוֹנָם לִבְרָכָה "עַל שְׁלֹשָׁה דְבָרִים הָעוֹלָם עוֹמֵד" (אבות

---

* הרמח"ל מביא ראיות ודוגמאות לקיום מידת החסידות אצל חז"ל במעשי המצוות. חשוב לזכור שתנאי החיים המשתנים בין האנשים ובין הדורות מגדירים את מידת החסידות בכל פעם מחדש. הדוגמה השלישית למשל, המאמץ לקניית יין על מנת לצאת בו ידי חובת קידוש היום - לרוב בני אדם לא תיחשב היום למידת חסידות; רמת החיים בדורנו היא כה גבוהה שרכישת יין סטנדרטי לקידוש היא דבר של מה בכך, ולכן עקרון החסידות ייושם בתחום זה בדורנו בקניית יין מהודר דווקא; וכן על זה הדרך.

א׳ ב׳), וְאֶחָד מֵהֶם – גְּמִילוּת חֲסָדִים. וְכֵן מָנוּהוּ זִכְרוֹנָם לִבְרָכָה עִם הַדְּבָרִים שֶׁאוֹכֵל פֵּירוֹתֵיהֶן בָּעוֹלָם הַזֶּה, וְהַקֶּרֶן קַיֶּמֶת לוֹ לָעוֹלָם הַבָּא (פאה א׳ א׳).

וְאָמְרוּ עוֹד "דָּרַשׁ ר׳ שִׂמְלָאִי, תּוֹרָה – תְּחִילָּתָהּ גְּמִילוּת חֲסָדִים, וְסוֹפָהּ גְּמִילוּת חֲסָדִים" (סוטה י״ד א׳). וְאָמְרוּ עוֹד, דָּרַשׁ רָבָא כָּל מִי שֶׁיֵּשׁ בּוֹ שָׁלֹשׁ מִדּוֹת הַלָּלוּ, בְּיָדוּעַ שֶׁהוּא מִזַּרְעוֹ שֶׁל אַבְרָהָם אָבִינוּ, רַחְמָן וּבַיְּשָׁן וְגוֹמֵל חֲסָדִים (ע״פ יבמות ע״ט א׳). וְאָמְרוּ "אָמַר רַבִּי אֶלְעָזָר, גְּדוֹלָה גְּמִילוּת חֲסָדִים יוֹתֵר מִן הַצְּדָקָה, שֶׁנֶּאֱמַר "זִרְעוּ לָכֶם לִצְדָקָה וְקִצְרוּ לְפִי חֶסֶד" (הושע י׳ י״ב)" (סוכה מ״ט ב׳).

וְאָמְרוּ עוֹד "בִּשְׁלֹשָׁה דְּבָרִים גְּדוֹלָה גְּמִילוּת חֲסָדִים מִן הַצְּדָקָה, שֶׁהַצְּדָקָה בְּמָמוֹנוֹ, וּגְמִילוּת חֲסָדִים בְּגוּפוֹ. צְדָקָה לָעֲנִיִּים, וּגְמִילוּת חֲסָדִים לָעֲנִיִּים וְלָעֲשִׁירִים. צְדָקָה לַחַיִּים, וּגְמִילוּת חֲסָדִים בֵּין לַחַיִּים בֵּין לַמֵּתִים" (סוכה מ״ט ב׳).

וְאָמְרוּ עוֹד "'וְנָתַן לְךָ רַחֲמִים וְרִחַמְךָ' (דברים י״ג י״ח) – כָּל הַמְרַחֵם עַל הַבְּרִיּוֹת מְרַחֲמִין עָלָיו מִן הַשָּׁמַיִם" (שבת קנ״א ב׳). וְזֶה פָּשׁוּט, כִּי הַקָּדוֹשׁ בָּרוּךְ הוּא מוֹדֵד מִדָּה כְּנֶגֶד מִדָּה (ע״פ סנהדרין צ׳ א׳), וּמִי שֶׁמְּרַחֵם וְעוֹשֶׂה חֶסֶד עִם הַבְּרִיּוֹת גַּם הוּא בְּדִינוֹ יְרַחֲמוּהוּ וְיִמְחֲלוּ לוֹ עֲוֹנוֹתָיו בְּחֶסֶד, שֶׁהֲרֵי מְחִילָה זוֹ דִּין הוּא, כֵּיוָן שֶׁהִיא מִדָּה כְּנֶגֶד מִדָּתוֹ, וְהוּא מַה שֶּׁאָמְרוּ זִכְרוֹנָם לִבְרָכָה "לְמִי נוֹשֵׂא עָוֹן? לְמִי שֶׁעוֹבֵר עַל פֶּשַׁע" (ראש השנה י״ז א׳). וּמִי שֶׁאֵינוֹ רוֹצֶה לְהַעֲבִיר עַל מִדּוֹתָיו, אוֹ אֵינוֹ רוֹצֶה לִגְמוֹל חֶסֶד, הִנֵּה הַדִּין נוֹתֵן שֶׁגַּם עִמּוֹ לֹא יַעֲשׂוּ אֶלָּא שׁוּרַת הַדִּין. רְאֵה עַתָּה, מִי הוּא זֶה וְאֵיזֶה הוּא שֶׁיּוּכַל לַעֲמוֹד אִם הַקָּדוֹשׁ בָּרוּךְ הוּא עוֹשֶׂה עִמּוֹ שׁוּרַת הַדִּין? וְדָוִד הַמֶּלֶךְ מִתְפַּלֵּל וְאוֹמֵר "וְאַל תָּבוֹא בְמִשְׁפָּט אֶת עַבְדֶּךָ, כִּי לֹא יִצְדַּק לְפָנֶיךָ כָל חָי" (תהלים קמ״ג ב׳). אָמְנָם הָעוֹשֶׂה חֶסֶד יְקַבֵּל חֶסֶד, וּכְכָל מַה שֶּׁיַּרְבֶּה לַעֲשׂוֹת – כָּךְ יַרְבֶּה לְקַבֵּל. וְדָוִד הָיָה מִתְהַלֵּל בְּמִדָּתוֹ זֹאת הַטּוֹבָה, שֶׁאֲפִילּוּ לְשׂוֹנְאָיו הָיָה מִשְׁתַּדֵּל לְהֵיטִיב. זֶהוּ מַה שֶּׁאָמַר

"וַאֲנִי בַּחֲלוֹתָם לְבוּשִׁי שָׂק, עִנֵּיתִי בַצּוֹם נַפְשִׁי" (תהלים ל"ה י"ג). וְאָמַר "אִם גָּמַלְתִּי שׁוֹלְמִי רָע" וְכוּ'.

וּבִכְלַל הָעִנְיָן הַזֶּה, שֶׁלֹּא לְצַעֵר לְשׁוּם בְּרִיָּה – אֲפִילּוּ בַּעֲלֵי חַיִּים, וּלְרַחֵם וְלָחוּס עֲלֵיהֶם. וְכֵן הוּא אוֹמֵר "יוֹדֵעַ צַדִּיק נֶפֶשׁ בְּהֶמְתּוֹ" (משלי י"ב י'). וּכְבָר יֵשׁ שֶׁסּוֹבְרִים "צַעַר בַּעֲלֵי חַיִּים דְּאוֹרַיְתָא" (שבת קכ"ח ב') וְעַל כָּל פָּנִים דְּרַבָּנָן.

כְּלָלוֹ שֶׁל דָּבָר, הָרַחֲמָנוּת וְהַהֲטָבָה צָרִיךְ שֶׁתִּהְיֶה תְּקוּעָה בְּלֵב הֶחָסִיד לְעוֹלָם, וְתִהְיֶה מְגַמָּתוֹ תָּמִיד לַעֲשׂוֹת קוֹרַת רוּחַ לַבְּרִיּוֹת וְלֹא לִגְרוֹם לָהֶם שׁוּם צַעַר וְכוּ'.*

הַחֵלֶק הַשֵּׁנִי מִן הַחֲסִידוּת הוּא בְּאוֹפֶן הָעֲשִׂיָּה. וְהִנֵּה גַּם זֶה נִכְלָל בִּשְׁנֵי עִנְיָנִים. אָמְנָם תַּחְתֵּיהֶם נִכְלָלִים פְּרָטִים רַבִּים, וּשְׁנַיִם הָרָאשִׁיִּים הֵם:

הַיִּרְאָה וְהָאַהֲבָה – שְׁנֵי עַמּוּדֵי הָעֲבוֹדָה הָאֲמִיתִּית שֶׁזּוּלָתָם לֹא תִּכּוֹן כְּלָל.

בִּכְלַל הַיִּרְאָה: יֵשׁ הַהַכְנָעָה מִלְּפָנָיו יִתְבָּרַךְ. הַבּוֹשֶׁת בִּקְרוֹב אֶל עֲבוֹדָתוֹ. וְהַכָּבוֹד הַנַּעֲשֶׂה אֶל מִצְוֹתָיו, אֶל שְׁמוֹ יִתְבָּרַךְ, וְאֶל תּוֹרָתוֹ.

וּבִכְלַל הָאַהֲבָה: הַשִּׂמְחָה. הַדְּבֵיקוּת, וְהַקִּנְאָה.

וְעַתָּה נְבָאֵר אֶחָד אֶחָד.**

---

* הפעולה שבה מתבטאת מידת החסידות באופן המובהק ביותר היא גמילות חסדים, שמשמעה הענקת שפע לאחר יותר מהמינימום הנדרש. הרחמנות וההטבה לאחרים (שהם היסוד לגמילות חסדים) משקפים את האידאל של החסיד, שהוא ההזדהות עם הטוב עד כדי רצון להשפיע חסד מעבר לגבולות המקובלים.

** התנאי השני לזכייה בתואר "חסיד" הוא לא רק לפעול ("עשייה") מעבר לנדרש אלא גם שעשייה זו תתבצע מתוך מצב נפשי הולם

הִנֵּה, עִיקַּר הַיִּרְאָה הִיא יִרְאַת הָרוֹמְמוּת, שֶׁצָּרִיךְ הָאָדָם לַחְשׁוֹב בְּעוֹדוֹ מִתְפַּלֵּל אוֹ עוֹשֶׂה מִצְוָה, כִּי לִפְנֵי מֶלֶךְ מַלְכֵי הַמְּלָכִים הוּא מִתְפַּלֵּל אוֹ עוֹשֶׂה הַמַּעֲשֶׂה הַהוּא. וְהוּא מַה שֶּׁהִזְהִיר הַתַּנָּא "וּכְשֶׁאַתָּה מִתְפַּלֵּל, דַּע לִפְנֵי מִי אַתָּה מִתְפַּלֵּל" (ע"פ ברכות כ"ח ב').

וְהִנֵּה שְׁלֹשָׁה דְּבָרִים צָרִיךְ שֶׁיִּסְתַּכֵּל הָאָדָם וְיִתְבּוֹנֵן הֵיטֵב כְּדֵי שֶׁיַּגִּיעַ אֶל זֹאת הַיִּרְאָה:

הָאֶחָד: שֶׁהוּא עוֹמֵד מַמָּשׁ לִפְנֵי הַבּוֹרֵא יִתְבָּרַךְ שְׁמוֹ, וְנוֹשֵׂא וְנוֹתֵן עִמּוֹ – אַף עַל פִּי שֶׁאֵין עֵינוֹ שֶׁל אָדָם רוֹאֵהוּ. וְתִרְאֶה כִּי זֶה הוּא הַיּוֹתֵר קָשֶׁה שֶׁיִּצְטַיֵּיר בְּלֵב הָאָדָם צִיּוּר אֲמִיתִּי, יַעַן אֵין הַחוּשׁ עוֹזֵר לָזֶה כְּלָל. אָמְנָם מִי שֶׁהוּא בַּעַל שֵׂכֶל נָכוֹן, בִּמְעַט הִתְבּוֹנְנוּת וְשִׂימַת לֵב יוּכַל לִקְבּוֹעַ בְּלִבּוֹ אֲמִיתַּת הַדָּבָר, אֵיךְ הוּא בָּא וְנוֹשֵׂא וְנוֹתֵן מַמָּשׁ עִמּוֹ יִתְבָּרַךְ, וּלְפָנָיו הוּא מִתְחַנֵּן, וּמֵאִתּוֹ הוּא מְבַקֵּשׁ. וְהוּא יִתְבָּרַךְ שְׁמוֹ – מַאֲזִין וּמַקְשִׁיב לִדְבָרָיו, כַּאֲשֶׁר יְדַבֵּר אִישׁ אֶל רֵעֵהוּ, וְרֵעֵהוּ מַקְשִׁיב וְשׁוֹמֵעַ אֵלָיו.

וְאַחַר שֶׁיִּקְבַּע זֶה בְּדַעְתּוֹ צָרִיךְ שֶׁיִּתְבּוֹנֵן עַל רוֹמְמוּתוֹ יִתְבָּרַךְ אֲשֶׁר הוּא מְרוֹמָם וְנִשְׂגָּב עַל כָּל בְּרָכָה וּתְהִלָּה, עַל כָּל מִינֵי שְׁלֵימוּת שֶׁתּוּכַל מַחֲשַׁבְתֵּנוּ לְדַמּוֹת וּלְהָבִין.

וְעוֹד צָרִיךְ שֶׁיִּתְבּוֹנֵן עַל שִׁפְלוּת הָאָדָם וּפְחִיתוּתוֹ, לְפִי חוֹמְרִיּוּתוֹ וְגַסּוּתוֹ, כָּל שֶׁכֵּן לְפִי הַחֲטָאִים שֶׁחָטָא מֵעוֹדוֹ, כִּי עַל כָּל אֵלֶּה – אִי אֶפְשָׁר שֶׁלֹּא יֶחֱרַד לִבּוֹ, וְלֹא יִרְעַשׁ בְּעוֹדוֹ מְדַבֵּר דְּבָרָיו לְפָנָיו יִתְבָּרַךְ, וּמַזְכִּיר בִּשְׁמוֹ וּמִשְׁתַּדֵּל לְהֵרָצוֹת לוֹ. הוּא מַה שֶּׁאָמַר הַכָּתוּב "עִבְדוּ אֶת ה' בְּיִרְאָה וְגִילוּ בִּרְעָדָה" (תהלים ב' י"א). וּכְתִיב "אֵל נַעֲרָץ בְּסוֹד קְדוֹשִׁים, רַבָּה וְנוֹרָא עַל כָּל סְבִיבָיו" (תהלים פ"ט ח'). כִּי הַמַּלְאָכִים, לִהְיוֹתָם יוֹתֵר קְרוֹבִים אֵלָיו

("אופן העשייה"); ולקמן מפרט הרמח"ל שלל מצבים נפשיים ורגשיים שהחסיד אמור לאמץ בזמן שהוא מוסיף במעשי המצוות:

יִתְבָּרֵךְ מִבְּנֵי הַגּוּף הַחוֹמְרִי, קַל לָהֶם יוֹתֵר לְדַמּוֹת שֶׁבַח גְּדוּלָּתוֹ. עַל כֵּן מוֹרָאוֹ עֲלֵיהֶם יוֹתֵר מִמַּה שֶׁהוּא עַל בְּנֵי הָאָדָם. וְאָמְנָם דָּוִד הַמֶּלֶךְ עָלָיו הַשָּׁלוֹם הָיָה מְשַׁבֵּחַ וְאוֹמֵר "אֶשְׁתַּחֲוֶה אֶל הֵיכַל קָדְשְׁךָ בְּיִרְאָתֶךָ" (תהלים ה׳ ח׳). וּכְתִיב "מִפְּנֵי שְׁמִי נִחַת הוּא" (מלאכי ב׳ ה׳). וְאוֹמֵר "אֱלֹהַי, בֹּשְׁתִּי וְנִכְלַמְתִּי לְהָרִים, אֱלֹהַי, פָּנַי אֵלֶיךָ" (עזרא ט׳ ו׳).

וְאוּלָם הַיִּרְאָה הַזֹּאת צָרִיךְ שֶׁתִּתְגַּבֵּר בַּלֵּב בַּתְּחִלָּה, וְאַחַר כָּךְ תֵּרָאֶה פְּעוּלּוֹתֶיהָ גַּם בְּאֵיבְרֵי הַגּוּף, הֲלֹא הֵמָּה, כּוֹבֶד הָרֹאשׁ, וְהַהִשְׁתַּחֲוָאָה, שִׁפְלוּת הָעֵינַיִם, וּכְפִיפַת הַיָּדַיִם, כְּעֶבֶד קָטָן לִפְנֵי מֶלֶךְ רָב. וְכֵן אָמְרוּ בַּגְּמָרָא "רָבָא פָּכַר יָדֵיהּ וּמְצַלֵּי, אָמַר, כְּעַבְדָּא קַמֵּי מָארֵיהּ"(שבת י׳ א׳).*

וְהִנֵּה דִּבַּרְנוּ עַד עַתָּה מִן הַהַכְנָעָה וּמִן הַבּוֹשֶׁת. וּנְדַבֵּר עַתָּה מֵעִנְיַן הַכָּבוֹד.

הִנֵּה, כְּבוֹד הַמִּצְוָה וִיקָרָהּ - כְּבָר הִזְהִירוּנוּ עָלָיו חֲכָמֵינוּ זִכְרוֹנָם לִבְרָכָה וְאָמְרוּ "'זֶה אֵלִי וְאַנְוֵהוּ' (שמות ט״ו ב׳) - הִתְנָאֶה לְפָנָיו בְּמִצְוֹת - צִיצִית נָאָה, תְּפִלִּין נָאֶה, סֵפֶר תּוֹרָה נָאֶה, לוּלָב נָאֶה" וְכוּ׳ (שבת קל״ג ב׳). וְכֵן אָמְרוּ "הִדּוּר מִצְוָה עַד שְׁלִישׁ - עַד כָּאן מִשֶּׁלּוֹ, מִכָּאן וְאֵילָךְ מִשֶּׁל הַקָּדוֹשׁ בָּרוּךְ הוּא" (בבא קמא ט׳ ב׳). הֲרֵי דַּעַת שִׂפְתוֹתֵיהֶם זִכְרוֹנָם לִבְרָכָה בָּרוּר מִלֵּלוּ, שֶׁאֵין דַּי בַּעֲשׂוֹת הַמִּצְוָה לְבַד, אֶלָּא שֶׁצָּרִיךְ לְכַבְּדָהּ וּלְהַדְּרָהּ, וּלְהוֹצִיא מִמִּי שֶׁלְּהָקֵל עַל עַצְמוֹ יֹאמַר 'אֵין הַכָּבוֹד אֶלָּא לִבְנֵי הָאָדָם הַמִּתְפַּתִּים בַּהֲבָלִים אֵלֶּה, אַךְ הַקָּדוֹשׁ בָּרוּךְ הוּא אֵינוֹ חוֹשֵׁשׁ לָזֶה כִּי הוּא מְרוֹמָם מִדְּבָרִים הָאֵלֶּה וְנִשְׂגָּב מֵהֶם, וְכֵיוָן שֶׁהַמִּצְוָה נַעֲשֵׂית לַאֲמִתָּהּ דַּי בָּזֶה'. אָמְנָם הָאֱמֶת הוּא, שֶׁהָאָדוֹן בָּרוּךְ הוּא נִקְרָא "אֵל הַכָּבוֹד",

---

* המעמד הנפשי הראשון שאמור ללוות את החסיד הוא "יראת הרוממות", היינו הכרת הפער בינינו לבין השלמות האלוהית, הכרה שגורמת לתחושת דריכות ותוספת עשייה על מנת להיות חלק משלמות זו.

וְאָנוּ חַיָּבִים לְכַבְּדוֹ – אַף עַל פִּי שֶׁאֵינוֹ צָרִיךְ לִכְבוֹדֵנוּ, וְלֹא כְּבוֹדֵנוּ חָשׁוּב וְסָפוּן לְפָנָיו. וּמִי שֶׁמְּמַעֵט בָּזֶה בְּמָקוֹם שֶׁהָיָה יָכוֹל לְהַרְבּוֹת, אֵינוֹ אֶלָּא חוֹטֵא! הוּא מַה שֶּׁהַנָּבִיא מַלְאָכִי מִתְרַעֵם עַל יִשְׂרָאֵל בִּדְבַר ה׳ "וְכִי תַגִּשׁוּן עִוֵּר לִזְבֹּחַ, אֵין רָע, הַקְרִיבֵהוּ נָא לְפֶחָתֶךָ הֲיִרְצְךָ אוֹ הֲיִשָּׂא פָנֶיךָ" (מלאכי א).

וְאוּלָם חֲכָמִים זִכְרוֹנָם לִבְרָכָה הִזְהִירוּנוּ לְהִתְנַהֵג הֵפֶךְ זֶה בָּעֲבוֹדָה, וְאָמְרוּ בְּעִנְיַן מַיִם שֶׁנִּתְגַּלּוּ שֶׁלֹּא יְסַנְּנֵם בְּמְסַנֶּנֶת, מִטַּעַם אִימוּר דְּאָמְרֵי לְהֶדְיוֹט, לַגָּבוֹהַּ מִי קָאָמַר? לֵית לֵהּ "הַקְרִיבֵהוּ נָא לְפֶחָתֶךָ" (סוכה נ׳ א׳). רְאֵה נָא, מַה חֶסְרוֹן יֵשׁ בַּמַּיִם שֶׁנִּסְתַּנְּנוּ? וּכְבָר מוּתָּרִים הֵם לְהֶדְיוֹט, וַאֲפִילּוּ הָכִי אֲסוּרִים הֵם לַגָּבוֹהַּ מִשּׁוּם שֶׁאֵינוֹ דֶּרֶךְ כָּבוֹד.

וְאָמְרוּ עוֹד בְּסִפְרִי "וְכֹל מִבְחַר נִדְרֵיכֶם" (דברים י״ב י״א) דְּהַיְינוּ, שֶׁלֹּא יָבִיא אֶלָּא מִן הַמּוּבְחָר. וּכְבָר מָצָאנוּ קַיִן וְהֶבֶל. הֶבֶל הֵבִיא מִבְּכוֹרוֹת צֹאנוֹ וּמֵחֶלְבֵהֶן, וְקַיִן מִן הַפְּסוֹלֶת – מִפְּרִי הָאֲדָמָה, כְּפֵירוּשָׁם זִכְרוֹנָם לִבְרָכָה (בראשית רבה כ״ב ה׳). וּמָה עָלָה בָּהֶם – "וַיִּשַׁע ה׳ אֶל הֶבֶל וְאֶל מִנְחָתוֹ, וְאֶל קַיִן וְאֶל מִנְחָתוֹ לֹא שָׁעָה" (בראשית ד׳ ה׳). וְאוֹמֵר "וְאָרוּר נוֹכֵל, וְיֵשׁ בְּעֶדְרוֹ זָכָר, וְנֹדֵר וְזֹבֵחַ מָשְׁחָת לַה׳ כִּי מֶלֶךְ גָּדוֹל אָנִי" (מלאכי א׳ י״ד). וְכַמָּה דְּבָרִים הִזְהִירוּנוּ זִכְרוֹנָם לִבְרָכָה שֶׁלֹּא יִהְיוּ מִצְוֹת בְּזוּיוֹת עָלֵינוּ. וּכְבָר אָמְרוּ "כָּל הָאוֹחֵז סֵפֶר תּוֹרָה עָרוֹם – נִקְבָּר עָרוֹם" (שבת י״ד א׳) מִפְּנֵי בִּזּוּי הַמִּצְוָה.

וְסֵדֶר הַעֲלָאַת בִּיכּוּרִים יִהְיֶה לָנוּ לְעֵינַיִם לִרְאוֹת מַה הוּא הִידּוּרָן שֶׁל מִצְוֹת שֶׁכָּךְ שָׁנִינוּ "הַשּׁוֹר הוֹלֵךְ לִפְנֵיהֶם, וְקַרְנָיו מְצוּפּוֹת זָהָב, וַעֲטָרָה שֶׁל זַיִת בְּרֹאשׁוֹ" וְכוּ׳ (מסכת בכורים ג׳ ג׳). עוֹד שָׁם, "הָעֲשִׁירִים מְבִיאִים בִּכּוּרֵיהֶם בְּקַלְתוֹת שֶׁל זָהָב, וְהָעֲנִיִּים בְּסַלֵּי נְצָרִים" כו׳. עוֹד שָׁם, "שָׁלֹשׁ מִדּוֹת בְּבִכּוּרִים: בִּכּוּרִים, תּוֹסֶפֶת בִּכּוּרִים, וְעִטּוּר בִּכּוּרִים" וְכוּ׳. הֲרֵי לָנוּ בְּהֶדְיָא כַּמָּה רָאוּי לָנוּ לְהוֹסִיף עַל גּוּפָהּ שֶׁל מִצְוָה כְּדֵי לְהַדְּרָהּ. וּמִכָּאן נִלְמוֹד לְכָל שְׁאָר מִצְוֹת שֶׁבַּתּוֹרָה.

וְאָמְרוּ "רָבָא רָמֵי פּוּזְמְקֵי וּמַצְלֵי, אָמַר 'הִכּוֹן לִקְרַאת אֱלֹקֶיךָ יִשְׂרָאֵל' (עמוס ד' י"ב)" (שבת י' א'). עוֹד אָמְרוּ רַבּוֹתֵינוּ זִכְרוֹנָם לִבְרָכָה עַל פָּסוּק "בִּגְדֵי עֵשָׂו בְּנָהּ הַגָּדֹל הַחֲמֻדֹת" (בראשית כ"ז ט"ו) – "אָמַר רַבָּן שִׁמְעוֹן בֶּן גַּמְלִיאֵל, אֲנִי שִׁמַּשְׁתִּי אֶת אַבָּא וְכוּ', אֲבָל עֵשָׂו – כְּשֶׁהָיָה מְשַׁמֵּשׁ אֶת אָבִיו, לֹא הָיָה מְשַׁמֵּשׁ אֶלָּא בְּבִגְדֵי מַלְכוּת" (בראשית רבה ס"ה ט"ז). וְהִנֵּה אִם כֵּן לְבָשָׂר – וָדָם, קַל וָחוֹמֶר לְמֶלֶךְ מַלְכֵי הַמְּלָכִים הַקָּדוֹשׁ בָּרוּךְ הוּא, שֶׁהָעוֹמֵד לְפָנָיו לְהִתְפַּלֵּל, רָאוּי הוּא שֶׁיִּלְבַּשׁ בִּגְדֵי כָבוֹד וְיֵשֵׁב לְפָנָיו כְּמוֹ שֶׁיּוֹשֵׁב לִפְנֵי מֶלֶךְ גָּדוֹל.*

וְהִנֵּה בִּכְלָל זֶה יֵשׁ כְּבוֹד הַשַּׁבָּתוֹת וְיָמִים טוֹבִים, שֶׁכָּל הַמַּרְבֶּה לְכַבְּדָם וַדַּאי עוֹשֶׂה נַחַת רוּחַ לְיוֹצְרוֹ, שֶׁכֵּן צִוָּנוּ "וְכִבַּדְתּוֹ" (ישעיה נ"ח י"ג). וְכֵיוָן שֶׁכְּבָר הִתְאַמֵּת לָנוּ, שֶׁכִּבּוּדוֹ – מִצְוָה, הִנֵּה מִינֵי הַכָּבוֹד רַבִּים הֵם, אַךְ הַכְּלָל הוּא שֶׁכָּל מַעֲשֶׂה שֶׁבּוֹ נִרְאֶה חֲשִׁיבוּת לְשַׁבָּת, צְרִיכִים אָנוּ לַעֲשׂוֹתוֹ.

עַל כֵּן הָיוּ הַחֲכָמִים הָרִאשׁוֹנִים עוֹסְקִים בַּהֲכָנוֹת הַשַּׁבָּת, אִישׁ אִישׁ לְפִי דַּרְכּוֹ. רַבִּי אַבָּהוּ הֲוָה יָתִיב אַתַּכְתְּקָא דְשִׁינָא וּמְנַשֵּׁב נוּרָא. רַב סַפְרָא מְחָרֵיךְ רֵישָׁא. רָבָא מָלַח שִׁבּוּטָא, רַב הוּנָא מַדְלִיק שְׁרָגָא. רַב פָּפָּא גָּדִיל פְּתִילְתָּא. רַב חִסְדָּא פָּרֵים סִלְקָא. רַבָּה וְרַב יוֹסֵף מְצַלְחוּ צִיבֵי. רַב נַחְמָן מְכַתֵּף וְעָיֵיל, מְכַתֵּף וְנָפֵיק. אָמַר, אִלּוּ מִקְלְעִין לִי רַבִּי אַמִּי וְרַבִּי אַסִּי, מִי לָא מְכַתְּפִינָא קַמַּיְהוּ? (שבת קי"ט א'). וְתִרְאֶה הֶיקֵּשׁוֹ שֶׁל רַב נַחְמָן,

* המעמד הנפשי השני של החסיד הוא "כבוד", היינו הכרה בערכם הנשגב של מעשי המצוות שהוא עוסק ומוסיף בהם. הכרה זו מובילה לכך שהמצוות יתבצעו באופן מכובד, בשימוש בחומרים איכותיים ככל האפשר, בהקפדה על אסתטיקה וכדומה. כאמור, בדורנו מושג ה"כבוד" יתבטא באופן שונה מן הדורות הקודמים (לדוגמה: לבישת בגדים מפוארים באופנת ימי הפרעונים לצורך תפילה – לא תעורר כבוד אלא תחושות ביזוי וגיחוך).

שֶׁיֵּשׁ לָנוּ מִמֶּנּוּ מְקוֹם לִימּוּד, כִּי הִנֵּה הָיָה מִתְבּוֹנֵן מֶה הָיָה הוּא עוֹשֶׂה לְפִי דַּרְכּוֹ לְאָדָם שֶׁהוּא חָפֵץ לְכַבְּדוֹ, וְכָזֶה עַצְמוֹ הָיָה עוֹשֶׂה בְּשַׁבָּת.

וְעַל דָּבָר זֶה נֶאֱמַר "לְעוֹלָם יְהֵא אָדָם עָרוּם בְּיִרְאָה" (ברכות י"ז א') לָדַעַת וּלְהִתְבּוֹנֵן דָּבָר מִתּוֹךְ דָּבָר, וּלְחַדֵּשׁ הַמְצָאוֹת לַעֲשׂוֹת נַחַת רוּחַ לְיוֹצְרוֹ בְּכָל הַדְּרָכִים שֶׁאֶפְשָׁר לְהֵרָאוֹת, הֱיוֹת מַכִּירִים גּוֹדֶל רוֹמְמוּתוֹ עָלֵינוּ. אֲשֶׁר עַל כֵּן, כָּל מַה שֶּׁיִּתְיַחֵס לוֹ יִהְיֶה נִכְבָּד עָלֵינוּ כָּבוֹד גָּדוֹל. וְכֵיוָן שֶׁהוּא יִתְבָּרַךְ בְּטוּבוֹ הַגָּדוֹל עִם כָּל שִׁפְלוּתֵנוּ, רָצָה בְּעַנְוְתוֹ לַחֲלוֹק לָנוּ כָּבוֹד, וְלִמְסוֹר לָנוּ דִּבְרֵי קְדוּשָּׁתוֹ, לְפָחוֹת בְּכָל כֹּחֵנוּ נְכַבְּדֵם וְנַרְאֶה הַיְקָר אֲשֶׁר לָהֶם אֶצְלֵנוּ.

וְתִרְאֶה שֶׁזֹּאת הִיא הַיִּרְאָה הָאֲמִיתִּית שֶׁהִיא יִרְאַת הָרוֹמְמוּת שֶׁזָּכַרְנוּ, שֶׁבָּהּ תָּלוּי הַכָּבוֹד הַמִּתְקָרֵב אֶל חִיבּוּב הָאַהֲבָה, וּכְמוֹ שֶׁאֶכְתּוֹב עוֹד בְּסִיַּיעְתָּא דִשְׁמַיָּא. מַה שֶּׁאֵין כֵּן יִרְאַת הָעוֹנֶשׁ שֶׁאֵינָהּ הָעִיקָּרִית, וְאֵין מַעֲלוֹת הַמִּדּוֹת הָאֵלֶּה נִמְשָׁכוֹת הֵימֶנָּה.

וְנַחֲזוֹר לְעִנְיַן הַשַּׁבָּת, הִנֵּה אָמְרוּ "רַב עָנַן לָבִישׁ גּוּנְדָּא", (שבת קי"ט א') דְּהַיְינוּ, שֶׁהָיָה לוֹבֵשׁ בֶּגֶד שָׁחוֹר בְּעֶרֶב שַׁבָּת, כְּדֵי שֶׁיִּהְיֶה נִיכָּר יוֹתֵר כְּבוֹד הַשַּׁבָּת בְּלָבְשׁוֹ בּוֹ בְּגָדִים נָאִים. נִמְצָא, שֶׁלֹּא לְבַד הַהֲכָנָה לְשַׁבָּת הוּא מִכְּלַל הַכָּבוֹד, אֶלָּא אֲפִילּוּ הַהֶעְדֵּר שֶׁמִּכֹּחוֹ יִבָּחֵן יוֹתֵר מְצִיאוּת הַכָּבוֹד, גַּם הוּא מִכְּלַל הַמִּצְוָה. וְכֵן אָסְרוּ לִקְבּוֹעַ סְעוּדָה בְּעֶרֶב שַׁבָּת, מִפְּנֵי כְּבוֹד הַשַּׁבָּת (גיטין ל"ח ב'). וְכֵן כָּל כַּיּוֹצֵא בָּזֶה.*

וּבִכְלַל הַיִּרְאָה, עוֹד כְּבוֹד הַתּוֹרָה וְלוֹמְדֶיהָ. וּבְהֶדְיָא שָׁנִינוּ "כָּל הַמְכַבֵּד אֶת הַתּוֹרָה, גּוּפוֹ מְכוּבָּד עַל הַבְּרִיּוֹת" (אבות ד' ו'). וְאָמְרוּ

---

* יחס הכבוד כלפי המצוות ניכר במיוחד ביום השבת. מכיוון שעניינה של השבת הוא להיכנס פעם בשבוע למערך חיים שהוא מעבר ליום־יום, הרי היא דורשת התנהלות מכובדת בלבוש, באכילה, בעריכת השולחן בצורה אסתטית וכן הלאה.

זִכְרוֹנָם לִבְרָכָה "אָמַר רַבִּי יוֹחָנָן, מִפְּנֵי מָה זָכָה אַחְאָב לְמַלְכוּת עֶשְׂרִים וּשְׁתַּיִם שָׁנָה? לְפִי שֶׁכִּבֵּד אֶת הַתּוֹרָה שֶׁנִּתְּנָה בְּעֶשְׂרִים וּשְׁתַּיִם אוֹתִיּוֹת, שֶׁנֶּאֱמַר, "וַיִּשְׁלַח מַלְאָכִים אֶל אַחְאָב... וְהַדָּבָר הַזֶּה לֹא אוּכַל לַעֲשׂוֹת" (סנהדרין ק"ב ב'). וְאָמְרוּ זִכְרוֹנָם לִבְרָכָה "הָיָה הוֹלֵךְ מִמָּקוֹם לְמָקוֹם, לֹא יַנִּיחֶנּוּ בְּשַׂק וְיַנִּיחֶנּוּ עַל הַחֲמוֹר וְיִרְכַּב עָלָיו, אֶלָּא מַנִּיחוֹ בְּחֵיקוֹ" כו' (ברכות י"ח א'). וְאָסְרוּ עוֹד לֵישֵׁב עַל הַמִּטָּה שֶׁסֵּפֶר תּוֹרָה עָלֶיהָ (מועד קטן כ"ה א'). וְכֵן אָמְרוּ "אֵין זוֹרְקִין כִּתְבֵי הַקֹּדֶשׁ וַאֲפִילּוּ הֲלָכוֹת וְאַגָּדוֹת" (עירובין צ"ח א'). וְאָסְרוּ לְהַנִּיחַ נְבִיאִים וּכְתוּבִים עַל גַּבֵּי חוּמָּשִׁים (מגילה כ"ז א'). הֵן אֵלֶּה דְּבָרִים שֶׁאָסְרוּ חֲכָמֵינוּ זִכְרוֹנָם לִבְרָכָה לְכָל עֲדַת יִשְׂרָאֵל, וְהֶחָסִיד - יֵשׁ לוֹ לִלְמוֹד מֵאֵלֶּה וּלְהוֹסִיף עֲלֵיהֶם כָּהֵנָּה וְכָהֵנָּה לִכְבוֹד שֵׁם ה' אֱלֹהָיו. וּבִכְלָל זֶה, הַנִּיקָיוֹן וְהַטָּהֳרָה הַצְּרִיכָה לְדִבְרֵי תוֹרָה, שֶׁלֹּא לַעֲסוֹק בָּהּ אֲפִילּוּ בְּהִרְהוּר בִּמְקוֹמוֹת הַמְטוּנָּפִים, וְלֹא בְּיָדַיִם שֶׁאֵינָם נְקִיּוֹת, וּכְבָר הִרְבּוּ חֲכָמֵינוּ זִכְרוֹנָם לִבְרָכָה לְהַזְהִיר עַל זֶה בִּמְקוֹמוֹת רַבִּים.

וּבְעִנְיַן לוֹמְדֵי תוֹרָה, הִנֵּה מִקְרָא כָּתוּב "מִפְּנֵי שֵׂיבָה תָּקוּם, וְהָדַרְתָּ פְּנֵי זָקֵן" (ויקרא י"ט ל"ב). וּמִינָּהּ יַלְפִינָן לְכָל מִינֵי כָּבוֹד שֶׁאֶפְשָׁר לַעֲשׂוֹת לָהֶם שֶׁרָאוּי וַדַּאי לְחָסִיד שֶׁיַּעֲשֵׂהוּ. וּכְבָר אָמְרוּ זִכְרוֹנָם לִבְרָכָה "'וְאֶת יִרְאֵי ה' יְכַבֵּד' (תהלים ט"ו ד'), זֶה יְהוֹשָׁפָט מֶלֶךְ יְהוּדָה, שֶׁכֵּיוָן שֶׁהָיָה רוֹאֶה תַלְמִיד חָכָם, הָיָה עוֹמֵד מִכִּסְאוֹ וּמְחַבְּקוֹ וּמְנַשְּׁקוֹ, וְאוֹמֵר לוֹ, רַבִּי רַבִּי מוֹרִי מוֹרִי" (כתובות ק"ג ב'). וְרַבִּי זֵירָא, כְּשֶׁהָיָה חָלוּשׁ מִלִּימּוּדוֹ הָיָה מֵשִׂים עַצְמוֹ עַל פֶּתַח בֵּית הַמִּדְרָשׁ לַעֲשׂוֹת מִצְוָה כְּשֶׁיָּקוּם מִלִּפְנֵי הַתַּלְמִידֵי חֲכָמִים (עירובין כ"ח ב'). כָּל אֵלֶּה דְּבָרִים שֶׁכְּבָר רוֹאִים אֲנַחְנוּ הֱיוֹת הַבּוֹרֵא יִתְבָּרַךְ שְׁמוֹ חָפֵץ בָּם וְגִלָּה דַּעְתּוֹ הָעֶלְיוֹן בָּזֶה. וְכֵיוָן שֶׁכֵּן, מִי הָאִישׁ הֶחָפֵץ לַעֲשׂוֹת נַחַת רוּחַ לְיוֹצְרוֹ, הִנֵּה בְּדֶרֶךְ זֶה יֵלֵךְ וְיוֹסִיף לֶקַח בְּתַחְבּוּלוֹתָיו וְלַעֲשׂוֹת הַיָּשָׁר לְפָנָיו יִתְבָּרַךְ.

וּבִכְלָל זֶה כְּמוֹ כֵן כִּיבּוּד הַבָּתֵּי כְּנֵסִיּוֹת וּבָתֵּי מִדְרָשׁוֹת שֶׁאֵין דַּי שֶׁלֹּא יִנְהַג בָּהֶם קַלּוּת רֹאשׁ, אֶלָּא שֶׁיִּנְהַג בָּהֶם כָּל מִינֵי כָּבוֹד וּמוֹרָא בְּכָל

מִנְהָגָיו וּבְכָל פְּעוּלּוֹתָיו, וְכָל מַה שֶּׁלֹּא הָיָה עוֹשֶׂה בְּהֵיכַל מֶלֶךְ גָּדוֹל - לֹא יֵעָשֶׂה בָּהֶם.*

וּנְדַבֵּר עַתָּה מֵעִנְיַן הָאַהֲבָה, וַעֲנָפֶיהָ הֵם שְׁלוֹשָׁה:

הַשִּׂמְחָה, הַדְּבֵיקוּת וְהַקִּנְאָה.

וְהִנֵּה עִנְיַן הָאַהֲבָה הוּא: שֶׁיִּהְיֶה הָאָדָם חוֹשֵׁק וּמִתְאַוֶּה מַמָּשׁ אֶל קִרְבָתוֹ יִתְבָּרֵךְ, וְרוֹדֵף אַחַר קְדוּשָּׁתוֹ, כַּאֲשֶׁר יִרְדּוֹף אִישׁ אַחַר דָּבָר הַנֶּחְמָד מִמֶּנּוּ חֶמְדָּה עַזָּה, עַד שֶׁיִּהְיֶה לוֹ הַזְכָּרַת שְׁמוֹ יִתְבָּרֵךְ, וְדַבֵּר בִּתְהִלּוֹתָיו, וְהָעֵסֶק בְּדִבְרֵי תוֹרָתוֹ וֶאֱלָהוּתוֹ יִתְבָּרֵךְ - שַׁעֲשׁוּעַ וְעוֹנֶג מַמָּשׁ! כְּמִי שֶׁאוֹהֵב אֶת אֵשֶׁת נְעוּרָיו אוֹ בְּנוֹ יְחִידוֹ אַהֲבָה חֲזָקָה, אֲשֶׁר אֲפִילּוּ הַדִּיבּוּר בָּם יִהְיֶה לוֹ לְנַחַת וְתַעֲנוּג. וּכְעִנְיַן הַכָּתוּב "כִּי מִדֵּי דַבְּרִי בּוֹ זָכוֹר אֶזְכְּרֶנּוּ עוֹד" (ירמיה ל"א י"ט). וְהִנֵּה וַדַּאי שֶׁמִּי שֶׁאוֹהֵב אֶת בּוֹרְאוֹ אַהֲבָה אֲמִיתִּית, לֹא יַנִּיחַ עֲבוֹדָתוֹ לְשׁוּם טַעַם שֶׁבָּעוֹלָם, אִם לֹא יִהְיֶה אָנוּס מַמָּשׁ, וְלֹא יִצְטָרֵךְ רִיצּוּי וּפִיתּוּי לַעֲבוֹדָה, אֶלָּא אַדְּרַבָּה לִבּוֹ יִשָּׂאֵהוּ וִירִיצֵהוּ אֵלֶיהָ, אִם לֹא יִהְיֶה עִיכּוּב גָּדוֹל שֶׁיִּמְנָעֵהוּ.

הִנֵּה זֹאת הִיא הַמִּדָּה הַנֶּחְמֶדֶת אֲשֶׁר אֵלֶיהָ זָכוּ הַחֲסִידִים הָרִאשׁוֹנִים קְדוֹשֵׁי עֶלְיוֹן, וּכְמַאֲמַר דָּוִד הַמֶּלֶךְ עָלָיו הַשָּׁלוֹם "כְּאַיָּל תַּעֲרֹג עַל אֲפִיקֵי מָיִם, כֵּן נַפְשִׁי תַעֲרֹג אֵלֶיךָ אֱלֹהִים, צָמְאָה נַפְשִׁי לֵאלֹהִים לְאֵל חָי, מָתַי אָבוֹא" וְכוּ' (תהלים מ"ב ב'-ג'). וְאוֹמֵר "נִכְסְפָה וְגַם כָּלְתָה נַפְשִׁי לְחַצְרוֹת ה'" וְכוּ' (תהלים שם פ"ד ג'). "צָמְאָה לְךָ נַפְשִׁי כָּמַהּ לְךָ בְשָׂרִי" וְכוּ' (תהלים ס"ג ב'). כָּל זֶה מִתּוֹקֶף הַתְּשׁוּקָה שֶׁהָיָה מִשְׁתּוֹקֵק לוֹ יִתְבָּרֵךְ. וּכְעִנְיַן מַה שֶּׁאָמַר

---

* תחושות היראה והכבוד צריכות לקבל דגש בתחום נוסף - לימוד התורה. מכיוון שלימוד תורה הוא אינטלקטואלי ומופשט, קשה לאדם להכיר בערך הממשי שלו. לכן חלק ממידת החסידות הוא ליצור מערך חווייתי שיעורר תחושות אלו, לדוגמה: עמידה לפני ספר תורה או תלמידי חכמים; הקפדה על ניקיון הגוף ולבוש מכובד בעת הלימוד, וכדומה.

הַנָּבִיא "לְשִׁמְךָ וּלְזִכְרְךָ תַּאֲוַת נָפֶשׁ". וְאוֹמֵר "נַפְשִׁי אִוִּיתִיךָ בַּלַּיְלָה אַף רוּחִי בְקִרְבִּי אֲשַׁחֲרֶךָּ" (ישעיה כ"ו ח'-ט'). וְדָוִד עַצְמוֹ אָמַר "אִם זְכַרְתִּיךָ עַל יְצוּעָי בְּאַשְׁמוּרוֹת אֶהְגֶּה בָּךְ" (תהלים ס"ג ז'), בֵּיאֵר הָעוֹנֶג וְהַשַּׁעֲשׁוּעַ שֶׁהָיָה לוֹ בְּדַבְּרוֹ בּוֹ וּבְשִׁבְחָיו יִתְבָּרַךְ שְׁמוֹ, וְאָמַר "וְאֶשְׁתַּעֲשַׁע בְּמִצְוֹתֶיךָ אֲשֶׁר אָהָבְתִּי" (תהלים קי"ט). וְאָמַר "גַּם מִצְוֹתֶיךָ שַׁעֲשׁוּעָי" וְכוּ'.*

וְהִנֵּה זֹאת וַדַּאי, שֶׁאַהֲבָה זֹאת צָרִיךְ שֶׁלֹּא תִּהְיֶה אַהֲבָה הַתְּלוּיָה בְּדָבָר, דְּהַיְינוּ, שֶׁיֹּאהַב אֶת הַבּוֹרֵא יִתְבָּרַךְ עַל שֶׁמֵּטִיב אֵלָיו וּמַעֲשִׁירוֹ וּמַצְלִיחַ אוֹתוֹ, אֶלָּא כְּאַהֲבַת הַבֵּן לְאָבִיו, שֶׁהִיא אַהֲבָה טִבְעִית מַמָּשׁ, שֶׁטִּבְעוֹ מַכְרִיחוֹ וְכוֹפֵהוּ לָזֶה, כְּמַאֲמַר הַכָּתוּב "הֲלֹא הוּא אָבִיךָ קָּנֶךָ" (דברים ל"ב ו'). וּמִבְחַן הָאַהֲבָה הַזֹּאת הוּא בִּזְמַן הַדּוֹחַק וְהַצָּרָה. וְכֵן אָמְרוּ זִכְרוֹנָם לִבְרָכָה "'וְאָהַבְתָּ אֵת ה' אֱלֹהֶיךָ בְּכָל לְבָבְךָ וּבְכָל נַפְשְׁךָ' (דברים ו' ה') אֲפִילוּ נוֹטֵל אֶת נַפְשְׁךָ. 'וּבְכָל מְאֹדֶךָ' - בְּכָל מָמוֹנְךָ" (ברכות נ"ד א).

אָמְנָם כְּדֵי שֶׁלֹּא תִּהְיֶינָה הַצָּרוֹת וְהַדּוֹחָקִים קוֹשִׁי וּמְנִיעָה אֶל הָאַהֲבָה, יֵשׁ לָאָדָם לְהָשִׁיב אֶל עַצְמוֹ שְׁתֵּי תְּשׁוּבוֹת, הָאַחַת מֵהֶן שָׁוָה לְכָל נֶפֶשׁ. וְהַשְּׁנִיָּה - לַחֲכָמִים בַּעֲלֵי הַדֵּיעָה הָעֲמוּקָּה.

הָאַחַת הִיא, "כָּל מַאי דְּעָבְדִין מִן שְׁמַיָּא לְטָב" (ע"פ ברכות ס' ב'). וְזֶה, כִּי אֲפִילוּ הַצַּעַר הַהוּא וְהַדּוֹחַק הַנִּרְאֶה בְּעֵינָיו רָעָה, אֵינֶנּוּ בֶּאֱמֶת אֶלָּא טוֹבָה אֲמִיתִּית. וּכְמָשָׁל הָרוֹפֵא הַחוֹתֵךְ אֶת הַבָּשָׂר אוֹ אֶת הָאֵיבָר שֶׁנִּפְסָד כְּדֵי שֶׁיַּבְרִיא שְׁאָר הַגּוּף וְלֹא יָמוּת. שֶׁאַף עַל פִּי שֶׁהַמַּעֲשֶׂה אַכְזָרִי לִכְאוֹרָה, אֵינוֹ אֶלָּא רַחֲמָנוּת בֶּאֱמֶת לְהֵיטִיבוֹ בְּאַחֲרִיתוֹ. וְלֹא יָסִיר הַחוֹלֶה אַהֲבָתוֹ מֵהָרוֹפֵא בַּעֲבוּר זֶה הַמַּעֲשֶׂה, אֶלָּא אַדְּרַבָּא, יוֹסִיף לְאַהֲבָה אוֹתוֹ. כֵּן הַדָּבָר הַזֶּה, כְּשֶׁיַּחְשׁוֹב הָאָדָם שֶׁכָּל מַה שֶּׁהַקָּדוֹשׁ בָּרוּךְ

---

* תחושה נוספת שמאפיינת את החסיד היא אהבת ה'; היינו תשוקה אדירה לקרבת אלוהים שתבוא לידי ביטוי בהזדהות מוחלטת עם משמעות החיים. המצוי במדרגה זו חש שייכות אל דברי תורה וקדושה, והוא מוצא עצמו עוסק בהם תדיר.

הוּא עוֹשֶׂה עִמּוֹ – לְטוֹבָתוֹ הוּא עוֹשֶׂה. בֵּין שֶׁיִּהְיֶה בְּגוּפוֹ, בֵּין שֶׁיִּהְיֶה בְּמָמוֹנוֹ. וְאַף עַל פִּי שֶׁהוּא אֵינוֹ רוֹאֶה וְאֵינוֹ מֵבִין אֵיךְ זֶה הוּא טוֹבָתוֹ, וַדַּאי טוֹבָתוֹ הוּא, הִנֵּה לֹא תֶחֱלַשׁ אַהֲבָתוֹ מִפְּנֵי כָּל דּוֹחַק אוֹ כָּל צַעַר, אֶלָּא אַדְּרַבָּא תִּגְבַּר וְנוֹסְפָה בוֹ תָּמִיד.

אַךְ בַּעֲלֵי הַדֵּיעָה הָאֲמִיתִּית אֵינָם צְרִיכִים אֲפִילוּ לַטַּעַם הַזֶּה, כִּי הֲרֵי אֵין לָהֶם לְכַוֵּין לְעַצְמָם כְּלָל, אֶלָּא כָּל תְּפִילָּתָם לְהַגְדִּיל כְּבוֹד שְׁמוֹ יִתְבָּרַךְ, וְלַעֲשׂוֹת נַחַת רוּחַ לְפָנָיו. וְכָל מַה שֶּׁיִּתְגַּבְּרוּ עִכּוּבִים נֶגְדָּם עַד שֶׁיִּצְטָרְכוּ הֵם יוֹתֵר כֹּחַ לְהַעֲבִירָם, הִנֵּה יְאַמֵּץ לִבָּם וְיִשְׂמְחוּ לְהַרְאוֹת תּוֹקֶף אֱמוּנָתָם, כְּשַׂר צְבָא הָרָשׁוּם בִּגְבוּרָה, אֲשֶׁר יִבְחַר לוֹ תָּמִיד בַּמִּלְחָמָה הַחֲזָקָה יוֹתֵר, לְהַרְאוֹת תָּקְפּוֹ בְּנִצְחוֹנָהּ. וּכְבָר מוּרְגָּל זֶה הָעִנְיָן בְּכָל אוֹהֵב בָּשָׂר וָדָם שֶׁיִּשְׂמַח כְּשֶׁיִּזְדַּמֵּן לוֹ מַה שֶּׁיּוּכַל לְהַרְאוֹת בּוֹ אֶל אֲשֶׁר הוּא אוֹהֵב, עַד הֵיכָן מַגִּיעַ עוֹצֶם אַהֲבָתוֹ.*

וּנְבָאֵר עַתָּה עַנְפֵי הָאַהֲבָה – הֵם הַשְּׁלֹשָׁה שֶׁזָּכַרְתִּי:

הַדְּבֵיקוּת, הַשִּׂמְחָה וְהַקִּנְאָה.

הַדְּבֵיקוּת הוּא: שֶׁיִּהְיֶה לִבּוֹ שֶׁל אָדָם מִתְדַּבֵּק כָּל כָּךְ בִּשְׁמוֹ יִתְבָּרַךְ עַד שֶׁכְּבָר יָסוּר מִלְּפַנּוֹת וּלְהַשְׁגִּיחַ אֶל שׁוּם דָּבָר זוּלָתוֹ. וְהוּא שֶׁבָּא עָלָיו הַמָּשָׁל בְּדִבְרֵי שְׁלֹמֹה "אַיֶּלֶת אֲהָבִים וְיַעֲלַת חֵן, דַּדֶּיהָ יְרַוֻּךָ בְכָל עֵת, בְּאַהֲבָתָהּ תִּשְׁגֶּה תָמִיד" (משלי ה׳ י״ט). וּבַגְּמָרָא אָמְרוּ זִכְרוֹנָם לִבְרָכָה "אָמְרוּ עָלָיו עַל רַבִּי אֶלְעָזָר בֶּן פְּדָת, שֶׁהָיָה יוֹשֵׁב וְעוֹסֵק בַּתּוֹרָה בַּשּׁוּק

---

* האהבה שרוחש החסיד לאמת האלוהית כה גדולה עד שהיא מעניקה לו חוסן נפשי להתמודד עם קשיי החיים בשתי רמות: ראשית מתוך הבנה שהקשיים בסופו של דבר מאתגרים אותו ומוציאים מן הכוח אל הפועל כוחות חבויים (כדוגמת ניתוח רפואי כואב שסופו להבריא את הגוף); ושנית, ברמה גבוהה יותר, החסיד כה מזדהה עם האמת האלוהית עד שאינו חש כלל בקשיים ואפילו שמח בהם באופן מסוים מפני שהם מוכיחים את מסירותו.

הַתַּחְתּוֹן שֶׁל צִפּוֹרִי, וּסְדִינוֹ מוּטָל בַּשּׁוּק הָעֶלְיוֹן שֶׁל צִפּוֹרִי" (עירובין נ"ד ב'). וְהִנֵּה תַּכְלִית הַמִּדָּה הַזֹּאת הוּא, לִהְיוֹת הָאָדָם מִתְדַּבֵּק כָּךְ אֶל בּוֹרְאוֹ בְּכָל עֵת וּבְכָל שָׁעָה. אָמְנָם, לְפָחוֹת בִּשְׁעַת עֲבוֹדָה, אִם אוֹהֵב הוּא אֶת בּוֹרְאוֹ וַדַּאי שֶׁיִּהְיֶה לוֹ הַדְּבֵיקוּת הַזֶּה. וּבִירוּשַׁלְמִי אָמְרוּ "רַבִּי חֲנִינָא בֶּן דּוֹסָא הָיָה עוֹמֵד וּמִתְפַּלֵּל, וּבָא חֲבַרְבָּר וְהִכִּישׁוֹ, וְלֹא הִפְסִיק תְּפִלָּתוֹ וְכוּ' אָמְרוּ לוֹ תַּלְמִידָיו: רַבִּי, וְלֹא הִרְגַּשְׁתָּ? וְאָמַר לָהֶם, יָבוֹא עָלַי! מִתּוֹךְ שֶׁהָיָה לִבִּי מְכֻוָּן בַּתְּפִלָּה לֹא הִרְגַּשְׁתִּי" (ירושלמי ברכות ל"ח א').

וְעַל הַדְּבֵיקוּת הוּזְהַרְנוּ בַּתּוֹרָה פְּעָמִים רַבּוֹת "לְאַהֲבָה אֶת ה' אֱלֹהֶיךָ" וְכוּ' וּלְדָבְקָה בוֹ" (דברים ל' כ'). "וּבוֹ תִדְבָּק", (שם י' כ') "וּבוֹ תִדְבָּקוּן" (שם י"ג ה'). וְדָוִד אָמַר "דָּבְקָה נַפְשִׁי אַחֲרֶיךָ" (תהלים ס"ג ט'). וְעִנְיַן כָּל אֵלֶּה הַפְּסוּקִים אֶחָד: שֶׁהוּא הַדְּבֵיקוּת שֶׁהָאָדָם מִתְדַּבֵּק בּוֹ יִתְבָּרַךְ שֶׁאֵינוֹ יָכוֹל לִיפָּרֵד וְלָזוּז מִמֶּנּוּ. וְאָמְרוּ זִכְרוֹנָם לִבְרָכָה "אָמַר רַבִּי שִׁמְעוֹן בֶּן לָקִישׁ, בְּשָׁלֹשׁ לְשׁוֹנוֹת שֶׁל חִבָּה חִבֵּב הַקָּבָּ"ה אֶת יִשְׂרָאֵל, בִּדְבִיקָה, בַּחֲשִׁיקָה, וּבַחֲפִיצָה" (בראשית רבה פ' ז'), וְהֵם מַמָּשׁ עַנְפֵי הָאַהֲבָה הָעִיקָּרִים, וְהַיְינוּ הַתְּשׁוּקָה שֶׁזָּכַרְתִּי, וְהַדְּבֵיקוּת וְהַנַּחַת וְהָעוֹנֶג הַנִּמְצָא בְּעֵסֶק עִנְיָנָיו שֶׁל הַנֶּאֱהָב.*

הַשֵּׁנִי הוּא הַשִּׂמְחָה: וְהוּא עִיקָּר גָּדוֹל בָּעֲבוֹדָה, וְהוּא מַה שֶּׁדָּוִד מַזְהִיר וְאוֹמֵר "עִבְדוּ אֶת ה' בְּשִׂמְחָה, בֹּאוּ לְפָנָיו בִּרְנָנָה" (תהלים ק' ב'). וְאוֹמֵר "וְצַדִּיקִים יִשְׂמְחוּ יַעַלְצוּ לִפְנֵי אֱלֹהִים וְיָשִׂישׂוּ בְשִׂמְחָה" (תהלים ס"ח ד'). וְאָמְרוּ "אֵין הַשְּׁכִינָה שׁוֹרָה אֶלָּא מִתּוֹךְ שִׂמְחָה שֶׁל מִצְוָה" (שבת ל' ב'). וְעַל הַפָּסוּק שֶׁזָּכַרְנוּ לְמַעְלָה "עִבְדוּ אֶת ה' בְּשִׂמְחָה" אָמְרוּ בַּמִּדְרָשׁ "אָמַר רַבִּי אַיְבוּ, כְּשֶׁתִּהְיֶה עוֹמֵד לְהִתְפַּלֵּל יְהֵא לִבְּךָ שָׂמֵחַ עָלֶיךָ

---

* המדד הראשון לאהבתו האמיתית של החסיד לאלוהים הוא תחושת חיבור כה גדולה עד שהוא מרוכז לחלוטין בעשייתו החיובית. הסיפוק שהוא חווה כה גדול עד שדעתו אינו מוסחת לשום דבר מעבר לכך.

שֶׁאַתָּה מִתְפַּלֵּל לֵאלֹהִים שֶׁאֵין כַּיּוֹצֵא בּוֹ" (שוחר טוב תהלים ק'). כִּי זֹאת הִיא הַשִּׂמְחָה הָאֲמִתִּית, שֶׁיִּהְיֶה לִבּוֹ שֶׁל הָאָדָם עָלֵז עַל שֶׁהוּא זוֹכֶה לַעֲבוֹד לִפְנֵי אָדוֹן יִתְבָּרַךְ שֶׁאֵין כָּמוֹהוּ, וְלַעֲסוֹק בְּתוֹרָתוֹ וּבְמִצְוֹתָיו שֶׁהֵם הַשְּׁלֵימוּת הָאֲמִתִּי וְהַיְקָר הַנִּצְחִי.

וְאָמַר שְׁלֹמֹה בְּמָשַׁל הַחָכְמָה "מָשְׁכֵנִי אַחֲרֶיךָ נָּרוּצָה, הֱבִיאַנִי הַמֶּלֶךְ חֲדָרָיו נָגִילָה וְנִשְׂמְחָה בָּךְ" (שיר השירים א' ד'), כִּי כָּל מַה שֶּׁזּוֹכֶה הָאָדָם לִיכָּנֵס יוֹתֵר לִפְנִים בְּחַדְרֵי יְדִיעַת גְּדוּלָּתוֹ יִתְבָּרַךְ, יוֹתֵר תִּגְדַּל בּוֹ הַשִּׂמְחָה וְיִהְיֶה לִבּוֹ שָׂשׂ בְּקִרְבּוֹ. וְאוֹמֵר "יִשְׂמַח יִשְׂרָאֵל בְּעֹשָׂיו, בְּנֵי צִיּוֹן יָגִילוּ בְמַלְכָּם" (תהלים קמ"ט ב'). וְדָוִד, שֶׁכְּבָר הִגִּיעַ אֶל הַמַּעֲלָה הַזֹּאת שִׁיעוּר גָּדוֹל, אָמַר "יֶעֱרַב עָלָיו שִׂיחִי, אָנֹכִי אֶשְׂמַח בַּה'" (תהלים ק"ד ל"ד). וְאוֹמֵר "וְאָבוֹאָה אֶל מִזְבַּח אֱלֹהִים אֶל אֵל שִׂמְחַת גִּילִי, וְאוֹדְךָ בְכִנּוֹר אֱלֹהִים אֱלֹהָי" (תהלים מ"ג ד'). וְאָמַר "תְּרַנֵּנָּה שְׂפָתַי כִּי אֲזַמְּרָה לָּךְ, וְנַפְשִׁי אֲשֶׁר פָּדִיתָ" (תהלים ע"א כ"ג). וְהַיְינוּ, כִּי כָּל כָּךְ הָיְתָה מִתְגַּבֶּרֶת בְּקִרְבּוֹ הַשִּׂמְחָה, שֶׁכְּבָר הַשְּׂפָתַיִם הָיוּ מִתְנַעְנְעוֹת מֵאֲלֵיהֶן, וּמְרַנְּנוֹת בִּהְיוֹתוֹ עוֹסֵק בְּתְהִלּוֹתָיו יִתְבָּרַךְ, וְכָל זֶה מִגּוֹדֶל הִתְלַהֲטוּת נַפְשׁוֹ שֶׁהָיְתָה מִתְלַהֶטֶת בְּשִׂמְחָתָהּ לְפָנָיו, הוּא מַה שֶּׁסִּיֵּים "וְנַפְשִׁי אֲשֶׁר פָּדִיתָ".

וּמָצִינוּ שֶׁנִּתְרַעֵם הַקָּדוֹשׁ בָּרוּךְ הוּא עַל יִשְׂרָאֵל מִפְּנֵי שֶׁחִיסְּרוּ תְּנַאי זֶה בַּעֲבוֹדָתָם, הוּא שֶׁנֶּאֱמַר "תַּחַת אֲשֶׁר לֹא עָבַדְתָּ אֶת ה' אֱלֹהֶיךָ בְּשִׂמְחָה וּבְטוּב לֵבָב" (דברים כ"ח מ"ז). וְדָוִד, לְפִי שֶׁרָאָה אֶת יִשְׂרָאֵל בְּעֵת הִתְנַדְּבָם עַל בִּנְיַן הַבַּיִת, שֶׁכְּבָר הִגִּיעוּ לַמַּעֲלָה הַזֹּאת, הִתְפַּלֵּל עֲלֵיהֶם שֶׁתִּתְקַיֵּים הַמִּדָּה הַטּוֹבָה בָּהֶם וְלֹא תָסוּר, הוּא מַה שֶּׁאָמַר "וְעַתָּה עַמְּךָ הַנִּמְצְאוּ פֹה, רָאִיתִי בְשִׂמְחָה לְהִתְנַדֶּב לָךְ ה' אֱלֹהֵי אַבְרָהָם יִצְחָק וְיִשְׂרָאֵל אֲבוֹתֵינוּ, שָׁמְרָה זֹּאת לְעוֹלָם לְיֵצֶר מַחְשְׁבוֹת לְבַב עַמֶּךָ וְהָכֵן לְבָבָם אֵלֶיךָ" (דברי הימים א' כ"ט י"ז–י"ח).*

---

* המדד השני לאהבת החסיד הוא תחושת השמחה שמלווה אותו. בעת שאדם עושה מעשים שאינו חש עימם הזדהות מלאה הרי הוא

הָעָנָף הַשְּׁלִישִׁי הוּא הַקִּנְאָה: שֶׁיִּהְיֶה הָאָדָם מְקַנֵּא לְשֵׁם קָדְשׁוֹ, שׂוֹנֵא אֶת מְשַׂנְאָיו וּמִשְׁתַּדֵּל לְהַכְנִיעָם בְּמַה שֶּׁיּוּכַל, כְּדֵי שֶׁתִּהְיֶה עֲבוֹדָתוֹ יִתְבָּרַךְ נַעֲשֵׂית, וּכְבוֹדוֹ מִתְרַבֶּה. וְהוּא מַה שֶּׁאָמַר דָּוִד עָלָיו הַשָּׁלוֹם "הֲלוֹא מְשַׂנְאֶיךָ ה׳ אֶשְׂנָא, וּבִתְקוֹמְמֶיךָ אֶתְקוֹטָט תַּכְלִית שִׂנְאָה שְׂנֵאתִים" וְכוּ׳ (תהלים קל"ט כ"א-כ"ב). וְאֵלִיָּהוּ אָמַר "קַנֹּא קִנֵּאתִי לַה׳ צְבָאוֹת" וְכוּ׳ (מלכים א. י"ט י׳). וּכְבָר רָאִינוּ לְמָה זָּכָה בַּעֲבוּר קִנְאָתוֹ לֵאלֹהָיו, כְּמַאֲמַר הַכָּתוּב "תַּחַת אֲשֶׁר קִנֵּא לֵאלֹהָיו וַיְכַפֵּר עַל בְּנֵי יִשְׂרָאֵל" (במדבר כ"ה י"ג). וּכְבָר הִפְלִיגוּ חֲכָמֵינוּ זִכְרוֹנָם לִבְרָכָה לְדַבֵּר בְּמִי שֶׁיֵּשׁ בְּיָדוֹ לִמְחוֹת וְאֵינוֹ מוֹחֶה, וְגָזְרוּ דִּינוֹ לִיתָּפֵס בַּעֲוֹן הַחוֹטְאִים עַצְמוֹ (שבת נ"ד ב׳). וּבְמִדְרַשׁ אֵיכָה אָמְרוּ, "'הָיוּ שָׂרֶיהָ כְּאַיָּלִים' - מָה אַיָּלִים הַלָּלוּ בִּשְׁעַת שָׁרָב הוֹפְכִים פְּנֵיהֶם אֵלּוּ תַּחַת אֵלּוּ, כָּךְ הָיוּ גְּדוֹלֵי יִשְׂרָאֵל - רוֹאִים דְּבַר עֲבֵרָה וְהוֹפְכִים פְּנֵיהֶם מִמֶּנּוּ. אָמַר לָהֶם הַקָּדוֹשׁ בָּרוּךְ הוּא, תָּבוֹא הַשָּׁעָה וַאֲנִי אֶעֱשֶׂה לָהֶם כֵּן" (איכה רבה א׳ ל"ג). וְזֶה פָּשׁוּט כִּי מִי שֶׁאוֹהֵב אֶת חֲבֵירוֹ, אִי אֶפְשָׁר לוֹ לִסְבּוֹל שֶׁיִּרְאֶה מַכִּים אֶת חֲבֵירוֹ אוֹ מְחָרְפִים אוֹתוֹ, וּבְוַדַּאי שֶׁיֵּצֵא לְעֶזְרָתוֹ. גַּם מִי שֶׁאוֹהֵב שְׁמוֹ יִתְבָּרַךְ, לֹא יוּכַל לִסְבּוֹל וְלִרְאוֹת שֶׁיְּחַלְּלוּ אוֹתוֹ חַס וְחָלִילָה, וְשֶׁיַּעַבְרוּ עַל מִצְוֹתָיו. וְהוּא מַה שֶּׁאָמַר שְׁלֹמֹה "עֹזְבֵי תוֹרָה יְהַלְלוּ רָשָׁע, וְשׁוֹמְרֵי תוֹרָה יִתְגָּרוּ בָם" (משלי כ"ח ד׳), כִּי אוֹתָם שֶׁמְּהַלְלִים רָשָׁע בְּרִשְׁעָתוֹ וְלֹא יוֹכִיחוּ עַל פָּנָיו מוּמוֹ, הִנֵּה הֵם עוֹזְבֵי הַתּוֹרָה וּמַנִּיחִים אוֹתָהּ שֶׁתִּתְחַלֵּל חַס וְחָלִילָה. אַךְ שׁוֹמְרֶיהָ הַמִּתְחַזְּקִים לְהַחֲזִיקָהּ, וַדַּאי שֶׁיִּתְגָּרוּ בָם, לֹא יוּכְלוּ לְהִתְאַפֵּק וּלְהַחֲרִישׁ. וְאָמַר הַקָּדוֹשׁ בָּרוּךְ הוּא אֶל אִיּוֹב "הָפֵץ עֶבְרוֹת אַפֶּךָ, וּרְאֵה כָל גֵּאֶה וְהַשְׁפִּילֵהוּ, רְאֵה כָל גֵּאֶה הַכְנִיעֵהוּ, וַהֲדֹךְ רְשָׁעִים תַּחְתָּם, טָמְנֵם בֶּעָפָר יָחַד, פְּנֵיהֶם חֲבֹשׁ בַּטָּמוּן" (איוב מ׳ י"א-י"ג), כִּי זֶהוּ תּוֹקֶף הָאַהֲבָה: שֶׁיּוּכַל לְהַרְאוֹת מִי שֶׁאוֹהֵב אֶת בּוֹרְאוֹ בֶּאֱמֶת. וְאוֹמֵר "אֹהֲבֵי ה׳ שִׂנְאוּ רָע" (תהלים צ"ז י׳).*

נתקף לעיתים בעצב ושעמום. תחושותיו של החסיד כאמור אמורות להיות שונות - שמחה, עליצות ולהט נפשי.

* המדד השלישי לאהבת החסיד לבוראו הוא הנכונות להיאבק

וְהִנֵּה בֵּאַרְנוּ עַד הֵנָּה הַחֲסִידוּת מַה שֶּׁתָּלוּי בְּמַעֲשֶׂה וּבְאוֹפֶן הָעֲשִׂיָּה. נְבָאֵר עַתָּה הַתָּלוּי בְּכַוָּנָה.

וּכְבָר דִּבַּרְנוּ גַּם כֵּן לְמַעְלָה מֵעִנְיַן לִשְׁמָהּ וְשֶׁלֹּא־לִשְׁמָהּ לְמַדְרֵיגוֹתֵיהֶם. אָמְנָם וַדַּאי שֶׁמִּי שֶׁמִּתְכַּוֵּין בַּעֲבוֹדָתוֹ לְטַהֵר נַפְשׁוֹ לִפְנֵי בוֹרְאוֹ, לְמַעַן תִּזְכֶּה לָשֶׁבֶת אֶת פָּנָיו בִּכְלַל הַיְשָׁרִים וְהַחֲסִידִים, לַחֲזוֹת בְּנוֹעַם ה׳ וּלְבַקֵּר בְּהֵיכָלוֹ וּלְקַבֵּל הַגְּמוּל אֲשֶׁר בָּעוֹלָם הַבָּא – לֹא נוּכַל לוֹמַר שֶׁתִּהְיֶה כַּוָּנָה זוֹ רָעָה, אָכֵן לֹא נוּכַל לוֹמַר גַּם כֵּן שֶׁתִּהְיֶה הַיּוֹתֵר טוֹבָה. כִּי עַד שֶׁהָאָדָם מִתְכַּוֵּין לְטוֹבַת עַצְמוֹ סוֹף סוֹף עֲבוֹדָתוֹ לְצוֹרֶךְ עַצְמוֹ.

אַךְ הַכַּוָּנָה הָאֲמִיתִּית הַמְּצוּיָה בַּחֲסִידִים אֲשֶׁר טָרְחוּ וְהִשְׁתַּדְּלוּ לְהַשִּׂיגָהּ, הוּא שֶׁיִּהְיֶה הָאָדָם עוֹבֵד רַק לְמַעַן אֲשֶׁר כְּבוֹדוֹ שֶׁל הָאָדוֹן בָּרוּךְ הוּא יִגְדַּל וְיִרְבֶּה. וְזֶה יִהְיֶה אַחַר שֶׁהִתְגַּבֵּר בְּאַהֲבָה אֵלָיו יִתְבָּרַךְ, וְיִהְיֶה חוֹמֵד וּמִתְאַוֶּה אֶל הַגְדָּלַת כְּבוֹדוֹ וּמִצְטַעֵר עַל כָּל שֶׁיִּמְעַט מִמֶּנּוּ, כִּי אָז יַעֲבוֹד עֲבוֹדָתוֹ לְתַכְלִית זֶה – שֶׁלְּפָחוֹת מִצִּדּוֹ יִהְיֶה כְּבוֹדוֹ יִתְבָּרַךְ מִתְגַּדֵּל. וְיִתְאַוֶּה שֶׁמִּצַּד כָּל שְׁאָר בְּנֵי הָאָדָם יִהְיֶה כְּמוֹ כֵן, וְיִצְטַעֵר וְיִתְאַנַּח עַל מַה שֶּׁמְּמַעֲטִים שְׁאָר בְּנֵי הָאָדָם. וְכָל שֶׁכֵּן עַל מַה שֶּׁמְּמַעֵט הוּא עַצְמוֹ – בְּשׁוֹגֵג אוֹ בְּאוֹנֶס אוֹ בְחוּלְשַׁת הַטֶּבַע, אֲשֶׁר קָשֶׁה לוֹ לִישָּׁמֵר מִן הַחֲטָאִים בְּכָל עֵת, כְּעִנְיַן הַכָּתוּב "כִּי אָדָם אֵין צַדִּיק בָּאָרֶץ אֲשֶׁר יַעֲשֶׂה טּוֹב וְלֹא יֶחֱטָא" (קהלת ז׳ כ׳).

וְדָבָר זֶה בֵּיאֲרוּהוּ בְּתַנָּא דְבֵי אֵלִיָּהוּ זָכוּר לַטּוֹב אָמְרוּ, "כָּל חָכָם מִיִּשְׂרָאֵל שֶׁיֵּשׁ בּוֹ דְּבַר תּוֹרָה לַאֲמִתּוֹ וּמִתְאַנֵּחַ עַל כְּבוֹדוֹ שֶׁל הַקָּדוֹשׁ בָּרוּךְ הוּא, וְעַל כְּבוֹדָן שֶׁל יִשְׂרָאֵל כָּל יָמָיו, וּמִתְאַוֶּה וּמֵיצֵר לִכְבוֹד יְרוּשָׁלַיִם, וְלִכְבוֹד בֵּית הַמִּקְדָּשׁ, וְלַיְשׁוּעָה שֶׁתִּצְמַח בְּקָרוֹב, וּלְכִינּוּס גָּלוּיּוֹת, מִיָּד שׁוֹרָה רוּחַ

על ערכיו. בעת שאדם אינו חש שייכות מלאה לאמת הוא נרתע ממאבקים שדורשים ממנו מחיר. בדורנו, הרפיסות ביחס למאבקים רוחניים מתעטפת לעיתים במילים מכובסות של "אחדות" ו"הכלה", אולם לאמיתו של דבר הן מסתירות אדישות ופחדנות.

הַקּוֹדֶשׁ בְּקִרְבּוֹ" וְכוּ' (תדב"א רבה ד'). נִמְצֵאתָ לָמֵד, שֶׁזֹּאת הִיא הַכַּוָּנָה הַמְעוּלָּה, שֶׁהִיא רְחוֹקָה לְגַמְרֵי מִכָּל הֲנָאַת עַצְמוֹ, וְאֵינָהּ אֶלָּא לִכְבוֹדוֹ שֶׁל מָקוֹם וּלְקִידּוּשׁ שְׁמוֹ יִתְבָּרַךְ הַמִּתְקַדֵּשׁ בִּבְרִיּוֹתָיו בְּשָׁעָה שֶׁעוֹשִׂים רְצוֹנוֹ. וְעַל זֶה אָמְרוּ "אֵיזֶהוּ חָסִיד? – הַמִּתְחַסֵּד עִם קוֹנוֹ" (זוהר משפטים ב' קי"ד ב').*

וְהִנֵּה הֶחָסִיד הַזֶּה, מִלְּבַד הָעֲבוֹדָה שֶׁהוּא עוֹבֵד בְּמַעֲשֵׂה מִצְוֹתָיו עַל הַכַּוָּנָה הַזֹּאת, הִנֵּה וַדַּאי צָרִיךְ שֶׁיִּצְטַעֵר תָּמִיד צַעַר מַמָּשׁ עַל הַגָּלוּת וְעַל הַחוּרְבָּן, מִצַּד שֶׁזֶּה גּוֹרֵם מִיעוּט כִּבְיָכוֹל לִכְבוֹדוֹ יִתְבָּרַךְ. וְיִתְאַוֶּה לַגְּאוּלָּה, לְפִי שֶׁבָּהּ יִהְיֶה עִלּוּי לִכְבוֹד שְׁמוֹ יִתְבָּרַךְ. וְהוּא מַה שֶּׁאָמַר הַתָּנָא דְּבֵי אֵלִיָּהוּ שֶׁהֵבֵאנוּ לְמַעְלָה, "וּמִתְאַוֶּה וּמֵיצֵר לִכְבוֹד יְרוּשָׁלַיִם וְכוּ', וְיִתְפַּלֵּל תָּמִיד עַל גְּאוּלָּתָן שֶׁל יִשְׂרָאֵל וַהֲשָׁבַת כְּבוֹד שָׁמַיִם לְעִלּוּי".

וְאִם יֹאמַר אָדָם, מִי אֲנִי וּמָה אֲנִי סָפוּן שֶׁאֶתְפַּלֵּל עַל הַגָּלוּת וְעַל יְרוּשָׁלַיִם, הֲמִפְּנֵי תְּפִלָּתִי יְכֻנְּסוּ הַגָּלֻיּוֹת וְתִצְמַח הַיְשׁוּעָה? תְּשׁוּבָתוֹ בְּצִדּוֹ. כְּאוֹתָהּ שֶׁשָּׁנִינוּ "לְפִיכָךְ נִבְרָא אָדָם יְחִידִי – כְּדֵי שֶׁכָּל אֶחָד יֹאמַר, בִּשְׁבִילִי נִבְרָא הָעוֹלָם" (סנהדרין ל"ז א'). וּכְבָר נַחַת רוּחַ הוּא לְפָנָיו יִתְבָּרַךְ שֶׁיִּהְיוּ בָּנָיו מְבַקְשִׁים וּמִתְפַּלְּלִים עַל זֹאת. וְאַף שֶׁלֹּא תֵּעָשֶׂה בַּקָּשָׁתָם מִפְּנֵי שֶׁלֹּא הִגִּיעַ הַזְּמַן אוֹ מֵאֵיזֶה טַעַם שֶׁיִּהְיֶה, הִנֵּה הֵם עָשׂוּ אֶת שֶׁלָּהֶם וְהַקָּדוֹשׁ בָּרוּךְ הוּא שָׂמֵחַ בָּזֶה.

וְעַל הֶעְדֵּר זֶה הַדָּבָר הִתְרָעֵם הַנָּבִיא "וַיַּרְא כִּי אֵין אִישׁ, וַיִּשְׁתּוֹמֵם כִּי אֵין מַפְגִּיעַ" (ישעיה נ"ט ט"ז). וְאָמַר "וְאַבִּיט וְאֵין עוֹזֵר, וְאֶשְׁתּוֹמֵם וְאֵין סוֹמֵךְ" (ישעיה ס"ג ה'). וְאוֹמֵר "צִיּוֹן הִיא, דּוֹרֵשׁ אֵין לָהּ" (ירמיה ל' י"ז). וּפֵירְשׁוּ זִכְרוֹנָם

---

* התנאי השלישי לרכישת מידת החסידות (נוסף על עשייה מעבר לנדרש ועל מעמד נפשי גבוה) הוא הכוונה לשם שמיים. אינטרסים פרטיים, הן חומריים והן רוחניים, אינם יכולים להיות המניע המרכזי לחסידות. החסיד אמור לשאוף להוספת הטוב האלוהי בעולם מצד האמת לבדה.

לִבְרָכָה "מִכְּלַל דִּבְעְיָא דְּרִישָׁה" (סוכה מ"א א'), הֲרֵי כָּאן שֶׁחַיָּבִים אֲנַחְנוּ בָּזֶה, וְאֵין לָנוּ לִיפָּטֵר מִפְּנֵי מִיעוּט כֹּחֵנוּ. כִּי עַל כַּיּוֹצֵא בָּזֶה שָׁנִינוּ "לֹא עָלֶיךָ הַמְּלָאכָה לִגְמוֹר, וְאִי אַתָּה בֶן חוֹרִין לִבָּטֵל הֵימֶנָּה" (אבות ב' ט"ז). וְאָמַר עוֹד הַנָּבִיא "אֵין מְנַהֵל לָהּ מִכָּל בָּנִים יָלָדָה, וְאֵין מַחֲזִיק בְּיָדָהּ מִכָּל בָּנִים גִּדֵּלָה" (ישעיה נ"א י"ח). וְאָמַר "כָּל הַבָּשָׂר חָצִיר, וְכָל חַסְדּוֹ כְּצִיץ הַשָּׂדֶה" (ישעיה מ' ו'). וּפֵירְשׁוּ זִכְרוֹנָם לִבְרָכָה שֶׁכָּל חֶסֶד שֶׁעוֹשִׂים - לְעַצְמָם הֵם עוֹשִׂים, לְטוֹבַת נַפְשָׁם וְלַהֲנָאָתָם, וְאֵינָם מִתְכַּוְּונִים לַכַּוָּנָה הַשְּׁלֵמָה הַזֹּאת, וְלֹא מְבַקְשִׁים עַל עִילּוּי הַכָּבוֹד וּגְאוּלָּתָן שֶׁל יִשְׂרָאֵל (תקוני זוהר ע"ג ב'). שֶׁהֲרֵי אִי אֶפְשָׁר לַכָּבוֹד הָעֶלְיוֹן לְהִתְרַבּוֹת אֶלָּא בִּגְאוּלָּתָן שֶׁל יִשְׂרָאֵל, וּבְרִיבּוּי כְּבוֹדָם, שֶׁזֶּה תָּלוּי בָּזֶה בֶּאֱמֶת. וּכְמוֹ שֶׁכָּתוּב בְּתַנָּא דְבֵי אֵלִיָּהוּ שֶׁהִזְכַּרְתִּי, "וּמִתְאַנֵּחַ עַל כְּבוֹדוֹ שֶׁל הַקָּדוֹשׁ בָּרוּךְ הוּא וְעַל כְּבוֹדָן שֶׁל יִשְׂרָאֵל" וְכוּ'.

נִמְצֵאתָ לָמֵד שֶׁשְּׁנֵי דְּבָרִים יֵשׁ בְּעִנְיָן זֶה:

אֶחָד: הַכַּוָּנָה בְּכָל מִצְוָה וַעֲבוֹדָה שֶׁתִּהְיֶה לְעִילּוּי כְּבוֹדוֹ שֶׁל מָקוֹם בַּמֶּה שֶׁבְּרִיּוֹתָיו עוֹשִׂים נַחַת רוּחַ לְפָנָיו.

וְעוֹד: הַצַּעַר וְהַבַּקָּשָׁה עַל עִילּוּי הַכָּבוֹד הַזֶּה שֶׁיֵּעָשֶׂה בִּשְׁלֵימוּת בְּעִילּוּי כְּבוֹדָן שֶׁל יִשְׂרָאֵל וְשַׁלְוָתָן.*

וְאָמְנָם עוֹד עִיקָּר שֵׁנִי יֵשׁ בְּכַוָּנַת הַחֲסִידוּת, וְהוּא: טוֹבַת הַדּוֹר.

שֶׁהִנֵּה רָאוּי לְכָל חָסִיד שֶׁיִּתְכַּוֵּין בְּמַעֲשָׂיו לְטוֹבַת דּוֹרוֹ כֻּלּוֹ, לְזַכּוֹת אוֹתָם וּלְהָגֵן עֲלֵיהֶם. וְהוּא עִנְיַן הַכָּתוּב "אִמְרוּ צַדִּיק כִּי טוֹב כִּי פְרִי מַעַלְלֵיהֶם

---

* נוסף על כוונה לשם שמיים מדרגתו של החסיד גם זוקקת צער כן על חוסר השלמות בעולם (שחורבן ירושלים ובית המקדש הם המייצגים המובהקים שלו). ההכרה שהטוב האלוהי יכול להופיע בחיינו רק מתוך תיקון כללי של האומה הישראלית - היא מדרגה גבוהה שמעידה על יכולת הפשטה; והיא המצופה מן החסיד.

יֹאכֵלוּ" (ישעיה ג' י'), שֶׁכָּל הַדּוֹר אוֹכֵל מִפֵּירוֹתָיו. וְכֵן אָמְרוּ רַבּוֹתֵינוּ זִכְרוֹנָם לִבְרָכָה "הֲיֵשׁ בָּהּ עֵץ" (במדבר י"ג) – אִם יֵשׁ מִי שֶׁמֵּגֵן עַל דּוֹרוֹ כְּעֵץ" (בבא בתרא ט"ו א'). וְתִרְאֶה שֶׁזֶּהוּ רְצוֹנוֹ שֶׁל מָקוֹם שֶׁיִּהְיוּ חֲסִידֵי יִשְׂרָאֵל מְזַכִּים וּמְכַפְּרִים עַל כָּל שְׁאָר הַמַּדְרֵיגוֹת שֶׁבָּהֶם. וְהוּא מַה שֶּׁאָמְרוּ זִכְרוֹנָם לִבְרָכָה בַּלּוּלָב וּמִינָיו יָבוֹאוּ אֵלֶּה וִיכַפְּרוּ עַל אֵלֶּה, שֶׁאֵין הַקָּדוֹשׁ בָּרוּךְ הוּא חָפֵץ בְּאָבְדַן הָרְשָׁעִים (ע"פ ויקרא רבה ל' י"ב), אֶלָּא מִצְוָה מוּטֶּלֶת עַל הַחֲסִידִים לְהִשְׁתַּדֵּל לְזַכּוֹתָם וּלְכַפֵּר עֲלֵיהֶם. וְזֶה צָרִיךְ שֶׁיַּעֲשֶׂה בְּכַוָּנַת עֲבוֹדָתוֹ וְגַם בִּתְפִלָּתוֹ בְּפוֹעַל, דְּהַיְינוּ, שֶׁיִּתְפַּלֵּל עַל דּוֹרוֹ לְכַפֵּר עַל מִי שֶׁצָּרִיךְ כַּפָּרָה, וּלְהָשִׁיב בִּתְשׁוּבָה מִי שֶׁצָּרִיךְ לָהּ, וּלְלַמֵּד סַנֵּיגוֹרְיָא עַל הַדּוֹר כֻּלּוֹ.

וּכְבָר אָמְרוּ זִכְרוֹנָם לִבְרָכָה עַל פָּסוּק "וַאֲנִי בָאתִי בִּדְבָרֶיךָ" (דניאל י' י"ב) – שֶׁלֹּא חָזַר גַּבְרִיאֵל וְנִכְנַס לִפְנִים מִן הַפַּרְגּוֹד אֶלָּא כְּשֶׁלִּימֵּד סַנֵּיגוֹרְיָא עַל יִשְׂרָאֵל (יומא ע"ז א'). וְגִדְעוֹן נֶאֱמַר לוֹ "לֵךְ בְּכֹחֲךָ זֶה" (שופטים ו' י"ד) לְפִי שֶׁלִּימֵּד סַנֵּיגוֹרְיָא עַל עַמּוֹ (שמעוני שופטים ו' ס"ב). כִּי אֵין הַקָּדוֹשׁ בָּרוּךְ הוּא אוֹהֵב אֶלָּא לְמִי שֶׁאוֹהֵב אֶת יִשְׂרָאֵל. וְכָל מַה שֶּׁאָדָם מַגְדִּיל אַהֲבָתוֹ לְיִשְׂרָאֵל, גַּם הַקָּדוֹשׁ בָּרוּךְ הוּא מַגְדִּיל עָלָיו.

וְאֵלֶּה הֵם הָרוֹעִים הָאֲמִיתִּיִּם שֶׁל יִשְׂרָאֵל שֶׁהַקָּדוֹשׁ בָּרוּךְ הוּא חָפֵץ בָּהֶם הַרְבֵּה, שֶׁמּוֹסְרִים עַצְמָם עַל צֹאנוֹ וְדוֹרְשִׁים וּמִשְׁתַּדְּלִים עַל שְׁלוֹמָם וְטוֹבָתָם בְּכָל הַדְּרָכִים. וְעוֹמְדִים תָּמִיד בַּפֶּרֶץ לְהִתְפַּלֵּל עֲלֵיהֶם לְבַטֵּל הַגְּזֵרוֹת הַקָּשׁוֹת, וְלִפְתּוֹחַ עֲלֵיהֶם שַׁעֲרֵי הַבְּרָכָה. הָא לְמַה זֶּה דּוֹמֶה? לְאָב שֶׁאֵינוֹ אוֹהֵב שׁוּם אָדָם יוֹתֵר מִמִּי שֶׁהוּא רוֹאֶה שֶׁאוֹהֵב אֶת בָּנָיו אַהֲבָה נֶאֱמֶנֶת, וְהוּא דָּבָר שֶׁהַטֶּבַע יָעִיד עָלָיו. וְהוּא עִנְיַן כֹּהֵן גָּדוֹל שֶׁאָמְרוּ עָלָיו "שֶׁהָיָה לָהֶם לְבַקֵּשׁ רַחֲמִים עַל דּוֹרָם וְלֹא בִקְּשׁוּ" (מכות י"א א'). וְכֵן אָמְרוּ "הַהוּא גַּבְרָא דְּאַכְלֵיהּ אַרְיָא בְּרְחוּק תְּלָתָא פַּרְסֵי דְּרַבִּי יְהוֹשֻׁעַ בֶּן לֵוִי, וְלֹא אִשְׁתָּעֵי אֵלִיָּהוּ בַּהֲדֵהּ תְּלָתָא יוֹמֵי" (שם). הֲרֵי לְךָ הַחוֹבָה הַמּוּטֶּלֶת עַל הַחֲסִידִים לְבַקֵּשׁ וּלְהִשְׁתַּדֵּל עַל בְּנֵי דּוֹרָם.*

* ביטוי נוסף לכוונה המרוממת של החסיד היא דאגתו לבני דורו.

וְהִנֵּה כְּבָר בֵּאַרְנוּ חֶלְקֵי הַחֲסִידוּת הָרָאשִׁיִּים. פְּרָטֵיהֶם מְסוּרִים לְכָל בַּר שֵׂכֶל וּלְכָל לֵב טָהוֹר לְהִתְנַהֵג בָּהֶם בְּדֶרֶךְ הַיָּשָׁר לְפִי הַשָּׁרָשִׁים הָאֵלֶּה, כָּל דָּבָר בְּעִתּוֹ.

עד כה, למרות ההתקדמות המוסרית של האדם במדרגות הזהירות, הזריזות, הנקיות, הפרישות והטהרה - עיקר הדגש היה על עולמו הפרטי. במדרגת החסידות מצופה מן האדם לצאת מן המעגל הפרטי ולהתרחב (בכוונתו) למעגלי חיים רחבים יותר.

עצה מעשית: עד כה התעסקנו בבניין האישיותי הפרטי, אולם חלק מהותי מבניין האישיות הרוחנית הוא החיבור לעם היהודי שהוא עם הנצח, וממילא בחיבור אליו אדם מתחבר לרצף היסטורי ארוך, מעבר לקיום האנושי המינימלי.

ממליץ לכל אחד ואחת מאיתנו לקבל על עצמם משימה אחת לפחות שתסייע לכך, הן ברמה הפיזית (תרומה כלכלית/ ביטחונית ליהודים בארץ וברחבי העולם), והן ברמה הרוחנית (חיזוק הזהות היהודית בלימוד, בסיוע כספי וכו'). המחויבות תיצור הזדהות עם הלאום היהודי וממילא תחבר אותנו לערכים יהודיים נצחיים, וזוהי מדרגת החסידות.

פרק כ

במשקל החסידות

מַה שֶּׁצָּרִיךְ לְבָאֵר עַתָּה הוּא מִשְׁקַל הַחֲסִידוּת הַזֶּה, וְהוּא עִנְיָן עִיקָּרִי מְאֹד מְאֹד.

וְתֵדַע בֶּאֱמֶת שֶׁזּוֹהִי הַמְּלָאכָה הַקָּשָׁה שֶׁבַּחֲסִידוּת, כִּי דַּקּוּתוֹ רַב, וְיֵשׁ לַיֵּצֶר בַּדָּבָר הַזֶּה כְּנִיסָה גְּדוֹלָה, עַל כֵּן נִמְצֵאת סַכָּנָתוֹ עֲצוּמָה, כִּי הַרְבֵּה דְּבָרִים טוֹבִים יוּכַל הַיֵּצֶר לְרַחֵק כְּאִלּוּ הֵם רָעִים, וְהַרְבֵּה חֲטָאִים לְקָרֵב כְּאִלּוּ הֵם מִצְוֹת גְּדוֹלוֹת. וּבֶאֱמֶת שֶׁלֹּא יוּכַל אִישׁ לְהַצְלִיחַ בְּמִשְׁקָל הַזֶּה אֶלָּא בִּשְׁלֹשָׁה דְּבָרִים:

שֶׁיִּהְיֶה לִבּוֹ יָשָׁר שֶׁבַּלְּבָבוֹת.

שֶׁלֹּא תִּהְיֶה פְּנִיָּיתוֹ אֶלָּא לַעֲשׂוֹת הַנַּחַת רוּחַ לְפָנָיו יִתְבָּרַךְ וְלֹא זוּלַת זֶה כְּלָל.

וְשֶׁיִּהְיֶה מְעַיֵּין עַל מַעֲשָׂיו עִיּוּן גָּדוֹל וְיִשְׁתַּדֵּל לְתַקְּנָם עַל פִּי הַתַּכְלִית הַזֶּה.

וְאַחַר כָּל זֹאת יִהְיֶה מַשְׁלִיךְ יְהָבוֹ עַל ה׳, שֶׁאָז יֵאָמֵר בּוֹ, "אַשְׁרֵי אָדָם עוֹז לוֹ בָךְ" וְכוּ׳ "לֹא יִמְנַע טוֹב לַהֹלְכִים בְּתָמִים" (תהלים פ״ד ו׳,י״ב).

אָמְנָם אִם אֶחָד מִן הַתְּנָאִים הָאֵלֶּה יֶחְסַר לוֹ - לֹא יַגִּיעַ אֶל הַשְּׁלֵמוּת, וְקָרוֹב הוּא לִיכָּשֵׁל וְלִיפּוֹל!

דְּהַיְינוּ, אוֹ אִם הַכַּוָּנָה לֹא תִהְיֶה מוּבְחֶרֶת וְזַכָּה. אוֹ אִם יִתְרַשֵּׁל מִן הָעִיּוּן בְּמָה שֶׁיּוּכַל לְעַיֵּן. אוֹ אִם אַחַר כָּל זֶה לֹא יִתְלֶה בִּטְחוֹנוֹ בְּקוֹנוֹ - קָשֶׁה לוֹ שֶׁלֹּא יִפּוֹל. אַךְ אִם שְׁלָשְׁתָּם יִשְׁמֹר כָּרָאוּי: תְּמִימוּת הַמַּחֲשָׁבָה. עִיּוּן. וּבִטָּחוֹן - אָז יֵלֵךְ בֶּטַח בֶּאֱמֶת וְלֹא יְאוּנֶּה לוֹ כָּל רָע. הוּא הַדָּבָר שֶׁאָמְרָה חַנָּה בִּנְבִיאוּתָהּ "רַגְלֵי חֲסִידָיו יִשְׁמֹר" (שמואל א. ב׳ ט׳). וְדָוִד כְּמוֹ כֵן אָמַר "וְלֹא יַעֲזֹב אֶת חֲסִידָיו לְעוֹלָם נִשְׁמָרוּ" (תהלים ל״ז כ״ח).*

וְהִנֵּה מַה שֶּׁצָּרִיךְ לְהָבִין הוּא, כִּי אֵין לָדוּן דִּבְרֵי הַחֲסִידוּת עַל מַרְאֵיהֶן הָרִאשׁוֹן, אֶלָּא צָרִיךְ לְעַיֵּין וּלְהִתְבּוֹנֵן עַד הֵיכָן תּוֹלְדוֹת הַמַּעֲשֶׂה מַגִּיעוֹת, כִּי לִפְעָמִים הַמַּעֲשֶׂה בְּעַצְמוֹ יֵרָאֶה טוֹב, וּלְפִי שֶׁהַתּוֹלָדוֹת רָעוֹת יִתְחַיֵּיב לְהַנִּיחוֹ. וְלוּ יַעֲשֶׂה אוֹתוֹ יִהְיֶה חוֹטֵא וְלֹא חָסִיד.

הִנֵּה מַעֲשֵׂה גְּדַלְיָה בֶּן אֲחִיקָם גָּלוּי לְעֵינֵינוּ שֶׁמִּפְּנֵי רוֹב חֲסִידוּתוֹ שֶׁלֹּא לָדוּן אֶת יִשְׁמָעֵאל לְכַף חוֹבָה אוֹ שֶׁלֹּא לְקַבֵּל לָשׁוֹן הָרָע אָמַר לְיוֹחָנָן בֶּן קָרֵחַ, "שֶׁקֶר אַתָּה דוֹבֵר עַל יִשְׁמָעֵאל" (ירמיה מ׳ ט״ז). וּמַה גָּרַם? גָּרַם שֶׁמֵּת הוּא וְנִפְזְרוּ יִשְׂרָאֵל וְכָבְתָה גַחַלְתָּם הַנִּשְׁאָרָה. וּכְבָר יִיחֵס הַכָּתוּב אֵלָיו הֲרִיגַת אֲנָשִׁים אֲשֶׁר נֶהֶרְגוּ כְּאִלּוּ הֲרָגָם הוּא, וּכְמַאֲמָרָם זִכְרוֹנָם

---

* במדרגת החסידות, דווקא עקב המתח הרוחני העצום שנלווה אליה, ישנה סכנה ליפול בטשטוש ובלבול; היינו הימנעות מעשייה חיובית והתנהלות בעשייה שלילית - באשליה שזו מדרגת החסידות (כדלקמן). לפיכך במדרגה זו נדרש האדם להקפיד על שלושה תנאים: א. יושר פנימי; ב. בדיקה מדוקדקת של המעשים; ג. ביטחון בה׳ ותפילה.

לִבְרָכָה (נדה ס"א א') עַל פָּסוּק "אֶת כָּל פִּגְרֵי הָאֲנָשִׁים אֲשֶׁר הִכָּה בְּיַד גְּדַלְיָהוּ" (ירמיהו מ"א ט').

וְהַבַּיִת הַשֵּׁנִי גַּם הוּא חָרַב עַל יְדֵי חֲסִידוּת כָּזֶה אֲשֶׁר לֹא נִשְׁקַל בְּמִשְׁקַל צֶדֶק. בְּמַעֲשֵׂה דְּבַר קַמְצָא אָמְרוּ, "סָבוּר רַבָּנָן לְקָרוּבֵהּ, אָמַר לְהֶם רַבִּי זְכַרְיָה בֶּן אַבְקוּלַס, יֹאמְרוּ 'בַּעֲלֵי מוּמִין קְרֵבִין לְגַבֵּי מִזְבֵּחַ', סָבוּר לְמִקְטְלֵהּ. אָמַר לָהֶם רַבִּי זְכַרְיָה בֶּן אַבְקוּלַס, יֹאמְרוּ 'מַטִּיל מוּם בְּקָדָשִׁים יֵהָרֵג'. בֵּין כָּךְ וּבֵין כָּךְ הָלַךְ אוֹתוֹ רָשָׁע וְהִלְשִׁין אֶת יִשְׂרָאֵל, בָּא הַקֵּיסָר וְהֶחֱרִיב יְרוּשָׁלַיִם. וְהוּא מַה שֶּׁאָמַר רַבִּי יוֹחָנָן עַל זֶה, 'עַנְוְתָנוּתוֹ שֶׁל רַבִּי זְכַרְיָה הֶחֱרִיבָה אֶת בֵּיתֵנוּ וְשָׂרְפָה אֶת הֵיכָלֵנוּ וְהֶגְלַתְנוּ לְבֵין הָאוּמוֹת" (גיטין נ"ו א').*

הֲרֵי לְךָ שֶׁאֵין לָדוּן בַּחֲסִידוּת הַמַּעֲשֶׂה בַּאֲשֶׁר הוּא שָׁם לְבַד, אַךְ צָרִיךְ לִפְנוֹת כֹּה וָכֹה לְכָל הַצְּדָדִין שֶׁיָּכוֹל שֵׂכֶל הָאָדָם לִרְאוֹת, עַד שֶׁיָּדוּן בֶּאֱמֶת אֵיזֶה יִכְשַׁר יוֹתֵר – הָעֲשִׂיָּה אוֹ הַפְּרִישָׁה.

הִנֵּה הַתּוֹרָה צִוְּתָה "הוֹכֵחַ תּוֹכִיחַ אֶת עֲמִיתֶךָ" (ויקרא י"ט י"ז), וְכַמָּה פְּעָמִים יִכָּנֵס הָאָדָם לְהוֹכִיחַ חֹטְאִים בְּמָקוֹם אוֹ בִּזְמַן שֶׁאֵין דְּבָרָיו נִשְׁמָעִים, וְגוֹרֵם לָהֶם לְהִתְפָּרֵץ יוֹתֵר בְּרִשְׁעָם, וּלְחַלֵּל ה' לְהוֹסִיף עַל חַטָּאתָם פֶּשַׁע. הִנֵּה בְּכַיּוֹצֵא בָּזֶה אֵינוֹ מִן הַחֲסִידוּת אֶלָּא לִשְׁתּוֹק. וְכָךְ אָמְרוּ רַבּוֹתֵינוּ זִכְרוֹנָם לִבְרָכָה "כְּשֵׁם שֶׁמִּצְוָה לוֹמַר דָּבָר הַנִּשְׁמָע, כָּךְ מִצְוָה שֶׁלֹּא לוֹמַר אֶת שֶׁאֵינוֹ נִשְׁמָע" (יבמות ס"ה ב').

רְאֵה. פָּשׁוּט הוּא, שֶׁרָאוּי לְכָל אָדָם לִהְיוֹת מַקְדִּים וְרָץ לִדְבַר מִצְוָה, וּלְהִשְׁתַּדֵּל לִהְיוֹת מִן הָעוֹסְקִים בָּהּ. אַךְ הִנֵּה לִפְעָמִים יָכוֹל לְהִוָּלֵד

---

* דוגמה לבלבול במדרגת החסידות: חוסר עמידה ורפיסות מול רשעים, ושכנוע עצמי שזו "התחסדות". החסיד האמיתי לא נותן לתחושת הרכות לשלוט בו, אלא בוחן כל מקרה על פי שכל תורני, מהי התגובה הרצויה, גם אם תתלווה לכך נוקשות.

מִזֶּה מְרִיבָה, שֶׁיּוֹתֵר תִּתְבַּזֶּה הַמִּצְוָה וְיִתְחַלֵּל בָּהּ שֵׁם שָׁמַיִם מִמָּה שֶׁיִּתְכַּבֵּד. בְּכַיּוֹצֵא בָזֶה וַדַּאי שֶׁחַיָּב הֶחָסִיד לְהַנִּיחַ אֶת הַמִּצְוָה וְלֹא לִרְדּוֹף אַחֲרֶיהָ.

וְכֵן אָמְרוּ זִכְרוֹנָם לִבְרָכָה בְּעִנְיַן הַלְוִיִּם זֶה לְשׁוֹנָם "מִפְּנֵי שֶׁהָיוּ יוֹדְעִים שֶׁכָּל מִי שֶׁטּוֹעֵן בָּאָרוֹן שְׂכָרוֹ מְרוּבֶּה, וְהָיוּ מַנִּיחִין אֶת הַשֻּׁלְחָן וְהַמְּנוֹרָה וְהַמִּזְבְּחוֹת וְכֻלָּן רָצִים לָאָרוֹן לִטֹּל שָׂכָר, וּמִתּוֹךְ כָּךְ הָיָה זֶה מֵרִיב וְאוֹמֵר, אֲנִי טוֹעֵן כָּאן, וְזֶה מֵרִיב וְאוֹמֵר, אֲנִי טוֹעֵן כָּאן, וּמִתּוֹךְ כָּךְ הָיוּ נוֹהֲגִין קַלּוּת רֹאשׁ, וְהָיְתָה הַשְּׁכִינָה פּוֹגַעַת בָּהֶם" וְכוּ' (במדבר רבה ה' א').*

הִנֵּה חַיָּב הָאָדָם לִשְׁמוֹר כָּל הַמִּצְוֹת בְּכָל דִּקְדּוּקֵיהֶם לִפְנֵי מִי שֶׁיִּהְיֶה, וְלֹא יִירָא וְלֹא יֵבוֹשׁ, וְכֵן הוּא אוֹמֵר "וַאֲדַבְּרָה בְעֵדֹתֶיךָ נֶגֶד מְלָכִים וְלֹא אֵבוֹשׁ" (תהלים קי"ט מ"ו). וְכֵן שָׁנִינוּ "הֱוֵי עַז כַּנָּמֵר" וְכוּ' (אבות ה' כ'). אָמְנָם גַּם בָּזֶה צָרִיךְ חִילּוּק וְהַבְחָנָה, כִּי כָּל זֶה נֶאֱמַר עַל גּוּפֵי הַמִּצְוֹת שֶׁחַיָּיבִים אֲנַחְנוּ בָּהֶם חוֹבָה גְּמוּרָה, שֶׁבָּהֶם יָשִׂים פָּנָיו כַּחַלָּמִישׁ.

אַךְ יֵשׁ אֵיזֶה תּוֹסֶפֶת חֲסִידוּת, שֶׁאִם יַעֲשֶׂה אוֹתָם הָאָדָם לִפְנֵי הֲמוֹן הָעָם - יִשְׂחֲקוּ עָלָיו וְיִתְלוֹצְצוּ, וְנִמְצְאוּ חוֹטְאִים וְנֶעֱנָשִׁים עַל יָדוֹ. וְהוּא הָיָה יָכוֹל לְהַנִּיחַ מִלַּעֲשׂוֹת הַדְּבָרִים הָהֵם, כִּי אֵינָם חוֹבָה מוּחְלֶטֶת. הִנֵּה דָּבָר כָּזֶה וַדַּאי שֶׁיּוֹתֵר הָגוּן הוּא לֶחָסִיד שֶׁיַּנִּיחֵהוּ מִשֶּׁיַּעֲשֵׂהוּ. וְהוּא מַה שֶּׁאָמַר הַכָּתוּב "וְהַצְנֵעַ לֶכֶת עִם אֱלֹהֶיךָ" (מיכה ו' ח'). וְכַמָּה חֲסִידִים גְּדוֹלִים הִנִּיחוּ מִמִּנְהֲגֵי חֲסִידוּתָם בִּהְיוֹתָם בֵּין הֲמוֹן הָעָם, מִשּׁוּם דְּמֶחֱזֵי כְּיוֹהֲרָא.

---

* ייתכן גם בלבול בכיוון ההפוך: חוסר שיקול דעת מתי תוכחה נשמעת ומתי לא; התלהבות יתר להיות "חסיד" והתנגחות במציאות ללא תועלת; התנהלות מגושמת במרדף אחר עשייה חיובית וכו'.

כְּלָלוֹ שֶׁל דָּבָר: כָּל מַה שֶּׁהוּא עִיקָּרִי בַּמִּצְוָה – יַעֲשֵׂהוּ לִפְנֵי כָּל מַלְעִיג. וּמַה שֶּׁאֵינוֹ עִיקָּרִי וְהוּא גּוֹרֵם שְׂחוֹק וְהִיתּוּל – לֹא יַעֲשֵׂהוּ.*

נִמְצֵאתָ לָמֵד, שֶׁהַבָּא לְהִתְחַסֵּד חֲסִידוּת אֲמִיתִּי, צָרִיךְ שֶׁיִּשְׁקוֹל כָּל מַעֲשָׂיו לְפִי הַתּוֹלָדוֹת הַנִּמְשָׁכוֹת מֵהֶם, וּלְפִי הַתְּנָאִים הַמִּתְלַוִּים לָהֶם: לְפִי הָעֵת. לְפִי הַחֶבְרָה. לְפִי הַנּוֹשֵׂא. וּלְפִי הַמָּקוֹם.

וְאִם הַפְּרִישָׁה תּוֹלִיד יוֹתֵר קִידּוּשׁ שֵׁם שָׁמַיִם וְנַחַת רוּחַ לְפָנָיו מִן הַמַּעֲשֶׂה – יִפְרוֹשׁ וְלֹא יַעֲשֶׂה. אוֹ אִם מַעֲשֶׂה אֶחָד בְּמַרְאִיתוֹ הוּא טוֹב וּבְתוֹלְדוֹתָיו אוֹ בִּתְנָאָיו הוּא רָע, וּמַעֲשֶׂה אַחֵר רַע בְּמַרְאִיתוֹ וְטוֹב בְּתוֹלְדוֹתָיו – הַכֹּל הוֹלֵךְ אַחַר הַחִיתּוּם וְהַתּוֹלָדָה, שֶׁהִיא פְּרִי הַמַּעֲשִׂים בֶּאֱמֶת. וְאֵין הַדְּבָרִים מְסוּרִים אֶלָּא לְלֵב מֵבִין וְשֵׂכֶל נָכוֹן, כִּי אִי אֶפְשָׁר לְבָאֵר הַפְּרָטִים שֶׁאֵין לָהֶם קֵץ. וְ"ה' יִתֵּן חָכְמָה מִפִּיו דַּעַת וּתְבוּנָה" (משלי ב' ו').

וּמַעֲשֶׂה דְּרַבִּי טַרְפוֹן יוֹכִיחַ, שֶׁהֶחְמִיר לְהַטּוֹת כְּבֵית שַׁמַּאי וְאָמְרוּ לוֹ, "כְּדַאי הָיִיתָ לָחוּב בְּעַצְמְךָ, שֶׁעָבַרְתָּ עַל דִּבְרֵי בֵּית הִלֵּל" (ברכות י' ב'), אַף עַל פִּי שֶׁמַּחְמִיר הָיָה. וְזֶה, שֶׁעִנְיַן מַחֲלוֹקֶת בֵּית שַׁמַּאי וּבֵית הִלֵּל הָיָה עִנְיָן כָּבֵד לְיִשְׂרָאֵל, מִפְּנֵי הַמַּחֲלוֹקֶת הַגְּדוֹלָה שֶׁרָבְתָה בֵּינֵיהֶם. וְסוֹף סוֹף נִגְמַר שֶׁהֲלָכָה כְּבֵית הִלֵּל לְעוֹלָם (עירובין י"ג ב'). הִנֵּה קִיּוּמָהּ שֶׁל תּוֹרָה, שֶׁגְּמַר דִּין זֶה יִשָּׁאֵר בְּכָל תּוֹקֶף לָעַד וּלְעוֹלְמֵי עוֹלָמִים וְלֹא יֶחֱלַשׁ בְּשׁוּם פָּנִים, שֶׁלֹּא תֵּעָשֶׂה תּוֹרָה חַס וְחָלִילָה כִּשְׁתֵּי תּוֹרוֹת. וְעַל

---

* בימינו, בהם קיים ניכור תרבותי ביחס לעולם הרוחני, צריך זהירות יתר מהתנהגות חסרת טקט בסיטואציות עדינות שמא הדברים ייתפסו כמגוחכים או מתנשאים. חלק ממדרגת החסידות היא להתנהל אף כאן באופן מדויק.

כֵּן לְדַעַת הַמִּשְׁנָה הַזֹּאת, יוֹתֵר חֲסִידוּת הוּא לְהַחֲזִיק כְּבֵית הִלֵּל אֲפִילּוּ לְקוּלָּא מִלְּהַחְמִיר כְּבֵית שַׁמַּאי.*

וְזֶה לָנוּ לְעֵינַיִם לִרְאוֹת אֵי זֶה דֶּרֶךְ יִשְׁכּוֹן אוֹר בֶּאֱמֶת וּבֶאֱמוּנָה לַעֲשׂוֹת הַיָּשָׁר בְּעֵינֵי ה'.

* בשורה התחתונה: מדרגת החסידות, דווקא מפני שהגדרתה היא הוספת חיוב מעבר לנדרש, דורשת שיקול דעת וראיית הנולד יותר ממדרגות אחרות. הדברים צריכים להיבחן בתוצאה הסופית - אם ההתנהגות שלנו אכן מוסיפה "חסידות" בעולם או שיצא שכרנו בהפסדנו. ישנם אין־סוף תנאים שיש לשקול לפני התנהלות במידת החסידות (למשל אם החמרה הלכתית מסוימת שלנו לא תפגע בסמכות התורנית מול שאר הציבור וכדומה).

פרק כא

בדרכי קניית החסידות וההרחקה ממפסידיה

הִנֵּה מִמַּה שֶּׁיּוֹעִיל הַרְבֵּה לִקְנוֹת הַחֲסִידוּת, הוּא גּוֹדֶל הַהִסְתַּכְּלוּת וְרוֹב הַהִתְבּוֹנְנוּת. כִּי כַּאֲשֶׁר יַרְבֶּה הָאָדָם לְהִתְבּוֹנֵן עַל גּוֹדֶל רוֹמְמוּתוֹ יִתְבָּרַךְ וְתַכְלִית שְׁלֵימוּתוֹ וְרוֹב הַהֶרְחֵק הַבִּלְתִּי מְשׁוֹעָר שֶׁבֵּין גְּדוּלָּתוֹ וּבֵין שִׁפְלוּתֵנוּ, יִגְרוֹם לוֹ שֶׁיִּמָּלֵא יִרְאָה וּרְעָדָה מִלְּפָנָיו. וּבְהִתְבּוֹנְנוֹ עַל רוֹב חֲסָדָיו עִמָּנוּ וְעַל גּוֹדֶל אַהֲבָתוֹ יִתְבָּרַךְ לְיִשְׂרָאֵל, וְעַל קִרְבַת הַיְשָׁרִים אֵלָיו, וּמַעֲלוֹת הַתּוֹרָה וְהַמִּצְוֹת, וְכַיּוֹצֵא מִן הָעִיּוּנִים וְהַלִּימּוּדִים, וַדַּאי שֶׁתִּתְלַהֵט בּוֹ אַהֲבָה עַזָּה וְיִבְחַר וְיִתְאַוֶּה לִידָּבֵק בּוֹ, כִּי בִּרְאוֹתוֹ שֶׁהַבּוֹרֵא יִתְבָּרַךְ הוּא לָנוּ לְאָב מַמָּשׁ, וּמְרַחֵם עָלֵינוּ כְּאָב עַל בָּנִים, יִתְעוֹרֵר בּוֹ בְּהֶמְשֵׁךְ הַחֵפֶץ וְהַתְּשׁוּקָה לִגְמוֹל לוֹ כְּבֵן אֶל אָבִיו.

וְהִנֵּה לָזֶה צָרִיךְ הָאָדָם שֶׁיִּתְבּוֹדֵד בַּחֲדָרָיו וְיִקְבּוֹץ כָּל מַדָּעוֹ וּתְבוּנָתוֹ אֶל הַהִסְתַּכְּלוּת וְאֶל הָעִיּוּן בַּדְּבָרִים הָאֲמִיתִּיִּים הָאֵלֶּה. וְהִנֵּה וַדַּאי

שֶׁיְּעַזְּרֵהוּ לָזֶה רוֹב הַהַתְמָדָה וְהָעִיּוּן בְּמִזְמוֹרֵי דָוִד הַמֶּלֶךְ עָלָיו הַשָּׁלוֹם, וְהַהִתְבּוֹנְנוּת בָּם בְּמַאַמְרֵיהֶם וְעִנְיָנָם. כִּי בִהְיוֹתָם כּוּלָּם מְלֵאִים אַהֲבָה וְיִרְאָה וְכָל מִינֵי חֲסִידוּת, הִנֵּה בְּהִתְבּוֹנְנוֹ בָּם לֹא יִמָּנַע מֵהִתְעוֹרֵר בּוֹ הִתְעוֹרְרוּת גָּדוֹל לָצֵאת בְּעִקְּבוֹתָיו וְלָלֶכֶת בִּדְרָכָיו. וְכֵן תּוֹעִיל הַקְּרִיאָה בְּסִפּוּר מַעֲשֵׂה הַחֲסִידִים בָּאַגָּדוֹת אֲשֶׁר בָּאוּ שָׁם, כִּי כָל אֵלֶּה מְעוֹרְרִים אֶת הַשֵּׂכֶל לְהִתְיָעֵץ וְלַעֲשׂוֹת כְּמַעֲשֵׂיהֶם הַנֶּחְמָדִים. וְזֶה מְבוֹאָר.*

אַךְ מַפְסִידֵי הַחֲסִידוּת הֵם הַטְּרָדוֹת וְהַדְּאָגוֹת. כִּי בִּהְיוֹת הַשֵּׂכֶל טָרוּד וְנֶחְפָּז בְּדַאֲגוֹתָיו וּבַעֲסָקָיו, אִי אֶפְשָׁר לוֹ לִפְנוֹת אֶל הַהִתְבּוֹנְנוּת הַזֶּה. וּמִבְּלִי הִתְבּוֹנְנוּת לֹא יַשִּׂיג הַחֲסִידוּת, וַאֲפִילּוּ אִם הִשִּׂיגוֹ כְּבָר, הִנֵּה הַטְּרָדוֹת מַכְרִיחוֹת אֶת הַשֵּׂכֶל וּמְעַרְבְּבוֹת אוֹתוֹ וְאֵינָן מַנִּיחוֹת אוֹתוֹ לְהִתְחַזֵּק בְּיִרְאָה וּבְאַהֲבָה וּבִשְׁאָר הָעִנְיָנִים הַשַּׁיָּיכִים אֶל הַחֲסִידוּת, כַּאֲשֶׁר זָכַרְתִּי. עַל כֵּן אָמְרוּ זִכְרוֹנָם לִבְרָכָה "אֵין הַשְּׁכִינָה שׁוֹרָה לֹא מִתּוֹךְ עַצְבוּת" וְכוּ' (שבת ל' ב'). כָּל שֶׁכֵּן הַהֲנָאוֹת וְהַתַּעֲנוּגִים, שֶׁהֵם הֶפְכִּיִּים מַמָּשׁ אֶל הַחֲסִידוּת, כִּי הִנֵּה הֵם מְפַתִּים הַלֵּב לִימָּשֵׁךְ אַחֲרֵיהֶם וְסָר מִכָּל עִנְיְנֵי הַפְּרִישׁוּת וְהַיְדִיעָה הָאֲמִיתִּית.**

אָמְנָם מַה שֶּׁיּוּכַל לִשְׁמוֹר אֶת הָאָדָם וּלְהַצִּילוֹ מִן הַמַּפְסִידִים הָאֵלֶּה הוּא הַבִּטָּחוֹן, וְהוּא שֶׁיַּשְׁלִיךְ יְהָבוֹ עַל ה' לְגַמְרֵי! בַּאֲשֶׁר יֵדַע כִּי וַדַּאי

---

* המוטיבציה למידת החסידות תגיע מתוך התבוננות על הגודל האלוהי שמצוי בחיינו. כדוגמת מידת הזריזות - טיפוח מבט אופטימי שמביט בעין טובה על המציאות, הוא מרכיב מרכזי בכך. הדרכים לטפח מבט מעין זה הם באמצעות ניתוק מהרעש החברתי (בימינו - הורדת מינון צריכת החדשות וכדומה); לימוד לימוד פרקי תהילים לעומק והתוודעות לדמויות מופת.

** הסחות הדעת מהשגת מידת החסידות הן דאגות ונהנתנות. בעת שאדם מוטרד בדאגות החיים (ומתוך כך בורח לשקיעה בחומרנות) הוא מנוע מלהביט על הצד הטוב והאצילי שבעולם, שהוא כאמור הכוח המניע המרכזי של החסידות.

אִי אֶפְשָׁר שֶׁיֶּחְסַר לָאָדָם מַה שֶּׁנִּקְצַב לוֹ. וּכְמוֹ שֶׁאָמְרוּ זִכְרוֹנָם לִבְרָכָה בְּמַאֲמָרֵיהֶם "כָּל מְזוֹנוֹתָיו שֶׁל הָאָדָם קְצוּבִים לוֹ מֵרֹאשׁ הַשָּׁנָה" וְכוּ' (ביצה ט"ז א') וְכֵן אָמְרוּ "אֵין אָדָם נוֹגֵעַ בַּמּוּכָן לַחֲבֵירוֹ אֲפִילּוּ כִּמְלֹא נִימָא" (יומא ל"ח ב'). וּכְבָר הָיָה הָאָדָם יָכוֹל לִהְיוֹת יוֹשֵׁב וּבָטֵל וְהַגְּזֵרָה הָיְתָה מִתְקַיֶּימֶת, אִם לֹא שֶׁקָּדַם הַקְּנָס לְכָל בְּנֵי הָאָדָם, וְאָמַר "בְּזֵעַת אַפֶּיךָ תֹּאכַל לֶחֶם" (בראשית ג' י"ט). אֲשֶׁר עַל כֵּן חַיָּיב אָדָם לְהִשְׁתַּדֵּל אֵיזֶה הִשְׁתַּדְּלוּת לְצוֹרֶךְ פַּרְנָסָתוֹ, שֶׁכֵּן גָּזַר הַמֶּלֶךְ הָעֶלְיוֹן. וַהֲרֵי זֶה כְּמַס שֶׁפּוֹרֵעַ כָּל הַמִּין הָאֱנוֹשִׁי אֲשֶׁר אֵין לְהִמָּלֵט מִמֶּנּוּ. עַל כֵּן אָמְרוּ "יָכוֹל, אֲפִילּוּ יוֹשֵׁב וּבָטֵל? תַּלְמוּד לוֹמַר 'בְּכָל מִשְׁלַח יָדְךָ אֲשֶׁר תַּעֲשֶׂה' (דברים כ"ח כ')" (ספרי ראה ע').

אַךְ לֹא שֶׁהַהִשְׁתַּדְּלוּת הוּא הַמּוֹעִיל, אֶלָּא שֶׁהַהִשְׁתַּדְּלוּת מוּכְרַחַת. וְכֵיוָן שֶׁהִשְׁתַּדֵּל הֲרֵי יָצָא יְדֵי חוֹבָתוֹ, וּכְבָר יֵשׁ מָקוֹם לְבִרְכַּת שָׁמַיִם שֶׁתִּשְׁרֶה עָלָיו, וְאֵינוֹ צָרִיךְ לְבַלּוֹת יָמָיו בַּחֲרִיצוּת וְהִשְׁתַּדְּלוּת. הוּא מַה שֶּׁאָמַר דָּוִד הַמֶּלֶךְ עָלָיו הַשָּׁלוֹם "כִּי לֹא מִמּוֹצָא וּמִמַּעֲרָב וְלֹא וְכוּ' כִּי אֱלֹהִים שׁוֹפֵט" וְכוּ' (תהלים ע"ה ז'–ח'). וּשְׁלֹמֹה הַמֶּלֶךְ עָלָיו הַשָּׁלוֹם אָמַר "אַל תִּיגַע לְהַעֲשִׁיר, מִבִּינָתְךָ חֲדָל" (משלי כ"ג ד'). אֶלָּא הַדֶּרֶךְ הָאֲמִיתִּי הוּא דַּרְכָּם שֶׁל הַחֲסִידִים הָרִאשׁוֹנִים, עוֹשִׂים תּוֹרָתָן עִיקָּר וּמְלַאכְתָּן טְפֵלָה, וְזֶה וָזֶה נִתְקַיֵּים בְּיָדָם (ברכות ל"ה ב'). כִּי כֵּיוָן שֶׁעָשָׂה אָדָם קְצָת מְלָאכָה, מִשָּׁם וָהָלְאָה אֵין לוֹ אֶלָּא לִבְטוֹחַ בְּקוֹנוֹ וְלֹא לְהִצְטַעֵר עַל שׁוּם דָּבָר עוֹלָמִי. אָז תִּשָּׁאֵר דַּעְתּוֹ פְּנוּיָה וְלִבּוֹ מוּכָן לַחֲסִידוּת הָאֲמִיתִּי וְלָעֲבוֹדָה הַתְּמִימָה.*

---

* הדרך להימנע מטרדות ונהנתנות היא לפתח את מידת הביטחון. בעת שאדם מצוי בעמדת נפש של ודאות ויציבות הוא אינו חש צורך להימלט לאורח חיים חומרני, ומנגד אינו שוקע במרה שחורה בשל דאגותיו. מידת הביטחון נקנית בעיקרה באמצעות הפנמה של תכנים רוחניים בדבר השגחתו של ה' בעולם (ספרי אמונה), ומתוך כך נולדת יכולת "להרפות" מן החששות.

סיכום

חסידות

הגדרה: עשיית טוב מעבר לנדרש.

כלים: הוספה במצוות בעשייה, בתחושה ובכוונה.

מוטיבציה: התבוננות בגדלות ה'.

מפסידים: טרדות ועצבות, נהנתנות.

דף תכל'ס לשלב החסידות

המטרה: עשיית טוב מעבר לנדרש

משימות

- המשיכו בלימוד מוסר יומי.
- הפנימו את הצורך לדחות סיפוקים ואל תשלימו עם הדחפים היצריים שלכם.
- קבעו זמן מוגדר (חמש דקות לפני השינה) לחשבון נפש יומי.
- פעלו בזריזות ובאומץ בתחומים החיוביים שבחייכם וטפחו אופטימיות.
- תרגלו ירידה לפרטים בתחומים יום־יומיים כסידור מיטה וארגון סדר יום.
- אמצו את הנוסחה: רמת חיים ממוצעת (1-).
- בחרו שלוש פעולות ועשו אותן ללא נגיעות אישיות ("לשם שמיים").
- תרגלו בשלושה תחומים את הנוסחה: שמירה על גדרי ההלכה (1+).
- התנהגו במכובדות ובהידור בעת עשיית דברים חיוביים.
- צרכו חדשות לא יותר מפעם ביום.
- התחברו לדמויות מופת.
- בחרו משימה אחת למען הדור (חיבור לכלל) והתמידו בה.

דגשים אישיים

צוואה

פרק כב

בביאור מידת הענווה וחלקיה

הִנֵּה, כְּבָר דִּבַּרְנוּ לְמַעְלָה מִגְּנוּת הַגַּאֲוָה, וּמִכְּלָלָהּ נִשְׁמַע שֶׁבַח הָעֲנָוָה. אַךְ עַתָּה נְבָאֵר יוֹתֵר בְּדֶרֶךְ עִיקַּר הָעֲנָוָה וְתִבָּאֵר הַגַּאֲוָה מֵאֵלֶיהָ.

הִנֵּה כְּלַל הָעֲנָוָה הוּא: הֱיוֹת הָאָדָם בִּלְתִּי מַחְשִׁיב עַצְמוֹ מִשּׁוּם טַעַם שֶׁיִּהְיֶה. וְזֶה הֵפֶךְ הַגַּאֲוָה מַמָּשׁ, וְהַתּוֹלָדוֹת הַנִּמְשָׁכוֹת מִזֶּה תִּהְיֶינָה הַהֶפְכִּיּוֹת שֶׁל תּוֹלְדוֹת הַגַּאֲוָה.

וּכְשֶׁנְּדַקְדֵּק נִמְצָא, שֶׁתְּלוּיָה בְּמַחֲשָׁבָה וּבְמַעֲשֶׂה.

כִּי בַּתְּחִלָּה צָרִיךְ שֶׁיִּהְיֶה הָאָדָם עָנָיו בְּמַחֲשַׁבְתּוֹ, וְאַחַר כָּךְ יִתְנַהֵג בְּדַרְכֵי הָעֲנָוִים, כִּי אִם לֹא יִהְיֶה עָנָיו בְּדַעְתּוֹ, וְיִרְצֶה לִהְיוֹת עָנָיו בְּמַעֲשֶׂה, לֹא יִהְיֶה אֶלָּא מִן הָעֲנָוִים הַמְדוּמִּים וְהָרָעִים שֶׁזָּכַרְנוּ לְמַעְלָה, שֶׁהֵם מִכְּלַל הַצְּבוּעִים אֲשֶׁר אֵין בָּעוֹלָם רַע מֵהֶם.*

---

* הגדרת הענווה בשפה מודרנית היא פתיחות וחוסר התקבעות. בניגוד לגאווה שבה אדם חש מלא בעצמו (מלשון "גאות הים") ואינו

וְנְבָאֵר עַתָּה הַחֲלָקִים הָאֵלֶּה.

הָעֲנָוָה בַּמַּחֲשָׁבָה: הוּא שֶׁיִּתְבּוֹנֵן הָאָדָם וְיִתְאַמֵּת אֶצְלוֹ אֲשֶׁר אֵין הַתְּהִלָּה וְהַכָּבוֹד רְאוּיִים לוֹ, כָּל שֶׁכֵּן הַהִתְנַשֵּׂא עַל שְׁאָר בְּנֵי מִינוֹ, וְזֶה מִפְּנֵי מַה שֶּׁחָסֵר מִמֶּנּוּ בְּהֶכְרֵחַ. וְגַם מִפְּנֵי מַה שֶּׁכְּבָר יֵשׁ בְּיָדוֹ. מִפְּנֵי מַה שֶּׁחָסֵר מִמֶּנּוּ פָּשׁוּט הוּא, כִּי אִי אֶפְשָׁר לְאָדָם - בְּאֵיזֶה מַדְרֵיגָה שֶׁיִּהְיֶה מִן הַשְּׁלֵימוּת, שֶׁלֹּא יִהְיוּ בוֹ חֶסְרוֹנוֹת רַבִּים, אוֹ מִצַּד טִבְעוֹ, אוֹ מִצַּד מִשְׁפַּחְתּוֹ וּקְרוֹבָיו, אוֹ מִצַּד מִקְרִים שֶׁקָּרוּ לוֹ, אוֹ מִצַּד מַעֲשָׂיו. שֶׁ"אָדָם אֵין צַדִּיק בָּאָרֶץ אֲשֶׁר יַעֲשֶׂה טּוֹב וְלֹא יֶחֱטָא" (קהלת ז׳ כ׳). הֵן כָּל אֵלֶּה מוּמִים בָּאָדָם שֶׁאֵינָם מַנִּיחִים לוֹ מְקוֹם הִתְנַשְּׂאוּת כְּלָל, אֲפִילוּ יִהְיֶה בַּעַל מַעֲלוֹת רַבּוֹת, כִּי כְּבָר עִנְיְנֵי הַחֶסְרוֹנוֹת הָאֵלֶּה יַסְפִּיקוּ לְהַחֲשִׁיכָם.*

הִנֵּה הַחָכְמָה הִיא הַמְּבִיאָה יוֹתֵר אֶת הָאָדָם לִידֵי הִתְנַשְּׂאוּת וְגַאֲוָה, לְפִי שֶׁכְּבָר הִיא מַעֲלָה שֶׁבָּאָדָם עַצְמוֹ בַּחֵלֶק הַנִּכְבָּד שֶׁלּוֹ, דְּהַיְינוּ, הַשֵּׂכֶל. וְהִנֵּה אֵין לְךָ חָכָם שֶׁלֹּא יִטְעֶה וְשֶׁלֹּא יִצְטָרֵךְ לִלְמוֹד מִדִּבְרֵי חֲבֵירָיו, וּפְעָמִים רַבּוֹת אֲפִילוּ מִדִּבְרֵי תַּלְמִידָיו. אִם כֵּן אֵיפוֹא אֵיךְ יִתְנַשֵּׂא בְּחָכְמָתוֹ? וְאָמְנָם מִי שֶׁהוּא בַּעַל שֵׂכֶל יָשָׁר, אֲפִילוּ אִם זָכָה לִהְיוֹת חָכָם גָּדוֹל וּמוּפְלָג, בֶּאֱמֶת כְּשֶׁיִּסְתַּכֵּל וְיִתְבּוֹנֵן יִרְאֶה שֶׁאֵין מָקוֹם לְגַאֲוָה וְהִתְנַשְּׂאוּת. כִּי הִנֵּה מִי שֶׁהוּא בַּעַל שֵׂכֶל שֶׁיֵּדַע יוֹתֵר מֵהָאֲחֵרִים אֵינוֹ עוֹשֶׂה אֶלָּא שֶׁבְּחֹק טִבְעוֹ לַעֲשׂוֹת, כְּעוֹף שֶׁמַּגְבִּיהַּ עוּף לְפִי שֶׁטִּבְעוֹ בְּכָךְ, וְהַשּׁוֹר מוֹשֵׁךְ בְּכֹחוֹ לְפִי שֶׁחוּקּוֹ הוּא. כֵּן מִי שֶׁהוּא חָכָם, הוּא

מעוניין להיפתח ולהתקדם מעבר לאישיותו והישגיו הנוכחיים - עניו הוא אדם המודע למגבלותיו ושואף כל העת להתקדם, בכל המישורים.

* הכלי הנפשי הראשון לרכישת מידת הענווה הוא מודעות עצמית. בעת שאדם מביט על עצמו במבט מושכל מזהה הוא בהכרח את חסרונותיו, וממילא מתמלא ברצון לתקן אותם. בדורנו קל יחסית לעשות זאת: התרבות הפוסט־מודרנית למדה בדרך הקשה את מגבלות המודרנה האנושית; וממילא קל יותר לאמץ מבט פרופורציונלי גם על הישגינו האישיים.

לְפִי שֶׁטִּבְעוֹ מְבִיאוֹ לָזֶה, וְאִלּוּ אוֹתוֹ שֶׁעַכְשָׁיו אֵינוֹ חָכָם כָּמוֹהוּ – הָיָה לוֹ שֵׂכֶל טִבְעִי כָּמוֹהוּ – הָיָה מִתְחַכֵּם כְּמוֹ שֶׁנִּתְחַכֵּם. אִם כֵּן אֵין כָּאן לְהִתְנַשֵּׂא וּלְהִתְגָּאוֹת. אֶלָּא אִם יֵשׁ בּוֹ חָכְמָה רַבָּה הִנֵּה הוּא מְחֻיָּב לְלַמְּדָהּ לְמִי שֶׁצָּרִיךְ אֵלֶיהָ, וּכְמַאֲמַר רַבָּן יוֹחָנָן בֶּן זַכַּאי "אִם לָמַדְתָּ תּוֹרָה הַרְבֵּה, אַל תַּחֲזִיק טוֹבָה לְעַצְמְךָ כִּי לְכָךְ נוֹצָרְתָּ" (אבות ב׳ ח׳). אִם עָשִׁיר הוּא – יִשְׂמַח בְּחֶלְקוֹ, וְעָלָיו הוּא לַעֲזוֹר לְמִי שֶׁאֵין לוֹ. אִם גִּבּוֹר הוּא – לַעֲזֹר לַכּוֹשְׁלִים וּלְהַצִּיל לָעֲשׁוּקִים. הָא לְמָה זֶה דּוֹמֶה? לִמְשָׁרְתֵי הַבַּיִת, שֶׁכָּל אֶחָד מְמֻנֶּה עַל דְּבַר מָה, וְרָאוּי לוֹ לַעֲמוֹד בְּמִשְׁמַרְתּוֹ לְפִי פְּקוּדָּתוֹ, לְהַשְׁלִים מְלֶאכֶת הַבַּיִת וּצְרָכֶיהָ, וְאֵין בְּכָאן מָקוֹם לְגַאֲוָה לְפִי הָאֱמֶת.

וְהִנֵּה זֶה הָעִיּוּן וְהַהִתְבּוֹנְנוּת הָרָאוּי לְכָל אִישׁ אֲשֶׁר שִׂכְלוֹ יָשָׁר וְלֹא מִתְעַקֵּשׁ. וּכְשֶׁיִּתְבָּרֵר זֶה אֶצְלוֹ, אָז יִקָּרֵא עָנָו אֲמִיתִּי, שֶׁבְּלִבּוֹ וּבְקִרְבּוֹ הוּא עָנָו, וְהוּא כְּעִנְיַן דָּוִד שֶׁאָמַר לְמִיכַל "וְהָיִיתִי שָׁפָל בְּעֵינָי" (שמואל ב׳ ו׳ כ״ב).*

וְאָמְרוּ זִכְרוֹנָם לִבְרָכָה "כַּמָּה גְּדוֹלִים נְמוּכֵי הָרוּחַ, שֶׁבִּזְמַן שֶׁבֵּית הַמִּקְדָּשׁ קַיָּים, אָדָם מַקְרִיב עוֹלָה – שְׂכַר עוֹלָה בְּיָדוֹ. מִנְחָה – שְׂכַר מִנְחָה בְּיָדוֹ. אֲבָל מִי שֶׁדַּעְתּוֹ שְׁפָלָה עָלָיו, מַעֲלֶה עָלָיו הַכָּתוּב כְּאִלּוּ הִקְרִיב כָּל הַקָּרְבָּנוֹת כֻּלָּם, שֶׁנֶּאֱמַר "זִבְחֵי אֱלֹהִים רוּחַ נִשְׁבָּרָה (תהלים נ״א י״ט)" (סוטה ה׳ ב׳). הֲרֵי זֶה שֶׁבַח שֶׁל נְמוּכֵי הָרוּחַ, שֶׁהֵם עֲנָוִים בְּלִבָּם וּמַחְשְׁבוֹתָם. וְכֵן אָמְרוּ עוֹד "'לֹא מֵרֻבְּכֶם מִכָּל הָעַמִּים' (דברים ז׳ ז׳) – אָמַר לָהֶם הַקָּדוֹשׁ בָּרוּךְ הוּא לְיִשְׂרָאֵל, בָּנַי, אֲנִי חוֹשֵׁק בָּכֶם, שֶׁאֲפִילּוּ כְּשֶׁאֲנִי מַשְׁפִּיעַ לָכֶם

* גם בכישרון האנושי החשוב ביותר - החכמה - אין לאדם במה להתגאות. הדרך הטובה ביותר להתגבר על הגאווה בתחום זה ובכלל היא להכיר בכך שחלק גדול מהישגינו הוא תוצר של נטייה גנטית, רקע חברתי ושלל נתונים שלא תלויים בבחירתנו. אדרבה, הכישרון בו התברכנו רק מטיל עלינו אחריות גדולה לממש אותו ולהיטיב לעולם.

גְּדוֹלָּה אַתֶּם מְמַעֲטִין עַצְמְכֶם לְפָנַי, נָתַתִּי גְדוּלָּה לְאַבְרָהָם, אָמַר 'וְאָנֹכִי עָפָר וָאֵפֶר' (בראשית י״ח כ״ז). נָתַתִּי גְדוּלָּה לְמֹשֶׁה וְאַהֲרֹן, אָמְרוּ 'וְנַחְנוּ מָה' (שמות ט״ז ז׳). נָתַתִּי גְדוּלָּה לְדָוִד, אָמַר 'וְאָנֹכִי תוֹלַעַת וְלֹא אִישׁ' (תהלים כ״ב ז׳)" (חולין פ״ט א׳).

כָּל זֶה מִמַּה שֶּׁאֵין הַלֵּב הַיָּשָׁר מַנִּיחַ עַצְמוֹ לְהִתְפַּתּוֹת מִשּׁוּם מַעֲלָה אֲשֶׁר יְבוֹאֵהוּ, בְּיָדְעוֹ בֶּאֱמֶת שֶׁכְּבָר לֹא מִפְּנֵי זֶה יוֹצֵא מִידֵי שִׁפְלוּתוֹ – מִצַּד הַחֶסְרוֹנוֹת הָאֲחֵרִים שֶׁאִי אֶפְשָׁר שֶׁלֹּא יִהְיוּ בּוֹ. וְעוֹד, שֶׁאֲפִילּוּ בְּאוֹתָם הַמִּצְוֹת עַצְמָם שֶׁהִשִּׂיג לֹא הִגִּיעַ וַדַּאי לַתַּכְלִית הָאַחֲרוֹן. וְעוֹד, אֲפִילּוּ לֹא יִהְיֶה בּוֹ חֶסְרוֹן אַחֵר, אֶלָּא הֱיוֹתוֹ בָּשָׂר וָדָם יְלוּד אִשָּׁה, דַּי לוֹ זֶה וְהוֹתֵר לִפְחִיתוּת וּגְרִיעוּת, עַד שֶׁלֹּא יֵאוֹת לוֹ הַהִנָּשֵׂא כְּלָל.

כִּי הֲרֵי כָּל מַעֲלָה שֶׁהוּא מַשִּׂיג אֵינוֹ אֶלָּא חֶסֶד אֵל עָלָיו, שֶׁרוֹצֶה לָחוֹן אוֹתוֹ, עִם הֱיוֹתוֹ מִצַּד טִבְעוֹ וְחוֹמְרִיּוּתוֹ שָׁפָל וְנִבְזֶה עַד מְאֹד.

עַל כֵּן אֵין לוֹ אֶלָּא לְהוֹדוֹת לְמִי שֶׁחֲנָנוֹ, וְלִיכָּנַע תָּמִיד יוֹתֵר. הָא לְמָה זֶה דּוֹמֶה? לְעָנִי וְאֶבְיוֹן שֶׁמְּקַבֵּל מַתָּנָה בְּחֶסֶד, שֶׁאִי אֶפְשָׁר לוֹ שֶׁלֹּא יֵבוֹשׁ, כִּי כָּל מַה שֶּׁיִּרְבֶּה הַחֶסֶד שֶׁיְּקַבֵּל, כָּךְ יִרְבֶּה הַבּוֹשֶׁת שֶׁיֵּבוֹשׁ. כֵּן הַדָּבָר הַזֶּה, בְּכָל אָדָם שֶׁעֵינָיו פְּקוּחוֹת לִרְאוֹת אֶת עַצְמוֹ בִּהְיוֹתוֹ מַשִּׂיג מַעֲלוֹת טוֹבוֹת מֵאֵת הַשֵּׁם יִתְבָּרַךְ. וּכְעִנְיָן שֶׁאָמַר דָּוִד הַמֶּלֶךְ "מָה אָשִׁיב לַה' כָּל תַּגְמוּלוֹהִי עָלָי" (תהלים קט״ז י״ב).

וּכְבָר רָאִינוּ חֲסִידִים גְּדוֹלִים שֶׁנֶּעֶנְשׁוּ עַל שֶׁהֶחֱזִיקוּ טוֹבָה לְעַצְמָם עִם כָּל חֲסִידוּתָם. נְחֶמְיָה בֶּן חֲכַלְיָה, אָמְרוּ זִכְרוֹנָם לִבְרָכָה "מִפְּנֵי מָה לֹא נִקְרָא סִפְרוֹ עַל שְׁמוֹ? מִפְּנֵי שֶׁהֶחֱזִיק טוֹבָה לְעַצְמוֹ" (סנהדרין צ״ג ב׳). וְכֵן חִזְקִיָּה אָמַר "הִנֵּה לְשָׁלוֹם מַר לִי מָר" (ישעיה ל״ח י״ז), לְפִי שֶׁעָנָהוּ הַקָּדוֹשׁ בָּרוּךְ הוּא "וְגַנּוֹתִי עַל הָעִיר הַזֹּאת לְהוֹשִׁיעָהּ לְמַעֲנִי וּלְמַעַן דָּוִד עַבְדִּי" (ישעיה ל״ז ל״ה). וּכְמַאֲמָרָם זִכְרוֹנָם לִבְרָכָה "כָּל הַתּוֹלֶה בִּזְכוּת עַצְמוֹ, תּוֹלִין לוֹ בִּזְכוּת אֲחֵרִים" (ברכות י׳ ב׳). הֲרֵי לְךָ שֶׁאֵין לְאָדָם אֲפִילּוּ לְהַחֲזִיק טוֹבָה לְעַצְמוֹ עַל טוֹבוֹתָיו וְכָל שֶׁכֵּן שֶׁלֹּא יִתְנַשֵּׂא וְיִגְבַּהּ בָּהֶם.

וְאָמְנָם כָּל זֶה הוּא מִמָּה שֶׁרָאוּי לְהָשִׁיב אֶל לִבּוֹ מִי שֶׁיִּהְיֶה כְּאַבְרָהָם, כְּמֹשֶׁה, כְּאַהֲרֹן, כְּדָוִד וּשְׁאָר הַחֲסִידִים שֶׁזָּכַרְנוּ. אֲבָל אֲנַחְנוּ, יְתוֹמֵי יְתוֹמִים – אֵין אָנוּ צְרִיכִים לְכָל זֶה, כִּי כְּבָר יֵשׁ וְיֵשׁ אִתָּנוּ חֶסְרוֹנוֹת רַבִּים שֶׁאֵין צָרִיךְ עִיּוּן גָּדוֹל לִרְאוֹת פְּחִיתוּתֵנוּ, וְכָל חָכְמָתֵנוּ כְּאַיִן נֶחְשֶׁבֶת. כִּי הַיּוֹתֵר חָכָם גָּדוֹל שֶׁבֵּינֵינוּ אֵינוֹ כִּי אִם מִן תַּלְמִידֵי הַתַּלְמִידִים אֲשֶׁר בַּדּוֹרוֹת הָרִאשׁוֹנִים.

וְזֶה מַה שֶּׁרָאוּי שֶׁנָּבִין וְנֵדַע בֶּאֱמֶת, וְלֹא יָזוּחַ עָלֵינוּ לִבֵּנוּ חִנָּם, אֶלָּא נַכִּיר שֶׁדַּעְתֵּנוּ קַלָּה וְשִׂכְלֵנוּ חַלָּשׁ עַד מְאֹד. הַסִּכְלוּת רַב בָּנוּ, וְהַטָּעוּת גּוֹבֶרֶת. וַאֲשֶׁר נֵדַע אוֹתוֹ אֵינוֹ אֶלָּא מְעַט מִן הַמְּעַט. אִם כֵּן וַדַּאי שֶׁאֵין רָאוּי לָנוּ הִתְנַשֵּׂא כְּלָל, אֶלָּא הַבּוֹשֶׁת וְהַשִּׁפְלוּת. וְזֶה פָּשׁוּט.*

הִנֵּה דִּבַּרְנוּ עַד הֵנָּה מֵעַנְוַת הַמַּחֲשָׁבָה, נְדַבֵּר עַתָּה מֵעַנְוַת הַמַּעֲשֶׂה. וְהִיא תִּתְחַלֵּק לְאַרְבָּעָה חֲלָקִים:

בְּהִתְנַהֵג עַצְמוֹ בְּשִׁפְלוּת.

בִּסְבוֹל הָעֶלְבּוֹנוֹת.

בִּשְׂנוֹא הָרַבָּנוּת וּבְרוֹחַ מִן הַכָּבוֹד.

בַּחֲלֹק כָּבוֹד לַכֹּל.

---

* ענווה ונמיכות רוח מאפשרות להגיע למדרגות אישיותיות נשגבות. הדרך כאמור להגיע לענווה היא באמצעות מודעות לחסרונות. אדם יכול לבקש מחבר טוב לבקר אותו בכנות (זוגיות טובה היא המצב האידאלי גם בהקשר זה), או לחלופין להציב לעצמו דמויות מופת כמודל להשוואה, ובכך לקבל פרופורציה על חייו והישגיו.

הצעה מעשית: לפני קבלת החלטות משמעותיות, כגון בחירת מקצוע, נפנה למכוני הכוונה מקצועית שיעניקו לנו חוות דעת אובייקטיבית על עצמנו. דרך נוספת היא לרכוש השכלה, תורנית וכללית, שתאפשר לנו לאמת את ידיעותינו עם מקורות רחבים ומוסמכים יותר.

הָאֶחָד הוּא בְּהִתְנַהֵג בְּשִׁפְלוּת: וְזֶה רָאוּי שֶׁיִּהְיֶה בְּדִיבּוּרוֹ, בַּהֲלִיכָתוֹ, בְּשִׁבְתּוֹ וּבְכָל תְּנוּעוֹתָיו.

בְּדִיבּוּרוֹ: אָמְרוּ זִכְרוֹנָם לִבְרָכָה "לְעוֹלָם יְהֵא דִּיבּוּרוֹ שֶׁל אָדָם בְּנַחַת עִם הַבְּרִיּוֹת" (יומא פ״ו א׳), וּמִקְרָא מָלֵא הוּא "דִּבְרֵי חֲכָמִים בְּנַחַת נִשְׁמָעִים" (קהלת ט׳ י״ז). צָרִיךְ שֶׁיִּהְיוּ דְּבָרָיו דִּבְרֵי כָבוֹד וְלֹא דִּבְרֵי בִּזָּיוֹן. וְכֵן הוּא אוֹמֵר "בָּז לְרֵעֵהוּ חֲסַר לֵב" (משלי י״א י״ב), וְאוֹמֵר "בְּבוֹא רָשָׁע בָּא גַם בוּז" (משלי י״ח ג׳).

בַּהֲלִיכָתוֹ: אָמְרוּ זִכְרוֹנָם לִבְרָכָה "שָׁלְחוּ מִתָּם, אֵיזֶהוּ בֶּן הָעוֹלָם הַבָּא? עַנְוְתָן וּשְׁפַל בֶּרֶךְ, שָׁיֵיף עָיֵיל, שָׁיֵיף נָפֵיק" (סנהדרין פ״ח ב׳). וְלֹא יֵלֵךְ בְּקוֹמָה זְקוּפָה וְלֹא בִּכְבֵדוּת גָּדוֹל עָקֵב בְּצַד גּוּדָל, אֶלָּא כְּדֶרֶךְ כָּל הַהוֹלֵךְ לַעֲסָקָיו. וְכֵן אָמְרוּ זִכְרוֹנָם לִבְרָכָה כָּל הַהוֹלֵךְ בְּקוֹמָה זְקוּפָה כְּאִלּוּ דּוֹחֵק רַגְלֵי הַשְּׁכִינָה (ברכות מ״ג ב׳), וּכְתִיב "וְרָמֵי הַקּוֹמָה גְּדֻעִים" (ישעיהו י׳ ל״ג).

בְּשִׁבְתּוֹ: שֶׁיְּהֵא מְקוֹמוֹ בֵּין הַשְּׁפָלִים וְלֹא בֵּין הָרָמִים, וְהוּא גַּם כֵּן מִקְרָא מָלֵא "אַל תִּתְהַדַּר לִפְנֵי מֶלֶךְ וּבִמְקוֹם גְּדֹלִים אַל תַּעֲמֹד" וְכוּ׳ (משלי כ״ה ה׳–ו׳). וְכֵן אָמְרוּ זִכְרוֹנָם לִבְרָכָה בְּוַיִּקְרָא רַבָּה "הַרְחֵק מִמְּקוֹמְךָ שְׁנַיִם וּשְׁלֹשָׁה מְקוֹמוֹת וָשֵׁב עַד שֶׁיֹּאמְרוּ לְךָ עֲלֵה. וְאַל תַּעֲלֶה שֶׁיֹּאמְרוּ לְךָ רֵד" (ויקרא רבה א׳ ה׳).

וְעַל כָּל הַמַּקְטִין עַצְמוֹ: אָמְרוּ זִכְרוֹנָם לִבְרָכָה "כָּל מִי שֶׁמַּקְטִין עַצְמוֹ" וְכוּ׳ (בבא מציעא פ״ה ב׳). וּכְנֶגֶד זֶה אָמְרוּ "'הָסֵר הַמִּצְנֶפֶת וְהָרֵם הָעֲטָרָה' (יחזקאל כ״א ל״א), כָּל מִי שֶׁהוּא גָּדוֹל בָּעוֹלָם הַזֶּה קָטָן בָּעוֹלָם הַבָּא" (ילקוט יחזקאל כ״א שס״א). וּמִינָהּ לְהֵפֶךְ, מִי שֶׁהוּא קָטוֹן בָּעוֹלָם הַזֶּה, זְמַן גְּדוּלָּתוֹ לָעוֹלָם הַבָּא. וְאָמְרוּ "לְעוֹלָם יִלְמַד אָדָם מִדַּעַת קוֹנוֹ, שֶׁהֲרֵי הִנִּיחַ הַקָּדוֹשׁ בָּרוּךְ הוּא כָּל הָרִים וּגְבָעוֹת וְהִשְׁרָה שְׁכִינָתוֹ עַל הַר סִינַי" (סוטה ה׳ א׳), וְזֶה מִפְּנֵי שִׁפְלוּתוֹ. וְכֵן אָמְרוּ "לִשְׁאֵרִית נַחֲלָתוֹ" (מיכה ז׳ י״ח) "לְמִי שֶׁמֵּשִׂים עַצְמוֹ כְּשִׁירַיִם" (ראש השנה י״ז א׳).*

---

* מעבר למודעות העצמית (שהיא תוצר של חשיבה מופשטת),

הַחֵלֶק הַשֵּׁנִי הוּא סְבִילַת הָעֶלְבּוֹנוֹת.

וְהִנֵּה בְּפֵירוּשׁ אָמְרוּ זִכְרוֹנָם לִבְרָכָה "לְמִי נוֹשֵׂא עָוֹן? לְמִי שֶׁעוֹבֵר עַל פֶּשַׁע (ראש השנה י"ז א'). וְאָמְרוּ עוֹד הַנֶּעֱלָבִים וְאֵינָם עוֹלְבִים, שׁוֹמְעִים חֶרְפָּתָם וְאֵינָם מְשִׁיבִים עֲלֵיהֶם הַכָּתוּב אוֹמֵר "וְאֹהֲבָיו כְּצֵאת הַשֶּׁמֶשׁ בִּגְבֻרָתוֹ (שופטים ה' ל"א)" (שבת פ"ח ב'). וְסִפְּרוּ מִגּוֹדֶל עַנְוָתוֹ שֶׁל בָּבָא בֶּן בּוּטָא, זֶה לְשׁוֹנָם "הַהוּא בַּר - בָּבֶל דִּסְלִיק לְאֶרֶץ יִשְׂרָאֵל, נָסִיב אִתְּתָא, אָמַר לָהּ, בַּשִּׁילִי לִי וְכוּ', זִילִי תַּבְרִי יָתְהוֹן עַל רֵישָׁא דְּבָבָא. הֲוָה יָתִיב בָּבָא בֶּן בּוּטָא וְדָאִין דִּינָא, אָזְלַת וְתַבְרַת יַתְהוֹן עַל רֵישֵׁיהּ, אָמַר לָהּ, מָה הָדֵין דַּעֲבַדְתְּ? אָמְרָה לוֹ, כָּךְ צִוַּנִי בַּעְלִי. אָמַר, עָשִׂית רְצוֹן בַּעְלֵךְ, הַמָּקוֹם יוֹצִיא מִמֵּךְ שְׁנֵי בָנִים כְּבָבָא בֶּן בּוּטָא" (נדרים ס"ו ב'). וְהִלֵּל כְּמוֹ כֵן סִפְּרוּ מֵרוֹב עַנְוְתָנוּתוֹ בְּמַסֶּכֶת שַׁבָּת זֶה לְשׁוֹנָם, "תָּנוּ רַבָּנָן, לְעוֹלָם יְהֵא אָדָם עַנְוְתָן כְּהִלֵּל" וְכוּ' (שבת ל' ב'). וְרַבִּי אַבָּהוּ אַחֲרֵי רוֹב עַנְוָתוֹ מָצָא שֶׁעֲדַיִין לֹא הִגִּיעַ לִהְיוֹת רָאוּי לְהִקָּרֵא עָנָיו, זֶה לְשׁוֹנָם "אָמַר רַבִּי אַבָּהוּ, מֵרֵישׁ הֲוָה אֲמִינָא עַנְוְתָנָא אֲנָא, כֵּיוָן דַּחֲזֵינָא לְרַבִּי אַבָּא דְּעַכּוֹ, דְּאָמַר אִיהוּ חַד טַעֲמָא, וְאָמַר אָמוֹרֵיהּ חַד טַעֲמָא וְלָא קָפִיד, אֲמֵינָא, לָאו עַנְוְתָנָא אֲנָא" (סוטה מ' א').*

קניית הענווה נעשית גם באמצעות מעשים - מלאכותיים בשלב ראשון - שיוצרים מערך חיים שמסליל את האדם לענווה והכרת מקומו. הראשון שבהם הוא אימוץ מודל של חוסר התבלטות: הן בצורת הליכה; הן בלבוש והתנהגות לא פרובוקטיביים; וכן על זה הדרך. בימינו ניתן ליישם זאת בהימנעות מפרסום עצמי במקום שהדבר אינו נצרך (ללא ספק אחד מן החוליים הקשים של המאה העשרים ואחת).

הצעה מעשית: אם נאלצתם לפרסם את הישגיכם באופן זה או אחר - הימנעו מלעקוב אחר כמות ה"לייקים" או המחמאות שקיבלתם. זה יעזור לשליטה עצמית ביצר הפרסום גם אם כאמור אנו נאלצים להשתמש בו מדי פעם.

* התנהלות מעשית נוספת שמפנימה בנפש את מידת הענווה היא

שִׂנְאַת הָרַבָּנוּת וּבְרִיחָה מִן הַכָּבוֹד:

מִשְׁנָה עֲרוּכָה הִיא "אֱהֹב אֶת הַמְּלָאכָה וּשְׂנָא אֶת הָרַבָּנוּת" (אבות א' י'). וְאָמְרוּ עוֹד "הַגַּס לִבּוֹ בְּהוֹרָאָה - שׁוֹטֶה רָשָׁע וְגַס רוּחַ" (אבות ד' ז'). וְאָמְרוּ "כָּל הָרוֹדֵף אַחַר הַכָּבוֹד, הַכָּבוֹד בּוֹרֵחַ מִמֶּנּוּ" (ערובין י"ג ב'). וְאָמְרוּ "'אַל תֵּצֵא לָרִיב מַהֵר' (משלי כה) לְעוֹלָם אַל תְּהִי רָץ אַחַר הַשְּׂרָרָה, לָמָּה? פֶּן מַה תַּעֲשֶׂה בְּאַחֲרִיתָהּ... לְמָחָר בָּאִים וְשׁוֹאֲלִים לְךָ שְׁאֵלוֹת, מָה אַתָּה מְשִׁיבָם?" (פסיקתא רבתי כ"ב). עוֹד שָׁם, "רַבִּי מְנַחֲמָא בְּשֵׁם רַבִּי תַּנְחוּם, כָּל הַמְקַבֵּל עָלָיו שְׂרָרָה כְּדֵי לֵהָנוֹת מִמֶּנָּה, אֵינוֹ אֶלָּא כְּנוֹאֵף הַזֶּה שֶׁהוּא נֶהֱנֶה מִגּוּפָהּ שֶׁל אִשָּׁה". עוֹד שָׁם, "אָמַר רַבִּי אַבָּהוּ, אֲנִי (ה' יתברך) נִקְרֵאתִי קָדוֹשׁ, הָא אִם אֵין בְּךָ כָּל הַמִּדּוֹת הַלָּלוּ שֶׁיֵּשׁ בִּי לֹא תְקַבֵּל עָלֶיךָ שְׂרָרָה". וְתַלְמִידֵי רַבָּן גַּמְלִיאֵל יוֹכִיחוּ, שֶׁהָיוּ מוּצְרָכִים מִפְּנֵי עֲנִיּוּתָם וְלֹא רָצוּ לְקַבֵּל עֲלֵיהֶם שְׂרָרָה. הוּא מַה שֶּׁאָמְרוּ בְּפֶרֶק כֹּהֵן מָשׁוּחַ זֶה לְשׁוֹנָם "כִּמְדוּמִּין שֶׁשְּׂרָרוּת אֲנִי נוֹתֵן לָכֶם" וְכוּ', (הוריות י' א'). וְאָמְרוּ עוֹד "אוֹי לָהּ לָרַבָּנוּת שֶׁמְּקַבֶּרֶת אֶת בְּעָלֶיהָ" (פסחים פ"ז ב'), וּמְנָלַן? מִיּוֹסֵף, שֶׁמִּפְּנֵי שֶׁהִנְהִיג עַצְמוֹ בְּרַבָּנוּת מֵת קֹדֶם אֶחָיו (ברכות נ"ה א').

כְּלָלוֹ שֶׁל דָּבָר, אֵין הָרַבָּנוּת אֶלָּא מַשָּׂא גָּדוֹל אֲשֶׁר עַל שֶׁכֶם הַנּוֹשֵׂא אוֹתוֹ. כִּי עַד שֶׁהָאָדָם יָחִיד וְיוֹשֵׁב בְּתוֹךְ עַמּוֹ, מוּבְלָע בֵּין הָאֲנָשִׁים, אֵינוֹ נִתְפָּס אֶלָּא עַל עַצְמוֹ. כֵּיוָן שֶׁנִּתְעַלָּה לְרַבָּנוּת וּשְׂרָרָה - כְּבָר הוּא נִתְפָּס עַל כָּל מִי שֶׁתַּחַת יָדוֹ וּמֶמְשַׁלְתּוֹ, כִּי עָלָיו לְהַשְׁקִיף עַל כֻּלָּם וּלְרְעוֹת אוֹתָם דֵּיעָה וְהַשְׂכֵּל, וּלְהַיְשִׁיר מַעֲשֵׂיהֶם. וְאִם לָאו וַאֲשָׁמָם בְּרָאשֵׁיכֶם כְּתִיב - אָמְרוּ חֲכָמִים. (דברים רבה א' י')

וְהַכָּבוֹד אֵינוֹ אֶלָּא הֶבֶל הֲבָלִים, הַמַּעֲבִיר אֶת הָאָדָם עַל דַּעְתּוֹ וְעַל דַּעַת קוֹנוֹ וּמְשַׁכְּחוֹ כָּל חוֹבָתוֹ. וּמִי שֶׁמַּכִּירוֹ וַדַּאי שֶׁיִּמְאַס בּוֹ וְיִשְׂנָאוֹ,

---

ספיגת עלבונות. אין הכוונה שאדם אמור ליזום השפלות עצמיות, אלא להתנהלות בוגרת שאיננה מגיבה להקנטות או לעלבונות (אלא אם כן יש בכך תועלת עניינית).

וְהַתְּהִלּוֹת אֲשֶׁר יְהַלְלוּהוּ בְּנֵי הָאָדָם יִהְיוּ עָלָיו לְטוֹרַח, כִּי כִּרְאוֹתוֹ אוֹתָם מַגְדִּילִים הִלּוּלֵיהֶם עַל אֲשֶׁר אֵינוֹ בּוֹ בֶּאֱמֶת, אֵינוֹ אֶלָּא מִתְבּוֹשֵׁשׁ וּמִתְאַנֵּחַ עַל שֶׁלֹּא דַּי לוֹ רָעָתוֹ שֶׁחֲסֵרוֹת מִמֶּנּוּ הַמַּעֲלוֹת הָהֵם אֶלָּא שֶׁיַּעֲמִיסוּ עָלָיו תְּהִלּוֹת שֶׁקֶר לְמַעַן יִכָּלֵם יוֹתֵר.*

הַחֵלֶק הָרְבִיעִי הוּא חִילּוּק הַכָּבוֹד לְכָל אָדָם:

וְכֵן שָׁנִינוּ "אֵיזֶהוּ מְכֻבָּד? הַמְכַבֵּד אֶת הַבְּרִיּוֹת" (אבות ד׳ א׳). וְאָמְרוּ עוֹד "מִנַּיִן הַיּוֹדֵעַ בַּחֲבֵרוֹ שֶׁהוּא גָּדוֹל מִמֶּנּוּ אֲפִילּוּ בְּדָבָר אֶחָד, שֶׁחַיָּב לִנְהוֹג בּוֹ כָּבוֹד?" וְכוּ׳ (פסחים קי״ג ב׳). וְעוֹד שָׁנִינוּ "הֱוֵי מַקְדִּים בִּשְׁלוֹם כָּל אָדָם" (אבות ד׳ ט״ו). וְאָמְרוּ עָלָיו עַל רַבָּן יוֹחָנָן בֶּן זַכַּאי שֶׁלֹּא הִקְדִּים לוֹ אָדָם שָׁלוֹם בָּעוֹלָם וַאֲפִילּוּ גּוֹי בַּשּׁוּק (ברכות י״ז א׳). וּבֵין בְּדִיבּוּר וּבֵין בְּמַעֲשִׂים חַיָּיב לִנְהוֹג כָּבוֹד בַּחֲבֵירָיו. וּכְבַר סִפְּרוּ זִכְרוֹנָם לִבְרָכָה מֵעֶשְׂרִים וְאַרְבָּעָה אֶלֶף תַּלְמִידֵי רַבִּי עֲקִיבָא שֶׁמֵּתוּ עַל שֶׁלֹּא הָיוּ נוֹהֲגִין כָּבוֹד זֶה לָזֶה (יבמות ס״ב ב׳). וּכְמוֹ שֶׁהַבִּזָּיוֹן הוּא דָּבָר מִתְיַחֵס אֶל הָרְשָׁעִים, כִּדְבַר הַכָּתוּב שֶׁזָּכַרְנוּ "בְּבוֹא רָשָׁע בָּא גַם בּוּז", כֵּן הַכָּבוֹד מִתְיַחֵס אֶל הַצַּדִּיקִים. כִּי הַכָּבוֹד שׁוֹכֵן עִמָּהֶם וְאֵינוֹ מִתְפָּרֵשׁ מֵהֶם, וְאוֹמֵר "וְנֶגֶד זְקֵנָיו כָּבוֹד" (ישעיה כ״ד כ״ג).**

---

* התרחקות מן השררה ועמדות שליטה וכוח אף הן חלק מן הענווה. ברור שאדם שהתברך בכישורי הנהגה ומזהה שכישוריו נצרכים - יקבל על עצמו את הסמכות והאחריות, אולם עמדת הנפש הענוותנית היא לא לרדוף אחרי זאת.

** ההנהגה המעשית האחרונה לקניית מידת הענווה היא הכלה של אנשים שונים. כבוד כלפי דמויות שמקיפות אותנו, מאפשר פתיחות לטוב שקיים סביבנו, וממילא חוסר התקבעות בעצמנו.

הצעה מעשית: יצירת מפגש, לעיתים אף יזום, עם אנשים שזקוקים לסעד גופני או נפשי, היא דרך טובה לפיתוח הכלה וכבוד כלפי האחר. קבעו לעצמכם התנדבות במקומות הזקוקים ליד מסייעת.

וַהֲרֵי נִתְבָּאֲרוּ חֶלְקֵי הָעֲנָוָה הָרָאשִׁיִּים, וּפְרָטֵיהֶם כְּכָל פְּרָטֵי הַמִּינִים הַמִּתְרַחֲבִים וְהוֹלְכִים לְפִי הַנּוֹשְׂאִים וּלְפִי הָעִתִּים וְהַמְּקוֹמוֹת.

יִשְׁמַע חָכָם וְיוֹסִיף לֶקַח (משלי א׳ ה׳).

וְהִנֵּה זֶה וַדַּאי, שֶׁהָעֲנָוָה מְסִירָה מִדֶּרֶךְ הָאָדָם מִכְשׁוֹלוֹת רַבִּים וּמְקָרֶבֶת אוֹתוֹ אֶל טוֹבוֹת רַבּוֹת. כִּי הֶעָנָיו יָחוּשׁ מְעַט עַל דִּבְרֵי הָעוֹלָם וְלֹא יְקַנֵּא בְּהַבְלָיו. וְעוֹד שֶׁחֶבְרַת הֶעָנָיו נָאָה עַד מְאֹד וְרוּחַ הַבְּרִיּוֹת נוֹחָה הֵימֶנּוּ. בְּהֶכְרֵחַ לֹא יָבוֹא לִידֵי כַעַס וְלֹא לִידֵי מְרִיבָה, אֶלָּא הַכֹּל בְּהַשְׁקֵט, הַכֹּל בִּמְנוּחָה.

אַשְׁרֵי מִי שֶׁזּוֹכֶה לְמִדָּה זוֹ.

וּכְבָר אָמְרוּ זִכְרוֹנָם לִבְרָכָה "מַה שֶּׁעָשְׂתָה חָכְמָה עֲטָרָה לְרֹאשָׁהּ, עָשְׂתָה עֲנָוָה עָקֵב לְסֻלְיָתָהּ" (ירושלמי שבת ח׳ ב׳), כִּי כָל הַחָכְמָה כֻּלָּהּ לֹא יַעַרְכֶנָּה. וְזֶה בָּרוּר.

פרק כג

בדרכי קניית הענווה וההרחקה ממפסידיה

שְׁנַיִם הֵם הַמַּרְגִּילִים אֶת הָאָדָם אֶל הָעֲנָוָה: הָרְגִילוּת וְהַהִתְבּוֹנֵן.

הָרְגִילוּת: הוּא שֶׁיִּהְיֶה הָאָדָם מַרְגִּיל עַצְמוֹ מְעַט מְעַט בְּהִתְנַהֵג בְּשִׁפְלוּת עַל הַדֶּרֶךְ שֶׁזָּכַרְנוּ: בִּישִׁיבַת הַמְּקוֹמוֹת הַפְּחוּתִים, וְלָלֶכֶת בְּסוֹף הַחֶבְרָה. לִלְבֹּשׁ בִּגְדֵי צְנוּעִים, דְּהַיְינוּ, מְכוּבָּדִים אַךְ לֹא מְפוֹאָרִים. כִּי בְּהִתְרַגְּלוֹ בַּדֶּרֶךְ הַזֶּה תִּכָּנֵס וְתָבוֹא הָעֲנָוָה בְּלִבּוֹ מְעַט מְעַט עַד שֶׁתִּקָּבַע בּוֹ כָּרָאוּי. כִּי הִנֵּה בִּהְיוֹת טֶבַע לֵב הָאָדָם לָזוּחַ וּלְהִתְנַשֵּׂא – קָשֶׁה עָלָיו לַעֲקוֹר מֵעִיקָּרָהּ הַנְּטִיָּה הַטִּבְעִית הַזֹּאת, אֶלָּא אִם כֵּן בִּפְעוּלּוֹת הַחִיצוֹנוֹת הַמְּסוּרוֹת בְּיָדוֹ יַמְשִׁיךְ מְעַט מְעַט הַדָּבָר בִּפְנִימִיּוּתוֹ הַבִּלְתִּי מָסוּר לוֹ כָּל כָּךְ. וּכְעִנְיָן שֶׁבֵּיאַרְנוּ בַּזְּרִיזוּת שֶׁכָּל זֶה נִכְלָל בְּמַאֲמָרָם זִכְרוֹנָם לִבְרָכָה "לְעוֹלָם יְהֵא אָדָם עָרוּם בְּיִרְאָה" (ברכות י"ז א'), דְּהַיְינוּ, שֶׁיְּבַקֵּשׁ תַּחְבּוּלוֹת נֶגֶד הַטֶּבַע וּנְטִיָּיתוֹ עַד שֶׁיְּנַצְּחֵם.*

---

* הכלי המרכזי לקניית מידת הענווה הוא כאמור התנהגות צנועה.

אַךְ הַהִתְבּוֹנֵן: הוּא עַל עִנְיָנִים שׁוֹנִים.

הָאֶחָד: הוּא הַמֻּזְכָּר בְּדִבְרֵי עֲקַבְיָא בֶּן מַהֲלַלְאֵל "דַּע מֵאַיִן בָּאתָ – מִטִּפָּה סְרוּחָה. וּלְאָן אַתָּה הוֹלֵךְ – לִמְקוֹם עָפָר רִמָּה וְתוֹלֵעָה. וְלִפְנֵי מִי אַתָּה עָתִיד לִיתֵּן דִּין וְחֶשְׁבּוֹן – לִפְנֵי מֶלֶךְ מַלְכֵי הַמְּלָכִים הַקָּדוֹשׁ בָּרוּךְ הוּא" (אבות ג׳ א׳). כִּי בֶּאֱמֶת כָּל אֵלֶּה הֵם נֶגְדִּיִּים לַגַּאֲוָה וְעוֹזְרִים אֶל הָעֲנָוָה. כִּי בִּהְיוֹת הָאָדָם מִסְתַּכֵּל בִּפְחִיתוּת חוֹמְרוֹ וּגְרִיעוּת הַתְחָלָתוֹ, אֵין לוֹ טַעַם לִינָּשֵׂא כְּלָל אֶלָּא לֵיבוֹשׁ וְלִיכָּלֵם. הָא לְמָה זֶה דּוֹמֶה? לְרוֹעֵה חֲזִירִים שֶׁהִגִּיעַ לִמְלוֹךְ. כָּל עֵת אֲשֶׁר יִזְכּוֹר יָמָיו הָרִאשׁוֹנִים, אִי אֶפְשָׁר לוֹ שֶׁיִּתְגָּאֶה. וּכְשֶׁיַּחְשׁוֹב כְּמוֹ כֵן שֶׁבְּסוֹף כָּל גְּדוּלוֹתָיו יָשׁוּב לֶעָפָר, מַאֲכָל לַתּוֹלַעַת, כָּל שֶׁכֵּן שֶׁיִּכָּנַע גְּאוֹנוֹ וְיִשְׁכַּח שְׁאוֹן גַּאֲוָתוֹ, כִּי מַה טּוּבוֹ וּמַה גְּדוּלָּתוֹ – וְאַחֲרִיתָהּ בּוֹשֶׁת וּכְלִימָּה?

וּכְשֶׁיַּחְשׁוֹב עוֹד וִידַמֶּה בְּלִבּוֹ רֶגַע הִכָּנְסוֹ לִפְנֵי הַבֵּית דִּין הַגָּדוֹל שֶׁל צְבָא מַעְלָה. בְּעֵת שֶׁיִּרְאֶה עַצְמוֹ לִפְנֵי מֶלֶךְ מַלְכֵי הַמְּלָכִים הַקָּדוֹשׁ בָּרוּךְ הוּא, הַקָּדוֹשׁ וְהַטָּהוֹר בְּתַכְלִית הַקְּדוּשָּׁה וְהַטָּהֳרָה. בְּסוֹד קְדוֹשִׁים מְשָׁרְתֵי גְבוּרָה גִּבּוֹרֵי כֹחַ עוֹשֵׂי דְבָרוֹ, אֲשֶׁר אֵין בָּהֶם כָּל מוּם – וְהוּא עוֹמֵד לִפְנֵיהֶם, גָּרוּעַ, פָּחוּת וְנִבְזֶה מִצַּד עַצְמוֹ, טָמֵא וּמְגוֹאָל מִצַּד מַעֲשָׂיו:

הֲיָרִים רֹאשׁ?! הֲיִהְיֶה לוֹ פִּתְחוֹן פֶּה?!

וְכִי יִשְׁאָלוּהוּ: אַיֵּה אֵיפוֹא פִּיךָ? אַיֵּה גְּאוֹנְךָ וּכְבוֹדְךָ אֲשֶׁר נָשָׂאתָ בְּעוֹלָמֶךָ?

מַה יַּעֲנֶה? אוֹ מַה יָּשִׁיב עַל תּוֹכַחְתּוֹ?

זוהי אומנם התנהלות חיצונית אולם עם הזמן מחלחלת לנפש פנימה והופכת לטבע שני, מפני שהיא חושפת את טבעו האמיתי של האדם שהוא ענווה וצניעות.

הִנֵּה וַדַּאי שֶׁלּוּ רֶגַע אֶחָד יְצַיֵּיר הָאָדָם בְּשִׂכְלוֹ הָאֱמֶת הַזֶּה צִיּוּר אֲמִיתִּי וְחָזָק, פָּרוֹחַ תִּפְרַח מִמֶּנּוּ כָּל הַגַּאֲוָה וְלֹא תָשׁוּב אֵלָיו עוֹד.*

הַשֵּׁנִי: הוּא עִנְיַן חִילּוּף תּוֹלְדוֹת הַזְּמַן וְרוֹב תְּמוּרוֹתֵיהֶם. כִּי הֶעָשִׁיר – קַל לִהְיוֹת עָנִי. וְהַמּוֹשֵׁל – לְעֶבֶד. וְהַמְכוּבָּד – לְנִקְלֶה. וְאִם הוּא יָכוֹל כָּל כָּךְ עַל נְקַלָּה לָשׁוּב אֶל הַמַּצָּב הַנִּבְזֶה בְּעֵינָיו הַיּוֹם, אֵיךְ יִגְבַּהּ לִבּוֹ עַל מַצָּבוֹ אֲשֶׁר אֵינוֹ בָּטוּחַ עָלָיו? כַּמָּה מִינֵי חֳלָאִים יְכוֹלִים חַס וְחָלִילָה לָבוֹא עַל הָאָדָם שֶׁיִּצְטָרֵךְ בְּמוֹ פִּיו לְהִתְחַנֵּן לְמִי שֶׁיַּעֲזוֹר אוֹתוֹ וִיסַיְּיעֵהוּ, וְיֵקַל לוֹ בְּמִקְצָת? כַּמָּה צָרוֹת חַס וְחָלִילָה יְכוֹלִים לָבוֹא עָלָיו שֶׁיִּצְטָרֵךְ לָלֶכֶת לְשַׁחֵר פְּנֵי רַבִּים אֲשֶׁר מָאַס לִפְעָמִים לָתֵת לָהֶם שָׁלוֹם, לְמַעַן יִהְיוּ לוֹ לְמוֹשִׁיעִים? וּדְבָרִים אֵלֶּה אֲנַחְנוּ רוֹאִים בְּעֵינֵינוּ דְּבַר יוֹם בְּיוֹמוֹ. כְּדַאי הֵם לְהָסִיר מִלֵּב הָאָדָם גַּאֲוָתוֹ וּלְהַלְבִּישׁוֹ עֲנָוָה וּשְׁפְלוּת.

וּכְשֶׁיִּתְבּוֹנֵן עוֹד הָאָדָם עַל חוֹבָתוֹ לְפָנָיו יִתְבָּרַךְ, וְכַמָּה הִיא נֶעֱזֶבֶת מִמֶּנּוּ, וְכַמָּה הוּא מִתְרַשֵּׁל בָּהּ, וַדַּאי שֶׁיֵּבוֹשׁ וְלֹא יִתְגָּאֶה, יִכָּלֵם וְלֹא יָרוּם לִבּוֹ. וְכֵן הוּא אוֹמֵר "שָׁמוֹעַ שָׁמַעְתִּי אֶפְרַיִם מִתְנוֹדֵד וְכוּ' כִּי אַחֲרֵי שׁוּבִי נִחַמְתִּי וְאַחֲרֵי הִוָּדְעִי סָפַקְתִּי עַל יָרֵךְ בֹּשְׁתִּי וְגַם נִכְלַמְתִּי" וְכוּ' (ירמיה ל"א י"ז–י"ח).

וְעַל הַכֹּל יִתְבּוֹנֵן תָּמִיד לְהַכִּיר חוּלְשַׁת הַשֵּׂכֶל הָאֱנוֹשִׁי וְרוֹב טָעוּתָיו וּכְזָבָיו, שֶׁיּוֹתֵר קָרוֹב לוֹ תָּמִיד הַטָּעוּת מֵהַיְּדִיעָה הָאֲמִיתִּית. עַל כֵּן יִירָא תָּמִיד מֵהַסַּכָּנָה הַזֹּאת, וִיבַקֵּשׁ לִלְמוֹד תָּמִיד מִכָּל אָדָם וְלִשְׁמוֹעַ תָּמִיד לְעֵצָה פֶּן יִכָּשֵׁל. וְהוּא מַה שֶּׁאָמְרוּ זִכְרוֹנָם לִבְרָכָה "אֵיזֶהוּ חָכָם? הַלּוֹמֵד מִכָּל אָדָם" (אבות ד' א'). וְכֵן הוּא אוֹמֵר "שׁוֹמֵעַ לְעֵצָה – חָכָם" (משלי י"ב ט"ו).**

* המוטיבציה לרכישת מידת הענווה היא הענקת פרופורציה לחיי האדם בעולם הזה. ההכרה במגבלות הקיום האנושי ובכישלונות האדם מאפשרת פתיחות להשתלמות אישיותית.

** אדם בעל הישגים יונע לענווה בכך שהוא רואה את שבריריות

אַךְ מַפְסִידֵי הַמִּדָּה הַזֹּאת הוּא הָרִיבּוּי וְהַשְּׂבִיעָה בְּטוֹבוֹת הָעוֹלָם הַזֶּה. וּכְעִנְיַן הַכָּתוּב שֶׁבְּפֵירוּשׁ אוֹמֵר "פֶּן תֹּאכַל וְשָׂבָעְתָּ וְכוּ' וְרָם לְבָבֶךָ" וְכוּ' (דברים ח' י"ב,י"ד). עַל כֵּן מָצְאוּ לָהֶם הַחֲסִידִים, טוֹב לִהְיוֹת הָאָדָם מְעַנֶּה נַפְשׁוֹ לִפְעָמִים, לְמַעַן הַשְׁפִּיל יֵצֶר הַגַּאֲוָה, אֲשֶׁר אֵינֶנּוּ מִתְגַּבֵּר אֶלָּא מִתּוֹךְ הָרִיבּוּי, וְכָעִנְיָן שֶׁאָמְרוּ זִכְרוֹנָם לִבְרָכָה "אֵין אֲרִי נוֹהֵם מִתּוֹךְ קוּפָּה שֶׁל תֶּבֶן אֶלָּא מִתּוֹךְ קוּפָּה שֶׁל בָּשָׂר" (ברכות ל"ב א').

וְהִנֵּה, בְּרֹאשׁ כָּל הַמַּפְסִידִים הוּא הַסִּכְלוּת וּמִיעוּט הַיְדִיעָה הָאֲמִיתִּית, כִּי תִּרְאֶה שֶׁאֵין הַגַּאֲוָה מְצוּיָה יוֹתֵר – אֶלָּא בְּמִי שֶׁסָּכָל יוֹתֵר. וְרַבּוֹתֵינוּ זִכְרוֹנָם לִבְרָכָה אָמְרוּ "סִימָן לְגַסּוּת הָרוּחַ... עֲנִיּוּת תּוֹרָה" (סנהדרין כ"ד א'). וְכֵן אָמְרוּ "סִימָן דְּלָא יָדַע כְּלוּם – שַׁבּוֹחֵי" (זהר בלק ג' קצ"ג ב'). וְאָמְרוּ עוֹד "אִסְתְּרָא בְּלָגִינָא קִישׁ קִישׁ קָרְיָא" (בבא מציעא פ"ה ב'). עוֹד אָמְרוּ, שֶׁאֲלוּ "לְאִילָנֵי סְרָק, מִפְּנֵי מַה קוֹלְכֶם נִשְׁמָע? אָמְרוּ, הַלְוַאי יִהְיֶה קוֹלֵנוּ נִשְׁמָע וְנִזְכַּר" (בראשית רבה ט"ז ג'), וּכְבָר רָאִינוּ שֶׁמֹּשֶׁה, שֶׁהוּא מוּבְחָר שֶׁבְּכָל הָאָדָם הָיָה עָנָיו מִכָּל הָאָדָם.*

עוֹד מִמַּפְסִידֵי הָעֲנָוָה הוּא הַהִתְחַבְּרוּת אוֹ הַהִשְׁתַּמֵּשׁ בִּבְנֵי אָדָם חֲנֵפִים, אֲשֶׁר לִגְנוֹב לִבּוֹ בַּחֲנֵפוּתָם לְמַעַן יִיטַב לָהֶם – יְשַׁבְּחוּהוּ וִירוֹמְמוּהוּ, בְּהַגְדִּיל מַה שֶּׁיֵּשׁ בּוֹ מִן הַמַּעֲלוֹת עַד הַתַּכְלִית, וּבְהוֹסִיף עָלָיו מַה שֶּׁאֵין בּוֹ כְּלָל. וְלִפְעָמִים שֶׁמַּה שֶּׁיֵּשׁ בּוֹ – הוּא הַהֵפֶךְ מִמַּה שֶּׁמְּשַׁבְּחִין אוֹתוֹ. וְהִנֵּה, סוֹף סוֹף דַּעַת הָאָדָם קַלָּה, וְטִבְעוֹ חַלָּשׁ וּמִתְפַּתֶּה בְּנָקֵל, כָּל שֶׁכֵּן בְּדָבָר שֶׁאֵלָיו הוּא נוֹטֶה בַּטֶּבַע. עַל כֵּן בְּשָׁמְעוֹ אֶת הַדְּבָרִים הָאֵלֶּה

ההצלחה בעולמנו, ובכך שלמרות הישגיו עדיין לא מילא חובותיו כלפי אלוהיו באופן מלא.

* המפסידים לענווה הם הצלחה חומרית מוגזמת ובערות בתורה. שילוב קטלני בין שקיעה בגסות חומרית יחד עם חוסר פיתוח רוחני מוביל אנשים להיות זחוחים, לעיתים מבלי שיהיו מודעים למצבם.

יוֹצְאִים מִפִּי שֶׁהוּא מַאֲמִין לוֹ – יִכָּנְסוּ בּוֹ כְּאֶרֶס בְּכָעוּס, וְנִמְצָא נוֹפֵל בְּרֶשֶׁת הַגַּאֲוָה וְנִשְׁבָּר.

הֲרֵי לָנוּ יוֹאָשׁ אֲשֶׁר הֵטִיב לַעֲשׂוֹת כָּל יְמֵי הוֹרָהוּ יְהוֹיָדָע הַכֹּהֵן רַבּוֹ, וְאַחֲרֵי מוֹת יְהוֹיָדָע בָּאוּ עֲבָדָיו וְהִתְחִילוּ לְהַחֲנִיף לוֹ וּלְהַגְדִּיל הִילּוּלָיו עַד שֶׁדִּימּוּהוּ לֶאֱלוֹהַּ (שמות רבה ח׳ ב׳), אָז שָׁמַע הַמֶּלֶךְ אֲלֵיהֶם (דברי הימים ב׳ כ״ד). וְתִרְאֶה זֶה הַדָּבָר בְּבֵירוּר, כִּי רוֹב הַשָּׂרִים וְהַמְּלָכִים, אוֹ כָּל בַּעֲלֵי הַיְכוֹלֶת, יִהְיוּ בְּאֵיזֶה מַדְרֵיגָה שֶׁיִּהְיוּ, נִכְשָׁלִים הֵם וְנִשְׁחָתִים בַּעֲבוּר חֲנוּפַּת מְשָׁרְתֵיהֶם.

עַל כֵּן, מִי שֶׁעֵינָיו בְּרֹאשׁוֹ יוֹתֵר יִזָּהֵר וִיעַיֵּין בְּמַעֲשֵׂי מִי שֶׁרוֹצֶה לִקְנוֹתוֹ לוֹ לְחָבֵר אוֹ לְיוֹעֵץ אוֹ לְפָקִיד עַל בֵּיתוֹ, מִמָּה שֶׁיִּזָּהֵר וִיעַיֵּין בְּמַאֲכָלוֹ וּבְמִשְׁתָּיו, כִּי הַמַּאֲכָל וְהַמִּשְׁתֶּה יוּכַל לְהַזִּיק לְגוּפוֹ בִּלְבַד, וְהַחֲבֵירִים אוֹ הַפְּקִידִים יוּכְלוּ לְהַשְׁחִית נַפְשׁוֹ וּמְאוֹדוֹ וְכָל כְּבוֹדוֹ. וְדָוִד הַמֶּלֶךְ עָלָיו הַשָּׁלוֹם אוֹמֵר "לֹא יֵשֵׁב בְּקֶרֶב בֵּיתִי עֹשֵׂה רְמִיָּה... הוֹלֵךְ בְּדֶרֶךְ תָּמִים הוּא יְשָׁרְתֵנִי" (תהלים ק״א ו׳, ז׳). וְאֵין טוֹב לָאָדָם אֶלָּא שֶׁיְּבַקֵּשׁ לוֹ חֲבֵירִים תְּמִימִים, שֶׁיָּאִירוּ עֵינָיו בַּמֶּה שֶׁהוּא עִוֵּר בּוֹ, וְיוֹכִיחוּהוּ בְּאַהֲבָתָם, וְנִמְצְאוּ מַצִּילִים אוֹתוֹ מִכָּל רָע. כִּי מַה שֶּׁאֵין הָאָדָם יָכוֹל לִרְאוֹת, לְפִי שֶׁאֵינוֹ רוֹאֶה חוֹבָה לְעַצְמוֹ, הֵם יִרְאוּ וְיָבִינוּ וְיַזְהִירוּהוּ – וְנִשְׁמָר. וְעַל זֶה נֶאֱמַר "וּתְשׁוּעָה בְּרֹב יוֹעֵץ" (משלי כ״ד ו׳).*

---

* מפסיד נוסף לענווה הוא הקפת עצמו בחנפנים. בימינו למשל ניתן למצוא את עצמנו בקהילה וירטואלית חד־ממדית שחושבת כמונו, ולקבל כל העת לייקים שמנפחים את האגו. התרופה לכך היא חיפוש מערכות בקרה חיצוניות (מבחנים, מדד של עמיתי מחקר וכדומה) אשר יספקו לאדם משוב כן ואמיתי. אגב, חיי משפחה על המתחים הנלווים אליהם, לעומת חיי בדידות, אף הם מכשיר אדיר לתיקון המידות בכלל ומידת הענווה בפרט.

סיכום

ענווה

הגדרה: פתיחות וחוסר התקבעות.

כלים: מודעות עצמית, התנהגות צנועה, ספיגת עלבונות, התרחקות משררה, כבוד לכל אדם.

מוטיבציה: התבוננות בשפלות האדם, בשביריות ההצלחה שלו, ובאי־מילוי חובותיו מול אלוהים.

מפסידים: הצלחה חומרית, בערות בתורה, לייקים ומחמאות מהסביבה ללא ביקורת.

דף תכל'ס לשלב הענווה

המטרה: מודעות עצמית והכרה בחסרונותינו

משימות

- המשיכו בלימוד מוסר יומי.
- הפנימו את הצורך לדחות סיפוקים ואל תשלימו עם הדחפים היצריים שלכם.
- קבעו זמן מוגדר (חמש דקות לפני השינה) לחשבון נפש יומי.
- פעלו בזריזות ובאומץ בתחומים החיוביים שבחייכם וטפחו אופטימיות.
- תרגלו ירידה לפרטים בתחומים יום־יומיים כסידור מיטה וארגון סדר יום.
- אמצו את הנוסחה: רמת חיים ממוצעת (1-).
- בחרו שלוש פעולות ועשו אותן ללא נגיעות אישיות ("לשם שמיים").
- תרגלו בשלושה תחומים את הנוסחה: שמירה על גדרי ההלכה (1+).
- צרכו חדשות לא יותר מפעם ביום.
- בחרו משימה אחת למען העם היהודי והתמידו בה.
- התרחקו מפרסום עצמי שאינו נצרך.
- הגבירו את המודעות העצמית שלכם באמצעות משוב חיצוני, התרחקו מחנפנים ואל תגיבו להקנטות.

דגשים אישיים

אמת מאני

פרק כד

בביאור מידת יראת החטא

הִנֵּה רְאוּתֵינוּ הַמִּדָּה הַזֹּאת נִמְנֵית אַחַר כָּל הַמִּדּוֹת הַטּוֹבוֹת אֲשֶׁר זָכַרְנוּ עַד הֵנָּה, דַּי לָנוּ לַהֲעִירֵנוּ עַל עִנְיָנָהּ שֶׁרָאוּי שֶׁיִּהְיֶה וַדַּאי עִנְיָן נִכְבָּד וְעִיקָּרִי מְאֹד, וְקָשֶׁה לְהַשִּׂיג אוֹתוֹ, שֶׁכְּבָר לֹא יוּכַל לְהַגִּיעַ אֵלָיו אֶלָּא מִי שֶׁכְּבָר הִשִּׂיג כָּל הַמִּדּוֹת שֶׁקָּדַם זִכְרָם.

אָמְנָם צָרִיךְ שֶׁנַּקְדִּים, כִּי מִינֵי הַיִּרְאָה הֵם שְׁנַיִם שֶׁהֵם שְׁלֹשָׁה:

הָאַחַת קַלָּה מְאֹד לְהַשִּׂיגָהּ אֵין דָּבָר קַל כָּמוֹהוּ.

וְהַשְּׁנִיָּה קָשָׁה מִן הַכֹּל, וּשְׁלֵימוּתָהּ כְּמוֹ כֵן שְׁלֵימוּת גָּדוֹל מְאֹד. יֵשׁ יִרְאַת הָעוֹנֶשׁ – וְזֶהוּ הַמִּין הָאֶחָד. וְיֵשׁ יִרְאַת הָרוֹמְמוּת – וְזֶהוּ הַמִּין הַשֵּׁנִי, שֶׁיִּרְאַת הַחֵטְא חֵלֶק שֵׁנִי מִמֶּנּוּ. וּנְבָאֵר עַתָּה עִנְיָנָם וְהֶבְדֵּלֵיהֶם.

יִרְאַת הָעֹנֶשׁ: כִּפְשׁוּטָהּ. שֶׁאָדָם יִירָא מֵעֲבוֹר אֶת פִּי ה׳ אֱלֹהָיו מִפְּנֵי הָעוֹנָשִׁים אֲשֶׁר לָעֲבֵירוֹת, אִם לַגּוּף וְאִם לַנֶּפֶשׁ.

וְהִנֵּה זֹאת קַלָּה וַדַּאי, כִּי כָל אָדָם אוֹהֵב אֶת עַצְמוֹ וְיָרֵא לְנַפְשׁוֹ, וְאֵין דָּבָר שֶׁיַּרְחִיק אוֹתוֹ מֵעֲשׂוֹת דָּבָר אֶחָד יוֹתֵר מִן הַיִּרְאָה שֶׁלֹּא תְבוֹאֵהוּ בוֹ אֵיזֶה רָעָה. וְאֵין יִרְאָה זוֹ רְאוּיָה אֶלָּא לְעַמֵּי הָאָרֶץ וּלְנָשִׁים אֲשֶׁר דַּעְתָּן קַלָּה, אַךְ אֵינָהּ יִרְאַת הַחֲכָמִים וְאַנְשֵׁי הַדָּעַת.*

הַמִּין הַשֵּׁנִי: הוּא יִרְאַת הָרוֹמְמוּת. וְהוּא שֶׁהָאָדָם יִרְחַק מִן הַחֲטָאִים וְלֹא יַעֲשֵׂם מִפְּנֵי כְּבוֹדוֹ הַגָּדוֹל יִתְבָּרַךְ שְׁמוֹ. כִּי אֵיךְ יָחֵל אוֹ אֵיךְ יֶעֱרַב לִבּוֹ שֶׁל בָּשָׂר וָדָם שָׁפָל וְנִמְאָס, לַעֲשׂוֹת דָּבָר נֶגֶד רְצוֹנוֹ שֶׁל הַבּוֹרֵא יִתְבָּרַךְ וְיִתְעַלֶּה שְׁמוֹ. וְהִנֵּה זֹאת הַיִּרְאָה אֵינָהּ כָּל כָּךְ קַלָּה לְהַשִּׂיג אוֹתָהּ, כִּי לֹא תִוָּלֵד אֶלָּא מִתּוֹךְ יְדִיעָה וְהַשְׂכָּלָה, לְהִתְבּוֹנֵן עַל רוֹמְמוּתוֹ יִתְבָּרַךְ וְעַל פְּחִיתוּתוֹ שֶׁל הָאָדָם. כָּל אֵלֶּה דְּבָרִים מִתּוֹלְדוֹת הַשֵּׂכֶל הַמֵּבִין וּמַשְׂכִּיל, וְהִיא הַיִּרְאָה אֲשֶׁר שַׂמְנוּהָ לְחֵלֶק שֵׁנִי מֵאֶחָד מֵחֶלְקֵי הַחֲסִידוּת אֲשֶׁר זָכַרְנוּ, בָּהּ יֵבוֹשׁ הָאָדָם וְיֶחֱרַד בְּעָמְדוֹ לִפְנֵי קוֹנוֹ לְהִתְפַּלֵּל אוֹ לַעֲבוֹד כָּל עֲבוֹדָה. הִיא הַיִּרְאָה הַמְשֻׁבַּחַת שֶׁנִּשְׁתַּבְּחוּ בָהּ חֲסִידֵי עוֹלָם. וְהִיא מַה שֶּׁמֹּשֶׁה מְדַבֵּר וְאוֹמֵר "לְיִרְאָה אֶת הַשֵּׁם הַנִּכְבָּד וְהַנּוֹרָא הַזֶּה אֵת ה' אֱלֹהֶיךָ" (דברים כ"ח נ"ח).

זֹאת הַיִּרְאָה שֶׁאֲנַחְנוּ בְּבֵיאוּרָהּ עַתָּה, דְּהַיְינוּ, יִרְאַת הַחֵטְא, הִיא כְּמוֹ חֵלֶק מִיִּרְאַת הָרוֹמְמוּת שֶׁזָּכַרְנוּ, וּכְמוֹ מִין בִּפְנֵי עַצְמוֹ. וְהַיְינוּ כִּי הִנֵּה עִנְיָנָהּ הוּא שֶׁיִּהְיֶה הָאָדָם יָרֵא וְדוֹאֵג תָּמִיד עַל מַעֲשָׂיו, פֶּן נִתְעָרֵב בָּם אֵיזֶה שֶׁמֶץ חֵטְא, אוֹ פֶּן יִהְיֶה בָם אֵיזֶה דָּבָר קָטוֹן אוֹ גָדוֹל שֶׁאֵינוֹ לְפִי גוֹדֶל כְּבוֹדוֹ יִתְבָּרַךְ וְרוֹמְמוּת שְׁמוֹ.**

---

* המדרגה הבאה - תוצר כל המדרגות שקדמו לה - היא היראה, שהגדרתה היא מתח רוחני גבוה בכל רגע נתון. מתח רוחני יכול להיווצר מפחד אינטרסנטי מעונש אולם לא בכך עסקינן (וזוהי יראה ששייכת יותר למדרגת הזהירות של תחילת תהליך מסילת הישרים), אלא הכוונה לתחושת רוממות שמלווה את האדם, כדלקמן.

** תחושת ההשתאות מול הנשגב האלוהי מכונה "יראת הרוממות" ונרכשת באדם רק מתוך העמקה למדנית-אמונית. רק כאשר ברור

וְהִנֵּךְ רוֹאֶה הַיַּחַס הַגָּדוֹל שֶׁבֵּין יִרְאָה זוֹ וְיִרְאַת הָרוֹמְמוּת שֶׁזְּכַרְנוּ. כִּי הַתַּכְלִית בִּשְׁנֵיהֶם שֶׁלֹּא לַעֲשׂוֹת דָּבָר נֶגֶד רוּם כְּבוֹדוֹ יִתְבָּרַךְ. אָמְנָם הַהֶבְדֵּל שֶׁבֵּינֵיהֶם, שֶׁבַּעֲבוּרוֹ תֵּחָשֵׁב כְּמִין אַחֵר וּבְשֵׁם אַחֵר תִּקָּרֵא הוּא כִּי:

יִרְאַת הָרוֹמְמוּת הוּא בִּשְׁעַת הַמַּעֲשֶׂה, אוֹ בִּשְׁעַת הָעֲבוֹדָה, אוֹ בְּפֶרֶק הָעֲבֵירָה. דְּהַיְינוּ, אוֹ בְּשָׁעָה שֶׁהוּא עוֹמֵד וּמִתְפַּלֵּל אוֹ עוֹבֵד, שֶׁאָז יֵבוֹשׁ וְיִכָּלֵם, יִרְעַשׁ וְיִרְעַד מִפְּנֵי רוּם כְּבוֹדוֹ יִתְבָּרַךְ. אוֹ בְּשָׁעָה שֶׁמִּזְדַּמֶּנֶת עֲבֵירָה לְפָנָיו וְהוּא מַכִּיר בָּהּ שֶׁהִיא עֲבֵירָה, שֶׁיַּעֲזוֹב מִלַּעֲשׂוֹתָהּ לְמַעַן אֲשֶׁר לֹא יַעֲשֶׂה דָּבָר לַמְרוֹת עֵינֵי כְבוֹדוֹ חַס וְחָלִילָה.

אַךְ יִרְאַת הַחֵטְא הִיא בְּכָל עֵת וּבְכָל שָׁעָה. שֶׁהִנֵּה בְּכָל רֶגַע הוּא יָרֵא פֶּן יִכָּשֵׁל וְיַעֲשֶׂה דָּבָר אוֹ חֲצִי דָּבָר שֶׁיִּהְיֶה נֶגֶד כְּבוֹד שְׁמוֹ יִתְבָּרַךְ. וְעַל כֵּן נִקְרֵאת יִרְאַת חֵטְא, כִּי עִיקָּרָהּ יִרְאָה מִן הַחֵטְא שֶׁלֹּא יִכָּנֵס וְיִתְעָרֵב בְּמַעֲשָׂיו מֵחֲמַת פְּשִׁיעָה וְהִתְרַשְּׁלוּת אוֹ מֵחֲמַת הֶעְלֵם - יִהְיֶה בְּאֵיזֶה דֶּרֶךְ שֶׁיִּהְיֶה.

וְהִנֵּה עַל זֶה נֶאֱמַר "אַשְׁרֵי אָדָם מְפַחֵד תָּמִיד" (משלי כ"ח י"ד). וּפֵירְשׁוּ זִכְרוֹנָם לִבְרָכָה "הַהוּא בְּדִבְרֵי תּוֹרָה כְּתִיב" (ברכות ס' א'), כִּי אֲפִילּוּ בְּשָׁעָה שֶׁאֵינוֹ רוֹאֶה הַמִּכְשׁוֹל לְנֶגֶד עֵינָיו צָרִיךְ שֶׁיִּהְיֶה לִבּוֹ חָרֵד בְּקִרְבּוֹ, פֶּן טָמוּן הוּא לְרַגְלָיו וְהוּא לֹא נִשְׁמָר. וְעַל יִרְאָה זֹאת אָמַר מֹשֶׁה רַבֵּנוּ עָלָיו הַשָּׁלוֹם "וּבַעֲבוּר תִּהְיֶה יִרְאָתוֹ עַל פְּנֵיכֶם לְבִלְתִּי תֶחֱטָאוּ" (שמות כ' י"ז). כִּי זֶה עִיקַּר הַיִּרְאָה, שֶׁיִּהְיֶה הָאָדָם יָרֵא וּמִזְדַּעְזֵעַ תָּמִיד, עַד שֶׁלֹּא תָסוּר יִרְאָה זוֹ מִמֶּנּוּ. כִּי עַל יְדֵי זֶה וַדַּאי לֹא יָבוֹא לִידֵי חֵטְא. וְאִם יָבוֹא - כְּאוֹנֶס יֵחָשֵׁב. וִישַׁעְיָהוּ אָמַר בִּנְבוּאָתוֹ "וְאֶל זֶה אַבִּיט - אֶל עָנִי וּנְכֵה רוּחַ וְחָרֵד עַל דְּבָרִי" (ישעיה ס"ו ב'). וְדָוִד הַמֶּלֶךְ הִשְׁתַּבַּח בָּזֶה וְאָמַר "שָׂרִים רְדָפוּנִי חִנָּם וּמִדְּבָרְךָ פָּחַד לִבִּי" (תהלים קי"ט קס"א).

לאדם כיצד החיבור לאלוהים מעניק משמעות נצחית לחייו הוא מקבל מוטיבציה למידת היראה. מתוך כך נולדת בו עמדה נפשית יציבה שאיננה מאפשרת לו לחטוא ("יראת חטא").

וּכְבָר מָצָאנוּ שֶׁהַמַּלְאָכִים הַגְּדוֹלִים וְהָרָמִים חֲרֵדִים וְרוֹעֲשִׁים תָּמִיד מִפְּנֵי גְאוּת ה׳, עַד שֶׁאָמְרוּ זִכְרוֹנָם לִבְרָכָה בְּמָשַׁל חָכְמָתָם "נְהַר דִּינוּר מֵהֵיכָן יוֹצֵא? – מִזֵּעָתָן שֶׁל חַיּוֹת" (חגיגה י״ג ב׳), וְהוּא מִפְּנֵי הָאֵימָה אֲשֶׁר עֲלֵיהֶם תָּמִיד מֵרוֹמְמוּתוֹ יִתְבָּרַךְ, פֶּן יְעַדְּרוּ דָּבָר קָטָן מִן הַכָּבוֹד וְהַקְּדֻשָּׁה הָרָאוּי לְפָנָיו. וּבְכָל שָׁעָה שֶׁנִּגְלֵית הַשְּׁכִינָה עַל אֵיזֶה מָקוֹם שֶׁיִּהְיֶה, כְּבָר רַעַד וָרַעַשׁ וְרוֹגֶז. הוּא מַה שֶּׁאָמַר הַכָּתוּב "אֶרֶץ רָעָשָׁה אַף שָׁמַיִם נָטְפוּ מִפְּנֵי אֱלֹהִים" (תהלים ס״ח ט׳). וְאוֹמֵר, "לוּא קָרַעְתָּ שָׁמַיִם יָרַדְתָּ מִפָּנֶיךָ הָרִים נָזֹלּוּ" (ישעיהו ס״ג י״ט). כָּל שֶׁכֵּן בְּנֵי הָאָדָם שֶׁרָאוּי שֶׁיִּרְגְּזוּ וְיִרְעֲשׁוּ בְּיָדְעָם שֶׁלִּפְנֵי ה׳ הֵם עוֹמְדִים תָּמִיד, וְנָקֵל לָהֶם לַעֲשׂוֹת אֵיזֶה דָּבָר שֶׁאֵינוֹ לְפִי רוֹמְמוּת כְּבוֹדוֹ יִתְבָּרַךְ שְׁמוֹ. וְהוּא מַה שֶּׁאָמַר אֱלִיפַז לְאִיּוֹב "מָה אֱנוֹשׁ כִּי יִזְכֶּה, וְכִי יִצְדַּק יְלוּד אִשָּׁה, הֵן בִּקְדֹשָׁיו לֹא יַאֲמִין, וְשָׁמַיִם לֹא זַכּוּ בְעֵינָיו" (איוב ט״ו י״ד–ט״ו). וְאוֹמֵר "הֵן בַּעֲבָדָיו לֹא יַאֲמִין וּבְמַלְאָכָיו יָשִׂים תָּהֳלָה, אַף שֹׁכְנֵי בָתֵּי חֹמֶר" וְכוּ׳ (איוב ד׳ י״ח–י״ט). כִּי הִנֵּה עַל כֵּן צָרִיךְ וַדַּאי שֶׁיֶּחֱרַד תָּמִיד וְיִרְעַשׁ כָּל הָאָדָם. וּכְמַאֲמַר אֱלִיהוּא "אַף לְזֹאת יֶחֱרַד לִבִּי וְיִתַּר מִמְּקוֹמוֹ שִׁמְעוּ שָׁמוֹעַ בְּרֹגֶז קוֹלוֹ" וְכוּ׳ (איוב ל״ז א׳–ב׳).

זֹאת הִיא הַיִּרְאָה הָאֲמִיתִּית שֶׁרָאוּי לְאִישׁ הֶחָסִיד שֶׁתִּהְיֶה עַל פָּנָיו תָּמִיד וְלֹא תָסוּר מִמֶּנּוּ.*

אַךְ חֶלְקֵי הַיִּרְאָה הַזֹּאת, שְׁנַיִם: הָאֶחָד הוּא בַּהֹוֶה אוֹ עָתִיד. וְהַשֵּׁנִי בֶּעָבָר.

---

* הרמח״ל מחלק ומדייק בין "יראת הרוממות" שמופיעה באדם רק ברגעים מיוחדים שבהם הוא מתעמת באופן ישיר עם תוכן רוחני (או מצווה או עבירה), לבין "יראת חטא" שהיא מתח רוחני תמידי. המצב האידאלי הוא כשאדם מצוי בדריכות עליונה (שאיננה סותרת את טבעיות החיים). ניתן לדמות זאת למנתח בעת ניתוח לב פתוח שמכיר שכל תנועה, ולו הקלה ביותר, עלולה לגרום לחיים או למוות, ולכן הוא מצוי כל העת בדריכות; לא מתוך חשש לעונש או ציפייה לשכר, אלא מתוך הכרה באחריות שמוטלת על כתפיו.

בהוה: הוא שיהיה האדם ירא ודואג על מה שהוא עושה או על מה שהולך לעשותו, פן יהיה בו דבר, או פן יכנס בו איזה דבר אשר לא לפי כבודו יתברך, וכמו שכתבתי לעיל.

בעבר: הוא שיהיה האדם חושב תמיד על מה שכבר עשה, וייֵרא וידאג פן יצא מתחת ידיו איזה חטא בלא שידע. והוא כענין בבא בן בוטא שהיה מקריב אשם תלוי בכל יום (כריתות כ"ה א'). ואיוב אחר משתה בניו, היה משכים "והעלה עולות מספר כלם, כי אמר איוב, אולי חטאו בני" וכו' (איוב א' ה'). ואמרו זכרונם לברכה על משה ואהרן בענין שמן המשחה שמשח משה לאהרן, שהרי נאמר בו "על בשר אדם לא ייסך" (שמות ל' ל"ב), ולאהרן נצטוה שימשחהו בו, והיו מתיראים שמא מעלו בו באיזה צד – שנהגו שלא כמצוה, זה לשונם "ועל דבר זה דאג משה ואמר, שמא מעלתי בשמן המשחה? יצתה בת קול ואמרה: "כטל חרמון" (תהלים קל"ג ג')" וכו', ועדין היה אהרן דואג שמא משה לא מעל, ואני מעלתי, יצאה בת קול ואמרה" וכו' (הוריות י"ב א'). הרי לך מדתם של חסידים, שאפילו במצוה שעשו היו דואגים ואומרים, 'שמא נתערב בהם שמץ פסול חס וחלילה'.

ואברהם אחרי שיצא לעזור לבן אחיו לוט ששבו אותו, היה מתפחד ואומר 'שמא לא זכו מעשיו לגמרי', הוא מה שפירשו זכרונם לברכה על פסוק "אל תירא אברם" (בראשית ט"ו א'), "רבי לוי אמר, לפי שהיה אברהם מתפחד ואומר, בין כל אוכלוסין שהרגתי, שמא היה ביניהם צדיק אחד או ירא שמים אחד, לפיכך נאמר לו "אל תירא אברם"" (בראשית רבה מ"ד ד'). ואמרו בתנא דבי אליהו "אל תירא אברם" – "אין אומרים, אל תירא אלא למי שהוא ירא שמים לאמתו" (תדה"א רבה כ"ה).

והיא זאת היראה האמיתית שאמרו עליה "אין לו להקדוש ברוך הוא בעולמו אלא אוצר של יראת שמים בלבד" (ברכות ל"ג ב'), שרק למשה היה קל להשיגה מפני רוב דביקותו בו יתברך שמו. כי האחרים

וַדַּאי שֶׁהַחוֹמֶר מוֹנֵעַ גָּדוֹל הוּא לָהֶם. אָמְנָם כָּל חָסִיד וְחָסִיד רָאוּי לוֹ לְהִשְׁתַּדֵּל לְהַשִּׂיג מִמֶּנָּה כָּל מַה שֶּׁיּוּכַל, וְנֶאֱמַר "יְראוּ אֶת ה' קְדֹשָׁיו" (תהלים ל"ד י').*

* יראת החטא היא דריכות עליונה ומדוקדקת הן ביחס לכישלונות בהווה והן ביחס לכישלונות בעבר. אדם אמור להיות כל העת בסוג של סקירת מערכות, הפקת לקחים ושיפור.

פרק כה

בדרך קניית היראה

אַךְ דֶּרֶךְ קְנִיַּת הַיִּרְאָה הַזֹּאת הוּא הַהִתְבּוֹנֵן עַל שְׁנֵי עִנְיָנִים אֲמִתִּיִּים.

הָאֶחָד: הוּא הֱיוֹת שְׁכִינָתוֹ יִתְבָּרַךְ נִמְצֵאת בְּכָל מָקוֹם שֶׁבָּעוֹלָם.

וְשֶׁהוּא יִתְבָּרַךְ מַשְׁגִּיחַ עַל כָּל דָּבָר - קָטָן וְגָדוֹל - אֵין נִסְתָּר מִנֶּגֶד עֵינָיו. לֹא מִפְּנֵי גּוֹדֶל הַנּוֹשֵׂא, וְלֹא מִפְּנֵי פְּחִיתוּתוֹ, אֶלָּא הַדָּבָר הַגָּדוֹל וְהַדָּבָר הַקָּטָן, הַנִּקְלֶה וְהַנִּכְבָּד, הוּא רוֹאֶה וְהוּא מֵבִין בְּלִי הֶפְרֵשׁ. הוּא מַה שֶּׁאָמַר הַכָּתוּב "מְלֹא כָל הָאָרֶץ כְּבוֹדוֹ" (ישעיה ו׳ ג׳). וְאוֹמֵר "הֲלֹא אֶת הַשָּׁמַיִם וְאֶת הָאָרֶץ אֲנִי מָלֵא" (ירמיה כ״ג כ״ד). וְאוֹמֵר "מִי כַּה׳ אֱלֹהֵינוּ הַמַּגְבִּיהִי לָשָׁבֶת, הַמַּשְׁפִּילִי לִרְאוֹת בַּשָּׁמַיִם וּבָאָרֶץ" (תהלים קי״ג ה׳-ו׳). וְאוֹמֵר "כִּי רָם ה׳ וְשָׁפָל יִרְאֶה, וְגָבֹהַּ מִמֶּרְחָק יְיֵדָע" (תהלים קל״ח ו׳).*

---

* הכלי לקניית מידת היראה הוא העמקה והתבוננות בנוכחות האלוהית בכל פרט בחיינו: הן באמצעות לימוד ספרי אמונה, הן בקריאת סיפורי השגחה, ולמיטיבי לכת - בחקר נפלאות הטבע.

מבחינה מעשית מומלץ לקבוע זמן לימוד מסודר שמדגיש את ההרמוניה העולמית שנבנית מפרטים רבים (וממילא חסרונו של כל

וְכֵיוָן שֶׁיִּתְבָּרֵר לוֹ שֶׁבְּכָל מָקוֹם שֶׁהוּא, הוּא עוֹמֵד לִפְנֵי שְׁכִינָתוֹ יִתְבָּרַךְ, אָז מֵאֵלֶיהָ תָּבוֹא בוֹ הַיִּרְאָה וְהַפַּחַד פֶּן יִכָּשֵׁל בְּמַעֲשָׂיו שֶׁלֹּא יִהְיוּ כָּרָאוּי לְפִי רוֹמְמוּת כְּבוֹדוֹ. וְהוּא מַה שֶּׁאָמְרוּ "דַּע מַה לְּמַעְלָה מִמְּךָ. עַיִן רוֹאָה וְאֹזֶן שׁוֹמַעַת וְכָל מַעֲשֶׂיךָ בַּסֵּפֶר נִכְתָּבִים" (אבות ב׳ א׳). כִּי כֵּיוָן שֶׁהַשְׁגָּחַת הַקָּדוֹשׁ בָּרוּךְ הוּא עַל כָּל דָּבָר, וְהוּא רוֹאֶה הַכֹּל וְשׁוֹמֵעַ הַכֹּל, וַדַּאי שֶׁכָּל הַמַּעֲשִׂים יִהְיוּ עוֹשִׂים רוֹשֶׁם וְכֻלָּם נִכְתָּבִים בַּסֵּפֶר אִם לִזְכוּת אוֹ לְחוֹבָה.*

וְאָמְנָם הַדָּבָר הַזֶּה אֵינוֹ מִצְטַיֵּר הֵיטֵב בְּשֵׂכֶל הָאָדָם, אֶלָּא עַל יְדֵי הַתְמָדַת הַהִתְבּוֹנְנוּת וְהַהִסְתַּכְּלוּת הַגָּדוֹל. כִּי כֵּיוָן שֶׁהַדָּבָר רָחוֹק מֵחוּשֵׁינוּ, לֹא יְצַיְּרֵהוּ הַשֵּׂכֶל אֶלָּא אַחַר רוֹב הָעִיּוּן וְהַהַשְׁקָפָה, וְגַם אַחַר שֶׁיְּצַיְּרֵהוּ יָסוּר הַצִּיּוּר מִמֶּנּוּ בְּנָקֵל אִם לֹא יַתְמִיד עָלָיו הַרְבֵּה. וְנִמְצָא שֶׁכְּמוֹ שֶׁרוֹב הַהִתְבּוֹנֵן הוּא הַדֶּרֶךְ לִקְנוֹת הַיִּרְאָה הַתְּמִידִית, כֵּן הֶיסַּח הַדַּעַת וּבִיטּוּל הָעִיּוּן הוּא הַמַּפְסִיד הַגָּדוֹל שֶׁלָּהּ, יִהְיֶה מֵחֲמַת טְרָדוֹת אוֹ בְּרָצוֹן:

כָּל הֶיסַּח דַּעַת – בִּיטּוּל הוּא לַיִּרְאָה הַתְּמִידִית!

הוּא מַה שֶּׁצִּוָּה הַקָּדוֹשׁ בָּרוּךְ הוּא אֶל הַמֶּלֶךְ "וְהָיְתָה עִמּוֹ, וְקָרָא בוֹ כָּל יְמֵי חַיָּיו, לְמַעַן יִלְמַד לְיִרְאָה אֶת ה׳ אֱלֹהָיו" (דברים י״ז י״ט). הָא לָמַדְתָּ שֶׁאֵין הַיִּרְאָה נִלְמֶדֶת אֶלָּא מִן הַקְּרִיאָה הַבִּלְתִּי נִפְסֶקֶת. וְתַדְקְדֵּק שֶׁאָמַר, "לְמַעַן יִלְמַד לְיִרְאָה", וְלֹא אָמַר "לְמַעַן יִירָא". אֶלָּא לְפִי שֶׁאֵין הַיִּרְאָה

אחד מהם הוא קריטי): הן ברמה הרוחנית (ספרי אמונה); הן ברמה התרבותית (למשל סקירות של תהליכים היסטוריים שבהן מוסבר כיצד כל אירוע קטן השפיע על המערכת); והן בלימוד מדעים מדויקים.

* העיקרון הוא לזהות שיש משמעות ומטרה לכל פרט בעולמנו, ובעת שנכיר בכך תיוולד בנפש תחושת דריכות אדירה לעשות את הטוב ולהתרחק מן הרע.

הַזֹּאת מוּשֶּׂגֶת בַּטֶּבַע, כִּי אַדְּרַבָּא רְחוֹקָה הִיא מִמֶּנּוּ מִפְּנֵי גַּשְׁמִיּוּת הַחוּשִׁים, וְאֵינָהּ נִקְנֵית אֶלָּא עַל יְדֵי לִימּוּד. וְאֵין לִימּוּד לְיִרְאָה אֶלָּא בְּרוֹב הַהַתְמָדָה בַּתּוֹרָה וּדְרָכֶיהָ בְּלִי הֶפְסֵק. וְהוּא שֶׁיִּהְיֶה הָאָדָם מִתְבּוֹנֵן וּמְעַיֵּין בַּדָּבָר הַזֶּה תָּמִיד, בְּשִׁבְתּוֹ, בְּלֶכְתּוֹ, בְּשָׁכְבוֹ וּבְקוּמוֹ – עַד שֶׁיִּקְבַּע בְּדַעְתּוֹ אֲמִתַּת הַדָּבָר, דְּהַיְינוּ אֲמִתַּת הִמָּצֵא שְׁכִינָתוֹ יִתְבָּרַךְ בְּכָל מָקוֹם, וֶהֱיוֹתֵנוּ עוֹמְדִים לְפָנָיו מַמָּשׁ בְּכָל עֵת וּבְכָל שָׁעָה, וְאָז יִירָא אוֹתוֹ בֶּאֱמֶת.

וְהוּא מַה שֶּׁהָיָה דָּוִד הַמֶּלֶךְ מִתְפַּלֵּל וְאוֹמֵר "הוֹרֵנִי ה' דַּרְכֶּךָ אֲהַלֵּךְ בַּאֲמִתֶּךָ יַחֵד לְבָבִי לְיִרְאָה שְׁמֶךָ" (תהלים פ"ו י"א).*

---

* כאמור, המוטיבציה לקניית מידת היראה נוצרת כאשר אדם חש את הנוכחות האלוהית בחייו, והיא מגיעה על ידי לימוד והעמקה במשמעות הנמצאת בכל דבר (בעיקר באמצעות לימוד תורה מתמיד). מנגד, המפסיד למידת היראה מתרחש כאשר אדם מסיח דעתו מהמשמעות ומהלימוד התורני, ונסחף לחיי שגרה סתמיים.

הצעה מעשית מקורית: לכל מידה ב"מסילת הישרים" יש מפריעים משלה. ל"יראת החטא" המפריע המרכזי הוא הסחת הדעת. מכיוון שהמטרה היא להגיע למצב של דריכות רוחנית מקסימלית הרי כל "רעש" סביבתי מעכב אותנו. הצעה למיטיבי לכת היא לקבוע יום בשבוע שבו אתם: א. מתבודדים בדרך כלשהי; ב. נמנעים מאכילה (ושותים רק מים). כמובן, קביעת יום צום והתבודדות דורשת תנאים בריאותיים, פיזיים וסביבתיים מתאימים. אולם מי שמסוגל לכך, מרגיל עצמו ליום מרוכז של דריכות רוחנית שתשפיע על שאר מעגלי חייו. ניתן ליישם זאת גם באופן חלקי, למשל, לקבוע יום בלי אינטרנט שגם הוא סוג של התבודדות וצום; או לקבוע יום בחודש, במקום בשבוע, בהתאם ליכולת ולקצב החיים האישי. העיקרון נותר בעינו – להרגיל עצמנו להתייחד ולהיזכר במשמעות חיינו ללא מסיחי דעת.

סיכום

יראת חטא

הגדרה: מתח רוחני גבוה בכל רגע נתון.

כלים: התבוננות שכלית בהשגחת ה' בעולם.

מוטיבציה: תחושה של נוכחות ה' בחיים.

מפסידים: התפזרות אישיותית והיסח הדעת מהנוכחות האלוהית בחיי האדם.

דף תכל'ס לשלב יראת חטא

המטרה: פיתוח דריכות רוחנית בכל רגע נתון

משימות

- המשיכו בלימוד מוסר יומי.
- הפנימו את הצורך לדחות סיפוקים ואל תשלימו עם הדחפים היצריים שלכם.
- קבעו זמן מוגדר (חמש דקות לפני השינה) לחשבון נפש יומי.
- פעלו בזריזות ובאומץ בתחומים החיוביים שבחייכם וטפחו אופטימיות.
- תרגלו ירידה לפרטים בתחומים יום־יומיים כסידור מיטה וארגון סדר יום.
- אמצו את הנוסחה: רמת חיים ממוצעת (1-).
- בחרו שלוש פעולות ועשו אותן ללא נגיעות אישיות ("לשם שמיים").
- תרגלו בשלושה תחומים את הנוסחה: שמירה על גדרי ההלכה (1+).
- צרכו חדשות לא יותר מפעם ביום.
- בחרו משימה אחת למען העם היהודי והתמידו בה.
- התרחקו מפרסום עצמי שאינו נצרך.
- הגבירו את המודעות העצמית שלכם באמצעות משוב חיצוני, התרחקו מחנפנים ואל תגיבו להקנטות.
- קבעו זמן ללימודים תורניים ומדעיים שמדגישים את החשיבות האלוהית בכל פרט.

דגשים אישיים

קדושה

פרק כו

בביאור מידת הקדושה ודרך קנייתה

עִנְיַן הַקְּדוּשָּׁה כָּפוּל הוּא, דְּהַיְינוּ:

תְּחִלָּתוֹ עֲבוֹדָה וְסוֹפוֹ גְּמוּל.

תְּחִלָּתוֹ הִשְׁתַּדְּלוּת וְסוֹפוֹ מַתָּנָה.

וְהַיְינוּ שֶׁתְּחִלָּתוֹ הוּא מַה שֶּׁאָדָם מְקַדֵּשׁ עַצְמוֹ, וְסוֹפוֹ מַה שֶּׁמְּקַדְּשִׁים אוֹתוֹ. וְהוּא מַה שֶּׁאָמְרוּ זִכְרוֹנָם לִבְרָכָה "אָדָם מְקַדֵּשׁ עַצְמוֹ מְעַט - מְקַדְּשִׁים אוֹתוֹ הַרְבֵּה, מִלְּמַטָּה - מְקַדְּשִׁים אוֹתוֹ מִלְמַעְלָה" (יומא ל"ט א').

הַהִשְׁתַּדְּלוּת הוּא שֶׁיִּהְיֶה הָאָדָם נִבְדָּל וְנֶעְתָּק מִן הַחוּמְרִיּוּת לְגַמְרֵי, וּמִתְדַּבֵּק תָּמִיד בְּכָל עֵת וּבְכָל שָׁעָה בֵּאלֹהוּת. וְעַל דָּבָר זֶה נִקְרְאוּ הַנְּבִיאִים 'מַלְאָכִים', כְּעִנְיַן שֶׁנֶּאֱמַר בְּאַהֲרֹן "כִּי שִׂפְתֵי כֹהֵן יִשְׁמְרוּ דַעַת, וְתוֹרָה יְבַקְשׁוּ מִפִּיהוּ, כִּי מַלְאַךְ ה' צְבָאוֹת הוּא" (מלאכי ב' ז'). וְאוֹמֵר

"וַיִּהְיוּ מַלְעִיבִים בְּמַלְאֲכֵי אֱלֹהִים" וְכוּ' (דברי הימים ב' ל"ו ט"ז). וַאֲפִילוּ בִּשְׁעַת הִתְעַסְּקוֹ בַּמַּעֲשִׂים הַגַּשְׁמִיִּים הַמּוּכְרָחִים לוֹ מִפְּאַת גּוּפוֹ, הִנֵּה לֹא תָּזוּז נַפְשׁוֹ מִדְּבֵיקוּתָהּ הָעֶלְיוֹן, וּכְעִנְיָן שֶׁנֶּאֱמַר "דָּבְקָה נַפְשִׁי אַחֲרֶיךָ בִּי תָּמְכָה יְמִינֶךָ" (תהלים ס"ג ט').

וְאָמְנָם לְפִי שֶׁאִי אֶפְשָׁר לָאָדָם שֶׁיָּשִׂים הוּא אֶת עַצְמוֹ בַּמַּצָּב הַזֶּה, כִּי כָּבֵד הוּא מִמֶּנּוּ, כִּי סוֹף סוֹף חוּמְרִי הוּא וּבָשָׂר וָדָם, עַל כֵּן אָמַרְתִּי, שֶׁסּוֹף הַקְּדוּשָּׁה מַתָּנָה. כִּי מַה שֶּׁיּוּכַל הָאָדָם לַעֲשׂוֹת, הוּא הַהִשְׁתַּדְּלוּת הָרִאשׁוֹן בִּרְדִיפַת הַיְדִיעָה הָאֲמִיתִּית, וְהַתְמָדַת הַהַשְׂכָּלָה בִּקְדוּשַּׁת הַמַּעֲשֶׂה. אַךְ הַסּוֹף הוּא, שֶׁהַקָּדוֹשׁ בָּרוּךְ הוּא יַדְרִיכֵהוּ בַּדֶּרֶךְ הַזֶּה שֶׁהוּא חָפֵץ לָלֶכֶת בָּהּ, וְיַשְׁרֶה עָלָיו קְדוּשָּׁתוֹ וִיקַדְּשֵׁהוּ. וְאָז יַצְלַח בְּיָדוֹ זֶה הַדָּבָר, שֶׁיּוּכַל לִהְיוֹת בַּדְּבֵיקוּת הַזֶּה עִמּוֹ יִתְבָּרַךְ בִּתְמִידוּת. כִּי מַה שֶּׁהַטֶּבַע מוֹנֵעַ מִמֶּנּוּ - יַעַזְרוֹ יִתְבָּרַךְ וְסִיּוּעוֹ יִתֵּן לוֹ. וּכְעִנְיָן שֶׁנֶּאֱמַר "לֹא יִמְנַע טוֹב לַהוֹלְכִים בְּתָמִים" (תהלים פ"ד י"ב). וְעַל כֵּן אָמְרוּ בַּמַּאֲמָר שֶׁזָּכַרְתִּי "אָדָם מְקַדֵּשׁ עַצְמוֹ מְעַט", שֶׁהוּא מַה שֶּׁיּוּכַל הָאָדָם לִקְנוֹת בְּהִשְׁתַּדְּלוּתוֹ "מְקַדְּשִׁים אוֹתוֹ הַרְבֵּה", שֶׁהוּא הָעֵזֶר שֶׁעוֹזֵר אוֹתוֹ הַבּוֹרֵא יִתְבָּרַךְ, וּכְמוֹ שֶׁכָּתַבְתִּי.*

וְהִנֵּה, הָאִישׁ הַמִּתְקַדֵּשׁ בִּקְדוּשַּׁת בּוֹרְאוֹ, אֲפִילוּ מַעֲשָׂיו הַגַּשְׁמִיִּים חוֹזְרִים לִהְיוֹת עִנְיְנֵי קְדוּשָּׁה מַמָּשׁ. וְסִימָנֶיךָ אֲכִילַת קָדָשִׁים, שֶׁהִיא עַצְמָהּ מִצְוַת עֲשֵׂה, וְאָמְרוּ זִכְרוֹנָם לִבְרָכָה "כֹּהֲנִים אוֹכְלִים וּבְעָלִים מִתְכַּפְּרִים" (פסחים נ"ט ב').

וְתִרְאֶה עַתָּה הַהֶפְרֵשׁ שֶׁבֵּין הַטָּהוֹר לַקָּדוֹשׁ.

---

* מדרגת הקדושה נבדלת מן המדרגות הקודמות בכך שהיא אינה רק תוצר של עמל אנושי אלא נצרכת גם להשראה שמיימית. על מנת להגיע אל הקדושה - דבקות מוחלטת במשמעות החיים בכל פעולה ופעולה - חייבים להיפתח לעולם עליון יותר מעולמנו הנוכחי, היינו לתת מקום לאינטואיציות הפנימיות של הנפש, כדלקמן.

הַטָּהוֹר: מַעֲשָׂיו הַחוֹמְרִיִּים אֵינָם לוֹ אֶלָּא הֶכְרֵחִיִּים, וְהוּא עַצְמוֹ אֵינוֹ מִתְכַּוֵּן בָּהֶם אֶלָּא עַל צַד הַהֶכְרֵחַ, וְנִמְצָא שֶׁעַל יְדֵי זֶה יוֹצְאִים מִסּוּג הָרָע שֶׁבַּחוֹמְרִיּוּת וְנִשְׁאָרִים טְהוֹרִים. אַךְ לִכְלַל קְדוּשָּׁה לֹא בָאוּ, כִּי אִלּוּ הָיָה אֶפְשָׁר בִּלְתָּם כְּבָר הָיָה יוֹתֵר טוֹב.

אַךְ הַקָּדוֹשׁ: הַדָּבֵק תָּמִיד לֵאלֹהָיו וְנַפְשׁוֹ מִתְהַלֶּכֶת בֵּין הַמּוּשְׂכָּלוֹת הָאֲמִתִּיּוֹת בְּאַהֲבַת בּוֹרְאוֹ וְיִרְאָתוֹ, הִנֵּה נֶחְשָׁב לוֹ כְּאִלּוּ הוּא מִתְהַלֵּךְ לִפְנֵי ה׳ בְּאַרְצוֹת הַחַיִּים עוֹדֶנּוּ פֹּה בָּעוֹלָם הַזֶּה. וְהִנֵּה אִישׁ כָּזֶה הוּא עַצְמוֹ נֶחְשָׁב כְּמִשְׁכָּן, כְּמִקְדָּשׁ וְהַמִּזְבֵּחַ, וּכְמַאֲמָרָם זִכְרוֹנָם לִבְרָכָה ״וַיַּעַל מֵעָלָיו אֱלֹהִים׳ (בראשית ל״ה י״ג) – הָאָבוֹת הֵן הֵן הַמֶּרְכָּבָה״ (בראשית רבה פ״ב ז׳). וְכֵן אָמְרוּ ״הַצַּדִּיקִים הֵן הֵן הַמֶּרְכָּבָה״, כִּי הַשְּׁכִינָה שׁוֹרָה עֲלֵיהֶם כְּמוֹ שֶׁהָיְתָה שׁוֹרָה בַּמִּקְדָּשׁ. וּמֵעַתָּה, הַמַּאֲכָל שֶׁהֵם אוֹכְלִים הוּא כְּקָרְבָּן שֶׁעוֹלֶה עַל גַּבֵּי הָאִשִּׁים, כִּי וַדַּאי הוּא שֶׁהָיָה נֶחְשָׁב לְעִלּוּי גָּדוֹל אֶל אוֹתָם הַדְּבָרִים שֶׁהָיוּ עוֹלִים עַל גַּבֵּי הַמִּזְבֵּחַ, כֵּיוָן שֶׁהָיוּ נִקְרָבִים לִפְנֵי הַשְּׁכִינָה. וְכָל כָּךְ יִתְרוֹן הָיָה לָהֶם בָּזֶה עַד שֶׁהָיָה כָּל מִינָם מִתְבָּרֵךְ בְּכָל הָעוֹלָם, וּכְמַאֲמָרָם זִכְרוֹנָם לִבְרָכָה בְּמִדְרָשׁ, כֵּן הַמַּאֲכָל וְהַמִּשְׁתֶּה שֶׁהָאִישׁ הַקָּדוֹשׁ אוֹכֵל, עִלּוּי הוּא לַמַּאֲכָל הַהוּא וְלַמִּשְׁתֶּה הַהוּא, כְּאִלּוּ נִקְרַב עַל גַּבֵּי הַמִּזְבֵּחַ מַמָּשׁ, וְהוּא הָעִנְיָן שֶׁאָמְרוּ עָלָיו זִכְרוֹנָם לִבְרָכָה ״כָּל הַמֵּבִיא דּוֹרוֹן לְתַלְמִיד חָכָם כְּאִלּוּ הִקְרִיב בִּכּוּרִים״ (כתובות ק״ה ה׳). וְכֵן אָמְרוּ ״יְמַלֵּא גְּרוֹנָם שֶׁל תַּלְמִידֵי חֲכָמִים יַיִן בִּמְקוֹם נְסָכִים״ (יומא ע״א א׳). וְאֵין הַדָּבָר הַזֶּה שֶׁיִּהְיוּ הַתַּלְמִידֵי חֲכָמִים לְהוּטִים אַחֲרֵי הָאֲכִילָה וְהַשְּׁתִיָּה, חַס וְחָלִילָה, שֶׁיְּמַלֵּא גְּרוֹנָם כְּמַלְעִיט אֶת הַגַּרְגְּרָן. אֶלָּא הָעִנְיָן הוּא לְפִי הַכַּוָּנָה שֶׁזָּכַרְתִּי, כִּי הַתַּלְמִידֵי חֲכָמִים הַקְּדוֹשִׁים בְּדַרְכֵיהֶם וּבְכָל מַעֲשֵׂיהֶם, הִנֵּה הֵם מַמָּשׁ כַּמִּקְדָּשׁ וְכַמִּזְבֵּחַ, מִפְּנֵי שֶׁהַשְּׁכִינָה שׁוֹרָה עֲלֵיהֶם כְּמוֹ שֶׁהָיְתָה שׁוֹרָה בַּמִּקְדָּשׁ מַמָּשׁ. וְהִנֵּה הַנִּקְרָב לָהֶם כְּנִקְרָב עַל גַּבֵּי הַמִּזְבֵּחַ וּמִילּוּי גְּרוֹנָם תַּחַת מִילּוּי הַסְּפָלִים.

וְעַל דֶּרֶךְ זֶה כָּל תַּשְׁמִישׁ שֶׁיִּשְׁתַּמְּשׁוּ מִדִּבְרֵי הָעוֹלָם אַחֲרֵי הֱיוֹתָם כְּבָר דְּבוּקִים לִקְדוּשָּׁתוֹ יִתְבָּרֵךְ, הִנֵּה עִלּוּי וְיִתְרוֹן הוּא לַדָּבָר הַהוּא שֶׁזָּכָה

לִהְיוֹת תַּשְׁמִישׁ לַצַּדִּיק. וּכְבָר הִזְכִּירוּ זִכְרוֹנָם לִבְרָכָה בְּעִנְיַן אַבְנֵי הַמָּקוֹם שֶׁלָּקַח יַעֲקֹב וְשָׂם מְרַאֲשׁוֹתָיו "אָמַר רַבִּי יִצְחָק, מְלַמֵּד שֶׁנִּתְקַבְּצוּ כֻּלָּן וְהָיְתָה כָּל אַחַת אוֹמֶרֶת, עָלַי יַנִּיחַ צַדִּיק רֹאשׁוֹ" (חולין צ"א ב').*

כְּלָלוֹ שֶׁל דָּבָר, עִנְיַן הַקְּדוּשָּׁה הוּא שֶׁיִּהְיֶה הָאָדָם דָּבֵק כָּל כָּךְ בֵּאלֹהָיו עַד שֶׁבְּשׁוּם מַעֲשֶׂה אֲשֶׁר יַעֲשֶׂה לֹא יִפָּרֵד וְלֹא יָזוּז מִמֶּנּוּ יִתְבָּרַךְ, עַד שֶׁיּוֹתֵר יִתְעַלּוּ הַדְּבָרִים הַגַּשְׁמִיִּים אֲשֶׁר יְשַׁמְּשׁוּ לְאֶחָד מִתַּשְׁמִישָׁיו בְּמַה שֶּׁהוּא מִשְׁתַּמֵּשׁ בָּהֶם מִמַּה שֶּׁיֵּרֵד הוּא מִדְּבֵיקוּתוֹ וּמַעֲלָתוֹ בְּהִשְׁתַּמְּשׁוֹ מִדְּבָרִים גַּשְׁמִיִּים.

---

* הגדרת הקדושה היא מצב של התייחדות מוחלטת ("להקדיש" משמעו לייחד כדוגמת "הרי את מקודשת לי") עם הנקודה האלוהית; היינו למצוא את המשמעות הערכית בכל דבר ולחוות זאת באופן טוטאלי. בניגוד לפעולות שאינן נעשות במדרגת הקדושה, וממילא הן רק אמצעי לממד הערכי (למשל אדם אוכל על מנת שיהיה לו כוח ללמוד תורה), הרי שפעולות שנעשות במדרגת הקדושה מקבלות ערך מצד עצמן (האכילה עצמה מקבלת משמעות).

עצה מעשית: בשלב זה הדברים אמורים לנבוע יותר מתוך אינטואיציה פנימית ופחות מהדרכה חיצונית. עם זאת, ניתן לשרטט כיוון כללי: קחו פעולות יום־יומיות - אכילה, עבודה, אינטראקציה חברתית - ונסו לחוות בהן תחושת משמעות. האידאל הוא להרגיש התייחדות מוחלטת עם הממד הערכי (בלשון חכמת הסוד: "להעלות ניצוצות"). ריכוז מלא בברכה שמלווה את הפעולה (ברכות על אוכל, תפילת הדרך וכו') הוא נקודת השיא שבה ניתן לחוש זאת. לאורך כל תהליך מסילת הישרים ניסינו לפתח תחושה זו, אולם כעת היא אמורה להיות טבעית וזורמת יותר מאשר בתחילת הדרך. אם איננו חשים שינוי משמעותי אין צורך להתייאש, אלא להבין שהאפקט יורגש לאחר שנים של עבודה. בינתיים נסתפק בהתקדמות, קטנה ככל שתהיה, ונשאף לשפר אותה בהדרגה.

וְאָמְנָם זֶה בִּהְיוֹת שִׂכְלוֹ וְדַעְתּוֹ קְבוּעִים תָּמִיד בִּגְדוּלָּתוֹ יִתְבָּרַךְ וְרוֹמְמוּתוֹ וּקְדוּשָּׁתוֹ, עַד שֶׁיִּמָּצֵא כְּאִלּוּ הוּא מִתְחַבֵּר לַמַּלְאָכִים הָעֶלְיוֹנִים מַמָּשׁ עוֹדֵהוּ בָּעוֹלָם הַזֶּה.

וּכְבָר אָמַרְתִּי שֶׁאֵין הָאָדָם יָכוֹל לַעֲשׂוֹת בָּזֶה מִצִּדּוֹ, אֶלָּא לְהִתְעוֹרֵר בַּדָּבָר וּלְהִשְׁתַּדֵּל עָלָיו. וְזֶהוּ אַחַר שֶׁכְּבָר יִמָּצְאוּ בּוֹ כָּל הַמִּדּוֹת הַטּוֹבוֹת שֶׁזָּכַרְנוּ עַד הֵנָּה – מִתְּחִלַּת הַזְּהִירוּת וְעַד יִרְאַת הַחֵטְא – בְּזֹאת יָבֹא אֶל הַקֹּדֶשׁ וְיַצְלִיחַ! שֶׁהֲרֵי אִם הָרִאשׁוֹנוֹת חֲסֵרוֹת מִמֶּנּוּ הֲרֵי הוּא כְּזָר וּבַעַל מוּם שֶׁנֶּאֱמַר בּוֹ "וְזָר לֹא יִקְרַב" (במדבר י"ח ד'). אַךְ אַחֲרֵי הֲכִינוֹ אֶת עַצְמוֹ בְּכָל הֲכָנוֹת אֵלֶּה, אִם יַרְבֶּה לִידָּבֵק בְּתוֹקֶף הָאַהֲבָה וְעוֹצֶם הַיִּרְאָה בְּהַשְׂכָּלַת גְּדוּלָּתוֹ יִתְבָּרַךְ וְעוֹצֶם רוֹמְמוּתוֹ, יַפְרִיד עַצְמוֹ מֵעִנְיְנֵי הַחוֹמֶר מְעַט מְעַט, וּבְכָל פְּעוּלּוֹתָיו וּבְכָל תְּנוּעוֹתָיו יְכַוֵּין לְבָבוֹ אֶל מַצְפּוּנֵי הַהִתְדַּבְּקוּת הָאֲמִיתִּי – עַד שֶׁיֵּעָרֶה עָלָיו רוּחַ מִמָּרוֹם, וְיַשְׁכִּין הַבּוֹרֵא יִתְבָּרַךְ אֶת שְׁמוֹ עָלָיו כְּמוֹ שֶׁעוֹשֶׂה לְכָל קְדוֹשָׁיו וְאָז יִהְיֶה כְּמַלְאַךְ ה' מַמָּשׁ! וְכָל מַעֲשָׂיו, אֲפִילּוּ הַשְּׁפָלִים וְהַגַּשְׁמִיִּים – כְּקָרְבָּנוֹת וַעֲבוֹדוֹת!

וְהִנְּךָ רוֹאֶה שֶׁדֶּרֶךְ קְנִיַּת זֹאת הַמִּדָּה הוּא עַל יְדֵי רוֹב הַפְּרִישָׁה וְהָעִיּוּן הֶעָצוּם בְּסִתְרֵי הַהַשְׁגָּחָה הָעֶלְיוֹנָה וּמַצְפּוּנֵי הַבְּרִיאָה, וִידִיעַת רוֹמְמוּתוֹ יִתְבָּרַךְ וּתְהִלּוֹתָיו, עַד שֶׁיִּתְדַּבֵּק בּוֹ דְּבֵקוּת גָּדוֹל, וְיֵדַע לְכַוֵּין מַחֲשַׁבְתּוֹ בִּהְיוֹתוֹ הוֹלֵךְ וּמִשְׁתַּמֵּשׁ בַּדְּרָכִים הָאַרְצִיִּים כְּמוֹ שֶׁהָיָה רָאוּי לַכֹּהֵן שֶׁיִּתְכַּוֵּין בְּעוֹדוֹ שׁוֹחֵט הַזֶּבַח, אוֹ מְקַבֵּל דָּמוֹ, אוֹ זוֹרְקוֹ, עַד שֶׁיִּמְשׁוֹךְ בָּזֶה הַבְּרָכָה מִמֶּנּוּ יִתְבָּרַךְ הַחַיִּים וְהַשָּׁלוֹם. וְזוּלַת זֶה אִי אֶפְשָׁר שֶׁיַּשִּׂיג מַעֲלָה זוֹ, וְיִשָּׁאֵר עַל כָּל פָּנִים חוֹמְרִי וְגַשְׁמִי כְּכָל שְׁאָר בְּנֵי אָדָם.*

---

* הפוך על הפוך. הדרך להגיע לקדושה - היינו לחוות באופן מוחלט את הפעולות החומריות - היא להתנזר ולפרוש מהן באופן זמני. רק לאחר שנים ארוכות של דחיית סיפוקים ושליטה עצמית, בנוסף ללימוד תורני מעמיק, ניתן לקחת את צדדי החומר ולהשתמש בהם במינון ובאופן הראויים. האידאל היהודי אינו לפרוש מן החיים

וְהִנֵּה מַה שֶּׁעוֹזֵר לְהַשָּׂגַת הַמִּדָּה הַזֹּאת הוּא הַהִתְבּוֹדְדוּת וְהַפְּרִישָׁה הָרַבָּה, כְּדֵי שֶׁבְּהֶעְדֵּר הַמַּטְרִידִים, תּוּכַל נַפְשׁוֹ לְהִתְגַּבֵּר יוֹתֵר וּלְהִדָּבֵק בְּבוֹרְאָהּ.

מַפְסִידֵי הַמִּדָּה הֵם:

חֶסְרוֹן הַיְּדִיעוֹת הָאֲמִיתִּיּוֹת,

וְרוֹב הַחֶבְרָה עִם בְּנֵי הָאָדָם.

כִּי הַחוֹמְרִיּוּת מוֹצֵא אֶת מִינוֹ וְנֵיעוֹר וּמִתְחַזֵּק וְנִשְׁאֶרֶת הַנֶּפֶשׁ לְכוּדָה בּוֹ וְלֹא תֵּצֵא מִמַּאֲסָרָהּ. אַךְ בְּהִפָּרְדוֹ מֵהֶם וְהִשָּׁאֲרוֹ לְבַד, וְיָכִין עַצְמוֹ אֶל הַשְׁרָאַת קְדֻשָּׁתוֹ, הִנֵּה בַּדֶּרֶךְ שֶׁרוֹצֶה לֵילֵךְ, בָּהּ יוֹלִיכוּהוּ. וּבְעֵזֶר הָאֱלֹהִי אֲשֶׁר יוּתַּן לוֹ, תִּתְגַּבֵּר נַפְשׁוֹ בּוֹ וּתְנַצַּח אֶת הַגּוּפָנִיּוּת, וְתִדְבַּק בִּקְדֻשָּׁתוֹ יִתְבָּרַךְ וְתִשְׁלַם בּוֹ.

וּמִשָּׁם יַעֲלֶה אֶל מַעֲלָה גְּבוֹהָה יוֹתֵר וְהוּא רוּחַ הַקֹּדֶשׁ, שֶׁכְּבָר תַּגִּיעַ הַשְׂכָּלָתוֹ לִהְיוֹת לְמַעְלָה מֵחֹק הָאֱנוֹשִׁי.

וְיָכוֹל לְהַגִּיעַ דְּבֵיקוּתוֹ אֶל מַעֲלָה כָּל כָּךְ גְּדוֹלָה שֶׁכְּבָר יִמָּסֵר בְּיָדוֹ מַפְתֵּחַ שֶׁל תְּחִיַּית הַמֵּתִים, כְּמוֹ שֶׁנִּמְסַר לְאֵלִיָּהוּ וְלֶאֱלִישָׁע, שֶׁהוּא מַה שֶּׁמּוֹרֶה אֶל עוֹצֶם הַהִתְדַּבְּקוּת בּוֹ יִתְבָּרַךְ. שֶׁבִּהְיוֹת הוּא יִתְבָּרַךְ שְׁמוֹ מְקוֹר הַחַיִּים, הַנּוֹתֵן חַיִּים לְכָל חַי, וּכְמַאֲמָרָם זִכְרוֹנָם לִבְרָכָה "שְׁלֹשָׁה מַפְתְּחוֹת לֹא נִמְסְרוּ בְּיַד שָׁלִיחַ, מַפְתֵּחַ תְּחִיַּית הַמֵּתִים" וְכוּ' (תענית ב' א').
הִנֵּה הַדָּבֵק בּוֹ יִתְבָּרַךְ דְּבֵיקוּת גָּמוּר, יוּכַל לִמְשׁוֹךְ מִמֶּנּוּ יִתְבָּרַךְ אֲפִילוּ מֶשֶׁךְ הַחַיִּים עַצְמָם, שֶׁהוּא מַה שֶּׁמִּתְיַיחֵס לוֹ בִּפְרָט יוֹתֵר מִן הַכֹּל, כְּמוֹ

אלא - כפי שלמדנו בהקדמה - להגיע למיצוי ערכי שלהם, מה שמתבטא בתחושת עונג אדירה. כבר במדרגות נמוכות אנו יכולים לחוש ניצוץ מתחושת העונג של הקדושה, וזאת באמצעות פעולות חיוביות שאנו מבצעים באופן ובכוונה הראויה - שמעניקות לנו סיפוק ומשמעות.

שֶׁכָּתַבְתִּי. וְהוּא מַה שֶּׁסִּיֵּים הַבָּרַיְיתָא, "וּקְדוּשָּׁה מְבִיאָה לִידֵי רוּחַ הַקֹּדֶשׁ, וְרוּחַ הַקֹּדֶשׁ מְבִיאָה לִידֵי תְּחִיַּית הַמֵּתִים".*

וְאַתָּה קוֹרֵא נְעִים, יָדַעְתִּי שֶׁכָּמוֹנִי תֵּדַע, אֲשֶׁר לֹא כִּלִּיתִי בְּסִפְרִי זֶה אֶת כָּל חוּקֵּי הַחֲסִידוּת, וְלֹא אָמַרְתִּי כָּל מַה שֶּׁיֵּשׁ לוֹמַר בְּעִנְיָן זֶה, כִּי אֵין לַדָּבָר סוֹף, וְאֵין לְהִתְבּוֹנֵן תַּכְלִית. אֲבָל אָמַרְתִּי קְצָת מִכָּל פְּרָט שֶׁבִּפְרָטֵי הַבָּרַיְיתָא, אֲשֶׁר עָלֶיהָ יָסַדְתִּי חִיבּוּרִי זֶה, וְהוּא מַה שֶּׁיָּכוֹל לִהְיוֹת הַתְחָלָה וְרֵאשִׁית לְהַרְחִיב הָעִיּוּן בָּעִנְיָנִים הָהֵם, כֵּיוָן שֶׁנִּגְלָה דַּרְכָּם וְנִפְתַּח אוֹרְחָם לְעֵינֵינוּ לָלֶכֶת בָּם בְּדֶרֶךְ מִישׁוֹר. וְעַל כָּל כַּיּוֹצֵא בָּזֶה נֶאֱמַר "יִשְׁמַע חָכָם וְיוֹסֶף לֶקַח וְנָבוֹן תַּחְבֻּלוֹת יִקְנֶה" (משלי א׳ ה׳). "וְהַבָּא לִטָּהֵר מְסַיְּעִים אוֹתוֹ" (שבת ק״ד א׳). "כִּי ה׳ יִתֵּן חָכְמָה, מִפִּיו דַּעַת וּתְבוּנָה" (משלי ב׳ ו׳) לְהַיְישִׁיר אִישׁ אִישׁ אֶת דַּרְכּוֹ לִפְנֵי בּוֹרְאוֹ.

וְזֶה פָּשׁוּט, כִּי כָּל אָדָם לְפִי הָאוּמָּנוּת אֲשֶׁר בְּיָדוֹ, וְהָעֵסֶק אֲשֶׁר הוּא עוֹסֵק, כָּךְ צָרִיךְ לוֹ הַיְשָׁרָה וְהַדְרָכָה. כִּי דֶּרֶךְ הַחֲסִידוּת הָרָאוּי לְמִי שֶׁתּוֹרָתוֹ אוּמָּנוּתוֹ, אֵינוֹ דֶּרֶךְ הַחֲסִידוּת הָרָאוּי לְמִי שֶׁצָּרִיךְ לְהַשְׂכִּיר עַצְמוֹ לִמְלֶאכֶת חֲבֵירוֹ. וְלֹא זֶה וָזֶה דֶּרֶךְ הַחֲסִידוּת הָרָאוּי לְמִי שֶׁעוֹסֵק בִּסְחוֹרָתוֹ. וְכֵן כָּל שְׁאָר הַפְּרָטִים אֲשֶׁר בְּעִסְקֵי הָאָדָם בָּעוֹלָם - כָּל אֶחָד וְאֶחָד לְפִי מַה שֶּׁהוּא, רְאוּיִם לוֹ דַּרְכֵי הַחֲסִידוּת. לֹא לְפִי שֶׁהַחֲסִידוּת מִשְׁתַּנָּה, כִּי הִנֵּה הוּא שָׁוֶה לְכָל נֶפֶשׁ וַדַּאי, הוֹאִיל וְאֵינוֹ - אֶלָּא לַעֲשׂוֹת מַה שֶּׁיֵּשׁ נַחַת רוּחַ לְיוֹצְרוֹ בּוֹ. אֲבָל הוֹאִיל וְהַנּוֹשְׂאִים מִשְׁתַּנִּים - אִי אֶפְשָׁר שֶׁלֹּא יִשְׁתַּנּוּ גַּם הָאֶמְצָעִיִּים הַמַּגִּיעִים אוֹתָם אֶל הַתַּכְלִית, כָּל אֶחָד לְפִי עִנְיָנוֹ.

---

* כלי נוסף להגעה לקדושה, בנוסף על דחיית סיפוקים, הוא התנתקות מתלות חברתית. היכולת למצוא סיפוק רק באמת לבדה, ללא בקשת אישורים חברתיים, מאפשרת לאדם להתייחד באופן מוחלט עם מהות החיים. מדרגה זו מביאה גם ליכולת "להחיות" דברים שנדמים חסרי משמעות ("מתים"), קרי, לחשוף את הערך שמצוי בכל דבר.

וּכְבָר יָכוֹל לִהְיוֹת חָסִיד גָּמוּר, אִישׁ אֲשֶׁר לֹא יִפְסוֹק מִפִּיו הַלִּימּוּד, כְּמוֹ מִי שֶׁמִּפְּנֵי צָרְכּוֹ הוּא בַּעַל מְלָאכָה פְּחוּתָה. וְכָתוּב "כֹּל פָּעַל ה' לַמַּעֲנֵהוּ" (משלי ט"ז ד'). וְאוֹמֵר "בְּכָל דְּרָכֶיךָ דָעֵהוּ וְהוּא יְיַשֵּׁר אֹרְחֹתֶיךָ" (משלי ג' ו').

הוּא יִתְבָּרַךְ שְׁמוֹ בְּרַחֲמָיו, יִפְקַח עֵינֵינוּ בְּתוֹרָתוֹ, וְיוֹרֵנוּ דְּרָכָיו, וְיוֹלִיכֵנוּ בְּאוֹרְחוֹתָיו, וְנִזְכֶּה לָתֵת כָּבוֹד לִשְׁמוֹ, וְלַעֲשׂוֹת נַחַת רוּחַ לְפָנָיו.

יְהִי כְבוֹד ה' לְעוֹלָם יִשְׂמַח ה' בְּמַעֲשָׂיו.

יִשְׂמַח יִשְׂרָאֵל בְּעוֹשָׂיו, בְּנֵי צִיּוֹן יָגִילוּ בְמַלְכָּם.

אָמֵן אָמֵן אָמֵן.

תושלב"ע*

* למרות שעקרונות ההגעה אל הקדושה משותפים לכולם, ישנו מסלול ייחודי לכל אדם (כדוגמת מסלול של אורח חיים בריא). מי שעיסוקו כל העת בתורה יוכל בקלות רבה יותר לזהות את המשמעות בעיסוקו (אולם יתקשה יותר בניהול חייו החומריים). לעומתו, מי שעוסק בצדדים המעשיים של החיים יצטרך להתאמץ יותר במציאת הערך (אולם יהיו לו על פי רוב תנאי חיים חומריים נוחים יותר). ראוי אם כן לכל אדם להקדיש זמן כדי לזהות כיצד המקצוע שלו פועל טוב בעולם, ולהתאים את חייו לכך. למשל רואה חשבון צריך להכיר כיצד ניהול פיננסי איכותי גורם למציאות להיות ערכית יותר, וככל שישקיע ויהיה מקצוען בתחומו, יגיע לקדושה (כמובן, לצד הקדשת זמן ללימוד תורה); בני זוג שיכירו במשמעות האלוהית של הקשר המשפחתי ייגעו בקדושה דרך מסירותם למשפחתם ככל שידם מגיעה; וכן על זה הדרך.

סיכום

קדושה

הגדרה: התייחדות מוחלטת עם משמעות החיים.

כלים: דחיית סיפוקים, אי־תלות חברתית, לימודי תורני מעמיק.

מוטיבציה: רצון אנושי והשראה שמיימית.

מפסידים: בערות בתורה, חברתיות יתר.

דף תכל'ס לשלב הקדושה

המטרה: התייחדות מוחלטת עם המשמעות

משימות

- המשיכו בלימוד מוסר יומי.
- קבעו זמן מוגדר (חמש דקות לפני השינה) לחשבון נפש יומי.
- פעלו בזריזות ובאומץ בתחומים החיוביים שבחייכם וטפחו אופטימיות.
- תרגלו ירידה לפרטים בתחומים יום־יומיים כסידור מיטה וארגון סדר יום.
- אמצו את הנוסחה: רמת חיים ממוצעת (1-).
- בחרו שלוש פעולות ועשו אותן ללא נגיעות אישיות ("לשם שמיים").
- תרגלו בשלושה תחומים את הנוסחה: שמירה על גדרי ההלכה (1+).
- צרכו חדשות לא יותר מפעם ביום.
- בחרו משימה אחת למען העם היהודי והתמידו בה.
- התרחקו מפרסום עצמי שאינו נצרך.
- הגבירו את המודעות העצמית שלכם באמצעות משוב חיצוני, התרחקו מחנפנים ואל תגיבו להקנטות.
- קבעו זמן ללימודים תורניים ומדעיים שמדגישים את החשיבות האלוהית בכל פרט.
- התרכזו ריכוז מלא בברכות שמלוות כל פעולה.

- התאמנו להתעלם מרעשי רקע חברתיים.
- קבעו זמן מוגדר לחזרה מתמדת על ספר מסילת ישרים, כל אחד במסלול הרצוי לו.

דגשים אישיים

חתימה

אָמַר הַמְחַבֵּר, הַפַּעַם אוֹדֶה אֶת ה׳ אָשִׁירָה וַאֲזַמֵּרָה, אֲשֶׁר עַד הֵנָּה עֲזָרוּנִי רַחֲמָיו לְהוֹצִיא לָאוֹר סִפְרִי זֶה "מְסִלַּת יְשָׁרִים". אֲשֶׁר לְהִתְלַמֵּד בּוֹ חִבַּרְתִּיו, וּלְהוֹעִיל לְשֶׁכְּמוֹתִי – לָרַבִּים נְתַתִּיו, אוּלַי אֶזְכֶּה שֶׁיִּזְכּוּ אֲחֵרִים עַל יָדִי, וְיִיטַב לָהֶם בַּעֲבוּרִי, וְאֶעֱשֶׂה נַחַת רוּחַ לְיוֹצְרִי. וּתְהִי זֹאת נֶחָמָתִי בְּאֶרֶץ תַּלְאוּבוֹת, וְאֶקְרָא שְׁמָהּ רְחוֹבוֹת. כֵּן יֹאמַר ה׳ לָתֵת חֶלְקִי בְּתוֹרָתוֹ – לִלְמוֹד וּלְלַמֵּד לִשְׁמֹר וְלַעֲשׂוֹת .וְחֶפְצוֹ בְּיָדִי יַצְלִיחַ. אָמֵן, כֵּן יְהִי רָצוֹן.

וּתְשׁוּאוֹת חֵן חֵן מִמֶּנִּי יִשָּׂא. אִישׁ אֲשֶׁר כִּלְבָבִי. מְדוּשָׁתִי וּבֶן גָּרְנִי.

עֲטָרָה לְרֹאשִׁי. וְחוֹתָם עַל יַד יְמִינִי. זֶה דוֹדִי וְזֶה רֵעִי. רַבִּי אַלּוּפִי וּמְיוּדָּעִי.

הֲלֹא הוּא הֶחָכָם הַנַּעֲלֶה. כמוהר"ר יַעֲקֹב בכ"ר אַבְרָהָם בָּשָׁן נר"ו.

אֲשֶׁר נִכְנַס בְּעָבְיָהּ שֶׁל קוֹרָה. לְזַכּוֹתֵנִי בַּדָּבָר הַזֶּה מִתְּחִלָּה וְעַד סוֹף. לְהַדְפִּיס וּלְהַגִּיהַּ וּלְהַשְׁלִים. כָּל הַמְּלָאכָה בְּשָׁלֵם שֶׁבִּפְנִים. וּמִשְּׁנֵיהוּ נוֹדָע בַּשְּׁעָרִים שְׁמוֹ. מְהֻלָּל בְּתִשְׁבְּחוֹתָיו וְנִמּוּקוֹ עִמּוֹ. זָרִיז וְנִזְכָּר לְטוֹבָה. עַל כָּל מַגִּיהֵי סְפָרִים. אִישׁ מָהִיר בִּמְלַאכְתּוֹ. בֵּין הַחֲכָמִים מְרוֹם שִׁבְתּוֹ. הֲלֹא הוּא הֶחָכָם הַנַּעֲלֶה.

כמוהר״ר דָּוִד בֵּן לְהָרַב הַגָּדוֹל הַמֻּפְלָא וְהַמֻּבְהָק. כמוהר״ר רְפָאֵל מֵילְדוֹלָה נר״ו.

יְבָרֵךְ ה׳ חֵילָם וּפֹעַל יְדֵיהֶם. בְּכָל אֲשֶׁר יִפְנוּ יַשְׂכִּילוּ. שִׂמְחַת עוֹלָם תִּהְיֶה לָהֶם. יִשְׂבְּעוּ בָנִים. וְהִנִּיחוּ יִתְרָם לְעוֹלְלֵיהֶם. כֹּה דִבְרֵי הַצָּעִיר.

מֹשֶׁה בֶּן כ״ר יַעֲקֹב חַי לוּצָאטוֹ ס״ט.*

---

* ההמלצה לאחר סיום הלימוד בספר מסילת ישרים היא לשוב וללמוד בו מדי יום חמש דקות לפחות. עבודת המוסר אמורה ללוות אותנו כל חיינו, וחזרה ותרגול של ההדרכות בספר נצרכות מאוד.

ניתן להאזין מדי פעם לשיעור שמסכם את עיקרי הספר.

הקלידו ביוטיוב: ״לגעת בקדושה ב־45 דקות - קיצור מסילת ישרים. הרב חגי לונדין״ או הורידו את האפליקציה ״מסילת ישרים״ בחנות האפליקציות.

בהצלחה רבה!

This Could All Go BAD

This Could All Go BAD

SPENCER HALL

BLOOMSBURY
NEW YORK LONDON OXFORD NEW DELHI SYDNEY

BLOOMSBURY YA
Bloomsbury Publishing Inc., part of Bloomsbury Publishing Plc
1359 Broadway, New York, NY 10018
50 Bedford Square, London, WC1B 3DP, UK
Bloomsbury Publishing Ireland Limited, 29 Earlsfort Terrace, Dublin 2, D02 AY28, Ireland

First published in the United States of America in May 2026 by Bloomsbury YA

Library of Congress Cataloging-in-Publication Data
available upon request
ISBN 978-1-5476-1811-8 (hardcover) • ISBN 978-1-5476-1812-5 (e-book)

Book design by Yelena Safronova
Typesetting by Six Red Marbles India
Printed in the United States by Lakeside Book Company

2 4 6 8 10 9 7 5 3 1

This Could All Go BAD

1

THURSDAY NIGHT, 11:04 PM

When there are three quick knocks on my bedroom window at 11 p.m. on the night before my eighth-grade graduation, my first thought is: *I wish I wasn't about to get murdered wearing my oversize Batman sleep shirt*. Maybe my killer will be nice enough to let me change into a cooler outfit before they send me to the afterlife. Or at least something that doesn't have a big grape Kool-Aid stain on it.

My second thought is: *I'm an idiot for keeping my old Little League bat in the closet and not under my bed*. How am I supposed to use it for protection if it's buried behind all my sneakers and board games? Though if my ability to use that bat as a weapon is anything like my ability to hit home runs, it probably wouldn't do me any good. (Apparently, you shouldn't flinch and close your eyes when the ball comes speeding toward you—a skill I never quite mastered.)

This is just my luck. Of course I'd get murdered before I've ever had a chance to do anything cool, like kiss a girl or grow a mustache. Why couldn't this criminal have picked my neighbor's house? Old Man Richards is pushing eighty; he's had plenty of time to do lots of cool stuff. I haven't even tasted sushi!

Two more taps on my window, and every muscle in my body stiffens in fear. With my back to the glass, I do my best to remain perfectly still. Possums can successfully play dead when they're being hunted by predators, so maybe it'll work for me, too. If a seemingly dead possum is enough to make a bobcat lose interest, maybe a young boy who appears to be peacefully sleeping is enough to inspire this criminal to go home, reevaluate their life, give up on crime, and maybe start volunteering at the local animal shelter or something.

I've already been trying to fake my way to sleep for the past half hour, so I might as well keep going. All I wanted was to forget about my stupid black eye and get some rest before graduation tomorrow, but yesterday's humiliating dodgeball game keeps playing through my head on repeat. At least if I get axed by whoever is about to burst through my window, I won't have to show my battered face at the ceremony.

"Jeeeenseeeeen," a hoarse voice whispers.

Aaaand the murderer knows my name. *Great.* Maybe it's that guy I accidentally bumped into at the coffee shop and made spill his drink, or maybe it's that old woman who yelled at me for riding my bike on the sidewalk. She's going to break in and whack me with her walker that has those tennis balls on the legs until I have little round bruises all over my body.

Or what if it's not a human at all? That thought sends a wave of chills through me. What if our house is built on an ancient burial ground, and now the souls of the dead are rising up for vengeance because we unknowingly put a birdbath on their grave?

There's another knock, and this time the voice says, "Jenseeen, we've got Cheetooos."

Okay, a ghost with snacks? Seems unlikely.

Feeling fairly confident that I'm not about to get murdered, I turn over and toss off my blankets. As I move toward the window, I spot a smiling face peering in under the bottom of my blinds. I pull them up, and there on the other side of the glass is one of my best friends, Maleek, his white teeth in sharp contrast with his dark-brown skin. He's wearing a navy blue hoodie, the hood of which is flipped up over his hair. Suddenly, he flicks on a flashlight, illuminating his face from beneath his chin, making him look a lot like the ghoul I briefly thought was about to kill me.

"Jeeeenseeeen," he moans in a gravelly, quivering voice. "You are being summoned." Maleek presses the tips of his fingers against the glass and starts twitching them like some kind of possessed zombie.

"Summoned for what?" I ask, confused. I unlock the window and crack it open. Maleek has done some pretty wild stuff since I've known him, but he's never shown up at my house in the middle of the night.

"Summoned for a mission," he answers, dropping the whole spooky-killer voice. "We need you."

"Who's 'we'?" I ask.

Maleek points his flashlight to the bushes at the edge of my yard and flicks the light twice. Our friend Cooper emerges from the greenery dressed in dark jeans rolled at the cuffs and his favorite theater camp T-shirt. He jogs across the lawn, smiling big and waving half a bag of Cheetos, his shaggy blond hair bouncing the whole way.

"You guys have flashlight signals?" I ask.

"Oh yeah, gotta have signals," Maleek confirms. "Two flashes means 'The coast is clear.' One flash means 'Hold current position.'"

"That's all we have so far," Cooper confesses, panting a little as he reaches the window. He has a flashlight of his own tied around his shoulder with some yellow rope. It looks like a boxy relic from the '90s—seafoam green and sporting a big plastic handle. "Might need more for this mission, though."

"What mission?"

Maleek tucks his flashlight back under his chin, lighting up his face again. He drops his voice in a dramatic way, like he's doing the voice-over for a movie trailer. "Jensen Chapman, prepare yourself for a night none of us will ever forget."

Cooper drops the bag of Cheetos and matches Maleek's pose with his own flashlight. "A night of adventure."

"An evening of antics," Maleek says, waving one arm theatrically.

"An escapade of excitement."

"A rebellious romp."

They're trading off so quickly and with such perfect timing that it's obvious this little play has been rehearsed. "Did you guys script this?" I ask.

"We may have workshopped a few ideas in the bushes over there," Cooper admits.

"He made me call it a romp," Maleek says with a groan.

"What's wrong with calling it a romp?" Cooper gives Maleek's shoulder a defensive slap, and then they descend into bickering.

This is pretty typical for them. They often get wrapped up in these little fights, like earlier today when Cooper insisted that a hot dog is a sandwich, and Maleek's head nearly exploded. Usually when they argue like this, I tune them out or wander off to find a snack, but considering they might get loud enough to wake my parents, I decide it's best to break this up.

"Hey," I say, snapping my fingers between their noses. "Are you going to explain this whole mission thing to me or are there more elaborate flashlight signals I'm supposed to interpret?"

Cooper glances out at the empty street. "Can we explain inside? I don't want to get busted out here."

"Yeah, let us in before someone calls the cops," Maleek adds.

"Why would someone call the cops?" I ask, already pushing my window open the rest of the way.

"Uh, a Black teen sneaking around at night, peeking in windows? Old Man Richards would definitely call the cops." Maleek flips the hood of his sweatshirt off, revealing his short braids that are bleached an orangish blond at the tips. He takes hold of my windowsill, places one sneaker on the side of my house, and then hoists himself inside.

"He wouldn't call the cops. He's nice," I say, feeling like I should defend my neighbor who, moments ago, I was willing to sacrifice to an imaginary murderer if it meant sparing my own life.

"I'm pretty sure he's killed a few guys," Coop says, tossing the bag of Cheetos into my room.

"What?" I ask.

Cooper pushes the upper half of his body through the window. He has about twenty pounds on me and Maleek, so we each grab an arm to help pull him inside. "Well, he was in the army, right? Pretty good chance he killed at least one guy."

"No, he was in the navy," I correct.

"Ooh," Cooper grunts as his stomach slides across the windowsill. "Then maybe he's harpooned a guy."

"I wish I had a harpoon," Maleek says. "You think they sell 'em on Amazon?"

As Cooper clears the window ledge with one final yank from me and Maleek, we all crash to the floor and knock up against my bedside table, sending my lamp and alarm clock tumbling. I try to catch them, but it's useless. They hit the floor with a nasty clatter, though thankfully neither breaks. Cooper grimaces and Maleek starts to apologize, but I cut him off by giving him a stern look and slashing my hand across my throat. It may not be as sophisticated as a flashlight signal, but they both know the universal sign for "shut up."

For several moments, Maleek, Cooper, and I sit motionless on the floor, listening, looking at nothing but each other. In the quiet, my own nervous heartbeat pounds in my ears. I fully expect to hear my parents making their way down the hall to investigate the noise. I don't know exactly how they would react if they found out I've snuck my two best friends into my room after lights out, but I can't imagine they'd put on a movie and offer to make us all hot chocolate.

The second hand on my alarm clock counts off twenty ticks, and mercifully the house remains quiet. I slowly ease myself up and tiptoe to my door, opening it just enough to get a good look down the hall at Mom and Dad's room. Their door is shut, and it looks like the light is off. I might even hear Dad snoring. My older sister, Maddy, is out at the senior class lock-in at the high school, so I don't have to worry about her.

"Well, that was graceful," I say, shutting the door and turning back to my friends. They're already getting my clock and lamp resituated.

"You should think about installing a stepladder outside," Maleek suggests.

"Yeah, that would have made this whole thing a lot easier," Cooper agrees.

I've never considered needing to make access to my window easier for guests. "Are we not using doors once we hit high school?" I ask as I plop down on the end of my bed. "Is this going to become a regular thing?"

They share a look. "Guess it depends on how tonight goes," Maleek says with a shrug. "Nice Batman pajamas, by the way."

"Thanks," I say, reflexively crossing my arms over my chest to conceal the Kool-Aid stain. "But you still haven't told me what this whole romp thing is."

Maleek pulls a small piece of paper from his back pocket and, with the flick of his wrist, flips it open like a tiny flag. He displays the page with a huge smile, the same way a spokesperson would show off a new credit card in a TV commercial. There, in loopy purple handwriting, is a message—*Tonight we settle things for good. Corner of Ridge and Adams. Midnight. Bring your boys!*

I look back at Maleek, waiting for him to explain further, but he just keeps silently smiling like this note is supposed to answer everything.

"I don't get it."

"This," Maleek says, giving the paper a little tap as he places it on the bed between us, "is our invite to a night that's going to change our lives."

"It's from Priya," Cooper says, cutting to the chase. That's all the info I need to put the rest of this puzzle together.

Maleek Osborne and Priya Nadar have been locked in a battle for months, taunting each other with ridiculous dares all over school. I don't even know exactly how it started, but it seems like every other week there's a new challenge.

There was the time Priya dared Maleek to hold Vice Principal Awford's hand for a whole thirty seconds. Maleek walked up to him and shook his hand as a greeting, and then continued to shake it nonstop as he babbled on about the weather and homework until Awford eventually forcefully ripped his hand away at the thirty-three-second mark. Then there was the time Maleek dared Priya to do a flip off the lunch table, which he claimed should be easy for a cheerleader like her. Priya got a couple of her friends to distract the lunch monitors and then she got up on the table and did it with basically zero hesitation. It was like watching a stuntperson work in real life.

By my count, they've both completed at least a dozen different dares. And Maleek never backs down, because keeping the game going means he always has a reason to talk to Priya. They like to pretend they can barely stand each other, but it's pretty obvious to everyone else that it's just their way of flirting. Both too stubborn to actually admit their feelings.

But this is different. *Bring your boys?* Maleek and Priya's little game has never involved anyone else before. Why are Cooper and I getting roped into this now?

"She gave this to me during graduation rehearsal today." I can tell from the way Maleek's bouncing a bit that he's excited. This is exactly the sort of thing that gets him pumped up—intriguing, mysterious, a little dangerous. It's also the sort of thing that makes me nervous and sweaty. I've been more than happy to cheer on Maleek from the sidelines as he completes his dares, because none of them have ever involved *me*, but now suddenly I'm supposed to go wandering out into the night with him just because Priya says so?

"But . . . but how do you even know this is real? What if it's just a prank and Priya has no intention of showing up at all."

"Oh, it's very real. Check this out."

Maleek pulls up a text thread on his phone, and the latest message is from Priya. The text is simple—See you tonight—sent with a picture. From the screen, four girls stare me down. Priya is right in front, her brow furrowed and her mouth fixed in a frown to let us know she means business. On her right, holding up the phone, is Prudence McAllister, a blond girl from our class who has risen in the ranks of popularity despite her unfortunate name. In the back is a girl I don't recognize. She looks a bit like Priya—same olive skin tone and similar round face, though maybe slightly younger—so I assume they must be related.

Then, just over Priya's right shoulder, is the face of a girl I wasn't expecting, a face I've been dreaming about for months. *Leslie Chen.*

2

THURSDAY NIGHT, 11:17 PM

"There it is," Maleek says, smiling at me from behind his phone. "I thought you might be interested once you saw the guest list Priya lined up."

I bite down the grin that's formed unsummoned on my lips and continue to study the photo. All the girls are dressed in dark colors, and they've painted little black lines below their eyes, like they're embarking on a serious black-ops mission. Leslie's chocolate-brown hair is piled into a messy bun on top of her head. She's smiling genuinely and holding up a peace sign—a stark departure from Priya's stern expression. I look to Cooper, who I know is more sensible than Maleek. "This is real?"

"I'm here, aren't I?" He punctuates his sentence by tossing a Cheeto into his mouth and chomping down. "Seems real to me."

"Look," Maleek says, shaking his phone at me. "You can tell from the picture, they're already out there." He motions to the street beyond my open window. "*Leslie* is out there." He gives my arm a couple playful slaps with the back of his hand, like I should be all excited, but I'm not.

Yeah, I've had a crush on Leslie for a few months, but I can count the number of real conversations we've had on one hand with fingers to spare. I'm sure she's not interested in some loser with a black eye showing up when she's just trying to have a fun night with her friends.

"Leslie doesn't want to see me," I say, my hand dabbing at my tender bruise.

"Why would you say that?" Cooper asks. "Just because of what happened during dodgeball the other day?" He says it flippantly, like it wasn't the most humiliating thing I've ever experienced at Parkers Mill Middle School.

During this last week of school, it's been obvious that our teachers are just running out the clock. With all our tests and major projects behind us, the adults are longing for summer break just as much as the students. Most of them just put on a movie and then spend ninety minutes scrolling online for cheap flights to the beach while we watch *Toy Story 3* for the third time.

PE is no different. At the start of each class, Coach Welling has been blowing her whistle, announcing the name of whatever sport she wants us to play, and then taking a seat and cracking open some book with a very muscular shirtless guy riding a horse on the cover. With Welling checked out, there's been a power vacuum, and Duncan Pescadero and the other guys who are *reeaally* into sports were all too eager to fill the void.

Unfortunately, their collective competitive rage is off the charts. During kickball on Monday, they yelled at Henry Tompkins for not running fast enough even though he has asthma, and on Tuesday flag football basically turned into tackle football with all of them diving at each other while the rest of us desperately tried to stay out of the way. Generally, I try to put in *just enough* effort to stay off their radar, but yesterday was the worst. Dodgeball day.

I don't like dodgeball under normal conditions. I'm certainly not one of those brave charge-toward-the-front-lines-right-at-the-blow-of-the-whistle types. I'm more of a hang-out-in-the-back-and-feed-the-balls-to-the-better-throwers guy. But that's a hard role to play when Duncan and his friends stacked the deck so they could all be on the same team and beam the rest of us with fastballs.

I wish I could say what happened was some inspiring underdog story where us average players summoned all the courage in our hearts and miraculously outmaneuvered the Goliaths on the other side of the gym, but that would be a lie.

What happened was absolute carnage.

You know those war movies where the army guys are storming up the beach, but they keep getting mowed down by enemy machine-gun fire? That's what it was like.

My friends got taken out in the first wave. Maleek took a shot to the ribs, and Cooper got drilled in the leg when they both ran forward to grab the balls right away. They crawled off to the sidelines to tend to their wounds and encourage the rest of us to fight on, like generals on their deathbeds.

With our best players out of the way, Duncan and his friends started firing fast and hard. They would stand right at the centerline and take their time to wind up their pitches, knowing they were practically invincible. In the beginning, a lot of the balls didn't even come close to hitting us. They would strike the back wall several feet above our heads, but the speed was enough to make us all scatter, and the sound was loud enough to rattle my teeth. Like a cat with a trapped mouse, they toyed with us for a bit, laughing each time we would scurry away in fear. But soon they got more serious about picking us off.

It was ugly and terrifying. I saw the best minds of my eighth-grade class destroyed by dodgeballs, bruised and hysterical, dragging themselves across the basketball court looking for protection.

First, Alejandro Ortega took an unfortunate shot to the crotch, which dropped him to the ground. Duncan and his boys pointed and laughed as Maleek ran in to help ease him off the court. Max Sullivan got hit in the stomach so hard that he had to rush over to the garbage can to throw up his lunch. A lot of people started pretending to get hit just to avoid getting annihilated. If a ball even came close, they would just lie and say it grazed them so they could go sit down.

Looking back, I should've done that, too. Normally, I'm great at avoiding scary or uncomfortable situations. In fact, I'm sort of an expert. Whenever I'm feeling nervous or worried, I have no problem pretending I have other plans or lying about a call from my mom demanding I come home "right this instant," because facing my fears is not something I have any interest in. My mind is constantly full of little disasters, predicting everything that might go wrong in any given situation. It's not something I do on purpose; it's just how my brain works. The negative thoughts take over and pull me along for the ride. I call them "Dread Spirals," because once I get started it's easy to slide all the way down to the worst possible scenarios, no matter how unlikely.

During dodgeball, it was easy to imagine all the ways things could go horribly wrong. I could end up with a broken nose, or I could get beamed in the stomach with such force that it jostled all my internal organs and made me pee my pants.

But what kept me in the game was Leslie Chen on the sidelines, watching. Despite the ocean of dread sloshing around my insides, I couldn't give up. Not this time.

I've had this crush on Leslie ever since we sat next to each other on the bus during our class field trip to the aquarium a few months ago. Talking with her during that bus ride, it felt like we had a connection. Unfortunately, we haven't really spoken since that day. Mainly because I've been too chicken. To be honest, even if Leslie was waving at me and holding a sign that said "Jensen, please come talk to me," I'd probably find a way to convince myself that she was talking to some other Jensen standing behind me. I like to think I'm playing the long game. Right now, she knows my name, which is a good start. Maybe in a few years we'll swap phone numbers, and then things will ramp up to first-date territory right about the time we're ready to graduate college. No need to rush.

Unfortunately, my misguided attempt to impress Leslie led to disaster during the game, a scenario so embarrassing even my Dread Spiral couldn't see it coming. Somehow, I managed to duck and dip away from danger while all my teammates were picked off, leaving me as the sole survivor on our side. As the last man standing, I had all the hopes of my team winning resting squarely on my admittedly weak shoulders, and I became the singular focus of the other side.

"You got this, Jensen!" Cooper yelled from the sidelines.

"You can do it!" Maleek screamed, with his hands cupped around his mouth.

I did my best to look focused and unfazed as I stared down my opponents, despite the sheen of sweat making my shirt cling to my back. When it comes to competition, my mom and dad always say it doesn't matter if you win or lose, as long as you try your best. I don't think that idea has really caught on at Parkers Mill Middle School. My classmates seem to only care about results, and I had a feeling that being the target of a dozen dodgeballs was mainly going to *result* in me making a trip to the emergency room.

When I glanced over at Coach Welling, hoping she would call an end to the game since it was obvious who was losing, she was still reading her book and fanning herself with her hat. Guess she was feeling the heat, too.

A fastball soared my direction, and I shifted my weight to the right quick enough to maneuver away from it. Another flew at my feet, and I somehow managed to jump over it. A few people on the sidelines cheered, and one small optimistic thought penetrated my otherwise petrified mind: *Maybe I can do this. Maybe I can win.*

Someone from the other side tossed a ball, but they must've had a bad grip because it wasn't as fast and focused as the others. Despite my pulsing instinct to move away, I chose to put myself directly in the ball's path. As it collided with my chest, I squeezed my eyes shut and hugged myself tight.

"Yeeees!" Maleek shouted, pounding his palms on the floor.

When I opened my eyes, I realized I had managed to catch the ball, successfully taking out one of my opponents. My chest was stinging, but I barely felt it because in that moment I made eye contact with Leslie. That's when the best thing happened.

Leslie smiled wide and started cheering for me. "Let's go, Jensen!" *Clap, Clap, ClapClapClap.* "Let's go, Jensen!"

In a flash, the chant caught on and my whole team started yelling it. Pride and delusion swirled inside me. That small hopeful thought suddenly ballooned into something much bigger. I became convinced that, in an instant, I had transformed into a dodgeball prodigy. This was the moment I'd been waiting for. I would single-handedly take down the other side, and then all my teammates would lift me onto their shoulders and parade me around the school. Leslie would finally see me for the true hero I am, and we would make out in the back of Vice Principal Awford's Toyota Camry.

I may have been getting a little ahead of myself.

Unsurprisingly, getting distracted and caught up in a daydream is something you should *not* do when you're the underdog in the middle of a very aggressive game of dodgeball. I barely had a moment to enjoy my fantasy of kissing Leslie when a flying red sphere filled my vision. The last thing I remember is Duncan Pescadero cackling as my legs gave out.

The details are fuzzy, but Maleek says my head bounced off the floor higher than the ball. Apparently, the sound of my skull crashing into the hardwood was enough to pull Coach Welling from her book, because when I came to, I was staring up at the gym rafters and she was peering down at me . . . along with twenty-five of my closest friends. The expression on Coach's face was the same one all adults get when something is bad but they desperately don't want you to freak out—a fake smile with undeniable panic behind the eyes.

Maleek and Cooper ushered me right away to the nurse's office, where I sat with an ice pack pressed to my head while the faces of my classmates burned in my mind. Most had given me pitying looks, while the jocks made little effort to hide their giggling. What hurt the most, though, was that Leslie didn't look my way at all, obviously embarrassed she had ever cheered my name. Instead of a parade around the school, the only thing I earned from dodgeball was a fat black eye.

Which is why I will definitely not be leaving my room tonight.

3

THURSDAY NIGHT, 11:20 PM

"Are we supposed to be wearing ties tomorrow?" Maleek asks, eyeing my freshly ironed shirt and the tie Mom bought me hanging next to my closet.

"I think graduation is semiformal," Cooper says.

"What's *semi*formal mean?" Maleek asks.

Cooper gestures with a Cheeto. "Like a tie, but not a whole suit."

"Jens, do you have a tie I can borrow?"

"Oh, I, uh, only have the one," I stammer, snapping out of my dodgeball PTSD flashback.

Maleek pivots to Cooper. "Are you wearing a tie?"

Cooper nods enthusiastically. "A bow tie!"

"Daaaang, fancy. I'm gonna look like a bum compared to you guys." Maleek means it as a joke, but his face falls a little after he says it.

Things have been tough for Maleek's family ever since his dad lost his job back in January. He doesn't really talk about it, but I've noticed small changes. Like the way he brings lunch from home now instead of buying anything in the cafeteria, and the way he always suggests playing video games or chilling at the skate park rather than going to the movies or something else that requires money. I don't really know how to deal with money issues, mainly because I technically don't have any money myself. Mom and Dad don't give me an allowance, but they always pay if I say me and the guys want to go bowling or play minigolf. I wish I could do more to help Maleek, but I don't really know how.

"My dad probably has an extra tie," I offer. "Though most of his tend to have cartoon characters on them. How do you feel about Snoopy?"

"Eh, don't worry about it," Maleek says. He waggles his eyebrows a little as he cradles his chin with his thumb and forefinger. "No one really cares what you wear when you have a face this beautiful anyway."

Wish I could say the same about my face. I touch the tender spot around my eye, silently hoping the swelling will go down and the yellow-purple hues will magically dissolve in the next twelve hours. When my older sister, Maddy, saw my face, she promised she'd help me cover it up with some makeup for the ceremony, but that can only go so far.

"All right, Jensen, so what do you need to do before we head out to meet up with the girls?" Maleek asks, giving my shoulder a little shake. "Do you need to pace around and process things for a bit? Do you need to make a pros-and-cons list? I have a playlist I use to get pumped up before my soccer games if you want me to put that on."

He and Cooper are both very familiar with my infamous Dread Spirals. Catastrophizing everything that could (and probably will) go wrong with nearly every decision I'm forced to make is basically my superpower. There have been plenty of times when the guys have tried to convince me to join them in something stupid or scary, and I responded by launching into a Shakespeare-length monologue about *how* it's stupid and scary. It happened last summer when the carnival rolled through town, and they rode every towering ride while I watched from the ground and ate greasy funnel cake because I don't trust hastily constructed metal death traps. And it happened when Cooper had his birthday at the rock-climbing place, and I barely scaled past the kid's area while everyone else was practically dangling from the rafters. They go ahead and do the thing anyway and usually have a great time while I sit on the sidelines.

Tonight, though, I don't need to give some elaborate speech about why sneaking out is a bad idea. I have a very practical excuse. My eyes dart to my alarm clock. "Guys, the only thing I can do tonight is go to bed. It's way past my curfew."

"It's past our curfews, too," Maleek says with a shrug. "But here we are."

As good as my Dread Spirals are at coming up with every worst-case scenario, Maleek and Cooper are just as good at debunking them. And I have a feeling they won't be going down without a fight.

Welcome to tonight's main event, folks! It's the Debate-a-Mania that will decide if the boys get the doctor-recommended amount of sleep or if they risk life and limb to journey out and meet up with the girls.

In one corner of the ring, standing at just over five feet tall, we've got Jensen "The Wet Blanket" Chapman. With his already-battered face, who knows if he stands a chance against his tag-team rivals? We're about to find out, because in the other corner, it's those courageous comrades, those gutsy go-getters, those fearless rising freshmen, Maleek and Cooper!

"My parents would kill me if I snuck out," I say.

"How would they know?" Cooper asks.

Oh, Jensen has come from his corner swinging. You can tell he was feeling pretty confident about that first jab, putting the blame on ol' Mom and Dad like this whole thing is totally out of his control, but Cooper was easily able to dodge the attack.

"Yeah," Maleek says. "You think your parents come in and check on you in the middle of the night?"

I shrug. "Maybe. I think my mom has some attachment issues. She kind of cried when she had me try on my new tie."

Cooper grimaces. "Yikes."

"But isn't your sister out all night?" Maleek asks. "Seems like a double standard to keep you in your room."

And Maleek comes in with the right hook, bringing up his opponent's sister. This can't be a surprise to Jensen, since Maleek has been crushing on Maddy ever since she kicked his butt in a round of Super Smash Bros. last summer. He clearly has a thing for powerful women.

"Maddy's at the senior class lock-in at the high school," I say. "It's a school-sponsored event, and she's four years older than me. Plus, I'm my mom's little boy. What you're talking about is way different."

Maleek shakes his head. "What we're talking about is a once-in-a-lifetime opportunity." He grabs my shoulders and shifts my body toward him, so he knows he has my full attention. "It's not like girls invite us out every week, Jensen. Plus, tomorrow's the last day of school. If you don't talk to Leslie tonight, you could lose your chance forever."

Oof, Maleek landing a major blow to Jensen's ribs. He's gotta be feeling that.

"*Forever* is a little dramatic," I say. "I mean, we have all of high school."

Maleek and Cooper are both quiet for a moment, neither really looking at me. I've become very familiar with this pause. It's the beat when they try to decide if it's worth it to keep trying to get me to have fun or not.

It's not like I want to be this way. I would love to be someone who throws caution to the wind every once in a while and doesn't think about the consequences of every choice I make, but I'm just not that person. It's like fear has a stronger grip on me than it does on everyone else. It digs its claws in and wrestles me to the ground every chance it gets. So instead of being some adventurous daredevil, I'm the kind of person who crosses the street only at designated crosswalks and waits thirty minutes to swim after eating so my food has adequate time to digest.

I know this bothers Maleek and Cooper sometimes, even though they're usually cool about it. And now, as they have a silent conversation about whether or not to leave without me, guilt starts to creep in. Once again, their friend Jensen is ruining what could be a good time by being a coward. The thought makes my head dip, eyes trained on the carpet.

Cooper clears his throat. "I think what Maleek is trying to say is, you have to take advantage of the present. I mean, what's better? Spending the next three months daydreaming about seeing Leslie on the first day of freshman year only to find out she got some hot boyfriend over the summer who works out and plays guitar? *Orrrr* letting her see how cool and brave you are by showing up tonight and potentially becoming her boyfriend?"

"Before she dumps you for that guy who works out and plays guitar," Maleek jokes. Cooper tosses a Cheeto at his face.

Obviously the second option sounds better (minus the getting dumped part), but before I can even attempt to fight it, that familiar anxiety starts yanking me down.

What if we don't even make it to the girls? It's not like wandering the night alone is super safe.

What if Leslie's not impressed by me showing up? Maybe she has absolutely no interest in seeing the loser from gym class with the black eye.

What if we get all the way there and I just end up making an idiot of myself? I don't exactly have a stellar track record when it comes to talking to Leslie. *What if I can't even work up the courage to make conversation with her?*

Wow, it seemed like Maleek and Cooper maybe had Jensen on the ropes. They were landing powerful hits by bringing up Leslie, and Jensen was looking winded. But now his tag-team partner has run into the ring. It's the notorious Dread Spiral!

I glance over at the mirror mounted to my closet door, catching a glimpse of myself. My brown hair is messy with bedhead, and my upper body is swallowed up by my sleep shirt. My right eye dark and swollen. This is not the reflection of someone who is "cool and brave," as Cooper put it. This is the reflection of a guy who sticks to his bedtime and has a mom who picks out his graduation clothes. I'm not sure it's even *possible* for me to be cool and brave.

"You guys know I'm not good with this kind of stuff," I say.

"Just because you haven't been the most adventurous person in the past doesn't mean you have to stay that way," Maleek says.

"But what if it does?" I ask, my eyes still on the mirror. "What if who I am now is who I'll always be?"

They're silent for a minute, then they look at each other and laugh, giggling so hard it makes me worry my parents might wake up. After I shush them, Maleek says, "Dude, you're fourteen. There's no way this is who you'll always be. We're all gonna change."

"It's true," Cooper says. "Remember last year when Bridget Anderson was tiny and then she grew, like, seven inches over the summer and now she's almost dunking on the boys during basketball?"

"Or remember how I used to hate the texture of scrambled eggs, but now I eat them all the time?" Maleek says.

"Or what about when we all thought Gilbert was really shy, but then we had that public speaking unit in English and it turns out they're actually hilarious?" Cooper says. "They've got a few thousand followers on YouTube now."

"Okay, okay," I say, cutting them off. "I see your point."

The truth is I've been thinking about change a lot lately, but just because everything *can* change doesn't mean I *want* it to. Only certain things. Like, I'd gladly take getting braver and dating Leslie, but I don't want anything to change with me, Maleek, and Cooper. That's one of the reasons I'm worried about high school next year. We'll be in a bigger place with more students, and I'm half convinced it's just a matter of time before my friends meet cooler people who will jump at the chance to sneak out with them in the middle of the night. And then they can leave me behind.

Oh boy. The Dread Spiral is laying out a blanket and pouring little cups of tea. That can only mean one thing: he's getting ready for his finishing move—The Pity Party! I don't think Maleek and Cooper will be able to come back from this one!

I collapse back onto my bed and let my arms fall across my eyes. "I don't know, guys. Doesn't this seem kind of . . . stupid?"

"Yes," Maleek says. "But just because something is kind of stupid doesn't mean it's not worth doing. If you only ever do things that are safe and practical, you're not going to have a very interesting life. What if Neil Armstrong had said going to the moon was stupid? What if Benjamin Franklin thought flying a kite in a thunderstorm was stupid? What if Christopher Columbus thought sailing across the ocean was stupid?"

"Well, then maybe the native population of the Americas wouldn't have been decimated by war and disease," I say.

"Okay, that last one was a bad example, but the other two were solid, right?" Maleek lifts Priya's note over me and lets it slowly descend to my chest. I take the page and read it over again.

"We can't make you go," Cooper says. "We'll just tell Leslie you say hi and see you at graduation tomorrow, I guess."

I jolt upright. "You guys are really doing this? I mean, Cooper, come on, what's the draw for you? You don't even like girls."

"Uh, correction," he says, lifting one finger in the air. "I don't really like anyone . . . except you guys, of course. And Maleek's my friend, so I'm going to help him."

Wow, just when we thought this match was over, Cooper has caught a second wind and is coming in strong. A deadly left-and-right combo of FOMO and guilt. The debate athleticism is unmatched. I would say

I'm surprised, but Cooper is known for that scrappy theater-kid energy!

Maleek turns serious. "I have to do this, Jens. Priya has given me twelve dares this year, and I haven't backed down from a single one. If I chicken out now, there will be terrible consequences."

"Like what?" I ask.

"If it comes to that, believe me, you'll know." He moves toward the window. "Sleep tight, Batman."

I stare down at my pajama shirt. The irony of being a big fan of the Dark Knight is not lost on me. Batman is a guy who literally spends his free time sneaking around in the shadows at night and throwing himself headfirst into danger, yet the riskiest thing I've ever done is eat our cafeteria meatloaf. Maybe I could take a lesson from Bruce Wayne. I know I shouldn't base all my life decisions on trying to be more like Batman, because that guy could really use some therapy, but maybe I can be a little more like him for one night. Maybe I can take one step toward his end of the spectrum.

As Maleek and Cooper start easing their way out my window, I see my worst fears laid out in front of me—they're leaving me behind. Except I'm the one pulling away right now. They're here, begging me to hang out with them, and I'm choosing to just go to sleep instead. Just yesterday, Maleek and Cooper were by my side in the nurse's office while basically everyone else was back in the gym laughing at me, and now, when they want my help with something that's important to them, I'm just going to say no?

"Hold on," I say, walking to my dresser and pulling out my

favorite pair of dark-blue shorts and striped T-shirt. "I'm coming."

As I strip off my pajamas and change into something vaguely more suitable for a night of mischief, I know this whole thing could go terribly wrong. The pull of the Dread Spiral is strong, and I can already feel the temptation to say "Never mind" and crawl back into bed. But I'm willing to fight my way through the Dread Spiral for my friends.

Hold on to your hats, folks! In an incredible upset, the dynamic duo of Maleek and Cooper have out-debated Jensen. We've heard whisperings and rumors of this, but it was truly a sight to behold here in person. Something tells me this is the start of a whole new era!

In the mirror, I run my fingers through my hair to try to smooth my bedhead. Maleek and Cooper are reflected behind me, doing a small celebratory dance together now that they've won me over. There's a tiny spark of exhilaration in my chest. A small rebellious voice in my head that usually gets drowned out by anxiety is cheering me on.

I turn back to my friends and hold my arms out wide. "Well, are we going or not?"

4

THURSDAY NIGHT, 11:39 PM

By the time we're at the end of my block, the regret is already creeping in. I've never snuck out before, and nervousness wraps around me like Doc Ock's arms around Spider-Man.

Some people say when they're nervous it feels like they have butterflies in their stomach, but that honestly sounds like a relaxing summer picnic compared to what I've got going on. When I was little, my parents took me to the circus, and I watched between my fingers as three guys rode motorcycles around inside a circular metal cage. They were going so fast and the space was so tight that I still don't know how they didn't collide with each other. That's what my gut feels like right now, all heat and pressure, just waiting for the crash.

As we walk down the empty street, Maleek and Cooper talk and joke as they pass the half-empty bag of Cheetos back and forth. They offer it to me, but I decline, convinced if I eat any my anxiety will have me vomiting a pile of orange in no time. This whole thing seems too easy. Getting out of my house was as casual as opening the window and climbing out. Making our escape was as simple as darting across my lawn and jogging to the end of the block. I guess I thought there would be more lurking and army crawling involved. I was half expecting a silent alarm to go off as soon as we crossed the edge of my yard, alerting the authorities to our location. But here we are, three unaccompanied teens walking down the sidewalk in the middle of the night as the world spins on like it always has.

There's got to be some sort of citywide curfew for minors that we're breaking. If my parents happen to discover I'm not in bed, they're going to lose it. I probably should have left a note or stuffed some clothes under my blankets so it looks like I'm still sleeping if they peek into my room. Mom and Dad have been keeping tabs on me with one of those tracking apps since forever, but they always take my phone at night so I'm not up scrolling until dawn, so I guess they can't track me now. Unless they've planted some sort of chip inside me, but that seems pretty far-fetched even for them.

Also, since I don't have my phone, I can't call for help if something terrible happens. *Man, I really hope this goes smoothly.*

Even though I've walked down this sidewalk about a million times, tonight the whole neighborhood is giving me the creeps. Normally it feels like any boring, ordinary suburb, but the darkness and eerie silence cast a sinister shadow over everything. In the moonlight, every house looks like a haunted nightmare, and I'm searching the branches of all the trees, fully expecting to see some demon with glowing red eyes ready to attack. I know Cooper's had some stage-combat training at theater camp, but I really don't think that's going to be helpful in defending us against a supernatural evil from the third circle of hell.

Maleek must notice how jumpy I am because he moves over and places an arm around my shoulder. "It's gonna be okay, Jensen," he says, tossing the Cheetos back to Cooper. He wipes his orange fingers across the front of his hoodie, and then places his hand squarely on my chest. "It might not feel like it, but this is simply the first step toward you becoming a true badass."

I snort. I can think of plenty of labels to describe myself—awkward, anxious, owner of shoes with built-in arch support—but "badass" doesn't exactly rise to the top of my list. Pretty sure I almost got voted "Most likely to be carrying spare hand sanitizer" for our yearbook superlatives.

"Lies should have at least *a little* truth to them if you want someone to believe them," I tell him.

"Think of it this way," Cooper says. "You could be safe and sound in your bed right now, but instead you're out here. Sneaking out! Breaking the rules! Seems pretty badass to me."

Maleek holds his hand forward as we walk, casting a vision. "And just picture it. When we meet up with the girls tonight, you're going to be like Leslie's knight in shining armor. And you know how great knights are."

While most of us have moved past our fascination with knights and Round Tables and dragons, Maleek has remained mildly obsessed. Has been ever since his dad took us to Medieval Times for his tenth birthday. Cooper and I thought it was cool to watch the dudes on horses charge each other with lances and stuff, but Maleek loved it way more. He felt it on a spiritual level or something.

Ever since, he's insisted we go to the Renaissance Faire each summer (which, okay, I also enjoy), and this last year I swear I heard him ask one of the knights how to become a professional jouster. More power to him if that's his dream. The little mechanical horse that rocks kids outside the grocery store is about as close to jousting as I want to get. I will not be pursuing any activity that involves purposely getting hit by a weapon and possibly getting trampled by a large animal.

"Knights in shining armor are supposed to save people from things," I say. "What exactly will I be saving Leslie from?"

"Boredom?" Cooper offers.

"Singleness, perhaps!" Maleek starts winking at me and jabbing his elbow into my ribs. It's kind of annoying, but I have to admit that joking with the guys does help put me at ease. For about six minutes.

When we get close to the designated meeting spot, four shadowy figures appear down the street. The sight of them is enough to even stop Maleek and Cooper's joking. The list of people I want to run into while we're out here is incredibly short:

1. The girls
2. End of list

Even though, logically, I know only the girls would be hanging out here at this time of night, I can't stop the cold shiver that moves through my whole body.

The figures are standing in the grass of a yard, huddled just beyond the glow of a streetlight. It's menacing, like they're planning some sort of attack.

"That's them, right?" I ask.

"I really hope so," Cooper says. "If not, it was nice knowing you guys."

"It's definitely them," Maleek says, giving us a reassuring smile. But I notice the way his stride has slowed, how he's moving with more caution now. This suddenly feels like one of those horror-movie scenes where the main characters should definitely turn and go in the other direction, but they stupidly decide to just keep moving forward.

Thankfully, as we get a little closer, Priya steps into the light. I'm relieved when, for the second time in less than an hour, a possible murderer turns out to just be one of my classmates. The rest of the girls—Leslie, Prudence, and the one we don't know—all hang back a little, like Priya's a mob boss and they're the gangsters on payroll. Priya's decked out in black tights and a dark-gray sweatshirt, her big curly hair pulled into two matching pigtails.

"I wasn't sure you'd actually show up," she says, placing her fists on her hips in the classic Superman pose. If Priya's fazed at all by being out at this hour, she doesn't show it. She seems totally comfortable in a way that sort of makes me wonder if she's a vampire or something. Then again, I think I saw her eat a piece of garlic bread during spaghetti day in the cafeteria last week, so probably not a vampire.

"Haven't backed down from a dare yet. Not gonna start now," Maleek says, doing his best to match Priya's steeliness. Taking our cue from the girls, Cooper and I hang back a bit to let Maleek have his face-off with the "enemy." Even though I'm half convinced they'd be making out if it wasn't for the rest of us being here.

"We'll see about that," Priya says. She peers over Maleek's shoulder and gives Cooper and me a once-over. I suddenly wish I had a cooler outfit for night prowling or at least had some badass accessory like a grappling hook or maybe that harpoon Maleek mentioned earlier. When I look down at my clothes, I realize that in the dimness of my bedroom I put on mismatched socks. *Great.*

"You guys sure you're up for this?" Priya asks me and Coop. "Sure you're feeling brave enough?"

The answer is definitely no, since I'm not even sure what *this* is. When Maleek said we were meeting up with the girls, I thought that meant hanging out while he and Priya did whatever dares they have planned. But Priya is making it sound like participation is not optional, and if this is just the precursor to the event itself, I have concerns.

"Definitely ready," Cooper says. He flashes two big thumbs-ups and the sort of sizable smile most people would only bust out if they'd just won the lottery. His sunny disposition doesn't really match the cloak-and-dagger vibe of this whole exchange.

"Well, it all comes down to this then," Priya says, returning her attention to Maleek. She reaches her hand back while staring him down. Right away, Leslie steps forward into the light and places a large white envelope in Priya's hand. She's wearing a red hoodie that's zipped to the throat and a pair of beat-up black high-tops. On her head is a black ball cap, turned backward, like she might be the captain of a scrappy Little League team.

Seeing her, I'm suddenly filled with competing urges to go

talk to her and also run all the way back home. Ultimately, my body can't seem to decide which is the better option, so I remain motionless and silent. Leslie glares at Maleek, her mouth fixed into a disapproving frown. She raises her hand, appearing to flick him off. But on closer inspection, I see she's actually just holding up her ring finger, which is sporting a large red Ring Pop. Without a word, she pops it into her mouth aggressively as she shuffles back into the shadows, a move that almost makes me laugh out loud.

"Yes, it's all down to this." Maleek reaches into his hoodie pocket to retrieve his own large envelope, but one of the corners gets caught and he has to yank a couple of times to get it out. He's considerably less smooth than Priya.

"What's in the envelopes?" I whisper to Cooper.

"Our final challenges," he says.

Of course. I should have known this night wasn't going to be as simple as sneaking out and hanging with the girls. There's always another layer to these things with Maleek. It's like last summer when he told me he wanted help filming a skateboarding video. I thought that meant I would be the cameraman, but he actually had his phone propped on a tripod when I showed up. Then he had me lie on the ground as he practiced doing ollies over my body. He gives just enough information to get me involved and then drops a surprise when it's too late to back out. And since Cooper said *our* final challenges, not just *Maleek's* final challenges, I'm getting the sickening feeling I'm going to be painfully and inextricably involved.

"You remember the terms we agreed to, right?" Maleek asks.

"Of course," Priya says as they exchange envelopes. "We have four hours to complete all three dares. Video evidence is required. We meet at my house at four a.m. to celebrate my victory."

"What's that thing they say?" Maleek asks. "Something about not counting chickens."

"Hard not to count chickens when I see three big ones in front of me," Priya counters.

Maleek gestures to the girl we don't know standing back in the shadows. "Looks like you're the one having to pull in randos for help."

"My cousin, Michelle, was already staying at my house tonight. I had to bring her along because . . ." Priya's tough demeanor falters. "Well, she's kind of a snitch, all right? And she would've definitely ratted me out if I didn't."

"Guiltyyyy!" Michelle sings, clearly more than happy to accept her label as bratty younger family member.

Maleek rolls his eyes. "Whatever. Just seems a little unfair that there's four of you and only three of us."

"No one said anything about numbers. Sounds like you're just already making excuses because you know you won't win."

"What I know is—"

Priya cuts Maleek off before he can finish his retort. "Time starts now. You boys have fun."

Cooper pulls out his phone and I note the time. It's 11:54 p.m. This is going to take four hours? I was thinking this whole adventure would be ninety minutes, tops. The thought of being out past four in the morning is nearly enough to make me start dry heaving. Maybe I am a big chicken.

Priya turns back to the girls, and then they all start jogging down the street away from us. Leslie turns back for a moment, and maybe it's just my imagination or the dim lighting, but I could swear her gaze meets mine for a couple of seconds. I almost raise my hand to give her a wave, but that feels silly, and Priya grabs her shoulder to turn her back around, anyway. The whole moment dissolves.

Maleek holds up his envelope and gives it a little shake. "All right, boys, our fate awaits."

5

THURSDAY NIGHT, 11:55 PM

We move down the road, away from the girls and back toward the way we came. Maleek is really buzzing now. He's walking faster than before, and his jaw is set with determination. It's the same sort of energy I've seen him display before a big soccer match. Cooper and I follow, jogging a little just to keep up. But I'm buzzing, too. Only, where Maleek's all excitement and tenacity, I'm mostly nerves and apprehension. It's like we're opposite charges of the same battery. We barely make it half a block before I spit out the question that's been gnawing at me.

"Maleek, you wanna fill us in on why Priya asked Cooper and me if we're ready for this? Ready for what?"

Maleek doesn't look at me. He just keeps moving. "Just . . . you know . . . a night of adventure." I know my friend well enough to recognize that those pauses mean there's something he's not telling me.

I grab ahold of his shoulder. "Stop. I'm serious. What did she mean?"

Maleek white-knuckles the envelope in his hand as he takes

a deep breath. "Okay . . . the thing about tonight is . . . the dares can't be completed by me."

What?

"Or not *just* me," he continues. "I mean, you know how me and Priya are. If we just keep daring each other to do things, we'll never back down, right? We'll keep going around in circles forever. So, to finally determine a winner, we needed to go big. And that means I'll need help."

I turn to Cooper, expecting him to be just as shocked and betrayed as I am. But he looks so calm, I'm sure he must not understand what's going on here. "That means me and you, Coop. We have to do these dares now. You get that, right?"

Cooper's eyes dart between me and Maleek. He's the peacemaker of our group, always coming up with a third option when Maleek and I can't decide on what movie to watch or what pizza toppings to get. He's nearly always able to find that balance between talking Maleek down and hyping me up, depending on what's needed in any given circumstance. But I can tell he's struggling to thread that needle here. Ultimately, he just sort of grimaces and says, "Well, uh, I did say I was here to support our friend."

My brain almost explodes. *Support our friend?* I was down to be supportive when I thought that meant cheering him on from the sidelines, but now our *friend* has made us pawns in his weird little flirting game with Priya. A game that's apparently going to last most of the night! From the sounds of it, Cooper and I are going to be the ones needing support.

"Look, it's not going to be that bad, I promise," Maleek says, clearly trying to talk me off the ledge. "We're already out. The first step is usually the hardest, right?"

Considering he's currently holding an envelope full of dares created by Priya Nadar, I highly doubt that. "Dude, you have no idea what Priya's twisted mind has dreamed up," I say. "It's not like the challenges are going to be 'I dare you to eat an ice-cream cone' or 'I dare you to befriend a puppy.'"

"Only one way to know for sure." Maleek bites into the corner of the envelope, ripping it open with his teeth. When he turns it upside down, four smaller envelopes clatter to the pavement at our feet. We form a ring around them and stare, none of us moving to pick them up. They're each marked with numbers, one through three. I expect the last one to be branded with a four, but when Cooper kicks it over with the toe of his sneaker, I see it has a crudely drawn skull and crossbones on the front.

Maleek collects the envelopes from the ground and organizes them in his hands. "There are only three dares. Not so bad, right?" He gives me an optimistic smirk that I do not return.

Only three. More like three very real chances for us (most likely me) to injure or humiliate ourselves.

Maleek continues laying out the rules. "The envelopes have to be opened in order and only one at a time. Once we complete a dare, we send the girls a video so they know we actually did it."

"What about this one?" Cooper asks, tapping at the skull envelope. Now that's it's closer, I can see it's sealed with tape and some small print that says "Open only if you win . . . which you won't."

"This is the grand finale," Maleek says, giving the envelope a little shake. "Obviously there has to be a consequence for the loser." He hands the envelope to me. "You and Cooper are in charge of that. It's the log-in information for Priya's socials. When I win, I get to post a video of her saying how great I am, and she has to leave it up for a full forty-eight hours." Maleek smiles like he's already envisioning exactly what he'll post. It wouldn't surprise me if he already has a victory speech tucked into his back pocket.

"Does this mean you just handed her an envelope with all *your* log-in info?" I ask. "What's stopping her from just hopping on right now?"

Maleek reels back like I just asked him to swap underwear or something. He gets a serious look on his face and suddenly starts speaking with what I think is supposed to be a British accent. "Honor, dear boy. This is about honor. It's the same way duelists of old knew their competitor wasn't just going to shoot them in the back. There's no dignity in posting something that hasn't been rightfully earned. Plus, she has the girls to help keep her accountable. Just like I have you guys."

"We need to get going then," Cooper says, cutting me off before I can argue more. "The clock's ticking." How is he so cool with this?

Maleek gives each of us one final look, and I can tell he's waiting to see if I'll back out like I always do. My thoughts swirl with all the reasons I should, but then I remember that fleeting glance with Leslie, and in the back of my mind is that quiet voice that cheered me on right before we left my house, a little louder now. *You're already here. Just keep going.*

So even though I want to complain about how I feel deceived

and how this is not what I signed up for, I just roll my eyes and say, "Well, what fresh hell awaits us?"

Maleek breaks out into a huge smile and tears open envelope number one. His eyebrows crease as he pulls out the little note card. "What the heck? It's a poem." He bends the paper into the streetlight and reads it out loud.

Welcome to your dares! Hopefully none lead to fatality.
For this first challenge of the night, you'll be facing off against gravity.
You'll need balance and guts and aerodynamics.
Things could get pretty bad if somebody panics.
Good luck staying upright; don't go for a spill.
Your supplies await you at the bottom of Clay's Mill Hill."

Hearing "gravity" and "aerodynamics" and "Clay's Mill Hill" is enough to get my Dread Spiral really spinning. So much so that I pace to the side of the road and kick a couple of rocks just to release some of the nervous energy that's buzzing through my legs.

Clay's Mill Hill is a ridiculously steep stretch of road in our neighborhood that gets commandeered by sledders every winter. Drivers avoid the street altogether after a good snow, not only because they're likely to lose traction and slide off the road but also because high-school kids usually put up makeshift barriers using trash cans and hockey goals so they can sled all day uninterrupted. Sledding down Clay's Mill Hill I can do. Yes, it can be a little risky, but it also takes place close to the ground and usually involves billowy piles of snow that can soften any crash. However, there are no fluffy snowbanks in sight tonight, and I'm guessing Priya isn't sending us there just to admire the view.

During our short walk to the hill, all the doubts and second-guesses press in. I don't *have* to do this. I could turn back now and still get a decent amount of sleep tonight. This would all seem like a weird dream. But watching Maleek and Cooper walk along so confidently as they chow down on Cheetos, I feel guilt mixing with my anxiety. If I don't do this, I'll be letting down Maleek. For once, my friend needs me more than I need him, and it's about time I step up in the way he and Cooper always have for me. Even if it scares me.

"There," Maleek says, motioning to some bushes near the side of the road. In the beam of his flashlight I can just make out the white strap of a bag. When Cooper pulls it free from the shrubs, I bite back a laugh. It's a giant frog. Not a backpack with some cute little frog illustrations or fun frog designs. No, the bag itself is actually one big frog. It's made of green canvas with a white pocket on the front to mimic a belly. There are plush legs dangling off the sides and giant googly eyes fixed near the top that jostle with every movement. When Maleek flips open the top flap, a flat red tongue rolls out, complete with a little cotton fly at the tip.

"Wooooow," Maleek says. He quickly tosses the bag over his shoulder and has me take a pic, which he promptly fires off to the group chat with a text that simply says, Really?

About time you upgraded your fashion game, Priya responds. Be sure to share. I'm sure the other boys are GREEN with envy. Have fun with the dare! Hope you don't CROAK!

"She's having way too much fun with this," Maleek says, shaking his head and pocketing his phone. When he drops the bag back to the ground, all the contents clatter together. Once he uncinches the cord, I see the pack contains a helmet and protective pads.

Cooper directs his flashlight back the bushes. "I think we missed a piece." There on the ground I see a skateboard peeking out from the greenery. Maleek doesn't hesitate. He grabs it and holds it over his head like it's a championship soccer trophy. But to me it might as well be a live chain saw—something dangerous I want to avoid at all costs.

"Wait, she doesn't expect us to ride that down the hill, does she?" I ask, knowing the answer is a big fat *duh*. When I agreed to sneak out with my friends, I thought we'd walk around, maybe do a little light jogging if the situation called for it. No one said anything about riding a flimsy piece of wood down the steepest street in town.

Maleek takes to one knee in front of me and Cooper, then he bows his head a little as he holds out the skateboard, like a maiden offering a knight his sword. I've never known Priya to skate, but the thing looks well loved. The orange wheels are worn and dirty, and the bottom of the board is a hodgepodge of random stickers that have been torn and frayed—half of Pikachu's face stuck to a ghost rocking headphones, the faded remains of Cookie Monster plastered near a dancing hot dog. But all the cartoon characters don't make it any less intimidating. My shaky hands hide inside my pockets.

Cooper takes the board and places it on the ground. He puts

one foot on it, moving it back and forth a little like he's testing the steadiness. It makes sense that he would be the one to complete this dare. He and Maleek already bombed this hill back in April, so it's no big whoop for him to do it again.

The guys had begged me to join them, but I won that battle and sat out. I'll admit I did experience several waves of FOMO listening to my friends brag about it incessantly for days afterward while all I could do was nod and smile and says things like, "Yeah, it was so cool to watch." Still, I figured a little sadness was a small price to pay for not breaking my arm wiping out on the concrete. I can live with that.

Cooper digs into the frog bag and comes out with the helmet. He unceremoniously plops it onto my head. "You'll do great, Jens."

I will do great? I'll do a great job of cheering on my friend, because there's no way it's going to be me Tony Hawking my ass through the night. "No way. I'm not doing this."

"Why not?" Cooper asks.

Because I enjoy keeping my blood contained within my body, mostly.

"I actually think it should be you, Jens," Maleek says. "We have to record this for the girls as proof we did it. Think about how impressive that will look to Leslie. She'll forget all about the dodgeball game when she sees you shredding."

I do like the idea of doing something that will amaze Leslie, but if I go skating down this hill the only thing that's likely to get shredded are my knees and hands as they scrape across the road. I'd rather impress her by doing something that involves keeping both my feet planted. "Aren't we meeting back up with the girls again later? Can't I just win her over by being a great conversationalist? Or maybe telling some really funny jokes?"

The guys don't even seem to be listening to me. They're already taking the rest of the gear out of the frog bag.

"Just look at this as a way to build up your confidence," Maleek says, undoing the Velcro straps of the kneepads and positioning them on my legs. "You gotta take some practice swings before you step up the plate with bases loaded, champ."

My mouth is suddenly so dry that I can barely get my tongue unstuck from the roof of it. "You know I'm not great with sports metaphors. And I wouldn't exactly call careening to my death a practice swing."

Cooper fastens the helmet strap under my chin and gives it a little tug to make sure it's secure. "I think what Maleek's saying is that tonight, you're really going to flirt with Leslie for the first time, and that might be scary. We know the whole dodgeball thing was a hit to your confidence, so how about you conquer a smaller fear before we see the girls again? You know, work your way up to the whole flirting thing."

Except this seems like a *very big* fear to conquer. Something small would be crossing the street without looking both ways or maybe eating a jalapeño for the first time. "What if this backfires completely and I end up with a second black eye?" Or worse.

Cooper slides an elbow pad past my wrist. "Listen, it was totally fine when Maleek and I skated this, right?"

I stare up the hill and rub the sweat on my palms into my

shorts. "Yeah, but you guys have a lot more experience than me. And Maleek almost ran into a parked car."

"*Almost*," Maleek emphasizes. "But I didn't. And look, there aren't even any cars parked on the street tonight. It's wide-open."

"But what if a car comes?" I ask.

"A car's not going to come," Maleek says. "We've barely seen anyone out driving."

"We'll make sure no cars come," Cooper says, trying to sound reassuring. He lifts his flashlight up a bit. "I'll jump out into the road and start flashing my light if we see one."

Potentially getting flattened by a car is only one of my concerns. I could also lose control and get very acquainted with the road very fast. "What if I wipe out and break a bone or something?"

"Oorrrr, what if everything goes fine and you actually have fun?" Maleek counters. "You can't spend your whole life allergic to fun."

For a minute, I consider flat-out refusing. It's not like the guys can *make* me do this. Unless Priya also included duct tape in that backpack and they physically strap me to this board.

Cooper places both hands atop the helmet and brings his face close to mine. "All right, Jensen, look. If you can look me in the eyes and honestly tell me you have no regrets about not skating this hill with us before, then we won't make you do this. We'll call it off right now. You can just go home."

What would that be like? I imagine myself crawling back through my bedroom window, pulling on my big dumb Batman shirt, and tucking myself safely into bed. It doesn't sound *terrible*.

But then I would just be adding another regret to the already-lengthy list I'm carrying around these days. Plus, I can't lie to my friends. Undeniably, there's part of me that wishes I would've skated this hill with them.

Maybe this can be a night of redemption. If I'm going to go flirt with Leslie and redeem my terrible dodgeball showing, I might as well check this off the list, too. I close my eyes and take a deep breath, allowing the night air to fill my chest. "Okay. I'll do it."

Cooper smiles like that's the right answer.

"Yeeeeeah! That's my boy!" Maleek says, giving my helmet a couple of encouraging smacks. Once I've triple-checked the straps on all my pads, I start my death march up to the top of Clay's Mill Hill.

6

FRIDAY MORNING, 12:09 AM

This hill is annoyingly steep.

Not terrifyingly steep like the first drop of a roller coaster, but steep enough that my grandma would probably have to stop halfway up to catch her breath. The one silver lining is that it's totally straight. If I was expected to turn on this skateboard at a high speed, I would be dead. I've barely mastered turning in Cooper's collection of Tony Hawk video games.

As I make my way up, I examine the street for any possible hazards, like loose gravel or sticks or a wayward banana peel that will send me spinning like in *Mario Kart*. The streetlights provide a decent amount of light, but what if there's something I can't see? Like an oil slick or maybe a black cat waiting to dash into the road at the worst possible moment. A small part of me hopes the police roll up before I even get started. Being dragged home at midnight in the back of a squad car seems marginally better than scraping off half my face on this asphalt. I was hoping to be a little more like Batman tonight, but there's a real chance I could end up looking more like Two-Face. *Sorry I don't look great in my graduation pics, Mom. I think a couple of my teeth are still on Clay's Mill Hill.*

At the top of the hill, I place the skateboard on the ground right in the middle of the street. As I stare down at my now ant-size friends, all my internal alarms start blaring. *Code red! This is a bad idea! Run away! Abort!* Despite the cool night, an embarrassing amount of sweat is building in my pits. Should've made a trip to the bathroom to put on some deodorant before sneaking out. Now when we meet up with the girls later, I'm going to be smelly and (probably) bloody—a combo Leslie's sure to love.

Cooper flashes his light twice, giving me the all clear. I slowly count to ten, allowing God a few more seconds to send some aliens or start the rapture. Anything to get me out of this. Sadly, the night remains eerily calm. He's probably up in Heaven sharing some popcorn with Abe Lincoln and Joan of Arc, and they're all watching to see how bad this is going to go.

My heart pounds in my chest, and I smack my hands against my thighs, trying to hype myself up, but all it does is make my skin sting. Then I double-check all the pads again to make sure the straps are secure. I must be taking too long, because Cooper blinks the light again. It seems there's no backing out now.

Just stay upright. All you have to do is stay on the board.

I place my left foot on the skateboard and push off ever so gently with my right. The board moves about three inches before the terror hits me like a tsunami, and my foot quickly stomps down again. "Nope. NopeNopeNopeNopeNope." I can't do this. I'm not built for extreme sports. I'm built for reading comic books while drinking hot chocolate with little marshmallows in it. This is such a dumb idea.

"You got this, dude!" Cooper calls from down the street, his voice clear in the still night.

"Just don't think about it," Maleek says. "Just do it."

That's easier said than done. I've never had any luck when it comes to shutting down my own brain. Honestly, overthinking might be the thing I'm best at. It's like every time I try to cut off the power source to my anxiety, there's a backup generator that kicks into gear to keep all my doubts and fears operating at full capacity.

I place my hands on the kneepads, take some deep breaths. When I go to wipe the sweat from my eyes, my knuckles jab into my bruise, and it sends a jolt of pain through the right side of my face. Frustration overshadows my panic. *Stupid black eye.* If I'd done the smart thing and actually listened to my anxiety during the dodgeball game, I wouldn't have this embarrassing injury. Instead, I let myself for one moment believe I wasn't a total loser—believe I was capable of doing something great—and all I did was end up proving the exact opposite. Now I'm trying the same thing again, foolishly believing that I might succeed when I'm so clearly destined to fail.

I take my foot off the skateboard, pick it up. I swear I can see Maleek's and Cooper's shoulders sag with disappointment, even from all the way up here. But if I go through with this, there's no doubt it's just a one-way trip to Road Rash City. Two humiliations in one week is too much to endure. The embarrassment of yet another failure would fester inside me like a half-digested cafeteria burrito for the entire summer.

But as I stare down at my disappointed friends, I realize

shame is already making itself at home in my gut. If I quit now, I'm letting them down—it's a lose-lose situation, like everything in my life seems to be.

I stare up at the sky, watching a couple of purple clouds drift over the moon.

What if everything goes fine and you actually have fun? Maleek's words echo in my mind. It's unlikely, impossible even. But . . . what if for one night I let myself believe the impossible? Maybe I make it down unscathed, or only a little scraped up. I mean, Maleek has survived a dozen of Priya's dares. Surely, I can survive at least one.

I drop the skateboard and place one steadying foot on it, moving fast before my fear can catch up with me. The board rolls forward slowly as I get both feet up, waving my arms just a bit for balance. I grit my teeth and fight through every urge to jump off as a Dread Spiral tugs on my thoughts.

Bail now! You won't make it off this hill in one piece! They're gonna have to blend up your food and feed it to you through a straw!

It takes all my strength to stay planted on the board, and soon, gravity takes over. My stomach drops, and I force the soundtrack in my brain to shift to something more positive. *Just stay upright. That's all you've gotta do. This is just a little neighborhood hill; it's not a black diamond ski run.* I pick up speed quickly, the board wobbling a bit beneath my feet as the sound of all four wheels rolling over the concrete builds in pitch. I'm going fast, then faster, then even faster than that, which means I'm feeling nervous, then scared, then completely terrified. My only goal is to remain on this board until I cruise to a comfortable stop, even if that doesn't happen until I reach the next county.

The board starts drifting right toward a brick mailbox. *Who needs a mailbox made of bricks? A mailbox doesn't need to be fortified like a castle!* Suddenly, I wish Priya would've provided a couple of pillows I could've duct taped around my completely unprotected torso. I ease my body to the left just a little, getting the board to move away from the edge of the road, and I breathe a sigh of relief once the mailbox disappears behind me. Still, visions of bloody scrapes begin to fill my mind unprompted, the Dread Spiral refusing to disappear without a fight.

Come on, Jensen, just focus on the positive!

The breeze is actually kind of nice. As I cruise toward the bottom of the hill, I can see Maleek jumping up and down, pumping his fists over his head. Cooper is recording me with his phone, his face lit with pride, like a parent capturing their child's first steps. When I dare to glance back for just a split second, I realize I've made it down most of the way. This whole thing is almost over. I wonder if I could pull off a cool stop, like at the skate park when someone shifts the board entirely sideways so the wheels scratch along the ground and they come to an impressively fast halt. I have no idea how they do it, but it would be awesome—skid to a stop right in front of Cooper and the camera, smooth as butter.

Just as I'm letting myself believe this whole thing could actually end well, there's a wobble. An unexpected shaking on the left side of the board that sends me drifting toward the side of the road. I try to steer myself back to center, but the wobbling only intensifies, the entire front of the board vibrating under my feet.

This can't be good.

What happens next feels like it happens in slow motion. The left front end of the board drops, and I watch in horror as one of the orange wheels pops out from under me and bounces off into someone's yard. There's an awful scrapping sound as the truck meets the road, bringing everything to a halt.

Correction: bringing the *board* to a halt.

My body, unfortunately, is still very much in motion. I'm pitched forward, catapulted like an untrained swimmer off a diving board. But what's beneath me is not a pool of refreshing blue water. It's something much harder.

7

FRIDAY MORNING, 12:16 AM

As I windmill through the air with the ground speeding beneath me and growing ever closer, I have about a hundred thoughts in a millisecond:

1. Welp, definitely never going to get a chance to grow that mustache now, since I'm about to be *DEAD*.
2. Maybe I'll get lucky and a group of birds will come and lift me into flight to save me from this crash like I'm some sort of Disney princess. Except it's the middle of the night, so I think most birds are asleep. Maybe a couple of very strong owls could carry me. Or a flock of bats. Though to be honest, being lifted by a flock of bats sounds about as terrifying as breaking my face on Clay's Mill Hill.
3. *AHHHHHH!*
4. I hope I'm not actively peeing my pants right now. I might be peeing.
5. Since Cooper's recording this, I'll probably be the star in one of those fail videos Maleek likes so

much. He's shown us hours of people tripping into mall fountains and falling out of trees and getting hit in the crotch by various sports balls, all while laughing his butt off. Now I'm about to be one of those viral sensations, and this will be the first thing that pops up whenever someone googles my name. They'll probably ask me about it at job interviews when I'm an adult.

6. *AHHHHHH!*
7. My screaming voice is pretty high-pitched. I kind of sound like a tea kettle that's been tossed over a cliff.

8–100. *AHHHHHHHHHH!*

As I snap back to the present, my brain is able to process that the board has pitched me far enough to the left that it may have saved my life (or at least some of my skin), because I'm now heading directly into a grassy ditch. Right before impact, I do my best to lift my arms to cover my head and tuck myself into a more protected position, like some sort of humanoid armadillo. My forearms hit the ground first, kicking up dirt and debris and sending my lower half over my head. I flip into the ditch, the helmet jostling as the chin strap digs into my skin. My back and legs slam into the ground next, making me painfully aware of how little of my body is actually protected by these protective pads.

After a little skidding, I come to a stop at the bottom of the ditch, flat on my back and staring up into the inky night sky. I do not move, scared that even the slightest motion will reveal something terrible, like my leg is broken and the bone is sticking out or a fallen tree branch is embedded in my ribs. After a few rapid breaths, I risk lifting my head and breathe a small sigh of relief when all my appendages are where they're supposed to be, and I confirm I'm still able to wiggle all my fingers and toes. Everything aches, but at least my crotch seems dry. Thank God for small mercies.

I hear running on the street, and after a moment Maleek and Cooper appear at the top of the ditch. Both of their faces are wide with horror.

"Dude, are you okay?" Maleek asks.

I answer his question with one of my own. "Are any of my bones sticking out?"

They scan my body. "Doesn't look like it," Cooper says.

"From the front, anyway," Maleek adds.

Well, that's half reassuring. Slowly, I move my arms and prop myself up. There's a grass stain smeared across the side of my shirt, and the palms of my hands are caked with brown dirt, but other than that it seems like I'm miraculously unharmed. Maleek and Cooper step into the ditch and each offer me a hand. I take them both and rise to my feet.

"You sure you're okay?" Maleek asks as Cooper brushes grass off my back.

"Seems that way," I say, clapping my palms together to rid them of the dirt and small pebbles. "No thanks to Priya, since she gave me a faulty board to ride."

Maleek's eyes go wide. "Damn, do you think she's trying to sabotage us?"

"Eh, I don't think she'd do something like that," Cooper says. "Seems pretty low."

Before Maleek can respond, a gruff voice shouts out, "What are you kids doing?" All of our heads turn up the lawn, and we spot an old man standing in his front door. The yellow glow of his porch light illuminates his body—tall white socks pulled up almost to his knees, gray cotton shorts secured with a tie string around his waist, and no shirt.

"We, uh, we were just skateboarding, sir," Maleek answers uneasily. I scan the neighboring homes, worried that all my screaming may have woken half the neighborhood. Thankfully, the other houses all appear dark.

"In the middle of the night? What's the matter with you anyhow?" the old man asks. He scratches at the top of his head aggressively, making his white hair stand up like a mad scientist's. "Your parents know you're out here?"

Hopefully not. I'm praying my parents are fast asleep in their bed, but I probably shouldn't tell this guy that.

Cooper takes a step forward. "We're actually in our thirties, sir. We have a rare genetic disorder where we just appear to be fourteen. We skateboard at night to help us relax after a stressful day of, uh . . . mortgage brokering."

I bite my lip to keep from laughing. I'm not sure what I was about to say to answer this old man's questions, but it certainly wasn't that.

The man seems momentarily stunned to silence. He stands with one hand on his hip while he uses the other to scratch the gray tuft of hair positioned directly between his nipples. All of us are quiet, the only sound some crickets chirping in the distance. After a moment, he hocks a loogie large enough for us to see from across the lawn and says, "I suggest you get out of my yard and go home before I call the cops." His voice is strong and stern.

"Yes, sir. So sorry," Cooper says, nudging me to go.

I mutter an apology, too, as Maleek snatches up the busted skateboard and grabs the loose wheel from where it landed at the edge of the road. Then we're off and sprinting down the street, me a little slower than normal, since I'm still decked out in knee and elbow pads.

Once we're a few blocks away, Maleek points out a small park and books it for the playground. We duck into the shadows beneath the slide of the raised jungle gym and crouch down into the wood chips. For a while, the only sound is our heavy breathing as we stare out at the street, hoping the old man was bluffing about calling the cops.

When it seems like the coast is clear, I finally go to take off one of my kneepads, and the Velcro strap is so loud in the quiet of the night that Cooper can't hold back his bark of a laugh. That breaks the tension, and the relief sweeps over all of us like a wave as the laughter comes spilling out. Soon, we're doubled over and wiping the tears from our eyes.

"We're in our thirties?" Maleek asks, his hands on his knees. "Where did that come from?"

"Two years of improv camp," Cooper says proudly. I never thought Coop's theater training would help us bluff our way out of a situation like this, but I'm glad it did.

As I pack the protective pads back into the frog backpack, Maleek pulls up the video of my accident. We sit down and watch it five times in a row as we finish off the last of the Cheetos. I was hoping that maybe, since it's the middle of the night, the video quality wouldn't be that great and I would mainly look like a grainy blur shooting down the hill, but that's not the case. The scattering of streetlights combined with the high quality of Cooper's phone camera means he was able to capture every moment in crisp detail—my initial hesitancy, the first smooth moments of my ride, the front wheel popping off and bouncing down the hill ahead of me, and then my body soaring through nothingness before disappearing into that ditch. Maleek keeps pausing it so he can zoom in on my face at various moments, my expression going from cautious to almost-kind-of smiling to absolutely horrified. Despite how terrifying the experience was, I have to admit the video is pretty funny.

"Dude, you did it," Cooper says, shaking my knee. "You bombed Clay's Mill Hill!"

"Never doubted you for a second," Maleek says. He claps a hand on my shoulder. "Thanks for doing that for me, man."

An unfamiliar emotion inflates my chest. It takes a moment for me to recognize the feeling, since it's not one that shows up too often. I think it's . . . pride? Yeah, I'm actually *proud* of myself. I spent so much time thinking of everything that could go wrong that I didn't consider how I'd feel afterward if things actually worked out. Sure, I wiped out there at the end, but I still have all my teeth, and now I get to laugh about the whole thing with my friends.

It's times like these that I'm thankful to have Maleek and Cooper as best friends. I know other guys who would brush this whole thing off and react to me finally skating down this hill with eye rolls and bored yawns. Sometimes, school feels like this ongoing competition of dudes constantly trying to one-up each other, an endless chorus of "You *just* did that? I did that last year . . . *with my eyes closed!*" Cooper and Maleek aren't like that. Even though they conquered Clay's Mill Hill months ago, they're still celebrating with me.

"All right, sending this to the girls so they know we completed our first dare," Maleek says, dropping my skateboarding video into the group text. "One dare down. Two to go."

The pride I felt just a second ago evaporates. Embarrassment hits me strong, like a dodgeball to the head. It's one thing for me to look stupid in front of my best friends, but it's something entirely different to share that moment with other people.

I collapse back into the wood chips and stare up at the underside of the playground equipment. "Ugh . . . they're going to think I look like an idiot."

"No way," Cooper says.

"Yes way. I just took a nosedive into a ditch. It looked worse than when you did that belly flop off the diving board at the pool last year."

"Hey, the hot lifeguard gave me a double thumbs-up for that."

Maleek reclines next me, his head propped up by his elbow. "Dude, it's okay, I promise. You remember how bad I was at soccer when I first started playing? So many missed shots and messed-up plays. Tons of people saw me fail! And yeah, it was kind of embarrassing, but it didn't kill me." Maleek smiles the way he always does before he's about to say something that he thinks is really smooth. "And now I'm basically the GOAT."

I choose to bypass the exit for Maleek's ego trip. "Yeah, but this was supposed to impress Leslie, remember? Help me build my confidence before we meet up later. Knowing she's probably laughing at me right now isn't exactly an ego boost."

"Well, the thing about confidence is it usually doesn't show up until you actually start *doing the thing*," Maleek says. "You'll feel better about talking to Leslie once you actually start talking to her. Just like you'll probably feel better about getting on a skateboard again after tonight." I shoot him a look. "Well, maybe not that."

"It is true, though," Cooper says. "That's how it was for me and acting. There was a part of me that wanted to be onstage, but anytime I had to perform I had major stage fright. Felt like my whole chest was burning. It was rough for a while, but every time I got up in front of people, it got a little weaker. It's still there, but now it feels more like this little candle and less like a raging wildfire." He adds a strange inflection to his voice before saying, "The only way to get to the land of confidence is to fight through the dense forest of awkwardness and failure."

Of course he would describe this like a world in one of his favorite fantasy novels, where he and Maleek are the wise wizards guiding me on my journey. I may not like what the guys are saying, but I get it. I went down Clay's Mill Hill terrified and lived to tell about it. Maybe I can do some other things scared, too.

"My mom says the key to being confident is owning who you are," Cooper says, tossing a wood chip out into the nearby grass like he's skipping a stone. "She read some self-help book and now she does these positive affirmations in the mirror each morning."

Cooper grabs my shoulders and brings his face close to mine. His expression is serious. "Jensen, you are healthy, strong, and beautiful. Jensen, you will attract abundance into your life. Jensen, your gray hair and stretch marks are badges of honor."

"His what?!" Maleek says, buckling over with laughter.

Cooper releases his grip on my shoulders. "Sorry, my mom says that one, but I'm realizing it's maybe not that universal."

Maleek's phone starts chiming with responses from the girls. I groan. Time to face the music.

At first, the messages barely contain words, just a thread of LOLs and crying laughing emojis. Then there's a text from Priya that says, Woooow! Hope you're OK, Jensen! I probably should have checked the board. My bad.

After another moment, Leslie's name pops up on the screen. Her message reads I'm impressed, and it's accompanied by a fist-bump emoji.

8

FRIDAY MORNING, 12:33 AM

Maleek angles the phone so Cooper and I can get a clear view of Leslie's text. He shakes it at me and waggles his eyebrows a little. "See? Seeeee," he prompts.

"Ooooh, she's impreeeeessssed," Cooper sings, squeezing at my shoulders like I'm a prizefighter and he's pumping me up to send me into the ring. "Our boy Jensen is impressive!"

My traitorous cheeks flame. I'll admit it feels good. Maybe it's a little silly to get so excited about a fist-bump emoji, but it does mean something. It goes all the way back to when my crush on Leslie first started.

It was a cold, sunny day in February when we all gathered in the lobby at school for the annual eighth-grade class field trip to the local aquarium. The foyer buzzed with the familiar excitement that's always there when we get to escape our desks and books for a few hours—everyone talking about sharks and souvenirs and how they hoped we'd get to touch the stingrays.

As we were about to board the busses to leave, Vice Principal Awford shoved his pinkies into the corners of his mouth and silenced everyone with a sharp whistle. All the conversation immediately stopped as we waited for the bad news. Awford has a well-earned reputation for being a buzzkill, stomping out joy wherever he finds it, which is why most of us refer to him as Vice Principal Awful. He's always quick with a stern look and even quicker with the detention slips. In the past three years, I've seen him actually smile only twice, and one of those times was when he saw Maleek trip and scrape his knee out on the front walk.

Once he was satisfied with our silence, he told us that since we get too rowdy when we're allowed to pick our own seatmates, we were going to be sitting in alphabetical order for the bus rides. There was a collective groan and even a scattering of boos, but Awford was unfazed. If anything, I may have seen the hint of a smirk on his face.

The alphabetical seating was how I, Jensen Chapman, ended up next to Leslie Chen.

I barely knew Leslie outside of the vague knowledge I'd gathered from being in the same grade as her for the past several years. She was in Drama Club with Cooper and she seemed pretty smart based on what I'd observed in the classes we'd had together, but we'd never hung out or anything. And since I'm not very talkative around people I don't know too well, I was content with spending the forty-minute ride to the aquarium staring out the window or maybe squeezing in a quick nap, but shortly after we pulled out of the school parking lot, Leslie turned to me and asked, "Do you like magic?"

"Magic?" I was half convinced I'd misheard her.

"Yeah, like card tricks and stuff." She pulled a deck of cards from her coat pocket and started shuffling. The cards were the fanciest set I'd ever seen—a shade of dark blue bordering on black with an intricate gold pattern stamped on the back. The edges were gold, too, shining a bit when they caught the winter sun coming in through the window. A big departure from the dingy set with bent corners that my mom sometimes pulls out of the kitchen junk drawer for family game night.

"Oh, uh, yeah. I guess," I said, feeling mildly stupefied. I'm no expert at what girls usually keep in their pockets, but I always assumed it was stuff like a cellphone and ChapStick and maybe their favorite gum. Not decks of cards that appeared to have been handcrafted by a mystical wizard.

She fanned the cards out face down and instructed me to pick one. After considering my options, I slowly pulled a card from the right side of the deck, and Leslie quickly demanded I not show it to her. I hid the card behind my palm and looked at it. Six glittery gold hearts stared back at me. Then Leslie had me place it back in the deck as she turned her head away.

"All right, you memorized it, right?" she asked.

"Yeah."

"Great," she said, giving me a mischievous smile. "Don't forget it." She started reshuffling the cards, and watching them glide through her fingers like water mesmerized me. She made it look so easy. I can't shuffle at all. A while back, my sister, Maddy, tried to teach me how to take two halves of the deck and mix them quickly by pressing them to a flat surface and releasing the edges with my thumbs, but I couldn't do it and only managed to spill the cards everywhere.

As Leslie continued to shuffle, she instructed me to tell her when to stop. After several seconds, I did. She placed the deck in her palm and extended it to me like some sort of precious gift. "Okay, where do you want to split it?"

I took about a third of the cards off the top and placed them in Leslie's other outstretched hand so there were now two uneven piles.

"Wow, did you go to magic camp, too?" she asked.

"What do you mean?"

She arched an eyebrow at me. "I mean, I think you just found your card."

Leslie took the cards I'd removed from the top of the deck and slid them under the other stack, then she flipped over the new top card. The six golden hearts glistened in the sun. "That's your card, right?" she asked, giving it a confident tap like she already knew the answer.

"Yeah!" I said, feeling completely stupefied. "How'd you do that?"

"What do you mean? You're the one who found your card." She leaned in conspiratorially. "How did *you* do it?"

Okay, that was cool. I'd seen magicians on TV and stuff, but never like this. The closest I'd been to a magician in real life was when we saw a street performer during my family's vacation to Chicago last summer, and that guy was more of a weird mime who kept pulling long strings of colorful scarves out of his sleeves.

Leslie shuffled the deck again and showed me another trick before telling me all about her experience at summer magic camp. Two weeks of sleeping in cabins by a lake and learning illusions from amazing counselors. It sounded really cool. I told her about how the only camp I'd ever been to was an art camp my mom signed me up for the summer after sixth grade. Sadly, my best creation had been a pottery bowl so uneven and lopsided that the only compliment the instructor could muster was "Very abstract!"

Leslie's magic eventually caught the attention of the students around us, with the kids across the aisle leaning over for a better look and the ones in front of us up on their knees and turned around in their seat. Watching Leslie, I felt the seed of a crush burying itself in the soil of my chest. I'd had this feeling before—a warm optimism that filled me up like hot chocolate on a cold day—but my crushes before had always been fleeting fascinations based on brief glances or passing looks. With Leslie, I actually wanted to spend more time talking and really getting to know her.

I was captivated. But I wasn't the only one.

With her magnetic pull, it didn't take long for Leslie's audience to spread to nearly everyone within a three-seat radius. With students cheering after each trick, she was just a rabbit and top hat short of doing a full-on performance. That's when all the commotion caught the attention of Vice Principal Awful, and he marched down the aisle to make sure everyone stopped having fun.

"Miss Chen," he said, staring Leslie down. "It seems you're causing quite a disturbance. I'm glad you have a hobby you enjoy, but the bus is not a stage and this trip is not a talent show." He motioned for her to hand over the cards. "I'll be taking those now. You can collect them from my office at the end of the day."

Leslie nodded solemnly and extended the deck toward Awford's hand. Then, at the last moment, she flicked her wrist, and somehow—impossibly—the cards all vanished. I bit my lips hard to keep from smiling as someone in the seat across from us yelled "Oh, snap!"

"Very clever, Miss Chen," Awford said. His voice was even, but I could spot the angry shade of red blooming on his cheeks. He hated looking foolish. "You've had your fun. Now hand them over."

"What's your favorite card, Mr. Awford?" Leslie asked. She started pulling individual cards from her sleeve and placing them in Awford's hand one at a time. "King of hearts? Queen of spades? Probably not the jokers, right?" She placed the two jesters at the top of the small stack. It got a laugh from across the aisle, but Mr. Awford was not amused.

The corner of his mouth twitched. While this was fun for the rest of us, and pretty much any other teacher would have taken it in stride, Awford refused to come within ten feet of anything that even remotely resembled ridicule. He leaned in a little closer and spoke through gritted teeth. "If you wish to remain on this field trip, you'll hand over the rest of the deck immediately."

Leslie put her hand in my coat pocket briefly, and when she pulled it out, the rest of the cards were there. "Oh my gosh, Jensen, you took my cards? I can't believe you!" She gave me a wink and a playful slap, a move that probably would have caused my heart to melt into my guts had I not been frozen in place under Awford's stare. Apparently, I was nervous enough for both me and Leslie, as she seemed completely cool and unbothered when she placed the cards in our vice principal's hand. "Sorry about that, sir. Can't trust this rascal."

Awford's gaze bounced between Leslie and me. I'd done my best to stay off his radar in the past, but I got the feeling he was creating a scan of my face in his mind like some sort of evil robot, categorizing me as someone to keep a closer eye on in the future.

He slid the deck into the pocket of his blazer and said, "Just for that, you can get these back at the end of the year, Miss Chen." Then he turned and stomped back to the front of the bus.

A weird mixture of relief and embarrassment settled over me. I was happy Awford was gone, but shouldn't I have spoken up for Leslie? It wasn't really fair that she had her stuff confiscated when all she was doing was providing a little entertainment during a boring bus ride. It's not like she was interrupting an actual class or anything. I should've said something like that. *I should've said anything.* Instead, I just sat there like a coward. Though admittedly, Leslie seemed to hold her own against Awford just fine, and my track record of standing up to bullies was abysmal.

Leslie slumped back against the seat. "Welp, there goes that," she said with a little disappointed sigh.

"Sorry you lost your cards," I offered. "Awford's probably just jealous he never got to go to magic camp. His summer's just too busy with ugly haircut camp and walking-like-you're-holding-in-a-fart camp."

Leslie's laugh came out a snort, and she quickly buried her face in her hands. "You're funny, Jensen. I didn't know you had jokes." The compliment warmed me from the inside out, and I knew that seeing the smile I put on Leslie's face was way better than any fish I was going to see at the aquarium. But after a moment, her smile drooped. "That was my favorite deck, too," she said, kicking at the seat in front of us. "Guess I'll see them in June."

"For what it's worth, I don't think I've ever seen Awford's face turn that shade of red," I said, extending a fist bump. "I'm impressed."

For a minute, while my fist was hanging there in the air, I felt pretty stupid. Who fist-bumps their crush? Shouldn't I have been trying to hug her or kiss her or give her a dozen roses or something?

Then Leslie smiled and pressed her fist against mine.

Maleek bumps me with his shoulder, pulling me from my flashback. "Whoa, Jens, are you blushing, dude?"

I look away, silently cursing my face for betraying me. I shouldn't allow myself to get too excited about one simple text, but that's easier said than done. Ever since that day on the bus, I've been hoping to find a way to get closer to Leslie, and it's not often that I do something that anyone would consider impressive. Optimism pulses in my gut. Maybe embarrassing myself during dodgeball the other day didn't completely destroy my chances.

"This is just the beginning," Maleek says. "You two will be

locking lips by the end of the night." He turns away from me and wraps his arms around himself. Then he starts moving his hands quickly up and down his back, making loud kissing noises as if he's locked in a passionate make-out session with some unseen person. It's so stupid that I pick up a handful of wood chips, dump them into the hood of his sweatshirt, and then fling the whole thing on top of his head. It gets a chuckle out of Cooper.

Maleek's phone pings again and this time it's a video from Priya with the text, DARE #1 COMPLETE in all caps. It's followed by a slew of flexing-arm emojis. Cooper and I gather around as Maleek taps the video to life. It's shaky at first, quickly panning over a glossy tile floor and shelves stocked with rows of toys. Eventually, it lands on Leslie, who's wedged into a plastic toy car that's clearly designed for children. With her knees tucked up beneath her chin and her arms wrapped around so she can grip the little black steering wheel, she looks like a clown at the circus. Prudence and Michelle are positioned behind the car, giving it a little shove when Priya says "Go" from behind the camera. As the car slowly winds down the toy aisle, all the girls break down into fits of laughter.

"What did you dare them to do, get kicked out of a Walmart?" Cooper asks.

Maleek shakes his head in disbelief. "I dared them to drive a car."

Cooper smiles. "Ahh. Let me guess, you didn't specify that it had to be an actual automobile?"

"I didn't think I had to!"

Seeing how clever the girls are sort of makes me wish I could have figured out some loophole that didn't involve me having to risk life and limb on Clay's Mill Hill, but it's too late for that now. "Guess this means we're all tied up," I say.

Maleek hops up, brushing a couple of stray wood chips from his hair and hoodie. "True, which means we've done enough sitting around. The clock's ticking, and we've got things to do and people to see." He swipes over to a new text thread and starts typing. "Now let's make sure our fourth member is awake."

9

FRIDAY MORNING, 12:42 AM

"Fourth member?" I ask, thinking I must've heard Maleek wrong. No one mentioned anything about someone else joining us. For as long as I can remember, it's always been just me, Maleek, and Cooper. I don't even know who else from school we'd invite to something like this.

"Oh, my friend Hugo's gonna join," Maleek says, not looking up from his texting. "I know him from my summer soccer league. I've actually been meaning to introduce you guys. I think you'll get along."

I don't know if Maleek means he's been meaning to introduce Hugo to me *and* Cooper or if he's talking about me specifically. I look over at Coop, expecting him to be as lost as me, but he looks unfazed. "You knew about this?" I ask.

Cooper nods. "Maleek mentioned we needed a fourth."

"Since when?"

"It's a math thing, dude," Maleek says, like it's obvious. "You saw the girls. There's four of them, and there's currently only three of us. Not only do they have more manpower for the dares, but if you're hoping to get some alone time with Leslie later, we're gonna need to pair off."

Pair off? I hadn't really thought about *how* I was going to talk to Leslie tonight. I guess going in with a game plan makes sense, though, since winging it obviously hasn't helped me get any closer to her over the past several months. But adding a new person could shift the entire dynamic. Trying to combine friend groups can be as messy as mixing vinegar and baking soda, and I'm already on edge enough with breaking curfew and doing these dares. I really don't want to add something else (or *someone* else) that could mess up this whole night.

"I kinda thought it was just going to be a chill hang," I say. "You think we need exact numbers? Like we're gonna play Spin the Bottle or something?"

"I will not be kissing anyone tonight," Cooper says with his hand raised like he's taking an oath.

Maleek shoots him a look. "Obviously no one is being forced to kiss anyone."

"Well definitely no one's gonna kiss you, because you have Cheeto breath," Cooper says.

My throat starts to tighten at the possibility of kissing, and the Dread Spiral takes hold fast. *What if* I *have Cheeto breath? Will it be French kissing or just the normal kind? Are there other international styles of kissing I should know about?* Considering at this point my only physical contact with Leslie has been a fist bump, jumping up to kissing seems like a big leap. We should probably ease into it with hugging or at least thumb wrestling first.

Maleek's shoulders slump. "We are getting so off topic here. First off, my breath is fine. Second, I don't know what's going to happen when we hang out with the girls, so we should be prepared for anything. And third, Hugo is really cool, and I think you guys will really like him if you give him a chance."

"All right, fine," Cooper says, standing up so he's eye level with Maleek. "Let's go get Hugo." Of course Coop is okay with this. He's an extroverted theater kid. Meeting new people is, like, one of his favorite hobbies. They'll probably be singing show tunes together within the hour.

That's not me, even though I do know a considerable number of show tunes thanks to all the times we let Cooper pick the playlist. I can already feel the trio of motorcyclists revving up in my stomach again. I'm comfortable around Cooper and Maleek. I'm not afraid to really be myself with them, even when I'm feeling stressed or scared, because I know they're not going to be jerks about it. I can't say the same for this Hugo dude.

But now that I'm outvoted on this whole fourth-member thing, there's nothing I can really do. Seems like this Hugo guy is coming along whether I want him to or not. I try my best to force a smile, but it doesn't come naturally.

Cooper helps me to my feet. "Don't worry," he says, clearly seeing past my fake grin. "This is going to be good."

I rub my hands up and down my arms, feeling the goose bumps that have suddenly prickled my skin despite the warm weather. "Yeah, I'm sure it'll be great," I mutter.

Maleek slings the frog backpack full of sports pads over his shoulder and picks up the broken skateboard. "Hugo's ready. Let's go!"

Turns out Hugo lives one neighborhood over, so it takes less than ten minutes to jog to his house. When I mention my concern about a citywide curfew and point out that it's nearly one in the morning now, Maleek and Cooper agree it's best to try to stick to the shadows and side streets. When we see headlights pierce the darkness ahead of us, we're quick to duck behind a nearby fence. We all hold our breath, and my heart pounds in my ears until the car passes and disappears around a turn. I *really* don't want to get caught out here tonight. Talking to that old man at the bottom of Clay's Mill Hill was enough confrontation for me.

When we're close to Hugo's house, Maleek texts him again to give him a heads-up, so by the time we get there he's already halfway out his small basement window. We spot him awkwardly scrambling up to his lawn, and we all dart over to help. As we pull him forward, I realize Hugo's struggling because there's a bright-blue cast wrapped around the lower half of his right leg and his foot. Once he's completely out of the window, he uses Maleek to pull himself upright and then points out his crutches in the grass nearby. Cooper grabs them for him.

"Thanks, fellas," Hugo says, dusting a couple of leaves off his stomach. He's taller than the rest of us, though just barely, and he has on khaki cargo shorts and a black T-shirt with a gray Batman symbol stretched across the chest. As much as I hate to admit it, that does kinda make me like him just a little. Though I remain apprehensive. Jerks can like Batman, too.

"Gentlemen," Maleek says, placing a hand on Hugo's shoulder. "Allow me to introduce Hugo Vargas. This guy was one of the best players on our soccer team until he had to go and break his ankle."

Hugo shakes his head so his long black hair moves out of his eyes. "Hey, the doctor said I still might be able to play the second half of the season. Sorry, man."

"He's not sorry," Maleek tells us. "This cast is one of the best things that ever happened to him. He told me he has different girls offering to help carry his books every day." Maleek tucks his hands under his chin and pitches his voice several octaves higher. "Oh, Hugo, you beautiful wounded deer. Let me help you to your next class."

Hugo laughs, his wide grin revealing two rows of silver braces. "Wounded deer? What am I, Bambi?"

I stare down at Hugo's cast and realize Maleek's story must be at least somewhat true, because there are quite a few girls' names scrawled there in nice loopy cursive. Maleek talked about bringing Hugo along to help me get some alone time with Leslie, but what if he's some smooth-talking ladies' man and Leslie decides she'd rather spend her time getting to know him instead?

"How'd you break your ankle?" Cooper asks.

"Well, I . . . uh, did something stupid," Hugo says, his eyes not really meeting our gaze.

"Don't be shy, dude," Maleek says, giving Hugo an encouraging slap on the back. "Tell 'em about the video."

"There's a video?" I ask.

"Unfortunately," Hugo confirms. "Because my stupid cousin refuses to delete it."

Maleek nods encouragingly until Hugo rolls his eyes, sighs, and then starts talking fast. "So what happened was I got going really high on some swings and tried to do a backflip off them because I've seen other people do it online and it didn't seem that hard, but as you can see, it didn't go so well."

Just the thought of attempting that sort of stunt makes me queasy.

"Guess it's harder than it looks," Cooper says.

"Can confirm," Hugo says with a smirk.

"Anyway, Hugo currently goes to Beecher because his mom teaches there, but he's going to Groveland for high school next year," Maleek says, catching my gaze.

My stomach clenches a little as I realize Maleek bringing Hugo in tonight may not be just a numbers thing, as he insisted earlier.

A couple of weeks ago, we all took a class trip over to Groveland to get a tour of the building, so we won't be completely lost on the first day of ninth grade. On the surface, the place wasn't much different from our middle school. There was all the same stuff I'm used to—shiny tile floors, dingy lockers, harsh florescent lighting—but something about it seemed big and intimidating. Everyone looked so much older and more confident. I even saw some students with patchy facial hair. That was enough for me to start down one of my Dread Spirals.

Cooper and Maleek could tell I was beginning to disappear

into my negative thoughts, so they started joking around. Cooper has this uncanny ability to whistle in a way that sounds just like a smoke detector that needs its batteries changed. When we were checking out the library, he did it so much our tour guide was frantically scanning the ceiling looking for the dying device. Maleek kept egging him on until half our tour group was pointing around the room, convinced they had located the source of the chirps. I had to keep looking away, because I was going to bust out laughing if we made eye contact for too long.

I've survived middle school by clinging to my friendship with Maleek and Cooper almost like a life raft. But maybe I've been too clingy. Maybe they're tired of feeling like my emotional-support crutches, so they're looking to make new friends. Maybe what Hugo's really doing here is auditioning to be my replacement.

Sometimes it feels like it's only a matter of time before Maleek and Cooper move on. Cooper could easily get swallowed up by the theater crowd, and then Maleek could find his own niche friend group, maybe other skaters or the soccer team. Obviously, I want my friends to enjoy their interests, but that's how it starts. A new friend here, a new acquaintance there. Before I know it, the guys are off in their own worlds and I'm drifting out in no-man's-land without a tether.

Tonight might be one of my last chances to prove our friendship can survive high school—prove that I'm someone worth keeping around—and I can't screw it up.

10

FRIDAY MORNING, 12:59 AM

Once the introductions are complete, Cooper motions toward Hugo's cast and says, "So what's the plan for getting around? I'm guessing walking's not much of an option."

"Not if we have to get anywhere quick," Hugo says, adjusting his crutches a little awkwardly.

The circus motorcyclists rev their engines in my stomach. The last thing we need is someone slowing us down. We've already had to make a quick escape once, and that was when we were only facing one shirtless old man. What if we end up encountering more serious opponents, like angry cops or seedy vagrants or a pack of feral cats? Do we take off and leave poor Hugo hobbling behind? I just met the guy, but I don't feel good about potentially abandoning him. Though I also don't feel good about our collective ability to carry him should it come to that. Maleek is the only athlete in our group, and it's not like soccer players are known for their upper body strength.

Maleek clearly didn't think it through before inviting Hugo out tonight. Surely he could've picked a better opportunity for all of us to hang, like maybe during normal daylight hours.

"I might have a solution," Hugo says, giving us all an optimistic smile.

He steadies his crutches, and we follow him around his house and across the backyard to an old wooden shed, the red paint faded and peeling. With Maleek's flashlight tucked under his armpit, Hugo spins the combo lock a few times and then pulls it off. We all step back as the double doors swing open, the metal hinges squeaking a bit. Instinctually, my eyes dart to the windows of Hugo's house, thinking maybe someone heard the noise and is going to investigate. Thankfully, all the rooms stay dim and the curtains unmoved.

The inside of the shed is a dark mass of . . . *stuff*. Cooper shines his light, and Maleek brings up the weak flash on his phone. The rays cast eerie shadows across the items until Hugo twists the head of his flashlight, creating a wide, shallow glow that illuminates everything.

The small space is absolutely packed—some wrapped garden hoses hanging near the back, a row of power tools mounted to the side wall, boxes overflowing with random sports equipment, a dirty lawnmower. It seems like nearly everything is covered in a fine layer of dust, with gray molecules floating through the flashlight beams like ugly fireflies. Finally, I notice a couple of bikes.

"That one's mine," Hugo says, motioning to the black one with a tear on the seat. "The red one's my brother's. It might be a little small, but it should work all right."

He turns and smiles at us like he's just solved all our problems, but I'm still trying to piece together his plan in my brain.

There's four of us—seven functional legs between us—and only two bikes. How is he thinking this works?

Cooper must be trying to work though the same math problem as me, because he scratches the back of his head and says, "So, uh . . . what's the plan exactly?"

"I'm sure we can figure this out," Maleek says, like it's no big deal. Optimistic to a fault. He steps into the shed and starts pushing the two bikes out to me and Cooper.

"There's the solution to my problem," Hugo says, shifting his flashlight to a squat item just behind the lawnmower. It takes me a moment to even realize what it is, but then the shape takes form. Four rugged black tires supporting a green plastic frame. It's a wagon.

Maleek grabs the wagon's pull handle and quietly maneuvers it out onto the yard. The thing looks like it hasn't been used in years. It's covered in dust and grime, and I can see at least one sizable spiderweb in the corner. Hugo uses one of his crutches to motion to a milk crate full of rags in the shed. Maleek tosses him a couple, and then Hugo slowly lowers himself to the grass and starts wiping down the wagon.

"Obviously, it's been a while since we've used this," he says. "But it should be able to hold me. As long as one of you guys doesn't mind pulling."

"So two people will ride bikes while someone pulls you in the wagon?" I ask. "Won't the wagon be pretty slow?"

That's when Hugo explains his plan is to attach the wagon to one of the bikes. He gets Maleek to pull a couple of old jump ropes from the box of sports gear, and on the way out of the shed

Maleek grabs a wrench off the wall. "We should be able to fix the skateboard with this," he says. "It's all coming together, fellas."

I keep looking to Cooper, because I know he's got to be recognizing the ridiculousness of all this. Any second we're going to lock eyes and silently agree that it's time to pump the breaks and reevaluate this whole thing. At any moment we're going to partner up to speak some sense into this situation.

But then Cooper takes the wrench from Maleek and quietly gets to work repairing the skateboard wheel. He doesn't look to me at all, almost like he's going out of his way to avoid my gaze. Hugo's been a part of our group for all of five minutes, and already the dynamic is shifting. Now, instead of Cooper and me acting as a counterbalance to Maleek's wild ideas, it seems like Hugo is pulling him deeper into them. *I knew something like this was going to happen.*

Instead of saying anything, I let myself stew as I hold a flashlight for Hugo and Maleek while they try to figure out the best way to attach the wagon to one of the bikes. Together, they run the jump ropes this way and that, tying knots and then untying them when they come up with a new way they think will work better. I have my doubts that it will even work, but Hugo keeps saying he and his brother used to do it all the time.

Even though everyone's doing their best to work quietly and keep their voices down, I still expect some adult to come confront us. I know it's the middle of the night and every normal person is fast asleep, but nothing's stopping anyone from peeking out their window and catching sight of four teenage boys attempting to build a Franken-bike under cover of darkness. Not exactly typical weeknight behavior.

After a few minutes, Maleek and Hugo seem satisfied with their work, even though it doesn't look particularly sturdy. To me, the contraption looks like a good way for Hugo to end up with a second broken ankle. Still, they're determined to at least give the thing a shot, so I stuff down my concerns, figuring soon enough the others will realize all on their own this is not going to work. My dad likes to say, "Experience is the best teacher," and I'm getting the distinct feeling that testing this six-wheeled bike-wagon held together by two jump ropes and a complete lack of engineering is going to be a nasty experience.

As quietly as possible, we move the bikes down the driveway and out to the empty street. Cooper and I help ease Hugo down into the wagon along with the frog backpack of skate pads. Hugo opens it up and places the helmet atop his head, which is the one smart decision I've seen him make tonight. "Safety first," he says, as Maleek settles onto the bike seat.

"Ready?" Maleek asks, looking back at Hugo.

"What could possibly go wrong?" Hugo jokes.

I silently list off about half a dozen things in my mind, including but not limited to:

1. The jump ropes break, sending Hugo rolling into a car or mailbox.
2. The whole contraption tips over at a high speed, leaving both Maleek and Hugo with a serious case of road rash.

3. The spider Hugo wiped away from the wagon has planted dozens of eggs and now her children are going to hatch, rise up, and have their revenge by eating our flesh.

Cooper must be feeling some of the same doubts I am, because he puts his hand on my shoulder and says, "This should be fun to watch," as Maleek begins pedaling. I can't help but wonder why he didn't say anything earlier, before things had gone this far.

It takes some extra effort for Maleek to get started. I can see him straining in the initial pedal strokes as he works to pull the weight of his cargo. The wheels on the wagon squeak a bit as they get moving, probably half rusted from lack of use. After a moment, all six of the tires on this strange vehicle are rotating as Maleek finds a steady rhythm with his legs. Surprisingly, the wagon only drifts from side to side a little. Generally, it stays in line with the bike. I guess they got the ropes tight enough after all.

The wheels of the wagon are louder than the bike as they bounce over the asphalt. In the daytime, I wouldn't think anything of it, but the distinct sound of a buggy rumbling through the night might be enough to wake up lighter sleepers. I glance around at the houses lining the streets, certain someone is staring out at us and probably calling the cops at this exact moment.

The boys maintain a steady momentum to the end of the block, and then Maleek uses the openness of the empty intersection to turn around, a simple maneuver for a bike but not so simple for one hauling a human trailer. The bike turns first, and it quickly becomes apparent that Maleek turned too sharply, because there's a moment when he and Hugo are nearly side by side but headed in opposite directions. I wince, sure this is when the crash is going to happen. The jump ropes snap taut and yank Hugo into the turn. Aggressively. Both wheels on the left side of the wagon come off the ground completely as it skids sideways, and Cooper's grip tightens on my shoulder.

"Oh no," he mutters.

"I knew it," I say.

Then, remarkably, the wagon steadies itself, the wheels dropping back to the road with a bang loud enough to make me wince again. Maleek dramatically wipes fake sweat from his brow, and it's hard to tell from a distance, but I think Hugo might be crossing himself. They pedal back to me and Cooper, Hugo pumping his crutches in the air triumphantly. Maleek brakes slowly and the wagon comes to a stop when it bumps into the back tire of the bike with a quiet thud.

"Works great," Maleek says a bit too confidently for a guy who nearly sent his already-injured friend tumbling into the street a moment ago.

"As long as your turns are wide and slow," Hugo adds, emphasizing each word by poking Maleek in the back with one of his crutches.

"Yeah, yeah. I got it," Maleek says, waving him off. "Now, let's see what Priya has in store for us next." He reaches into his pocket and pulls out the envelope containing our second dare. I've been so distracted by the challenge of adding Hugo into the mix that I almost forgot we have more actual challenges to complete tonight.

Maleek holds the envelope high and ceremoniously rips off one side, flicking the scrap into Hugo's lap. Tilting the envelope upside down, Maleek lets the card drop into his open palm. "Another poem," he announces. Then he clears his throat and starts reading.

So you survived the first dare. Congrats, I guess.
But don't get too cocky yet: there are two more parts to this test.
For this next dare you'll need to be cunning, to say the least,
because this challenge might bring you face-to-face with a beast.
Hope you don't get bitten, scratched, clawed, or pecked.
Free an animal that's caged, and you'll have only one dare left.

We're all silent as the words settle over us.

After a moment, Cooper is the first to speak. "She got a little lazy with that last rhyme, huh?"

"Priya wants us to release an animal?" Maleek asks. "What are we supposed to do, break into the zoo?"

I'm kind of confused as well. This dare is much more vague and open to interpretation than the last one. I know sometimes poems are not actually about what they appear to be on the surface, so maybe this is some sort of metaphorical beast we're supposed to be unleashing. Like our inner primal animal. Though I don't know how we would really do that, unless Priya's just hoping we send her an embarrassing video of us running around on all fours in the woods with our shirts off.

"Ooh, what about the grocery store?" Cooper asks. "They have a lobster tank. What if we just go get one of those guys?"

Maleek rolls his eyes. "And do what with it? Carry around a lobster the rest of the night? It's not like there's an ocean nearby we can drop it in."

"We need to think like the girls," I suggest. "Like how Maleek dared them to drive a car and they just got in a toy car. Maybe we can *technically* do the dare without doing anything too wild."

"Yes, yes," Maleek says. He gets off the bike and starts pacing in circles around us. "Okay, so who has a pet? We just put the pet in their cage for a minute and then let it out. That would do it, right?"

I think that would do the trick, but unfortunately I'm not going to be of any help here. Maddy and I have tried begging for a dog in the past, but Mom and Dad keep reminding us that they're both allergic to pet dander.

"I have a cat," Cooper offers. "But no cage. It just wanders around my house."

"I have a couple fish," Hugo says. "We could pull them out of their tank for a few seconds."

Maleek frowns. "Eh, feels like borderline animal abuse. Plus, I don't think that would count, because they're not really *caged*. Priya's probably going to be a stickler for this." He walks around us some more, stroking a nonexistent beard on his face. While Maleek brainstorms, Cooper pulls out his phone and googles "chill animals." As he does, I see that it's already pushing one thirty.

It's been almost an hour and a half, and we've completed only one dare so far.

I wish I could say skating Clay's Mill Hill and watching Maleek and Hugo successfully navigate their bike contraption down the street has given me more confidence about how the rest of the night will go, but unease is still growing inside me, sprouting up like a weed I can't trim back fast enough. In moments of stillness like this it's harder to ignore—that familiar panic creeping into all my thoughts. I'm already on edge and now we're talking about bringing some sort of animal into the mix?

Maleek claps his hands, the sound echoing down the street like a gunshot and making my heart seize in my chest for a beat. "I've got it!" he says. "I know how we can pull this off." He's grinning big, and his eyes are wild like a mad scientist who's about to perform an experiment that inadvertently wipes out half the town.

"Okay, hold on," I say, hoping I can stop this rolling snowball before it picks up too much speed. "Are you sure whatever you're thinking is a smart idea?"

"No," Maleek says without hesitation. "But tonight's not about making smart choices, remember? It's about making *bold* choices." He raises his fists for emphasis, like he's just made the closing statement of his motivational TED Talk and we should burst into applause. When we don't, his shoulders slump in disappointment. "I just need you all to trust me on this one, okay?"

"We have to do the dare somehow," Cooper says, giving me a little shrug. "Plus, when we make it to the end, you'll get to hang out with Leslie some more. You're running out of time to make your move."

At this point I'm less worried about the time constraints and more concerned about the fact that I don't even know what my *move* would possibly be. I don't even fully understand what people are talking about when they say "make a move." Everything I've ever seen in movies and on TV always seems so corny. What am I going to do, pretend to yawn and then put my arm around her shoulder?

"You like one of the girls?" Hugo asks, looking up from the wagon.

"Oh yeah," Maleek answers for me. "He's down bad, man. You should've seen the way he was drooling during our class field trip to the aquarium. She showed him a couple magic tricks and he practically melted."

"She defied the laws of time and space!" I nearly shout. "How does that not impress you?"

"Do you think she likes you, too?" Hugo asks, ignoring Maleek entirely.

"I really have no idea," I say, shaking my head. "I don't know if she even thinks about me at all."

"Then tonight seems like a chance to find out," Hugo offers. "Maybe it could be really good." He says it with a shrug, like he knows his opinion might not mean that much to me since we just met. There's no pressure behind his encouragement. It's a nice counterbalance to Maleek's *We have to do this!* energy.

"You can be the man in the arena," Cooper says, giving me a clap on the back.

"The who?"

"The man in the arena," he repeats. "It's part of this Teddy Roosevelt speech I memorized for Drama Club. He talks about how the real losers in life are the people who critique others without ever daring to do anything cool or scary themselves." Cooper puffs up his chest and pantomimes stretching out some invisible suspenders as he steps into the center of our little circle and drops his voice to a deep baritone. "The credit belongs to the man who is actually in the arena, whose face is marred by dust and sweat and blood; who strives valiantly . . . who at the worst, if he fails, at least fails while daring greatly, so that his place shall never be with those cold and timid souls who neither know victory nor defeat."

Cooper takes a bow, and we all give him a quiet round of applause. I gotta admit, it's a good speech. Even with Cooper's over-the-top delivery. It reminds me of what Maleek and Cooper said back under the playground, how sometimes life is about just having the guts to try. I know I've been one of those "timid souls" for a long time, missing out on lots of opportunities because I'm too scared to do anything new. It could be nice to be the man in the arena for once.

I mean, I've already snuck out and conquered Clay's Mill Hill. That's more risk crammed into the last ninety minutes than I've managed to squeeze into the last nine months. Maybe I don't know exactly what "move" I need to make with Leslie, but something tells me seeing her will be better than wondering *What if?*

"Okay," I say resolutely. "Let's go free an animal."

11

FRIDAY MORNING, 1:21 AM

Maleek pulls Hugo in the wagon while Cooper and I follow on the other bike. Technically, *I'm* on the bike. Cooper's holding on to the underside of the seat and riding the now-fixed skateboard. After my near-death experience earlier, I wasn't about to volunteer to get back on that thing. Cooper says he's not worried, but I catch him staring down at the repaired wheel after every little bump and jostle.

We're a weird caravan, the four of us—two bikes, one skateboard, and one wagon—but we are faster now, and I have to admit that being a little more mobile makes me slightly less stressed. Walking around on foot had me feeling exposed and vulnerable. At least now we can get some speed if we need to. We can't outrun *everything* obviously, but we might be able to escape a pack of angry raccoons or some lurching brain eaters should the zombie apocalypse start tonight. Maleek would probably love that. It's not exactly fulfilling his jousting fantasy, but he would get to ride around on his bike hitting the undead with a makeshift weapon, so maybe it's close enough.

If I close my eyes and don't think about the fact that it's well after midnight, this almost seems normal. Feeling the warm breeze on my face and listening to my friends joke back and forth has me looking forward to a summer full of carefree days. It even makes me feel a little less nervous about starting high school. Sure, there will be difficult teachers and pop quizzes, but there will also be moments like this. In a couple of years, we'll be doing the same sort of things in a car, windows down, fighting with Cooper to let us switch the playlist so the next car over doesn't hear us blasting *The Greatest Showman*.

When we take a left onto Greenland Avenue and pedal out toward the main road, I suddenly realize exactly where we're heading, and I no longer feel quite so carefree. This is a decidedly not-smart idea.

Furball's Gas and Go is the most popular convenience store in our town. It's pretty much exactly like any other twenty-four-hour convenience store except this place has its own mascots—a pair of cute ferrets named K-Ci and JoJo that live in a multitiered cage at the front of the store. Apparently, they're named after some old music group, because whenever they get brought up, my dad starts serenading my mom and they end up slow dancing in the kitchen together. It's weird.

But the animal versions of K-Ci and JoJo are celebrities in their own right. They have a social media account that has amassed over 200,000 followers. I've seen kids dress up as them for Halloween, and they've even had a brand deal with a local car dealership (though I don't know what a couple of ferrets have to do with getting a great deal on a low-mileage, gently used Toyota Corolla). The owners of Furball's are always posting cute photos and videos, and they decorate the ferrets' cage in different themes for pretty much every major holiday. If anything were to happen to those ferrets, I'm pretty sure our mayor would declare a citywide day of mourning.

"Please tell me we're just here to get more Cheetos," I say as I settle my bike into the rack next to Maleek and Hugo.

"Better," Maleek says with grin as wide as the Joker. "We're going to free K-Ci and JoJo."

Damn it. "Are you kidding me? We can't release them," I say. "The whole town would hate us."

"I'm not talking about letting them loose in the parking lot," Maleek says. "We just have to get a video of them running around the store for a few seconds. Then we can scoop them up and put them right back in the cage." He says this so confidently, as if he has any experience handling ferrets.

"What if they manage to escape?" I ask. "Or what if they start chewing on something poisonous?" We're better off going with Cooper's lobster idea. At least the lobsters at the grocery store aren't social media stars.

Maleek shifts his attention to Cooper. "Will you please tell Jensen everything's going to be fine?"

"I don't know, man," Cooper says. "This does seem a little . . . risky."

Thank you! I knew I wasn't being too dramatic here. I'm sure we can come up with some other plan. It's not like these are the only caged animals in town.

But just as I think the tides are turning, Maleek gives Cooper a look—a quick, *blink and you'll miss it* type of glance—that's part pleading and part insistence. It's the same sort of look Maddy and I share when we're inventing an alibi on the fly in front of Mom and Dad when we've done something wrong.

And suddenly, Cooper's tune changes. "I mean, it'll probably be all right," he says with a shrug.

What is going on? Cooper's always been the one I could rely on to talk some sense into Maleek, but tonight it's like he's just along for the ride. Uncharacteristically agreeable. He's going with the flow even when it's a lava flow sending us right into a burning ravine.

"Plus, we can pick up some snacks for later," Maleek says. "That way, when we meet up with the girls, we're not showing up empty-handed."

"Way to be thoughtful, dude," Hugo says, offering Maleek an encouraging fist bump.

"Thanks. I heard it on one of my mom's talk shows. If you receive an invitation, you should never show up empty-handed. They were recommending bringing flowers or a nice bottle of wine, but I figured the girls will be willing to settle for some Cool Ranch Doritos."

"And what are we supposed to do if Bennett's working? Did you think about that?" I ask. Because unfortunately, this whole ferret idea isn't the only reason I'd like to avoid Furball's Gas and Go. It also happens to be the workplace of our mortal enemy, Bennett the Buttmunch.

"Who's Bennett?" Hugo asks, rising out of the wagon and positioning his crutches under his arms.

Bennett the Buttmunch is the one person in the world that I

know for sure actively dislikes me. I've had my suspicions about others, but with Bennett there's no doubt. He hates Maleek and Cooper, too, so he's basically the last person I want to run into on a night like tonight.

"He's the college kid who works here, and we're his least favorite customers," Cooper tells Hugo.

"Why?" Hugo asks.

Truthfully, I'm not even totally sure how things seemed to get so bad with Bennett so quickly. It started about six months ago, when he accused me of stealing some Almond Joys one afternoon. Let me give a little breakdown of why that is an absolutely bonkers accusation:

1. Almond Joy is quite possibly the worst candy bar there is. If I was going to steal any candy, there are at least a dozen other bars I'd take before Almond Joy. If I was stranded on a desert island, and my options were starve or survive off Almond Joys, I'd honestly consider death.
2. I'm not a thief. I've never stolen a thing in my whole life. I break out into sweats when I leave small stores without buying anything because I'm worried the employees might have even a fleeting thought that I'm stealing. My friends aren't thieves either. One time, Cooper found five dollars on the ground at the mall, and we walked around for ten minutes until he found a security guard to give it to.

3. Did I mention Almond Joys are absolutely disgusting? Chocolate is amazing, but you can't toss it into the ocean with the cinder blocks of almonds and coconut strapped to its ankles and expect it to swim.

Anyway, before he would let us leave the store, Bennett had me open my backpack to show him I wasn't hiding any disgusting abominations masquerading as candy. Even after it was obvious I wasn't stealing, Bennett muttered some comment about one of us having them stuffed down our pants. Because we're all dying to eat candy that's been nestled up against our friend's underwear. After that, Bennett would watch us like a hawk anytime we were in the store, coming out from behind the counter and standing at the ends of the aisles like some sort of weird sentinel.

Back in March, Maleek accidentally spilled his cherry Slurpee on the floor, and Bennett reacted as if we had spilled the blood of a small animal and were conducting a séance next to the Pringles. He started stomping and ranting and demanding we all get out even though we had already grabbed a bunch of napkins and were trying to help clean up. The dude clearly has anger issues. I mean, anyone who totally loses their cool over a problem that can be solved with just a few swipes of a mop shouldn't be working with the public.

Things came to a head a couple of weeks ago, when Bennett said anyone under the age of sixteen isn't allowed in the store unless they're accompanied by an adult. "Since when?" we asked, and he said it's a new policy. Though for some reason, anytime Bennett isn't working, the other clerks seem to have no problem with us. I'm pretty sure if he could, Bennett would just make a giant "Permanently Banned" poster with pictures of our faces on it.

After we tell Hugo all about our history with Benny the B, he shakes his head and says, "Wow, dude sounds like a butt-munch for sure. Maybe we should come up with a different plan if he really has it out for you guys." Finally, another voice of reason!

Unfortunately, before I can even thank Hugo for being so sensible, Maleek starts waving his arms defensively. "No, no, we can do this. Tonight, we are men. Not cowardly little boys."

"But what if Bennett calls the police or something?" I ask. This isn't about being brave, it's about being smart.

Maleek shrugs. "And says what? *There are people shopping in my store*? I doubt the police will rush over for that."

I also doubt the police will be cool with four unaccompanied teenagers hanging out at one in the morning on a school night. "But—"

Cooper cuts me off by placing an arm around my shoulder and walking us a few paces from the others. "Hey, I know this is kind of scary, man. If I'm being honest, this isn't super easy for me either, but I think it's worth trying. We can't hide from guys like Bennett forever. After all, tonight's about taking chances and conquering fears, right?"

That's weird—I thought tonight was about helping Maleek

not get humiliated by Priya. Still, I know what Cooper means. It's not like I can avoid every place where I might run into a jerk, even if my Dread Spirals would like me to believe otherwise. I still go to gym class even though I know guys like Duncan will be there. I don't leave my house every time my sister has her cool older friends over. Why should we have to go out of our way to another store just because Bennett doesn't like us? He's not the boss of Furball's Gas and Go.

"Fine," I sigh. "Let's go free some ferrets."

As we round the front of the store, I can't help but notice the whole place is kind of creepy at this hour. It's too quiet. Usually gas stations are full of activity, with people filling up their tanks and squeegeeing their windows and buying hot dogs that have been spinning on the same rollers for five hours. None of that is happening now. It feels like a scene in a postapocalyptic movie right before the mutants lurch out and try to snatch people up with their weird appendages. The bright, yellow industrial lights buzzing over the pumps pierce the otherwise black night, and I can actually hear the soft click of the traffic lights changing in the nearby intersection. It's kind of weird that places like this even exist when everyone is supposed to be sleeping.

Maleek opens the glass door, and a small electronic bell lets out two tones. He smiles as he waves us inside like a doorman at a fancy downtown hotel. Hugo hobbles through first, then Cooper, and then me. Maleek marches in last, placing both hands on my shoulders and giving them a couple of small, encouraging squeezes. I'm sure he can feel how tense I am. I glance over at the ferrets—two small mounds of fur curled up in a little plush hammock. They're asleep. What are we supposed to do now, rattle the cage to get them moving?

There's no one behind the counter, and at first I assume they must be restocking shelves or something, but we walk past each row and make it all the way to the Slurpee machines at the back of the store without seeing another person.

"This is kind of weird, right?" I ask.

"Yeah," Cooper agrees, standing on his tiptoes and looking around. "It sort of feels like we're in a convenience store–themed haunted house or something."

"Maybe the person working is on a smoke break or something," Hugo offers.

"But we didn't see anyone outside," I say.

"True."

"Okay, here's how we're gonna do this," Maleek says, pulling us in like he's the star quarterback about to call the game-winning play. "Let's just get some snacks like normal. If no one shows up in the next couple of minutes then this whole thing is going to be real easy. If someone does show up, then I'll distract them and you guys can open the cage. Hugo, you're in charge of getting a video. Sound good?"

To me, it doesn't sound good at all, but I know I've already raised enough objections that any more complaining on my part will just be seen as me being a killjoy. So instead, I lock eyes with Cooper and nod. Let's do this thing. This stupid, irresponsible thing.

When we break our huddle, Maleek grabs the biggest plastic

cup and starts filling it with cherry-flavored Slurpee. Cooper heads for the candy aisle, and Hugo taps my arm and motions toward the chips, so I follow his lead.

As we look over all the options, it quickly becomes obvious that there are no good chip flavors if you're trying to remain open to the possibility of kissing in the near future. I mean, I really don't think there will be any kissing, but what Maleek said about being prepared for anything keeps echoing in my head. What girl wants to make out with sour-cream-and-onion lips or tangy-bar-b-que breath? Who wants to lock lips with someone who has Cheeto dust all over their fingers? Eventually, Hugo and I decide plain chips are the least offensive, but we grab a box of Tic Tacs, too, just in case.

As we make our way to the register, Hugo stops me with a hand on my arm. "Hey, Jensen, I just wanted to say thanks for letting me hang out with you guys tonight."

"Oh, um . . ." I don't really know what to say to that. It's not like Hugo needs my blessing, but maybe he can tell I didn't really want him to come with us. That kinda makes me feel rotten, especially since Hugo hasn't done anything wrong. The whole wagon idea was pretty wild, but other than that he's been nothing but nice and actually pretty encouraging. I need to stop being a jerk and at least give him a chance.

"Yeah, no problem," I say, offering a smile. "I mean, anyone who's able to put up with Maleek's antics must be a pretty good guy."

Hugo chuckles. "Yeah, he can be a lot. At least next year he won't be able to rope us into *all* his wild ideas, right?"

He smiles and gives me a look like he's just made a joke, but I can't work out the punch line. Maybe he thinks we'll have different classes than Maleek at Groveland? Or this is his way of saying we can band together against any future dare wars? I'm about to ask him what he means, when a familiar voice pierces through the two-year-old pop song streaming from the overhead speakers.

"Oh, hell no!"

I turn around and there's Bennett the Buttmunch standing behind the cash register with his arms crossed. He's wearing his red button-up work shirt with his name tag hanging crooked over the front pocket. His black hair is gelled up in the front, and there's a small patch of dark facial hair on his chin, like he hasn't shaved in a few days.

"Bennett, buddy!" Maleek says in the same overly friendly tone I've seen him use on teachers to get an extension on homework assignments. "Good to see you. How's the family? Your mom doing good?"

Bennett is not amused. "Nope, don't even start," he says, leaning forward on the counter.

"What do you mean?" Maleek asks innocently. "We're just here to pick up a few snacks and then we'll be on our way."

"You're not buying anything," Bennett says. "You're gonna put everything back exactly where you found it, and then you're gonna leave my store."

"Yeesh," Hugo whispers to me. "You guys were right about him."

"Come on, Bennett. What's the big deal?" Cooper says. "Just

let us pay for this stuff and then we'll go. Isn't it your job to help customers?"

"Adult customers, maybe. Not children. Also, it's the middle of the night. Where are your parents?" Bennett turns and looks out at the very empty parking lot.

"My mom's not feeling well. She sent me up here to get her this stuff," Cooper offers. Another lie courtesy of all that improv training no doubt.

Too bad Bennett isn't so easily fooled. He folds his arms again and cocks an eyebrow. "Your sick mom asked you to buy her a Slurpee and some gummy worms at one a.m.?"

"She's a woman of very specific taste," Cooper says.

"No. Absolutely not. Put the stuff back now and get out. You guys are lucky I don't call the cops."

There it is. The very thing I tried to warn the guys about. My pulse quickens at the mention of the police.

"Just this once, Bennett, please," Maleek says, throwing out his last Hail Mary.

Bennett is unmoved. "No way. Put the stuff back. Now."

Maleek lets out a frustrated sigh, rolls his eyes at us, and then nods toward the rear of the store. We all turn around and start putting the items back where we found them. Hugo places the chips back on the shelf while I return the Tic Tacs and Cooper replaces the gummy worms. Once we're done, we meet Maleek by the Slurpee machine.

"What am I supposed to do with this?" he mutters. "Not like I can just shove it back into the machine."

"I guess just dump it?" Cooper says with a shrug.

Maleek starts to pop the lid off his drink, when a car speeds into the parking lot, the tires screeching loudly as it comes to a stop right out front. A moment later, there's an eruption of noise from the front of the store—multiple voices all loud as they burst through the door one right after the other—and suddenly Bennett looks nervous.

12

FRIDAY MORNING, 1:36 AM

There's three of them, all guys who look to be around Bennett's age. As soon as they walk in, the vibes are off. They're loud and shoving at each other, and Bennett's suddenly gone stiff. Even though they're quite a bit older than me, I can still pick out their type—brutish, annoying, demanding to be the center of attention even in a mostly empty store. I was recently hit in the face with a dodgeball thrown by a guy like this.

Cooper must sense this is bad, too, because he pulls us all down below the top of the aisle and out of sight. From the back of the store, we peek around the chips to watch.

"There's my favorite grunt worker!" the loudest guy says, extending his arms wide. He's blond and on the shorter side, but even from this distance I can see his arm muscles pushing against the sleeve of his T-shirt.

"Clerk," Bennett says sheepishly. His whole demeanor has shifted. A minute ago he was all bravado, but now he's almost folding in on himself, standing with his arms crossed and chin tucked low. It's a pose I'm unfortunately familiar with from my own time in gym class.

"What was that?" the blond guy says, cupping his ear theatrically.

"It's clerk," Bennett repeats. "I'm a clerk."

"Ah, right." Blondie smiles and turns back to his friends. "It's cleeerrrk, guys. Don't call young Benjamin here a grunt worker, all right?"

The other two dudes chuckle. One of them—a gangly guy sporting a camo vest and some scraggly facial hair—opens the small pastry case at the end of the first aisle and pulls out a chocolate donut. Without hesitation, he stuffs half the thing in his mouth. "This is stale, dude," he says around a mouthful of pastry. "Might as well feed it to the animals." He pulls off a chunk and tosses it into the ferret cage.

"Please don't feed the ferrets," Bennett says, clearly doing his best to keep his temper at bay. "There's a sign."

The third guy—rocking a popped collar and a mullet—moves over to the cage to inspect the laminated sheet hanging on the front. "Ah, so there is. 'No feeding the ferrets, no banging on the cage, no flash photography.' Lotta rules, man." He places his palms against the enclosure, smacking the steel bars loudly. "SORRY, FERRETS! WE WON'T FEED YOU ANY MORE DONUTS."

K-Ci and JoJo jolt from their sleep, two furry heads popping up in unison.

"Could you not?" Bennett asks through clenched teeth.

"Don't worry, we don't plan on sticking around long," Blondie says. "We're just gonna pick up a couple six-packs and then be on our way, all right, Benjamin? Leave you here to hang out with your friends." He slides his fingers through the bars of the cage and gives the whole thing an aggressive shake. K-Ci and JoJo both start chattering.

What a bunch of jerks. I thought Bennett was a bully, but these dudes are on a whole other level. Bennett would never let us get away with acting anything like this, but here he is letting these guys walk all over him. It's like we're all part of a bullying food chain, and there's always someone higher up.

Popped Collar marches to the back of the store and pulls two packs of beer from the fridge as the boys and I scramble out of sight just in time. When he places them on the counter, Bennett doesn't move. He just stands there with his arms crossed.

"What's the matter, Benjamin?" Blondie asks. "All the buttons on the register got you confused?"

"First off, you know my name is Bennett. I'm wearing a freaking name tag. Second, *I know* you're only twenty, Kyle. So no, I don't think you'll be buying any alcohol here tonight."

Kyle fishes a card from his back pocket. "Well, that's not what this ID right here says." He slaps the card on the counter and slides it toward Bennett.

"We graduated together, Kyle. I know Derek makes these in his basement." Bennett lifts the card to give it a closer examination. "The back doesn't even look right. Real IDs don't say 'Thank you for supporting a small business.'"

"Oh, Mister ID Inspector here," Kyle taunts as he snatches his card back. "Look, how about we work out a deal that's favorable for both of us? You sell us the beer, and we don't slash the tires on your car."

"Okay, these guys suck, right?" Cooper whispers.

"Definitely," Maleek says.

I agree. There is a small part of me that's happy to see Bennett on the receiving end of this kind of behavior for once, but I mostly feel bad. This is too much.

"Should we, like, do something?" Cooper asks. "I hate to say it, but maybe we should . . . help Bennett?"

I don't hate the idea, but I have no idea how we would do that. These guys are older and clearly have gym memberships. It's not like they're going to be scared off by some almost-freshman.

"Should we call the cops?" Hugo asks.

"No way," I say. The cops are the main people we're trying to avoid tonight. I want to see these jerks suffer, but not if it means we have to go down with them.

When I look back at the front of the store, it's clear whatever bargaining Kyle was trying with Bennett has completely broken down. Now Kyle's holding one of the bottles of beer and shaking it like crazy. Bennett warns him to leave, but Kyle doesn't listen. Instead, he covers the top of the bottle with his thumb and aims the spray right at Bennett, showering him in beer as he attempts to take cover behind the hot dog–warming station. Camo Vest and Popped Collar refuse to miss to out on the fun. They each grab a bottle, too, except they shower the whole front of the store in booze—the counter, the candy rack, and even poor K-Ci and JoJo. The ferrets are fully awake now, circling the bottom of their cage and making noises I've never heard before.

"We can't just hide here and do nothing," Cooper says.

Except we absolutely can do that. What we're witnessing is a dispute between multiple twentysomethings. They're adults. This isn't something a group of plucky fourteen-year-olds can jump in and fix. Unfortunately, I don't think the conflict-resolution unit we had in health class this year is really going to come in handy here. Surprisingly, how to deescalate underage dillweeds spraying beer at each other was not one of the scenarios we covered.

"We can probably take them," Maleek says encouragingly. "It's four against three."

Take them? We're going to try to *fight* them now? I know I said I wanted to feel more like Batman tonight, but mainly I was hoping to wear a cool cape or maybe drive a car that shoots explosives. I wasn't wishing for any physical altercations. And four against three? That's delusional. The worst math I've ever heard. Yeah, there's four of us, but we don't even all have fully functional legs! Not to mention zero fighting experience and very little muscle mass. You think I can throw a punch? No way. Best I can do here is throw a king-size Snickers at them and hope they have a peanut allergy.

Unfortunately, before I can figure out the best way to explain all this to the guys, Maleek is already up, with Cooper and Hugo following suit. I really need to find less-heroic friends.

"Hey," Maleek yells as he marches toward the front of the store. "Stop it!"

Kyle and his buddies turn around, clearly startled. They lower their bottles, but it only takes about two seconds for them to realize we're not anyone they should be worried about.

Kyle smirks and reclines against the front counter. "Holy shit. Bennett, where were you hiding season one of *Stranger Things*?"

"He told you to leave," Cooper says. His voice is confident and it doesn't waver at all, which is more than I'm capable of, but it's still hard to look intimidating when you're rocking a theater-camp T-shirt.

Kyle downs what remains of his beer and tosses the bottle over his shoulder. "Listen, I'm sure you guys are all the coolest kids at church or whatever, but this isn't some youth group sing-along, so how about you get out of here? There's probably a little girl with a shaved head somewhere for you to rescue."

From my position behind him, I can see Maleek's hand twitch, and I already know what he's thinking. It's a wild idea that's equal parts reckless and funny, which is how I know he's definitely going to follow through with it.

"Well, if you want to throw drinks on people, let's do it." Maleek wrenches his arm forward, releasing the contents of his uncapped Slurpee into Kyle's face. The red icy liquid engulfs his nose and mouth, spattering onto his clothes and catching his friends in the splash zone. If this was some corny superhero movie, this is when the music would swell and Maleek would say something like, "Now that's what I call a brain freeze." Except this isn't a corny superhero movie, and the only thing swelling is the collective rage of these dudes who were already not in a great mood.

Kyle rakes the liquid from his eyes and lunges for Maleek. Hugo is quick with his crutch, managing to jab it right in Kyle's crotch while he's still a couple of feet away. *Okay, so we're definitely fighting now.* And unfortunately, there are too many hostile crotches and not enough crutches. With Kyle momentarily incapacitated,

Popped Collar grabs Hugo's crutch and shoves it back, causing him to stumble into Cooper and sending them both to the floor.

Camo Vest grabs me by the shirt, and before I can even fully process what's happening, my feet are off the ground. I want to explain that I haven't even done anything and shouldn't be considered guilty by association, but it's kind of hard to point all that out when my body is flying through the air. He spins me around and slams me hard against the ferret enclosure. So hard I'm surprised he didn't put me through it. K-Ci and JoJo hiss angrily as the metal bars dig into my back.

Up close, I can see the dark pores of Camo Vest's nose and the speck of donut that's stuck between his front teeth. He's smiling like this is fun for him. I've never been in a fight before, but I'm pretty sure if your opponent's smiling it's a bad sign.

"Jensen, the cage!" Maleek yells.

It's so stupid, but I listen. Mainly because I don't have any other ideas, and I'm pretty sure Camo Vest is about to give my black eye a matching friend. My hand fumbles around blindly until it lands on the latch for the door.

I close my eyes and open the ferret cage.

13

FRIDAY MORNING, 1:48 AM

I've seen videos of people freezing in the presence of wild animals. Maleek showed me one where a family sat perfectly still at a picnic while a black bear climbed up on their table to check out the food. These people literally didn't move as a new furry friend devoured their sandwiches and chips. Kyle and his buddies have the opposite reaction when K-Ci and JoJo hit the floor of the convenience store.

The screaming is what surprises me the most. All of them yell in a way that melds together to form a weird little symphony of panic. Kyle jumps up on the counter like a 1950s housewife who just spotted a mouse in the kitchen, his face turning entirely red (and not just from the residual Slurpee stain). As his buddies flee down the aisles, the ferrets give chase, moving with an incredible amount of speed. I don't know what I was expecting, since I don't know much about these ferrets (other than that they can help get me a great deal on a Toyota Highlander), but they're surprisingly alert and nimble considering they were sleeping just a few minutes ago.

Camo Vest grabs two boxes of cereal and tosses them on

the ground like they're grenades, but K-Ci avoids them with such skill that I'm sure he would've been drafted to Duncan Pescadero's team in dodgeball. Camo Vest does manage to gain a little distance when K-Ci gets distracted by the bags of Doritos. Popped Collar grabs a mop from the bucket in the corner and starts trying to use it like a broadsword, taking large sweeping swings at JoJo. But while Popped Collar is fighting for his life, JoJo seems to think this is a fun game. After a moment, she clings on to the strings of the mophead and wiggles her way up to the wooden pole. Popped Collar's screaming rises to a whole new octave as he tosses the mop and runs to take shelter behind the display of motor oil and wiper fluid.

Maleek, Hugo, and Cooper are all propped up near the coffee bar, watching on in various states of shock. Maleek is holding on to Hugo for support, since he can barely keep his phone steady from laughing so much. Cooper's mouth is wide-open. I haven't seen him this stunned into silence since his mom took us to see the touring production of *Hamilton*.

I'm enjoying the show myself, but part of me knows this whole thing could turn bad very fast. What if one of the ferrets gets hurt? Or what if one of them bites one of us? Nothing can ruin a night of fun as fast as a trip to the ER for rabies shots.

Camo Vest rushes to the register, visibly sweating. "Kyle, we gotta go. The beer's not worth it, man."

Kyle hesitates. He looks at Bennett, who seems to be completely disassociating at this point—watching in silence as, I assume, he wonders if whatever he's getting paid is worth all this. Guess the guys and I are going out with a bang, because there's no way Bennett will allow us within a hundred yards of this place after tonight.

When Kyle's glare turns to me, I feel this knee-jerk impulse to apologize. It's something I usually do when people seem bothered or annoyed by me. I hand out *Sorry*s like Vice Principal Awford hands out detention slips. But I manage to bite my tongue this time. Cooper said we should stand up to our bullies tonight, and even though I came in here expecting to face off with Bennett the Buttmunch, I'm happy to swap him out for an even bigger human turd. The Kyles of the world do not deserve any apologies.

From up on the counter, Kyle demands his friend turn around, and then he leaps onto Camo Vest's back. His buddy proceeds to wrap his arms around Kyle's legs and charge out the door like he's a horse carrying a little prince off to bed. Popped Collar follows after them, giving K-Ci and JoJo a wide berth as they're both momentarily focused on gnawing their way into a party-size bag of Chex Mix. As he scurries to the parking lot, I notice he's tucked the ends of his pants into the tops of his socks. Probably not a bad idea. Who wants a new furry friend running up their leg?

We all watch in stunned silence as Kyle and his crew fire up their car and peel out onto the street so fast they barely avoid crashing into a truck in the other lane.

Eventually, it's Maleek's cackling that breaks the quiet inside the store. "Oh man, that was amazing," he says, wiping tears from his eyes. "That dude made his friend carry him piggyback style!"

Bennett is silent as he grabs a nearby rag and wipes off his face and arms. He must be seething. I saw my dad get this way when I accidentally put a baseball through the dining room window. I thought he was going to explode, but he actually just got really calm and quiet, which was way scarier. If Bennett's anything like my dad, he's about to go to the garage and listen to '90s indie rock while he sorts his tools.

Bennett folds the rag and places it neatly on the counter before retrieving a small silver whistle from beneath the register. The noise is so high-pitched and sharp when he blows that I'm barely able to hear it. But K-Ci and JoJo suddenly come sprinting up the aisle, stopping just in front of their cage with their heads raised in anticipation. Bennett comes around the counter and kneels down to them, offering each one a small treat that they accept greedily. They're actually really cute when they're just standing in one place and not darting all over the entire store. When Bennett dumps a few more treats on the lowest level of their cage, they jump right in, giving Bennett a chance to secure the door.

"They're trained?" Cooper asks.

"Dude, these guys make more money online in a month than the store. Of course, they're trained," Bennett says. "You should see the size of the pet-insurance policy they have."

We all move in a little closer, watching as K-Ci and JoJo chew the last of their food, their little mouths chomping loudly. After filling their stomachs, they make their way back to the plush hammock and curl up together again—clearly worn out after all the excitement. It's weird how fast animals can go from intimidating to endearing.

"Sorry about the mess," Maleek says, eying the bits of red slush that have spattered the wall of cigarettes and lottery tickets behind the counter.

Bennett nods, eyeing the stains. "Unfortunately, this is not the worst thing I've ever cleaned up at this place." Thankfully, he doesn't elaborate. Instead, he leans against the ferret cage and crosses his arms, taking a minute to stare at us. I can tell he's debating something internally, probably whether or not he's going to follow through with his earlier threat to call the cops. "Look, I appreciate your help with those guys, but this doesn't mean we're cool," he says. "However, I'm willing to call a ceasefire for this one night."

Maleek starts bouncing on his toes before Bennett is even done speaking. Bennett holds up his index finger and speaks sternly. "You get a *one-time pass* where you can buy whatever snacks you want. But after this, I don't want to want to see you guys in here for . . . at least a month."

We're barely listening to the last bit because we're already running around, gathering up all our previously held items. Maleek even grabs another Slurpee. We dump everything on the counter, and Bennett starts running up the total, shaking his head a little at the excited energy that's obviously building between me, Maleek, Cooper, and Hugo.

"Twenty eighty-five," he says.

Maleek opens his wallet, revealing a single five-dollar bill. Cooper and I are quick to pitch in to cover the rest before Maleek has to say anything. As we finish paying, a squad car with red-and-blue flashing lights pulls into the parking lot.

"The cops are here?" Cooper asks, nervousness rattling through his voice.

"Oh yeah, I forgot I hit the silent alarm when Kyle started spraying me with beer."

Bennett must catch the look of panic in my eyes, because he quickly rakes our snacks into a plastic bag and shoves it into Maleek's hands. "Cut down the hall by the bathrooms and use the employee exit. I'll stall the cops while you guys get out of here."

He doesn't have to tell us twice.

14

FRIDAY MORNING, 2:05 AM

Our getaway is not pretty. In fact, it's kind of a fumbling mess as Hugo practically head dives into the wagon, and Cooper throws the snacks on top of him while Maleek and I struggle to pull the bikes from the rack. Maleek rides out of the parking lot of Furball's so fast that he almost tips the wagon completely, but Hugo manages to shift his weight enough to stay upright. I pedal hard, too, pushing my legs so much that Cooper has to white-knuckle the edge of the bike seat to keep from losing his balance on the skateboard.

And I literally can't stop laughing.

It starts small—chuckling at Hugo's desperate scrambling to keep all our snacks from spilling into the street while the googly eyes of the frog backpack bounce all over the place, and Cooper's strained expression as he rides the skateboard, his gritted teeth making it look like he's auditioning for the part of Man Trying Desperately to Hold in a Fart—but it builds to such a slaphappy fever pitch that it becomes hard for me to keep the bike steady.

"What's up with Jensen?" Maleek says over his shoulder, still pedaling like mad.

"I don't know!" Cooper yells back, looking genuinely concerned. "I think we pushed him too far. He's losing it!"

Maybe I have lost it.

I wipe the tears from my eyes, still cackling like a cartoon villain being placed into the back of a cop car—something that could still be in my future. *What if the officers back at Furball's actually saw us, and they're chasing us down? What if they put out an alert, and now every cop in the city is on the lookout?* Visions of the police pulling up, handcuffing us, and taking our mugshots down at the station swirl in my brain. It's the sort of thought that would normally have me struggling to breathe, but now, for some reason, it has me cracking up. I keep picturing the guys and me in a lineup while Kyle points at us from behind the glass. "That's them, officer! Those are the mean boys who threw a Slurpee on me!"

Only once we're at least a dozen blocks from Furball's does my laughing finally start to subside. We ride silently down the street, our bodies lit almost gold by the yellow-orange street lights. The only sound is the steady, soft rumbling of our wheels gliding over the concrete, rotating again and again. My eyes scan every intersection for flashing red-and-blue lights, but thankfully the roads are almost entirely empty.

Eventually, Maleek glides his bike and Hugo's wagon onto the sidewalk and then down a small grassy hill toward a drainage ditch. Cooper and I follow, stopping in the shadows beside them, where we're tucked away from the view of any passing cars.

"You okay, dude?" Maleek asks me. "I know that was a lot."

"Eh, pretty typical stuff for me," I say with a shrug. "A police chase is the perfect way to break up the week."

This sets the other guys off, and soon we're all laughing, watching the video Maleek took of the chaos as we pass around the Slurpee.

Hugo grabs Maleek's shoulder. "Dude, I can't believe you threw your drink in that guy's face! That was incredible."

"Me? How about you with those crutches. You're like a ninja with those things. Got him right in the nads!"

Hugo lifts one of his crutches and starts shaking it at us like it's some sort of machine gun. "That's right, don't mess with me!" he says with a smile. "They call me The Limping Legend!"

"But the real star of the show," Maleek says, turning to me, "was my boy, Jensen!"

"True," Cooper says, giving my arm a little punch. "I can't believe you let those ferrets out!"

I hold up my hands defensively. "Maleek told me to!"

There's a buzzing between us, a palpable energy that bounces through me with such velocity that I have to shove my hands in my pockets to keep them from shaking. It's hard to believe that just a few hours ago I was crawling into bed being all pouty about my stupid black eye. I probably would've spent hours tossing and turning and feeling like a loser if it wasn't for Maleek and Cooper. Their methods may be unconventional, but they know how to save me, even when the thing I need to be saved from is myself.

"And it's a good thing you listened to me, too," Maleek says. "Because that means we just completed dare number two." He pulls out his phone to text the girls but freezes when he unlocks the screen.

"What is it?" Cooper asks.

“They completed their second dare, too.” Maleek turns his phone around and hits play on the latest video from Priya. It’s so dark, even with the screen at full brightness it’s hard to make out what’s happening in the beginning. Slowly, the shapes take form. At first, all I can see are the backs of a couple of the girls’ heads, crouched low as they jog over gravel and past some weird industrial-type equipment. When the camera pans up, a low wall comes into view, and beyond that, a bird’s-eye view of a road. As the camerawork steadies, I begin to recognize landmarks—the high school across the street and the Arby’s down the block.

They’re standing on the roof of our school.

“Yeah, we did it!” Leslie says, her arms raised in victory as the camera lands on her and Prudence. They move to the edge of the roof, leaning against the low wall and admiring the view.

The camera zooms to the school sign on the front lawn for a moment before Priya shifts to selfie mode. “That’s right. We’re on the roof,” she says, extending her arm to showcase the wide-open space. Behind her, Michelle does a weird little dance routine that was trending a couple months ago. “Easy work. Maybe give us something challenging next time.” The video cuts off there.

“You dared them to get on the roof of our school?” I ask.

Maleek nods. “Yeah, I wasn’t sure they’d be able to pull it off, but I guess I was wrong.” He drops the ferret video into the text thread and hits send before pulling the last envelope from his hoodie pocket. “We gotta work fast now if we’re going to beat them.”

This final envelope is thicker than the others, puckering a bit at the edges. It clearly contains more than just a card. When

Maleek rips into it, he pulls out something pink and rubbery all folded up. As he unfurls it, I realize it's a whoopee cushion. Taped to it is Priya's third poem.

Two dares down with only one to go.
Maybe it's time you put on a little show.
This next challenge might feel downright criminal.
Wouldn't it be great to make a fool of our vice principal?
It's time for you to prank him; use this whoopee cushion if you want.
Just make sure whatever you decide is a worthy stunt.
If you need to get into the school, check the windows to the west.
I hope you're sneaky enough to pass this final test.

"She wants us to prank Awful?" Cooper asks.

Maleek lets the whoopee cushion sway in front of him like a hypnotist's pocket watch. "I didn't think girls were into fart jokes."

With my adrenaline wearing off, I'm less concerned about the whoopee cushion and more freaked out about the fact that this dare will involve breaking into the school. This is like a legit crime . . . I think. I haven't exactly read up on the specifics of breaking and entering, but I'm pretty sure it's still illegal even if you're not there to steal anything. Is leaving something behind punishable by law? And if Priya is the one who left a window open for us, technically we would just be doing the *entering* part of breaking and entering. Can you get arrested for half a crime?

"Okay, picture this," Maleek says, extending his arms theatrically. "It's graduation. The gymnasium is packed full of students and guardians and teachers. Everyone's dressed up and ready to enjoy a nice, respectful ceremony, right? The principal welcomes everybody, and the room goes silent. Then, just as the administration all take their seats on the stage, Vice Principal Awful seemingly lets out a long, wet fart, loud enough that it echoes through the entire gym." He pauses to gauge our reaction.

Cooper just sort of grimaces, and I'm too lost trying to mentally work through the legal implications to say anything. Eventually, Hugo breaks the silence by asking, "Your vice principal's name is Awful?"

"Well, technically it's Awford, but we all call him Awful because he sucks so hard," Maleek says.

"It's true," I confirm. "He's mean and basically sucks the joy out of every room he steps in."

Maleek nods aggressively. "See, even Jensen knows he deserves this."

Even though that's not exactly what I said, part of me agrees with Maleek. Just because Mr. Awford is an adult, that doesn't make him any less of a bully. I've already stood up to four other bullies tonight—why not make it an even five?

"Won't this guy see a pink whoopee cushion in his chair?" Hugo asks. "How can you hide it?"

"They're not regular folding chairs," I say, remembering the setup from rehearsal earlier today. "The administration has these fancy chairs on stage."

"That's right," Maleek says. "We just slide this bad boy under the cushion and our work is done."

He says it so nonchalantly, like he's describing replacing a busted chain on his bike, when in actuality he's talking about committing at least half a crime. I'm no lawyer, but I'm pretty sure that's still bad.

Cooper frowns and digs a toe into the dirt. "I don't know," he says. "Doesn't it seem a little . . . corny? I mean, is a whoopee cushion really the best thing we can come up with? Priya said we only have to use it if we want."

"Not corny. It's classic," Maleek says. He's really trying to sell it, but I get the feeling he only half believes in the idea himself. I think he's more excited about the possibility of impressing Priya by fulfilling her vision.

Despite the rumblings in my gut, I'm the one to speak up. "Let's do it," I say.

Maleek whirls in my direction. "Really?"

"You think this is a good idea?" Cooper asks.

I don't really know how to answer that, because I actually think it's a terrible idea. It's dangerous and half-baked and criminal. But I've had the same apprehensions about every decision we've made tonight, and things have turned out fine. More than fine, even—*fun*. Sure, I've had to push past my anxiety and pessimism and constantly fight against my Dread Spirals, but with only one dare left to complete, it makes the most sense to keep going. Otherwise, what has all this been for? I told Maleek I would be here for him, and I'm going to see this thing through to the end.

15

FRIDAY MORNING, 2:24 AM

Cooper and I follow Maleek and Hugo as they pull onto a darkened dead-end street of a yet-to-be-built subdivision. The road is paved, but all the lots are mostly dirt, with some random construction equipment scattered around. Just beyond the vacant cul-de-sac is a small forested area that leads to our school. Quietly, we tuck our bikes into some bushes and start making our way into the trees.

The tone has already shifted.

Just a few minutes ago we were laughing and joking, but now it's like everyone is in stealth mode. We're silent as we walk through the woods. The flashlights on all the branches cast eerie shadows, and I become hyperaware of every snapping twig and rustling leaf. There's something undeniably spooky about being here in the middle of the night. Logically, I know the scariest thing we're likely to encounter out here is a couple of twelfth graders who've snuck off from the high school's lock-in to sniff Sharpies or do whatever activity delinquent high schoolers find cool these days, but it still feels ominous. Like any minute we might meet our demise by stumbling upon a killer living in these woods, and in a few years some ladies in their thirties will make a true crime podcast about us. That's not how I want to be remembered.

I try to remind myself that we're not deep in the wilderness. Just a few yards behind us is the groundwork for an entire neighborhood, and if I stand on my tiptoes, sometimes I can see the red glow of the Arby's sign out by the main road.

Hugo must be feeling the same sort of uneasiness, because he steps beside me and says, "This is kind of creepy, huh?"

"Very," I say.

"Like, I'm not sure if I believe in ghosts, but I know coyotes are real and those things run in packs."

Visions of snarling teeth and razor-sharp claws flash in my mind. "I was mainly concerned about potential murders, but now I can add wild animals to my list. Thanks."

"Sorry, guess I shouldn't have mentioned it," Hugo says with a chuckle. "If it makes you feel any better, if we do get attacked, you probably don't have to outrun the coyotes. You just have to outrun me." He swipes one of his crutches through some fallen leaves. "Which will probably be pretty easy."

"Maybe I can trip Cooper or something and buy you a little time," I offer.

"You'd do that for me? I appreciate it. Honestly, I've kinda felt like a burden tonight with this stupid cast."

I glance over toward Hugo, and even with his face only dimly lit by the glow of the flashlight, I can still read his somber expression. I know what he's feeling because I've experienced it so often myself. There have been dozens of times I've felt like I've slowed down Maleek and Cooper. It's like my anxiety is my own invisible cast that keeps tripping me up, and while my friends are nice enough to help me along, it doesn't change the fact that I'm holding them back. Sometimes it feels like I'm an anchor, and one day they'll cut themselves free.

That's the thought that gnaws at the back of my mind, even now when we're all having fun—the worry that Maleek and Cooper might drift away when we get to high school. It's like they're riding some current that's pulling them in a different direction and no matter how hard I swim I'm not strong enough to keep up. It's not a good feeling, and I don't want Hugo to feel that way.

"Not a burden at all—you've actually been really helpful," I tell him. "I don't know if you noticed, but I need all the help I can get to keep those two in check."

"Oh, I've noticed," Hugo says. "It's been fun, though. I'm glad Maleek invited me to join."

"Yeah, me too," I say, surprised to find that I mean it.

Maleek whirls around and points his flashlight in our faces. "Are you two talking about us?"

"Definitely not," I say, squinting into the bright beam. "Just debating whether we're more likely to get attacked by ghosts or coyotes."

"Personally, I'm hoping for ghost coyotes," Cooper says. He lets out a trembling howl, and even though I don't think we should be drawing unnecessary attention to ourselves, I can't help but smile.

Once we're out of the trees, we all climb up the small embankment that leads to the rear grounds of our school. Crouched near the top, Maleek and Cooper cut off their flashlights, and it takes a moment for our eyes to adjust. Shadowy shapes take form in the darkness, like the crummy aluminum bleachers that sit beside our even crummier football field and the portables propped up on cinder blocks just beyond. In the stillness, I can faintly hear the sound of thumping bass coming from Groveland High across the street.

Just before the end of the year there's always a big party for the senior class where the school rents some carnival games and hires a DJ to provide a safe environment for an all-night celebration. Right now, several hundred seventeen- and eighteen-year-olds are gathered in the high school, dancing and playing basketball and roller-skating down the hall, which is apparently something that happens according to my sister.

"Looks pretty clear to me," Cooper says.

"On my signal, we head straight for the portables," Maleek says. "If we see any adults, we can just duck underneath. Then I'll head around the side to make sure the path to the window is clear. Sound good?"

"That work for you, Hugo?" I ask, eyeing his cast.

"Yeah, I should be good," he says, giving his leg a little pat. I have a feeling he's putting on a brave face—doing his best to not seem like he needs extra help—but I don't push him.

"All right, let's go," Maleek says, already heading out across the football field.

We jog low and crouched across the patchy grass, and Hugo does surprisingly well at keeping pace. I can't help but think of every prison escape I've seen in movies, where the convicts are darting across the yard to freedom in the dead of night. I half expect some siren to sound as big flood lights turn on in the corners of the school roof and guards with long rifles shout orders for us to freeze. Then I remember half the computers in the school library look like relics from the early 2000s, so I doubt they have the budget for lights and guards. Plus, the girls were able to get all the way up onto the roof without a problem, so I'm sure we'll be okay down here.

Maleek shoots his arm out to stop us once we reach the shadow of the first portable. We all line up behind him, our backs pressed to the wall so we're as concealed as possible. Cooper, Hugo, and I watch in silence as Maleek sneaks to the corner of the main building and takes a look around before coming back to report.

"Coast is clear," he says in a hushed voice. "The unlocked window's just on the other side."

We all move slowly down the sidewalk, the nervous energy building between us with each step. It's like an electric current humming over my skin, keeping me on edge. I thought sneaking *out* of my house was nerve-racking enough, but sneaking *into* a building is a whole other level of intensity. All of us step lightly, careful to avoid any wayward sticks that may snap and alert someone to our presence. Around the corner, the window comes into view, cracked just like Priya said it would be. Right on cue, my muscles tense, and it takes extra effort just to keep my legs moving.

Everything's fine, Jensen. Everything's been fine all night. Keep going.

Maleek hooks a couple of his fingers under the edge of the windowsill and pulls it open almost all the way.

"I don't think I'll be able to make it up there with my leg," Hugo says. "Getting in and out of a basement window was hard enough."

"True," Maleek says. "Um . . . what if you act as lookout? It'd be good to have a man on the outside for this one."

"Okay, if it'll help, I guess," Hugo says, though his tone makes me think he's not thrilled about the idea.

"Should I go first?" Cooper asks.

Maleek nods at me and we lean in to make a hammock with our hands. Cooper places one foot onto our makeshift shelf and we lift as he pulls himself up into the window. He lands with a thud in the classroom.

"All right, you next," Maleek says to me.

The pull of the Dread Spiral grabs at my ankles, yanking me down like the gravity on Clay's Mill Hill. It was easy to feel confident when we were just *talking* about planting the whoopee cushion, but now that we're here standing under an open window, I can't help but think about the hundred terrible ways this could all go wrong. We could get spotted any second, or we might set off some sort of alarm that brings a dozen cop cars rushing to our location, or we might inadvertently leave behind enough evidence that Vice Principal Awford is able to track us down after graduation. If we humiliate him tomorrow, he's probably going to spend his entire summer dusting every inch of the school for fingerprints until he finds the culprits.

Hugo must sense my apprehension, because he places a hand

on my shoulder and asks, "You sure you want to do this? You could take lookout duty with me."

As much as I need Maleek and Cooper to push me out of my comfort zone, it's nice to have someone tell me it's okay to hang back—to have someone to hang back *with*. But tonight is about putting my friends first. They need me, and every good thing that has happened tonight has been on the other side of fear. I just have to fight my way through to get there.

"Thanks, but it's okay. I'm ready," I say. It's a bald-faced lie, because internally I'm on the brink of crumbling. But, like Maleek and Cooper said back when we were at the playground, sometimes life isn't about waiting until you're ready to do something. It's about doing something and figuring it out along the way.

I place a foot on the brick wall and take hold of the windowsill. It's higher than my window at home, so it takes some extra effort to boost myself. Earlier this year in gym class we worked on pull-ups, and after several weeks of hard work and conditioning I went from being able to do zero to doing exactly one and a half. Thankfully it takes only one to get me through the window. Plus, I have Cooper on the inside to help me along.

As Maleek gives Hugo the instructions for being lookout—which basically boil down to 1. Stay alert and 2. Text us if you see anything—I look around our English classroom. It seems so weird at night with moonbeams laid across the desks. A darkened poster of Shakespeare stares me down from the far wall. I see the dude almost every day, and even though he never looks particularly happy, he looks extra mad tonight. I'm sure it's just my nerves getting the best of me. Shakespeare isn't frowning at me;

he's just not smiling due to a complete lack of dentists during his lifetime. I'm happy when Maleek shimmies through the window and we can move along before I start questioning whether Edgar Allan Poe is glaring at me with disappointment.

We move down the hallway, and the normal trio of motorcyclists roaring through my gut cranks it up a notch. I thought it was bad before, when they were all zipping around the circular cage, but now it's like they're all on fire and the cage is swaying over a tank of hungry sharks. The terror is enough to nearly paralyze me even though I've walked down this hall hundreds of times and the only thing different about this moment is it's darker.

No, what's different about this time is you've broken in and you're here illegally.

The gymnasium door creaks as Cooper opens it. Not just a little creak either. It's a long, unwavering noise that sounds like a witch cackling as she goes down a waterslide. When it ends, we all stand momentarily frozen, like maybe we just alerted the guard dogs. Thankfully, the only animal I see is a small cockroach scurrying toward the cafeteria. That's concerning for different reasons, but right now I'm just relieved it's not something with sharp claws and vicious teeth.

Maleek's phone lights up in his hand, and he checks the text. "Hugo says it's still all clear outside." That's good.

Cooper clicks on his flashlight and points it forward as we step into the gym. The basketball court is filled with rows of folding chairs where we'll all sit during tomorrow's ceremony. Technically, *today's* ceremony since it's now only a few hours away. It's hard to believe this is one of the last times I'll be in this room. I'll never again shoot around on these hoops with Maleek or watch Cooper and the Drama Club perform hilarious improv on this stage. Although, to be honest, most of my memories in this gym aren't great—like the sixth-grade dance when some kids purposefully spilled their drinks and I wiped out in front of everyone. Or when the jocks laughed while my whole face turned red as I struggled to execute a second pull-up. Or my most recent humiliation, getting obliterated in dodgeball.

Suddenly, the warm and fuzzy feelings I had walking in aren't quite so strong.

Once we've made our way up to the row of fancy chairs, where the administration will be sitting, Maleek hands me the whoopee cushion. "Wanna do the honors?"

I put the tip to my lips and start filling the whoopee cushion with air, the pink rubber expanding in my hands. Maleek and Cooper watch on, outright giddy at the thought of Awford sitting on this thing. But when I think of the potential waves of laughter moving through the gymnasium, I just hear the echoes of when those laughs were directed at me.

I stop puffing. "I don't think I can go through with this, guys."

"What do you mean?" Cooper asks. "We're already here. All that's left is to set the trap."

"Yeah, it's gonna be so funny," Maleek adds. "Just think how much it will impress Leslie when she finds out you helped pull off one of the most epic eighth-grade pranks this school has ever seen."

The words come slow as I try to figure out exactly how to

articulate what I'm thinking. "Yeah, maybe . . . I just . . . I don't know. It's not really the type of funny I want to be? You guys know more than anyone how many laughs people have had at my expense. Those kind of things stick with you. I don't really wanna do that to someone else . . . even Mr. Awford."

I stare down at my right foot, pushing the toe of my shoe into the wood of the stage. I usually feel like I can tell my friends anything, but that doesn't mean it's always easy. Being vulnerable takes guts, and I don't exactly have an abundance of that.

I hand Maleek the whoopee cushion, and they're both quiet for a moment. Maybe I'm taking this whole thing too seriously. Maybe it's not that big of a deal, and I'm just being overly sensitive. Maybe I'm just holding them back again.

Then Maleek squeezes the cushion, and one long stuttering fart echoes through the quiet gym. Even though it's immature, we all bust out laughing.

"You're a good guy, Jensen," Cooper says.

"Agreed," Maleek says. "We'll figure out another way to prank Awford. He seems like more of a silent-but-deadly guy, anyway."

We all laugh again as we step to the edge of the stage and look out over the crowd of empty chairs and bleachers. My friends put their arms around my shoulders, and I can't keep from smiling. It's weird to know this part of our lives is ending, but with Maleek and Cooper by my side, whatever comes next doesn't seem that scary.

"So you guys are sure we need to wear ties tomorrow?" Maleek jokes.

"Again with the ties!" Cooper says.

"You know, it's kind of a shame we don't have anything fun we can do while we're here," Maleek says, his voice tinged with regret. "Sorta feels like we broke in for nothing."

Suddenly, an idea comes to me. "Maybe there is something we can do. Follow me."

16

FRIDAY MORNING, 2:50 AM

This isn't stealing. I'm not a thief, and this isn't stealing.

That's what I keep telling myself as we make our way past the front desk and back toward the administrative offices. We're on our hands and knees, scurrying over the tile floor like oversize house cats because Cooper is convinced there's got to be security cameras around. He's probably not wrong, but I don't see any blinking red lights on the ceiling. Still, we're not taking any chances, so we keep our flashlights off, hoping the darkness will conceal our identities if we are being recorded.

This is why superheroes have masks. Maintaining a secret identity is way easier when you can lurk in the shadows wearing a cool black cape and cowl like Batman. I do not feel cool at all. In fact, I kind of feel like all this army crawling might be giving me a wedgie. I doubt Batman gets wedgies.

Somehow, this area of the school feels even creepier than the darkened gym. I think it's because the gym was so wide and open. I could basically see the whole room from wherever I was standing. This feels much more claustrophobic. The heavy desks and industrial filing cabinets are creating layers of shadows, the only light coming from the softly glowing screen savers of the computers. One of the secretaries has a very unsettling photo of what I assume is her hairless cat as a lock screen, and the thing's eyes follow me wherever I go.

Maleek, Cooper, and I do our best to stick to the blind spots. Then, once we're past the staff mailboxes, it's just a few more feet to Vice Principal Awford's office. Thankfully, the door is wide-open.

"So what's the plan?" Cooper whispers, as we scurry over the threshold.

Beyond the door, we quickly check the upper corners of the room for cameras. There aren't any, so it finally feels safe to stand up and resume using our flashlights. When the guys aren't looking, I dig my underwear out of my butt crack.

Maleek is almost too energetic, bouncing around the room on the balls of his feet. "Are we gonna, like, cover his office in toilet paper? Or maybe hack into his computer and submit a resignation letter on his behalf?"

"Or maybe we just flip everything around on his desk so it's a mirror image of how he left it. That way the next time he comes in the room it will feel weirdly unsettling, and he'll be all confused," Cooper says.

"Oh yeah, psychological warfare," Maleek says, tapping the side of his head. "That's some evil-genius stuff."

"No, nothing like that," I say, taking one of the flashlights from Cooper and pointing it around the room. There's a stiff leather sofa by the door along with a small table that displays a framed photo of Awford. In the picture, he's standing on a pier, wearing a beige bucket hat and holding up a fish.

"Ugh, of course he likes fishing," Maleek says, picking up the photo and giving it a closer look. "The world's most boring hobby."

On the other side of the room is Awford's desk, with a wall of bookcases behind it. The shelves are lined with rows of books and a scattering of knickknacks, like a glass globe, a couple of wooden-duck statues, and a few more photos.

"Notice none of these pictures seem to contain any friends or family," Cooper says, examining a shot of Awford shaking hands with some guy in a suit.

"That's because Awford is a robot that was built in a lab designed to make our lives miserable," Maleek says.

"Or maybe he's an alien, and he survives by eating raw fish," I say. "Maybe that's why he seems to like fishing so much." I point my flashlight to one of the top shelves, lighting up a small wooden sign that says "Education is important, but FISHING is *importanter.*"

"Yeah, maybe," Maleek says. "Have we ever seen him eat anything normal?"

"Hmm. I think I saw him eating a burger on the aquarium field trip," Cooper answers.

"Oh man, I bet he could barely control himself at the aquarium," Maleek says. "Probably wanted to bust out his pole and tackle box so bad."

"Speaking of the field trip," I say. "Awford confiscated Leslie's favorite deck of cards on the bus that day. You know how much he loves to make a show of giving us back our contraband in front of our parents at the end of the year so he can give a little condescending speech about the importance of not being distracted during school. It's like his final display of power."

Cooper nods. "Yeah, last year he confiscated that little marionette puppet I found at Goodwill, and then he gave it back to me in front of my mom and was all like, 'Cooper needs to work on not distracting his peers with his antics.'"

"Okay, I hate Awford as much as the next guy, but that puppet did need to go. It was creepy as hell," Maleek says.

"The creepiness is part of Ernesto's charm," Cooper protests.

"Ernesto is a doll possessed by a demon," Maleek says. "And at some point he's going to choke you in your sleep."

"Lies!" Cooper proclaims. "He is a sophisticated gentlemen who only wants to entertain people with his dancing and would never dream of murder. You just can't—"

"Look, we can talk about Ernesto later," I say, cutting them off. "The point is, if I can get the cards back for Leslie, I can save her the embarrassment of having to deal with Awford tomorrow."

"That's actually, like, kinda romantic, dude," Cooper says, giving me a punch to the arm. "I'd at least go out with you on one date if you stole something back for me like that."

"Oh yeah, this is like some real Robin Hood type stuff," Maleeks says. "Rob from the rich and give to the poor."

Maleek mentioning that we're robbing Awford isn't really helping me to convince myself that this *isn't* stealing. I guess maybe it is, but it's justified stealing. Taking back what was unjustly taken away.

"So where do you guys think he keeps the stuff?" I ask.

Silently, we start looking around the room, opening all

the drawers and cabinets. Cooper gets down on his hands and knees to peer under the couch while I start rummaging through Awford's desk. There's plenty of office supplies and even some scribblings that appear to be the start of a detective novel, but no stockpile of confiscated goods.

Maleek peeks behind a painting of a sailboat. "You don't think he has, like, a secret safe hidden in the wall, do you?"

"I wouldn't put it past him," Cooper says. "Maybe even a whole secret room, like if we push down on the head of this wooden mallard, the bookcases will slide open or something."

We all pause and watch as Cooper tries to activate some hidden trigger. He taps at the duck's head, pulls on a couple of random books, and even spins the decorative globe, but nothing works. No hidden passages reveal themselves.

"I think Awford's too lame to have something as cool as a secret room," I say, reaching for the bottom drawer of Awford's desk. When I give it a tug, it doesn't budge. I yank on it twice more for good measure, pulling harder each time, but still no movement. That's when I spot the small silver lock glistening in the corner. "Hey, guys, I think I may have found it."

Maleek and Cooper make their way over to me.

"Okay, so we may have found the stash, but now we have to find the keys," Cooper says. "That's annoying."

"Maybe not," Maleek says. He grabs a paper clip from the tray on Awford's desk and unwinds it. Then he picks up a set of scissors and places one of the blades into the base of the lock. Slowly, he rotates the lock just a little before inserting the tip of the paper clip, and then he moves them in tandem until the lock fully spins.

Once we hear a quiet click, he gives the drawer a yank, and it slides right open. Cooper and I stare in stunned silence.

"You can learn a lot on YouTube," Maleek says, placing the scissors back where they belong. "This little trick comes in handy when my brother locks me out of our room."

I silently thank the universe that I don't have to share a room with Maddy. That would be a disaster.

Cooper shines one of the flashlights into the drawer, lighting up an absolute treasure trove. There are fidget spinners, yo-yos, bouncy balls, and comic books. There's a remote-control car, a couple of Nintendo Switch consoles, a handful of fingerboards, and even a slingshot. Action figures are stacked on bundles of Pokémon cards, and little plastic army men are nestled against a bag of marbles. There's even another whoopee cushion. Each item is neatly branded with a student's name, thanks to Awford's label maker.

"Holy cow," Cooper says. He goes to put his hand into the pile but hesitates.

Maleek does not. He starts lifting handfuls of items, letting them slip between his fingers like we've just unearthed a chest of pirate treasure. "This is amazing."

It really is. I sort of want to snatch up everything and hand it all out in the morning so Awford has nothing to shame people with tomorrow. A real Robin Hood story, like Maleek said. I'm sure everyone would be grateful, and it's fun to think about Awford freaking out when he finds his drawer empty. But we can't possibly carry all this, and the bigger the operation, the harder it would be to keep under wraps.

Maleek's phone buzzes, and he pulls it from his pocket. "Oh no." He points the screen at me and Cooper so we can read the text from Hugo.

Adults r here! Get out NOW!

My heart rate doubles immediately as panic sparks in my chest. We may not be able to take everything, but I can at least take what I came for. I push my fingers into the contraband, shoving aside toys by the handful. It takes a minute, but eventually I spot it—the black deck of cards rimmed with gold. "This is it," I say, snatching them up.

"Cool. So we just split the rest of this between ourselves?" Maleek jokes. "We should probably give Hugo a cut, too, but it can be smaller than ours."

"How about we just hurry up and get out of here before we get caught?" Cooper suggests.

"Fine," Maleek says, letting the drawer slide shut. "You know, you guys could be more fun."

That's probably true, but now that I know some adults are lurking outside, fun is the last thing I'm worried about. We all drop to the floor and army crawl our way out, Leslie's deck of cards clutched in my hand.

17

FRIDAY MORNING, 3:02 AM

Once we're back in the main hall, we switch to running—moving on the balls of our feet and doing our best to keep quiet even though it feels like the walls are closing in.

Hugo's text was vague. He didn't specify who the adults were, and my head is spinning with all the possibilities. Is it the dudes from the convenience store, out for revenge? Angry parents? Campus security? What if a SWAT team is about to take us out? Images of cops in black tactical gear repelling from helicopters and crashing through the school windows with flash-bangs and smoke grenades fill my mind. Though I guess that'd be pretty extreme for this situation.

Once we're back in our English classroom, we get down on all fours again and slowly crawl toward the window, silent as a black-ops team. As we get deeper into the room, muffled voices drift in from outside—an adult man and woman, I think. Thankfully, they don't seem loud or angry. They might even be . . . laughing? I hope that means Hugo was able to escape.

The guys and I move all the way to the wall directly under the window, pressing our backs to the stone to stay hidden. That's when I catch the scent of cigarette smoke. It's light at first, but it grows more distinct as it wafts into the room in gray wisps. Cooper frowns and waves his hand in front of his nose. I try my best to focus on the voices.

"Every year, I think this lock-in thing isn't going to be so bad, but I'm exhausted," says a deep male voice, the lowness almost lost in the ambient music from across the street.

"Well, you're more optimistic than me. I knew this thing was going to be rough," the female voice says. "I haven't been up this late since my twenties. I'm sure tomorrow I'll be useless."

"For sure," the man says. "It'll probably take me all week to get my sleep schedule back on track."

Maleek's phone vibrates in his hand, the screen momentarily lighting up the darkened room before he clutches it to his chest. My heart goes still. I'm certain the adults outside just heard that and now they're noticing the cracked window and they're coming to investigate and then they'll definitely find us and we'll all be dead. I squeeze my eyes shut, waiting for a strong hand to take hold of my collar, pull me to my feet, and lead me to my fate.

But then there's another burst of laughter from outside, and it seems like their conversation is continuing as if nothing happened. Sweet relief floods through me, and Cooper mocks wiping sweat from his brow with one dramatic swipe. Maleek peels his phone out just an inch and takes a look at the text. He motions for all of us to head back to the hallway, so we start crawling again. For what feels like the hundredth time in the past half hour, my nose is only inches from the tile. I am getting way too acquainted with the gross floor of Parkers Mill Middle School.

"Hugo says he's hiding by some bushes out front," Maleek whispers, once we're out in the hall and fully vertical.

The thought of Hugo having to quickly hobble into some bushes all alone doesn't make me feel great, but at least he's safe. "I'm glad he didn't get caught."

"Me too," Cooper says. "So what's the plan now, we just wait for those people to leave?"

Maleek grimaces. "Who knows how long that could be? Let's just go out a window at the front of the school and meet up with Hugo. Getting out should be easier than getting in."

Maleek leads us down the hall and into the science wing, where student-made papier-mâché ocean animals hang from the ceiling. We tiptoe past the giant squid and under the orca, into an unfamiliar classroom toward the front of the building. My chest feels tight, and I'm sweating like I just attempted to do two pull-ups. I might have a full-on panic attack if we don't get out here soon. In the corner of the room, there's a dimly lit glass tank, and when I take a closer look, I see it's housing a sleeping iguana.

Maleek is quick to the window. It creeks a little when he opens it, and the iguana lifts its head just a bit, making eye contact with me. *Sorry to disturb your sleep, little dude. Don't rat us out and I'll sneak back in here and feed you a couple fruit slices before graduation.*

Cooper goes first, with Maleek and me helping to ease him down to the flower bed outside.

"Oh no, I think I crushed a tulip," he says as he lands.

"We'll replace it later," I hiss, already practically nose-diving through the window. Right now, flowers are my last concern. I just want to get out of this building and far away before those teachers come back around. But my eagerness makes me clumsy, and the toe of my shoe catches on the lip of the windowsill. Cooper grabs my shoulders to keep me from face-planting right into the soil, but the momentum sends us both crashing to the grass. Maleek is more graceful than I am. He's out and closing the window behind him before Cooper and I even have time to dust ourselves off.

"Where's Hugo?" I ask, urgency making my voice shake. I don't see him anywhere, and now that we're out front, we're totally exposed. Easily visible from the main road. We need to go, now.

Maleek checks his phone again. "I don't know. His text was kind of vague."

I frantically look around, but no one's here. There's a little golf cart sitting under the front awning, which I'm guessing is what the teachers smoking out back used to get over here, and there are a few cars parked over in the teacher's lot, but no sign of Hugo. The panic is up to my throat now, like it's filling my whole body and I'm going to drown in it.

"Is that him?" Cooper asks, pointing out a crouched, shadowy figure near the squat school sign. Maleek lights up the darkness with his flashlight as we make our way across the lawn.

Hugo gets to his feet as he shields his eyes from the beam. "Did you plant the whoopee cushion?" he asks.

“Change of plans,” I say, patting the deck of cards in my pocket. “We’ll fill you in once we get away from here.”

“Okay,” Cooper says. “Let’s go around the far side of the building so we don’t run into—”

He stops midsentence, and I turn around to follow his gaze back to the building. *Oh no.* The two teachers have emerged from the side of the school. For a moment they’re caught up in their own conversation and I think maybe we have time to duck behind the school sign, but even before I can fully process the thought, their eyes lock onto us. I’m frozen, terror coursing through every part of my body.

“Hey,” the man says, marching toward us. Even from across the yard, I can tell he’s huge—a broad chest and arms that look like he can do a heck of a lot more than one and a half pull-ups. “You kids aren’t supposed to leave the school.” He gestures across the street, and for a moment I don’t know what he’s talking about. Then it clicks in my brain. *He thinks we’re high schoolers who’ve snuck out of the lock-in.* Of course. Thank God it’s dark out. “We made the rules very clear at the beginning of the night.” He’s walking fast, and with every second he’s one step closer to realizing that we’re definitely not seniors.

“We’re so screwed,” Hugo whispers.

“Maybe not,” Maleek says. He takes the flashlight from Cooper’s hands so he’s holding both of them. “When I give the signal, run for the golf cart.”

“What’s the signal?” Cooper asks.

Maleek flicks both the flashlights to life and points them

directly at the teachers' faces, momentarily blinding them. "Now! Go, go! Run!"

Great signal; very subtle.

I don't even think about whether this is a good idea or not, because my flight-or-fight response has taken over and fallen very decidedly on the side of *flight*.

Surprisingly, as we all dart across the grass, Hugo is quite spry with his crutches, staying only a couple of paces behind me and Cooper. Maleek jogs backward, keeping the flashlights pointed at the teachers, but I'm not sure how much good it's doing. It may have momentarily stunned them, but now they're charging fast with their hands up to shield their eyes, demanding we stop.

Cooper is the first to reach the cart, sliding across the front seat to the passenger side. Stupidly, I hop in behind the steering wheel which I guess makes me in charge of starting this thing. This isn't even my plan and now I'm the getaway driver? *Great!* Thankfully, the little silver keys are dangling in the ignition. When I turn them, the engine purrs to life and the yellow headlights cut on, illuminating the front walk of our school. Hugo jumps onto the backseat and takes hold of one of the roof-support bars.

That's when a miracle happens. The male teacher stumbles. He tries to regain his footing for several strides, but he has all the grace of Bigfoot, so he ends up crashing to the ground. The other teacher stops to help him up, giving Maleek just enough time to hop onto the back next to Hugo.

"All right, Jensen, floor it!" Maleek demands.

Awesome, shout my name for the teachers to hear. How about you yell my home address too while you're at it?

But just like with the ferret cage, I do as I'm told, pushing the gas pedal to the floor. The golf cart jerks to life and starts accelerating away from the school and the teachers.

I have very little experience with driving, and historically I've not been good at it. I've done the go-carts at the local minigolf course a couple of times, but I usually end up spinning myself out. One time, Maddy let me practice driving her station wagon in an abandoned parking lot, but we stopped after I got freaked out when a possum emerged from behind a dumpster and screeched at us, causing me to nearly swerve into a pole. I'm not even great at steering shopping carts. More than once my mom has gotten mad at me for accidentally ramming into her ankles.

The golf cart moves surprisingly fast. I wasn't sure we'd be able to outrun the teachers, but when I glance back, I see we're putting more and more distance between us with every second. Once we're close enough, I steer us off the sidewalk, through some grass, and then drop us onto the road in front of our school. The guys let out an excited yelp. Maleek even gives me a couple of encouraging slaps on the back like I just performed some professional stunt-driving move when in actuality I only successfully maneuvered off a little six-inch curb.

I keep the gas pedal pinned firmly to the floor as we cruise down the main street. Thankfully, it's desolate at this hour, but I'm not really sure what our next move is. Am I supposed to drive this thing straight to the highway? Did we just commit grand theft auto? Are we gonna start a new life in Canada now?

“What’s the plan, guys?” I ask, my grip tight on the wheel.

“Maleek, this was kinda your idea, man,” Hugo says. “What’s next?”

“Yeah, to be honest, this is as far as I thought things through,” Maleek says. “And I’m kinda surprised it even worked.”

I look back to see both the teachers are up and running again. The woman is jogging across the front lawn of our middle school, but the big guy is now in a full-on sprint. He’s out for blood, charging at us with his arms pumping like this is an Olympic event, and he’s determined to take home the gold.

“I have an idea,” Cooper says. He grabs the wheel and jerks it hard to the right. The golf cart turns with such force that I’m convinced we’re going to tip, but miraculously all four wheels stay on the ground. They screech as they slide across the asphalt like we’re in a low-budget *Fast & Furious* movie, living our lives one-quarter mile at a time. Once we straighten out, I realize we’re pointed directly at the high school.

Cooper motions to an open set of double doors. “Head for the gym. We can lose them in the lock-in crowd.”

It’s not necessarily a great idea, but considering we’re making up this whole thing as we go, I guess it’s worth a shot. Certainly better than my idea of changing my name, enrolling in high school in Toronto, and learning to like poutine. I tighten my grip on the wheel and keep my foot locked on the gas pedal. The cart rattles as we bounce over a speed bump and then up onto the sidewalk, the dance music growing louder as we get closer to the open doors. There’s a curtain of colored streamers waving in the summer breeze. I have no idea what’s waiting for us inside the school, but I know we've managed to survive everything tonight has thrown at us so far. The guys are already jumping off the cart before I even have time to secure the brake. I take one last look at the teachers running across the street, and then we shove our way through the streamers and into the unknown.

18

FRIDAY MORNING, 3:15 AM

Inside, the gym is swarming with seniors.

Some are gathered around a couple of snack tables set up in the corner, loading plates with pizza and chips, while others are shooting basketball on one of the open hoops. On the far end, a few students are tossing cornhole bags, and a large inflatable bounce house shakes with jumping bodies. The big overhead lights have been dimmed, and colorful beams dance around the walls and ceiling. I trace the source of the spotlights back to a small makeshift stage in the far corner, where a middle-aged DJ wearing a golden vest and matching fedora is blasting music from two large speakers. Several dozen students are dancing around while others seem content to just sit up in the bleachers and hang out.

This would be a great party if it wasn't for the fact that we don't belong here at all and two teachers determined to make sure we don't stick around for long are hot on our tails. Thankfully, everyone here is having so much fun that no one seems to notice four random definitely-not-seniors have crashed their event.

"Where to?" Maleek asks, seemingly paralyzed by choice. His

head is darting around so much that I'm half convinced it's about to fully rotate around his body.

"Let's hide out under the bleachers," Hugo says, already moving toward the metal supports. Without hesitation, we all follow him into the shadows.

It takes at least ten minutes of sitting in the darkness for my heart rate to return to normal. Every step over our heads that jostles the wooden benches and metal beams makes me think someone's going to burst through and find us. It's like a very stressful game of hide-and-seek where the consequence of being found is someone calls your mom and you probably get grounded for the entire summer. This is why I could never be a government spy or secret agent. In the movies, the hero always takes action and faces the bad guys head-on, usually while wearing a cool tailored suit. Meanwhile, I'm cowering in the dark with nervous sweat soaking through my shorts.

"They're still on the hunt," Cooper says, peeking out into the gym.

The teachers who chased us are committed to tracking us down. I was hoping once we got into the gym they might drop the whole thing, but apparently not. The woman is posted up by the doors with her arms crossed, like a reverse bouncer. No one's getting out. The big guy is on the prowl, probably pissed we highjacked his golf cart. He keeps aggressively shining his mini-flashlight at people and grunting. We're totally stuck.

Cooper sits down on the dusty, folded-up gym mats next to

Hugo and frowns up at the underside of the bleachers. "Eww. How much gum do you think is up there?"

There's a rainbow of chewed gum plastered over our heads, most of the pieces looking so hard and solid I'm sure they've been there for months, if not years.

"That's gotta be at least a thousand pieces, right?" Maleek asks, his nose curled up in disgust.

"At least," Hugo agrees.

Cooper nods at Maleek. "I dare you to lick one."

"Heck no," he says without hesitation. He bends at the waist and starts pretending to dry heave.

"Come on," I prod. "After all we've done to help you tonight, you can't do one dare for us?"

Hugo pokes at Maleek with the rubber tip of one of his crutches. "Yeah, when are you going to have this opportunity again?"

"This is not an *opportunity*," Maleek says, visibly squirming.

I always enjoy moments like this. It's usually Maleek who's goading me or Cooper until we give in to his demands, so it's fun when the tables are turned.

"You'll cave eventually," I say. "We have four more years to keep daring you."

I expect Maleek to have some snappy retort, but he just sighs as he plops down on the mats next to Cooper. Suddenly, Hugo's whole body stiffens. "The big dude's coming," he hisses, pointing behind me.

I turn around and spot disaster headed right toward us—the teacher who looks more like the Hulk in a polo shirt. For a moment, I'm frozen, staring down catastrophe as it marches across the gym. Then Maleek grabs ahold of my shirt and pulls me toward the floor mats. He moves us with urgency, like we're soldiers taking enemy fire and need to scramble to the bunker. We both roll over the top and almost collide with Cooper and Hugo as we land on the floor. The four of us lie hidden on our stomachs behind the mats, breathing in dust and gym-floor funk. Honestly, it seems only *slightly* better than licking already-been-chewed gum.

As we watch the beam of the teacher's flashlight pass over our heads, I hold my breath. Beside me, Cooper's eyes are closed tight like he's hoping this is all some weird dream he can wake up from, and Maleek's face is half buried in his folded arms. Even though I'm on edge, too, I can't stop the smile that cracks my face. We haven't even started high school yet and we're already making memories here. In four years, at graduation, we'll probably be laughing about this whole thing and saying, "Hey, remember that time we had to hide under the bleachers . . . ?"

After several long moments of lying on the ground, Maleek rises up on his elbows and takes a look around.

"I think we're safe for now," he whispers.

"For now" is the part that sticks in my brain. Feels like it's only a matter of time before we're caught. We're basically cornered here, and there's no way out unless the teachers get tired and give up. As long as they're searching this gym, we're never going to be able to make an escape.

Maleek's phone dings, lighting up the darkness. Before he

even checks it, I already know what it is. His shoulders slump as he swipes at the alert, confirming my suspicion.

"They did it," he says quietly. "The girls completed their final dare."

He turns the volume down before hitting play on the video as Cooper, Hugo, and I gather around. This recording is as dark as the last, and at first I can only make out flashlight beams moving through trees. As the footage stabilizes, I see the girls stopped on a small wooden bridge. Leslie sits down a candle as Prudence flicks a lighter to life.

Cooper taps on the screen. "Is that . . . ?"

"Katie's Crossing? Yeah," Maleek says.

Katie's Crossing is a little bridge that leads over a stream in the woods a couple of neighborhoods over. Legend has it a teenage girl named Katie was abducted there back in the '80s when she was walking home from school, and they never found her. Supposedly, if you go there in the middle of the night and light a candle, you can invite her restless spirit to appear.

On the screen, the girls gather around the candle and lower themselves to their knees. It suddenly feels like we're watching a found-footage horror movie.

"What are we supposed to say?" Prudence whispers.

"I don't know," Priya says. "Just, like, welcome her here, I guess."

Leslie slowly lifts her hands, palms up like she might receive some gift from the universe. "Oh, Katie. Thank you for allowing us to visit your resting place. *Uh* . . . how are you?" From behind the camera, Priya reaches out and smacks her arm. "I mean, we hope you have found peace in . . . in the realm beyond this one. If you would like, we invite you now to reveal yourself here."

The girls all go still for a moment, their faces barely visible in the dim glow of the candle. In the quiet, Priya's breath is loud and shaky. She must be freaked out. Considering just a few hours ago I thought there was a ghost tapping on my window, I can relate. Suddenly, the candle extinguishes, enveloping the girls in complete darkness. The screaming is loud and immediate, all of them up and running as fast as possible. The camerawork is a shaky mess—nothing but blurry shapes and tilted angles. After a few seconds, the video ends.

"You dared them to summon a ghost?" I ask.

"I did," Maleek says.

"Well, it looks like they did it," Cooper says.

Maleek waves his hand dismissively. "*Eh*, I think they summoned a gust of wind."

Despite his nonchalance, I know Maleek's got to be feeling the pressure now. The girls have completed all their dares, and we're still one short. If we can't find a way to prank Awford in the next half hour, we've lost, which means Priya will get free rein over Maleek's social media.

The phone dings again, this time with a selfie of all the girls near the edge of the woods. They look a little frazzled, but Priya is in front giving a thumbs-up. We survived, the message reads. See you boys soon!

At this rate, we'll be lucky to make it to the girls by sunrise. Maybe we can all go get breakfast together before graduation.

Cooper looks out at the teacher still posted up by the door. "If we're ever going to get out of here, we need to get her away from the exit," he says.

"Or find another way out," Hugo suggests.

I walk back deeper into the shadows, brainstorming any possible solution. What could we do to get her away from that door? Maybe we could create some sort of distraction, like pulling the fire alarm or something. But that would end this party for everyone, and the last thing we need is emergency vehicles rolling up and bringing more attention to the place. There has to be something low-key we can do that'll allow us to slip out quietly.

I'm pacing around, staring up through the slats in the seating, when I catch the sight of a familiar pair of shoes—light-blue Converse with little stars drawn in Sharpie along the side.

Maddy! She can help us!

That optimistic thought is immediately followed by a grim one. Getting my sister's help will mean telling her all about the night I've been having, and nothing is stopping her from immediately calling our parents. I guess the options are get caught by the teachers and *definitely* get in trouble, or talk to my sister and *possibly* get in trouble. Not great choices, but desperate times call for desperate measures.

I turn back to my friends. "Guys, I think I might be able to get us some help."

"Really?" Cooper asks.

"Yeah, you see those blue shoes? That's my sister."

"Maddy?" Maleek asks, straightening his posture. He adjusts his sweatshirt and runs his fingers through his hair. "How does my hair look? Good?"

Gross. Never let your friends meet your sister.

"She'd be willing to help us?" Hugo asks.

I sigh. "Yeah, I think she might, but there's about a ninety-three percent chance she's going to flip out first."

Cooper gives me a sympathetic shrug. "Well, there's a one hundred percent chance we're going to get caught if we hang out here much longer."

I know he's right. At this point, Maddy is our only hope.

I take one long breath, enjoying this last small moment of freedom, and then I reach my hand up through the bleachers and give my sister's ankle a little shake.

19

FRIDAY MORNING, 3:36 AM

Maddy is not one of those straitlaced older-sister types you see in certain Disney Channel movies. She doesn't really wear pink or gets straight A's or know a lot about local politics. She's more of a rebel-with-a-big-heart type. More than once I've seen her curse people at red lights for throwing litter out their car window.

Since Maddy has no trouble scolding strangers in traffic, you can imagine how fast and hard the cursing comes when she and her friend Shonda make their way down under the bleachers. Even though she's not a Disney Channel sister, this is the Disneyfied version of what she says when she sees me and the guys:

"No *FREAKING* way. You've gotta be *POOPING* me. What the *HECK* are you doing here, Jensen?"

Before I can even respond, Maleek steps forward and offers a handshake. "Jensen's handsome friend Maleek is also here. How are you two ladies doing on this fine evening?"

Maddy and Shonda just glare at him while his hand hangs unshaken between all of us. After a moment, he takes the hint and retreats several paces with Cooper and Hugo. Maddy turns her gaze back to me but doesn't say a word. Because she doesn't have to. Her mouth is a tight line, and her eyebrows are raised in expectation. She's waiting for an explanation, and it better be a good one.

Maybe Maddy should go into law enforcement after graduation, because her stare is incredibly intimidating. If this was an interrogation room, I'd probably confess to half a dozen crimes I didn't even commit. "It's, *uh*, well . . . it's kind of a long story," I stammer.

Maddy's frustration boils over. "You shouldn't be here!"

"I know, and believe me I don't want to be. That's why we need your help. We're trying to get out of here as fast as possible."

"Did you sneak out or something? Do Mom and Dad think you're in bed right now?"

"Yes," I say, my voice barely audible over the blasting pop music.

"Wow," Shonda says, giving my sister a little nudge with her elbow. "We didn't sneak out of your house for the first time until we were sophomores. I'm kind of impressed."

"Not the time, Shonda," Maddy snaps. She slides her phone from her back pocket and swipes it awake. "Okay, well I'm pretty sure if Mom and Dad were worried about you, they'd be blowing up my phone, so it seems like you're safe on that front."

A mix of relief and unease stirs inside me. I'm glad to hear that my parents are likely fast asleep, but with her phone in hand, this is the moment Maddy could easily call them to rat me out. My whole night could blow up with just a few taps of her thumb. It would be so simple for her.

But then she just crosses her arms over her green Groveland High powder-puff shirt and tilts her head at me. "Start talking. What are you doing at my school in the middle of the night?"

As my heart rate regulates, I consider telling her everything. I could spill my guts about Clay's Mill Hill, and the ferret fiasco, and sneaking into Awford's office. I could tell her about how Maleek needs my help to beat Priya, and how I need to prove to my friends that I can keep up with them before we get to high school. One big, dramatic monologue. Then I think better of it. Maddy already has all the power here, so it's probably best not to give her any additional information she could use against me if this case ever does end up before Judges Mom and Dad Chapman. I should hold back, only tell her what she needs to know.

"There's this girl," I start. Before I can say another word my sister is already rolling her eyes, but I charge forward anyway, talking fast. "She's really cool, and I really like her. And I think there's at least somewhat of a chance that she might sort of like me, too. And since tomorrow's the last day of school this might be the one chance I have at telling her how I feel."

Maddy's eyebrows knit in concern. "And the girl . . . is here? Jensen, I'm sorry, but there's no way any of the girls here will—"

"What? No!" I interrupt. "It's someone in my grade. She's out with some other girls and we're trying to meet up with them." I motion back to the boys. Hugo and Cooper both give a little wave while Maleek winks and shoots a finger gun in our direction.

Shonda's expression softens and her hand flutters toward her heart. "Aw, that's actually kind of sweet. Maddy, your brother's like a little Romeo. If I was in middle school . . ."

Maddy doesn't seem quite as impressed. "What I'm hearing is there are multiple groups of unsupervised fourteen-year-olds running around town. Is that right?"

Uh-oh. Now I'm going to end up dragging the girls down, too. If Maddy rats us all out, Leslie will never forgive me. "No, no. I meant she's out at a, uh . . . a girls' sleepover. We're just trying to get to the right house."

Maddy shakes her head, sending her ponytail swaying side to side. "If you're trying to get to this sleepover, why are you here under these bleachers?"

Another reasonable question that I didn't prepare an answer for. Man, maybe Maddy really should be a detective. How can I explain this without going into everything? "We, uh . . . what happened was . . . we were cutting through campus when a couple of teachers spotted us. We couldn't outrun them, so we ducked in here. But now we're trapped." Okay, not too shabby.

"That's why you need our help?" Maddy asks.

I gesture toward the exit. "Yeah, there's a teacher guarding the door and we need you to create a distraction or something so we can escape."

My sister drops her head, pinching the bridge of nose and releasing the kind of exhausted sigh I've only heard her use when Mom asks us to explain some new internet slang. "You know this is insane, right?"

"I do." Though I also know if I'm ranking the insane parts of tonight, I'm not sure this moment even cracks the top three.

"And you know I should just call Mom and Dad right now and tell them where you are, right?"

There it is. I knew the threat of snitching would come at some point, so now all I can do is play the only card I've got left. "You coooouuld," I say. "But if you do, someone might be forced to tell Mom that the big dent on the back of her car wasn't from a random hit-and-run, so . . ."

Shonda releases a bark of a laugh before quickly clasping her hands over her mouth. My sister gives her a warning look.

"I'm sorry, girl, but that was funny," Shonda says. "Let your brother go see his little girlfriend. What's the worst that could happen?"

Maddy sighs and looks up at the ceiling of old gum over our heads. "Can I talk to my brother in private for a minute?"

Shonda wanders off a few paces, and I get the distinct feeling this is the moment that my sister is going to chew me out. I glance back at my friends, and all of them are mercifully doing me the favor of looking the other way. Maddy grabs me by the shoulders and brings her face close to mine. "Your plan is to leave here and go straight to this sleepover? Nowhere else?"

"Nowhere else," I confirm.

"And you promise your intentions in going to this sleepover are just to *talk* to this girl, *right*?" She's nodding her head, making sure I know the correct answer. "Just hang out and spend a little time getting to know one another and everyone is going to keep their hands to themselves, riiiight?"

"Nothing else," I say, a spark of hope igniting in my chest.

"And these girls want you to come? Remember how we talked about consent?"

"Yes, of course. They dared us to come."

My sister drops her head like she's already regretting not calling our parents. "I can't believe I'm actually doing this."

I can't believe Maddy's actually about to help us, either. But then it occurs to me that she might be able to help me in more ways than one. Sure, me and the boys have dodged ferrets and outmaneuvered a couple of teachers, but there's a bigger concern that's been simmering in the back of my mind all night. "Can I, um, talk to you about something else?"

"What else could there possibly be to talk about, Jensen?"

My sister and I don't really swap dating stories. (Even if we did, it would be a completely one-sided transaction, because I have exactly zero stories to swap.) I have no idea what's going on in Maddy's love life or if she even has one. Since she's been in high school, she's only ever brought two dates home. One was a guy who came over for dinner last year who had weird *middle-aged sports coach* energy because he kept calling me "champ," and the other was the girl she went to homecoming with back in the fall. I don't really know what happened with either of those people, because I never saw them again.

In the same way, Maddy doesn't know anything about the girls I've liked. She doesn't know I haven't had my first kiss yet or that I've never slow-danced with a girl. She doesn't know that the thought of talking one-on-one with Leslie sends an earthquake through my guts. But maybe I'd be less nervous if I got some guidance from an actual girl.

I stare down at my shoes, trying to work up the courage to ask this because it's kind of super off-the-charts embarrassing. "How . . . uh, what am I supposed to . . . um . . ."

"Just spit it out, dude."

"How do you talk to a girl you like?" I say it fast, all in one breath just to get it out there.

Maddy's shoulders visibly relax, and one side of her mouth kinks up into a smirk. "You want advice about flirting?"

Okay, I'll admit it. One time I looked up "How to flirt" on YouTube so I could try to figure out how to talk to girls. I thought I could find a nice, simple tutorial like I do when I get stuck at certain points in video games. Unfortunately, it turns out there's a lot of weird dudes online convinced they know the best way to be cool and attractive, and far too many of them have access to a video camera.

There was one guy on a yacht who kept talking about how men are at the top of the food chain, and we have to pursue women like the apex predators we are. There was a bunch of slow-motion footage of lions chasing gazelles through the Serengeti, and I could make it through only about two minutes before it reached levels of maximum cringe. In a different video there was a guy in a velvet top hat who kept saying making fun of girls is an essential part of flirting. He had this whole homemade chart he brought out to show the spectrum of put-downs, from cruel remarks to flirtatious "negs." He was presenting his ideas like he was about to be awarded a medal—*Champion of Flirting*. It was awful.

I awkwardly tell Maddy about my internet search, and she says she's glad I bailed when I did. She makes me promise to never look to guys online for advice about women again, because she doesn't want me turning into some "incel Neanderthal with regressive, chauvinistic ideas about women." Whatever that means.

"You just need to be yourself, Jensen," she says. "I know there are people who claim to have all these tips and tricks, but at the end of the day they're not anything real. You don't want to trick a girl into liking you anyway. If you and this girl are meant to be, you'll just connect."

Ugh. "Just be yourself" is the same advice I've been getting from parents and teachers since forever, but what am I supposed to do when who I am is someone constantly paralyzed by fear? How am I supposed to connect with Leslie if the whole time I'm on the brink of a Dread Spiral, worried about how everything could go wrong?

"I'm not sure who I am is enough," I say.

Maddy squeezes the bottom half of my face and pulls it so I'm looking her right in the eyes. "Hey, you are enough. I promise you. You're smart and considerate and loyal, and you're already sneaking out of the house two years earlier than I did so I guess you're kind of a badass, too. If this girl can't see that, then on to the next one."

My sister isn't one to just hand out compliments unless she really means it, so that actually makes me smile. "What else is great about me?" I ask.

"Don't push your luck," she says, giving my cheek a light smack.

After that, she does offer a little practical advice about how I should talk to Leslie. She says that listening is just as important as talking when it comes to having a good conversation. I shouldn't just be waiting for my turn to speak. Instead, I should be giving Leslie focused attention and asking follow-up questions about her hobbies and interests. And I shouldn't try to force anything. It's okay if there's some silence or pauses. Just because someone is a little quiet doesn't mean they don't like spending time with you. I sort of wish I had my phone or a little notebook where I could write all this stuff down, but I guess I'll just try to keep everything in the back of my mind.

Once Maddy has finished dispensing all her flirting wisdom, she glances out at the teacher still standing guard by the exit. "All right," she says with a sigh. "If I'm actually going to help you, there are going to be some ground rules. First, I need you to promise me you'll be home before Mom and Dad wake up. If you get caught, I will deny ever seeing you or having any knowledge of this whole thing. Second, I need you to text me every fifteen minutes so I know you're alive."

"I, uh, don't have my phone," I admit.

Maddy throws her hands up, exasperated. "What?"

"You know Mom and Dad take my phone every night."

Maddy looks over my shoulder and points at Maleek. "You, Flirty Magee, come here."

Maleek hustles over, way too eager. "Yeah?"

"Give me your phone," my sister demands. Maleek places his unlocked phone in her palm and Maddy starts typing. "I'm putting my number in your phone for one reason and one reason only. This is so my brother can text me to let me know you all are safe, okay? And you will delete my number in the morning, got it? This is not an invitation for you to start sending me your favorite memes. Nod if you understand me."

Maleek nods, but I can tell he's biting back a smile.

Maddy gathers all of us together, and I realize for a guy who has very little interest in sports, I sure have been in a lot of huddles tonight. "Okay, here's what we're going to do," my sister says. "Shonda, you're gonna tell Ms. Walters there's a girl sick in the bathroom who needs some help, all right? That way we get her away from the door. Since Mr. Ellis is still on the prowl, once you guys are halfway to the bathroom, I'll hit the gym lights. It'll be very dark and it should take a couple minutes for the teachers to get them back on again, giving you boys just enough time to make your escape. Sounds good?"

We all nod in agreement. It's nice to have someone else in charge for once tonight.

Maddy shakes her phone at me as she moves toward the light switches at the far end of the gym. "Remember, Jens, every fifteen minutes."

From the shadows of the bleachers, Maleek, Cooper, Hugo, and I watch Shonda go up to Ms. Walters and start laying out her story. I don't know if Shonda is an actress, but her concern looks genuine from here. Her hands don't stop moving as she speaks, clutching at her stomach and pantomiming vomiting and frantically gesturing toward the bathrooms. Soon, she and the teacher start moving away from the door.

"Yesss!" Maleek says, giving my shoulders a little shake.

Right on cue, the whole room goes dark. Several people

scream as the colorful lights from the DJ booth continue circling the ceiling.

My friends and I take off running without hesitation and without looking back. We burst through the curtain of streamers out into the night, sprinting back across the street toward our bikes as the full moon sinks toward the horizon.

20

FRIDAY MORNING, 3:56 AM

We're not quiet anymore. We've traded being sneaky and stealthy for being fast. Our footfalls and breaths are heavy as we run away from Groveland's gym and back toward our school. When Hugo lags behind, we turn around and do something I never thought we'd actually be able to do—we pick him up. It's clumsy at first, with me and Cooper each taking a leg and Maleek holding up Hugo's upper body, but soon we find our stride like some sort of four-headed, six-footed beast.

Hugo waves his crutches a bit and cheers us on. "Look at these strong men! Men with six-pack abs and bulging muscles!"

"Nothing of mine is bulging!" Maleek yells.

"I feel like I'm on a magic-carpet ride," Hugo says. And then he starts singing the song from *Aladdin*, which means Cooper starts singing the song from *Aladdin*, too.

I knew they'd be doing showtunes together before the end of the night.

Half laughing and half singing, we barely make it across the street before my legs give out and we collapse into a heap on the front lawn of Parkers Mill Middle School.

"Guys, it's almost four!" Cooper says, waving his lit phone screen in panic. "We have like three minutes to complete the last dare."

"What can we do in three minutes?" Hugo asks.

Cooper is manic, running his fingers through his hair as he looks around. "I don't know. Can we, like, prank call Awford's house? Or, uh . . . oh! What if we rearrange the letters on the marquee to say, 'Awford Smells Like Poo' or something?"

Maleek smiles at the suggestion but doesn't move. Instead, he reclines into the grass a bit, closes his eyes, and takes a long, centering breath. "Or . . . what if we just let it go?"

"What? But what about your punishment?" Cooper asks.

"I think it's okay," Maleek says with a shrug. "I can lose."

Guilt needles me. We could have completed this last dare a while ago if I had just been cool with the whole whoopee-cushion thing. "But what about everything we've done? Everything we've been through tonight. It'll have been for nothing."

"I don't know," Maleek says. "Tonight, I got to see my friend Jensen fly down Clay's Mill Hill. I got to help my friend Cooper break into school. I got weirdly serenaded by my friend Hugo just now. And I got to throw a Slurpee in some jerk's face. That doesn't feel like nothing to me."

Hearing Maleek say it, I know it's true. We didn't win, but this doesn't feel anything like failure either. It's probably been the best night of my life, which is wild to think about considering just a few hours ago all I wanted to do was go to sleep.

"Uh-oh, Jensen's smiling," Maleek says, slapping at me with the back of his hand. "He must already be thinking about what he's going to say to Leslie. Let's go get him his girl."

Priya's house is a redbrick building with an archway entrance and shrubs trimmed so precisely that they basically have right angles. There're two stories with big windows that look out over the front lawn and a stone walkway that leads to the front door. It's a nice house. So nice I'm sure it's equipped with an equally nice alarm system, one with motion sensors and spotlights and probably poisonous darts to stun any intruders. My eyes lock on to the corner room on the upper floor, because the lights are on, and I suspect that means someone's awake. Any second, the curtains will swing open and an angry face will glare down at us as we cruise into the driveway. Thankfully, the drapes remain still as we hop off our bikes and drop them into the shadows on the side of the house.

As we make our way toward the back, I smell the pool before I see it, the strong scent of chlorine hitting hard. Just a few weeks ago Priya had a pool party for her birthday, and she invited pretty much our whole grade. At school, she was handing out invites like candy, and at first I couldn't really understand why, until I opened the envelope and realized each invite contained a QR code to her Amazon wish list. Guess she figured the more people she invited, the more presents she'd get. Not a bad strategy, really.

When we round the back of the house, the girls are already reclining in the deck chairs by the water. Priya pops up right away when she sees us. "About time, boys! I was starting to think you weren't going to show."

"Just thought we'd be fashionably late," Maleek says, stepping forward.

Priya pulls out her phone and refreshes the group text thread theatrically. "Well, I've been checking my texts, and I haven't seen any new videos come in."

Maleek looks back at me, Cooper, and Hugo for a moment, giving us a little nod and taking a long, deep breath. It's like he wants to remember these final few seconds of peace before he jumps on his grenade. "That's because we didn't complete the final dare," he says.

Priya cups her ear dramatically, not even trying to hide her smile. "Uh, what was that?"

"We didn't prank Awford," Maleek confesses. "You win, Priya."

The girls start celebrating and high-fiving each other, and even though we can't claim victory, the sting of this loss isn't too bad. After what we've survived tonight, I don't think anything can bring us down.

"Oh, you know what this means, right?" Priya starts tearing into the envelope that contains Maleek's log-in information with all the excitement of a kid on Christmas morning, but Maleek places a hand on hers.

He surrenders his unlocked phone. "Here you go. Have at it. Do you want to do this together?"

"Oh, that would be great actually. I've prepared a little script for you if you don't mind." Priya pulls a folded note from her back pocket and hands it to Maleek. As my friend reviews his lines, Priya gives the phone to Prudence so she can do the recording. Like a movie director, she positions Maleek in the light and frames up the shot just how she wants it.

It's kind of a lot, but to Maleek's credit, he does this all with a smile—not a hint of malice or regret. I know he really wanted to win tonight, but it's cool to see him handle defeat with such grace. Especially since he's doing this—at least a little—for me. Priya doesn't know that we were right there. We were inside the school and could have placed that whoopee cushion easily, but we stopped because I wanted to. Maleek is enduring this embarrassment because he's a good friend.

As Priya takes her place beside Maleek, she gives Prudence the signal to start recording, and Maleek begins reading from the paper. "Hello, friends, family, followers, and lurkers. I stand before you today a defeated man. A shell of my former self?" He looks at Priya but she just smiles and nods encouragingly for him to keep going. "I have been bested by my classmate, Priya Nadar. May her radiant beauty shine as an example for all of us. Wow, this is really corny."

Priya tsks. "Ah, ah. No improvising."

Maleek swallows his pride. "Priya is better than me in every conceivable way and on every plain of existence. Across the multiverse, there is not a version of me that exists that can compete with her unwavering bravery, her irresistible charm, and her unmatched sense of style."

Priya holds a hand to her heart. "Oh my gosh, Maleek. I didn't know you felt this way!"

While they're filming, Leslie makes her way over to me. The backward ball cap she had on earlier has been replaced with a loose topknot, and the lines of black under her eyes that were so crisply painted just a few hours ago are now streaking down her face, smeared from a night that seemed just as chaotic as the one I've had with the boys.

"So, they definitely like each other, right?" she asks.

"Oh, definitely," I say, wondering just how powerful Leslie's romantic perceptions might be. Can she tell I like her?

"Priya was way excited about having reasons to text Maleek all night."

"I think the feeling was mutual."

Leslie leans to the side, letting her arm rest against mine. "What would they do without friends like us to help them along, huh?" I don't say anything, because my brain can't be expected to form sentences at a time like this.

Once Priya is satisfied with Maleek's confession, she reviews the footage and sends it to herself, so she can upload it when the moment's right. "So do you guys wanna come in and play some video games or something? Technically my older sister is chaperoning us, but she's a heavy sleeper."

Maleek and Cooper both look to me, waiting for my response. They're letting *me* decide our next move?

Obviously, the smart thing would be to go home, make sure my parents haven't already launched a statewide search-and-rescue operation to find me, and maybe even get some sleep before graduation in a few hours. However, there are a lot of things we *should* have done tonight—and even more we shouldn't have. Why start making smart decisions now?

"Yeah," I say, risking a glance at Leslie. "That'd be fun."

21

FRIDAY MORNING, 4:17 AM

Unfortunately, I don't think there's any way to look cool while sneaking through a small basement window. Especially when you're trying to do it quietly, one of your friends has a broken ankle, and you're carrying a plastic bag of convenience store snacks. (Priya was nice enough to let us leave the frog backpack outside.) As the boys and I make our way inside, we're an awkward mess of knees and elbows, our limbs moving like we're baby spiders learning how to balance on a web for the first time. I wish the girls would look away, but they don't, and in the end, it takes nearly five minutes for all of us to get in. Plus, I'm pretty sure the girls got a good look at the top of my *Bob's Burgers* boxers when my shirt rode up as I was easing in feetfirst.

Priya's basement is actually pretty nice. There are a couple of plush gray couches positioned around a big-screen TV. In front of them, a wooden coffee table has been pushed aside to make room for four sleeping bags spread out on the floor with extra blankets and pillows. There's a big bowl of popcorn half spilled on one of the couch cushions and a couple two-liters of soda sit sweating on a table in the corner.

“Sweet setup,” Maleek says, thankfully remembering to keep his voice down.

“Yeah, and let’s keep it that way. Better take your shoes off before you track some dirt all over our sleeping bags,” Priya says.

“Okay, okay,” Maleek concedes, already undoing his laces. “I’ll take my socks off, too, and jump all over your pillow with my bare feet. Which one’s yours?”

“Ew, nooo,” Priya squeals, laughing. “Keep your socks on! No one wants to see your crusty feet and janky toenails!”

“I know you ain’t calling my feet crusty!” Maleek says, hopping on one foot and extending his other toward her like a sword.

Leslie rolls her eyes at me, and I just sort of shake my head. Maleek is obviously more than happy to get to spend a little time with Priya outside of school, though who knows what it will take to finally get them together? Watching my friend play-fight with Priya, I’m impressed with how natural talking to girls is for him. He’s not shy or scared at all. I bet he’s never had to google “How to flirt.”

I shift my attention to Leslie, remembering I’m here to make my own moves and not just watch Maleek. “I’m glad you guys didn’t get possessed by a ghost tonight,” I say.

“Oh, me too,” Leslie says, placing a hand on her heart. “We did see something out there at the bridge, though.”

“Really?”

“Yeah, it was either Katie’s spirit or a leaf falling off a tree. Definitely one of the two.”

We introduce the girls to Hugo, and once again Maleek goads

him into telling the story about his broken ankle. Like me, the girls all flinch when he gets to the worst part.

Eventually, Priya fires up *Mario Kart* as we all settle onto the couches. Leslie disappears into the bathroom for a few minutes, and when she comes out, she's washed her face and changed into some pajamas—loose checkered pants and a faded T-shirt with Squirtle on the front. You would think seeing her in such a casual outfit would make this whole thing less intimidating, but it doesn't. Something about this feels more intimate now, like I'm getting a glimpse at a part of her not everyone gets to see.

Priya only has enough controllers for four people, so we pass them around along with the snacks we picked up at Furball's, rotating in and out for several races. When I'm not playing, I remember to text Maddy to let her know I'm okay, and we haven't been kidnapped by drifters or attacked by werewolves. Soon, Leslie offers up her controller, and I'm about to take it when Cooper snatches it from my grasp at the last second.

"Nice try, Jens, but you know it's my turn!" He pivots so only I can see his face and mouths *Talk to her.*

Oh right, I'm supposed to be flirting, not just hunting down my friends with red shells.

"So, uh, are you excited about graduation?" I ask, only half turned toward Leslie to seem more casual. *I'm just making conversation; I'm not trying to date you.*

Leslie groans and lays her head back on the couch so she's looking up at the ceiling.

"I'll take that as a no," I say. "What's wrong, going to miss the meatloaf in the cafeteria?"

Leslie shuts her eyes and makes a gagging noise. "Hardly." She rolls her head to look at me. "It's my family."

"What about them?"

"They're being all . . . loving and supportive."

I drop my voice to mock disgust. "Ew. Terrible. We hate that, right?"

Leslie smiles and pulls her feet up onto the couch, pivoting to fully face me while resting her chin on her knees. My heart beats faster than when I was racing down Clay's Mill Hill.

"Okay, get this. My grandparents flew in, right? And all four of them are staying at our house! We don't have that much room, Jensen. I'm sleeping on the couch, but I can still hear my grandpa snoring from down the hall! And my dad bought this new, fancy camera. You know how most parents just take pictures with their phone? Well, I feel bad for whoever sits in front of my dad because his camera has a lens as long as my arm so he can get close-ups." Leslie extends her arm straight out for emphasis.

"Wow," I say. "Sounds intense." I'm barely able to get the words out. Being this close to Leslie and making direct eye contact is kind of short-circuiting the part of my brain that forms sentences. Not to mention this is the longest conversation we've had since the aquarium field trip. But Maddy said focused attention is good.

"It is intense! Do you want some photos of you? I can ask him to take some if you want. He can probably stand across the street and still zoom in close enough to see if there's any food in your teeth."

I laugh, but I also do my best to swipe my tongue across my front teeth just in case I have any specks of chips hanging out there. "Oh yeah, some pics from your dad would be great. Just get him to photoshop my acne out before sending them to me. Better yet, can he give me a six-pack?"

Leslie smiles. "He's already talking about doing a mini–photo shoot of me and our family out in front of the school after the ceremony. It's going to be this whole thing, and I'm sure a bunch of people are just going to be staring." She buries her head in her hands and groans.

I know that feeling. Every time something embarrassing happens to me at school, I'm convinced everyone has noticed. Even though I want to reassure Leslie and tell her it's not that big of a deal, there is a small part of me that's a little relieved to know other people feel that same anxiety. "Eh, don't even worry about it. I'm sure everyone will be doing their own thing. They won't think twice about your family. Unless they made T-shirts with your face printed on them or something."

"Ha! I wouldn't put it past them." Leslie reaches out and places her hand on my arm, my skin going electric under her touch. "Thanks, Jensen."

"Yeah, who cares?" Priya interjects as she plops down on the couch right between me and Leslie, immediately popping our private-conversation bubble that wasn't actually private at all. "Let people think what they're gonna think."

Is that what it's like for people without anxiety? They can just "let people think what they're gonna think?" They're not constantly trying to figure out how they're being perceived or wondering what they can do to make a good impression? Must be nice.

"Hey, Jensen, can you go get me a drink from over there?" Maleek says. His eyes are glued to the TV screen as he bounces around the character-selection page, but I notice he's knocking his knee against Cooper's.

"Oh, uh, yeah, Leslie, would you be nice enough to get me a drink, too?" Cooper asks. "I'm pretty thirsty."

"Did you boys just come here to play video games and have us wait on you?" Prudence asks.

"Yeah, and doesn't Jensen have two working hands?" Priya chimes in.

"Y-yeah, he does. Of course," Maleek stammers. "But he can also be pretty clumsy. I want him to be able to hold my drink with both hands so he doesn't spill."

I roll my eyes. *Very smooth.* Appreciate the assist in getting me some quality time with Leslie, guys, but it would be nice if you could do it in a way that doesn't make it sound like I have the hand-eye coordination of a toddler.

At least it works.

Once Leslie and I are alone at the drink table on the other side of the room, she glances up at my face while uncapping the Sprite. "How's your eye feeling?"

Oh, right. I've been so focused on what to say to Leslie, I'd almost entirely forgotten that part of my face is all discolored and gross. "It's okay," I say, doing my best to shrug it off. Unfortunately, just the mention of my bruise is enough to send my mind flashing back to the dodgeball game. Leslie went from cheering for me to not even being able to look my way as I limped off to the nurse's office.

"I feel so bad about you getting hurt," Leslie says.

Great. I'm pretty sure pity is not up there with the emotions you want a girl to feel when you're trying to flirt with her. "It's fine. Doesn't even hurt any—"

"It was totally my fault," she says, cutting me off.

"What?"

"You were doing so great, and then I got everyone cheering for you because I thought it would help, but obviously it just ended up distracting you. I felt sick to my stomach after it happened. I'm so sorry, Jensen."

Leslie is looking at me with such a sincere, earnest expression that I nearly fumble the Coke. All this time I thought she couldn't look at me because she was embarrassed for me, but it turns out she was feeling guilty?

"Oh no, Leslie, this isn't your fault," I say, gesturing to my eye.

"But it only happened because you looked over when we started cheering."

"No, I loved the cheering. It was great." I stop short of telling Leslie that having her chant my name has been the highlight of my week. I've conquered Clay's Mill Hill and released ferrets and even crashed my sister's senior class lock-in, but none of it has filled me with the same radiant feeling as when she was my cheerleader.

"You really aren't mad?" she asks.

"Mad? No way. I mean, you saw our team out there. We had about a million-to-one chance of winning that game. Those other guys were throwing cannons, and I don't know if you've noticed, but I'm not exactly jacked. I'm just glad they didn't knock my whole head off."

"Me too," Leslie says. "It's a nice head. Even with the bruise."

I tilt my face low and focus all my attention on pouring Maleek's drink, because I'm pretty sure my cheeks are lighting up red. We're both quiet for a moment, with only the sound of the fizzing sodas filling the silence. I'm not really sure what to say until Maddy's voice echoes in my mind, reminding me to ask Leslie about her interests. "So, um, do you have any plans for the summer?" I ask. "Are you going back to magic camp?"

"Oh yeah," Leslie says. "I'm hoping to saw someone in half this year. That's not part of magic camp, though. That's just a personal goal of mine."

I nearly spill Maleek's drink all over the table. Leslie laughs as she shakes my shoulder. "Relax, Jensen! I'm joking!"

"Okay, but if I hear a news story about the police discovering half a body, I'm turning you in. You could have it in you. I see it in your eyes. They'll call you the Magical Murderer or something."

"The David Copperfield Killer!" she says.

"The Houdini Hitman!"

"The Siegfried and Roy Slaughterer," Leslie says, holding her hands up like sharp claws. "Though I think that only works if I'm training tigers to kill people."

"Hey, that was my plan for the summer," I say. "No copying."

Leslie smiles and that butterfly feeling everyone talks about flutters through my stomach. Somehow it drowns out the dreadful feeling of the motorcyclists' engines, making way for a different kind of nervousness—one where instead of dreaming up an endless list of the worst possibilities, I'm imagining all the good things that could happen.

I shift my weight and feel something small and solid in my back pocket. *The cards!* A smile blooms on my face as I remember I get to give Leslie her favorite deck back.

She notices my change in expression. "What is it?"

I reach for the cards, when suddenly, from above us, there's a loud commotion. Feet moving across the floor at a frantic rate, followed by muffled shouting. Someone pauses the video game as the sound grows closer and louder, seeming almost like a stampede. Too swift and rhythmic to be human. Within a couple of heartbeats, whatever it is barrels down the basement stairs. I'm frozen in fear as two of the biggest dogs I've ever seen burst into the room in a tornado of fur and panting.

22

FRIDAY MORNING, 4:30 AM

Everyone panics. Screams and barks reverberate off the basement walls as my friends leap up onto the couches like we're kids again, playing a game of The Floor Is Lava. Even Priya is freaking out, which makes me think these are not her family's pets. *Have wild dogs invaded the house?*

The overturned popcorn bowl and spilled chips slow the animals only momentarily, both of them stopping to take a few sloppy bites. But apparently human interaction is more exciting, because soon they're bouncing up on the furniture to get closer.

My knowledge of dog breeds really tops out at the basics. Spots? Dalmatian. Small and needlessly aggressive? A Chihuahua. That about covers it for me, and these dogs are neither of those. They're so big and shaggy I'm not even completely convinced they're dogs. More like a mix between a wolf and Bigfoot. Together, they form a ferocious storm of brown fur and slobber. Thankfully, they're not foaming at the mouth or gnashing their teeth, but there's still something very unsettling about surprise animals bouncing around the room uncontrollably.

A couple of the girls dive behind the couches while Leslie and

I try to use throw pillows as shields, doing our best to play some kind of defense. Maleek stands at the center of the room, trying to talk the beasts down like a cop attempting to negotiate a hostage situation.

"Whoa, whoa, let's all calm down," he says with his arm outstretched. "There's no need for this." Unsurprisingly, the dogs refuse to listen. They pause momentarily to bark at him—these deep, powerful yelps that sort of rattle my teeth—but then they're in motion again. They're pinballs bouncing from person to food to each other and then back to another person. Always moving and leaving chaos in their wake. One of them even bites ahold of the end of one of Hugo's crutches and becomes locked in a game of tug-of-war.

Two more figures descend the stairs. First, a brown-skinned girl wearing sweatpants and sporting a curly bob haircut. She's definitely a few years older than us, so I'm assuming it's Priya's sister, the chaperone. Right on her heels is a muscular guy with an afro holding two leashes.

"What the hell?" Priya's sister yells over the commotion. It's pretty much impossible to tell if she's more upset about the dogs or the fact that there's four random teenage boys in the basement. Probably a little of both.

"Whose dogs are these?" Priya yells just as one jumps at her with enough force to push her back to the couch.

"They're mine," the guy with the leashes says. "And they're very friendly but they get overstimulated very easily. Aragorn! Legolas! Down!" He dives for the closest one, but the dog dodges the tackle like a professional football player.

"Why is your nerdy boyfriend letting dogs loose in our house?" Priya yells, swinging the now-empty popcorn bowl as some kind of dog deflector.

"Well, they were sleeping peacefully upstairs until *somebody* woke them up! Probably these random boys you snuck in!"

For a moment I consider introducing myself, but it seems like I've already missed the chance to make a good first impression. No handshake in the world is confident enough to overcome this.

One of the beasts charges my way, and I dive to the side, narrowly avoiding a nose to the crotch. Unfortunately, the dog isn't able to stop before it slams into the drink table, bringing the whole thing crashing down and essentially turning the two-liters into bottle rockets. The Coke spins around on the floor, spraying soda in circles as it donuts across the carpet like a street racer showing off in an open intersection. The Sprite defies gravity, arching across the room and releasing a trail of sticky liquid like a carbonated shooting star. It banks off the far wall and then lands on the floor by a small collection of free weights.

This does nothing to calm the dogs. As they start up with another round of aggressive barking, Maleek grabs me by the collar and shoves my shoes into my stomach. "We gotta go!" he says, pointing to the window we climbed in earlier. I'm surprised to see Cooper already outside, crouched down and helping Hugo with his crutches as he shimmies out. I was so distracted I didn't even realize my friends were already leaving. Here I was thinking that helping to calm everyone down was the best option when clearly making a run for it is the superior choice. It's what we've been doing all night, after all.

I slip my shoes on, not bothering with the laces, and Maleek and I manage to dodge the chaos long enough to get to the window.

"Legolas, watch out!"

I turn back just in time to see one of the dogs crash into the entertainment center, sending a stack of DVDs and video games tumbling. The TV wobbles and then tilts toward the floor. I flinch, waiting for the crash of plastic and glass, but the boyfriend makes a miraculous diving save, putting his body between the ground and the screen. There's not much time to celebrate, though, as Aragorn becomes convinced that someone being down on his level means it must be playtime. The dog starts jumping all over the poor guy.

"Come on," Maleek says to me, scrambling fast for the window. Unfortunately, not as fast as Priya's sister. I do my best to block her, but Jensen "One and a Half Pull-Ups" Chapman is no match for this girl. She grabs ahold of Maleek's calf with both hands before he can get out.

"Oh no you don't," she says, starting to pull him back in.

In a panic move, I place both of my hands firmly on Maleek's butt and start pushing. It's the only way I can think to help get him outside.

"What is happening?" Maleek yells with half his body outside and half still very much in the basement.

Admittedly, this is super awkward, but what other option do I have? It's not like I can shove Priya's sister out of the way. She clearly does not have those same reservations, though, because she lowers her left shoulder and rams me while keeping a firm grasp on Maleek's leg. I stumble to the floor, half stunned and half impressed.

Even with Hugo and Cooper yanking from outside, it seems like Maleek's escape is a lost cause. Priya's sister is winning this tug-of-war inch by inch.

Then, a miracle comes in the form of a ranger from Middle-earth.

Legolas must think Priya's sister is playing a fun game, because he bolts over and jumps up at her, desperate to be part of the action. This sends her tumbling backward. Now free from his anchor, Maleek scurries out the window into the night. The guys are shouting for me to follow, but Priya's sister is already regaining her footing. There's no way I'll be able to get up and out before she gets her hands on me.

With no other option, I retreat deeper into the basement, leaping over the back of one of the couches as the boyfriend steadies the TV. Prudence and Priya have seemingly captured Aragorn. He barks and bucks, but they keep their hands firmly around his collar to maintain control.

Leslie grabs me by the shoulder and pulls my ear close to her. "Take the stairs up to the hall. The living room is to the right and then you can get out the front door." Before I can even fully process the information, she produces a squeaky toy from behind her back. She squeezes it once to get Legolas's attention, and he locks in on the sound immediately. Leslie cranks her arm back and lets it fly.

"Wait!" Priya's sister yells, but it's too late.

Legolas is a brown bolt of lightning across the basement, moving with the focus of a horse in the Kentucky Derby. Priya's sister tries to dodge the toy, but she's too slow. The dog leaps up at her chest, knocking her back and giving me just enough time to jump down from the couch and charge for the stairs.

"Thanks!" I yell back to Leslie as I flee the room.

I take the stairs two at a time, scampering up on all fours like I'm a dog, too. I cannot look back; I cannot hesitate. The only option is to charge forward. But right as I'm allowing myself to think I might make it out, Priya's sister snags my ankle the same way the killer in a horror movie always latches on to the victim just when there's a glimpse of hope. She pulls hard, and I dig my fingers into the carpeted steps to keep from losing ground. But she's strong. I can't beat her in a battle of muscle.

Then, at the top of the stairs, a dark figure appears—small but wide. The low shadow waddles closer, inching forward until it's illuminated by the stairway light. It's a chunky brown-and-white bulldog with a pink tongue hanging from its open mouth. Several drops of drool fall to the first step. From my angle, I can barely make out the gold tag hanging from the dog's collar, engraved with his name.

Gimli.

Of course.

Gimli takes a couple of clumsy steps toward me but quickly loses his balance on the steep stairs. His face smooshes against mine, and then he goes tail-over-head, tumbling like a furry brown boulder. He bounces against my arm and then rolls along my body, gaining speed the whole way. Priya's sister releases my ankle to protect herself from the rolling mass of hair and slobber, giving me the opportunity to escape.

I explode out into the hall and bounce off the wall, sending at least one family photo crashing to the floor. Then I head right toward the living room just like Leslie said. Once I'm past the coffee table and TV, my fingers fumble with the front door locks, slipping from trying to go too fast. *Come on, come on!* Finally I get them, and I fling the door open just as Priya's sister appears at the far end of the room.

"Hey!" she shouts.

But I don't look back. I leap from the porch and dart across the lawn at full speed. The guys are already waiting at the end of the driveway, beckoning me forward and yelling so much they're probably waking half the neighborhood. Hugo is crouched in the wagon, with Cooper and Maleek poised on the bikes. Maleek starts pedaling before I even reach them since it takes him a little longer to work up any speed while hauling Hugo. I step onto the skateboard and grab the back of Cooper's bike, shouting, "Go! Go!"

Cooper pushes off fast, and it's a wobbly start, but then we're out in the street and the wind pushes cold against the sweat that's prickled my forehead. I look back long enough to see Priya's sister standing at the edge of the yard with her hands in the air, showing us two very specific fingers. She's shouting something I can't really make out.

After Clay's Mill Hill, I never thought I'd want to be on this skateboard again, but now this thing can't go fast enough.

23

FRIDAY MORNING, 4:39 AM

It's not pitch-black outside anymore. The sky has transitioned to an inky purple, with the moon hanging low toward the tree line and the stars looking dimmer than before. Somehow, even though I should have been asleep hours ago, I feel more awake than ever. Probably because all these chases are keeping a steady stream of adrenaline shooting through me. At this point, I'm having trouble maintaining a mental list of all the enemies we've made tonight.

Cooper hits a pothole, which sends my skateboard bucking. I manage to keep it balanced, but just barely. Instinctually, my eyes dart to the front left wheel, which thankfully remains firmly attached. As the board rattles and slides across the asphalt, I wonder if this is what surfing feels like—carving a path and riding the groove. It's actually pretty fun. Maybe I should give skateboarding another shot.

Maleek and Hugo are ahead of us, moving fast. Maleek is standing, hunched over the handlebars and pumping his legs harder than when we fled the convenience store. Hugo is up, too. Instead of taking his usual reclined position, he's on his knees holding on to the sides of the wagon, the wind rippling across his Batman shirt.

I glance back over my shoulder, trying to shake the lingering worry that Priya's sister may have jumped into a car to come track us down. She certainly seemed mad enough. But despite the undercurrent of fear, I realize I'm smiling. There are stronger emotions crashing over my anxiety—joy and hope and wonder.

I actually talked to Leslie.

We had a real conversation, and I made her laugh, and she touched my arm. I think Maddy would be proud. I'll have to thank her for all the flirting tips, even though she didn't cover what to do when three dogs named after *Lord of the Rings* characters charge into the room and completely destroy the place. Guess it's not a very common occurrence.

Distracted by thoughts of Leslie, I lose focus, and in one sharp turn, my grasp on Cooper's bike slips. I try to hold on, but my fingertips are numb from maintaining my grip for so long. Cooper reaches back for my flailing arms even though it's already too late. I'm off and gliding without a tether. I manage to stay upright until I hit the curb. Hard. For the second time tonight, Priya's skateboard launches me like a cowboy sent flying from a bucking bronco.

So this thing is trying to kill me, right?

Briefly, I'm suspended in the air, weightless. But all too quickly the ground rises up to grab me, and I tumble down grass and dirt until I finally come to a stop on my back, all my limbs spread wide under a sky full of faded stars.

I breathe in and out, letting the cool morning air settle in my lungs and listening to the crickets call to each other. A couple of fireflies blink past my head as my friends rush over.

"Dude, are you all right?" Maleek asks. His face is slick with sweat, and his eyes are wide with concern.

An unexpected laugh forms in my throat, and I can't keep a straight face. "I'm sorry I pushed on your butt," I squeak.

"What?" Maleek asks.

As my friends' faces morph into confusion, I can barely contain myself. I don't know what it is. Maybe it's the late hour or the wild night we've had or the adrenaline crash, or more likely, a combination of all three, but I'm laughing in earnest now. "When you were climbing out the window, I just pushed on your butt for a while." I'm hardly able to finish the sentence over my own cackling.

"Yeah, I'm sure you would have rather had Priya pushing on your butt," Cooper says. He lifts his voice to a falsetto. "Oh, Maleek, do you work out? Your cheeks are so firm!" This makes all of us crack up, and I have to use my palms to wipe the tears from my eyes.

Once I regain a little composure, Hugo offers me his hand and helps pull me up.

"You can laugh all you want, but she's into me," Maleek says, lifting his chest a little and pretending to dust himself off.

"I don't know why," Cooper says. "All you guys do is act mean to each other. It's like watching fourth graders try to flirt." That gets an *Oooh* from me and Hugo.

"No, no," Maleek says defensively. "You just don't understand my technique, all right?"

"Well even if your technique works, what's your plan?" Hugo

asks. "You going to have a long-distance relationship with her next year?"

Maleek shoots Hugo a stern look, and Cooper gives him a slap with the back of his hand. It's low and quick, but I still catch it. Suddenly, the tone has shifted. It's like an inside joke I'm missing out on, except based on Maleek's and Cooper's expressions, whatever it is doesn't seem to be a laughing matter.

"Why would it be long distance?" I ask.

"Nice one, Hugo," Maleek mumbles, stuffing his hands into his hoodie pocket and kicking at a rock.

Hugo's eyes dart back and forth between Maleek and Cooper. "Wait, does Jensen not know?"

My mind starts spinning with all the things I might not know. The problem is, trying to guess what you don't know is basically impossible. It feels like trying to put a puzzle together where all the pieces are flipped over to the beige cardboard side and the lights are off.

"What don't I know?" I ask.

Cooper sighs long and hard as he rakes his hands back though his hair. "This isn't how we wanted to tell you."

"Yeah, thanks a lot, Hugo," Maleek says, kicking at Hugo's good leg.

"How was I supposed to know?" Hugo says defensively. "You didn't tell me it was a secret."

"What don't I know?" I demand again, panic rising in my throat. Whatever it is, it's obviously bad. Anxiety presses in, and I can feel myself about to descend into a Dread Spiral, like a roller coaster right on the brink of the first big hill.

Maleek closes his eyes and says, "Cooper and I aren't going to Groveland for high school next year."

Despite his soft tone, the words hit hard, almost knocking the strength from my legs. This doesn't make any sense. We've been talking about high school off and on for months, sharing rumors we've heard about certain teachers and dreaming about what electives we might take. Neither of them has ever said anything about going to a different school.

"What are you talking about?"

"We really wanted to tell you earlier," Maleek says. "But the longer we waited, the harder it was to bring it up, and—"

"Just start from the beginning," I say, cutting him off.

Cooper steps in. "A couple months ago I auditioned for the performing arts school across town, and I got wait-listed. I never brought it up because I was a little embarrassed I didn't get in. Then, a few weeks ago, they called and said they had a few spots open up, and they offered me one."

Cooper says all this reluctantly, like he's admitting to a crime, but I know he's got to be super excited on the inside. He's spent almost every afternoon of the last three years camped out in the drama room. He's been involved in all the theater productions, he's head of the improv team, and there's a sizable collection of trophies in his bedroom from his speech-team competitions. The guy lives for theater.

"I couldn't turn it down, Jensen," he says meekly.

I know the proper reaction is to congratulate Cooper, tell him I'm proud of him. But I can't get any words like that out of my mouth because the thought of showing up for the first day of freshman year without my best friends by my side has me feeling like Superman stabbed with kryptonite.

"And you?" I say, pivoting toward Maleek. I know he couldn't possibly be going to performing arts school.

"We're moving," he says quietly. The words are like a one-two punch to my ribs, leaving me so winded I can't say a word. "My dad got a new job over in Redding," Maleek continues, talking faster. "It's only a couple hours from here, and I'm already trying to figure out ways to come back to visit all the time. Probably like every other weekend. I don't even want to go. Ask Cooper. I begged my mom and dad to let me live here with my grandma so I can go to Groveland, but they said no."

"That's true, he did try," Cooper says, like Maleek's on trial and he's his character witness.

This is an even bigger blow than Cooper's news. Cooper's going to a different school, but at least he's staying in town. Maleek might be convinced that a couple of hours away isn't that far, but considering none of us can drive and we're all at the mercy of our parents, he might as well be moving across the country.

"How long have you known?" I ask.

Maleek shrugs. "I don't know. Maybe a month."

"And you're just now telling me." It's a statement, not a question. I think back to all Maleek and Cooper's shared glances, the weird vibe shifts. I convinced myself that I was letting my anxious thoughts get the best of me when it seemed like they were pulling away, but I was right. I had every reason to be worried. They're abandoning me.

"We were trying to figure out the best way to tell you," Maleek says. "We knew you were already feeling nervous about high school, and we didn't want to drop all of this on you at once."

There's a pain in my palms, and when I look down, I realize my hands are balled into fists and my nails are stabbing into my skin. I soften my grip, but the anger doesn't dissipate.

"And how long have you known?" I ask Hugo.

"Uh . . . a couple weeks, maybe." I can tell he feels bad about opening this can of worms, but I don't care.

I turn back to Maleek and Cooper, a poisonous mix of sadness and annoyance churning in my stomach. "Really? A couple weeks? You told your rando soccer friend before you told me?"

The guys flinch, and I know I shouldn't have said that. Hugo doesn't deserve to be collateral damage when I'm actually mad at Maleek and Cooper, but I can't help it. The rage is too powerful, sizzling like hot coals just beneath my skin.

"Hey, Jens, I know this sucks," Cooper says, "but we can talk about it without being mean."

"Oh, now you want to talk about it? Because it seems like for weeks you were perfectly content to not talk about it at all."

"We know," Maleek says. "But that's why we planned this whole night for you to—"

He stops short, but I don't need him to finish. Clarity settles over me. "Priya didn't initiate any of this, did she?"

Maleek rubs his forehead like he's trying to figure out how much to tell me. "We pitched the idea to her last week, and she thought it was cool. We figured if we could get you out of your comfort zone, maybe set you up with Leslie, you'd feel better about going to Groveland without us."

That's why Maleek wasn't the one who had to do all the dares. This was never about him and Priya settling their score; it was always about me.

"Who else was in on this?" I'm barely able to keep myself from yelling. "Is that why Leslie was being nice to me tonight, because you all told her I needed her pity? Is that why Hugo's here, so you can push your sad little friend Jensen off on someone else and you don't have to feel bad about abandoning me?"

Cooper raises his hands like I'm a wild animal that might pounce. "No, Jensen. All we did was tell Priya we wanted to have some fun before graduating, as a group—that's it. Leslie was nice to you because she likes you. Hugo's here because we thought you two would get along."

"And no one's abandoning anyone," Maleek adds.

"Maleek, you literally just said you're leaving town," I spit.

"It's not my choice!" Maleek says, his expression shifting from somber to defensive. "What do you want me to do, Jensen, tell my dad not to take this job? He's been looking for work for months. We're struggling. This is like sink or swim for us, dude."

"We know we messed up by not telling you sooner," Cooper interjects, clearly trying to ease the tension. "But we were trying to figure out a way to do this without you having a meltdown."

There it is. They know I'm fragile, so they have to be careful with me. Swaddle me in Bubble Wrap so nothing sharp can pierce through. So weak and pathetic I can't even handle the truth.

"That came out wrong," Cooper says right away, but the

damage is already done. "We just wanted to show you that everything's going to be okay—"

"You don't know that!" I yell. "It's easy for you to say because this kind of stuff has always been easy for you two. You're both funny and people like you and you can talk to anyone about anything. Everywhere you go, you make friends. That's not how it is for me! You don't know what it's like inside my head. I'm anxious *all the time.* I'm constantly thinking about how everything could go wrong, and it's *exhausting.* The only time I feel like I can even sometimes turn it off or that I'm not being judged for it is when I'm with you two, and now . . ." My voice cracks as my eyes start to burn.

"That's why we wanted to have this night out," Maleek starts. "So you could see you don't need us, that you do can this on your own—"

"Stop." My tone is hard. I normally have an escape plan for all the worst possible scenarios, but even my Dread Spirals didn't see this coming. Still, escaping seems like the only option now. "Give me your phone. I need to call my sister."

Maleek pulls it from his pocket, but doesn't extend it toward me. "Can we just talk about this, Jens?"

"Yeah, I really don't want the night to end like this," Cooper says.

"I think it's gonna be more than just tonight," I say. Tears are threatening to spill over, but I blink them back. I will not cry in this moment.

"What are you talking about?" Maleek asks.

"Maleek, you're moving away. Even if you make an effort in the beginning to come back and visit, it's only a matter of time before you get sucked into a new life with new friends. Soon, it won't be worth it to burn a whole weekend here. And Coop, how long before your life becomes consumed by auditions and late-night rehearsals? You basically spend half your time in the drama room already. That's gonna ramp up even more at a performing arts school. I give it one semester until you only reach out to invite us to your latest performance." I can see it all play out so clearly in my head, the Dread Spiral acting like one of those old-timey movie projectors, spinning out image after image. And the ending of the story is clear. "This is the end of the line for us, guys."

I snatch the phone from Maleek's hand and call Maddy as I move toward the street corner. My sister picks up after one ring, and I can barely make it through a hello without breaking down. When she hears the tremble in my voice, without even asking for an explanation, she tells me she's on her way.

24

FRIDAY MORNING, 4:55 AM

The ride in Maddy's car is almost dead quiet except for the air streaming in through her cracked driver's-side window. Maleek, Cooper, and Hugo are squeezed into the back while I sit in the passenger seat, my forehead pressed to the cool glass as I watch the streetlights wiz by. There are hardly any other cars on the road, and for the first time all night, I really just want to crawl into my bed and forget about everyone and everything. The weight of Maleek and Cooper's news stacked with the fact that I've been awake for over twenty hours straight has me feeling physically and emotionally drained.

When Maddy rolled up and found me sitting on the curb, I told her I wanted to go home, and she was kind enough to not even ask why. She just stared at me for a moment and then nodded and said, "Okay."

I was hoping for a clean escape, but Maddy refused to leave Maleek, Cooper, and Hugo on the side of the road at five in the morning, so we're giving them a ride home, too. My sister drives an old station wagon that used to be Dad's, so we were able to wedge both bikes and Hugo's wagon into the back.

We drive in silence for several blocks with only the occasional click of the turn signal filling up the space. Eventually, Maleek clears his throat and sheepishly asks, "Are you gonna, like, walk us up to the door?"

Maddy stares back at everyone in the rearview mirror. "I assume everyone snuck out a window tonight?"

They all nod and Hugo even says a very quiet, "Yes, ma'am."

When we hit a red light, Maddy turns back so she can look at everyone in the face, her arm wrapped around the passenger seat. "All right, look, I'm not a snitch. I've snuck out a window or two myself, you know. And honestly, the idea of knocking on your front doors and waking up your parents at this hour sounds just about as unpleasant for me as it would be for you, so I'm not going to do that. *But* I'm definitely going to watch all of you go inside. Got it?"

They all silently nod, too nervous to say anything back and push their luck. This is pretty much the best they could hope for, and I even see Maleek's shoulders relax a little.

The boys take turns directing my sister to their houses.

Maleek and Cooper are the first to go. When they get out, they each thank Maddy for the ride, but I can't even bring myself to offer a parting wave. I don't *want* to be mad. I hate these prickly feelings of anger and resentment. I'd much rather be ending tonight laughing with my friends as we rehash every crazy thing that happened, but I can't just let this whole thing go. I can't just shrug off the fact that they kept this huge secret from me for weeks. That I'm losing them. So instead of saying goodbye, I dig my fingers into the cushion of the seat and stare out the front windshield.

When we pull up to Hugo's house, Maddy and I get out to

unload the bikes and wagon. My sister helps me push them to the little shed, and then she heads back to the car while I walk Hugo to his basement window. Nervousness gnaws at my insides. It's awkward being alone with him after I was so callous during my fight with Maleek and Cooper.

"You got it?" I whisper, as he gets down on his knees and slides the window open.

"I think so. Thankfully, there's not a pack of dogs in this basement." The left side of his mouth hitches up into a smirk. Relief pulses through me. Maybe he's not super pissed about how I treated him after all.

Hugo gestures to his crutches in the grass. "Can you hand those to me when I'm inside?"

"Of course."

Once Hugo shimmies halfway into the room, I take his hand to help lower him the rest of the way. He's now fully in the basement, with most of his body lost to the shadows, but his face is still lit by the nearby streetlight, and I can see him cringe a little as his cast thumps to the ground.

I realize then I'm not the only one who put himself out there tonight. I was so focused on how Hugo joining our group made *me* feel that I never really considered it from his point of view. He jumped in headfirst, knowing he'd likely be the odd one out, but still sacrificed life and limb (even though he's already down one) to help us with the mission. He isn't just some "rando"—he's a good guy. And a good friend.

"Hey, I'm sorry about what I said back there about you. I was a being a jerk for no reason."

He looks up and gives me a little nod. "I get it. It's okay."

"No, it's not. I let my anger get the best of me. It was messed up. You've been so cool to me tonight, and you don't even really know me."

"I know you well enough to know you didn't mean what you said." I get the feeling Hugo might be referring to more than just the rude things I said about him. "And for what it's worth, I'm sorry I dropped a bomb on you like that. I really didn't know you were in the dark about all that stuff."

"It's fine. That's not your fault."

"Listen, they shouldn't have kept all that from you, but you know they care about you, right?" He says it with such sincerity that I find myself barely able to hold his gaze. "They feel really terrible. I can tell. The vibes in the back seat of that car were . . . bad."

There's a small, ugly part of me that's pleased. I'm not proud of it, but it does give me a little joy that Maleek and Cooper might be as miserable as me.

"You should talk to them," Hugo says. Easier said than done. Even if I was willing to look past their secrets, that doesn't change the fact things are falling apart. Talking won't keep Maleek from moving. Talking won't rescind Cooper's acceptance to that fancy arts school. We're going to grow apart—so why delay the inevitable?

"Maybe," I mutter.

Hugo takes his crutches and places them under his arms before looking back up at me. "Well, no matter what happens, you'll at least have one friend next year."

25

FRIDAY MORNING, 5:16 AM

When we get to our house, Maddy puts the car in park on the opposite side of the street so there's no chance of our parents waking up at the sound of us pulling into the driveway.

"Looks like the place is quiet," she says, staring at the darkened windows. "I think there'd at least be a couple squad cars here if they knew you were missing." She gives my knee a little shake. "Seems like you got away with it, dude."

"Being escorted home by my sister doesn't really feel like getting away with it," I say, sinking a little lower in my seat. When I snuck out, I wasn't sure how this night would end, but this definitely isn't what I was envisioning. I don't recall Alfred ever driving Batman home in his rusted station wagon.

"Eh, just think of me as your very cool, extremely beautiful Uber driver," Maddy says, posing like she's about to be photographed for a magazine-cover shoot.

"Five stars," I deadpan.

We're quiet for a couple of minutes, and I watch some fireflies hover above the grass of our front lawn. Normally, I love the signs that summer has arrived—lightning bugs appearing, the sun staying out later, and the local shaved-ice stand opening up—but now it all seems like a reminder that time is marching forward and I can't stop what's coming. Pretty soon my friends will be gone, and I'll be facing high school without them.

"So you wanna tell me what happened?" Maddy asks. "Because that was one super awkward car ride."

I don't really want to talk about anything. I'd rather crawl into bed, fall asleep, and wake up in a version of my life where my biggest concern is how to conceal my black eye before graduation, but that's not going to happen.

Maddy was nice enough to leave her lock-in and pick me up at a second's notice, and she held back her questions until we were alone. She even gave me good advice on how to talk to Leslie. Maybe opening up to my big sister wouldn't be the worst thing in the world.

I lean my head back and stare up at the ceiling of the car, where the interior is falling loose in the corner. "Maleek and Cooper aren't going to Groveland next year," I say. I'm barely able to get that single sentence out before the tears come.

I shove my palms into my eyes, trying futilely to keep from crying. Maddy takes off the bandana that's tied around her neck and hands it to me. I take a shaky breath and then unload everything.

Between sobs and sniffles, I tell Maddy about Cooper getting into the performing arts school and Maleek moving away and how they've known for weeks and kept it from me. My vision blurs as Maddy pulls me into an awkward hug over the center console, and I weep into her shoulder as she rubs circles into my back. I can't think of the last time we were like this; we don't exactly share big emotional moments on a regular basis. Pretty sure the last time she saw me cry was at grandpa's funeral a couple of years ago. But I'm too upset about Maleek and Cooper to be embarrassed. My whole life is crashing down, and right now my sister is the only person I've got.

"I don't know what to do, Maddy. Maleek and Cooper are, like, the only friends I have. I don't want to go to school without them."

"I know, it sucks," she says. "I'm so sorry, bud."

After a moment, I pull away and dry my eyes on Maddy's bandana. Out the front window, there's light on the horizon. Morning is coming fast, and all too soon I'll be done with middle school. It should be a celebration, but now I just want more time.

"Do you remember my friend Shonda from under the bleachers tonight?" Maddy asks.

"Mm-hmm, she's been over to the house a few times, too, right?"

"Yeah. I met her in English class freshman year. We got paired up as partners for this Shakespeare unit, and we've basically been best friends ever since. She was the first one of my friends to get her driver's license, so we rode all over town together during our junior year for basically no reason. Just enjoying the freedom. Then, last summer she got a job at a donut place, and I've been getting the occasional free donut ever since. We've endured breakups together and had fights and she knows more of my secrets than anyone else. And a few weeks ago at prom, we cried in the bathroom about the same thing you're upset about right now."

"Because Maleek's dad got a job in Redding?" I ask.

Maddy laughs and for a second I'm smiling, too. She gives me a playful shove. "No, but I'm glad to hear you joking. We were crying because next year she's going to Virginia Tech and you know I'm going to Evansville, so we're going to be, like, five hundred miles apart. And it sucks. But it's also, like, part of life. I know that's not really a comforting thing to hear right now, but it's true."

"But you guys at least got to go through high school together," I say. I would love it if I could kick my split with Maleek and Cooper four years down the road.

Maddy rubs her thumb on the base of the steering wheel. "True, but that doesn't mean it gets any easier," she says. "Unfortunately, every good thing in life has to be held loosely. We can try clinging to things as tight as possible, but they have a way of slipping through our fingers no matter what. Even people."

I fold Maddy's bandana in my lap. What she's saying makes sense, but it doesn't make the sting of Maleek moving and Cooper changing schools any easier to take. If this little talk is supposed to be cheering me up, it's kind of having the opposite effect. "So I'm just supposed to let Maleek and Cooper go and move on and forget about them?"

"No, of course not," Maddy says. "But you need to recognize that your relationship is changing. I mean, Shonda and me are still going to text each other all the time, and we're going to hang out when we're back in town for the holidays, but there probably won't ever be a time when we see each other nearly every day like we have for the past four years. It'll be different. You can still be friends with Maleek and Cooper; it's just not going to look the same as it does now. And there's nothing wrong with being sad and angry about that. But it's not a good reason push people away or take it out on them."

Too late for that. I already exploded at Maleek and Cooper, and now I'm not even sure we're still friends.

"But why did they keep this from me?" I ask, still feeling frustrated. "They only talked to me about it tonight because Hugo let it slip."

Maddy sighs. "Probably because they knew it would be hard. And people tend to avoid hard things."

I know that's true. I'm an expert at avoiding hard things. I always thought Maleek and Cooper were way braver than I am, but I guess we all have things that scare us. Maybe tonight wasn't just about getting me to face my fears but helping them face theirs, too.

Maddy gives me another playful shove to the shoulder. "Also, how come you didn't get upset like this when I told you I was going to Evansville for college? That's in a whole other state, little bro! I don't think you shed a single tear for how much you'll miss me."

"No, no . . . That's, uh, not true. I've had some very emotional moments alone in my room. Some real . . . deep . . . grieving."

"Sure, sure," Maddy says with a smirk. "So tell me how things went with the girl."

I smile, welcoming the change of subject. Talking with Leslie is like the one thing that went well tonight—until the dogs showed up, of course. "Actually . . . it went pretty good, I think."

"Yeah? You say it like you're surprised."

"Well, historically, things like talking to girls have not gone well for me. Girls don't usually like me like that," I say, staring down at the old candy wrappers and receipts cluttering the passenger-side floor mat. Maybe it's my exhaustion, or the stillness of the coming morning, or the fact that this seems to be the time when I'm totally spilling my guts to my sister, but for some reason I keep talking. "I don't usually like me too much, either."

It's the first time I've ever said that out loud, but the thought is always there. It's like an ugly ghost, sometimes dissolving into the walls for a while, but sooner or later, it makes its presence known. Reminding me that I'm anxious and awkward and boring and scared of basically everything and—

I feel that familiar lump in my throat, but I push it down hard. I am not going to cry again.

Maddy pulls one leg up onto the driver's seat, and pivots toward me. For a minute she just stares, chewing on the inside of her cheek. I know how my parents would react if I had said something like that to them. They would immediately dismiss the statement and start telling me about how I'm smart and handsome and they're proud of everything I've ever done.

But Maddy just shrugs. "Well, no one likes who they are all the time, dude."

Okay, not exactly the encouragement I was anticipating. My sister should not be a motivational speaker.

"Remember a couple of years ago when I dyed my hair black and gave myself those unfortunate bangs?" Maddy asks. "It's because I was tired of being who I was. And the new haircut felt good for, like, a few days. But then I realized I was still the same Madeline inside. That's when I had to do some real soul-searching, and one thing I learned is that your energy is better spent leaning into the things you already do like about yourself rather than focusing on what you want to change."

That's a nice idea and all, but the problem is my brain always focuses on the negative. With my Dread Spirals, gravity takes over and I can't climb back up. Before I know it, I'm lost in a flood of my own insecurities. Trying to shift to positive thinking feels like climbing a mountain that's covered with dense trees. I barely know where to start, and it tires me out so fast.

Maddy must sense my apprehension, because she starts talking again. "I know you didn't ask, but here are some of the things I like about you." She lifts her hand and starts counting off on her fingers. "Number one, you're genuine. You say what you mean and you don't try to hide it behind jokes or sarcasm, and let me tell you that is a rare thing when you get to high school. So many people are disinterested and glib because they don't want to be seen as anything other than cool and aloof, which is so boring. Number two, you're considerate. You actually take into account other people's feelings. Again, not really a common thing. So many people are only focused on themselves. Number three, you're a good friend who commits to people. I mean, how many of Maleek's soccer games have you been to? How many of Cooper's plays?"

I appreciate Maddy trying to cheer me up, but I've basically proven her completely wrong in the past hour. I yelled at my friends. I was rude to Hugo. I told Maleek and Cooper our friendship is over instead of being there for them during big life changes. I don't deserve all the nice things Maddy is saying about me.

"I was mean to people tonight," I say. The painful guilt settles in around my ribs. "Just the worst."

"Well, we're not our best selves every day," Maddy says, placing a reassuring hand on my knee. "But the good thing about days is there's always another one tomorrow. You get to try again."

I sit with that a minute before Maddy speaks again. "Although *you* might not see tomorrow if Mom and Dad catch you sneaking back in, and I won't be going down with you." She snatches her bandana back and then slaps me in the chest with it. "Now get out of my car."

I keep the light off as I sneak back through my window. Maddy gives me a wave from the street and heads back to her lock-in once I'm safely inside. In the pale morning light, I strip off my clothes, then shove my grass-stained T-shirt and dirt-splattered shorts deep into the hamper. Burying everything—thoughts of girls and dodgeball and friends who move away. I can't think anymore tonight. Thankfully, as I collapse into bed, sleep takes hold immediately.

26

FRIDAY MORNING, 11:18 AM

Even with my new tie on, graduation doesn't really feel like a formal event.

From what I've seen on TV and in movies, most graduations are important occasions with everyone in matching gowns and the school band playing that song they play at every graduation while family members clap and take lots of photos.

The gymnasium of Parkers Mill Middle School hardly looks like something out of a movie. We have some hastily hung streamers and a recording of the graduation song playing through the crackling PA system. On the wall, there's a big paper banner that says "Congrats, Graduates!" that was painted by the Art Club, but it's obvious they forgot the second *A* in "Graduates" and had to go back and try to squeeze it in later, because the size and spacing is way off. This place looked better several hours ago, when I was seeing it in the dark. Plus, a lot of people in our class are dressed like this is just another school day. Maleek obviously had no reason to worry about his lack of a tie; some people are rocking shorts and flip-flops. This whole thing would be a lot better if we had robes and cool hats with tassels.

Principal Dickens is now fifteen minutes into his opening remarks with no indication that he'll be wrapping things up any time soon. After welcoming everyone, he launched into a proud recitation of some impressive statistics about our school and all our accomplishments, and has now transitioned into talking to us graduates about maturity and responsibility or something. I'm operating on a severe lack of sleep, so I'm not doing a great job of following all the threads.

Most of my energy is focused on making sure I don't nod off. At least the bags under my eyes pair well with my bruise.

The whole idea of a middle-school graduation is kind of silly if you ask me. I'm proud of my grades and some of the things I've accomplished over the past few years, but it's not like finishing eighth grade is some huge accomplishment. Everyone I know has done it, and for most of us, the next phase of our life is just across the street.

Most.

I guess in some ways this is like those graduations I've seen in movies, because in those, people are always sharing tearful goodbyes and bemoaning the fact that they're going separate ways in life. Up until a few hours ago, I didn't think today would be anything like that. But it's hitting me that Maleek, Cooper, and I won't have another graduation together. We won't have that picture-perfect moment in our caps and gowns—this really is it.

Leslie leans over and gives me a little nudge with her elbow. "I like your tie," she whispers. There's at least one good thing about this graduation: another event with alphabetical seating.

"Thanks," I say. "I don't want to brag, but I only had to watch a YouTube tutorial four times before I got the knot right."

She smiles. "Very impressive."

"You look nice, too." Leslie's wearing a black jumpsuit with this velvety green blazer over the top. It sort of looks like she could add a top hat and put on a magic show right here, which would spice up this whole program considerably.

"Thanks," Leslie says. "Did you get any sleep last night or were you guys out partying until sunrise?"

There's so much I could say here, but whispering this conversation while trying not to disturb Principal Dickens's speech does not seem like the ideal place to unpack everything. Looking back, it hardly feels like it was "partying" at all. So many of the good moments where I was laughing and having fun are now covered by this dark shadow. But one of the great things about last night was finally getting closer with Leslie, and I'm not about to dump all my emotional stuff on her when we're just starting to really become friends. For now, I can keep it light.

"Managed to sleep a couple hours, though you should feel free to poke me if you see me nodding off."

She tilts her pointer fingers toward me like two little spears. "Will do."

"What about you? Were you all in big trouble after we left?"

"Eh, kind of," Leslie says with a shrug. "Priya's sister was big mad, but it turns out she wasn't supposed to have her boyfriend over, so they sort of reached this truce where they just both agreed not to snitch on each other."

"I've had that same sort of agreement with my older sister a couple times."

"And the dogs were actually pretty nice once we got them to stop bouncing off the walls."

I shift in my seat a little and the small square package in my back pocket digs into my leg. "Oh, hey, I got you a graduation present."

Leslie's eyebrows rise into her bangs. "You did?"

"I don't even know if you'll like this. It's just something I found that made me think of you for some reason." I dip into my pocket and pull out the deck of cards. Leslie's eyes widen as she stares at the thin cardboard box displayed in my palm, her initials in gold sharpie on the face of the package.

"Is that . . . ?" She takes the cards apprehensively. "How did you get these?"

"An illusionist never reveals their secrets," I say, pulling my fingers across my lips and pantomiming locking them.

Leslie shakes the cards from the pack and shuffles them in her hands for a moment, like she has to feel that they're real. "This is amazing. Thank you, Jensen!" She leans over and wraps an arm around my neck, pulling me into a hug where our cheeks squish together.

My entire body stiffens in surprise. "Oh . . . uh, yeah . . . no problem," I say.

"It's so terrible when Awford gives all the contraband back at the end of the year. I think he just likes embarrassing us in front of our parents. Makes me wanna barf." Leslie makes a fake gagging sound, which is when we both notice Vice Principal Awford staring daggers at us from the stage. I guess that's what we get for not listening to the principal's speech about . . . dreaming big or something? I'm not sure.

Leslie and I both straighten up a little. She even gives Awford a little wave with waggling fingers, and I have to bite my lip to keep from laughing. It's nice to know that in less than an hour he won't have any more power over us.

Once Principal Dickens finally gets done speaking, the ceremony goes pretty quickly. We all line up and walk across the stage so Awford can hand us our "Diploma," which is really just a certificate clearly put together on Microsoft Word and printed on some heavier paper. At least they used a fancy font for our names.

Mom and Dad cheer loudly when my name is announced, because I'm a perfect son who has never done anything wrong ever, obviously. Thankfully, it seems like they're none the wiser about my adventure with the boys last night. Maybe I'll tell them about it someday, like when they're senile and will forget about it by the next morning.

When Leslie's name is called, the entire front row of the bleachers explodes in applause. Her grandparents look so proud, and her dad does indeed have the biggest camera I've ever seen.

"Told you," she says as we make our way back to our seats. Her dad points the massive lens our way, and Leslie wraps an arm around my shoulder to pull me in for the shot. She holds up a peace sign, and I give an awkward thumbs-up.

Right as the ceremony is winding down, she hands me a joker card from her deck and says, "You know, magic camp is only two weeks. Otherwise, my summer is pretty open." When I look down at the card, I see she's written seven digits across the face and punctuated the set of numbers with a little smiley face.

Her phone number. My brain basically explodes.

"I-I'll keep that in mind," I manage to stammer. She gives me a wink and then gets swallowed up by her family.

As I slip the card into my pocket, a thrum of optimism pulses through me, and even though I'm pretty sure I'm grinning like a dufus, I don't care. For one amazing moment, I'm not worried about next year. My thoughts aren't slipping down a Dread Spiral, and I'm actually kind of excited for what the future holds.

The only thing that would make this moment better is if I was sharing it with Maleek and Cooper.

27

SATURDAY MORNING, 9:53 AM

When I walk into the kitchen on Saturday morning, Maddy and Dad are making pancakes while Mom sits at the counter talking about all the likes she's getting online. Yesterday, after my graduation ceremony, she made me and Maddy take a photo together on the front porch, a tradition we've had ever since we were in elementary school. One of Mom's favorite yearly posts to share is the photo she takes at the beginning of the school year right next to the one she takes at the end. Despite Maddy's protests about how this tradition is feeding too much traceable information to the AI that will one day "rise up and enslave us all," Mom's excitement cannot be diminished.

"Oh, we're getting so many comments this year. Everyone says you've developed into such a beautiful young woman, Madeline," Mom says, beaming at my sister.

Maddy doesn't even stop mixing the batter. "These are people we know, right? I don't like the idea of anyone on the internet talking about the ways I've *developed*, but especially not strangers."

Mom tsks. "Yes, you know my profile is private. This is just for family and friends." She turns her attention to me as I slide into the seat beside her. "And Grandma says you look handsome as ever. See?"

She angles the phone to me so I can see Grandma's comment on the photo. There's some weird capitalization, and, for some reason, a melting face emoji, but I get the gist. Maddy and I helped Grandma set up her account over Christmas, and she's not very tech savvy, but she's getting better. Although we still laugh about the time she accidentally put "Directions to Cracker Barrel" as her status four times in a row in the span of ten minutes. At least she knows social media and Google are two different things now.

Dad slides me a glass of chocolate milk as I study the photos on Mom's phone—one taken just yesterday and the other captured nine months ago. It's kind of like one of those games in a kids' magazine where you try to spot the differences. Looks like I gained an inch on Maddy this year. Another growth spurt and we'll probably be the same height. My hair is shaggier on top now, too, and my smile seems to be a little bigger. My closed-mouthed smirk from back in September traded for a wider grin where you can actually see my teeth.

Dad sits a plate stacked with three pancakes in front of me. "Breakfast for our rising freshman. What do you think, bud, you feel ready for high school next year?"

Before I can even formulate an answer, Maddy groans and says, "Ugh, I'm glad *I* never have to go back to that building again." For emphasis, she aggressively plops a couple spoonfuls of batter into the sizzling pan on the stove.

"What? Why?" Mom asks, setting her phone aside and pushing the syrup toward me.

"Mainly cause it's full of dumbasses."

"Madeline!" my parents say in unison.

She shrugs. "What? You asked!"

"We do not call people dumb . . . donkeys," Mom says, nodding her head in my direction, like I don't hear way worse in the halls at school. "We treat people with kindness and respect in this house."

Madeline cocks an eyebrow at her. "Two minutes ago I heard you say Aunt Marge is an idiot for getting suckered into a multilevel marketing scheme selling 'healing crystals' online."

"You did say that, dear," Dad says, taking a sip of his coffee to hide his smirk.

"You're right. And I shouldn't have. That was a mistake. But also, you loved high school, so I don't understand why you're being so negative about it."

"I loved *parts* of high school," Maddy says as she flips the pancakes. "My friends were great. Some of my teachers were cool. But there were also a lot of dumb . . . ies. Big ol' dummies."

"Well, be that as it may, maybe talk more about the things you enjoyed since your brother will be going there in the fall, and we don't want him to have negative ideas about the place before he's even had one class," Mom says. "You're going to freak him out."

Even my own mother knows I'm not the bravest kid on the block if she thinks I need to be protected from Maddy's sarcasm.

"No, it's okay," I say. "We had dummies at my school, too. I'm used to it."

"See?" Maddy says. She turns toward me, leaning with her hip pressed against the oven. "Plus, it's not like Jensen is some delicate little flower." She waves the spatula a little like some sort of breakfast wizard. "I think Jensen may be more daring than we know. Look at those eyes, they're hiding secrets. I wouldn't be surprised if he's sneaking out at night meeting up with girls and doing all sorts of twisted stuff."

I stare back at my sister; she smiles as I squirm. True to her word, she hasn't told our parents about anything that happened the other night, but that hasn't stopped her from toying with me every chance she gets. I am the mouse batted between her paws.

Mom tousles my hair a little. "No, your brother is a sweet kid who will stay innocent and unjaded as long as possible."

Maddy rolls her eyes at me as I jam a big bite of pancake into my mouth. I'm pretty sure even when I'm thirty, my mom is still going to see me as some little boy who's never done anything wrong. But whether she wants it or not, her photos that bookend each school year are proof that change is happening. Even when it's not obvious on a daily basis. The Jensen I was six months ago would have been scared to even ask Leslie to borrow a pencil, but now I have her phone number tucked away in my bedside table. Just last week the thought of attempting to skate Clay's Mill Hill made me queasy, and now there's a video of me doing it somewhat successfully. I'm not the same person I was at the beginning of this school year, and when I start high school in the fall, I'll probably be someone kinda different then, too. It's weird to think about—a little terrifying, even—but maybe not *all* change is bad.

Mom reads off more comments from her post, and Maddy

starts ribbing her about how she's getting too into social media. "At this rate, you're only a couple months away from recording dances in your room with a ring light, Mom. Maybe you can get brand deal, too. What company would sponsor a middle-aged woman, Jensen? That necklace that calls 911 for you if you fall down?

"Maybe that yogurt that helps you poop," I suggest.

Mom slaps her phone down on the counter. "Stop it! Both of you. I am not that old!"

Maddy winks at me before returning her attention to the pancakes, and I realize I really am going to miss her once she heads off to college. Without her around, there will be no one for me to team up with against Mom and Dad. Plus, I have to admit she gives pretty good advice sometimes.

When the doorbell rings, Dad sits his coffee down to go answer it, and I'm struck by a sharp bolt of dread, worried that my night of sneaking out has caught up with me. Maybe Awford found out we broke into his office, or maybe Priya's sister figured out my home address somehow. These might be my final moments of freedom before I'm grounded for life. I take another bite of pancake, savoring it since it could be my last.

But when Dad comes back into the kitchen, it's not Awford or Priya's sister who follows. It's a boy with long dark hair and a bright-blue cast.

28

SATURDAY MORNING, 10:17 AM

In my room, Hugo leans his crutches against the wall and lowers himself onto my desk chair. His eyes glide over my *Spider-Verse* movie poster, the collection of action figures posed near the top of my bookshelf, and the framed photo of me, Cooper, and Maleek propped near the corner of my desk. "Cool room," he says.

"Thanks," I say, kicking my crumpled pajamas under the bed. It's been a while since someone new has been in here, and it's a little weird to see everything through someone else's eyes for the first time. I know my room's nothing special—I don't have the latest console or a big TV or a pricey gaming computer—and I worry that maybe it's all too childish or boring or nerdy.

"Oh, I like your LEGO Batmobile," Hugo says, clocking the build on top of my dresser.

"Thanks, Maddy got me that for my birthday."

"I put the big one on my Christmas list last year, but my parents said Santa refuses to spend over two hundred dollars on plastic blocks out of principle. But then they get mad at me for spending too much time playing video games. It's like 'Ma, I could be building an awesome LEGO set right now and developing valuable engineering skills, but since I don't have one, I'm forced to rot my brain on a screen.'"

I plop down in the big beanbag chair opposite Hugo. "I can relate. When I told my dad I wanted to get more sets, he said I should practice making real things out of real tools, so we spent a week building a birdhouse in the garage. He wouldn't even let me use any of the fun power tools."

Hugo laughs and then we're quiet for a moment before he says, "Sorry for just showing up like this, but I wanted to see how you were after the other night. Have you talked to the guys?"

I grab a nearby Nerf ball and start tossing it in the air just to give myself something to do. "No," I sigh. "I saw them at graduation yesterday, but it felt too awkward to bring up with all our parents around and stuff. Plus, I'm still kind of annoyed, you know?"

"Yeah, I get that. But this is hard for them, too. Maybe if you try to see it from their side it might help."

I've been trying to do that. I could barely sleep last night, and as I kept turning over in bed, I did my best to set aside my annoyance to try to picture things from their points of view. I know Maleek probably doesn't want to start over in a town where he doesn't know anyone, having to find new friends and prove his skills on the soccer field all over again. And Cooper must be feeling something similar. A whole school of great performers? That's gotta be intimidating.

Still, I know they'll find their place—they don't need their friends to set up an elaborate night out just to get them out of their heads. As angry as I am, I'd be lying if I said embarrassment wasn't part of the reason I haven't reached out. It's kind of humiliating to need to be manipulated into just having *fun*.

Hugo holds out his hands and I toss him the ball. "I'm sure they'd like to talk, too. Someone just has to be willing to make the first move."

"You're a good dude, Hugo." My Saturday mornings are usually dedicated to video games and sugary cereal, but here he is working to repair some friendships that he didn't even know existed forty-eight hours ago. "Maybe you should become a counselor or something. I don't know what the guidance counselor was like at your school, but the one at Parkers Mill was mainly concerned with making sure we all knew the dangers of vaping."

Hugo smiles. "Thanks, I'll tell my therapist I'm gunning for her job."

I do my best to not look surprised. "You have a therapist?" I've never heard anyone my age talk about seeing a therapist. I picture Hugo lying on some stiff leather couch while a skinny guy in glasses and a turtleneck asks him all about his problems.

"Yeah, I've been seeing Dr. Kim for a year or so now. She's cool. We started talking about comic books one time, and now she's always giving me manga recommendations. I have a whole list on my phone." Okay, so definitely not a dude in a stuffy turtleneck. "I started going to her because I was having these panic attacks. I would get so worked up sometimes that it felt like I couldn't breathe, like I was drowning on dry land."

No way. "You? But you do backflips off swings, and you volunteer to get dragged all over town in a plastic wagon in the middle of the night, and you fight college kids with your crutches. What could possibly give you panic attacks?"

Hugo laughs and little and tosses the ball back to me. "Pre-algebra."

"Math?" I try not to scoff, but it's just so unexpected. Hugo can breeze right through all the wild, adventurous stuff that makes me anxious, yet quiet schoolwork—the one place that feels like a safe retreat for me—sends him whirling.

"Yeah, man. What you were saying the other night about all the anxiety in your head and the nonstop negative thoughts, that's exactly how I feel when I'm staring down a set of linear equations."

"And therapy helped?"

"Yeah. Well, that and getting a math tutor. I mean, I still get freaked out sometimes. I just know how to deal with it better now."

Hearing him put it that way, therapy doesn't sound like such a bad idea.

Hugo hangs out for a while, and we talk about anime and school and how we deal with our stress. I tell him about getting Leslie's phone number, and he tells me about the Nightwing cosplay he's working on for this comic convention he's going to next month. I tell him about how I want to join the Robotics Club at Groveland, and he tells me about how he heard there's a 3D printer in the library that he wants to learn to use.

It's wild. This dude, who a couple of days ago I didn't even want to meet, is now sharing a plate of pizza rolls my mom made for us while he shows me what he's been building in *Minecraft* lately. I guess Maddy was right when she was talking about holding things loosely. I've been so focused on trying to hold it all as tightly as possible—making sure everything and everyone stays the same—that I hadn't even considered the good things I might be missing out on entirely.

If the other night taught me anything, it's that I can't control everything. I can try to imagine all the worst possibilities and figure out an escape plan for every terrible situation, but sometimes change is going to come no matter what I do. Sometimes the bad things are going to blindside me, and no amount of worrying or stressing is going to change that. All I can do is face them as best I can.

But the nice thing about life is, good things can blindside us, too.

29

SUNDAY AFTERNOON, 2:36 PM

It takes a little while for me to gather all the materials, and by the time I get to the cul-de-sac, the guys are already there. It's the same dead end where we stashed our bikes the other night before we broke into school, and the shallow woods seem a lot less intimidating in the bright light of day. Maleek and Cooper are both straddling their bikes, while Hugo is seated on the curb with his crutches propped beside him. As I glide over, he gives me a reassuring little wave. After talking with him yesterday, I realized I couldn't let what happened the other night be the last conversation I ever had with Maleek and Cooper.

"Gentlemen, thanks for agreeing to meet me here," I say, taking a moment to look each of them in the eyes. Normally, I'm completely comfortable around my friends, but today is different. Today, the motorcyclists in my gut are putting on a real show. I'm not sure if Maleek and Cooper are interested in accepting the olive branch I'm about to extend, but the fact that they've shown up has to be a good sign.

"First off, I want to apologize. The other night, when you

guys told me your news, I reacted . . . bad. I was upset and embarrassed and stupidly focused only on how everything would affect me instead of considering how tough it might be for both of you. Basically, I was kind of a buttmunch. And I'm sorry about that."

There's an awkward silence for a moment while the guys just stare at their bike tires, and I briefly consider riding away and never looking back. But then Cooper raises his head and says, "Thanks, man. That means a lot."

"Yeah," Maleek agrees. "I appreciate it. And it's okay to be mad or whatever. I mean, this does affect you."

"True," I say. "But I think I've been a little too focused on myself lately. Things are really changing for you guys. I mean, Coop, you got into a performing arts school. That's awesome! Way to go, dude."

"Thanks," Cooper says, his smile cracking wide open. "I'm pretty pumped."

"You should be. It's good news," I say. "You shouldn't have to be stressed about telling your friends good news. I'm happy for you. Really. And I'm sorry I didn't say that the other night."

"Thanks, Jens."

I shift my attention to Maleek. "And you're moving? Man, that's . . . wild." I kind of want to say *that sucks* because it's harder for me to find the positive here, but I came to make amends and be supportive, so I'm going to do my best. Right now, this isn't about me. "Your new school doesn't know how lucky they are to have the GOAT in their midst."

Maleek smiles for a second, but then it fades to a grimace. "I'm pretty freaked out about it honestly," he says, rubbing the back of his neck.

Nervous? The same Maleek who has never backed down from a dare or challenge—except maybe one involving some very old gum—is freaking out about going to a new school?

"Really?" I ask.

"Uh, yeah," Maleek says, like it's just so obvious. "I don't know what this new place is gonna be like. What if the school is full of weirdos? My dad said they have a big lacrosse team there. Do I know anything about lacrosse? Definitely not. I like soccer and skateboarding. Am I going to have to learn how to toss a ball around with a little stick? And Redding isn't exactly known for its diversity. Do you guys think they'll have other Black people there?"

"Of course," Hugo says. "Your dad and your mom and your brother!"

We all laugh, and I finally feel like I can breathe easier. It's good to know that even when I've been a complete jerk, my friends are still willing to welcome me back with a smile and a joke.

"I'm nervous about my new school, too," Cooper admits. "I know I liked acting and doing Drama Club at Parkers Mill, but what if the vibes are different at this performing arts school? What if everyone's all stuck-up and competitive?"

"Then you'll fit right in!" Maleek exclaims.

Cooper rolls his eyes. "Ha. Ha."

Hearing my friends talk about their fears is kind of tilting my whole world. It seems like they always breeze right though life, like nothing can shake them.

"I didn't think you guys ever freaked out," I say. "I sort of thought you were fearless."

"Fearless?" Cooper says. "I don't know if you saw the way I panicked when those dogs came bolting down the stairs at Priya's house, but I was anything but fearless. I may have pushed Priya's little cousin toward the dogs at one point just so I could get away. Not my finest moment."

"And when we were on that golf cart getting chased by those teachers, I was terrified," Maleek says. "I was sweatin' so bad when we jumped off the cart to run into that lock-in, I'm pretty sure I left a big damp butt print right there on the seat."

We all laugh again, and it suddenly strikes me how easy a conversation this big can be. My friendship with these guys is more than video games and sports and talks about who's crushing on who. We can talk about the deeper stuff, too (even when those talks somehow involve Maleek's butt sweat). We might not solve any of our problems, but at least we're sharing the burden.

"We're sorry, too," Cooper says, giving Maleek's arm a little slap.

"Definitely," Maleek says. "We should have just been honest with you from the beginning and not tried to coordinate this whole night of dares thing. You don't need us to help prove how cool you are."

"I don't know about that," I say, trying to hide my grin. I'll be perfectly content to not have another night like that one for a long time, but it also felt right—the sort of wild send-off that Maleek and Cooper deserve. "But I'm glad it happened . . . even the hard parts."

"Me too," Cooper says. "And you don't have to be worried about Groveland. I know once you open up and give it a chance, you'll find your people in no time."

Hugo nods in agreement, and I know Cooper's right. But now I don't want to think about the new friends I'll make in high school. I want to cherish the time I have with these guys.

"So what's with the bag?" Maleek asks, gesturing to my overstuffed duffel.

"Well, I didn't just bring you guys here to apologize," I say. "I also wanted to own up to the fact that I'm the reason we didn't complete all of Priya's dares. You guys were cool enough to not force the whole whoopee cushion thing, and Maleek paid the price."

Maleek shakes his head. "Have you guys seen all the comments on that damn video? They got me fighting for my life over here."

I sling the bag off my shoulder, and it lands on the ground with a thud. "Well, I'm thankful for what you did. But I figured you might be holding a little bit of a grudge, so I wanted to give you a chance to get out your aggression." When I unzip the bag, three brightly colored pool noodles pop out like spring-loaded snakes in a gag canister. "I borrowed these from Priya. She asked about you, by the way, Maleek."

"She did?" Maleek says, unable to hide the giddiness in his voice. He coughs and squares his shoulders before dropping his voice to a ridiculous baritone. "I mean, that's cool. Whatever."

Half of our class has been sharing and reposting the video Priya made him record after losing the dare challenge, but it seems like Maleek's biggest defeat has also become one of his greatest blessings. Despite his complaint about all the comments, I know a lot of them mention his and Priya's flirty vibes, and now pretty much everyone is asking when they're going to get together. I give it less than a week.

I hand Maleek the blue noodle, then offer the orange one to Cooper and the red to Hugo.

"So . . . what is this for, exactly?" Cooper asks.

"Yeah, I think I'm a little lost," Hugo says as he stands up.

I smile at Maleek. "Maleek, after the mean things I said to you the other night, I hope you don't think I'm evil . . . or *medieval*, rather?"

He looks confused for a moment, and then his eyes light up when I pull an old aluminum trash can lid from my bag. "It's jousting. We're jousting!" He takes hold of the lid and brandishes it like he's about to audition for Captain America in the next *Avengers* movie. He doesn't really look anything like a superhero, or even a knight for that matter, but he's brimming with excitement.

Sadly, the trash can lid is the best shield of the set. Cooper is forced to settle for the largest pot lid I could find in our kitchen cabinets, and Hugo is stuck with the frisbee I hastily made a strap for using a little cardboard and a lot of duct tape. Thankfully, neither of them looks too disappointed.

"Gentlemen, shall we mount our steeds?" I ask, motioning to the bikes.

"Uh, I don't really have a steed," Hugo says, lifting his hurt leg a little.

"I kind of figured that," I say. "You can ride on the pegs of my bike while I steer."

"You sure?"

"Yeah, I only have the three noodles, anyway."

We all retreat to separate edges of the cul-de-sac so we can get a galloping start of sorts. Hugo balances on the back of my bike, wielding his sword in one hand while latching on to my shoulder with the other.

"This is a good idea," he says, brandishing the pool noodle out in front of us like a lance.

I almost tell Hugo this would've never happened if not for his encouragement, but somehow I think he already knows. "Yeah, well, I figured the fun shouldn't end with one night."

I use one hand for steering and the other to hold our frisbee shield. Together, Hugo and I kind of have an advantage over Maleek and Cooper. They have to hold a sword, a shield, and steer all on their own, whereas we can divide the labor. Luckily, they're both pretty good at riding without touching the handlebars.

Maleek counts down from five and we all charge toward the center of the cul-de-sac, releasing a collective battle cry. My pedal strokes are heavy, and my grip is firm. Hugo makes contact with Cooper first, leaning out so far to strike him on the arm that I'm barely able to maintain balance. Maleek comes to Cooper's aid, swinging wildly as he approaches us from the side. Luckily, I'm able to get our shield up quick enough to block his blows. Cooper circles back around and tags Hugo on the back. He almost escapes, but I reach out and grab his handlebar, so we're locked side by side. Hugo swipes at his head while Cooper smashes at my fingers with his pot lid until I'm forced to let go.

We go around and around like this for a good fifteen minutes, trading blows and yelling at each other. Hugo and I swap weapons so I'm able to go on the attack while he plays defense. At one point, we get some distance from the other guys and Hugo can't resist using our frisbee shield the way it was intended. He chucks it straight, landing a direct shot on Maleek's ribs. Maleek's caught so off guard that he topples over, landing on top of his trash can lid with a loud crash. Guess Hugo's actually the Captain America of our group.

"No fair!" Maleek yells. "They didn't have flying discs in medieval times." Annoyed, he abandons his bike altogether and starts chasing us around on foot.

I'm laughing so much I can barely keep my bike upright.

I don't know what's going to happen with me and my friends. Maybe we'll all end up at the same college together and then we'll be in each other's weddings. Or maybe we'll share an apartment someday and fight about whose turn it is to clean the bathroom. Or maybe we'll slowly lose touch and just become a memory to each other.

Whatever happens, I know I don't want to waste my time creating little disasters in my head and stressing about which ones may or may not come true. I want to enjoy the here and now and appreciate that my last memory with these guys isn't going to be me yelling at them on the side of the road at five in the morning. I hope we get a lot more moments like this one, all of us laughing as Maleek chases us with a couple of foam noodles. Whatever the last one may be, I'll take it when it comes.

30

THREE MONTHS LATER

On the first day of freshman year, the sky is vibrant blue and mostly cloudless. The sun is warm on my face, and the breeze is cool on my skin, and nervousness is laying siege to my digestive system. Mom made me a couple of Eggo waffles for breakfast, complete with strawberry smiley faces, and I'm determined to keep them down. As I ate, she kept looking at me with this weird forlorn expression while muttering stories about the day she brought me home from the hospital, so I scarfed the food down in record time just to get out of the house.

During my ten-minute bike ride to school, I count random objects to keep myself distracted so I don't start slipping down a Dread Spiral. Fifteen streetlights on this stretch of road. Thirty-seven trees. Six red cars. It's something my therapist taught me. I've spent all summer thinking about today, and even though I'm feeling a lot better about it than I did back in June, the anxiety is still there. Maybe it always will be. Maybe I'll always feel that prick of fear when facing the unknown, but I think that's okay as long as it doesn't pull me all the way down.

I can be scared and keep going.

When I lock my bike into the rack, Groveland's campus is already buzzing with activity. There are busses unloading and crossing guards blowing whistles at the drop-off zone and the student lot seems kind of like a party. There's a surprising amount of exuberance considering this is *school.* People are honking and yelling out car windows and greeting friends they haven't seen all summer. A dull ache coils through my stomach knowing that won't be me and Maleek and Cooper, knowing that they won't be waiting inside for me.

"Personally, I think two wheels are way cooler than four," a voice behind me says.

I turn to see Hugo easing his bike into the rack next to mine, and immediately my anxiety starts to ease. *Thank God—a friend.*

"Oh, two wheels are definitely better," I say. "I mean, can you even pop a wheelie in a car?"

"Not on purpose, I don't think."

Hugo's long, dark hair is pulled back into a ponytail, and when he steps off his bike, I can't help but notice his one leg is a couple of shades lighter than the other.

"I like your tan lines," I say.

"Don't remind me," he mutters, looking down at his shins. "Guess that's what happens when one leg gets three months of summer vacation and the other only gets a few weeks."

"Still, gotta be better than crutches, right?"

"Oh yeah. Though it's been weird readjusting. You know how they say something's 'like riding a bike' when you never forget how to do it? Well, whoever came up with that saying did not try to ride a bike after having a broken ankle."

Hugo shoulders his bookbag as we head for the main entrance together. We've hung out quite a bit over the summer, and I've had a good time getting to know him more. There was Cooper's birthday at the trampoline park, where the guys convinced me to try doing a double flip in the air. It basically resulted in me face-planting into the mat (though thankfully no one was recording that one). There was the sleepover where Maleek forced us to help him finish packing up his room before the big move. Plus, multiple afternoons of video game marathons and trips to the local comic shop. Hugo and I have already compared our schedules, so I know I'll be seeing him later in third period for US History. We also have lunch together, so I'm not doomed to a year of eating alone.

Once we make it past Groveland's front hall, both our phones ding simultaneously. Maleek has sent a picture to the group chat—a desperate-looking selfie from the passenger seat of his dad's truck.

Help! My dad has spent the entire car ride to school lecturing me about not taking drugs from strangers.

So it's OK for us to take drugs from people we know? Cooper texts back. Just want to make sure I understand the rules.

Ha! I'll be sure to ask if I can ever get a word in. Maleek adds. He's barely stopped to take a breath. He keeps calling weed The Wacky Tobacky!

Yikes. Even I know that's rough, and I'm a theater person, Cooper texts.

Hugo and I already have plans to meet up with Cooper at the skate park later this afternoon. He's going to tell us all about his first day at performing arts school, because the more he talks about it the less real it sounds. Apparently, he has a class called Body Movement and Breath Work. Actors are so weird.

Good luck at the new school, Maleek, I text. Let us know when you become captain of the lacrosse team!

Noooo! SOCCER 4 LIFE! Maleek responds.

At the end of the hallway, Hugo gives me a fist bump before we head our separate ways for homeroom. Alone for the first time, I grip the straps of my backpack and start doing my best impression of someone who knows exactly where they're going. I spent fifteen minutes last night reviewing the layout of the school just so I wouldn't look like some lost freshman wandering around with a map in my hands. Still, things look different when you're not staring at them from a bird's-eye view, and I have to take the long way to my homeroom when a couple making out is blocking the side hall.

I slip into a seat in the third row, and that old feeling of doubt settles in. *What if I don't like my teachers? What if the classes are too hard? What if a loose ceiling tile falls on my head and that's all anyone can think about when they look at me for the next four years?*

I close my eyes and take a deep breath, trying my best to calm the voices in my head. Silently, I start listing off all the things I have to be thankful for—a technique for fighting anxiety that I picked up from Hugo. I have a caring family and supportive friends and fun hobbies. Each positive reminder is a stepping stone helping me climb out of my Dread Spiral.

I've let fear control me for a long time, and I'm not going to do that anymore. The sad thoughts can come, but I don't have to dwell on them. I refuse to be so worried about the things that *might* go wrong that I miss out on the present.

Someone nudges me from my right, and when I open my eyes, Leslie is sitting there with a deck of cards fanned in my direction.

"Hey, Jensen," she says with a smile. "Pick a card."

ACKNOWLEDGMENTS

This book wouldn't exist without the help of so many folks, so I'm going to do my best to name them (though even now I'm sweating that I might overlook someone).

First off, thanks to my wonderful agent, Claire Friedman, for being a champion of this book from the very beginning. When I pitched the idea and you told me my sense of humor would definitely work well for eighth-grade boys, I was only mildly offended. But I guess you were right!

Thanks to my amazing editor, Alex Borbolla, for all the incredible insights. It was a joy to get to work with you again. Your guidance truly helped bring this book into focus, so I guess that means your sense of humor works well for eighth-grade boys, too!

Thanks to all the dedicated folks behind the scenes at Bloomsbury who played a part in getting this book out into the world: Liz Byer, Yelena Safronova, Diane Aronson, Briana Williams, Bree Martinez, Phoebe Dyer, Beth Eller, and Tiffany Coelho. Do you all like fruit? Can I send you an Edible Arrangement?

Thank you to Jim Tierney for creating such a great cover! You truly captured the chaotic and fun tone of this book.

A huge thank-you to my family for being such a strong support network and for caring about my work! You buy my books, leave positive reviews online, tell me about your favorite passages, spread the word to others, and so much more. I don't know what else I could possibly hope for (unless one of you wants to become a successful movie producer).

Thanks to the remarkable folks in my Chicago writing group—Write Club!—who listened to me talk about this book and provided feedback on early excerpts. Your encouragement and friendship have been a true blessing.

Thanks to my wonderful fellow authors in the Team C Discord! It's so nice to have a refuge to talk about writing, publishing, and to see photos of all your pets. I know I do more lurking than chatting (like a reporter inadvertently added to a high-level security group chat), but I love you guys (and I promise to never publish your secrets in *The Atlantic*).

Thanks to the beautiful people at NewStory Chicago for the wonderful community you've built and fostered! I'm incredibly grateful to have a place where I can bring my full authentic self (even when that authentic self is the introvert sitting quietly in the corner) to talk about how to show up in the world in a restorative and creative way.

Thanks to my friends, neighbors, former coworkers, booksellers, librarians, and teachers (too many to name!) who were so supportive of my debut novel. You sent me photos of my book on shelves, ordered copies for your classroom, gifted copies to friends, forced your book club to read my work, and helped spread the word on social media, and I truly appreciate all of it. Those kind words and gestures have buoyed me on this creative journey, and I'm so lucky to have people like you in my life.

Thanks to my beautiful and passionate wife, Cary Anne, for continuing to believe in this writing dream of mine. You inspire me to be a better artist, husband, and friend. It's a joy to spend each day with you (even the ones where you finally forced me to watch *Lord of the Rings* twenty years after its release—I named those dogs for you!).

Lastly, thank you, reader, for picking up this book and letting me tell you this story. I hope you've come away knowing the world is a better place when you show up as your genuine self.